"101 计划"核心教材
化学领域

普通化学

顾问 高松

主编 杨娟

中国教育出版传媒集团

高等教育出版社·北京

内容提要

本书为化学"101 计划"核心教材,围绕化学的基本概念、原理和方法展开,以科学方法论为纲,建立对化学体系的半定量理解和描述,为后续专业课程的深入学习奠定基础。全书共七章,分为三个部分:第一部分为第一章化学概论,介绍化学作为"中心科学"的学科特点及主要分支领域,培养科学思维,强化对化学学科的整体认识;第二部分以相互作用为核心,从原子、分子的层面介绍微观物质结构,包含第二章原子结构、第三章分子结构与晶体结构;第三部分介绍描述物质状态与物质转化的方向、限度和过程等的宏观化学原理,包含第四章物质状态、第五章化学热力学、第六章化学平衡和第七章化学动力学。书中还含有一系列与各章节内容密切关联的具体案例。本书是一本内容丰富,具有高阶性、创新性和挑战度的教材。

本书可作为高等学校化学类专业普通化学课程教材,兼顾近化学类专业深入学习的需求。本书配套《普通化学动态电子教案》,可供教师参考使用。

图书在版编目(CIP)数据

普通化学 / 杨娟主编. -- 北京 : 高等教育出版社, 2025. 9. -- ISBN 978-7-04-064833-1

Ⅰ. O6

中国国家版本馆 CIP 数据核字第 202519AU64 号

Putong Huaxue

策划编辑	郭新华	责任编辑	郭新华	封面设计	王 洋	版式设计	徐艳妮
责任绘图	于 博	责任校对	马鑫蕊	责任印制	赵义民		

出版发行	高等教育出版社	咨询电话	400-810-0598
社　　址	北京市西城区德外大街 4 号	网　　址	http://www.hep.edu.cn
邮政编码	100120		http://www.hep.com.cn
印　　刷	北京盛通印刷股份有限公司	网上订购	http://www.hepmall.com.cn
开　　本	889 mm×1194 mm　1/16		http://www.hepmall.com
印　　张	24.25		http://www.hepmall.cn
字　　数	740 千字	版　　次	2025 年 9 月第 1 版
插　　页	1	印　　次	2025 年 9 月第 1 次印刷
购书热线	010-58581118	定　　价	110.00 元

本书如有缺页、倒页、脱页等质量问题,请到所购图书销售部门联系调换
版权所有　侵权必究
物　料　号　64833-00

本书编委会

顾　问：高　松（中山大学）
主　编：杨　娟（北京大学）
主　审：王颖霞（北京大学）

编　委：（按姓氏笔画排序）

　　　　田东亮（北京航空航天大学）
　　　　印志磊（山东大学）
　　　　朱　英（北京航空航天大学）
　　　　刘红梅（华中科技大学）
　　　　芦昌盛（南京大学）
　　　　杨　娟（北京大学）
　　　　胡　涛（大连理工大学）

总　序

自2023年4月启动以来，化学"101计划"以高质量化学学科人才培养体系构建和拔尖创新人才培养为目标，从化学学科全局视野系统性重构化学拔尖创新人才培养的核心知识框架，以核心课程建设(含理论课和实验课)推动化学专业课程体系改革，以教案、教材建设推动教学内容迭代，以数字化资源建设推动教学方式转变，以课堂观察、名师引领、研修培训推动课堂教学质量提升，着力建设一流核心课程体系和一流核心教材体系，培育高水平师资团队，探索构建具有中国特色的化学拔尖创新人才高质量自主培养体系。

教材是教师教学和学生学习的主要依据，是培根铸魂、启智增慧的核心载体，是践行拔尖创新人才自主培养的有力支撑，出版一套高水平核心教材是化学"101计划"的重点任务之一。为此，化学"101计划"汇聚国内化学领域具有丰富教学经验与顶尖学术水平的教师和专家团队，以普通化学、无机化学、有机化学、分析化学、物理化学、结构化学、高分子化学与物理、化学生物学、基础化学实验、合成化学实验、化学测量学实验和化学生物学实验12门核心课程的知识体系建设成果为基础，充分借鉴国内外先进课程与优秀教材建设经验，以学生的能力培养为导向，在纸质教材、电子教案、数字资源等方面进行了多角度、多层次的探索，着力构建"世界一流、中国特色、101风格"的化学核心教材体系。

系列教材总体遵循思政元素的思想性、知识体系的系统性、学术案例的前沿性、能力培养的引导性和呈现方式的融合性五大原则。在知识内容的分类上，理论课程注重"守正"，按照二级学科设置，实验课程突出"创新"，促进二级学科的交叉；在知识内容的选择上，兼顾基础和前沿，注重提升内容的创新性、高阶性和挑战度，并选取有代表性的中国优秀科研成果作为案例，有机融入思政元素，挖掘知识的育人内涵；在编排设计上，融入现代教育理念和教学方法，探索内容铺排和呈现方式的创新，注重激发学生学习主动性，培养学生自主学习、分析和解决问题的综合能力。

系列教材采用适应专业知识快速更新的融合式编写模式，以边栏拓展阅读等形式将纸质教材与数字资源相链接，拓展教材内容；同时配套翻译国外优秀教材，与系列新编教材相辅相成；此外，配套出版电子教案集。这些探索和实践分别从"教什么"和"怎么教"两条逻辑，融合教学新理念、新内容和新方法，形成以纸质教材为核心、数字资源为辅助的新形态教材体系。

参与编写系列教材的编委和撰稿人主要是来自30所"化学拔尖学生培养计划2.0基地"获批高校从事教学和科研的教师、专家和学者，尽管工作任务繁重，但他们仍然抽出大量的宝贵时间，秉持严谨认真的科学态度和精益求精的工作精神，保质保量地完成了系列教材的编写工作。在此，我表示衷心的感谢。此外，多位院士和资深专家对系列教材的编写和审订提供了诸多宝贵意见和建议，对教材的质量进行了严格把关，感谢他们的悉心指导和支持。同时我也非常感谢各参与出版社的有关领导和编辑们在系列教材出版过程中的辛勤付出。

作为新时代化学领域首次有组织、系统性建设核心教材体系的集体探索，这套教材是所有指导专家、编委、撰稿人和编辑同仁们集体的智慧结晶和劳动成果，也是传递化学"101计划"改革理念和思路的重要载体,期盼能对广大读者有所裨益。"合抱之木,生于毫末;九层之台,起于累土。"系列教材的出版绝非终点,而是起点。真诚希望广大读者在使用过程中提出宝贵意见和建议,以便我们今后修订,使之不断完善,为我国化学拔尖创新人才培养提供启示与支撑。

化学"101 计划"牵头人
中国科学院院士
2024 年 10 月于中山大学

前 言

作为拔尖创新人才培养的一项筑基性工程,教育部基础学科系列"101计划"于2023年4月启动,旨在通过课程、教材、教师团队和实践项目等基础要素"小切口",牵引解决人才培养"大问题",带动实现高等教育改革"强突破",提升基础学科人才培养质量。普通化学是化学"101计划"规划的12门专业核心课程中的入门课程,是大学化学课程的基础,在大学化学课程体系中具有独特的地位。本书为"101计划"普通化学课程教材,围绕化学的基本概念、原理和方法展开,以科学方法论为纲,建立对化学体系的半定量理解和描述,为后续专业课程的深入学习奠定基础。

化学"101计划"牵头人暨普通化学课程责任专家、中山大学高松院士任本书顾问,把握整体方向与框架;"101计划"普通化学课程负责人、北京大学杨娟负责本书的总体设计及各章节的撰稿、修改和统稿等工作;北京大学王颖霞负责全书的综合审定工作。北京大学杨娟、北京航空航天大学朱英、大连理工大学胡涛、南京大学芦昌盛、北京航空航天大学田东亮、华中科技大学刘红梅和山东大学印志磊分别负责第一章至第七章的章节审阅和修订工作。其余教师组成责任小组,负责各小节内容的审阅及例题、思考题和习题的编写工作,具体分工如下:

第一章:1.1、1.2、1.3杨娟(北京大学)。

第二章:2.1崔志民(北京航空航天大学),2.2、2.3栾超然、余睽(四川大学),2.4王哲(北京航空航天大学),2.5田东亮(北京航空航天大学),2.6、2.8胡涛、刘淑芹、李艳芹(大连理工大学),2.7朱英(北京航空航天大学),2.9陈凤娟(兰州大学)。

第三章:3.1、3.2孔爱国(华东师范大学),3.3、3.4、3.5李浩然、厉刚(浙江大学),3.6芦昌盛(南京大学),3.7刘红梅(华中科技大学),3.8、3.9王莉、王宇(吉林大学)。

第四章:4.1、4.3匡勤、林丽榕(厦门大学),4.2杨娟(北京大学),4.4徐鑫(中国科学技术大学),4.5、4.6韩莉、刘萍、金鑫(上海交通大学)。

第五章:5.1、5.2杨少容(华南理工大学),5.3、5.4陈云、段瑛滢、温鸣、石硕(同济大学),5.5、5.6岳文博、李文华、李治(北京师范大学)。

第六章:6.1郭礼荣(兰州大学),6.2、6.3石建新、陈禹(中山大学),6.4、6.5徐志珍、孙慧萍、田振芬(华东理工大学),6.6赵斌(南京大学),6.7、6.8朱宝林(南开大学)。

第七章:7.1、7.2邱海霞、杨秋华(天津大学),7.3、7.4张慧、孙艳芝(北京化工大学),7.5、7.6印志磊、金钊(山东大学),7.7宋卫国(中国科学院大学)。

本书共包含11个与章节内容密切关联的具体案例,由北京大学杨娟负责修改和统稿,各案例撰写人分列如下:案例2.1胡涛(大连理工大学),案例3.1刘志伟(北京大学),案例3.2朱英(北京航空航天大学),案例3.3芦昌盛(南京大学),案例4.1田东亮(北京航空航天大学),案例5.1、案例5.2杨娟(北京大学),案例5.3李文华(北京师范大学),案例6.1岳文博(北京师范大学),案例7.1朱宝林(南开大学),案例7.2刘锋、印志磊(山东大学)。

在本书的编写过程中,浙江大学彭笑刚、厦门大学朱亚先、中山大学苏成勇、大连大学孟长功等多位化学领域的专家学者提出了宝贵的意见和建议；南京大学芦昌盛拍摄了第四章的许多实验图片；北京大学研究生潘高翔协助整理了部分资料。在此一并表示衷心感谢！感谢教育部"101计划"！感谢参与本书编写高校的领导和教师们的支持！感谢高教社的领导和编辑们的支持！

最后需要说明的是，本书的内容按必修、限选和选修分级，其中标题后附加（B）的为限选，对应于高级和综合的教学内容；附加（C）的为选修，对应于扩展和前沿的教学内容；标题后无附加字母的为必修，对应于基础和核心的教学内容。此外，本书在格式上采用双栏设计，正文为教材的主体内容，在边栏合适位置插入图片、思考题和一些备注。备注主要分为三类：第一类是正文内容的注意事项或对学生可能存在疑问的解答，标为"注意"，属于要求掌握的重点内容；第二类是对正文内容的进一步解释，标为"注"，通常包含一些超出普通化学教学范围的内容，在阅读时提供参考，不要求掌握；第三类是与正文内容相关的实例，标为"例如"。希望通过格式设计，增加教材的可读性，便于学生使用本书进行自主学习。

由于编者水平有限，特别是编写时间十分紧迫，书中不妥之处和错误在所难免。恳请广大读者和同行不吝赐教、批评指正。

编 者

2025 年 5 月

目 录

第一章 化学概论 ··· 1
   1.1 科学与科学研究 ··· 1
   1.2 化学与化学研究 ··· 4
   1.3 化学的主要分支领域 ·· 7

第二章 原子结构 ·· 12
   2.1 经典核型原子模型 ··· 12
   2.2 波与经典波动方程 ··· 17
   2.3 量子理论 ·· 21
   2.4 氢原子光谱与玻尔理论 ·· 25
   2.5 微观粒子特性 ··· 31
   2.6 氢原子的量子力学模型 ·· 35
   2.7 氢原子的量子力学结论 ·· 41
   2.8 多电子原子结构与核外电子排布 ·· 51
   2.9 元素周期表与元素周期律 ··· 58
   案例 2.1 元素周期表的演变探索 ·· 67
   习题 ··· 71

第三章 分子结构与晶体结构 ·· 73
   3.1 路易斯理论 ·· 73
   3.2 分子的形状与极性 ··· 77
   3.3 价键理论 ··· 83
   3.4 分子轨道理论 ··· 92
   3.5 金属键与能带理论初步 ··· 100
   3.6 配合物结构与性质 ··· 103
   3.7 分子间作用力 ··· 114
   3.8 晶体结构基本概念 ··· 118
   3.9 各种晶体类型及其结构 ··· 122
   案例 3.1 稀土配合物的结构与发光性质 ································· 128
   案例 3.2 氢键结构的发展 ··· 132
   案例 3.3 储氢材料的结构 ··· 136
   习题 ··· 139

第四章 物质状态 ··· 142
   4.1 理想气体 ··· 142

4.2 气体分子运动论·················147

4.3 实际气体·····················153

4.4 凝聚态······················157

4.5 相图·······················164

4.6 溶液·······················168

案例 4.1 渗透压的应用················178

习题··························181

第五章 化学热力学·····················183

5.1 热力学基本概念··················183

5.2 热力学第一定律··················186

5.3 反应热、焓变与盖斯定律··············192

5.4 自发性与熵的概念·················199

5.5 吉布斯自由能与自发过程的判据···········205

5.6 生成焓与生成吉布斯自由能·············208

案例 5.1 日常生活中一些常见能量的估算········215

案例 5.2 卡诺循环与热机效率·············220

案例 5.3 高熵合金材料················223

习题··························228

第六章 化学平衡······················231

6.1 平衡常数·····················231

6.2 反应商与勒夏特列原理···············238

6.3 平衡与热力学的关系················242

6.4 酸碱平衡·····················248

6.5 沉淀溶解平衡···················263

6.6 配位解离平衡···················269

6.7 氧化还原平衡···················274

6.8 电化学······················278

案例 6.1 人体内的缓冲体系及调节作用·········295

习题··························300

第七章 化学动力学·····················303

7.1 化学反应速率···················303

7.2 速率方程·····················307

7.3 反应级数·····················311

7.4 温度对反应速率的影响···············317

7.5 化学动力学理论模型················320

7.6 反应机理·····················325

7.7 催化与催化化学··················331

案例 7.1　超快反应动态学 ·· 335
　　案例 7.2　光催化剂与光催化反应动力学 ·· 338
　　习题 ··· 342
附录 A　微积分初步 ·· 344
附录 B　数理常数表 ·· 353
附录 C　化学数据表 ·· 354
主要参考书目 ·· 371

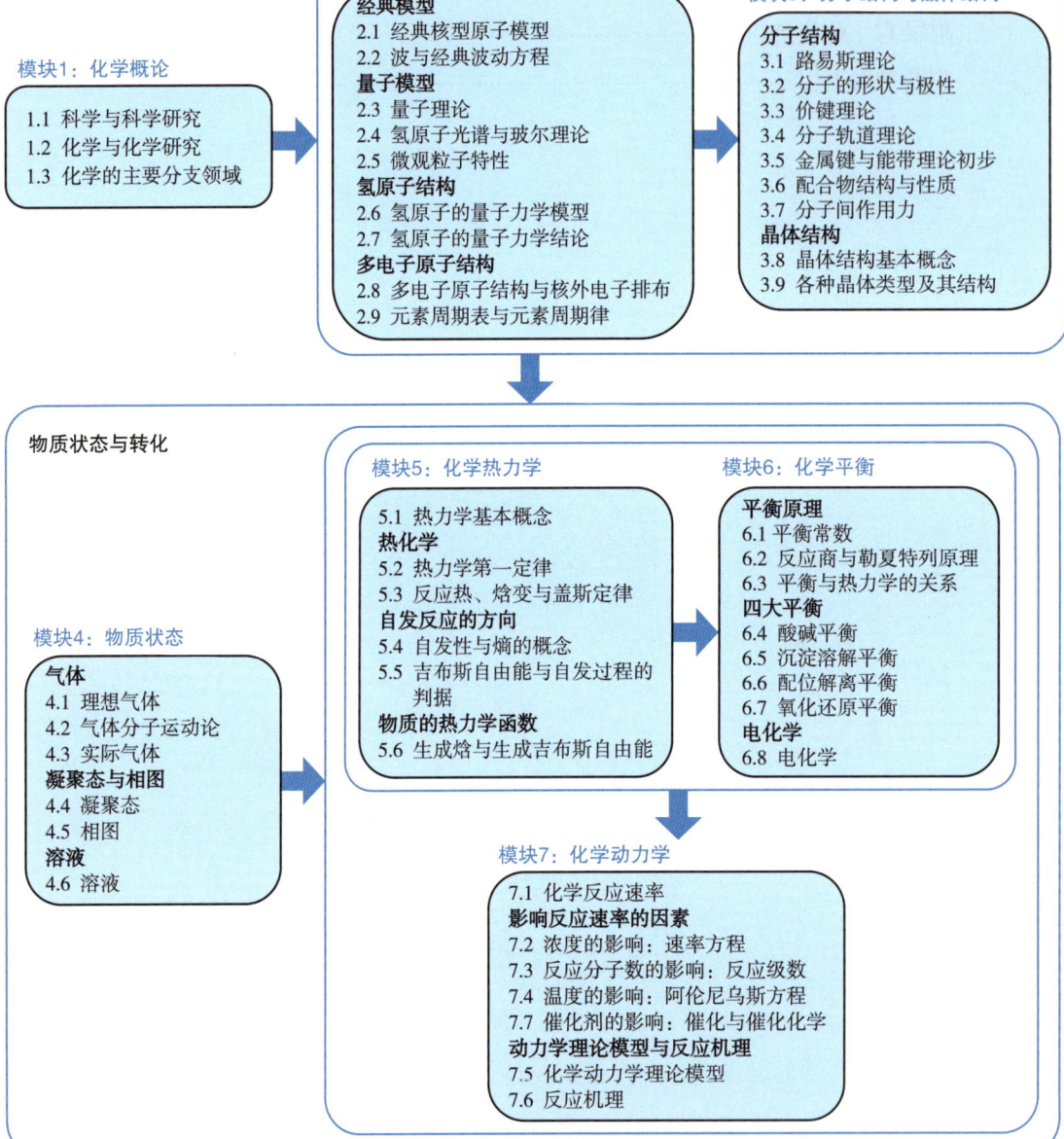

普通化学知识模块关系图

第一章

化学概论

| 1.1 | 科学与科学研究 | 1 | 1.3 | 化学的主要分支领域 | 7 |
| 1.2 | 化学与化学研究 | 4 | | | |

欢迎来到迷人的化学世界！化学包含无机化学、有机化学、分析化学、物理化学、理论与计算化学、高分子化学、核化学及化学生物学等众多分支领域。普通化学，也称化学原理或化学概论，是大学化学及相关专业入门课程。这门课程将系统地介绍化学的基本概念、原理、方法及其发展过程。普通化学的学习将为后续化学专业课程的深入学习奠定基础，培养对化学领域基本概念、原理和方法的理解，并强化从化学角度表述、分析和解决问题的能力。

化学是自然科学的分支之一；本章将从科学、科学方法与科学研究开始，然后聚焦到化学与化学研究，介绍化学作为"中心科学"的学科特点以及化学的主要分支领域。希望通过本章的阅读，能够增进读者的科学素养，并强化对科学、特别是对化学学科的整体认识。

注：科学素养通常包含三个组成部分：了解科学知识，了解科学的研究过程和方法，了解科学技术对社会和个人所产生的影响。

1.1 科学与科学研究
（Science and Research）

科学与科学方法

科学（science）一词来源于拉丁语"scientia"，意为"知识"，是以对世界可实证的解释和预测的形式来构建和组织知识的系统学科。在该定义中有两个关键词：一个是"系统学科（systematic discipline）"，这意味着科学应以有序且有计划的方式进行；另一个是"可实证的（testable）"，这表明科学可以通过实验验证，并且实验结果应该在独立实验室中可重复。科学原理不仅可用于解释自然现象，还可用于预测未来事件。

科学发展有两种最基本且最重要的驱动力。一是提高日常生活的质量，这是科学最原始且最直接的驱动力；人类希望过上更好的生活，这是从事科学研究的直观原因。另一个同等重要的驱动力则是人类的好奇心，即人类理解神秘宇宙和探索未知世界的强烈愿望。

推演法和归纳法是两种基本的科学方法。**推演法**（deduction）从一些基本假定（basic assumption）开始，遵循缜密的数学或逻辑规则得出结论。例如，欧几里得几何（Euclidean geometry）的构建基于五大公设和五大公理，这些公设和公理即为欧几里得几何的基本假定；从基本假定出发，遵循缜密的数学或逻辑规则可推演出欧几里得几何的一系列定理。古希腊哲学家亚里士多德（Aristotle）假定宇宙由五种基本元素组成:地、水、火、风和以太,其中前四种组成地球而最后一种充满宇宙。亚里士多德认为,所有其他物质均由这五种元素组合而成。现在人们知道亚里士多德的结论不正确,其中主要原因在于"五元素"假定就是错误的,组成宇宙的元素共有一百多种。因此,基本假定在推演法中至关重要。

归纳法(induction)则不做任何假定,而是对自然现象进行仔细观察,从中归纳出一些概括性的规律(即自然定则)来描述观察的现象。哥白尼(Nicolaus Copernicus)的"日心说"就是归纳法的一个范例。哥白尼并没有对地球和太阳的围绕关系做出任何假定,而是基于他本人和之前许多天文学家们仔细观察的数据而归纳出"日心说"的最终结论(可视为一条自然定则)。

自然定则(natural law)是关于自然现象的简明陈述,通常以数学表达式的形式呈现。例如,理想气体状态方程可用如下数学表达式呈现:

$$PV = nRT \tag{1.1}$$

其中 P 是理想气体的压强,V 是体积,n 是物质的量,T 是热力学温度,R 是摩尔气体常数。热力学第一定律可写为

$$\Delta U = q + w \tag{1.2}$$

其中 ΔU 是体系内能的改变量,q 是热,w 是功。式(1.1)和式(1.2)都是从自然现象的数据中归纳出的、以简明数学形式呈现的自然定则。一条自然定则是否正确,取决于其解释观测结果以及预测新现象的能力。哥白尼的"日心说"被认为正确,是因为他能够比同时代人更为准确地预测行星未来的位置。然而自然定则并非绝对真理,每条自然定则都有其特定的适用范围。例如,理想气体状态方程式(1.1)仅适用于理想气体;对于实际气体,该方程需要根据进一步的实验结果进行修正(modification),从而得到范德华方程。此外,哥白尼认为地球以圆形轨道绕太阳公转;半个世纪后,开普勒(Johannes Kepler)对他的工作进行改进,证明了行星以椭圆形轨道绕恒星运行。因此,为了验证一条自然定则是否正确,科学家们设计实验来测试从该自然定则推导出的结论是否得到实验结果的支持。如果实验结果(要求可重复)符合自然定则,意味着该自然定则在设计的实验条件下成立;否则,根据进一步实验结果,可能需要对该自然定则进行修正。

自然定则可以解释和预测更多的自然现象,为了理解为什么自然定则能够解释和预测自然现象,需要用到两个概念:假说和理论。**假说**(hypothesis)是对自然定则的试探性解释。如果假说通过了实验的检验,并具备预测未来现象的能力,则升级为理论。**理论**(theory)是一种可用来解释自然定则、并对自然现象做出进一步预测的模型。如果一个理论通过了目前所有实验的验证,则进一步升级为**成熟理论**(established theory)。即使成熟理论也并非绝对真理。随着时间的推移和新证据的积累,一些成熟理论也可能需要进一步修正,甚至被新的理论所完全取代。例如,作为宏观体系成熟理论的经典力学,在研究对象变为微观体系时,首先经历了多次修正,却依然不能解释许多微观现象,因此被完全抛弃,取而代之的是量子力学。

科学方法(scientific methods)是一套以观察和实验为基础,进而得出自然定

注:理论的模型通常基于有限个可实证的变量。

则、假说和理论的组合方法。科学家们从对自然现象或实验现象的观察出发,首先概括出自然定则,然后提出假说进行试探性的解释。为了验证假说,科学家们设计各种实验。如果实验结果不支持该假说,则其将被反复修正,直到通过实验验证并升级为理论。理论是一种可以预测未来现象的加强版假说。为了验证理论,科学家们设计更多的实验。如果实验结果表明该理论不充分,则其也将被反复修正,直到通过所有实验验证,并升级为成熟理论。某一领域在得到成熟理论之后,其研究通常告一段落,直到出现新的、可重复的观察现象或实验数据与该成熟理论不符,则需要对成熟理论进行修正,甚至用一个全新的理论来替代。

图1.1小结了以上科学方法并说明了科学发展的过程,同时也描述了学习的不同阶段。在科学发展之初,人们对某个研究体系进行了大量的自然观察或实验观察。这些观察给出了对自然现象或实验现象的基本描述,回答了"它是什么(What is it?)"的基本问题,属于学习的第一阶段。从这些观察现象和实验数据中,科学家们概括出自然定则,不仅可以解释已观察的结果,还可以预测尚未观察到的新现象。随着更多实验数据的积累,可以对自然定则进行必要的修正。自然定则给出了现象或数据的通用规律,对应于学习的第二阶段,并回答了更高层级的问题:"它是怎样的(How is it?)",亦即"它具有什么规律"。从"它是什么"到"它是怎样的"运用了科学方法中的归纳法:在此过程中不做任何假定,只进行仔细的观察,并归纳出自然定则来描述观察的现象。在科学发展的最终阶段,亦即学习的最终阶段,需要回答终极问题:"它为什么会这样(Why is it?)"。为了理解为什么自然定则成立并可应用于大量观察现象或数据中,科学家们发展了基于模型的理论。理论不仅可以解释上述问题,还可以预测新的自然定则和新的观察结果。随着更多实验证据的积累,可以对理论进行必要的修正。从"它是怎样的"到"它为什么会这样",运用了科学方法中的推演法:所有理论都是从一些基本假定出发,遵循缜密的数学或逻辑规则得出结论。

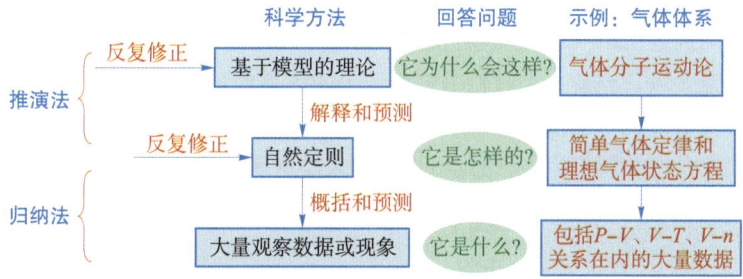

图1.1 科学方法及科学发展过程示意图

例如,为了理解气体这一研究体系的行为,科学家们首先进行了大量观察,并收集了如 P-V、V-T 和 V-n 关系等大量实验数据,这些数据给出了气体的各种性质,回答了第一层"它是什么"的问题。从这些数据中,科学家们概括出简单气体定律(如表示 P-V 关系的玻意耳定律、表示 V-T 关系的查理定律和表示 V-n 关系的阿伏伽德罗定律等)和理想气体状态方程,这些自然定则揭示了气体性质的各种规律,回答了第二层"它是怎样的"问题。为了理解第三层"它为什么会这样"的问题,即为什么 PV 的乘积恰好等于 nRT 的乘积,科学家们建立了称为"气体分子运动论"的理论。该理论从三条基本假定出发,通过一系列缜密的推导,最终得到 $PV = nRT$。关于气体分子运动论的介绍详见4.2节。

科学史上的绝大多数研究领域均遵循以上发展过程,但也存在极少数例外,通常都涉及天才科学家的贡献。例如,爱因斯坦(Albert Einstein)早在1917年就提出受激辐射发射的概念和相关理论,并预测了激光;但第一台激光器直到1954年才研制成功。天才科学家天马行空般的颠覆性思维,通过思想实验直接提出理论,跳出了常规的科学发展过程,成为科学史上耀眼的例外。

科研与科研前沿(C)

科研(research)是科学研究的简称,指系统地用于增加人类整体知识储量的原创性工作(creative work),以及将这些知识储量用于设计新应用的工作。该定义的前半部分与科学相关,通常归为基础研究;后半部分则与技术相关,通常归为应用研究。科学和技术均是科研的重要内容。用通俗的话讲,科研的出口有两条:一是上书架,二是上货架。"上书架"意味着成果可写入放在书架上的教科书里,满足人类的好奇心,对应于基础研究;"上货架"则是做出能够摆上货架、进入千家万户、用于提高日常生活质量的产品,对应于应用研究。

注:原创性工作指首次开创的、此前未被人类所认知的工作。

具体来说,科研的内容包括:(1)建立或确认事实;(2)重新确认之前工作的结果;(3)解决现有问题或新的问题;(4)支持定理;(5)发展或开创新的理论。在这五个层次的内容中,(1)和(2)侧重于确认已经存在的工作(因为科研成果要求在独立实验室中可重复),虽然仍属于科研范畴,但不如后三个更能体现科研的本质,即原创性工作。

科研前沿(frontier)指的是处于已知和未知的边界附近、高度活跃的研究领域。科研与科研前沿如图1.2所示。科研前沿通常位于学科之间的交叉领域,其常见思路是"他山之石,可以攻玉",即用一门学科的方法,来解决另一学科的问题。因此科研领域应提倡学术交叉、百花齐放,避免因学术近亲繁殖而导致的思想僵化。

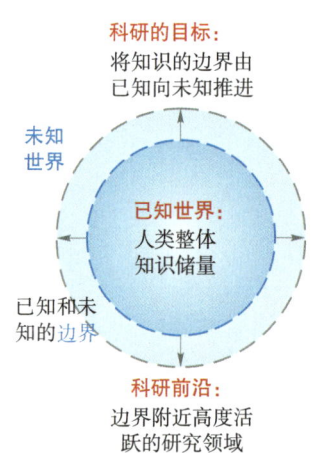

图1.2 科研与科研前沿示意图

所有科研的目标都是为了拓展人类整体知识储量,即将知识的边界由已知向未知的方向推进;其中位于多学科交叉领域的科研前沿,是最有可能取得突破性进展的研究领域。当前人类教科书中所记录的内容都是此前的科研前沿,而一些当前的科研前沿也可能被写入未来的教科书中,供下一代人类阅读和学习。在一代又一代人类的共同努力下,通过科研推动人类文明的进步。

1.2 化学与化学研究
(Chemistry and Chemical Research)

现代科学通常可分为三大主要分支:研究自然界的自然科学(natural science),研究个人与社会的社会科学(social science),以及研究抽象概念和逻辑关系的形式科学(formal science)。其中自然科学是基于观察和实验对自然现象进行描述、理解和预测的科学分支,可进一步划分为生命科学(life science)和物质科学(physical science)。前者主要包含生物学,后者包含物理学、化学、天文学、地球科学等。

注:社会科学包含社会学、经济学、文化学、政治学、历史学等。形式科学包含数学、逻辑学、统计学、人工智能等。此外,科学还包含将知识用于实际目的的应用科学(如医学、工程学等)。由于形式科学并不依赖于经验证据,对于其是否包含在科学范畴,目前学界仍存在一定的争议。

化学:中心科学

化学(chemistry)是研究物质的组成、结构、性质和物质间转化的科学分支,其特征是从分子层次认识物质和创造物质。这里,物质指由原子和分子构成的物质,在转化中仅核外电子改变,而原子保持不变。"化学"由"化"和"学"二字组成;简言之,化学即变化的科学。这种变化特指物质在化学过程(如化学反应)中转化为新的物质,其中不仅涉及物质组成、结构和性质的改变,还通常伴随着能量的变化,如发光、吸热或放热等现象。"化学"中的"化"字代表了物质转化的本质特征,也体现了化学的核心目标在于探索物质间转化的规律和原理。

化学与物理学共同构成了物质科学的基础,二者之间的主要区别在于研究范围和方法的不同。化学重点关注原子和分子层次的自然现象,强调分子的识别方法与转化机制;而物理学的研究范围涵盖了从极大尺度(如整个宇宙)到极小尺度(如亚原子粒子)的物质世界。化学侧重于探索物质组成、结构与性质之间的关系及物质间转化的规律,而物理学则通常从特定类型的物质中抽象出来、更专注于研究不同类型物质的共性规律。

化学是中心科学。它以数学和物理学为基础,支撑化学工程、生命科学、材料科学、能源科学、环境科学、信息科学、医学药学、农林植保、地质矿产等学科,如图1.3所示。现代化学以原子论、分子论和化学键理论为基础,结合量子理论的发展,逐渐形成了自身的学科体系,并与其他基础与应用学科交叉融合,拓展了化学的学科体系、研究领域和人才培养范畴,在社会和科学系统中具有多维度支撑关系和地位。

化学是关键支撑学科。化学在科学发展中发挥决定性作用,既具有揭示元素到生命奥秘的核心作用,也为创造新物质、新材料、突破变革性技术提供科学和技术基础。诸如微纳加工技术、芯片加工技术、光刻胶、特高纯化学试剂等"卡脖子"问题,其本质都包含化学问题。除了解决高新技术、尖端技术问题外,化学还是唯一一门拥有完整工业体系的科学。基于化学原理,运用化学知识和技术进行物质合成、加工和应用的化学工业,直接关系到国民经济和社会的可持续发展、人民生命健康、环境保护和国家安全,是社会发展进步的基础性和支柱性产业。

图1.3　化学:中心科学

化学也是一门渗透于经济社会发展各方面的实用科学,无论是能源、材料、信息、航空航天、环境保护、医药卫生、资源利用、生命科学等领域,还是国家安全和经济社会发展,抑或是人们的衣食住行,无不与化学科学的发展密切相关。以日常生活的衣食住行为例:合成纤维的生产、天然纤维的加工和处理及染料的合成,能够满足人们不同的穿着需求;洗衣粉和肥皂等表面活性剂的发明,通过乳化作用去除油渍,使得衣物洗涤变得简单。酱油、醋和酒的酿造过程均涉及化学变化;广泛存在于食品工业中的美拉德反应,为食品提供了可口的风味和诱人的色泽。钢铁、水泥、砖块和玻璃等建筑材料以及塑料、油漆和黏合剂等家装材料的生产和使用,改善了人们的居住条件。在出行方面,从交通工具的燃料、轮胎和发动机的润滑剂,到旅行用品和户外装备,均离不开化学制品的支持。

注: 美拉德反应亦称非酶促褐变反应,是一类羰基化合物(还原糖类)与氨基化合物(氨基酸和蛋白质)在常温或加热时发生的聚合、缩合等反应,由法国化学家美拉德(Louis C. Maillard)在1912年首次提出,并因此得名。

尽管化学已经取得了巨大的成就,并且在日常生活中发挥了不可替代的作用,却仍然被现代社会不少人所误解。从曾经在电视广告中大喊的"我们恨化学",到食品、护肤品等所谓"不含化学成分"的宣传语,对化学和化学品的提及往往是误导性的。严格来说,一切物质均是化学品,不含化学成分的产品根本不存在;从一个人每天喝的水到每时每刻呼吸的空气,生活中的一切均与化学密切相关。然而，日常生活中不少人认知里的"不含化学成分"，实际等价于"只含天然成分"或者"不含化学工业生产的物质"。暂且抛开其中的科学严谨性不谈，即便在这种认知下追求"不含化学成分"的产品，仍然存在严重的误导性。

例如，从土壤里生长的粮食、水果、蔬菜等作物，均由无机物和有机物构成，形成这些化合物需要各种化学元素，以碳、氧、氮、磷、钾为主，来自空气和土壤。当作物成熟收割后，便会离开生长的土地，被输往异地消耗。但元素总量是守恒的，每年当大量氮、磷、钾元素离开土地，就必须补充基本等量的相应元素，也就是对土地进行施肥。然而，如果仅施"只含天然成分"的农家肥，所补充的元素总量远远不够消耗，土地很快就会变得贫瘠，作物将出现大幅减产。为了作物的丰收，必须使用化学工业合成的化肥来弥补元素的缺口。合成氨工业是现代农业的基础之一，全球一半以上的食品产量与合成氨生产的氮肥直接相关，为人类解决了世界粮食问题。如果一味追求"不含化学成分"而完全抛弃使用化肥，其直接后果或将导致全球一半人口饿死，另一半人口的生活质量也将严重下滑，这种后果显然是人类所不能承受的。当然，化肥和农药等的滥用，对于农业生产显然是有害的；这敦促我们应该按照实际生产情况来合理施肥用药，其中自然离不开化学基础知识的普及和应用。因此，我们应该记住的是：**化学不是问题，而是解决问题的方法。**

化学研究的特点（C）

化学是一门历史悠久且博大精深的学科。早在远古时代，人类从认识并学会使用火时便开始了对化学的探索。从陶瓷、青铜器、铁器和火药的使用、中世纪炼金术（被视为化学的雏形）的尝试，到 1661 年玻意耳（Robert Boyle）划时代巨著《怀疑派化学家》（The Skeptical Chemist）的出版问世（被视为近代化学诞生的标志）、19 世纪原子理论的提出和元素周期表的发现，再到 21 世纪利用先进仪器和分析表征技术对化学世界的微观探索……化学的发展经历了从玄学到科学、由经验积累到理论建立、从定性到定量、由宏观到微观、从单一学科到前沿交叉的过程。

化学研究的主要特点可以归纳为以下几点：

1) 基础性：化学是自然科学的基础学科之一；与物理学共同构成自然科学中物质科学的基础，致力于揭示物质世界的微观结构、运动及其相互作用和相互转化的一般规律，为许多其他科学领域提供了重要的理论基础和实验方法。

2) 实验与理论并重：化学是一门以实验为基础的科学，实验是化学研究的基础。化学实验是人类认识物质化学性质、探索物质转化规律和检验化学理论的基本手段。化学家们在实验室中模拟各种条件，细致地对实验现象进行观察和比较，从中总结出规律并得出有用的结论。例如，很多新元素和新化合物都是通过实验发现的，元素周期律的发现也是建立在大量实验事实的基础上。然而，在强调化学实验重要性的同时，也不能忽视理论对于化学研究的指导意义。化学家们通过构建理论模型，利用量子力学、统计力学等理论工具，来解释和预测化学现象，推动化学学科的发展。例如，鲍林（Linus Pauling）的价键理论不仅为认识化学键奠定了坚实的理论基础，其影响也扩大到化学学科之外，对于相关领域的发展起到重要的作用。关于价键理论的介绍详见 3.3 节。

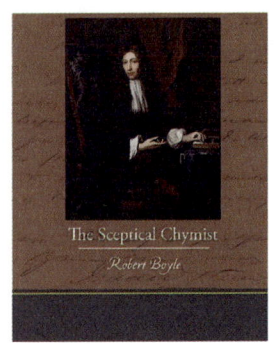

《怀疑派化学家》

注：sceptical 和 skeptical 是同一单词的不同拼写形式，chymist 是 chemist 的旧体。

注：理论与计算化学也可视为利用计算机模拟和数据分析来进行化学实验。

3）创造性：创造新物质是化学研究的突出特点之一。化学家们基于对已知功能化合物结构的认识，从分子层次设计新的结构，通过将分子结构与物质的物理、化学性质以及生物活性相关联，探讨一个化合物的结构如何决定其功能或效果（称为**构效关系**，structure-activity relationship），从而设计并创造出具有特定功效的新物质。构效关系不仅有助于化学家们理解现有化合物的作用机制，更为设计和优化分子提供了理论依据，在药物化学、环境化学、材料化学、毒理学等领域中至关重要。

4）前沿性：作为中心科学，化学与其上、下游各门学科之间相互渗透融合，天然存在众多前沿交叉的研究领域。例如，化学与物理学交叉形成了物理化学和化学物理学，化学与生物学交叉形成了生物化学和化学生物学等。其他还有材料化学、能源化学、环境化学、药物化学、医学化学、地球化学、大气化学等。这些前沿交叉领域不仅涵盖了从基础研究到应用研究的多方面探索，而且展示了化学学科在面对未来挑战时的多样性和创新性，这也是化学研究的特点和魅力所在。以化学与材料科学的交叉领域材料化学为例，这是通过化学方法研究和开发新材料，特别是具有特定功能的先进功能材料的学科，在能源、医疗、环境等多方面均具有广泛的应用前景。2000年诺贝尔化学奖授予美国科学家黑格（Alan J. Heeger）、马克迪尔米德（Alan G. MacDiarmid）和日本科学家白川英树（Hideki Shirakawa），以表彰他们发现导电聚合物材料（如聚乙炔）的贡献。聚合物也称高分子化合物，通常是导电性很差的绝缘体（如塑料、橡胶等），但这类新型聚合物材料自身的导电性或经掺杂之后的导电性可与金属相媲美，因此在抗静电材料、传感器、电致变色材料、超级电容器、电磁屏蔽等多个领域均具有潜在应用价值。

> **注**：掺杂（doping）是在一种材料中掺入少量其他元素单质或化合物，以使材料产生特定的电学、磁学和光学性能的方法，其中掺入的少量物质称为掺杂剂（dopant）。聚乙炔自身的导电性很差，经溴或碘掺杂之后导电性可提高到金属水平。

综上所述，化学研究具有基础性、实验与理论并重、创造性和前沿性等特点。这些特点使得化学成为一门充满活力和创新精神的学科，不断推动着人类社会的进步和发展。

现阶段，我国的化学学科进入了快速发展时期，科研水平和世界影响力逐年提升。在全球化学专业文献中，我国科研产出占比不断提高，一些研究领域已达到或超越世界先进水平。教育、科技和人才决定了世界大国的未来引领力。为了更好地服务于现代化强国建设，我国化学学科和化学研究的发展需要面向国家重大需求，进一步强化化学作为中心科学的地位，突出物质创制的核心任务，加强化学基础学科拔尖创新人才培养，打造我国化学领域重要战略科技力量，推动我国从化学大国迈向化学强国，保持并引领我国化学学科不断取得新突破。

1.3 化学的主要分支领域
（Subdisciplines of Chemistry）

化学的主要分支领域有多种不同的划分方式。按照研究方向进行分类，可分为合成化学、催化与表界面化学、化学理论与机制、化学测量学、材料化学、环境化学、化学生物学、化学工程与工业化学、能源化学等。这也是2018年国家自然科学基金委化学科学部为了更好地适应国际化学发展的趋势和促进中国化学研究的转型发展，而进行全面学科调整后设立的化学研究项目的九个资助方向。

此外,根据研究对象和研究方法的不同,传统上一般可将化学划分为无机化学、有机化学、分析化学、物理化学、理论与计算化学、高分子化学、核化学及化学生物学等多个主要分支领域。大学本科阶段的化学教育教学仍按传统分类方法展开,本节将逐一简介这些主要分支领域。

无机化学

无机化学是研究无机物的组成、结构、性质和转化的化学分支;无机物指除碳氢化合物及其衍生物之外的所有元素与化合物。无机化学是历史最为悠久的化学分支领域:早期人类制陶、烧瓷、炼铜、冶铁以及中世纪炼金、炼丹等活动,均属于无机化学的范畴,近代化学的研究也是从无机化学开始。自从17世纪元素与化合物概念的提出和19世纪元素周期表的发布以来,科学家们已经陆续发现了118种元素,填满了元素周期表的七个完整的周期,成为无机化学的重要组成部分。20世纪后半叶,随着各种表征原子、分子和晶体结构技术的出现,无机化学的研究由宏观进入微观,对无机物构效关系的认识产生了质的飞跃。此外,其他的化学分支领域大多数都是从无机化学中分化、衍生和成长起来的,因此无机化学可视为化学的基础和母体。

注:2015年12月30日国际纯粹与应用化学联合会(IUPAC)宣布,认可由美国和俄罗斯的科研团队联合发现的第118号元素。该元素于2016年被命名为oganesson(元素符号Og),并正式批准添加到元素周期表中。随后该元素的中文名称确认为鿫(音奥)。

新兴的无机化学分支领域主要包括配位化学(研究配合物的特征、结构、性质和制备的无机化学分支)、无机合成化学(研究无机物的合成原理、技术和方法的无机化学分支)、有机金属化学(也称金属有机化学,研究对象为金属与有机基团通过金属与碳直接键合而形成的化合物,是无机化学与有机化学的交叉领域)、生物无机化学(研究生物体内各种元素与体内分子的相互作用以及在生命环境内参与反应机理的化学分支,是无机化学与生物化学、医学药学等的交叉领域)、固体无机化学(研究固体无机物的组成、结构、性质和合成方法的化学分支,是无机化学与固体物理、结晶学和材料科学等的交叉领域)、原子簇化学(研究原子簇合物的形成、结构和性质的无机化学分支领域)等。

有机化学

1806年瑞典化学家贝采利乌斯(Jöns J. Berzelius)首次提出"有机化学"这一名词,作为"无机化学"的对立物。由于当时科学条件的限制,有机化学的研究对象是从天然动植物有机体中提取的有机物。当时的许多化学家们相信,有机物是由于生物体内存在所谓"生命力"而产生的,不能在实验室中由无机物合成。1828年德国化学家维勒(Feiderich Wöhler)在实验室中首次将无机物氰酸铵(NH_4OCN)成功转化为尿素[$CO(NH_2)_2$]。这是科学史上第一例人工合成的有机物,打通了无机化学和有机化学之间的壁垒。此后生命力学说逐渐被否定,但"有机化学"一词却沿用至今,并扩展为研究碳氢化合物及其衍生物的化学分支。有机化学的核心元素为碳,因此又称碳化合物的化学。但一些简单的碳化合物,如碳的氧化物和硫化物、碳酸、碳酸盐、碳化物、氰酸、氰酸盐、氰化物、碳硼烷等,习惯上仍归为无机化学领域。

新兴的有机化学分支领域主要有金属有机化学、有机合成化学、天然有机化学、物理有机化学等,其中金属有机化学即为前述有机金属化学。有机合成化学是利用化学方法将单质、简单无机物或简单有机物制备成较为复杂有机物的化学分支领域，在药物合成、材料合成等领域具有重要的应用价值。天然有机化学是研究天然有机物的分离提纯、结构、性质、合成方法及应用的有机化学分支领域，在药物研发、食品添加剂、化妆品等领域均有重要的应用。物理有机化学是定量地研究有机物结构、反应性和反应机理的化学分支领域，为理解有机化学反应机理提供深入的见解，同时也为有机合成和药物开发等领域提供了理论基础和技术支持。

分析化学

分析化学是获取物质的组成、结构和性质等信息以及分离和提纯物质的化学分支。按照分析方法划分，可分为化学分析和仪器分析，其中前者是以物质的化学反应为基础的分析方法，后者则是以物质的物理和物理化学性质为基础的分析方法。按照分析任务划分，可分为确定物质组成的定性分析、测定物质中各组分含量的定量分析，以及研究物质化学结构的结构分析。按照分析对象分类，可分为无机分析、有机分析、生化分析、环境分析等。按照样品中待测成分含量分类，可分为常量分析（>1%）、微量分析（0.01%~1%）和痕量分析（<0.01%）。

现代分析化学的重要衍生分支有光谱分析、电化学分析、色谱分析、波谱分析、表界面分析、微区分析等。光谱分析是利用光谱鉴别物质及确定其组成和相对含量的分析方法，主要包括原子光谱法和分子光谱法。电化学分析简称电分析，是基于电化学原理和物质的电化学性质而建立的分析方法。色谱分析是一种利用复杂物质中不同组分在固定相和流动相之间分配平衡的微小差别来达到分离不同组分并进行分析和检测的方法。波谱分析可分为质谱分析和核磁共振波谱分析；前者是通过制备、分离和检测待测物离子来进行成分和结构分析的方法，而后者则是利用核磁共振现象获取物质内分子结构、排列和相互作用的分析方法。随着科学技术的发展，特别是新材料科学、生命科学和环境科学的发展，当代分析化学要求提供更丰富、更全面的信息：从组成到形态分析，从总体到微区表面、分布及逐层分析，从宏观组分到微观结构分析，从静态到快速追踪分析，从有损到无损分析……分析化学吸取当代科学技术的最新成果，致力于建立测量分析的新方法和新技术。

物理化学

物理化学是利用数学工具并应用物理学原理来探索和解决化学问题的化学分支，是化学与物理学的交叉领域。1752年俄国科学家罗蒙诺索夫（Mikhail Lomonosov）在圣彼得堡大学的课堂上首次提出"物理化学"一词。而物理化学作为一门学科正式形成的标志性事件，通常认为是1887年德国化学家奥斯瓦尔德（Wilhelm Ostwald）和荷兰化学家范托夫（Jacobus H. van't Hoff）创办了第一本物理化学领域的科学期刊《物理化学杂志》。

自19世纪后半叶以来，物理化学逐渐形成了包括化学热力学、化学动力学、量子化学、统计力学、光谱学、表面化学、催化、电化学、光化学在内的多个分支领域。随着科学技术的发展和多学科之间的相互渗透融合，物理化学又发展出一些新兴分支领域，如纳米化学、化学反应动态学、复杂体系（如生命、材料等）物理化学等。

理论与计算化学

理论与计算化学是发展和运用现代化学理论及计算机模拟方法来研究和解决化学问题的新兴化学分支,是计算机科学、数学、物理学和化学高度交叉融合的领域,有时也包含在物理化学中。基于理论与计算研究的发展,化学逐步转变为实验-计算-理论三方面协同推动的科学;将理论分析、计算模拟与实验研究相结合,可显著提高化学探索研究的成功率和效率。理论与计算化学方法广泛应用于化学和材料、生命、能源、环境科学等相关领域,对化学学科的进步起重要推动作用。

理论与计算化学大体可分为电子结构理论、动态过程理论和统计理论三个分支。电子结构理论和计算方法是基于量子力学理论求解微观尺度物质电子结构的理论和计算方法,主要包括半经验方法、从头计算法、密度泛函方法、蒙特卡罗方法等。动态过程理论是研究化学反应在分子层面的过程和机制的理论,包括化学反应动态学、分子动力学模拟、电子-振动耦合作用、量子耗散动力学等。统计理论指基于统计力学的理论,包括近平衡体系统计力学、非平衡体系统计力学与量子耗散理论等。

高分子化学

高分子化学是研究高分子聚合物的合成、反应、性质及应用的化学分支;高分子聚合物是由小分子单体聚合而成的具有极高分子量(从几千到几百万)的化合物。尽管人类对天然高分子物质(如丝绸、棉、麻、油漆等)的利用有着悠久的历史,但高分子化学成为独立的化学分支学科的历史却并不久。20 世纪 20 年代,德国化学家施陶丁格(Hermann Staudinger)首先提出了高分子的重复链节结构,并在随后的实践中得到验证;施陶丁格也因此获得 1953 年诺贝尔化学奖。自此,高分子化学开始了迅猛的发展。

塑料、橡胶和纤维等合成高分子材料具有易于加工、成本低廉等优点,还具有弹性好、强度高、耐腐蚀等特点;与天然材料相比,合成高分子材料不受气候、季节和种植面积限制,因此非常适合作为天然材料的替代品,已经在日常生活和工业生产中得到了广泛的应用。但在合成高分子材料的生产和使用过程中,对环境的污染和对生态平衡的破坏已经引起了社会的极大关注。开发符合绿色化学范畴、可持续发展的新型高分子材料,是高分子科学领域及工业界的研究热点。

核化学

核化学是用化学方法或化学与物理相结合的方法研究原子核及核反应的化学分支,有时也包含在无机化学中。核化学起始于 1898 年居里夫妇对钋(Po)和镭(Ra)的分离和鉴定。根据研究对象的不同,核化学包含裂变化学、聚变化学、热原子化学、反冲化学、核衰变化学、宇宙化学等分支领域。核化学的研究不仅有助于深化对原子核及核反应的理解,还为能源、医疗、工业等多个领域的发展提供了重要的技术支持和解决方案。

化学生物学

化学生物学是利用化学的理论和方法来研究和解决重要的生命及生物医学问题的新兴化学分支，是化学与生物学、医学、药学等的交叉领域。化学生物学是自20世纪90年代发展起来的一门前沿科学，以研究生命现象及其调控为目标，在分子水平上探索生命现象的本质和维护生命功能。其重要研究领域包括化学遗传学、化学基因组学、化学蛋白质组学、金属化学生物学等。化学生物学的代表性技术包括生物正交反应、遗传密码子扩展技术、蛋白质靶向降解技术、基因编辑技术等。化学生物学所发现和创制的新颖生物活性物质将为医学和生命科学提供重要的研究工具；化学生物学对相互作用和分子识别的研究及对生理和病理过程分子机制的阐明，也将为开发新颖药物、临床诊断、治疗及疾病预防提供新的途径。

注： 虽然同为化学与生命科学的交叉领域，生物化学和化学生物学是两门不同的学科。简言之，化学生物学是应用于生物学的化学，而生物化学则是研究生物体内及生命活动过程中的化学进程的学科。

第二章
原子结构

经典模型
2.1 经典核型原子模型 …………… 12
2.2 波与经典波动方程 …………… 17

量子模型
2.3 量子理论 …………………… 21
2.4 氢原子光谱与玻尔理论 ……… 25
2.5 微观粒子特性 ……………… 31

氢原子结构
2.6 氢原子的量子力学模型 ……… 35
2.7 氢原子的量子力学结论 ……… 41

多电子原子结构
2.8 多电子原子结构与核外电子排布 …… 51
2.9 元素周期表与元素周期律 …… 58
案例 2.1 元素周期表的演变探索 …… 67
习题 ……………………………… 71

人类理解微观世界结构的过程是漫长而曲折的。本章将介绍对原子结构逐渐理解的过程:从核型原子的现代图像开始,到量子理论的引入,再到量子力学的科学突破;将按照最小的原子(即氢原子)、单电子原子(即类氢原子)、多电子原子的顺序来介绍微观结构;最后讨论元素周期表和元素周期律,从而将具有周期性的元素和原子系统地组织起来。

2.1 经典核型原子模型
(Classical Model of Nuclear Atom)

本节基本按照时间先后顺序,从前科学时期讲起,到元素和原子概念的提出,再到对亚原子结构的认识,重点放在经典核型原子模型的发现过程及其局限性。

元素与原子的概念

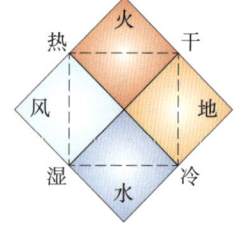

四元素说

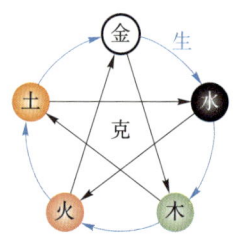

五行相生相克

早在古代,人类在好奇心的驱使下就在思考"世界究竟是由什么组成的"这一问题。智者们尝试从生活实践中提炼物质世界的背后图像,朴素地将一些常见事物归结为组成世界的基本元素。古希腊哲学家亚里士多德(Aristotle)认为地球由地、水、火、风这四种基本元素组成,而物质的四种基本性质为干、湿、冷、热,其中每种元素都是一对性质的组合,如地=干+冷、水=湿+冷、火=干+热、风=湿+热。中国古代思想家用五行理论来说明世界万物的形成及其相互关系。"五行"也称"五材",最早见于《尚书·洪范》:"五行:一曰水,二曰火,三曰木,四曰金,五曰土。水曰润下,火曰炎上,木曰曲直,金曰从革,土爰稼穑。润下作咸,炎上作苦,曲直作酸,从革作辛,稼穑作甘"。《左传》有"天生五材,民并用之"。五行理论认为,具有不同属性的五类物质,通过相互关联、相互作用形成了天地万物。

然而,直到1661年英国科学家玻意耳(Robert Boyle)所著的《怀疑派化学家》出版问世,具有近代科学意义的"**元素**(element)"概念才被给出:元素是不能用化学方法分解的最简单物质。同时,**化合物**(compound)被定义为由多种元素紧密结合而形成的稳定物质。正是由于玻意耳的巨著对化学发展产生的重大影响，1661 年被视为近代化学诞生的元年，玻意耳也被后世誉为"近代化学之父"。18、19 世纪是发现天然元素的主要时期，而在 20 世纪发现放射性之后，科学家们从核反应中逐步实现了人工元素的制备。

除了"世界究竟是由什么组成的"这一宏观问题之外，人们对"物质世界究竟是怎样由小到大构成的"这一微观问题也充满好奇。大海里的水究竟是连续的，还是像沙漠一样看上去连续，但实际上由一颗颗离散的沙粒构成？亚里士多德认为物质是连续的。《庄子·天下》有"一尺之棰，日取其半，万世不竭"的命题，认为木棒可以无限分割，也隐含着物质连续性的认识。古希腊哲学家留西帕斯（Leucippus）和他的学生德谟克利特（Democritus）则认为物质是离散的，他们创造了**原子**（atom）一词，其意为"不可分割的（uncuttable）"，来描述一个不可再分割的最小物质单元。《墨子·经下》有"非半弗䖃（通斫）则不动，说在端"，一般认为是针对上述《庄子》命题而发的，主张物质经过连续分割后最终会无法再分，其中隐含着物质离散性的观点。

1789 年法国科学家拉瓦锡（Antoine Lavoisier）提出了**质量守恒定律**（law of conservation of mass），即参加反应的各种物质的质量总和，等于发生化学反应之后生成的各种物质的质量总和。1799 年法国科学家普鲁斯特（Joseph Proust）总结出**定比定律**（law of definite proportions），即给定一种化合物，其组成元素的质量存在确定的比例关系，与来源和制备方法均无关。

1808 年英国科学家道尔顿（John Dalton）发现了**倍比定律**（law of multiple proportions），即当两种元素化合生成多种化合物时，与一定质量的一种元素化合的另一种元素，其质量之间存在简单整数比关系。为了解释倍比定律，道尔顿提出**原子理论**（atomic theory），其主要内容有：

1) 所有物质均由微小而不可分割的粒子（称为原子）构成，不能通过化学方法创造或破坏原子；
2) 同种元素的原子所有性质完全相同，不同元素的原子性质各不相同；
3) 不同元素的原子以简单整数比结合形成化合物。

关于道尔顿原子理论在科学史上的重要意义，美国科学家费曼（Richard Feynman）有一句著名的评述："假如由于某种大灾难，所有的科学知识都丢失了，只有一句话可以传给下一代……我相信这句话是：世界由原子构成。"

直到 19 世纪末，科学家们才意识到原子并非不可分割的，此后开始对亚原子结构（subatomic structure）有了新的认识。

电子的发现及其性质

古代人们就注意到琥珀与毛皮摩擦后会吸引轻小物体，后来，人们发现这种吸引的现象普遍存在，也可以发生在玻璃、石蜡等物质上。18 世纪，科学家们认识到存在两种不同的电荷：正电荷（+）与负电荷（-）。同种电荷相互排斥，异种电荷相互吸引。如果物体带有等量的正、负电荷，则该物体呈电中性。当带电粒子在磁场中运动时，正电粒子和负电粒子会依照左手定则向相反方向偏转。

> **例如**：孔雀石和铜锈的主要成分均为碱式碳酸铜[$Cu_2(OH)_2CO_3$]，与实验室中用硫酸铜和小苏打反应制备出的碱式碳酸铜，组成元素的质量比例关系完全一致。

> **例如**：1.000 g 碳可与 1.333 g 氧气化合生成一氧化碳，也可与 2.667 g 氧气生成二氧化碳，1.333 : 2.667 = 1 : 2。

1859年德国科学家普吕克（Julius Plücker）在研究稀薄气体的导电性时，观察到阴极附近管壁出现磷光的现象。1869年普吕克的学生希托夫（Johann Hittorf）发现，置于阴极和磷光之间的固体会在磷光区投下阴影。由此他推断，有沿直线运动的不可见射线从阴极发射出，磷光是射线撞击管壁引起的。1876年德国科学家戈尔茨坦（Eugen Goldstein）证实了这些射线垂直于阴极表面发射，并将其命名为**阴极射线**（cathode rays）。19世纪70年代英国科学家克鲁克斯（William Crookes）研制出第一个内部具有高真空的阴极射线管（图2.1a）。他根据阴极射线可以转动其路径上的小桨轮而得出结论：阴极射线具有动量。此外，当施加电场或磁场时，阴极射线的偏转方向证实其带负电荷（图2.1b-c）。

1897年英国科学家汤姆孙（Joseph J. Thomson）通过对阴极射线同时施加电场和磁场，计算得到其荷质比（e/m）。当电场和磁场对阴极射线所施加的力达到平衡时（图2.1d），阴极射线束保持不偏转。此时，圆周运动的向心力为

$$F_{电} = Ee = F_{磁} = Bev = \frac{mv^2}{r} \tag{2.1}$$

其中e、v和r分别是阴极射线的电荷、速度和运动半径，E和B分别是电场强度和磁感应强度（也称磁通密度）。由式（2.1）不难得出

$$e/m = \frac{v}{Br} = \frac{E}{B^2 r}$$

实验测定的荷质比为$e/m = -1.76 \times 10^{11}\ \text{C} \cdot \text{kg}^{-1}$。汤姆孙还证明，阴极射线的荷质比恒定，与阴极的材料或组成均无关。他进一步得出结论：阴极射线是普遍存在于所有原子中的、带负电荷的基本粒子。随后，阴极射线被命名为**电子**（electron, e）。

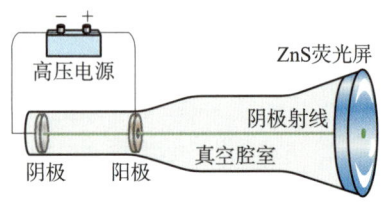

(a) 阴极射线管实验装置图

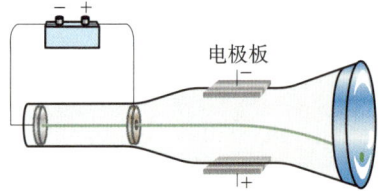

(b) 阴极射线在电场中的偏转

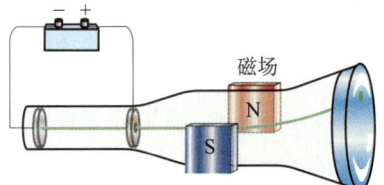

(c) 阴极射线在磁场中的偏转

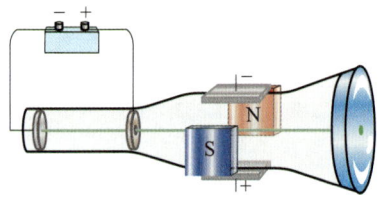

(d) 通过同时施加电场和磁场，可确定阴极射线的荷质比

图2.1 阴极射线及确定其荷质比的实验装置示意图

美国科学家密立根（Robert Millikan）通过一系列油滴实验（图2.2），精确地测量了电子的电荷，结果发表于1911年。这些实验将高能辐射产生的离子附着在雾化器喷出的油滴上，用电场来加速或减缓带电荷油滴在重力下的沉降。实验发现，油滴所带电荷的大小总是一个最小电荷值（即电子电荷e）的整数倍。在测得电子电荷后，即可通过e/m值计算电子质量。目前普遍接受的电子的电荷及质量值分别为

$$e = -1.6022 \times 10^{-19}\ \text{C} \quad \text{且} \quad m = 9.1094 \times 10^{-31}\ \text{kg}$$

由于电子是存在于所有原子中的基本粒子，科学家们开始推测，带负电荷的电子究竟如何包含在电中性的原子中。根据宏观物体的经验，汤姆孙于1904年提出了**葡萄干布丁模型**（plum-pudding model，图2.3a）。他认为，电子像"葡萄干"一样，漂浮在像"布丁"一样均匀弥散的、带正电荷的介质中。这样吸引力最大化而排斥力最小化，使得原子的总能量最低。然而，根据进一步的实验结果，这种葡萄干布丁模型被证明是不正确的。

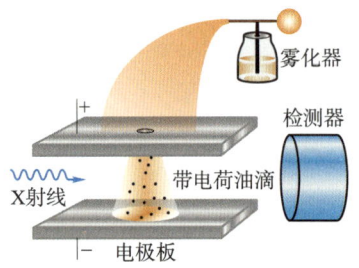

图2.2 密立根油滴实验装置示意图

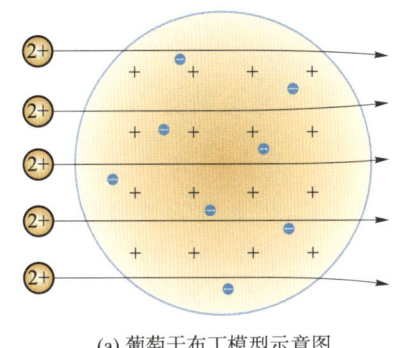
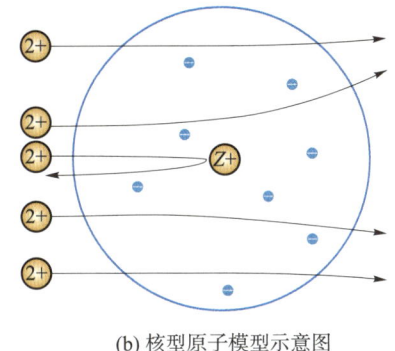

(a) 葡萄干布丁模型示意图　　(b) 核型原子模型示意图

图 2.3　两种原子模型示意图对比

α 粒子散射实验

在发现电子的几乎同一时期，**X 射线**（X ray）和**放射性**（radioactivity）也分别被德国科学家伦琴（Wilhelm Röntgen）和法国科学家贝克勒尔（Antoine H. Becquerel）发现。1899 年英国科学家卢瑟福（Ernest Rutherford）发现了来自放射性物质的两种辐射：α 粒子和 β 粒子。当通过电场时，α 粒子略微偏向负极板而 β 粒子显著偏向正极板。α 粒子具有很高的质量密度而 β 粒子的质量密度很低。后来，人们发现 α 粒子是 He^{2+}，β 粒子是高速电子流。1900 年法国科学家维拉德（Paul Villard）发现了称为 γ 射线的第三束辐射，它不受电场或磁场影响，被认为是具有极高能量的电磁辐射（详见 2.2 节）。放射性物质的这三种辐射类型及其在电场中的偏转情况如图 2.4 所示。

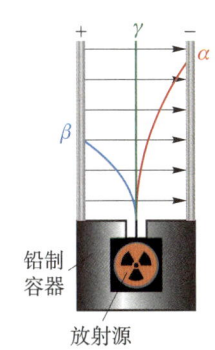

图 2.4　放射性物质的三类辐射：α 粒子、β 粒子与 γ 射线

1909 年卢瑟福和他的助手盖格（Hans Geiger）进行了一系列实验，通过用 α 粒子轰击薄金属箔来研究原子的内部结构（图 2.5）。在望远镜末端安装一个 ZnS 屏，望远镜可以沿圆形轨道围绕金属箔移动，通过撞击 ZnS 屏时产生的荧光来检测 α 粒子。该实验结果如下：

1）绝大多数 α 粒子不受阻拦地沿直线穿透金属箔；
2）一些 α 粒子发生小角度偏转；
3）极少数（约 0.005%）α 粒子发生大角度偏转；
4）极少数（约 0.005%）α 粒子沿入射方向反弹。

这些实验观察结果与汤姆孙的葡萄干布丁模型相矛盾。葡萄干布丁模型无法解释 α 粒子的大角度偏转和反弹散射，因为弥散在整个原子中的正电荷具有非常低的电荷密度，无法施加如此大的库仑斥力来显著改变 α 粒子的轨迹。由于 α 粒子散射实验的观测结果可重复，这意味着葡萄干布丁模型是不正确的。为了解释 α 粒子的大角度偏转和反弹散射，原子内必须存在与 α 粒子电荷密度相当的正电荷。由于发生偏转的 α 粒子比例极小，正电荷应局限在非常小的区域内。

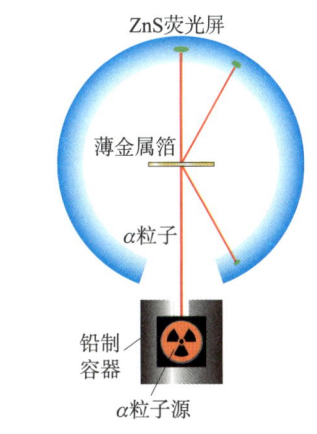

图 2.5　用 α 粒子轰击薄金属箔来研究原子内部结构的实验装置示意图

核型原子模型及其局限性

1911 年卢瑟福基于 α 粒子散射实验结果，提出了一种新的原子模型，其主要特征如下：

1）原子的大部分质量和全部正电荷均集中在一个被电子包围的非常小的区域

（称为**原子核**，nucleus），原子的剩余空间是空的。

2）不同原子所带正电荷量不同，约为该元素原子质量数的一半。

3）电子数等于原子核中单位正电荷的数量（称为**核电荷数**，nuclear charge number），二者相互抗衡，使得整个原子呈电中性。

由于该模型提出在原子中心存在一个原子核，因此称为**核型原子模型**（nuclear atom model，图 2.3b）。只有原子核这样高电荷密度的正电荷才能产生足够强的电场，使 α 粒子发生观察到的偏转。根据实验结果，卢瑟福估计原子核的尺寸小于 10^{-14} m，非常接近 10^{-15} m 的真实大小。

思考题：应如何估算原子核的尺寸？

1919 年卢瑟福通过 α 粒子对空气中氮原子的散射实验，发现了原子核中带正电荷的基本粒子，称为**质子**（proton，p）。他还预测了原子核中存在电中性的基本粒子，随后被英国科学家查德威克（James Chadwick）在 1932 年发现，称为**中子**（neutron，n）。

一个原子中的质子数称为**原子序数**（atomic number，Z），其值等于核电荷数，也等于原子中的电子数。原子中质子和中子的总数称为**质量数**（mass number，A）。因此，原子的中子数为 $A-Z$。通常用符号 $^A_Z\mathrm{E}$ 表示原子序数为 Z、质量数为 A 的元素 E 的原子。由于同一元素的原子序数始终相同，可简写为 $^A\mathrm{E}$。原子序数相同但质量数不同（即中子数不同）的原子，称为**同位素**（isotope）。

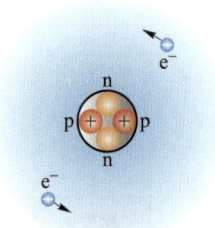

$^4_2\mathrm{He}$ 原子示意图

电子带一个原子单位的负电荷，质子带一个原子单位的正电荷，中子为电中性。**原子质量单位**（atomic mass unit，u）定义为碳-12（^{12}C）质量的 1/12。质子和中子的质量略大于 1 u，电子的质量约为 1/1823 u。表 2.1 总结了三种亚原子基本粒子的质量和电荷。

尽管卢瑟福的核型原子模型阐明了原子的结构，但并没有说明电子在原子核外是如何排布的。根据经典物理，带负电荷的电子与带正电荷的原子核之间存在静电引力，而电子的质量比原子核轻得多，如果电子静止不动，就会被静电引力拉到原子核上。这表明原子中的电子一定不是静止的，而是在绕核运动，就像行星围绕太阳运行一样。同样根据经典物理，绕核运动的电子应该不断辐射能量，并发射连续光谱。在持续损失能量之后，电子将被吸引而距离原子核越来越近，并很快以螺旋形轨迹坠入原子核。然而，核型原子是稳定的体系，原子光谱并非连续光谱而是线状光谱（详见 2.4 节）。这些都是核型原子模型无法解释的问题。

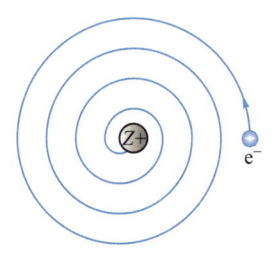

电子以螺旋形轨迹坠入原子核

表 2.1 核型原子中三种基本粒子的性质

粒子	符号（$^A_Z\mathrm{E}$）	发现时间	质量		电荷	
			SI/kg	原子单位/u[a]	SI/C	原子单位/e
电子	$^0_{-1}\mathrm{e}$	1897 年	9.1094×10^{-31}	5.4858×10^{-4}	-1.6022×10^{-19}	-1
质子	$^1_1\mathrm{p}$	1919 年	1.6726×10^{-27}	1.0073	$+1.6022 \times 10^{-19}$	$+1$
中子	$^1_0\mathrm{n}$	1932 年	1.6749×10^{-27}	1.0087	0	0

[a] u 为原子质量单位的国际制符号，精确定义为处于基态的 ^{12}C 中性原子静止质量的 1/12。

2.2 波与经典波动方程
(Wave and Classical Wave Equation)

从 19 世纪末到 20 世纪初,实验观测到一系列经典物理无法解释的现象,如黑体辐射、光电效应、原子的线状光谱、物质的波粒二象性、康普顿效应、固体的热容等。2.3 节将介绍黑体辐射和光电效应,2.4 和 2.5 节将分别讨论原子的线状光谱和物质的波粒二象性。由于这些内容均涉及电磁辐射,而电磁辐射是一种波,因此本节从波与电磁辐射的概念开始介绍。

波与电磁辐射的概念

波是通过真空或物质介质传递能量的一种扰动或振荡形式。根据其本质,波可分为如下几个主要类别:机械波、电磁波(也称电磁辐射)、概率波(也称物质波,详见 2.5 节)和引力波等。**机械波**(mechanical wave)是物质做机械振荡的一种波的形式,如绳波、水波和地震波等。**电磁辐射**(electromagnetic radiation)是振荡的电场和磁场通过真空或介质传播的一种波的形式。电磁辐射在真空中的传播速率恒定,通常称为光速,即

$$c = 2.99792458 \times 10^8 \text{ m·s}^{-1}$$

水波:一种横波

电磁辐射在介质中的传播速率为 $u = c/n$,其中 n 是介质的折射率。电磁辐射可与物质相互作用,特别是与微观粒子相互作用。正是通过研究电磁辐射与物质之间的相互作用,原子的微观结构才得以逐渐揭示。

在电磁辐射中,电场的方向(E)、磁场的方向(B)以及波的传播方向始终互相垂直,这使得电磁辐射成为**横波**(transverse wave),如图 2.6a 所示。振荡方向与传播方向平行的波称为**纵波**(longitudinal wave),也称"疏密波",即沿波的传播方向出现疏密不同的振荡形式,如图 2.6b 所示。常见纵波有声波、弹簧波、静电波等。此外,根据波是否发生移动,还可分为行波和驻波,详见 2.5 节。

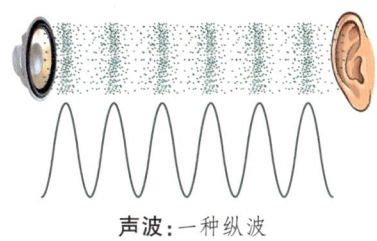

声波:一种纵波

思考题:电磁波与声波有哪些相同点和不同点?

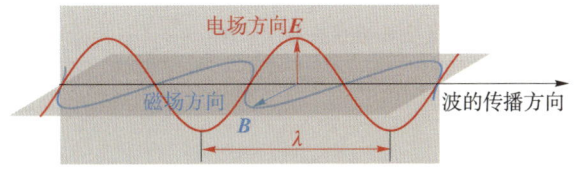

(a) 横波示意图:电磁辐射是一种横波,其电场方向(E)、磁场方向(B)以及波的传播方向三者互相垂直

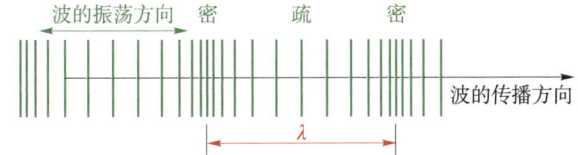

(b) 纵波示意图:波的振荡方向与其传播方向平行

图 2.6 横波与纵波对比

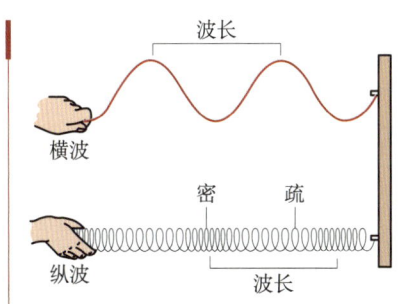

横波(绳波)与纵波(弹簧波)的对比

注: 一维经典波动方程是一个二阶偏微分方程,其形式为

$$\frac{\partial^2 f(x,t)}{\partial t^2} = u^2 \frac{\partial^2 f(x,t)}{\partial x^2}$$

其中 u 为波的传播速率。式(2.2)描述的函数形式是一维经典波动方程的解。关于偏微分方程详见本书附录 A。

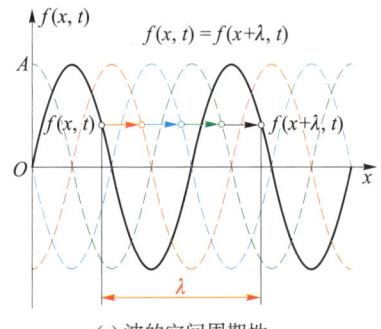

(a) 波的空间周期性

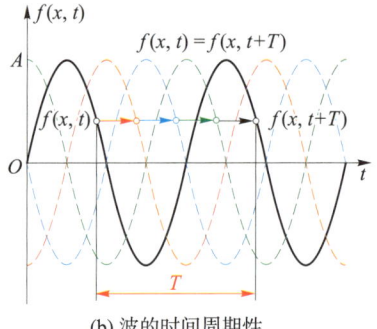

(b) 波的时间周期性

图 2.7 具有空间周期性和时间周期性的一维简谐波

经典波动方程(B)

波的一个显著特征是,在空间和时间上均具有周期性。以一维简谐波为例,作为空间坐标 x 和时间坐标 t 的函数,符合一维经典波动方程,可用如下函数形式描述:

$$y = f(x,t) = A\sin\left[\omega\left(t - \frac{x}{u}\right) + \varphi\right] \quad (2.2)$$

其中 A 为**振幅**(amplitude),ω 为**角速度**(angular velocity),u 是波的**传播速率**(propagation speed,简称波速),φ 是波的**相位**(phase),其波形如图 2.7 所示。波的一个循环的持续时长,称为**周期**(period,T)。周期的倒数,即单位时间内的周期数,称为**频率**(frequency,$\nu = 1/T$)。波的一个循环的持续距离,称为**波长**(wavelength,λ)。波长的倒数,即单位距离内的波长数,称为**波数**(wavenumber,$\bar{\nu} = 1/\lambda$)。由于波以其传播速率在一个周期的时间内必然精确传播一个波长的距离,故有

$$y = f(x,t) = f(x+\lambda,t) = f(x,t+T)$$

$$u = \frac{\lambda}{T} = \lambda\nu = \frac{\nu}{\bar{\nu}} \quad (2.3)$$

由于 $\omega = 2\pi/T = 2\pi\nu$ 且 $\lambda = uT = u/\nu$,式(2.2)也可写为

$$y = f(x,t) = A\sin\left[2\pi\left(\nu t - \frac{x}{\lambda}\right) + \varphi\right]$$

波在介质中的传播速率与介质的**折射率**(refractive index,n)成反比,即

$$u = u_0/n \quad (2.4)$$

其中 u_0 是波在真空中的传播速率,对于真空,$n = 1$。表 2.2 总结了关于波的各种物理量及其相互关系。

表 2.2 与波有关的各种物理量及其相互关系

物理量	符号	SI 单位	关系
周期	T	s	$\nu = 1/T$
频率	ν	s^{-1}	
波长	λ	m	$\bar{\nu} = 1/\lambda$
波数	$\bar{\nu}$	m^{-1} [a]	
波速	u	$m \cdot s^{-1}$	$u = \lambda/T = \lambda\nu = \nu/\bar{\nu}$
折射率	n	无	$n = u_0/u$ [b]

[a] 波数的 SI 单位是 m^{-1},但通常使用的单位为 cm^{-1},$1\ cm^{-1} = 100\ m^{-1}$。
[b] u_0 为真空中的波速;真空中的光速通常用 c 表示,$c = 2.99792458 \times 10^8\ m \cdot s^{-1}$。

波通常会表现出以下常见行为：

1) **传播**（propagation）：波在真空或均匀介质中沿直线传播。
2) **反射**（reflection）：当波传播到某一可反射表面时，会改变方向，使反射角（β）等于入射角（α），如图 2.8a 所示。
3) **折射**（refraction）：波从折射率为 n_1 的介质传播到折射率为 n_2 的另一种介质时，其方向会发生改变，折射的程度取决于介质折射率的变化，符合**斯涅尔定律**（Snell's law），即

$$\frac{\sin\alpha}{\sin\gamma} = \frac{n_2}{n_1}$$

其中 α 为入射角，γ 为折射角，如图 2.8b 所示。

4) **衍射**（diffraction）：当波遇到障碍物或小孔时，能够改变传播方向，进入障碍物或小孔的阴影区域。当障碍物或小孔的尺寸与波的波长相当或更小时，衍射效应更加显著，如图 2.8c 所示。
5) **干涉**（interference）：两个频率相同的波可叠加形成具有不同振幅的合波。当两个波之间的相位差为 π 的偶数倍，即两个波**同相**（in-phase）时，会发生**相长干涉**（constructive interference），振幅增大，如图 2.8d 所示。当相位差为 π 的奇数倍，即两个波**异相**（out-of-phase）时，会发生**相消干涉**（destructive interference），振幅减小，如图 2.8e 所示。

光的折射和色散

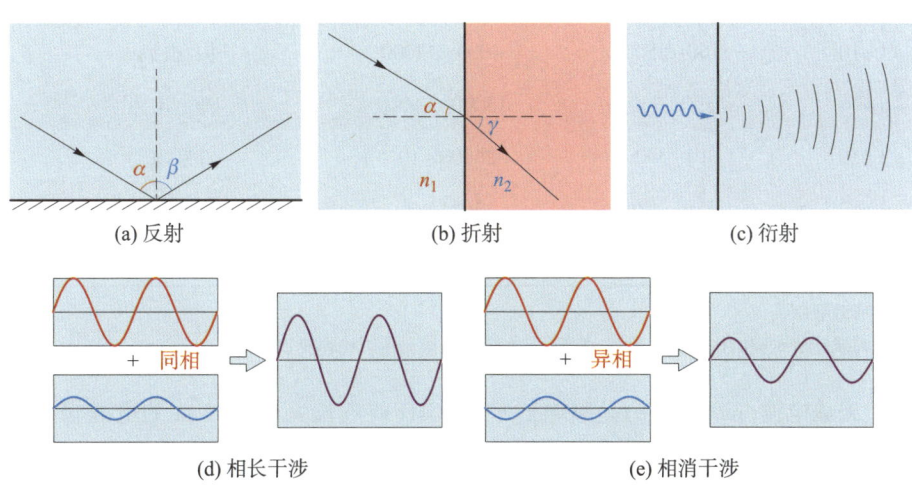

图 2.8 波的常见行为

电磁波谱区域（B）

电磁辐射包含广泛的波长和频率，可分为不同的**电磁波谱区域**（electromagnetic spectral region，也称电磁光谱区域），如图 2.9 和表 2.3 所示。按频率增加或波长减少的顺序排列，依次为无线电波、微波、红外线、可见光、紫外线、X 射线和 γ 射线。

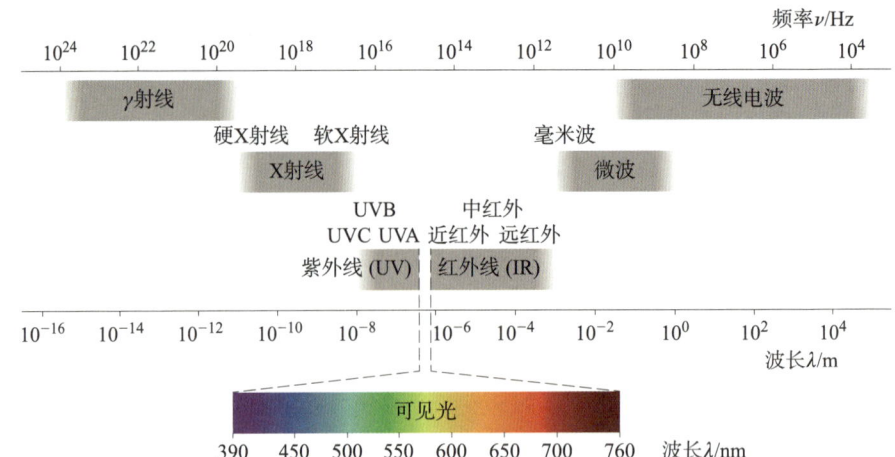

图 2.9 电磁波谱区域：按频率增加或波长减少的顺序排列，依次为无线电波、微波、红外线、可见光、紫外线、X 射线和 γ 射线

表 2.3 电磁波谱区域小结

区域	频率/Hz [a]	波长/nm [a]	波数/cm^{-1} [a]	跃迁能级类型 [b]
无线电波	$<10^{10}$	$>3\times10^{7}$	<0.3	平动
微波	$3\times10^{8} \sim 3\times10^{11}$	$10^{6} \sim 10^{9}$	$0.01 \sim 10$	转动
远红外（Far-IR）	$3\times10^{11} \sim 1\times10^{13}$	$25000 \sim 10^{6}$	$10 \sim 400$	转动、弱振动
中红外（Mid-IR）	$1\times10^{13} \sim 1\times10^{14}$	$2500 \sim 25000$	$400 \sim 4000$	振动
近红外（Near-IR）	$1\times10^{14} \sim 4\times10^{14}$	$760 \sim 2500$	$4000 \sim 13000$	振动倍频
可见光（Vis）	$4\times10^{14} \sim 8\times10^{14}$	$390 \sim 760$	$13000 \sim 26000$	外层电子
紫外（UV）	$8\times10^{14} \sim 3\times10^{16}$	$10 \sim 390$	$26000 \sim 10^{6}$	外层电子
X 射线	$3\times10^{16} \sim 3\times10^{19}$	$0.01 \sim 10$	$10^{6} \sim 10^{9}$	内层电子
γ 射线	$>3\times10^{19}$	<0.01	$>10^{9}$	核

a 对各种电磁波谱区域的范围仅保留一位或两位有效数字。
b 跃迁能级类型指发生与电磁波谱区域能量匹配的跃迁所对应的微观能级类型；关于平动、转动和振动的讨论详见 5.2 节。

注意：毫米波的波长确实是在毫米量级，但微波的"微"并不意味着其波长在微米量级，而是表明与无线电波相比，微波的波长较"微小"。

思考题：红外光谱常用于检测和识别样品的化学组成和化学键，为什么？

无线电波（radio wave）是频率低于 10 GHz 或波长大于 0.03 m 的电磁辐射。无线电波广泛用于无线电通信、广播、雷达和无线电导航系统、通信卫星等现代技术。**微波**（microwave）是波长范围从约 1 m 到 1 mm 的电磁辐射，对应于 300 MHz 到 300 GHz 之间的频率。**毫米波**（millimeter wave）是波长在 1~10 mm 的电磁辐射，对应于 300~30 GHz 的频率。毫米波是微波中频率较高的部分，也称为超高频（EHF）微波。

红外线（infrared，IR）是波长介于微波与可见光之间的电磁辐射，通常范围为 1 mm（300 GHz）到 760 nm（400 THz）。根据与可见光的距离，红外可以细分为近红外、中红外和远红外。**可见光**（visible light）是人眼可以感知的电磁辐射区域，通常范围为 390 nm（770 THz）到 760 nm（400 THz）。可见光混合在一起呈白光，可以通过棱镜散成一系列称为纯光谱色的颜色，按频率增加或波长减少的顺序排列，依次为红、橙、黄、绿、蓝、靛、紫色。

随着频率的增加,电磁辐射对 DNA 和细胞的损伤也会增加。频率高于可见光的电磁辐射可能在分子水平上对材料和组织造成相当大的持久损伤,并可能导致癌症。**紫外线**(ultraviolet, UV)是波长在 10~390 nm 的电磁辐射。根据其被大气臭氧层吸收的程度,UV 可分为 UVA(软 UV、低频长波、不吸收)、UVB(中 UV、中频中波、大部分吸收)和 UVC(硬 UV、高频短波、完全吸收)。虽然 UVA 不会直接损伤 DNA,但会通过产生的活性氧物种对 DNA 造成间接损伤。X 射线是从 10 pm 到 10 nm 的具有穿透性的短波电磁辐射形式。波长相对较长(0.1~10 nm)的 X 射线称为软 X 射线,而波长相对较短(10 pm~0.1 nm)的 X 射线称为硬 X 射线。**γ 射线**(γ ray)是一种具有穿透性的、波长极短的电磁辐射形式,其波长通常在 1 fm~10 pm,对人体和物体都有极大的破坏性,能够直接或间接使物质电离,造成辐射损伤。

注:关于如何区分 X 射线和 γ 射线,学界目前还没有形成共识,通常用波长 10 pm 作为二者的边界。另一种常见做法是根据来源区分:X 射线对应于电子能级之间发生的跃迁,而 γ 射线对应于核的能级之间发生的跃迁。

>> **例 2.1** 计算波长为 550 nm 的电磁辐射对应的波数、在真空中的频率和周期,并说明其属于电磁波谱的哪个区域。

>> **解**:电磁辐射在真空中的传播速率等于光速,为

$$u_0 = c = 2.998 \times 10^8 \text{ m·s}^{-1}$$

由 $\lambda = 550$ nm,可得

$$\bar{\nu} = \frac{1}{\lambda} = \frac{1}{550 \times 10^{-9} \text{ m}} = 1.82 \times 10^6 \text{ m}^{-1} = 1.82 \times 10^4 \text{ cm}^{-1}$$

$$\nu = \frac{u_0}{\lambda} = \frac{2.998 \times 10^8 \text{ m·s}^{-1}}{550 \times 10^{-9} \text{ m}} = 5.45 \times 10^{14} \text{ Hz}$$

$$T = \frac{1}{\nu} = \frac{1}{5.45 \times 10^{14} \text{ Hz}} = 1.82 \times 10^{-15} \text{ s}^{-1}$$

对照图 2.9 和表 2.3 可知,波长为 550 nm 的电磁辐射属于可见光的绿光区。

2.3 量子理论
(Quantum Theory)

本节将介绍黑体辐射和光电效应这两项经典物理无法解释的实验现象,以及分别基于普朗克量子理论和爱因斯坦光子理论的解决方案。

黑体辐射(B)

就像黑色物质能吸收所有颜色的可见光一样,所谓"黑体"是一种理想的、能吸收全部入射电磁辐射的物体。当黑体受到强热时,还可以发射出具有连续波长的电磁辐射,称为**黑体辐射**(blackbody radiation)。实验发现,黑体辐射的强度随波长连续变化,当温度一定时,会在某个特定波长处达到峰值。温度越高,峰值的波长就越短,如图 2.10 实线所示。当物体受热时,其行为与黑体类似,会发射出峰值波长不同的光。日常生活中,电炉丝(约 1000 K)显暗红色,白炽灯丝(约

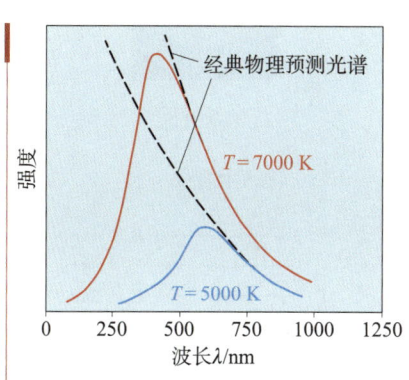

图 2.10 受热物体的辐射光谱:实验光谱(实线)与经典物理预测的光谱(虚线)存在显著差异

例如: 人们之所以知道太阳表面的温度约为 5800 K,正是因为太阳光(即太阳发射的电磁辐射)与温度为 5800 K 的黑体辐射最为接近。

3000 K)呈暖白色,都是黑体辐射的例子。

经典物理无法提供对黑体辐射的完整解释。按照经典理论,理想黑体的辐射强度将随波长的减小而无限增大,如图 2.10 虚线所示。经典物理预测与实验观测现象之间的分歧主要发生在电磁辐射的紫外区,因此称为紫外灾难。

普朗克量子理论

1900 年德国科学家普朗克(Max K. Planck)为解释黑体辐射的实验观测现象并解决紫外灾难问题,提出了革命性的**量子理论**(quantum theory),其主要思想是:能量和物质一样,是不连续的。经典物理对体系可能拥有的能量没有任何限制,即体系的能量可以为任意值。而量子理论将体系的能量限制为一系列离散的特定值,它们必须是某个最小特定值(称为能量量子)的整数倍。一般而言,**量子**(quantum)是任何物理量或性质的最小数量。如果某个物理量或性质的大小只能取由一个量子的整数倍组成的一系列离散值,则称该物理量或性质是"**量子化**(quantized)"的。

普朗克在量子理论中使用的模型是,受热物体表面的一组原子以相同频率振荡并发射电磁辐射。他假定能量是量子化的,且与该组原子(称为振子)振荡的频率成正比,因此振子所有允许的能量必须是能量量子的整数倍,即

$$E = nE_0 = nh\nu_0$$

其中 E 是允许的能量;n 称为**量子数**(quantum number),可以为任何正整数($n = 1, 2, 3, \cdots$);$E_0 = h\nu_0$ 是能量量子;ν_0 是振子的基频;h 称为**普朗克常数**(Planck constant),其值后来由实验确定为

$$h = 6.62607 \times 10^{-34} \text{ J} \cdot \text{s}$$

注: 本书中涉及的一些常数值总结在附录 B。

普朗克能量量子化假定更为普适的表述是:电磁辐射的能量(E)与辐射的频率(ν)成正比,即

$$E = h\nu \tag{2.5}$$

其中 $\nu = n\nu_0$ 且 $n = 1, 2, 3, \cdots$。式(2.5)称为**普朗克方程**(Planck's equation)。图 2.11 比较了经典理论和量子理论所允许的能量,前者为连续的,而后者是量子化的。

由于体系的所有允许能量均为量子的整数倍,因此体系的任何两个允许能量之差,也必须是量子的整数倍。这意味着当能量从一个允许值(E_1)变为另一个允许值(E_2)时,其改变量同样必然是量子的整数倍,有

$$\Delta E = E_2 - E_1 = h\nu_2 - h\nu_1 = (n_2 - n_1)h\nu_0 \tag{2.6}$$

在引入能量量子的概念之后,普朗克认为不同的黑体辐射频率来自不同的振子,而具有 $h\nu$ 能量的振子数随频率的增加(即波长的减小)而急剧下降[与($e^{h\nu/k_BT} - 1$)成反比],因此高频振子在所有振子中所占份额极小,相应的高频辐射强度也极低。沿着这个思路,普朗克成功地解释了黑体辐射强度在紫外区随波长的减小而降低的实验现象。基于普朗克量子理论对黑体辐射的完全解析较为复杂,留待

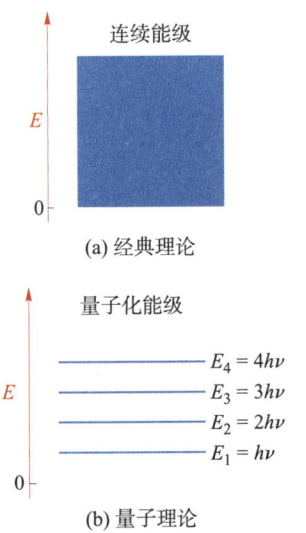

图 2.11 经典理论和量子理论所允许的能量对比

后续专业课程介绍。

尽管普朗克量子理论最初只是为解释黑体辐射而创立,但最终被公认为是一个普遍适用的原理。能量量子化的概念开启了认识微观世界的大门。量子理论的发现是现代科学的开拓性认识,对后续量子力学的发现至关重要。普朗克在德国物理学会宣读论文的那一天,即 1900 年 12 月 14 日,被指定为量子理论的诞生日。

光电效应(B)

光电效应(photoelectric effect)最早由赫兹(Heinrich Hertz)于 1887 年发现,并由哈尔瓦克斯(Wilhelm Hallwachs)和斯托列托夫(Aleksandr Stoletov)进一步研究。1888 年哈尔瓦克斯发现,当紫外线照射到一块与验电器相连的锌板时,锌板会带正电荷,这表明从其中发射出了一些负电粒子。后来,这些粒子被证实与阴极射线具有相同的性质,即为电子。由于是光照射产生,因此被命名为**光电子**(photoelectron)。

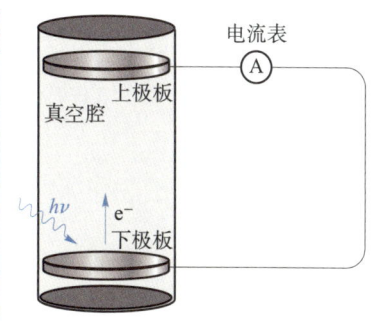

(a) 测量光电流的实验装置图

在如图 2.12a 所示的典型光电效应测量装置中,真空腔内的两块极板与电流表相连形成电路。用一束强度及频率均可调的电磁辐射照射下极板。在实验 1 中,入射光的强度固定在 I,频率由低到高连续变化。只有当频率大于某一**阈值频率**(threshold frequency,ν_0)时,才能在电流表中观察到电流(称为光电流)。此后不论频率如何增加,光电流强度均固定为 I_p。在实验 2 中,入射光的强度固定在 $2I$,频率再次由低到高连续变化。这一次光电流也仅出现在 $\nu>\nu_0$ 时,但其强度固定在 $2I_p$(图 2.12b)。如果 $\nu<\nu_0$,无论入射光有多强,均不能观察到光电流。因此从这些实验中可以得出结论:当频率的阈值条件不满足时,光电子数恒为 0;而一旦满足频率的阈值条件,光电子数与入射光强度成正比。

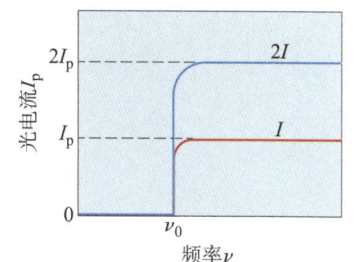

(b) 光电流与入射光频率和强度的关系图

实验 3(图 2.12c)中,在两个极板之间放置一个栅板,用来测量光电子的动能。将下极板与外加电源的正极相连,栅板与负极相连,使两者之间成为一个电容器,外加电源的电压可调并由电压表测量。为了产生光电流,光电子必须穿过栅板的空隙到达上极板,这些光电子的速度会被施加在栅板上的负电势所减慢。随着外加电压持续增大,越来越多的光电子减速直至停止,而不能到达上极板,导致电流表显示的光电流值逐渐减小。总是存在一个**截止电压**(stopping voltage,V_s),使得所有光电子均不能到达上极板、光电流恰好为零。在 V_s 下,发射的光电子的动能完全转化为势能。实验结果(图 2.12d)表明,截止电压与入射光的强度无关,而与其频率呈线性关系,斜率为 h/e。由此可以得出结论:光电子的动能与入射光频率呈线性相关。

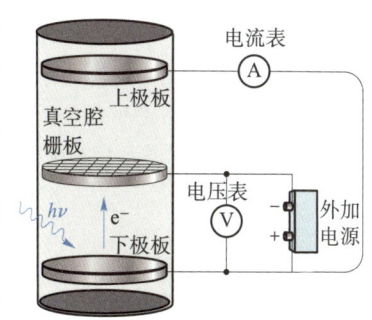

(c) 测量截止电压的实验装置图

在实验 4 中,使用不同金属或导体作为下极板材料,在相同的入射光频率下可观察到不同的阈值频率和截止电压,这表明光电效应是与物质本质相关的普遍现象。

爱因斯坦光子理论

经典理论认为,电磁辐射的能量与其强度和照射时间成正比,而与频率无关,因此不论什么频率的光,只要照射时间足够长,总能积累足够的能量,最终发射出

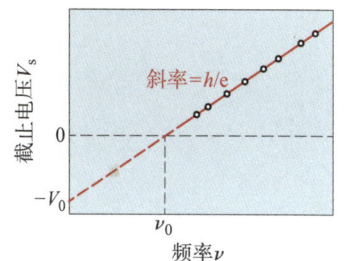

(d) 截止电压与入射光频率的关系图

图 2.12 光电效应装置与数据图

光电子。经典力学无法解释图 2.12b 中入射光存在阈值频率的现象，也不能解释图 2.12d 中光电子动能和截止电压对入射光频率的依赖性。

1905 年爱因斯坦（Albert Einstein）基于普朗克量子理论，提出了光子理论来解释光电效应。爱因斯坦假定电磁辐射由称为**光子**（photon，或光量子）的微小能量包组成，光子的能量（$E_{光子}$）与其频率（ν）成正比，有

$$E_{光子} = h\nu$$

其中 h 是普朗克常数。电磁辐射的强度则与单位时间内某一点的光子数成正比。

为使光电子能够从某一材料表面发射出，需要将材料里的束缚电子转变为自由电子。从某一材料表面移除束缚电子所需的最小能量，称为该材料的**功函数**（work function, Φ），有

$$\Phi = h\nu_0 = eV_0$$

其中 ν_0 是阈值频率，V_0 是移除束缚电子所需的最小电压。功函数和阈值频率均为材料的特性，不同材料具有不同的功函数和阈值频率。

当能量为 $h\nu$ 的光子撞击束缚电子时，光子的能量被吸收。当 $E_{光子} \leq \Phi$ 即 $\nu \leq \nu_0$ 时，材料吸收的光子能量不足以克服其功函数，因此不能释放光电子。只有当 $E_{光子} > \Phi$ 即 $\nu > \nu_0$ 时，吸收的光子能量才足以克服材料的功函数，从而发射出光电子，剩余的能量则转化为光电子的动能（E_k），即

$$E_{光子} = h\nu = \Phi + E_k = h\nu_0 + \frac{1}{2}mv^2 \tag{2.7}$$

其中 v 是光电子的速率。在较高的光强度下，有较多的光子被吸收，相应地释放出较多的光电子，产生了较高的光电流。

光电子的动能可以通过截止电压测量，有

$$E_k = \frac{1}{2}mv^2 = h(\nu - \nu_0) = eV_s \tag{2.8}$$

式（2.7）可改写为

$$h\nu = \Phi + E_k = eV_0 + eV_s$$

即

$$V_s = \frac{h}{e}\nu - V_0 \tag{2.9}$$

这解释了图 2.12d 所示的截止电压与入射光频率的线性关系，其斜率为 h/e，外延后截距为 $-V_0$。

思考题： 爱因斯坦光子理论怎样解释低于阈值频率时无法观察到光电流的现象？又怎样解释高于阈值频率后光电流迅速饱和的现象？图 2.12b 中，虽然两条曲线的光电流均迅速饱和，但光电流从 0 达到饱和仍存在一个小的频率范围，这又该如何解释？

» 例 2.2 已知金属汞的功函数为 4.5 eV。

(1) 通过计算说明是否能用可见光使汞产生光电效应；

(2) 当 215 nm 的光照射到汞表面,产生的光电子动能是多少？对应的截止电压是多少？

» **解法一**：(1) 功函数与阈值频率的关系为 $\Phi = h\nu_0$，因此

$$\lambda_0 = \frac{c}{\nu_0} = \frac{hc}{\Phi} = \frac{6.626 \times 10^{-34} \text{ J} \cdot \text{s} \times 2.998 \times 10^8 \text{ m} \cdot \text{s}^{-1}}{4.5 \text{ eV} \times 1.602 \times 10^{-19} \text{ J} \cdot \text{eV}^{-1}}$$

$$= 2.8 \times 10^{-7} \text{ m} = 280 \text{ nm}$$

金属汞的阈值波长为 280 nm，意味着只有波长小于 280 nm 的光才能使汞产生光电效应。可见光的波长范围是 390~760 nm，不能使汞产生光电效应。

注意：eV 称为电子伏特，是能量的单位，表示 1 个电子经过 1 V 的电势差加速后所获得的动能。由于 1 J = 1 C·V，显然 1 eV = 1.602×10⁻¹⁹ J。

(2) 由 $E_{\text{光子}} = h\nu = \frac{hc}{\lambda} = \Phi + E_k$，可得

$$E_k = \frac{hc}{\lambda} - \Phi = \frac{6.626 \times 10^{-34} \text{ J} \cdot \text{s} \times 2.998 \times 10^8 \text{ m} \cdot \text{s}^{-1}}{215 \times 10^{-9} \text{ m}} -$$

$$4.5 \text{ eV} \times 1.602 \times 10^{-19} \text{ J} \cdot \text{eV}^{-1} = 2.03 \times 10^{-19} \text{ J}$$

由 $E_k = eV_s$，可得

$$V_s = \frac{E_k}{e} = \frac{2.03 \times 10^{-19} \text{ J}}{1.602 \times 10^{-19} \text{ C}} = 1.27 \text{ V}$$

» **解法二**：(1) 金属汞的阈值波长为

$$\lambda_0 = \frac{1240}{4.5} \text{ nm} = 280 \text{ nm}$$

可见光的波长范围是 390~760 nm，不能使汞产生光电效应。

(2) $E_k = E_{\text{光子}} - \Phi = \frac{1240}{215} \text{ eV} - 4.5 \text{ eV} = 1.27 \text{ eV}$

对应的截止电压为 $\quad V_s = \frac{E_k}{e} = \frac{1.27 \text{ eV}}{e} = 1.27 \text{ V}$

注：能量、波长和波数之间的一个便捷换算关系是，能量为 1 eV 的光的波长约 1240 nm，波数约 8066 cm⁻¹。在使用该换算关系要注意，能量与波长成反比（$E = hc/\lambda$），与波数成正比（$E = hc\bar{\nu}$）。

2.4 氢原子光谱与玻尔理论
(Atomic Spectra of Hydrogen and Bohr Theory)

17 世纪牛顿 (Isaac Newton) 最早使用"光谱"一词，来表示白光通过棱镜色散时观察到的颜色范围。后来，**光谱** (spectrum) 特指光的强度随波长或频率变化的曲线图。光谱可分为连续光谱和线状光谱。

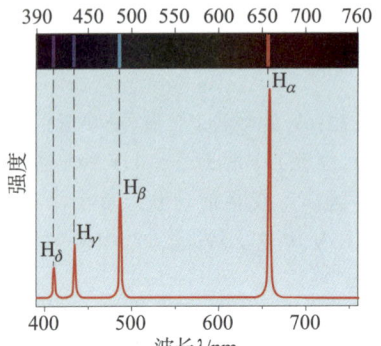

图 2.13 氢原子在可见光区的线状光谱

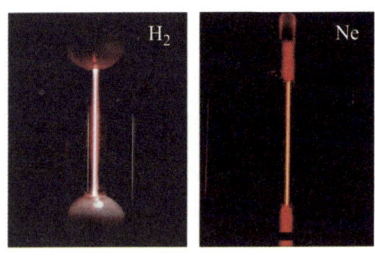

气体放电

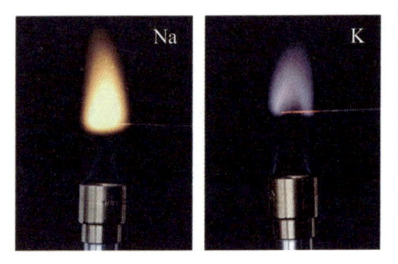

焰色反应

连续光谱与线状光谱

图 2.10 所示的黑体辐射光谱由各种连续的波长分量组成,不论波长是多少(不考虑 0 和 ∞),对应的辐射强度均不为零,这样的光谱称为**连续光谱**(continuous spectrum)。相反,**线状光谱**(line spectrum,也称离散光谱)是辐射仅存在于某些离散的波长处、中间有大量辐射强度为零的间隙的光谱。这些位于离散波长处的辐射称为**谱线**(spectral lines)。原子光谱是典型的线状光谱,每种元素都具有其独特的谱线,可作为相应元素的原子"指纹"。真空管中充入少量原子蒸气,在管的两端加上高电压使电流通过蒸气(称为气体放电),这时原子会发光并产生线状光谱,氢气放电的线状光谱如图 2.13 所示。各种离子化合物的火焰呈现出可指示其金属离子存在的独特颜色,也是线状光谱。例如,钠的焰色之所以呈黄色,正是因为钠的原子光谱中两条强度最高的谱线(波长分别为 589.0 nm 和 589.6 nm)位于可见光的黄光区。

氢原子光谱

氢原子是最简单的原子,其原子核内仅有一个质子,核外也只有一个电子,然而氢的原子光谱中却包含大量谱线。肉眼看来,氢气放电的氢灯发出的光呈红紫色,在可见光区包含四条独特的谱线(图 2.13):一条位于 656.3 nm、强度最高的红色谱线(H_α),一条位于 486.1 nm 的蓝色谱线(H_β),一条位于 434.0 nm 的紫色谱线(H_γ),和一条位于 410.2 nm 的深紫色谱线(H_δ)。1885 年一位瑞士的中学教师巴耳末(Johann J. Balmer)将这些谱线的波长公式总结为

$$\lambda = 364.600 \text{ nm} \times \frac{n^2}{n^2-4}$$

这些谱线因此统称为**巴耳末系**(Balmer series)。后来,瑞典科学家里德伯(Johannes Rydberg)将该公式整理为一个更简单的经验表达式,即

$$\bar{\nu} = \frac{1}{\lambda} = \bar{R}_H \left(\frac{1}{2^2} - \frac{1}{n^2} \right)$$

其中 $\bar{\nu}$ 是光的波数;n 为大于 2 的正整数;$\bar{R}_H$ 称为**里德伯常数**(Rydberg constant),这里以波数形式表示,其值为 $1.09677576 \times 10^7 \text{ m}^{-1}$。不难算出,上述四条谱线分别对应于 $n = 3、4、5$ 和 6。氢原子光谱里还存在 n 值更大、波数更高的巴耳末谱线,但它们出现在紫外区。

后来,氢原子光谱的其他谱系也陆续被发现,分别为

莱曼系(Lyman series,紫外区):$\bar{\nu} = \bar{R}_H \left(\frac{1}{1^2} - \frac{1}{n^2} \right)$,$n = 2, 3, \cdots$

帕邢系(Paschen series,近红外区):$\bar{\nu} = \bar{R}_H \left(\frac{1}{3^2} - \frac{1}{n^2} \right)$,$n = 4, 5, \cdots$

布拉开系(Brackett series,近红外区):$\bar{\nu} = \bar{R}_H \left(\frac{1}{4^2} - \frac{1}{n^2} \right)$,$n = 5, 6, \cdots$

普丰德系(Pfund series,中红外区): $\bar{\nu} = \bar{R}_H \left(\dfrac{1}{5^2} - \dfrac{1}{n^2} \right)$, $n = 6,7,\cdots$

氢原子光谱的所有谱系均可用统一的**里德伯公式**(Rydberg equation)表述为

$$\bar{\nu} = \bar{R}_H \left(\frac{1}{n'^2} - \frac{1}{n^2} \right) \tag{2.10}$$

其中 n 和 n' 是两个正整数,且有 $n > n'$。

>> **例 2.3** 分别计算巴耳末系中波长最长的谱线和波长最短的谱线对应的量子数和波长。

>> **解**:巴耳末系的波长公式为

$$\lambda = 364.600 \text{ nm} \times \frac{n^2}{n^2 - 4}$$

波长最长的谱线能量最低,对应于量子数 $n = 3$,有

$$\lambda = 364.600 \text{ nm} \times \frac{3^2}{3^2 - 4} = 656.3 \text{ nm}$$

波长最短的谱线能量最高,对应于量子数 $n = \infty$,有

$$\lambda = 364.600 \text{ nm} \times \frac{\infty^2}{\infty^2 - 4} = 364.6 \text{ nm}$$

玻尔理论

2.1 节提到,根据经典物理,绕核做圆周运动的电子应连续不断地辐射能量,原子光谱应为连续光谱。实验观测到的原子光谱却是线状光谱,与经典理论相矛盾。1913 年丹麦科学家玻尔(Niels Bohr)在核型原子模型基础上,根据普朗克量子理论,提出了一种新的原子理论来解释氢原子的线状光谱,称为**玻尔理论**(Bohr theory)。如 1.1 节所述,所有理论都是从一些基本假定出发,并遵循缜密的数学或逻辑规则得出结论。玻尔理论提出了如下三个基本假定:

1) **定态条件**(stationary condition):电子只能在一组允许的、具有特定半径和能量的圆形轨道(称为定态)上绕核运动,处于定态的电子不发射能量。
2) **角动量条件**(angular momentum condition):处于定态的电子,其角动量(L)是量子化的,即

$$L = mvr = n\hbar = \frac{nh}{2\pi} \tag{2.11}$$

其中 m 和 v 分别是电子的质量和速度;r 为轨道半径;$\hbar = h/2\pi$ 称为**约化普朗克常数**(reduced Planck constant);n 称为量子数,可以为任何正整数($n = 1, 2, 3, \cdots$)。

3) **跃迁条件**(transition condition):电子只能从一个允许的轨道(n)移动到另一个

注:物理量角动量($\boldsymbol{L}$)定义为位移($\boldsymbol{r}$)与动量($\boldsymbol{p} = m\boldsymbol{v}$)的叉乘,是一个矢量,有

$$\boldsymbol{L} = \boldsymbol{r} \times \boldsymbol{p}$$

其标量形式为

$$L = mvr \sin\varphi$$

其中 φ 为 $\boldsymbol{r}$ 与 $\boldsymbol{v}$ 的夹角。当电子绕核旋转时,$\varphi = 90°$,因此 $L = mvr$。

允许的轨道(n'),这种移动称为**跃迁**(transition),用 $n \to n'$ 表示。在跃迁过程中,电子可以吸收($n < n'$时)或发射($n > n'$时)电磁辐射,其能量等于两个轨道的能量差,即

$$E_{光子} = h\nu = |\Delta E| = |E_{n'} - E_n| \tag{2.12}$$

若 $E_n < E_{n'}$,$\Delta E = E_{n'} - E_n > 0$ 对应于吸收;若 $E_n > E_{n'}$,$\Delta E = E_{n'} - E_n < 0$ 对应于发射。

基于上述三个基本假定,下面开始进行推导。首先,电子在圆形轨道上绕核运动,其向心力(F)为电子和原子核之间的静电引力,即

$$F = \frac{e^2}{4\pi\varepsilon_0 r^2} = \frac{mv^2}{r}$$

其中 $\varepsilon_0 = 8.854 \times 10^{-12}\ \text{C}^2 \cdot \text{J}^{-1} \cdot \text{m}^{-1}$ 是真空介电常数。则有

$$r = \frac{e^2}{4\pi\varepsilon_0 mv^2}$$

与角动量条件 $L = mvr = n\hbar$ 联立,可得

$$v = \frac{e^2}{2\varepsilon_0 h} \cdot \frac{1}{n}$$

$$r = \frac{\varepsilon_0 h^2}{\pi m e^2} n^2 = a_0 n^2 \tag{2.13}$$

其中 $a_0 = 5.293 \times 10^{-11}$ m = 52.93 pm,称为**玻尔半径**(Bohr radius)。式(2.13)表明允许的轨道半径(r_n)是量子化的,其量子数 $n = 1, 2, 3, \cdots$

电子的总能量(E)为其动能(E_k)与势能(E_p)之和,其中

$$E_k = \frac{1}{2}mv^2 = \frac{e^2}{8\pi\varepsilon_0 r} \quad 且 \quad E_p = -\frac{e^2}{4\pi\varepsilon_0 r}$$

因此

$$E = E_k + E_p = -\frac{e^2}{8\pi\varepsilon_0 r} = -\frac{me^4}{8\varepsilon_0^2 h^2} \cdot \frac{1}{n^2} = -\frac{R_H}{n^2} \tag{2.14}$$

其中 $R_H = 2.178 \times 10^{-18}$ J = 13.6 eV 是能量形式的里德伯常数。由于能量与波数的关系为

$$E = h\nu = \frac{hc}{\lambda} = hc\bar{\nu} \tag{2.15}$$

R_H 与 $\bar{R}_H$ 的关系为 $R_H = hc\bar{R}_H$。式(2.14)表明允许的轨道能量(E_n)也是量子化的,其量子数 $n = 1, 2, 3, \cdots$

最后,由跃迁条件可得

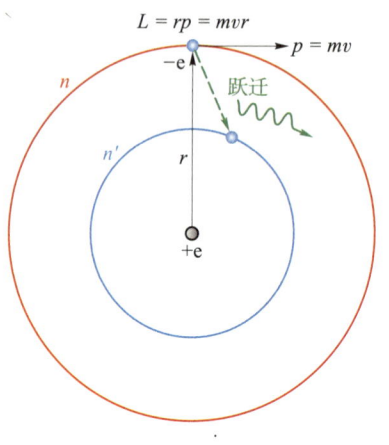

$n \to n'$ 跃迁示意图

注:上述推导过程中 m 为电子的质量,但严格而言,氢原子实际上是一个两物种体系。由于电子(m_e)比质子(m_p)轻得多,通常假定质子基本不动,只考虑电子的质量。但实际上质子和电子彼此环绕,使用的质量应为体系的**折合质量**(reduced mass, μ)

$$\frac{1}{\mu} = \frac{1}{m_e} + \frac{1}{m_p}$$

$$E_{光子} = h\nu = |\Delta E| = |E_{n'} - E_n| = R_H \left| \frac{1}{n^2} - \frac{1}{n'^2} \right| \tag{2.16}$$

氢原子光谱是从高能轨道跃迁到低能轨道的发射光谱,因此 $n > n'$ 且 $E_n > E_{n'}$,故有

$$E_{光子} = h\nu = -\Delta E = E_n - E_{n'} = R_H \left(\frac{1}{n'^2} - \frac{1}{n^2} \right)$$

$$\bar{\nu} = \frac{\nu}{c} = \frac{E_{光子}}{hc} = \frac{R_H}{hc} \left(\frac{1}{n'^2} - \frac{1}{n^2} \right) = \bar{R}_H \left(\frac{1}{n'^2} - \frac{1}{n^2} \right)$$

由此得到与式(2.10)完全一致的里德伯公式。以上即为玻尔理论从三个基本假定出发,推导出自然定则里德伯公式的过程,解释了里德伯公式为什么成立。

能级图与电离能

由玻尔理论可知,允许的原子轨道能量是量子化的,这些允许的能量状态称为**能级**(energy level)。用来表示能级的图案化形式称为**能级图**(energy level diagram),如图 2.14 所示。量子数 n 可以是从 1 开始的任何正整数。当 $n = 1$ 时,$r_1 = a_0$ 对应于距核最近的轨道,$E_1 = -R_H$ 是允许的最低能级,称为**基态**(ground state)。$n > 1$ 的能级($n = 2, 3, 4, \cdots$)称为**激发态**(excited state),有

$$r_2 = 4a_0, \quad r_3 = 9a_0, \quad r_4 = 16a_0, \quad \cdots$$

$$E_2 = -R_H/4, \quad E_3 = -R_H/9, \quad E_4 = -R_H/16, \quad \cdots$$

$n = \infty$ 时,$r_n = n^2 a_0 = \infty$ 对应于距核无穷远的轨道,$E_n = -R_H/n^2 = 0$ 是体系势能的参考零点。$n = \infty$ 意味着电子完全从 H 原子中移除,成为自由电子,这时 H 原子被电离成 H^+。从基态 H 原子电离出一个电子所需的能量称为**电离能**(ionization energy, I),有

$$I = E_\infty - E_1 = 0 - (-R_H) = R_H \tag{2.17}$$

关于电离能的更多讨论详见 2.9 节。表 2.4 总结了氢原子的量子化轨道半径与轨道能量。

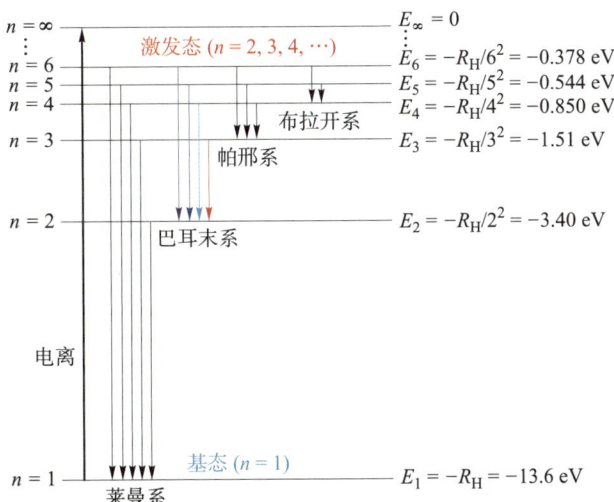

图 2.14 氢原子的量子化能级示意图

表 2.4　氢原子的量子化轨道半径与轨道能量

n	$r_n{}^a$	$E_n{}^b$	备注
1	$r_1 = a_0$	$E_1 = -R_H$	氢原子的基态
2	$r_2 = 4a_0$	$E_2 = -R_H/4$	氢原子的第一激发态
3	$r_3 = 9a_0$	$E_3 = -R_H/9$	氢原子的第二激发态
4	$r_4 = 16a_0$	$E_4 = -R_H/16$	氢原子的第三激发态
…	…	…	…
n	$r_n = n^2 a_0$	$E_n = -R_H/n^2$	氢原子的第 $n-1$ 激发态
…	…	…	…
∞	$r_\infty = \infty$	$E_\infty = 0$	电子完全电离的氢离子

a　$a_0 = 5.293 \times 10^{-11}$ m $= 52.93$ pm 为玻尔半径。
b　$R_H = 2.18 \times 10^{-18}$ J $= 13.6$ eV 是能量形式的里德伯常数。

玻尔理论不仅适用于氢原子,也适用于**类氢原子**(hydrogen-like atom),即核外只有一个电子的任何原子或离子,如 He^+、Li^{2+}、Be^{3+}、B^{4+} 等。类氢原子是由两个带电粒子组成的简单体系:带负电荷($-e$)的电子和带正电荷($+Ze$)的原子核,其中 Z 为核电荷数或原子序数。对于类氢原子,玻尔理论的推导过程与氢原子类似,结论如下:

$$r_n = a_0 n^2/Z \quad 且 \quad E_n = -R_H Z^2/n^2 \tag{2.18}$$

> **思考题**:根据玻尔理论,与 H 原子相比,He^+ 的基态轨道离核更近还是更远?基态能量更高还是更低?

》例 2.4　计算 He^+ 中电子由 $n = 5$ 能级跃迁到 $n' = 3$ 能级时发射光的波长,并说明其属于电磁波谱的哪个区域。

》解:He^+ 的 $Z = 2$,能级公式为

$$E_n = -\frac{R_H Z^2}{n^2} = -\frac{4R_H}{n^2}$$

对于 $n = 5$ 到 $n' = 3$ 的跃迁,有

$$|\Delta E| = |E_{n'} - E_n| = 4R_H \left| \frac{1}{n^2} - \frac{1}{n'^2} \right|$$

$$= 4 \times 13.6 \text{ eV} \times \left(\frac{1}{3^2} - \frac{1}{5^2} \right) = 3.87 \text{ eV}$$

发射光的波长为

$$\lambda = \frac{1240}{3.87} \text{ nm} = 320 \text{ nm}$$

该辐射属于电磁波谱的紫外区。

尽管在解释氢原子和类氢原子光谱上获得了成功,玻尔理论仍具有很大的局限性。它无法解释多电子原子(即具有一个以上电子的原子或离子)的发射光谱。此外,该理论也不能解释氢原子和类氢原子光谱的精细结构,如发射光谱在

磁场中的分裂等。玻尔理论只是直接假定,但没有回答为什么角动量是量子化的问题。从根本上讲,玻尔理论是经典物理和非经典物理的简单混杂。然而,玻尔理论在科学发展中仍具有重要意义,因为它给出了从适用于宏观体系的经典力学转变为解释微观粒子特性的量子力学的科学范式。

2.5 微观粒子特性
(Nature of Microscopic Particles)

前几节已经介绍了微观粒子与宏观物体之间的一些显著差异,本节将讨论它们在特性以及运动规律方面的不同,为下一节介绍量子力学奠定基础。

波粒二象性

自17世纪末以来,光的本质就是一个长期争论的焦点问题。以牛顿为代表的科学家们发展了微粒学说,认为光沿完美的直线反射,表明其粒子本质。以惠更斯(Christiaan Huygens)为代表的科学家们从数学上完善了波动学说,证明光是一种可用波动方程描述的电磁波。从19世纪中叶开始,光的波动学说超越微粒学说占据主导地位,其主要原因之一是它可以解释其他学说所不能解释的光的偏振现象。如2.2节所述,1905年爱因斯坦提出了光子理论来解释光电效应。后来科学家们意识到,单独的微粒学说和波动学说均不能完全解释光的所有现象和性质,必须将二者结合起来。光既是波也是粒子:作为一种电磁波,光依照线性波动方程在真空或介质中传播,同时也可以作为离散的粒子进行发射或吸收。一般而言,光在与传播相关的现象(如反射、折射、衍射、干涉和偏振等)中主要表现出波性,而在与物质相互作用(如光电效应、吸收和发射等)时主要表现出粒性。因此,光具有**波粒二象性**(wave-particle duality)。

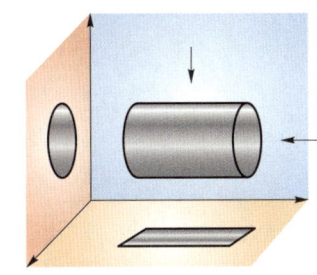

波粒二象性类比:圆柱体在一个方向的投影为圆形,而在另一个方向的投影则是长方形

1924年德布罗意(Louis de Broglie)受爱因斯坦光子理论的启发,提出了德布罗意假说,认为所有物质均存在类似于波的行为,称为**物质波**(matter wave)。通过将爱因斯坦的质能方程与光子理论相结合,德布罗意推导出

$$E = mc^2 = h\nu$$

$$p = mc = \frac{h\nu}{c} = \frac{h}{\lambda}$$

其中能量(E)和动量(p)均为光子的粒性,而频率(ν)和波长(λ)均为光子的波性,它们之间可通过普朗克常数 h 相互关联。德布罗意认为上述方程同样适用于实物粒子,有

$$E = h\nu \quad \text{且} \quad p = \frac{h}{\lambda} \tag{2.19}$$

其中 ν 和 λ 分别是与实物粒子相关联的物质波的频率和波长。实物粒子的粒性和波性之间,也可以通过普朗克常数 h 相互关联。

图2.15总结了光子和实物粒子的 λ、ν、p 和 E 之间的各种关系。这里应特别

图2.15 光子和实物粒子的波性(波长 λ 和频率 ν)与粒性(动量 p 和能量 E)之间的关系图

注意的是,实物粒子具有两种速度:群速度(v)和相速度(u)。群速度是实物粒子的运动速度,因此

$$E = \frac{1}{2}mv^2 \quad 且 \quad p = mv$$

而相速度是与该实物粒子相关联的物质波的波速,有

$$u = \lambda \nu$$

故

$$E = \frac{p^2}{2m} = \frac{pv}{2} = \frac{hu}{\lambda} = pu$$

对于实物粒子,$v = 2u$;而对于光子,$v = u = c$。

1927年汤姆孙(George Thomson)和戴维孙(Clinton Davisson)领导的两个独立实验室,分别通过电子衍射实验证实了德布罗意假说。从电子衍射图案得到的波长,与式(2.19)计算的电子作为物质波的波长完全吻合。德布罗意因此获得1929年诺贝尔物理学奖,汤姆孙和戴维孙共享1937年诺贝尔物理学奖。

随后,α粒子、中子、一些原子和分子等其他实物粒子的衍射图案陆续被观察到,证实了实物粒子均具有波粒二象性的结论。表2.5列出了从宏观到微观的各种实物粒子作为物质波的波长。许多微观粒子的物质波波长与X射线的波长(10 pm~10 nm)相当,可观察到与X射线类似的衍射图案(图2.16),并表现出显著的波粒二象性。而宏观物体的物质波波长极短,如子弹的物质波波长在 10^{-23} pm 量级,无法测量。因此,宏观物体主要表现为波性可忽略不计的粒子,其运动可用经典力学充分描述。

(a) X射线衍射图

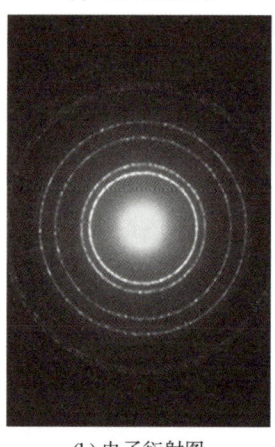

(b) 电子衍射图

图2.16 (a) X射线与(b)电子的衍射图案类似,表明电子具有波性

表2.5 实物粒子的物质波波长

实物粒子	质量/kg	速度/(m·s^{-1})	波长/pm
子弹	1.0×10^{-2}	1.0×10^3	6.6×10^{-23}
乒乓球	2.7×10^{-3}	1.0×10^1	2.5×10^{-20}
Xe 原子(300 K)	2.3×10^{-25}	2.4×10^2	12
He 原子(300 K)	6.6×10^{-27}	1.1×10^3	91
10000 V 电子	9.1×10^{-31}	5.9×10^7	12
100 V 电子	9.1×10^{-31}	5.9×10^6	120
1 V 电子	9.1×10^{-31}	5.9×10^5	1200

» 例 2.5 分别计算波长为 1 nm 的光子和电子的动量和能量。

» 解: 不论光子还是电子,均有

$$p = \frac{h}{\lambda} = \frac{6.626 \times 10^{-34}\ \text{J·s}}{1 \times 10^{-9}\ \text{m}} = 6.626 \times 10^{-25}\ \text{kg·m·s}^{-1}$$

对于光子

$$E = pc = 6.626\times10^{-25}\text{ kg}\cdot\text{m}\cdot\text{s}^{-1} \times 2.998\times10^{8}\text{ m}\cdot\text{s}^{-1}$$

$$= 1.986\times10^{-16}\text{ J}$$

对于电子

$$E = \frac{p^2}{2m} = \frac{(6.626\times10^{-25}\text{ kg}\cdot\text{m}\cdot\text{s}^{-1})^2}{2\times9.109\times10^{-31}\text{ kg}} = 2.410\times10^{-19}\text{ J}$$

不确定性原理

根据经典力学,宏观物体具有确定的位置和动量,会按照确定的轨迹运动。这意味着宏观物体的所有物理行为均可确定无疑地预测出,不确定性为零。然而,当涉及微观粒子时,情况却并非如此。1927年海森伯(Werner Heisenberg)通过思想实验建立了**海森伯不确定性原理**(Heisenberg uncertainty principle),推断粒子的某些物理变量对的组合不确定性(即不确定性的乘积)存在绝对的基本极限。这些物理变量对称为**互补变量**(complementary variables),如一维的位置(x)-动量(p_x)对,以及时间(t)-能量(E)对,有

$$\Delta x \cdot \Delta p_x \geq \hbar/2 \tag{2.20}$$

$$\Delta t \cdot \Delta E \geq \hbar/2 \tag{2.21}$$

其中 Δ 表示相应变量的不确定性,$\hbar$ 是约化普朗克常数。式(2.20)表明,无法同时高准确性地测量位置和动量。某个粒子的位置确定得越准确,则其动量预测得就越不准确,反之亦然。

历史上不确定性原理常与观察者效应(即所谓的测不准原理)相混淆。观察者效应指的是,无法在不影响体系的情况下对其进行测量。显然,不确定性原理是量子体系的固有特性,陈述了量子体系的本质,与是否进行测量无关。

表2.6列出了从宏观到微观的各种实物粒子在速度相对不确定性为0.1%时的位置不确定性。可以看到,与其自身尺寸相比,微观粒子的位置不确定性非常大,因此不能准确预测其运动轨迹。而宏观物体的位置不确定性极小,如子弹的位置不确定性在 10^{-33} m 量级,与其自身尺寸相比可忽略不计,因此能够基于经典力学对其运动轨迹进行准确的预测。

表2.6 实物粒子在速度相对不确定性为0.1%时的位置不确定性

实物粒子	质量/kg	$v_x/(\text{m}\cdot\text{s}^{-1})$	$\Delta v_x/(\text{m}\cdot\text{s}^{-1})$	$\Delta x/\text{m}$
子弹	1.0×10^{-2}	1.0×10^{3}	1.0×10^{0}	5.3×10^{-33}
乒乓球	2.7×10^{-3}	1.0×10^{1}	1.0×10^{-2}	2.0×10^{-30}
Xe 原子(300 K)	2.3×10^{-25}	2.4×10^{2}	2.4×10^{-1}	9.6×10^{-10}
He 原子(300 K)	6.6×10^{-27}	1.1×10^{3}	1.1×10^{0}	7.3×10^{-9}
10000 V 电子	9.1×10^{-31}	5.9×10^{7}	5.9×10^{4}	9.8×10^{-10}
100 V 电子	9.1×10^{-31}	5.9×10^{6}	5.9×10^{3}	9.8×10^{-9}
1 V 电子	9.1×10^{-31}	5.9×10^{5}	5.9×10^{2}	9.8×10^{-8}

>> **例 2.6** 乒乓球的质量为 2.7 g，设其速度为 10.0 m·s^{-1}，且速度的相对不确定性为 0.1%。求乒乓球作为物质波的波长，并通过计算说明乒乓球主要表现为粒性，具有确切的运动轨迹。

>> **解**：根据波粒二象性，乒乓球作为物质波的波长为

$$\lambda = \frac{h}{mv} = \frac{6.626 \times 10^{-34}\ \text{J·s}}{2.7 \times 10^{-3}\ \text{kg} \times 10.0\ \text{m·s}^{-1}} = 2.5 \times 10^{-32}\ \text{m}$$

作为对比，γ 射线是最短的电磁波，波长在 $10^{-15} \sim 10^{-11}$ m 量级。乒乓球的波长远小于 γ 射线，无法测量，其波性可忽略不计，主要表现为粒性。根据不确定性原理，乒乓球的位置不确定性为

$$\Delta x \geqslant \frac{\hbar}{2\Delta p_x} = \frac{h}{4\pi m \Delta v_x}$$

$$= \frac{6.626 \times 10^{-34}\ \text{J·s}}{4 \times 3.142 \times 2.7 \times 10^{-3}\ \text{kg} \times 10.0 \times 10^{-3}\ \text{m·s}^{-1}} = 2.0 \times 10^{-30}\ \text{m}$$

乒乓球的位置不确定性在 10^{-30} m 量级，与其自身尺寸（10^{-2} m 量级）相比可忽略不计，因此具有确切的运动轨迹。

注：一维波动方程 $y=f(x,t)$ 表明，沿一维方向传播的波是一维空间坐标 x 和时间坐标 t 的函数；类似地，三维波动方程 $y=f(\boldsymbol{q},t)$ 表明，在三维空间传播的波是三维空间坐标 $\boldsymbol{q}$ 和时间坐标 t 的函数。这里用粗体字母 $\boldsymbol{q}$ 强调空间坐标是一个三维矢量，在直角坐标系中等价于 (x,y,z)，有

$$\boldsymbol{q} = x\boldsymbol{i} + y\boldsymbol{j} + z\boldsymbol{k}$$

其中 $\boldsymbol{i}$、$\boldsymbol{j}$ 和 $\boldsymbol{k}$ 分别是三维基矢。三维波动方程在直角坐标系中可写为 $y=f(x,y,z,t)$。

概率波与驻波（B）

德布罗意假说表明，所有物质均表现出波性，是具有相应波长的物质波。微观粒子的波性表现为一种概率的波，其强度对应于观察到指定粒子的概率，因此物质波也称**概率波**（probability wave）。与式（2.2）所示的一维波动方程类似，三维波动方程是三维空间坐标 $\boldsymbol{q}$ 和时间坐标 t 的函数，有 $y=f(\boldsymbol{q},t)$。因此，概率波在空间和时间上均存在概率分布。

如何理解以概率波形式存在的微观粒子？数学概念中的概率，是基于大量统计数据、以数字的形式来描述随机事件发生的可能性。例如，随机抛硬币的概率为 50% 朝上、50% 朝下。然而，如果只抛一次硬币，它既可以朝上也可以朝下，其结果不受概率的影响。只有存在大量可用的统计数据时，概率才有意义。而对于微观粒子而言，在大多数情况下均存在大量可用的统计数据，因此可以用概率波来描述它们的性质。同时，概率波也意味着不能 100% 确定无疑地预测微观粒子的性质，而只能给出受不确定性原理限制、具有一定不确定性的概率。

思考题：电子的波性可视为是其粒性的统计结果，这句话正确吗？应如何理解？

以电子为例，电子在空间和时间上的概率分布，与大量电子运动的统计数据有关。大量电子运动的数据既可以短时间内用强电子流观察到，也可以长时间内用弱电子流观察到，仅从实验结果上看，这二者是无法区分的。例如，对于图 2.16b 所示的电子衍射图案，不难理解，其中明、暗衍射条纹分别对应于概率波的高、低强度。如果仅提供这样一张电子衍射图案，我们无法区分它究竟是短时间内用强电子流收集到的，还是长时间内用弱电子流收集到的。如果是前者，则明、暗条纹分别代表电子数量较多或较少的区域；如果是后者，则明、暗条纹分别代表电子有较多或较少机会到达的区域。给定时间段、给定区域内概率波的强度，对

应于在该时间段和该区域内观察到电子的概率。

基于以上论述,不难认识到玻尔原子理论的一个基本错误,在于将电子约束在具有固定半径的轨道上。微观粒子的运动并没有明确的轨道,但在空间和时间上均表现出一定的概率分布,观察到粒子的概率与其概率波的强度呈正相关。

物质波(即概率波)究竟是一种什么波呢?物质波必须是一种驻波。根据是否发生移动,可以将波分为**行波**(traveling wave)和**驻波**(standing wave)。绳波或水波都属于行波,如图 2.7 所示的简谐波也是典型的行波,其中波上的所有点均随空间和时间移动。相反,驻波是随时间振荡、但峰值振幅的分布不在空间中移动的波(图 2.17)。驻波上的不同点具有不同的振幅,其中振幅绝对值最小(通常为零)的位置称为节点(node),而振幅绝对值最大的位置称为波腹或反节点(antinode)。驻波的节点在空间中完全不发生移动,乐器的振动波是一类典型的驻波。

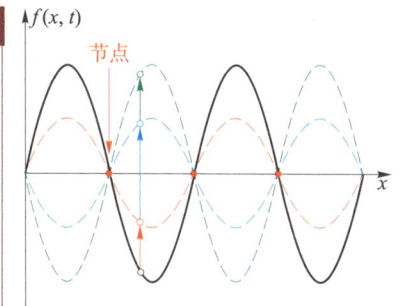

图 2.17 随时间振荡、但峰值振幅的分布不在空间中移动的驻波:不同颜色代表波随时间的振荡

物质波之所以是一种驻波,是因为其必须满足某些边界条件从而引入量子数(详见 2.6 节)。例如,玻尔推测,电子的物质波要在圆形轨道上稳定存在,必须表现为相互增强的驻波,这要求轨道的周长($2\pi r$)是波长(λ)的整数倍,有

$$2\pi r = n\lambda$$

这就是引入量子数 n 的周期性边界条件。再结合波粒二象性的波长-动量关系

$$\lambda = \frac{h}{p}$$

有

$$L = mvr = rp = \frac{n\lambda}{2\pi} \cdot \frac{h}{\lambda} = \frac{nh}{2\pi} = n\hbar$$

即为角动量量子化的来源。此时驻波的节点总数等于 $2n$,如图 2.18 所示。如果圆形轨道的周长不满足是波长整数倍的条件,电子的物质波则会相互抵消,即一部分波的波峰可能与另一部分波的波谷重叠,无法形成稳定的合波。

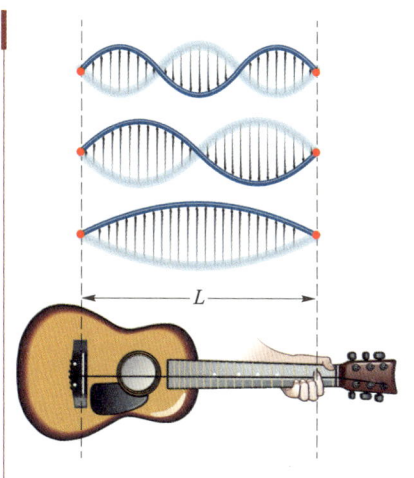

乐器波

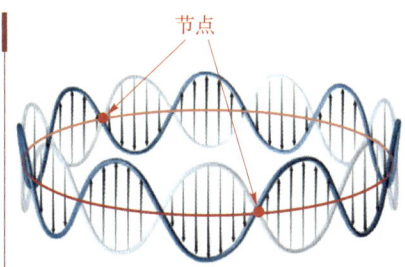

图 2.18 电子的驻波示意图:当轨道周长等于波长的整数倍时,电子的物质波相互增强,形成稳定的合波

2.6 氢原子的量子力学模型
(Quantum Mechanical Model of Hydrogen Atom)

2.3~2.5 节详细介绍了导致量子力学发现的各种理论基础,本节将系统地讨论氢原子的量子力学模型,并将其推广至类氢原子。由于其中的推导相当复杂,本书只涉及最为核心和必要的部分,以便于理解后续章节中将要介绍的原子轨道和分子轨道图像。

量子力学与波动力学

经典力学(classical mechanics)是描述宏观自然现象的物理学理论合集,但不适用于解释和描述微观自然现象。相比之下,**量子力学**(quantum mechanics)是处理纳米及以下尺度自然现象的科学分支,是现代物理学的基础理论之一,在许多学科和技术中均具有广泛的应用。经典力学的大多数理论均可由量子力学推导得出,作为在宏观尺度上的有效近似。

量子力学是20世纪20年代中期在量子理论的基础之上发展起来的理论合集,被广泛认为是20世纪最为重要的三大科学发现之一。现代量子力学可以用各种专门开发的数学形式来表述,包括由海森伯发明的矩阵力学形式、由薛定谔(Erwin Schrödinger)发明的波动力学形式和由费曼(Richard Feynman)发明的路径积分形式等。其中由薛定谔在1926年提出的、采用波动力学方程来描述体系类波性质的**波动力学**(wave mechanics),是量子力学最为常用的形式,本书也只讨论波动力学形式。

注:20世纪最重要的三大科学发现分别是量子力学、相对论和DNA的双螺旋结构。

波函数

作为理论,量子力学共有五条基本假定。其中第一条基本假定就是:一个体系的所有状态和性质均可由**波函数**(wave function) $\Psi(\boldsymbol{q},t)$ 完全描述,其中 $\boldsymbol{q}$ 为空间坐标,t 为时间坐标,均是波函数 Ψ 的变量。与式(2.2)用一维波动函数 $f(x,t)$ 来描述一维简谐波类似,波函数 $\Psi(\boldsymbol{q},t)$ 可以描述一个多维体系的所有状态和性质,这里用粗体字母 $\boldsymbol{q}$ 强调空间坐标是一个多维矢量。在三维空间中,$\boldsymbol{q}$ 等价于直角坐标系的 (x,y,z) 或球极坐标系的 (r,θ,ϕ)。

量子力学的第一条基本假定定义了体系的波函数,它可以完全描述体系的所有状态,也可以计算出体系的所有性质。因此,量子力学的最终目标就是求解波函数,一旦得到了波函数,即可直接获得体系的所有状态和性质。波函数 $\Psi(\boldsymbol{q},t)$ 称为**含时波函数**(time-dependent wave function),也称非定态波函数。如果对体系如何随时间变化不感兴趣,或者用于描述体系在某个确定时刻的状态,则可以使用**不含时波函数**(time-independent wave function),也称定态波函数,用 $\psi(\boldsymbol{q})$ 表示。本书只讨论不含时波函数。

注:在量子力学中,含时波函数与不含时波函数的关系为

$$\Psi(\boldsymbol{q},t) = \psi(\boldsymbol{q})T(t)$$

其中 $T(t)$ 是体系的时间演化函数。

概率与概率密度

在量子力学中,粒子在空间某坐标点 $\boldsymbol{q}$ 处的无穷小体积微元 $\mathrm{d}\tau$ 内出现的概率等于 $|\psi(\boldsymbol{q})|^2\mathrm{d}\tau$。这意味着 $|\psi(\boldsymbol{q})|^2$ 的物理意义即为粒子在空间点 $\boldsymbol{q}$ 处出现的**概率密度**(probability density)。体系的波函数 $\psi(\boldsymbol{q})$ 是一个自身没有直接物理意义的复数函数,而波函数的平方(即其复数模的平方)是实函数,具有概率密度的物理意义,有

$$|\psi(\boldsymbol{q})|^2 = \psi^*(\boldsymbol{q})\psi(\boldsymbol{q})$$

正如上一节讨论概率波时提到的,数学概念中的概率是基于大量统计数据、用数值来描述随机事件发生的可能性。量子力学中的概率,意味着粒子在给定的空间体积内出现的可能性。初学者可能较难理解概率和概率密度的概念,这里用质量和质量密度来做类比。我们知道,物体的质量(m)与体积(V)和质量密度(ρ)成正比,质量密度定义为单位体积内的质量,即

$$\rho = \frac{m}{V}$$

思考题:概率与概率密度有何区别和联系?

注:数学上,若 $\psi = a + ib$,则 $\psi^* = a - ib$,且有

$$|\psi|^2 = \psi^*\psi = (a-ib)(a+ib) = a^2 + b^2$$

其中 i 是虚数单位,$i^2 = -1$。简便起见,$|\psi|^2$ 有时也简写为 ψ^2。

类似地,概率(dP)与体积(dτ)和概率密度($|\psi(\boldsymbol{q})|^2$)成正比,概率密度定义为粒子在给定点 $\boldsymbol{q}$ 处单位体积内出现的概率,即

$$|\psi(\boldsymbol{q})|^2 = \frac{\mathrm{d}P}{\mathrm{d}\tau}$$

因此

$$\mathrm{d}P = |\psi(\boldsymbol{q})|^2 \mathrm{d}\tau$$

这就解释了为什么粒子在空间坐标点 $\boldsymbol{q}$ 处的体积微元 $\mathrm{d}\tau$ 内出现的概率等于 $|\psi(\boldsymbol{q})|^2 \mathrm{d}\tau$。

如果一个物体的密度处处相等,则 $m = \rho V$。如果物体的密度在不同部位呈不均匀分布,则

$$m = \sum_i \rho_i V_i$$

如果物体的密度对于每个无穷小的体积微元均呈不均匀分布,则

$$\mathrm{d}m = \rho \mathrm{d}V \quad \text{且} \quad m = \int \mathrm{d}m = \int \rho \mathrm{d}V$$

注:关于微积分的初步知识详见本书附录 A。

类似地,粒子在空间中出现的概率密度对于每个无穷小的体积微元均呈不均匀分布,总概率应通过对全空间进行积分来计算,即

$$P = \int \mathrm{d}P = \int |\psi(\boldsymbol{q})|^2 \mathrm{d}\tau \tag{2.22}$$

由于粒子在全空间出现的总概率必为 1,有

$$\int_{-\infty}^{+\infty} |\psi(\boldsymbol{q})|^2 \mathrm{d}\tau = 1 \tag{2.23}$$

式(2.23)称为**归一化条件**(normalization condition)。当满足归一化条件时,波函数称为是"归一化的"。任何量子力学体系的波函数,无论含时或不含时波函数,都应该是归一化的。

薛定谔方程的一般形式

与牛顿力学方程是经典力学中用于描述宏观物体基本运动规律的方程类似,**薛定谔方程**(Schrödinger equation)是量子力学中用于描述微观粒子基本运动规律的波动力学方程。其一般形式为

$$\left[-\frac{\hbar^2}{2m} \nabla^2 + V(\boldsymbol{q}) \right] \psi(\boldsymbol{q}) = E\psi(\boldsymbol{q}) \tag{2.24}$$

其中 m 为粒子的质量;$\hbar$ 是约化普朗克常数;$\nabla^2 = \frac{\partial^2}{\partial x^2} + \frac{\partial^2}{\partial y^2} + \frac{\partial^2}{\partial z^2}$ 称为**拉普拉斯算符**(Laplacian operator),是一个二阶偏微分算符;$-\hbar^2 \nabla^2 / 2m$ 表示体系的动能;$V(\boldsymbol{q})$ 表示体系的势能,是空间坐标 $\boldsymbol{q}$ 的函数;E 是体系的总能量。

正如代数方程的解是一组数,常微分方程的解是一组一元函数,偏微分方程的解则是一组多元函数。薛定谔方程是一个二阶偏微分方程,其完整求解过程需要使用较为高级的数学技巧,留待后续专业课程介绍。这里需要知道的是,薛定谔方程的解会是一系列具有多个变量的波函数 $\psi(q)$ 的表达式。在求解薛定谔方程的过程中,由于要求满足某些周期性**边界条件**(boundary condition),会引入一些必要的条件参数(即量子数)。而在解得体系的波函数之后,进而可求得体系的能量及所有其他性质。

箱中粒子模型的薛定谔方程及其求解(C)

一个量子体系的薛定谔方程是否能够精确求解,取决于体系的势能函数形式。这里以具有最简单势能函数形式、薛定谔方程可精确求解的"**箱中粒子模型**(particle-in-a-box model)"为例,来具体介绍波函数、量子数和能级等量子力学概念,以便和后续氢原子的波函数、量子数和能级相类比。箱中粒子模型可分为一维或多维,这里先介绍最简单的一维势箱模型,再扩展到二维和三维势箱。

所谓"**一维势箱**(one-dimensional potential box)"模型,指的是具有如下势能函数形式(图 2.19a)的一维量子体系:

$$V(x) = \begin{cases} 0, & 0 < x < L \\ \infty, & x \leq 0 \text{ 或 } x \geq L \end{cases} \tag{2.25}$$

体系势能为∞的地方,意味着粒子受到无穷大势能限制而完全不能存在的区域,即 $\psi(x) = 0$。势能为0则意味着粒子能够不受限制地存在,因此具有一定粒子出现的概率,即 $\psi(x) \neq 0$。故式(2.25)给出的势能函数,使得体系的粒子被限制只能出现在从 $x=0$ 到 $x=L$ 的一维势箱内。由于高度也是势能的一种形式,该体系可以类比于宏观上一个无限深的陷阱,也称**势阱**(potential well)。陷阱内的高度为0,陷阱外的高度为∞。可以想象,一旦有物体跌入这一陷阱,无论如何也无法逃离,被限制只能存在于陷阱内,在陷阱外出现的可能性必然为0。

势箱外必有 $\psi(x) = 0$,因此求解箱中粒子模型的波函数仅需考虑势箱内。由于 $V = 0$,一维势箱模型的薛定谔方程可化简为

$$-\frac{\hbar^2}{2m} \frac{d^2\psi(x)}{dx^2} = E\psi(x) \tag{2.26}$$

式(2.26)仅涉及一个变量 x,故采用常微分形式,可进一步改写为

$$\frac{d^2\psi(x)}{dx^2} = -\frac{2mE}{\hbar^2}\psi(x) \tag{2.27}$$

求解上述常微分方程,即可得到一维势箱的波函数。这里略去具体求解过程,仅给出一维势箱波函数(图 2.19b)的表达式为

$$\psi_n(x) = \begin{cases} \sqrt{\dfrac{2}{L}} \sin\left(\dfrac{n\pi x}{L}\right), & n = 1,2,3,\cdots \quad 0 < x < L \\ 0, & x \leq 0 \text{ 或 } x \geq L \end{cases} \tag{2.28}$$

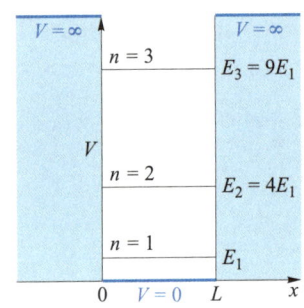

(a) 势能与量子化能级

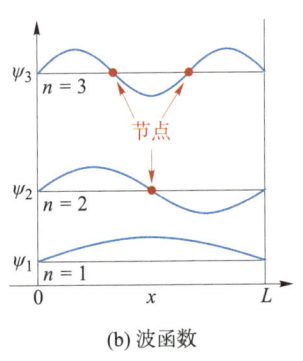

(b) 波函数

图 2.19 一维势箱中粒子模型示意图

注:对于一维体系,$\nabla^2 = d^2/dx^2$ 且 $\psi(q) = \psi(x)$。

注意:量子数 n 的引入,源自求解过程中要求同时满足周期性边界条件 $\psi(0) = 0$ 和 $\psi(L) = 0$。

其中 $\psi_n(x)$ 表示该波函数是一维空间坐标 x 的函数，且与量子数 n 有关，n 值可取任何正整数。

波函数改变符号的地方，如果是一个点则称为**节点**（node），如果是一个面则称为**节面**（node）。由图 2.19b 可以看到，一维势箱波函数 ψ_n 共有 $n-1$ 个节点；节点数越多的波函数，n 值越大，其能量也越高。

解得波函数式（2.28）后，将其代入式（2.27），可得一维势箱体系的量子化能级（图 2.19a）为

$$E_n = \frac{n^2 h^2}{8mL^2}, \quad n = 1, 2, 3, \cdots \tag{2.29}$$

当 $n=1$ 时，$E_1 = \frac{h^2}{8mL^2}$ 称为基态；当 $n=2,3,4,\cdots$ 时，$E_2 = 4E_1$，$E_3 = 9E_1$，$E_4 = 16E_1 \cdots$ 称为激发态。显然 $E_1 \neq 0$，这意味着一维势箱体系所允许的最低能量不为零。一个体系所具有的不为零的最低能量，称为该体系的**零点能**（zero-point energy）。按照经典力学，箱中粒子能量最小值为零，则 $\Delta E = 0$，这违背了不确定性原理。零点能的存在是不确定性原理的必然结果。

与一维势箱类似，二维和三维势箱模型的薛定谔方程也可精确求解，求解方法称为**变量分离法**（separation of variables）。这里只给出三维势箱模型的求解结论，包含以下三个部分：

1）三个量子数 n_x、n_y 和 n_z，由求解过程中的边界条件产生，其值可取任何正整数；

2）波函数 $\psi_{n_x n_y n_z}(x,y,z)$，是三个一维波函数的乘积，有

$$\psi_{n_x n_y n_z}(x,y,z) = \psi_{n_x}(x)\psi_{n_y}(y)\psi_{n_z}(z)$$

$$= \sqrt{\frac{8}{L_x L_y L_z}} \sin\left(\frac{n_x \pi x}{L_x}\right) \sin\left(\frac{n_y \pi x}{L_y}\right) \sin\left(\frac{n_z \pi x}{L_z}\right)$$

3）量子化能级 $E_{n_x n_y n_z}$，是三个一维能级之和，有

$$E_{n_x n_y n_z} = E_{n_x} + E_{n_y} + E_{n_z} = \frac{h^2}{8m}\left(\frac{n_x^2}{L_x^2} + \frac{n_y^2}{L_y^2} + \frac{n_z^2}{L_z^2}\right)$$

其中 L_x、L_y 和 L_z 分别为三维势箱在 x、y 和 z 方向的长度。

图 2.20 给出了立方体形三维势箱模型的能级图，其中 $L_x = L_y = L_z = L$。可以看到，$(n_x n_y n_z) = (221)$、(212) 或 (122) 时，体系的总能量均为 $9h^2/8mL^2$。量子数不同但总能量相同的情况，称为**简并**（degenerate）。简并情况的总数，称为**简并度**（degeneracy），用 g 表示，称为具有 g 重简并度。简并度通常与体系的对称性直接关联。

氢原子和类氢原子的薛定谔方程（B）

在书写薛定谔方程时，需要考虑体系的动能项和势能项。任何体系的动能项

注意：节点或节面处波函数一定为零，但波函数为零之处不一定是节点或节面。在 $x=0$ 和 $x=L$ 处，波函数并没有改变符号，因此不是节点。

注：上述一维势箱模型将箱外势能设为 ∞。如果箱外势能为某一正值 V 而非 ∞，则在势箱外 $\psi(x)=0$ 不再成立，即粒子在势箱外仍有一定的概率出现。微观粒子总是存在一定概率穿过有限深势阱到达势箱外的现象，称为**量子隧穿效应**（quantum tunneling effect）。一旦势阱变为无限深，量子隧穿效应即消失。V 值越接近 ∞，粒子在势箱外出现的总概率越小；但只要 $V \neq \infty$，即使 $V \gg E$，此概率就不为零，粒子总有一定概率隧穿出势箱。而在经典力学中，一个陷入非无穷深势阱的宏观物体，只要势阱的势能大于其动能，该物体就无法逃离，被限制只能存在于势阱内。

注：变量分离法假定关于不同变量的波函数是可分离的，而体系的总波函数可以写成不同维度波函数的乘积形式。

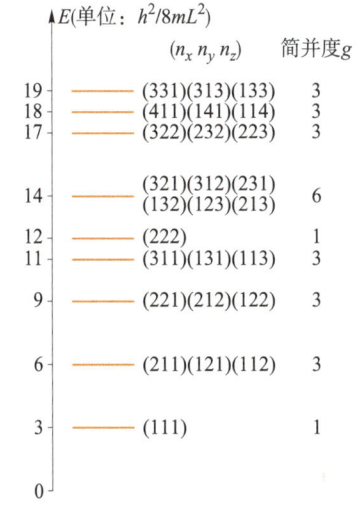

图 2.20 立方体形三维势箱模型的能级图及相应能级的简并度

例如：立方体形三维势箱模型的基态能级简并度为 1，第一和第二激发态的能级均具有 3 重简并度。

均取决于其粒子数,有多少个粒子就有多少个动能项。氢原子由带$-e$电荷、质量为m_e的电子和带$+e$电荷、质量为m_p的质子组成,其动能包含两项:$-\hbar^2\nabla_e^2/2m_e$和$-\hbar^2\nabla_p^2/2m_p$;这两项可通过体系的折合质量μ统一为一项,即

$$-\frac{\hbar^2}{2m_e}\nabla_e^2 - \frac{\hbar^2}{2m_p}\nabla_p^2 = -\frac{\hbar^2}{2\mu}\nabla^2$$

其中

$$\frac{1}{\mu} = \frac{1}{m_e} + \frac{1}{m_p}$$

氢原子的势能即为电子与质子之间的静电势,是二者之间距离r的函数,有

$$V(r) = -\frac{e^2}{4\pi\varepsilon_0 r}$$

代入式(2.24),可得氢原子的薛定谔方程为

$$-\frac{\hbar^2}{2\mu}\nabla^2\psi - \frac{e^2}{4\pi\varepsilon_0 r}\psi = E\psi \tag{2.30}$$

上式可简单推广至类氢原子,即只含一个电子的原子或离子,如He^+、Li^{2+}、Be^{3+}、B^{4+}等。类氢原子的薛定谔方程可写为

$$-\frac{\hbar^2}{2\mu}\nabla^2\psi - \frac{Ze^2}{4\pi\varepsilon_0 r}\psi = E\psi$$

其中Z为核电荷数或原子序数,μ为类氢原子的折合质量,有$1/\mu = 1/m_e + 1/m_N$,其中m_N为类氢原子的原子核质量。

思考题:与H原子相比,类氢原子若用电子的质量代替折合质量,造成的误差是更大还是更小?为什么?

描述氢原子或类氢原子的薛定谔方程,可以采用直角坐标系(x,y,z),也可以采用球极坐标系(r,θ,ϕ),但为了精确求解薛定谔方程并对空间坐标进行变量分离,须采用球极坐标系。球极坐标系与直角坐标系的变换关系如图2.21所示,有

$$\begin{cases} x = r\sin\theta\cos\phi \\ y = r\sin\theta\sin\phi \\ z = r\cos\theta \end{cases} \tag{2.31}$$

其中r的取值范围为$[0,\infty)$,θ和ϕ的取值范围分别为$[0,\pi)$和$[0,2\pi)$。

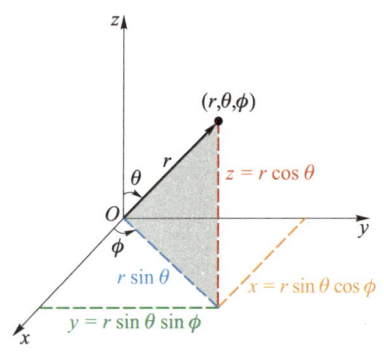

图2.21 球极坐标系(r,θ,ϕ)与直角坐标系(x,y,z)之间的变换关系图

氢原子薛定谔方程的具体求解过程不属于本书范畴,这里只给出其变量分离解法的大体思路。球极坐标系一共有三个变量:r、θ和ϕ。先假定关于这三个变量的波函数是可分离的,分别为$R(r)$、$\Theta(\theta)$和$\Phi(\phi)$,而体系的总波函数可以写为这三个独立波函数的乘积形式,即

$$\psi_{n,l,m}(r,\theta,\phi) = R_{n,l}(r)\Theta_{l,m}(\theta)\Phi_m(\phi) \tag{2.32}$$

其中下标n、l和m是与相应波函数有关的三个量子数,将在下一节细述。由于θ和ϕ均与角度有关,通常将含θ和ϕ的函数合在一起,写为

$$Y_{l,m}(\theta,\phi) = \Theta_{l,m}(\theta)\Phi_m(\phi) \tag{2.33}$$

故有

$$\psi_{n,l,m}(r,\theta,\phi) = R_{n,l}(r)Y_{l,m}(\theta,\phi) \tag{2.34}$$

$R(r)$称为**径向波函数**(radial wave function),仅与r有关而不依赖于θ和ϕ;

$Y(\theta,\phi)$ 称为**角度波函数**(angular wave function)，只与 θ 和 ϕ 有关而不依赖于 r。

通过变量分离法，可将薛定谔方程这样一个含三个变量的二阶偏微分方程，转换成三个分别只含一个变量的常微分方程。依次求解这些常微分方程，可分别获得 $\Phi(\phi)$、$\Theta(\theta)$ 和 $R(r)$，它们的乘积即为 $\psi(r,\theta,\phi)$。在求解过程中，根据某些边界条件会逐一引入三个量子数 n、l 和 m。而在解得 $\psi(r,\theta,\phi)$ 之后，即可求出量子化能级及所有其他性质。类氢原子薛定谔方程的求解结论将在下一节给出并进行讨论。

2.7　氢原子的量子力学结论
(Quantum Mechanical Results of Hydrogen Atom)

上节介绍了量子力学中以波动力学形式表示的薛定谔方程的一般形式，以及氢原子的薛定谔方程及其求解思路。本节聚焦于氢原子的量子力学结论，并以图像化的形式对这些结论进行定性和半定量解读。与三维势箱模型类似，氢原子或类氢原子薛定谔方程的求解结论也包含以下三个部分：

1) 三个量子数 n、l 和 m，由求解过程中的边界条件产生；
2) 波函数 $\psi_{n,l,m}(r,\theta,\phi)$，也称**原子轨道**(atomic orbital)，简称轨道，是径向波函数 $R_{n,l}(r)$ 与角度波函数 $Y_{l,m}(\theta,\phi)$ 的乘积；
3) 量子化能级 E_n，仅与 n 有关而不依赖于 l 和 m。

四个量子数

表 2.7 总结了求解过程中根据各种边界条件引入的三个量子数 n、l 和 m。第一个数 n 称为**主量子数**(principal quantum number)，其值可取任何正整数，即

$$n = 1, 2, 3, 4, \cdots \tag{2.35}$$

由于在同一原子内 n 值相同的轨道，电子出现概率最大的空间范围大致相同，因此将相同 n 值划为同一**主电子层**(principal electron shell)，也称电子壳层，并用符号 K、L、M、N、O、P 等分别代表 n = 1, 2, 3, 4, 5, 6 等。由于能量 E_n 只与 n 有关而不依赖于其他量子数，主量子数 n 决定了原子轨道的能量。

第二个数 l 是轨道角动量量子数，简称**角量子数**(angular quantum number)。l 的取值可为任何小于 n 的非负整数，即

$$l = 0, 1, 2, \cdots, n-1 \tag{2.36}$$

其中 n 为主量子数。对于每个 n 值，都存在 n 个不同的 l 值。由于能量 E_n 与 l 无关，所有 n 值相同但 l 值不同的轨道能量均相同，即 l 值存在 n 重简并度。l 代表**电子亚层**(electron subshell)，其中 l = 0, 1, 2, 3, $\cdots$ 分别对应于 s, p, d, f, $\cdots$ 亚层。角量子数 l 决定了原子轨道的形状。例如，s 轨道总是呈球形，p 轨道总是呈哑铃形。

具体而言，n = 1 的第一主电子层(K 层)中，l 只能为 0，对应于一个电子亚层，即 1s 亚层，在 1s 亚层的电子即为 1s 电子。n = 2 的第二主电子层(L 层)中，l 的

思考题:3d 和 4f 轨道的主量子数、角量子数分别为多少?

取值可为 0 或 1,分别对应于 2s 和 2p 亚层。$n=3$ 的第三主电子层(M 层)中,l 的取值可为 0、1 或 2,分别对应于 3s、3p 和 3d 亚层。$n=4$ 的第四主电子层(N 层)中,l 的取值可为 0、1、2 或 3,分别对应于 4s、4p、4d 和 4f 亚层。以此类推。

表 2.7 根据薛定谔方程求解过程的边界条件所引入的三个量子数的取值及含义

量子数	符号	取值	含义
主量子数	n	$n = 1, 2, 3, 4, \cdots$ K, L, M, N, $\cdots$	对应主电子层,体现轨道能量和平均离核距离
角量子数	l	$l = 0, 1, 2, 3, \cdots, n-1$ s, p, d, f, $\cdots$	对应电子亚层,体现轨道形状,具有 n 重简并
磁量子数	m	$m = 0, \pm 1, \pm 2, \cdots, \pm l$	对应轨道数量,体现轨道的空间取向,具有 $2l+1$ 重简并,在外磁场中会发生分裂

第三个数 m 称为**磁量子数**(magnetic quantum number),可取从 $-l$ 到 l 的任何整数,包括零,即

$$m = -l, -l+1, \cdots, -1, 0, 1, \cdots, l-1, l \tag{2.37}$$

其中 l 为角量子数。对于每个 l 值,都存在 $2l+1$ 个不同的 m 值,因此 m 值存在 $2l+1$ 重简并度。这些简并度对应于电子亚层中 $2l+1$ 个不同的轨道,每个轨道均具有不同的空间取向。当施加外磁场时,这 $2l+1$ 重简并度被打破,即意味着在外磁场作用下这 $2l+1$ 个轨道的能量不再相同,称为简并的能级发生分裂,这也正是 m 称为磁量子数的原因。

具体而言,不论 n 值为多少,ns 轨道总是只有一个,因为 $l=0$ 时 $2l+1=1$。np 轨道总是三个,具有三重简并度,因为 $l=1$ 时 $2l+1=3$。nd 轨道总是五个,具有五重简并度;而 nf 轨道总是七个,具有七重简并度。依此类推。

以上三个量子数(n、l 和 m)均由薛定谔方程的求解过程直接引入。1920 年斯特恩(Otto Stern)和格拉赫(Walter Gerlach)的实验表明,一束经狭缝准直的 Ag 原子在通过非均匀磁场后,会沿磁场梯度的方向分裂成向相反方向偏转的两束 Ag 原子(图 2.22)。这表明电子具有两种不同的微观状态,因此在与非均匀磁场发生相互作用时,总电子数为奇数(47)的 Ag 原子会显示出相反的磁矩。

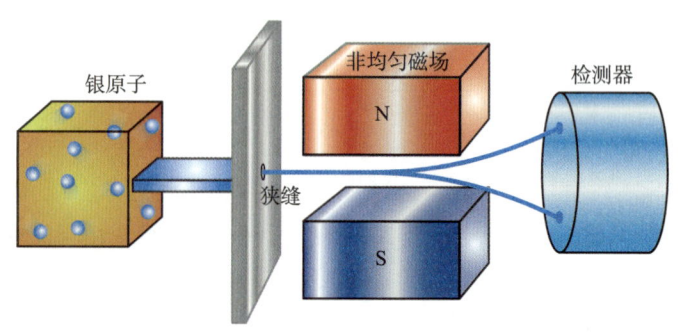

图 2.22 证明电子具有两种不同自旋状态的实验装置示意图

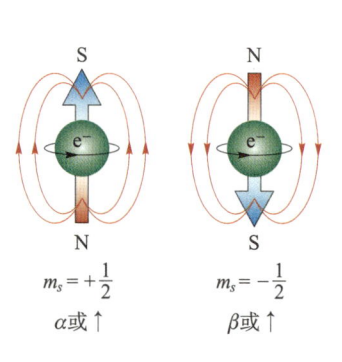

电子的自旋

1925 年乌伦贝克(George Uhlenbeck)和古兹米特(Samuel Goudsmit)假定电子的行为就像它在"自旋"一样,即电子可能具有两种不同的自旋角动量。这引入

了第四个量子数:电子的**自旋量子数**(electron spin quantum number, m_s),其值可取 +1/2(也用 α 或 ↑ 表示)或 -1/2(也用 β 或 ↓ 表示)。m_s 的值与其他三个量子数均无关。

单个电子称为未成对电子,其磁矩始终非零。一对自旋相反的电子的净电子自旋为 0,不会产生净磁矩。Ag 原子有 23 对电子和一个未成对电子,净电子自旋为 +1/2 或 -1/2。当一束由大量 Ag 原子组成的原子束与非均匀磁场发生相互作用时,Ag 原子向相反方向偏转的概率相等。

综上所述,四个量子数共同规定了原子中每个电子的运动状态。表 2.8 总结了前三个主电子层对应量子数的所有可能取值、原子轨道数和最大可容纳电子数。同时考虑 l 和 m,则每个 n 值共有 n^2 重简并度,意味着第 n 个主电子层共有 n^2 个轨道。由于每个轨道最多能容纳两个自旋相反的电子(详见 2.8 节),第 n 个主电子层最多可容纳 $2n^2$ 个电子。

注意:电子"自旋"并非电子真的在绕轴旋转,只是表示电子所具有的两种不同的微观状态。关于微观状态与微观状态数的讨论详见 5.6 节。

表 2.8　前三个主电子层的量子数取值、原子轨道数和最大可容纳电子数

轨道符号	1s	2s	$2p_z$	$2p_x, 2p_y$	3s	$3p_z$	$3p_x, 3p_y$	$3d_{z^2}$	$3d_{xz}, 3d_{yz}$	$3d_{xy}, 3d_{x^2-y^2}$
n	1	2	2	2	3	3	3	3	3	3
l	0	0	1	1	0	1	1	2	2	2
m	0	0	0	±1	0	0	±1	0	±1	±2
m_s	±1/2	±1/2	±1/2	±1/2	±1/2	±1/2	±1/2	±1/2	±1/2	±1/2
电子亚层轨道数	1	1	3		1	3		5		
电子最大容量	2	2	6		2	6		10		
主电子层轨道数	1	4			9					
电子最大容量	2	8			18					

量子化能级

从氢原子或类氢原子薛定谔方程中所得允许的轨道能量是量子化的,为

$$E_n = -R_H Z^2 / n^2 \tag{2.38}$$

E_n 仅与 n 有关而不依赖于 l 和 m,这意味着对于氢原子或类氢原子,无论属于哪个亚层,同一主电子层内所有轨道的能量均相同。图 2.23 给出了氢原子或类氢原子的能级图及主电子层和电子亚层的排布。

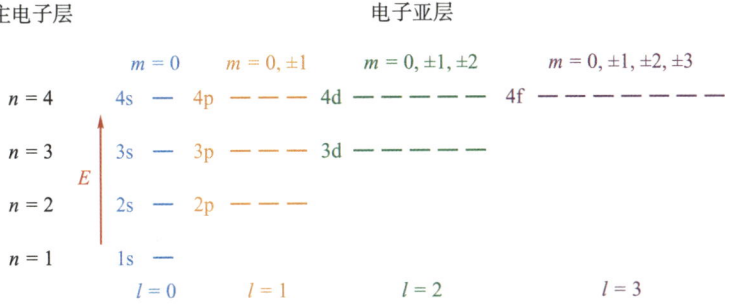

图 2.23　氢原子或类氢原子的能级图及主电子层和电子亚层的排布

注意:尽管中文均为"轨道",但玻尔理论对应的单词为"orbit",而量子力学对应的单词为"orbital",强调了这两个概念之间的区别。

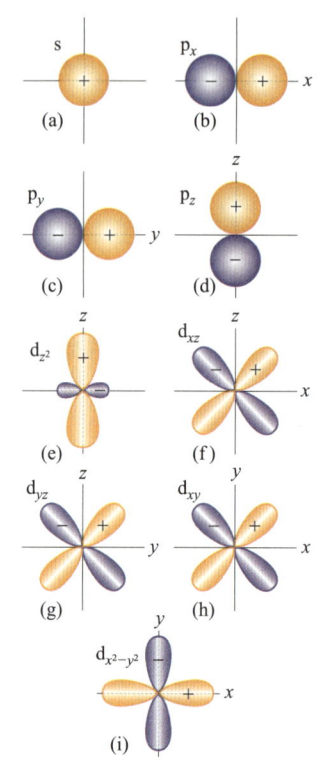

图 2.24 角度波函数分布示意图

虽然从形式上看,式(2.38)与由玻尔原子理论所推导出的轨道能量式(2.18)完全一致,二者均对应原子轨道的量子化能级,但这两个"轨道"的概念存在本质区别。玻尔理论假定电子只能在确定的、具有固定半径的圆形轨道中运动;而量子力学的轨道没有固定半径,在空间和时间上均呈现出一定的概率分布。

角度波函数

表 2.9 列出了氢原子和类氢原子归一化的径向波函数 $R_{n,l}(r)$ 和角度波函数 $Y_{l,m}(\theta,\phi)$,及其乘积即波函数 $\psi_{n,l,m}(r,\theta,\phi)$。角度波函数 Y 与 l 和 m 有关而不依赖于 n,这意味着不论 n 值为多少,ns 轨道的角度波函数均相同,np_z 轨道的角度波函数也均相同。用 $Y(\theta,\phi)$ 对 θ 和 ϕ 作图,将球极坐标系的原点设在原子核处,从原点引出对应 θ 和 ϕ 方向的线段,令其长度等于 $|Y|$,所有线段的端点在三维空间中构成一个立体曲面,这个曲面即为角度波函数分布图(图 2.24)。由表 2.9 可见,任何 s 轨道的角度波函数 $Y_s = \sqrt{1/4\pi}$ 总为常数,与 θ 和 ϕ 无关。三维空间中只有球面与角度坐标 θ 和 ϕ 完全无关,s 轨道角度波函数分布图的曲面必为球面。Y_s 要求满足归一化条件

$$\int Y_s^2 d\tau = Y_s^2 \int_0^\pi \sin\theta \, d\theta \int_0^{2\pi} d\phi = 4\pi Y_s^2 = 1$$

由此可得 $Y_s = \sqrt{1/4\pi}$。

表 2.9　氢原子和类氢原子的 1s、2s 和 2p 波函数

量子数			$\psi_{n,l,m}(r,\theta,\phi)^a$	$R_{n,l}(r)^a$	$Y_{l,m}(\theta,\phi)$
n	l	m			
1	0	0	$\psi_{100} = \psi_{1s} = \dfrac{1}{\sqrt{\pi}}\left(\dfrac{Z}{a_0}\right)^{3/2} e^{-\rho/2}$	$R_{1s} = 2\left(\dfrac{Z}{a_0}\right)^{3/2} e^{-\rho/2}$	$Y_s = \left(\dfrac{1}{4\pi}\right)^{1/2}$
2	0	0	$\psi_{200} = \psi_{2s} = \dfrac{1}{4\sqrt{2\pi}}\left(\dfrac{Z}{a_0}\right)^{3/2}(2-\rho)e^{-\rho/2}$	$R_{2s} = \dfrac{1}{2\sqrt{2}}\left(\dfrac{Z}{a_0}\right)^{3/2}(2-\rho)e^{-\rho/2}$	$Y_s = \left(\dfrac{1}{4\pi}\right)^{1/2}$
2	1	0	$\psi_{210} = \psi_{2p_z} = \dfrac{1}{4\sqrt{2\pi}}\left(\dfrac{Z}{a_0}\right)^{3/2}\rho e^{-\rho/2}\cos\theta$		$Y_{p_z} = \left(\dfrac{3}{4\pi}\right)^{1/2}\cos\theta$
2	1	±1	$\begin{cases}\psi_{2p_x} = \dfrac{1}{4\sqrt{2\pi}}\left(\dfrac{Z}{a_0}\right)^{3/2}\rho e^{-\rho/2}\sin\theta\cos\phi \\ \psi_{2p_y} = \dfrac{1}{4\sqrt{2\pi}}\left(\dfrac{Z}{a_0}\right)^{3/2}\rho e^{-\rho/2}\sin\theta\sin\phi\end{cases}$	$R_{2p} = \dfrac{1}{2\sqrt{6}}\left(\dfrac{Z}{a_0}\right)^{3/2}\rho e^{-\rho/2}$	$\begin{cases}Y_{p_x} = \left(\dfrac{3}{4\pi}\right)^{1/2}\sin\theta\cos\phi \\ Y_{p_y} = \left(\dfrac{3}{4\pi}\right)^{1/2}\sin\theta\sin\phi\end{cases}$

a $\rho = 2Zr/na_0$,其中 a_0 为玻尔半径,Z 为核电荷数。

注:上节提到,体系的波函数 $\psi(q)$ 是复数函数,但表 2.9 列出的波函数均不含虚数单位 i。这是因为已经通过共轭复数的线性组合消除了 i。例如,三个 2p 轨道($2p_x$、$2p_y$ 和 $2p_z$)的量子数为:$n = 2$,$l = 1$ 及 $m = -1,0,1$。其对应关系为:$2p_z$ 轨道对应于 $n = 2$、$l = 1$ 及 $m = 0$ 的波函数,而 $2p_x$ 和 $2p_y$ 轨道来自 $n = 2$,$l = 1$ 及 $m = \pm 1$ 的两个波函数的线性组合。

p 轨道的角度波函数是 θ 和 ϕ 的函数,说明 p 轨道角度波函数分布图的曲面不是球面。Y_{p_x}、Y_{p_y} 和 Y_{p_z} 三个角度波函数的形状完全相同,但空间取向不同。这里仅以最简单的 $Y_{p_z} = \sqrt{3/4\pi}\cos\theta$ 为例进行说明。在二维平面中,函数 $\cos\theta$ 对 θ 作图如图 2.25a 所示,其结果为左右两个相切的圆,其中切点处 $\cos\theta = 0$(对应于 $\theta = 90°$ 和 $270°$);右边的圆上 $\cos\theta$ 为正值;左边的圆上 $\cos\theta$ 为负值。在三维空间中,根据球极坐标系 θ 的定义(图 2.21),$Y_{p_z} = \sqrt{3/4\pi}\cos\theta$ 对 θ 作图(图 2.25b)为上下两个相切的球面,其中上球面 Y 为正值,下球面 Y 为负值。在两球的切点即坐标原点处 $\cos\theta = 0$,且角度波函数改变了符号,因此坐标原点是 Y_{p_z} 的节点。Y_{p_z} 仅与 θ 有关而与 ϕ 无关,$\cos\theta = 0$ 不仅对应坐标原点,还对应整

个 xy 平面，故 xy 平面是 Y_{p_z} 的节面。由于该节面使得角度波函数为零，又称**角度节面**（angular node）。所有 p 轨道均有且只有一个角度节面；所有 d 轨道均有且只有两个角度节面；所有 s 轨道均没有角度节面。任何轨道的角度节面数恰好等于其 l 值。

这里不对 d 轨道的角度波函数形式作具体剖析。需要了解的是，在五个 d 轨道中，有四个（d_{xy}、d_{xz}、d_{yz} 和 $d_{x^2-y^2}$）角度波函数分布图的曲面为四片花瓣形，其中前三个的花瓣分别位于对应两个主轴的角平分线方向，而 $d_{x^2-y^2}$ 的花瓣落在 x 轴和 y 轴上。只有 d_{z^2} 的形状与其他 d 轨道不同，其角度波函数沿 z 轴有两个符号为正的花瓣，而在 xy 平面存在符号为负的环面。图 2.24 用橙色（＋号）和紫色（－号）分别标出角度波函数 Y 的正、负号，也称相位。在第三章将会看到，轨道的相位对于理解化学键的形成至关重要。

径向波函数

由表 2.9 可见，所有径向波函数均可看作三项的乘积：第一项为归一化系数；第二项为整式项，可以是单项式（如 R_{1s} 和 R_{2p}），也可以是多项式（如 R_{2s}）；第三项为指数项，形式统一为 $e^{-\rho/2}$，其中 $\rho = 2Zr/na_0$，与 n 成反比。这三项中归一化系数和指数项均始终为正，因此径向波函数的符号由整式项控制。

对比氢原子 1s 和 2s 的径向波函数，有

$$R_{1s} = 2\left(\frac{1}{a_0}\right)^{3/2} e^{-\rho/2} = 2\left(\frac{1}{a_0}\right)^{3/2} e^{-r/a_0}$$

$$R_{2s} = \frac{1}{2\sqrt{2}}\left(\frac{1}{a_0}\right)^{3/2} (2-\rho) e^{-\rho/2} = \frac{1}{2\sqrt{2}}\left(\frac{1}{a_0}\right)^{3/2} \left(2-\frac{r}{a_0}\right) e^{-r/2a_0}$$

R_{1s} 随 r 增加呈指数单调下降；在 $r=0$（即原子核所在位置）处有最大值 $R_{1s} = 2\sqrt{1/a_0^3}$，在 $r=\infty$ 处有最小值 $R_{1s} = 0$。R_{2s} 随 r 增加先下降后上升，在 $r=0$ 处有最大值。R_{2s} 的符号由多项式（$2-r/a_0$）控制：当 $r/a_0 < 2$ 即 $r < 2a_0$ 时，R_{2s} 为正；当 $r/a_0 > 2$ 即 $r > 2a_0$ 时，R_{2s} 为负。在 $r = 2a_0$ 处，$R_{2s} = 0$ 且相位发生了改变，因此 $r = 2a_0$ 是氢原子 2s 轨道的**径向节面**（radial node）。1s 轨道没有径向节面。

氢原子 2p 轨道的径向波函数为

$$R_{2p} = \frac{1}{2\sqrt{6}}\left(\frac{1}{a_0}\right)^{3/2} \rho e^{-\rho/2} = \frac{1}{2\sqrt{6}}\left(\frac{1}{a_0}\right)^{3/2} \frac{r}{a_0} e^{-r/2a_0}$$

在 $r=0$ 及 $r=\infty$ 处，$R_{2p}=0$。然而由于其相位在 $r=0$ 或 $r=\infty$ 处均没有发生改变，2p 轨道没有径向节面。任何轨道的径向节面数均等于 $n-l-1$，即 1s、2p 和 3d 轨道没有径向节面，2s、3p 和 4d 轨道各有 1 个径向节面，依此类推。任何轨道的总节面数为径向节面数与角度节面数之和，等于 $n-1$。

概率密度空间分布图像

上节提到，波函数自身没有直接物理意义，而其平方具有概率密度的物理意

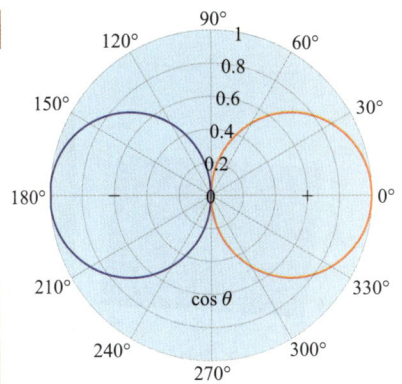

(a) 二维平面中 $\cos\theta$ 对 θ 作图，不同颜色表示函数值的不同符号

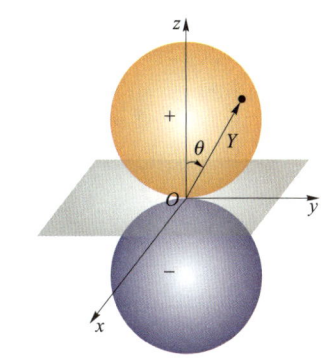

(b) 三维空间中 p_z 的角度波函数分布图，xy 平面为其角度节面

图 2.25 p_z 轨道角度波函数示意图

思考题：5f 轨道有多少个节面？其中几个径向节面、几个角度节面？

义。由于 $\psi^2 = R^2 Y^2$，将径向波函数的平方 R^2（称为径向概率密度）与角度波函数的平方 Y^2（称为角度概率密度）相乘，即可得概率密度 ψ^2。下面分别介绍 s、p、d 轨道的概率密度空间分布图像。

1. s 轨道

如前所述，$Y_s = \sqrt{1/4\pi}$ 总为常数，$\psi_s^2 \propto R_s^2$，因此 ψ_s^2 只与 r 有关而与 θ 和 ϕ 无关，这意味着所有 s 轨道的概率密度图像均为球形，即在距核半径相同的各个方向上概率密度均相等。对比氢原子 1s 和 2s 的概率密度，有

$$\psi_{1s}^2 = \frac{1}{\pi a_0^3} e^{-2r/a_0}$$

$$\psi_{2s}^2 = \frac{1}{32\pi a_0^3}\left(2 - \frac{r}{a_0}\right)^2 e^{-r/a_0}$$

二者均在 $r = 0$ 处具有最大值，但 1s 仅有一个极大值（$r = 0$），而 2s 在离核较远处还有一个极大值。当 r 较大时，二者的指数项均占主导地位。由于 1s 的指数为 $-2r/a_0$ 而 2s 为 $-r/a_0$，这意味着 2s 的指数项比 1s 衰减得更慢。因此与 1s 轨道相比，2s 轨道延伸得距核更远。

有许多种方法可以表示 ψ^2 在三维空间的分布图像，这里介绍几种常用方法：

1) 任意选定一个包含原子核的平面（如 yz 平面），用该平面内各点对应的高度来表示 ψ^2 的大小。氢原子 1s 轨道概率密度图像如图 2.26a 所示，看起来就像一座对称的概率密度"峰"，其峰值位于坐标原点即原子核处。

2) 将三维空间中电子出现概率密度相等的点用曲面连接起来，这样的曲面称为等概率密度面。就像给一座山峰绘制等高线图一样，可以给上述概率密度"峰"绘制等概率密度线图。氢原子 1s 轨道的等概率密度线图如图 2.26b 所示，是一系列位于 yz 平面的同心圆，其中靠近原子核的圆对应的概率密度较高，而远离原子核的圆对应的概率密度较低。

3) 选定一个特殊的等概率密度面，使电子在该曲面内出现的总概率为某一定值（通常取 95%）。用这一等概率密度面来表示轨道概率密度的图像，称为界面图。氢原子 1s 轨道的界面图必然是一个球面，如图 2.26c 所示。

4) 用很多小黑点在空间分布的疏密程度来表示 ψ^2 的大小，这种较为形象的近似图像称为**电子云**(electron clouds)空间分布图，简称电子云图。氢原子 1s 轨道的电子云图如图 2.26d 所示，图中小黑点密集区域的电子概率密度较大，意味着电子在这些区域出现的概率较大。

在以上四种图像中，界面图是最为常用的表示方法。图 2.27 给出了氢原子 2s 和 3s 轨道的界面图，其中 2s 轨道有一个径向节面（位于 $r = 2a_0$ 处），3s 轨道存在两个径向节面。虽然概率密度始终非负，为了突出波函数自身的相位变化，界面图中采用不同颜色来表示波函数的相位交替。

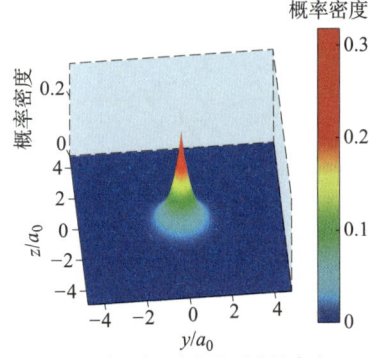

(a) 用 yz 平面内各点对应的高度来表示概率密度的图像

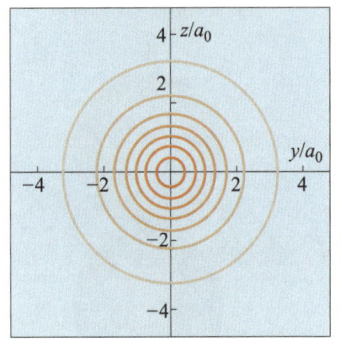

(b) yz 平面的二维等概率密度线图，其中电子在最外圈等概率密度面以内出现的总概率等于 95%

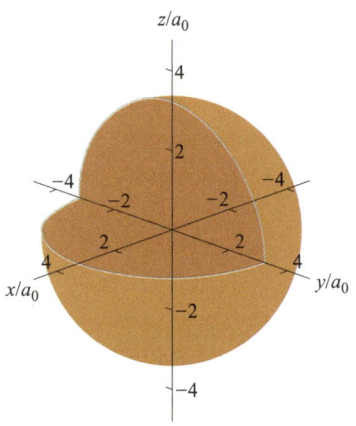

(c) 三维界面图，电子在该界面内出现的总概率等于 95%，其中 1/4 界面被切除以展示内部结构

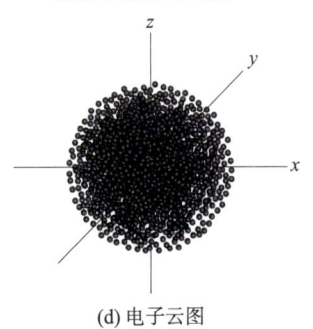

(d) 电子云图

图 2.26 氢原子 1s 轨道的几种概率密度空间分布图像

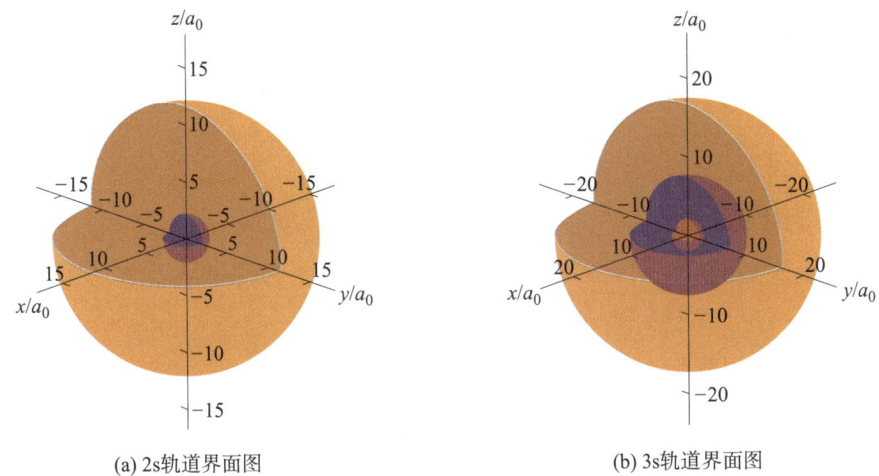

(a) 2s 轨道界面图 (b) 3s 轨道界面图

图 2.27 氢原子 2s 和 3s 轨道的界面图：电子在该界面内出现的总概率等于 95%，其中 1/4 界面被切除以展示内部结构，不同颜色表示波函数的相位交替

2. p 轨道

氢原子 2p 轨道界面图及对应角度节面如图 2.28 所示。轨道的最大概率密度在三维空间中的取向，称为**波瓣**（lobe）。氢原子 $2p_z$ 轨道的概率密度为

$$\psi_{2p_z}^2 = \frac{1}{32\pi a_0^5} r^2 e^{-r/a_0} \cos^2\theta$$

如图 2.28a 所示，$2p_z$ 轨道有两个波瓣，分别位于 z 轴的正向和负向，对应于 $\theta = 0°$ 和 $180°$，均使 $\cos^2\theta = 1$，这也正是将其命名为 p_z 的原因。由于在 xy 平面的任意位置均有 $\theta = 90°$ 且 $\cos^2\theta = 0$，xy 平面始终是 p_z 轨道的角度节面。$2p_x$（图 2.28b）和 $2p_y$（图 2.28c）轨道的波瓣分别位于 x 轴和 y 轴，角度节面分别为 yz 平面和 xz 平面。

3. d 轨道

3d 轨道的波函数形式较为复杂，留待后续专业课程介绍。这里仅给出氢原子 3d 轨道界面图和对应角度节面（图 2.29），以及 3d 轨道的剖面图和对应角度节面（图 2.30）。

轨道界面图表示法的主要特点总结如下：

1) 形状：轨道界面的形状源自等概率密度面，这意味着界面上的每个点都具有相同的概率密度。
2) 大小：轨道界面的大小源自电子在界面内出现的总概率为某一定值（通常取 95%），这意味着沿等概率密度面从内向外的概率积分等于 95%。
3) 颜色：轨道界面图的颜色表示波函数 ψ 的相位交替，一种颜色（如橙色）代表正相位，则另一种颜色（如紫色）代表负相位。

径向分布函数

除了上面讨论的概率密度空间分布图像之外，还可以使用一种称为**径向分布**

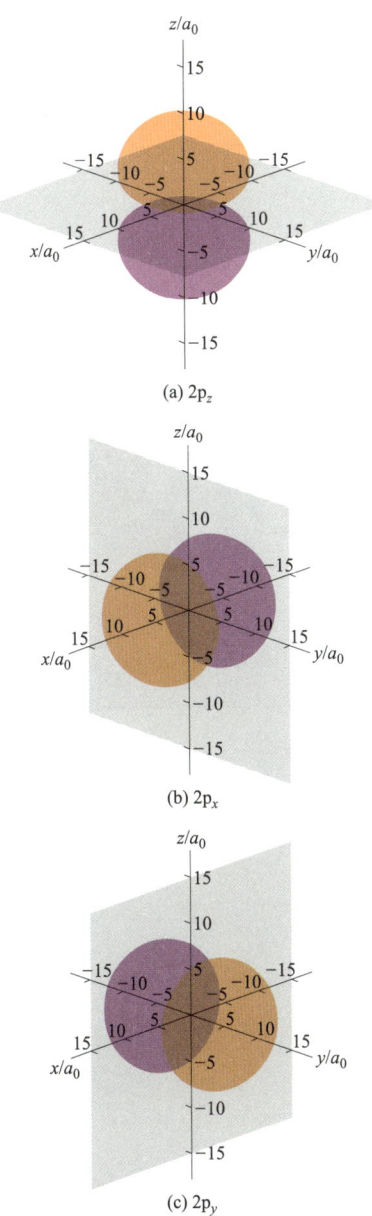

(a) $2p_z$

(b) $2p_x$

(c) $2p_y$

图 2.28 氢原子 2p 轨道界面图和对应角度节面（用灰色阴影面表示）

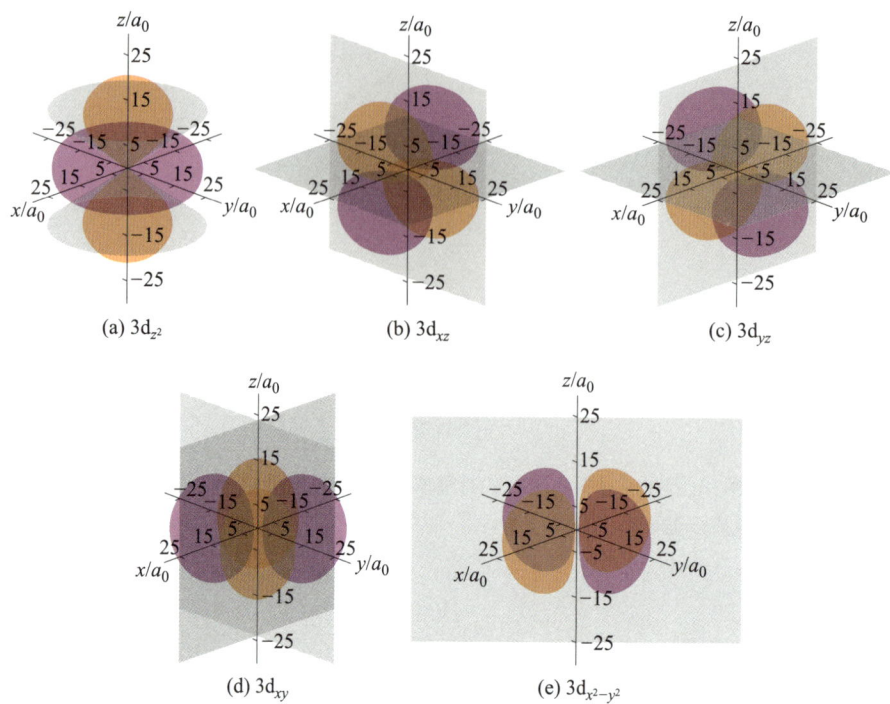

图 2.29　氢原子 3d 轨道界面图和对应角度节面（用灰色阴影面表示）

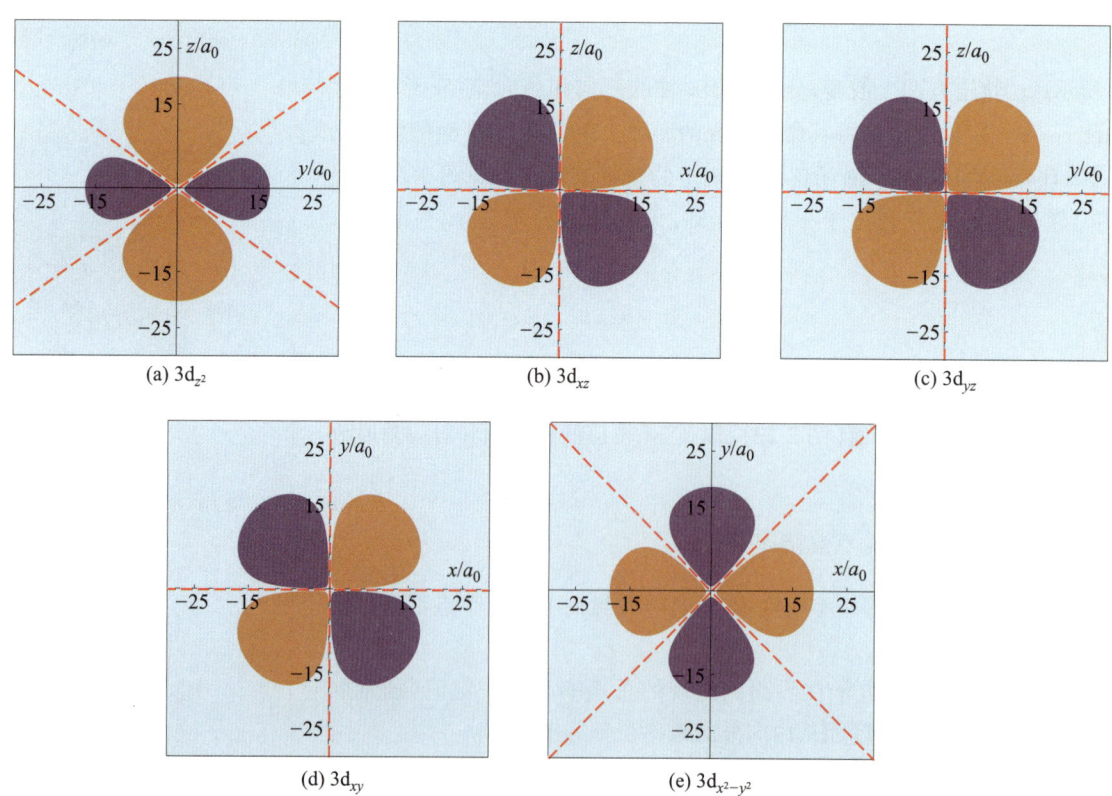

图 2.30　氢原子 3d 轨道剖面图和对应角度节面（用红色虚线表示）

函数(radial distribution function)$D(r)$的简化分布函数,来描述不同的轨道。如前所述,粒子(如电子)在三维空间出现的总概率P可以通过对全空间$\mathbb{R}^3$进行三重积分来计算,即

$$P = \iiint_{\mathbb{R}^3} |\psi(\boldsymbol{q})|^2 \mathrm{d}\tau = \iiint_{\mathbb{R}^3} \psi^2(r,\theta,\phi)\mathrm{d}\tau$$

已知$\psi(r,\theta,\phi) = R(r)\Theta(\theta)\Phi(\phi)$且$\mathrm{d}\tau = r^2\sin\theta\mathrm{d}r\mathrm{d}\theta\mathrm{d}\phi$(图2.31),有

$$P = \iiint_{\mathbb{R}^3} [R(r)\Theta(\theta)\Phi(\phi)]^2 r^2\sin\theta\mathrm{d}r\mathrm{d}\theta\mathrm{d}\phi$$

此三重积分可拆分为三个单重积分的乘积,有

$$P = \int_0^\infty r^2 R^2(r)\mathrm{d}r \int_0^\pi \Theta^2(\theta)\sin\theta\mathrm{d}\theta \int_0^{2\pi} \Phi^2(\phi)\mathrm{d}\phi$$

可以证明角度积分$\int_0^\pi \Theta^2(\theta)\sin\theta\mathrm{d}\theta \int_0^{2\pi} \Phi^2(\phi)\mathrm{d}\phi = 1$,有

$$P = \int_0^\infty r^2 R^2(r)\mathrm{d}r$$

因此通过定义

$$D(r) = r^2 R^2(r) \tag{2.39}$$

可以将原三重积分简化为$D(r)$关于r的单重积分,即

$$P = \iiint \psi^2\mathrm{d}\tau = \int D(r)\mathrm{d}r \tag{2.40}$$

这就是使用径向分布函数$D(r)$的优势,它对应于电子在半径r和$r+\mathrm{d}r$之间的无穷薄球壳内出现的概率(图2.32),而不用管方向如何,因为$D(r)$与θ和ϕ均无关。

图2.33给出了氢原子各轨道的径向概率分布$D(r) = r^2R^2(r)$对r的关系图。定义**最概然半径**(most probable radius)为电子出现的概率密度最大的半径,即$D(r)$达到最大值所对应的半径,可由下式计算

$$\frac{\mathrm{d}D(r)}{\mathrm{d}r} = 0 \tag{2.41}$$

对于氢原子的1s轨道

$$\frac{\mathrm{d}D(r)}{\mathrm{d}r} = \frac{\mathrm{d}}{\mathrm{d}r}\left(\frac{4r^2}{a_0^3}\mathrm{e}^{-2r/a_0}\right) = \frac{4}{a_0^3}\mathrm{e}^{-2r/a_0}\left(2r - \frac{2r^2}{a_0}\right) = 0$$

故

$$r = a_0$$

氢原子1s轨道的最概然半径为a_0,与第一玻尔轨道的半径相同。氢原子1s轨道的95%概率界面的半径也可通过$D(r)$计算,为

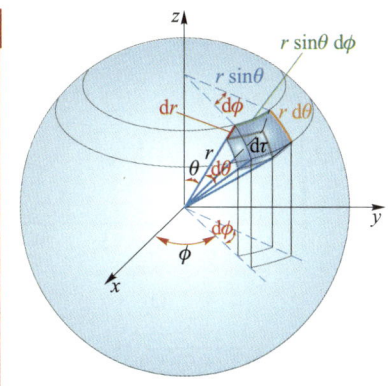

图2.31 球极坐标系的微分体积元 $\mathrm{d}\tau = r^2\sin\theta\mathrm{d}r\mathrm{d}\theta\mathrm{d}\phi$

注:详细计算过程可参见本书附录A。

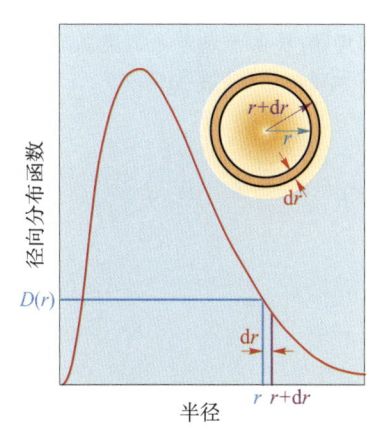

图2.32 径向分布函数$D(r)$对应于电子在半径r和$r+\mathrm{d}r$之间的无穷薄球壳内出现的概率

注意:虽然半径均为a_0,但二者存在本质区别。玻尔理论认为基态电子只能在半径固定为a_0的圆形轨道上运动;而量子力学1s轨道最概然半径为a_0,表示电子在三维空间中出现的概率密度最大处是半径为a_0的球面。

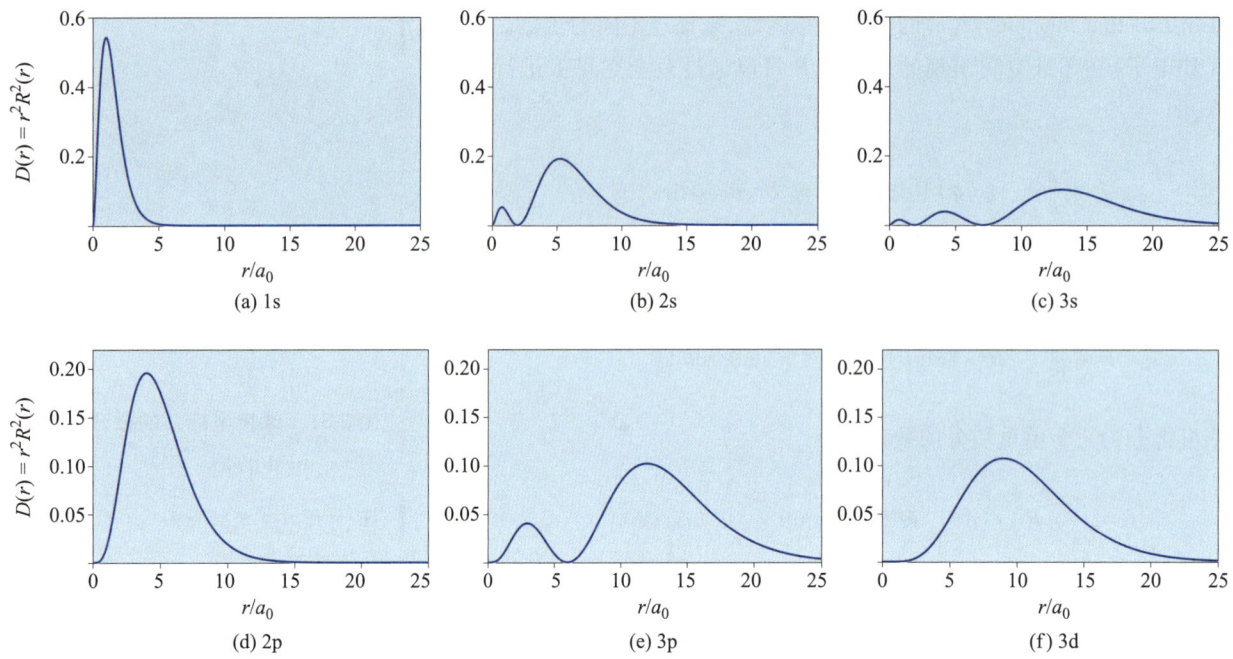

图 2.33 氢原子径向分布函数图

注意：虽然 1s 轨道的 R^2 在原子核处（$r=0$）有最大值，但由于 r^2 非常小，在原子核处 $D=0$。

思考题：核电荷数为 Z 的类氢原子，1s 轨道的最概然半径是多少？

$$P = 0.95 = \int_0^r D(r)\,\mathrm{d}r = \int_0^r \frac{4r^2}{a_0^3} e^{-2r/a_0}\,\mathrm{d}r$$

所得 r 值约为 167 pm，远大于 $a_0 = 53$ pm。

从径向分布函数图中，可以直接可视化某个轨道的径向节面数（$n-l-1$）及峰的数目（$n-l$）。比较具有相同 $n-l$ 值的轨道，如 1s、2p 和 3d，最概然半径可分别计算为 a_0、$4a_0$ 和 $9a_0$。比较 l 值相同但 n 值不同的轨道，如 1s、2s 和 3s，最概然半径和平均半径均随 n 值增加而显著增加。比较 n 值相同但 l 值不同的轨道，如 3s、3p 和 3d，尽管最概然半径随 l 值增加而略微减小，但由于 3s 存在两个内峰，3p 存在一个内峰，其平均半径仍随 l 值增加而增加。这一事实也将有助于理解后续 2.8 节多电子原子的屏蔽和钻穿效应。

氢原子和类氢原子的电子结构

在理解氢原子和类氢原子量子力学结论的基础上，可以对其电子结构进行描述。氢原子和类氢原子均只含一个电子，在能量最低的基态中，该电子必须处于最低能级，对应于 $n=1$。由于第一主电子层仅由 1s 轨道组成，因此 $l=0$、$m=0$。对于该电子，任意自旋态均可能，即 $m_s = \pm 1/2$。处于基态的电子，通常称其在 1s 轨道上，或者称其为 1s 电子，用 $1s^1$ 表示，其中上标 1 表示在 1s 轨道上有一个电子。因此，氢原子或类氢原子基态的电子结构为

基态（$1s^1$）：$n=1, l=0, m=0, m_s = +1/2$ 或 $-1/2$

在能量更高的激发态中，电子可能占据更高 n 值的轨道。例如，当 $n=2$ 时，电子可以占据 2s 或 2p 轨道，二者能量相同，可表示为

激发态（$2s^1$）：$n=2, l=0, m=0, m_s = +1/2$ 或 $-1/2$

激发态（$2p^1$）：$n=2, l=1, m=-1, 0$ 或 $+1, m_s = +1/2$ 或 $-1/2$

n 值更高的其他激发态也可用类似的方法表示。由于高 n 值轨道比 1s 轨道延伸得距核更远,因此激发态原子(或离子)比基态的更大。

> **例 2.7** 将电子的一套量子数记为 (n, l, m, m_s),指出在下列六套量子数中,哪些可以存在,哪些不可能存在。对于可能存在的各套量子数,写出其原子轨道符号以及径向节面和角度节面数。

(1) (2,1,0,0);
(2) (3,2,2,1/2);
(3) (2,−1,0,−1/2);
(4) (3,0,−1,1/2);
(5) (3,1,0,−1/2);
(6) (2,2,1,1/2)。

> **解:**(1) 不可能存在,m_s 只能为 1/2 或 −1/2。
(2) 可以存在;原子轨道符号为 $3d_2$,其径向节面数为 0,角度节面数为 2。
(3) 不可能存在,l 不能为负。
(4) 不可能存在,$l = 0$ 时 m 只能为 0。
(5) 可以存在;原子轨道符号为 $3p_z$ 或 $3p_0$,其径向节面数为 1,角度节面数也为 1。
(6) 不可能存在,$n = 2$ 时 l 只能为 0 或 1。

注:不论氢原子、类氢原子还是多电子原子,量子数的表示法均相同。

注意:$3d_2$ 与 $3d_{−2}$ 线性组合可得 d_{xy} 和 $d_{x^2−y^2}$ 轨道。

2.8 多电子原子结构与核外电子排布
(Structure of Multielectron Atoms and Arrangement of Extranuclear Electrons)

前两节讨论了氢原子和类氢原子(即单电子体系)的量子力学模型及其结论,本节扩展到具有一个以上电子的体系:多电子原子。

多体效应与中心力场模型

如前所述,单电子体系的薛定谔方程可以精确求解。然而即便只是再多一个电子,薛定谔方程都无法精确求解了,原因在于其中的势能项。以含两个电子的氦原子为例,其势能项包含三项:原子核与第一个电子的吸引能,原子核与第二个电子的吸引能,以及两个电子之间的排斥能。氦原子的势能项可写为

$$V = -\frac{2e^2}{4\pi\varepsilon_0 R_1} - \frac{2e^2}{4\pi\varepsilon_0 R_2} + \frac{e^2}{4\pi\varepsilon_0 r_{12}}$$

其中 R_1 为第一个电子离核距离,R_2 为第二个电子离核距离,r_{12} 为两个电子之间的距离,如图 2.34 所示。正是由于势能项中电子之间排斥能($e^2/4\pi\varepsilon_0 r_{12}$)的存在,使得电子倾向于互相远离,导致了彼此纠缠的电子运动。由于电子之间的排斥作用而导致多电子原子的薛定谔方程无法精确求解的效应,称为**多体效应**(many-body effect)。

虽然多电子原子的薛定谔方程不能精确求解,但仍可以采用一些方法来获得其近似解。常用的近似解法有**平均场理论**(mean-field theory,也称自洽场理论)和**中心力场模型**(central force-field model)等。本书只讨论最为简单的中心力场

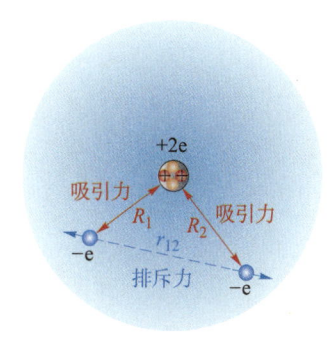

图 2.34 氦原子的相互作用示意图

模型。

中心力场模型的要点在于,将其他电子对某一电子的排斥能平均化,与原子核一起视为一个球对称的中心力场,并认为电子可以逐一加入该中心力场。例如,原子核与第一个电子形成第一个单电子体系,其薛定谔方程可以精确求解。之后引入第二个电子,并将其与第一个体系一起视为第二个单电子体系。而第一个体系就像是一个"新的原子核",由于第一个电子的存在,其核电荷小于初始原子核。第二个电子处于由第一个体系所建立的中心力场中,第二个体系的薛定谔方程也可以求解。随后加入第三个电子,继续类似的过程,直到引入所有电子。采用这种方法可以获得多电子原子的近似解,但电子之间的排斥力被忽略。

与类氢原子相比,多电子原子在中心力场模型中的近似求解结论也包含以下三个部分:

1) 三个量子数 n、l 和 m,与类氢原子相同。
2) 波函数,称为**类氢轨道**(hydrogen-like orbital),仍简称轨道。其中角度波函数与类氢原子相同,但径向波函数不同。
3) 量子化能级 E,不仅与 n 有关,还与 l 有关。n 值相同但 l 值不同的轨道不再简并,有 $E_{ns} < E_{np} < E_{nd}$。

注意:类氢轨道是多电子原子而非类氢原子的近似解。

屏蔽与钻穿

在中心力场模型中,每当引入一个新电子时,均假定其处于由原子核与所有已加入的其他电子所建立的中心力场中。其他电子的存在部分屏蔽了原子核,并降低了原子核吸引新引入电子的有效性,就好像在某种程度上抵消了核电荷一样,这种效应称为**屏蔽效应**(shielding effect)。

屏蔽效应的大小取决于 n 和 l。一般而言,距核较近的电子比离核更远的电子,能更有效地屏蔽原子核对其他电子的吸引。例如上一节介绍径向分布函数时已经讨论过,对于 n 值相同但 l 值不同的轨道(如 ns、np 和 nd),其平均半径(即相应电子与原子核之间的平均距离)随 l 值增加而增加。ns 轨道的电子比 np 或 nd 轨道的电子更接近原子核的能力,称为**钻穿效应**(penetration effect)。因此,ns 轨道的电子比 np 或 nd 轨道的电子,能更有效地屏蔽原子核对其他电子的吸引。ns 电子与原子核之间较近的平均距离导致了较强的吸引力,使得 ns 轨道的能量低于 np 或 nd 轨道,从而有 $E_{ns} < E_{np} < E_{nd}$。综上所述,平均半径较小的轨道钻穿效应较强,其电子具有较强的屏蔽效应,因此能量低于平均半径较大、钻穿效应较弱的轨道。

有效核电荷(effective nuclear charge, Z^*)是多电子原子的某个电子实际感受的核电荷数,其值小于原子的核电荷数(Z),有

$$Z^* = Z - \sigma \tag{2.42}$$

其中 σ 称为总**屏蔽常数**(shielding constant),相当于核电荷数被抵消的部分,等于其他所有电子对该电子屏蔽作用的总和,有

$$\sigma = \sigma_1 + \sigma_2 + \sigma_3 + \cdots$$

多电子原子的轨道能级公式可近似写为

$$E_n = -R_H \frac{Z^{*2}}{n^2} = -R_H \frac{(Z-\sigma)^2}{n^2} \quad (2.43)$$

看上去式(2.43)中只出现了 n 值,但由于 σ 与 l 有关,轨道能量与 n 和 l 值均有关。Z^* 越大,原子核对电子的吸引力就越大,电子所在轨道的能量就越低。

1930 年斯莱特(John C. Slater)根据光谱实验数据,提出了一组经验规则用于近似计算多电子原子中某个电子的总屏蔽常数,称为**斯莱特规则**(Slater's rules)。其内容如下:

1) 将原子轨道按下列顺序分组:
   $(1s),(2s,2p),(3s,3p),(3d),(4s,4p),(4d),(4f),(5s,5p),\cdots$
2) 在上述顺序中,位于此电子右侧各组轨道中的电子对该电子的屏蔽作用可忽略,即 σ 为零。
3) 同组中每个其他电子对该电子的 σ 为 0.35(若同为 1s 组则 σ 为 0.30)。
4) 若此电子为 (ns, np) 组,则 $(n-1)$ 层的每个电子对该电子的 σ 为 0.85,$(n-2)$ 及更内层的每个电子对该电子的 σ 为 1.00。若此电子为 (nd) 或 (nf) 组,所有位于此电子左侧各组轨道中的电子对该电子的 σ 均为 1.00。
5) 将所有其他电子的 σ 相加,即可得该电子的总屏蔽常数。

原子轨道能级图

由于不同轨道的屏蔽和钻穿效应不同,多电子原子的主电子层能级分裂成不同亚层能级的现象,称为**能级分裂**(energy level splitting)。亚层能级并没有发生进一步分裂,这是由于同一亚层的所有轨道均具有相同的径向波函数和平均半径,因此感受的 Z^* 相同。由于 $E_n \propto 1/n^2$,n 值较大时能级间距减小,这一现象与能级分裂现象互相叠加,导致 n 值较大的某些轨道能量反而低于 n 值较小的某些轨道能量,这一现象称为**能级交错**(energy level overlap),如一些原子 $E_{4s} < E_{3d} < E_{4p}$ 等。

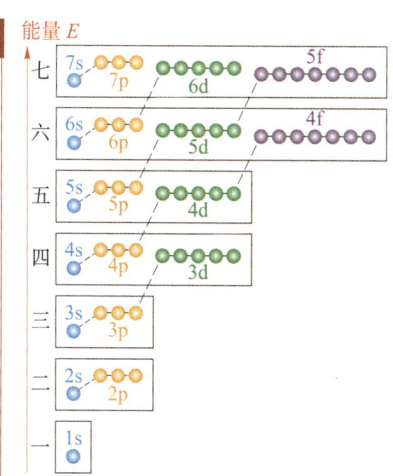

图 2.35 多电子原子的近似能级图

美国化学家鲍林(Linus Pauling)基于大量光谱实验数据和理论计算结果,提出了多电子原子的近似能级图(图 2.35)。图中用小圆球代表原子轨道,将能量相近的轨道划归一个能级组,按照能量的高低顺序分为 7 个能级组,用方框表示。图中用虚线相连的轨道是类氢原子的简并轨道。

需要强调的是,鲍林的原子轨道能级图只是一种近似能级图,反映了多电子原子轨道能量的近似高低顺序。然而由于 $E_n \propto (Z-\sigma)^2$,所有轨道的能量均随核电荷数(或原子序数)的增加而降低,且降低的幅度不同,导致不同元素能级的高低顺序并不完全一致。这一重要事实,在近似能级图中没有体现。1962 年,美国化学家科顿(Frank A. Cotton)总结了前人的光谱实验数据和量子力学计算结果,给出了轨道能量随原子序数的变化关系图,即科顿原子轨道能级图,如图 2.36 所示。例如,K 和 Ca 的 4s 能级通常低于 3d 能级,但其他元素则反之。图 2.37 比较了 H、Li、Na 和 K 的前几个主电子层的轨道能级示意图。

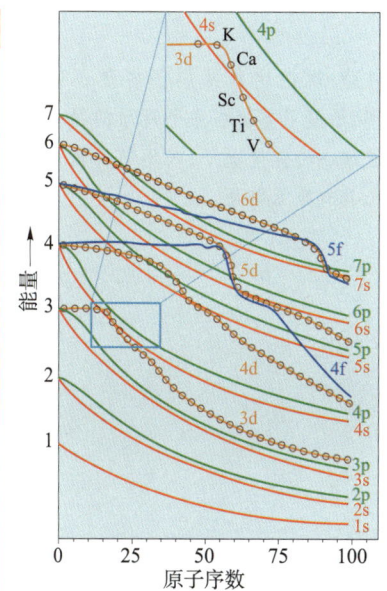

图 2.36 原子轨道能量随原子序数的变化关系图

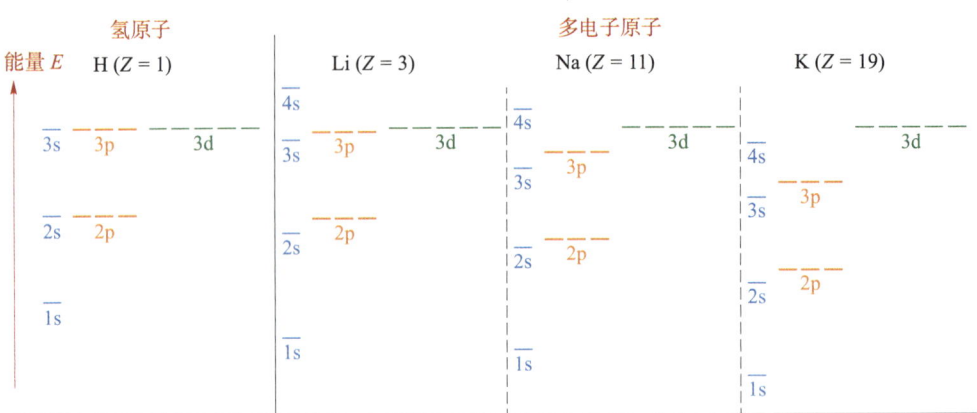

图 2.37　氢原子与多电子原子轨道能级图的对比

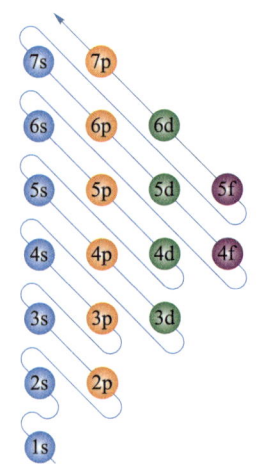

图 2.38　电子填充亚层的一般顺序

注意：洪德定则从属于能量最低原理，给出了当存在多个可用的简并轨道这一特殊情况下，采用何种电子组态具有最低能量。

核外电子排布规律

电子在主层和亚层的各种轨道上的排布，称为**电子组态**（electron configuration），也称电子构型。在后续章节里将会看到，元素的许多物理和化学性质均与其电子组态密切相关。基于原子光谱实验数据和量子力学理论，关于电子组态的两个基本原理（即核外电子排布的两个基本规律）如下：

1）**泡利不相容原理**（Pauli exclusion principle）：在同一原子中没有四个量子数完全相同的电子。前三个量子数（n、l 和 m）决定了某个特定的轨道，而最后一个量子数 m_s 的值只能为 $+1/2$ 或 $-1/2$。如果在同一轨道内可存在三个电子，意味着第三个电子的所有四个量子数，必须与第一个或第二个电子完全相同，而这违反了泡利不相容原理。因此该原理也可表述为：每个原子轨道仅能容纳两个自旋相反的电子。由于每个主电子层有 n^2 个轨道，因此最多可容纳 $2n^2$ 个电子。

2）**能量最低原理**（lowest energy principle）：在不违背泡利不相容原理的前提下，电子以使原子总能量最低的方式占据轨道。电子填充亚层的一般顺序如图 2.38 所示，为

$$1s, 2s, 2p, 3s, 3p, 4s, 3d, 4p, 5s, 4d, 5p, 6s, 4f, 5d, 6p, 7s, 5f, 6d, 7p, \cdots$$

电子填充的顺序与图 2.35 中能级的高低顺序一致。当存在多个可用的简并轨道时，电子以自旋相同的方式分占不同轨道的组态具有最低能量，这一规则称为**洪德定则**（Hund's rule）。这是因为同一轨道上的两个电子具有较高的排斥能，而分占不同简并轨道且自旋相同时的排斥能较小。因此，原子倾向于拥有尽可能多的未成对电子，全充满或半充满的亚层对应于更稳定的电子组态。

需要指出的是，在排布电子组态时，泡利不相容原理是一个必须始终遵循的基本原理；而能量最低原理仅定义了基态的电子组态，这是孤立原子最稳定或能量上最有利的组态。只要不违反泡利不相容原理，其他相对不稳定、能量较高的电子组态仍可存在，即电子处于激发态。

同一轨道上的两个电子必须具有相反的自旋，称为**成对电子**（paired electrons）。以自旋相同（或平行）的方式分占不同简并轨道的电子，称为**自旋平行电子**（parallel-spin electrons）。例如，根据洪德定则，氮原子的基态电子组态在三个 2p 轨道上存在三个自旋平行电子。

表示电子组态的方法有很多种，这里以氮原子的基态电子组态为例，给出四种不同的表示方法：

spdf 表示法： N　　$1s^2 2s^2 2p^3$

spdf 扩展表示法： N　　$1s^2 2s^2 2p_x^1 2p_y^1 2p_z^1$

原子轨道图表示法： N

芯价表示法： N　　$[He]2s^2 2p^3$

原子中 n 值最高的主电子层称为**价层**(valence shell)，价层的电子称为**价电子**(valence electron)。在价层以内的其他主电子层称为**内层**(inner shell)，原子核以及具有稀有气体组态的内层电子共同组成**原子芯**(core)，内层电子也称**芯电子**(core electron)。对于原子序数偏大的原子，通常采用原子芯加价电子组态的**芯价表示法**(core-valence notation)来书写，以避免电子排布式过长。

>> **例 2.8** 判断以下电子组态正确还是错误。如果正确，是基态还是激发态的电子组态。

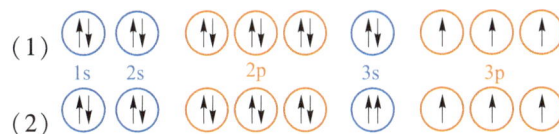

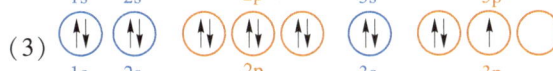

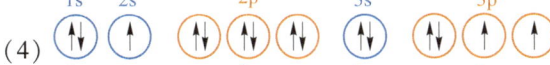

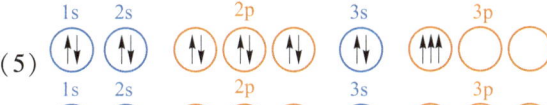

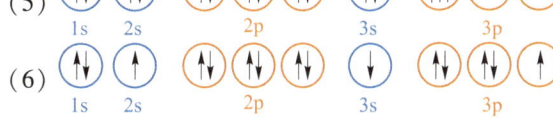

>> **解：**(1) 正确；同时满足泡利不相容和能量最低原理，是基态电子组态。

(2) 错误；有两个相同自旋电子填充在 3s 轨道，不满足泡利不相容原理。

(3) 正确；满足泡利不相容原理，但不满足洪德定则，因此能量不是最低，是激发态电子组态。

(4) 正确；是激发态电子组态。

(5) 错误；有三个电子填充在同一轨道，不满足泡利不相容原理。

(6) 正确；是激发态电子组态。

注意：(4) 的电子组态，相当于有一个电子从 2s 轨道激发到 3p 轨道，需要吸收能量，因此是能量较高的激发态。(6) 的电子组态，相当于有一个电子从 2s 轨道激发到 3p 轨道，同时有另一个电子从 3s 轨道激发到 3p 轨道，也是激发态。例 2.8 的 4 个正确组态的能量排序为 $E_6 > E_4 > E_3 > E_1$。

>> **例 2.9** 利用斯莱特规则，通过计算说明 K 原子中的最后一个电子应该填入 4s 轨道还是 3d 轨道。

>> **解：** K 原子中的最后一个电子如果填入 4s 轨道，则电子组态为

$$1s^2 2s^2 2p^6 3s^2 3p^6 4s^1$$

按照 (1s)，(2s,2p)，(3s,3p)，(4s,4p) 分组后，(4s,4p) 组没有其他电子，(3s,3p) 组的 8 个电子对 4s 电子的屏蔽常数为 0.85，(1s) 和 (2s,2p) 组的 10 个电子对 4s 电子的屏蔽常数均为 1.00。因此，4s 电子的总屏蔽常数为

$$\sigma_{4s} = (0.85 \times 8) + (1.00 \times 10) = 16.8$$

$$E_{4s} = -13.6 \times \frac{(19-16.8)^2}{4^2} = -4.11 \text{ eV}$$

K 原子中的最后一个电子如果填入 3d 轨道,则电子组态为

$$1s^2 2s^2 2p^6 3s^2 3p^6 3d^1$$

按照 (1s),(2s,2p),(3s,3p),(3d) 分组后,(3d) 组没有其他电子,剩下的 18 个电子对 3d 电子的屏蔽常数均为 1.00。因此,3d 电子的总屏蔽常数为

$$\sigma_{3d} = 1.00 \times 18 = 18.0$$

$$E_{3d} = -13.6 \times \frac{(19-18.0)^2}{3^2} = -1.51 \text{ eV}$$

计算结果表明 $E_{4s} < E_{3d}$,说明 K 原子中的最后一个电子应填入能量更低的 4s 轨道。

核外电子填充规则

在原子的基态组态中,随着原子序数的增加,电子按照能级由低至高的顺序逐一填充轨道、从而形成最稳定电子组态的过程,称为电子填充规则,也称**构造原理**(Aufbau principle)。根据构造原理,原子的"构造"过程可视为将电子逐一填入可用的、能量最低的轨道,每填入一个电子均使得体系总能量最低的假想过程。表 2.10 总结了元素的基态电子组态。可以看到,前三周期元素均按 1s2s2p3s3p 顺序依次填入电子。第四周期元素按 4s3d4p 顺序依次填入电子,其中在 Cr 和 Cu 处存在两个例外,可用洪德定则解释。按照依次填入电子的顺序,Cr 的价电子组态应为 $3d^4 4s^2$,该组态 4s 亚层全充满,3d 亚层既非全充满也非半充满。光谱实验数据表明,Cr 的基态价电子组态应为 $3d^5 4s^1$,3d 和 4s 亚层均为半充满,总能量更低。同理,Cu 的基态价电子组态为 $3d^{10} 4s^1$,3d 亚层全充满,4s 亚层半充满,比 $3d^9 4s^2$ 组态的总能量更低。

注意:电子在多电子原子核外的排布实际上并没有填充的先后顺序。构造原理只是一个便于理解基态电子填充规则的假想过程。

表 2.10 元素的基态电子组态

周期序号	原子序数	元素符号	基态电子组态	周期序号	原子序数	元素符号	基态电子组态
(一)	1	H	$1s^1$	(三)	16	S	$[Ne]3s^2 3p^4$
	2	He	$1s^2$		17	Cl	$[Ne]3s^2 3p^5$
(二)	3	Li	$[He]2s^1$		18	Ar	$[Ne]3s^2 3p^6$
	4	Be	$[He]2s^2$		19	K	$[Ar]4s^1$
	5	B	$[He]2s^2 2p^1$		20	Ca	$[Ar]4s^2$
	6	C	$[He]2s^2 2p^2$		21	Sc	$[Ar]3d^1 4s^2$
	7	N	$[He]2s^2 2p^3$		22	Ti	$[Ar]3d^2 4s^2$
	8	O	$[He]2s^2 2p^4$		23	V	$[Ar]3d^3 4s^2$
	9	F	$[He]2s^2 2p^5$	(四)	24	Cr	$[Ar]3d^5 4s^1$
	10	Ne	$[He]2s^2 2p^6$		25	Mn	$[Ar]3d^5 4s^2$
(三)	11	Na	$[Ne]3s^1$		26	Fe	$[Ar]3d^6 4s^2$
	12	Mg	$[Ne]3s^2$		27	Co	$[Ar]3d^7 4s^2$
	13	Al	$[Ne]3s^2 3p^1$		28	Ni	$[Ar]3d^8 4s^2$
	14	Si	$[Ne]3s^2 3p^2$		29	Cu	$[Ar]3d^{10} 4s^1$
	15	P	$[Ne]3s^2 3p^3$		30	Zn	$[Ar]3d^{10} 4s^2$

续表

周期序号	原子序数	元素符号	基态电子组态	周期序号	原子序数	元素符号	基态电子组态
(四)	31	Ga	$[Ar]3d^{10}4s^24p^1$		70	Yb	$[Xe]4f^{14}6s^2$
	32	Ge	$[Ar]3d^{10}4s^24p^2$		71	Lu	$[Xe]4f^{14}5d^16s^2$
	33	As	$[Ar]3d^{10}4s^24p^3$		72	Hf	$[Xe]4f^{14}5d^26s^2$
	34	Se	$[Ar]3d^{10}4s^24p^4$		73	Ta	$[Xe]4f^{14}5d^36s^2$
	35	Br	$[Ar]3d^{10}4s^24p^5$		74	W	$[Xe]4f^{14}5d^46s^2$
	36	Kr	$[Ar]3d^{10}4s^24p^6$		75	Re	$[Xe]4f^{14}5d^56s^2$
(五)	37	Rb	$[Kr]5s^1$	(六)	76	Os	$[Xe]4f^{14}5d^66s^2$
	38	Sr	$[Kr]5s^2$		77	Ir	$[Xe]4f^{14}5d^76s^2$
	39	Y	$[Kr]4d^15s^2$		78	Pt	$[Xe]4f^{14}5d^96s^1$
	40	Zr	$[Kr]4d^25s^2$		79	Au	$[Xe]4f^{14}5d^{10}6s^1$
	41	Nb	$[Kr]4d^45s^1$		80	Hg	$[Xe]4f^{14}5d^{10}6s^2$
	42	Mo	$[Kr]4d^55s^1$		81	Tl	$[Xe]4f^{14}5d^{10}6s^26p^1$
	43	Tc	$[Kr]4d^55s^2$		82	Pb	$[Xe]4f^{14}5d^{10}6s^26p^2$
	44	Ru	$[Kr]4d^75s^1$		83	Bi	$[Xe]4f^{14}5d^{10}6s^26p^3$
	45	Rh	$[Kr]4d^85s^1$		84	Po	$[Xe]4f^{14}5d^{10}6s^26p^4$
	46	Pd	$[Kr]4d^{10}$		85	At	$[Xe]4f^{14}5d^{10}6s^26p^5$
	47	Ag	$[Kr]4d^{10}5s^1$		86	Rn	$[Xe]4f^{14}5d^{10}6s^26p^6$
	48	Cd	$[Kr]4d^{10}5s^2$		87	Fr	$[Rn]7s^1$
	49	In	$[Kr]4d^{10}5s^25p^1$		88	Ra	$[Rn]7s^2$
	50	Sn	$[Kr]4d^{10}5s^25p^2$		89	Ac	$[Rn]6d^17s^2$
	51	Sb	$[Kr]4d^{10}5s^25p^3$		90	Th	$[Rn]6d^27s^2$
	52	Te	$[Kr]4d^{10}5s^25p^4$		91	Pa	$[Rn]5f^26d^17s^2$
	53	I	$[Kr]4d^{10}5s^25p^5$		92	U	$[Rn]5f^36d^17s^2$
	54	Xe	$[Kr]4d^{10}5s^25p^6$		93	Np	$[Rn]5f^46d^17s^2$
(六)	55	Cs	$[Xe]6s^1$		94	Pu	$[Rn]5f^67s^2$
	56	Ba	$[Xe]6s^2$		95	Am	$[Rn]5f^77s^2$
	57	La	$[Xe]5d^16s^2$		96	Cm	$[Rn]5f^76d^17s^2$
	58	Ce	$[Xe]4f^15d^16s^2$	(七)	97	Bk	$[Rn]5f^97s^2$
	59	Pr	$[Xe]4f^36s^2$		98	Cf	$[Rn]5f^{10}7s^2$
	60	Nd	$[Xe]4f^46s^2$		99	Es	$[Rn]5f^{11}7s^2$
	61	Pm	$[Xe]4f^56s^2$		100	Fm	$[Rn]5f^{12}7s^2$
	62	Sm	$[Xe]4f^66s^2$		101	Md	$[Rn]5f^{13}7s^2$
	63	Eu	$[Xe]4f^76s^2$		102	No	$[Rn]5f^{14}7s^2$
	64	Gd	$[Xe]4f^75d^16s^2$		103	Lr	$[Rn]5f^{14}6d^17s^2$
	65	Tb	$[Xe]4f^96s^2$		104	Rf	$[Rn]5f^{14}6d^27s^2$
	66	Dy	$[Xe]4f^{10}6s^2$		105	Db	$[Rn]5f^{14}6d^37s^2$
	67	Ho	$[Xe]4f^{11}6s^2$		106	Sg	$[Rn]5f^{14}6d^47s^2$
	68	Er	$[Xe]4f^{12}6s^2$		107	Bh	$[Rn]5f^{14}6d^57s^2$
	69	Tm	$[Xe]4f^{13}6s^2$		108	Hs	$[Rn]5f^{14}6d^67s^2$

需要指出的是,元素的基态电子组态总是有不完全符合规则的例外情况。例如,镍(Ni)、钯(Pd)和铂(Pt)虽为同族元素,但基态价电子组态各不相同:Ni 为 $3d^84s^2$,Pd 为 $4d^{10}$,Pt 则为 $5d^96s^1$。这些基态电子组态均可由光谱实验数据确定。

» 例 2.10 用芯价表示法和 spdf 表示法分别表示下列原子或离子的基态电子组态:Si、Cr、Fe^{2+}、Ag^+、I、Pb^{2+},并指出其是否存在未成对电子。

» 解:Si:$Z = 14$,$[Ne]3s^23p^2$ 或 $1s^22s^22p^63s^23p^2$;在 3p 轨道上有 2 个未成对电子。

Cr:$Z = 24$,$[Ar]3d^54s^1$ 或 $1s^22s^22p^63s^23p^63d^54s^1$;在 3d 轨道上有 5 个未成对电子,在 4s 轨道上还有 1 个未成对电子。

注意:Fe^{2+} 比 Fe 少两个电子,有效核电荷比 Fe 更大,主量子数 n 的影响变得更为重要,钻穿效应的影响相对减弱,使得 Fe^{2+} 的 3d 轨道能量显著低于 4s。

Fe^{2+}:$Z = 26$,电子数为 24。Fe 原子的电子组态为 $[Ar]3d^64s^2$,由于 Fe^{2+} 的 3d 轨道能量显著低于 4s,优先电离能量较高的 4s 电子,因此 Fe^{2+} 的基态电子组态为 $[Ar]3d^6$ 或 $1s^22s^22p^63s^23p^63d^6$;所有电子均成对,没有未成对电子。

注意:在书写基态电子组态时,通常先按照电子填充亚层的一般顺序式(2.44)逐一填写,再将其整理为由内至外(按 n 和 l 值递增)的顺序。例如,I 原子有 53 个电子,按照电子填充亚层的一般顺序写为 $1s^22s^22p^63s^23p^64s^23d^{10}4p^65s^24d^{10}5p^5$,再整理为 $1s^22s^22p^63s^23p^63d^{10}4s^24p^64d^{10}5s^25p^5$。

Ag^+:$Z = 47$,电子数为 46。Ag 原子的电子组态为 $[Kr]4d^{10}5s^1$,电离 1 个 5s 电子后的基态组态为 $[Kr]4d^{10}$ 或 $1s^22s^22p^63s^23p^63d^{10}4s^24p^64d^{10}$;没有未成对电子。

I:$Z = 53$,$[Kr]4d^{10}5s^25p^5$ 或 $1s^22s^22p^63s^23p^63d^{10}4s^24p^64d^{10}5s^25p^5$;在 5p 轨道上有 1 个未成对电子。

Pb^{2+}:$Z = 82$,电子数为 80。Pb 原子的电子组态为 $[Xe]4f^{14}5d^{10}6s^26p^2$,电离 2 个 6p 电子后的基态组态为 $[Xe]4f^{14}5d^{10}6s^2$ 或 $1s^22s^22p^63s^23p^63d^{10}4s^24p^64d^{10}4f^{14}5s^25p^65d^{10}6s^2$;没有未成对电子。

2.9 元素周期表与元素周期律
(Periodic Table and Periodic Law of Elements)

将化学元素按照原子序数依次递增的顺序进行排列,并将具有类似电子组态和类似性质的元素排在同一列,即可得**元素周期表**(periodic table of elements)。元素的结构和性质所具有的周期性递变规律,称为**元素周期律**(periodic law of elements)。

注:关于元素周期表的演变探索详见案例 2.1。

元素周期表

历史上很多科学家对元素周期律的发现均有贡献,其中贡献最大的两位是门捷列夫(Dmitri Mendeleev)和迈耶尔(Lothar Meyer)。1869 年迈耶尔发现,当采用固态摩尔体积(即元素的摩尔质量除以其固态密度)对相对原子质量作图时,所得折线图在 Li、Na、K、Rb 和 Cs 上出现了一系列极大值。现代更为常用的则是固态摩尔体积对原子序数的作图,如图 2.39 所示。后来,迈耶尔还观察到元素及其化合物的硬度和沸点等其他性质均具有类似的周期性递变规律。

同在 1869 年,比迈耶尔还早几个月,门捷列夫对当时已经发现的 63 种元素的性质进行了总结和对比,发现了元素性质随相对原子质量增加而出现周期性递变的规律。门捷列夫按照相对原子质量由小到大的顺序排列,将化学性质相似的

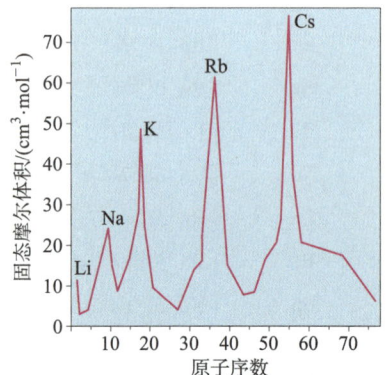

图 2.39 元素的固态摩尔体积随原子序数的变化关系图

元素放在同一列,编制得到了第一张元素周期表。他不仅修正了一些已知元素在当时已被接受的性质,还预测了多种未知元素的存在和性质。例如,门捷列夫将铀的价从3修正为6,原子质量从120修正为240(接近其现代值238)。他还准确预测了有三种未知新元素的性质分别与已知元素铝、硅和硼相似,称为"类铝""类硅"和"类硼",而这三种元素后来分别发现于1875年、1886年和1879年,被命名为镓(Ga)、锗(Ge)和钪(Sc)。

门捷列夫在其周期表中,将元素分成八族十二行(图2.40),将元素的氧化物和氢化物的化学式列于每一族的顶部。例如,门捷列夫将摩尔体积折线图的极大值所对应的元素按照熔点降低的顺序排列为

$$\text{Li}(174\ ℃) > \text{Na}(97.8\ ℃) > \text{K}(63.7\ ℃) > \text{Rb}(38.9\ ℃) > \text{Cs}(28.5\ ℃)$$

他还注意到这些元素均表现出+1的氧化态,并可形成具有化学式为R_2O的氧化物,因此将它们归入第Ⅰ族。而这些元素即为现在所知的碱金属。

注: 门捷列夫在其元素周期表中,用Gruppe代表族,用Reihen代表周期;用R^2O、RO、R^2O^3等代表对应元素氧化物的化学式,用RH^4、RH^3、RH^2等代表对应元素氢化物的化学式。

Reihen	Gruppe I. — R^2O	Gruppe II. — RO	Gruppe III. — R^2O^3	Gruppe IV. RH^4 RO^2	Gruppe V. RH^3 R^2O^5	Gruppe VI. RH^2 RO^3	Gruppe VII. RH R^2O^7	Gruppe VIII. — RO^4
1	H=1							
2	Li=7	Be=9.4	B=11	C=12	N=14	O=16	F=19	
3	Na=23	Mg=24	Al=27.3	Si=28	P=31	S=32	Cl=35.5	
4	K=39	Ca=40	—=44	Ti=48	V=51	Cr=52	Mn=55	Fe=56, Co=59, Ni=59, Cu=63.
5	(Cu=63)	Zn=65	—=68	—=72	As=75	Se=78	Br=80	
6	Rb=85	Sr=87	?Yt=88	Zr=90	Nb=94	Mo=96	—=100	Ru=104, Rh=104, Pd=106, Ag=108
7	(Ag=108)	Cd=112	In=113	Sn=118	Sb=122	Te=125	J=127	
8	Cs=133	Ba=137	?Di=138	?Ce=140	—	—	—	— — — —
9	(—)	—	—	—	—	—	—	
10	—	—	?Er=178	?La=180	Ta=182	W=184	—	Os=195, Ir=197, Pt=198, Au=199
11	(Au=199)	Hg=200	Tl=204	Pb=207	Bi=208	—	—	
12	—	—	—	Th=231	—	U=240	—	

图2.40 门捷列夫编制的第一张元素周期表,共分为八族十二行:其中用红色高亮标出的是三个当时仍属未知的元素"类硼""类铝"和"类硅",即钪、镓和锗

由于没有预料到稀有气体的存在,门捷列夫并没有在周期表中留出其位置。稀有气体的发现者拉姆齐(William Ramsay)提议,将它们置于单独一族,称为第0族。此外,门捷列夫认为元素应按照相对原子质量递增的顺序排列,因此错误地预测了碲(Te)的相对原子质量。后来,根据莫斯利(Henry Moseley)对元素X射线光谱的研究,证明了元素周期律取决于原子序数而非相对原子质量。

在量子力学建立之后,科学家们很快意识到元素周期表与量子力学之间的主要联系在于电子组态,即周期表中同一族元素具有类似的电子组态。而之所以具有类似性质的元素会周期性地重复出现,直接源于类似的价电子组态的周期性重复出现。随着科学的不断发展,多种形式的元素周期表均被提出,如短式周期表、长式周期表、三角形周期表、螺旋式周期表、宝塔式周期表等。目前通用的是维尔纳(Alfred Werner)首先倡导的长式周期表,如图2.41所示。

	IA 1																0 18
(一)	H	IIA 2		s区	p区	d区	ds区	f区					IIIA 13	IVA 14	VA 15	VIA 16	VIIA 17	He
(二)	Li	Be											B	C	N	O	F	Ne
(三)	Na	Mg	IIIB 3	IVB 4	VB 5	VIB 6	VIIB 7	8	VIII 9	10	IB 11	IIB 12	Al	Si	P	S	Cl	Ar
(四)	K	Ca	Sc	Ti	V	Cr	Mn	Fe	Co	Ni	Cu	Zn	Ga	Ge	As	Se	Br	Kr
(五)	Rb	Sr	Y	Zr	Nb	Mo	Tc	Ru	Rh	Pd	Ag	Cd	In	Sn	Sb	Te	I	Xe
(六)	Cs	Ba	Ln	Hf	Ta	W	Re	Os	Ir	Pt	Au	Hg	Tl	Pb	Bi	Po	At	Rn
(七)	Fr	Ra	An	Rf	Db	Sg	Bh	Hs	Mt	Ds	Rg	Cn	Nh	Fl	Mc	Lv	Ts	Og

Ln	La	Ce	Pr	Nd	Pm	Sm	Eu	Gd	Tb	Dy	Ho	Er	Tm	Yb	Lu
An	Ac	Th	Pa	U	Np	Pu	Am	Cm	Bk	Cf	Es	Fm	Md	No	Lr

图 2.41 通用的元素周期表形式,其中不同颜色代表元素的五个分区:s 区、p 区、d 区、ds 区和 f 区

思考题:为什么第三主电子层最多可容纳 18 个电子,但元素周期表的第三周期只有 8 种元素?

随着元素的不断发现,迄今为止元素周期表中共填有 118 种元素,按照**七周期**(period)**十八族**(group)排列。其中从左到右为 1~18 族,由上至下共有七个周期。每一个周期相当于图 2.35 的一个能级组,各周期所包含的元素数分别为 2、8、8、18、18、32 和 32,即每个周期所能容纳的轨道数的两倍。表 2.11 总结了各周期包含的元素总数及价电子排布的总体顺序。

表 2.11 各周期包含的元素总数及价电子排布的总体顺序

周期(能级组)	特点	价电子排布总体顺序				周期内包含的元素数(电子容量)
(一)	特短周期	$1s^1$	→		$1s^2$	2
(二)	短周期	$2s^{1\sim2}$	→		$2p^{1\sim6}$	8
(三)	短周期	$3s^{1\sim2}$	→		$3p^{1\sim6}$	8
(四)	长周期	$4s^{1\sim2}$	→	$3d^{1\sim10}$	→ $4p^{1\sim6}$	18
(五)	长周期	$5s^{1\sim2}$	→	$4d^{1\sim10}$	→ $5p^{1\sim6}$	18
(六)	特长周期	$6s^{1\sim2}$ → $4f^{1\sim14}$	→	$5d^{1\sim10}$	→ $6p^{1\sim6}$	32
(七)	特长周期	$7s^{1\sim2}$ → $5f^{1\sim14}$	→	$6d^{1\sim10}$	→ $7p^{1\sim6}$	32

思考题:元素周期表可分成哪几个区?每区包括哪几族?各区外层电子组态有什么特征?

根据最后一个价电子所填充的亚层,元素周期表可分为五个不同区域(图 2.41):

1) s 区:最后一个价电子排布在最高 n 值的 s 轨道中,组态为 $ns^{1\sim2}$。s 区包括第 1 族(ⅠA,碱金属)和第 2 族(ⅡA,碱土金属)以及氢和氦。

2) p 区:最后一个价电子排布在最高 n 值的 p 轨道中,组态为 $ns^2np^{1\sim6}$。p 区包括第 13(ⅢA)、14(ⅣA)、15 族(ⅤA,氮族)、16 族(ⅥA,硫族)、17 族(ⅦA,卤素)和 18 族(0,稀有气体,氦除外)。

3) d 区:最后一个价电子排布在第二高 n 值(即 $n-1$)的 d 轨道中(存在少数例

外),组态为 $(n-1)d^{1-9}ns^{1-2}$。d 区包括第 3~10 族（ⅢB，ⅣB，…，ⅦB，Ⅷ，其中 8~10 族均记为Ⅷ族）。

4) ds 区：最后一个价电子排布在最高 n 值的 s 轨道中，但具有全充满的内层 $(n-1)$d 轨道，而不像对应 s 区具有空的 $(n-1)$d 轨道。组态为 $(n-1)d^{10}ns^{1-2}$。ds 区包括第 11 族（ⅠB）和第 12 族（ⅡB）。在一些教材中，ds 区也被并入 d 区。

5) f 区：最后一个价电子排布在第三高 n 值（即 $n-2$）的 f 轨道中，组态为 $(n-2)f^{1-14}(n-1)d^{0-2}ns^2$。f 区包括镧系元素（Ln，$Z$ = 57~71）和锕系元素（An，Z = 89~103）。

按传统习惯，通常将 s 区和 p 区元素称为**主族元素**（main-group elements），族号也可用希腊数字加 A 表示；将第 11、12 和 3~7 族元素称为**副族元素**（subgroup elements），族号也可用希腊数字加 B 表示。位于 s 区和 p 区之间的元素通常统称为**过渡元素**（transition elements）。IUPAC 将过渡元素定义为原子具有不完整的 d 亚层，或者可以产生具有不完整 d 亚层阳离子的元素。根据该定义，过渡元素包括所有 d 区元素以及第 11 族元素（Cu、Ag 和 Au），但不包括第 12 族元素（Zn、Cd、Hg）。第四、五、六周期的过渡元素也分别称为第一、二、三**过渡系**（transition series）。f 区元素又称**内过渡元素**（inner transition elements），通常移至周期表其余部分之下，且不设族号。由于过渡元素和内过渡元素均为金属，也称过渡金属和内过渡金属。一个全新的 g 区预计开始于 121 号元素附近，仅与当前已知的元素相距几个元素。

元素的电子组态是周期表的基础，它同样也会影响元素的各种性质，如原子半径、离子半径、电离能、电子亲和能、电负性等。下面分别介绍。

原子半径与离子半径的周期性

如前几节所述，电子在离核较远处出现的概率随 r 增加而不断下降，只有在无穷远处才为零。因此，原子并没有确切的边界。所谓**原子半径**（atomic radius），通常根据两个成键原子的**核间距**（internuclear distance）来定义。两个相同原子以共价单键连接时核间距的一半，称为**共价半径**（covalent radius）。金属晶格中两个相邻原子核间距的一半，称为**金属半径**（metallic radius）。类似地，在稀有气体的固态晶体中两个相邻原子核间距的一半，称为**范德华半径**（van der Waals radius）。同一金属原子的共价半径通常比其金属半径小 10%~20%，如钠的共价半径和金属半径分别为 157 pm 和 186 pm。

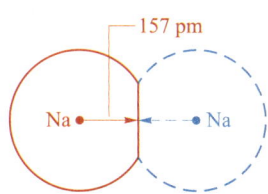

Na 的共价半径

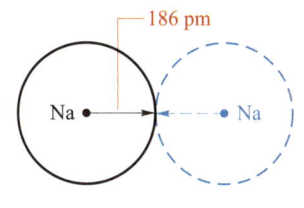

Na 的金属半径

一般而言，同周期元素从左到右原子半径呈总体下降的趋势，可用上一节讨论的屏蔽和钻穿效应来解释。对于主族元素，最后一个价电子总是填充在最外层，同一壳层内电子的相互屏蔽作用较小，所以随着核电荷 Z 增加，有效核电荷 Z^* 持续增大，导致从左到右原子半径连续下降。对于过渡元素，最后一个价电子填充在 $(n-1)$d 轨道，是具有更强屏蔽效应的内层。尽管 Z^* 仍随 Z 的增加而增大，但原子半径的减小幅度低于主族元素。对于内过渡元素，最后一个价电子填充在 $(n-2)$f 轨道，具有更显著的屏蔽效应，导致原子半径的减小幅度非常轻微。同一周期内相邻元素原子半径的平均减小幅度大致为

主族元素　>　过渡元素　>　内过渡元素
（约 10 pm）　（约 5 pm）　（小于 1 pm）

一般而言,同族元素由上至下原子半径逐渐增大。这是因为与原子的核电荷和有效核电荷增加使得半径缩小的作用相比,电子层数增加导致半径增大的效应更为显著。因此总的效果是,同族元素由上至下原子半径逐渐增大。相对而言,副族元素由上至下原子半径增大的幅度弱于主族元素,特别是第五、六周期的同一副族元素,其原子半径非常接近,这是由于镧系收缩效应造成的。

镧系元素(Ln,Z = 57~71)彼此的主要不同,在于其 4f 电子组态。所谓**镧系收缩**(lanthanide contraction)效应指的是,由于 4f 电子比 5d 电子具有更强的屏蔽效应,导致其原子半径略微收缩的现象。镧系收缩通常具有两层含义:

1) 对镧系元素自身的影响:镧系元素半径的减小低于预期。如果没有 4f 轨道,价电子将填充在 5d 轨道,则原子半径的减小将更为显著。

2) 对镧系之后元素的影响:镧系之后元素的半径低于预期。从镧(La)到镥(Lu)半径总共减小约 11 pm,补偿了从第五周期到第六周期的半径增大,导致镧系之后第三过渡系元素的半径和性质,非常接近同族上一元素的半径和性质(如 Zr 与 Hf、Nb 与 Ta、Mo 与 W 等),如图 2.42 所示。这是镧系收缩更为重要的意义所在。

此外,镧系元素的原子半径在铕(Eu)和镱(Yb)处可以看到两个峰值。这可以用洪德定则来解释:Eu(4f^{7}6s^2)具有半充满的 4f 亚层,Yb(4f^{14}6s^2)具有全充满的 4f 亚层,两者均是更对称、更稳定的电子组态,因此具有相对较大的原子半径。

离子半径(ionic radius)也是基于两个离子以离子键连接时的核间距来定义,但由于两个相同离子之间不能形成离子键,通常采用 $r(O^{2-})$ = 140 pm 作为参考值,再根据离子的核间距来推断其他离子的半径。

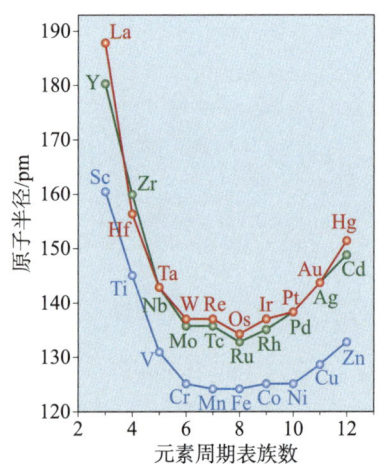

图 2.42 镧系收缩对镧系之后元素原子半径的影响

原子失去电子形成阳离子,因此阳离子小于相应的原子。电子数和电子组态均相同的物种,称为**等电子体**(isoelectronic species)。对于等电子体阳离子,离子所带正电荷越多,其核电荷就越高,离子半径就越小。如 K^+ 和 Ca^{2+} 是具有与 Ar 相同组态的等电子体阳离子,离子半径 $r(Ca^{2+})$ = 100 pm 小于 $r(K^+)$ = 138 pm。类似地,原子得到电子形成阴离子,因此阴离子大于相应的原子。对于等电子体阴离子,离子所带负电荷越多,其核电荷就越低,离子半径就越大。如 F^- 和 O^{2-} 是具有与 Ne 相同组态的等电子体阴离子,离子半径 $r(O^{2-})$ = 140 pm 大于 $r(F^-)$ = 133 pm。

》例 2.11 比较下列各对原子或离子半径的大小,并说明原因:

(1) H 与 He;

(2) Ba 与 Sr;

(3) Zr 与 Hf;

(4) Na^+ 与 Al^{3+};

(5) Ni 与 Cu;

(6) La 与 Gd;

(7) Fe^{2+} 与 Fe^{3+};

(8) S^{2-} 与 Cl^-。

》解:(1) $r(H) < r(He)$,H 为共价半径,小于 He 的范德华半径。

(2) $r(Ba) > r(Sr)$,二者同主族,Ba 位于第六周期,Sr 位于第五周期,Ba 的半径较大。

(3) $r(\text{Zr}) \approx r(\text{Hf})$,镧系收缩使得二者半径相近。

(4) $r(\text{Na}^+) > r(\text{Al}^{3+})$,二者为等电子体阳离子,$\text{Al}^{3+}$的核电荷数较高,半径较小。

(5) $r(\text{Ni}) < r(\text{Cu})$,Cu 的电子组态为 $[\text{Ar}]3\text{d}^{10}4\text{s}^1$,满壳层 d 电子互相排斥远离,半径较大。

(6) $r(\text{La}) > r(\text{Gd})$,二者同周期,La 的核电荷数小于 Gd,半径较大。

(7) $r(\text{Fe}^{2+}) > r(\text{Fe}^{3+})$,同一元素,$\text{Fe}^{2+}$ 的电子数多于 Fe^{3+},半径较大。

(8) $r(\text{S}^{2-}) > r(\text{Cl}^-)$,二者为等电子体阴离子,$\text{Cl}^-$ 的核电荷数较高,半径较小。

电离能的周期性

为使原子失去电子并发生电离,需要额外的能量以克服电子与原子核之间的吸引力。如果提供足够的能量,原子中的电子将逐一电离,其中与原子核吸引力最弱的电子将首先失去。第一**电离能**(ionization energy,I_1)是基态的气态原子失去第一个电子成为 +1 价离子所需吸收的能量。失去第二个电子的相应能量称为第二电离能(I_2),进一步的电离能为 I_3、I_4 等。电离能总为正值且逐级递增,即 $0 < I_1 < I_2 < I_3 < \cdots$,这是因为从阳离子电离出带负电荷的电子比从中性原子电离更为困难,以此类推。电离能越低,电子就越容易失去,意味着该原子或离子的金属性越强。

电离能一般可通过光电效应实验测量,即用具有足够能量的光子轰击低压气态原子,以释放电子并使原子电离。如

$$\text{Mg}(g) \longrightarrow \text{Mg}^+(g) + e^- \quad I_1 = 737.7 \text{ kJ} \cdot \text{mol}^{-1}$$
$$\text{Mg}^+(g) \longrightarrow \text{Mg}^{2+}(g) + e^- \quad I_2 = 1451 \text{ kJ} \cdot \text{mol}^{-1}$$
$$\text{Mg}^{2+}(g) \longrightarrow \text{Mg}^{3+}(g) + e^- \quad I_3 = 7733 \text{ kJ} \cdot \text{mol}^{-1}$$

可以看到 $I_1 < I_2 \ll I_3$。因此,逐级电离能的数值可用于区分价电子和芯电子。当第一个芯电子被移除时,电离能的数值会出现较大的突跃。

如 2.4 节所述,电离能是将电子从相应轨道电离至无穷远所需的能量,即

$$I = E_\infty - E_n = 0 - \left(-R_\text{H} \frac{Z^{*2}}{n^2}\right) = R_\text{H} \frac{Z^{*2}}{n^2} \tag{2.44}$$

其中 n 为待电离电子的主量子数。式(2.44)表明,电离能与 Z^{*2} 之间存在线性关系。事实上,电离能数据正是用来估算 Z^* 的最早方法之一。

从式(2.44)可知,同族元素由上至下,由于 n 值增大而 Z^* 仅略微增加,电离能趋于降低。因此同族元素由上至下,原子更容易失去电子,金属性更强。同时,同周期元素从左到右,由于 n 值保持不变而 Z^* 增加,电离能趋于增加,金属性减弱。表 2.12 列出了第三周期元素的逐级电离能值。将 I_1 值对原子序数直接作图,可得如图 2.43a 所示折线图,虽然图中从左到右 I_1 值呈总体增加的趋势,但在 Al 和 S 处发生了两次反转。$I_1(\text{Al}) < I_1(\text{Mg})$ 的原因在于,Mg 的第一电离失去的是较低能量 3s 电子,而 Al 失去的是较高能量 3p 电子。$I_1(\text{S}) < I_1(\text{P})$ 的原因可用洪德定则解释:与从较稳定的 P 原子($[\text{Ne}]3\text{s}^2 3\text{p}^3$)的半充满 3p 轨道中移除电子、变为较不稳定的 P^+($[\text{Ne}]3\text{s}^2 3\text{p}^2$)相比,从较不稳定的 S 原子($[\text{Ne}]3\text{s}^2 4\text{p}^4$)中移除电子、变为较稳定的半充满 S^+($[\text{Ne}]3\text{s}^2 3\text{p}^3$)更加容易。

表 2.12　第三周期元素的逐级电离能值　　　　　　　　　　　　　　　　　　　　　　　　　　　单位：kJ·mol⁻¹

I_n	Na	Mg	Al	Si	P	S	Cl	Ar
I_1	495.8	737.7	577.5	786.5	1012	999.6	1251	1521
I_2	4562	1451	1817	1577	1907	2252	2298	2666
I_3	6910	7733	2745	3232	2914	3357	3822	3931
I_4	9543	10543	11577	4356	4964	4556	5159	5771
I_5	13354	13630	14842	16091	6274	7004	6542	7238
I_6	16613	18020	18379	19805	21267	8496	9362	8781
I_7	20117	21711	23326	23780	25431	27107	11018	11995
I_8	25496	25661	27465	29287	29872	31719	33604	13842

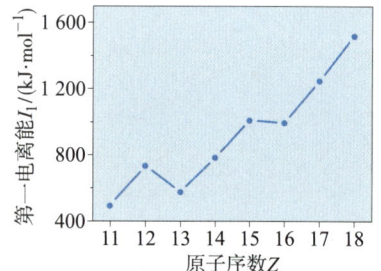

(a) Na、Mg、Al、Si、P、S、Cl和Ar的第一电离能(单位：kJ·mol⁻¹)对原子序数的函数关系图

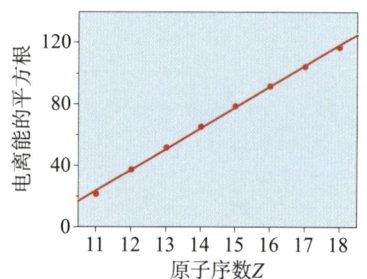

(b) Na、Mg^+、Al^{2+}、Si^{3+}、P^{4+}、S^{5+}、Cl^{6+}和Ar^{7+}的第一电离能(单位：kJ·mol⁻¹)的平方根对原子序数的函数关系图

图 2.43　电离能与原子序数的关系图

如果将一系列等电子体 Na、Mg^+、Al^{2+}、Si^{3+}、P^{4+}、S^{5+}、Cl^{6+} 和 Ar^{7+} 的第一电离能(表2.12阴影区内数据)的平方根值，相对于原子序数(Z)作图，其结果呈线性关系(图2.43b)，对应的拟合公式为

$$\sqrt{I} = 13.5Z - 124$$

与图 2.43a 所示的不规则趋势相比，线性关系更为简明，且具有科学意义。这里尝试推导该线性关系的来源。

上述等电子体的电子组态均为 $1s^22s^22p^63s^1$，即在氖原子芯($1s^22s^22p^6$)之外存在一个价电子($3s^1$)。其电离过程可表示为

$$[Ne]3s^1 \rightarrow [Ne]3s^0$$

由于芯电子均匀地屏蔽了原子核对单个价电子的吸引，这些等电子体原子或离子类似于具有相应 Z^* 的玻尔原子，因此作为有效近似，可用式(2.45)计算其电离能，有

$$I = R_H \frac{Z^{*2}}{n^2} = R_H \frac{(Z-\sigma)^2}{n^2}$$

$$\sqrt{I} = \sqrt{R_H}\left(\frac{Z-\sigma}{n}\right)$$

对于待电离的 $3s^1$ 电子，$n = 3$，假定芯电子完美地屏蔽了价电子，故 $\sigma = 10$。这里需要将 $R_H = 2.178 \times 10^{-18}$ J(每个原子)乘以 N_A，以转化为 1 mol 原子对应的 $R_H = 1311.6$ kJ·mol⁻¹，有

$$\sqrt{I} = \sqrt{1311.6}\left(\frac{Z-10}{3}\right) = 12.07Z - 120.7$$

这解释了 $\sqrt{I}$ 与 Z 的线性关系，且能较好地符合实验电离能值的线性拟合公式。

与主族元素相比，副族元素电离能变化的趋势更不规则。例如，由于增加了镧系对应的核电荷，第三过渡系元素的电离能反而比同族上一元素更大，金属性减弱。此外，第一过渡系元素电子的填充顺序是先4s后3d，但电离的顺序恰好相反。

电子亲和能与电负性的周期性

第一**电子亲和能**(electron affinity, E_{ea1})是基态的气态原子获得第一个电子成为 -1 价离子时释放的能量。获得第二个电子的相应能量称为第二电子亲和能(E_{ea2}),进一步的电子亲和能为 E_{ea3}、E_{ea4} 等。中性气态原子获得第一个电子时通常会释放能量,即 $E_{ea1}>0$,但非常稳定的电子组态(如稀有气体和 N、Mg 等)除外。而一旦变为阴离子,再获得电子则需要克服负电荷之间的排斥力,不但不会释放能量,反而需要吸收额外的能量,通常有 $\cdots<E_{ea3}<E_{ea2}<0$。O^{2-}、S^{2-} 等阴离子的气态通常都很不稳定,只能存在于晶体或溶液中。表 2.13 列出了常见主族元素的第一电子亲和能。

电子亲和能的测量通常也是基于光电效应实验,用光子使对应气态阴离子电离,有

$$X^-(g) \longrightarrow X(g) + e^- \quad E_{ea1} = I = E_{光子}$$

例如

$$O(g) + e^- \longrightarrow O^-(g) \quad E_{ea1} = 141.0 \text{ kJ·mol}^{-1}$$
$$O^-(g) + e^- \longrightarrow O^{2-}(g) \quad E_{ea2} = -780 \text{ kJ·mol}^{-1}$$

非金属元素的电子亲和能越大,意味着该原子生成阴离子的倾向越大。电子亲和能的周期性递变规律与电离能类似,如果一个元素具有较高的电离能,它也倾向于具有较高的电子亲和能。但一般第三周期元素的电子亲和能却比第二周期元素更大,这是由于第三周期非金属元素的原子半径大于第二周期对应元素,且同一层中存在空的 d 轨道可容纳电子,电子之间的排斥作用弱于第二周期对应元素,因此获得电子形成阴离子时释放的能量更大。

当两个气态原子结合形成分子时,可采用**电负性**(electronegativity)的概念来衡量原子吸引成键电子对的能力。尽管 1811 年贝采利乌斯(Jöns J. Berzelius)就引入了"电负性"这一术语,然而直到 1932 年鲍林提出了依赖于键能的电负性标度之后,电负性的精确标度才得以发展。鲍林认为:如果单质分子 A—A 和 B—B 的键能分别为 E_{AA} 和 E_{BB},若化合物 AB 由"纯"共价键组成,那么 A—B 的键能应为 E_{AA} 和 E_{BB} 的几何平均值,即 $E_{AB}=\sqrt{E_{AA} \cdot E_{BB}}$,但实验测得的 E_{AB} 值总是更高。鲍林将这种 A—B 异核键的额外稳定性归因于离子性成分对成键的贡献,即认为二者的差值

$$\Delta = E_{AB} - \sqrt{E_{AA} \cdot E_{BB}}$$

反映了 A 和 B 之间吸引成键电子对能力的差别,即电负性的差别。鲍林采用一个无量纲的量 χ 来表示电负性,通过实验数据拟合,提出了以下半经验公式:

$$\Delta = 1.3 \text{ eV} \times (\chi_A - \chi_B)^2$$

由于 F 原子对电子对的吸引能力最大,选定 $\chi_F = 4.0$ 作为基准值,即可导出其他原子的电负性。经过数十年的研究和发展,常见元素的鲍林电负性均有了公认的数值(图 2.44),在化学工作中得到广泛应用。

思考题:为什么电离能都是正值,而电子亲和能却有正有负,且数值远小于电离能?

表 2.13 常见主族元素的第一电子亲和能

元素	$E_{ea1}/(\text{kJ·mol}^{-1})$
H	72.8
He	<0
Li	59.6
Be	<0
B	27.0
C	121.8
N	<0
O	141.0
F	328.2
Ne	<0
Na	52.9
Mg	<0
Al	41.8
Si	134.1
P	72.0
S	200.4
Cl	348.6
Ar	<0
Br	324.5
I	295.2

族→	IA																		0
周期↓	1		<1.5	1.5~1.9	2.0~2.4	2.5~2.9	3.0~4.0						IIIA	IVA	VA	VIA	VIIA		18
(一)	H 2.1	IIA 2											13	14	15	16	17		He
(二)	Li 1.0	Be 1.5											B 2.0	C 2.5	N 3.0	O 3.5	F 4.0		Ne
(三)	Na 0.9	Mg 1.2	IIIB 3	IVB 4	VB 5	VIB 6	VIIB 7	8	VIII 9	10	IB 11	IIB 12	Al 1.5	Si 1.8	P 2.1	S 2.5	Cl 3.0		Ar
(四)	K 0.8	Ca 1.0	Sc 1.3	Ti 1.5	V 1.6	Cr 1.6	Mn 1.5	Fe 1.8	Co 1.8	Ni 1.8	Cu 1.9	Zn 1.6	Ga 1.6	Ge 1.8	As 2.0	Se 2.4	Br 2.8		Kr
(五)	Rb 0.8	Sr 1.0	Y 1.2	Zr 1.4	Nb 1.6	Mo 1.8	Tc 1.9	Ru 2.2	Rh 2.2	Pd 2.2	Ag 1.9	Cd 1.7	In 1.7	Sn 1.8	Sb 1.9	Te 2.1	I 2.5		Xe
(六)	Cs 0.8	Ba 0.9	Ln	Hf 1.3	Ta 1.5	W 2.4	Re 1.9	Os 2.2	Ir 2.2	Pt 2.2	Au 2.4	Hg 1.9	Tl 1.8	Pb 1.8	Bi 1.9	Po 2.0	At 2.2		Rn
(七)	Fr 0.7	Ra 0.9	An	Rf	Db	Sg	Bh	Hs	Mt	Ds	Rg	Cn	Nh	Fl	Mc	Lv	Ts		Og

Ln: 1.1~1.3; An: 1.3~1.5

图 2.44 元素的鲍林电负性值

思考题：电负性数值大小与元素的金属性、非金属性之间有何联系？

电离能反映了一个气态原子失去电子形成阳离子的能力，而电子亲和能反映了一个气态原子获得电子形成阴离子的能力。当两个气态原子 A 和 B 结合形成分子时，假定可以形成 A^+B^- 或 A^-B^+ 两种产物，用电离能和电子亲和能表示，有

$$A + B \rightarrow A^+B^- \quad \Delta E_1 = I_1(A) - E_{ea1}(B)$$

$$A + B \rightarrow B^+A^- \quad \Delta E_2 = I_1(B) - E_{ea1}(A)$$

因为电离能定义为吸收的能量，而电子亲和能定义为释放的能量，上式两者之间为相减的关系。如果 AB 之间的键为"纯"共价键，意味着成键电子对在两个原子之间均等共用，则上述两个过程能量相等，$\Delta E_1 = \Delta E_2$，即

$$I_1(A) - E_{ea1}(B) = I_1(B) - E_{ea1}(A)$$

$$I_1(A) + E_{ea1}(A) = I_1(B) + E_{ea1}(B)$$

电子对在两个原子之间均等共用，表明两个原子对成键电子对的吸引能力相等，即 $\chi_A = \chi_B$。1934 年马利肯（Robert S. Mulliken）提出，第一电离能和第一电子亲和能的算术平均值，可用于衡量原子吸引成键电子对的能力，有

$$\chi = \frac{1}{2}(I_1 + E_{ea1}) \tag{2.45}$$

该定义不依赖于人为规定的基准值，因此也称绝对电负性。然而，传统上仍会将绝对电负性值线性地转换为鲍林电负性值，其拟合关系为

$$\chi = 0.187(I_1 + E_{ea1}) + 0.17$$

其中 I_1 和 E_{ea1} 均以 eV 为单位。

电负性还可以从其他角度进行定义。1957 年奥尔瑞德（Albert L. Allred）和罗肖（Eugene G. Rochow）根据原子有效核电荷对电子的静电引力计算出一套数

据,称为奥尔瑞德-罗肖电负性。1989年艾伦(Leland C. Allen)从光谱数据中计算得基态原子价层电子的平均单电子能,以此标定电负性。需要记住的是,电负性不仅是原子的性质,更是分子中原子的性质。原子的电负性通常视为一种可调用性质,即类似的值在各种情况下均基本有效,可以互相调用。

电负性周期性递变的总体趋势为:同族元素由上至下电负性减小,同周期元素从左到右电负性增大。电负性值可用于衡量金属性和非金属性的强弱。金属性与失去电子的能力相关联,**金属**(metal)通常具有较大的原子半径和较低的电负性(一般在2.0以下);非金属性与得到电子的能力相关联,**非金属**(nonmetal)通常具有较小的原子半径和较高的电负性(一般在2.0以上)。在元素周期表中,金属和非金属通常由一条阶梯形对角线隔开,这条线附近的几种元素称为**半金属**(metalloid),电负性在2.0左右,兼有金属性和非金属性,如Si、Ge、As等。图2.45总结了一些原子性质的总体趋势。周期表中的一些元素与其对角线右下角方向的相邻元素(如Li和Mg、Be和Al、Si和As等)的原子半径非常接近,因此其电离能、电负性及一些化学性质也十分相似,这种规律称为**对角线规则**(diagonal rule)。

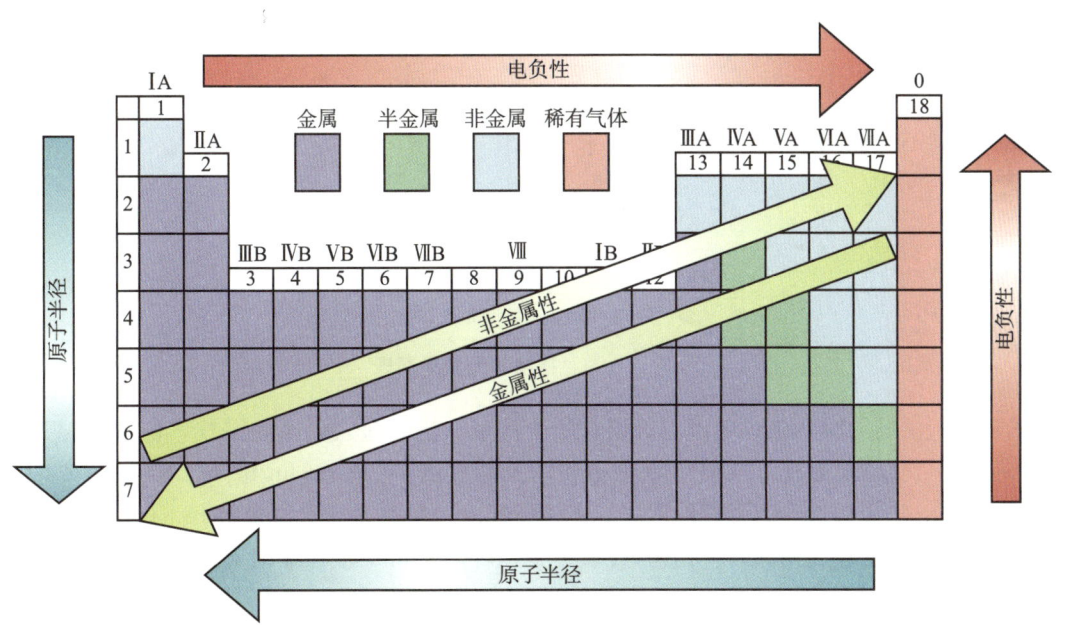

图2.45 元素周期表中一些原子性质的总体趋势:金属的原子半径为其金属半径,非金属的原子半径为其共价半径;金属/非金属性通常分别与失/得电子的能力相关联

案例2.1 元素周期表的演变探索

撰写人:胡涛(大连理工大学)

如2.9节所述,在元素周期表和元素周期律的发现历程中,门捷列夫和迈耶尔做出了很大贡献。但不可否认的是,在二人开创性提出元素周期律的1869年之前的近百年时间里,元素性质的周期性变化规律已经历了长期的探索过程,很多科学家对此均有贡献。

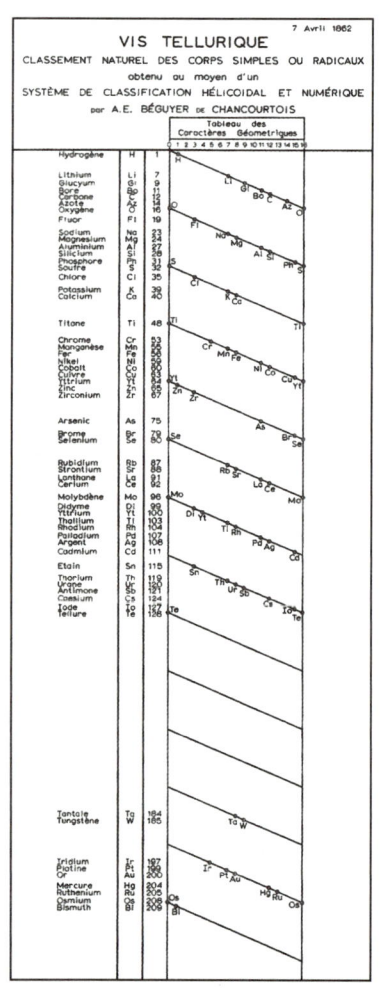

拉瓦锡提出的第一张元素分类表

尚古尔多螺旋形元素周期表

前门捷列夫时代的元素周期表

1789 年法国化学家拉瓦锡（Antoine Lavoisier）在《化学纲要》中将当时认为的 33 种元素（其中有 23 种是现代意义上的元素）分为简单物质（包括光、热、氧、氮和氢；拉瓦锡认为光和热也是元素）、金属、非金属和土质四类，制作出科学史上第一张元素分类表。他的工作虽然相对粗浅，没有发现元素性质之间的规律性，却为后来的研究者们提供了重要参考。

1817 年到 1829 年，德国化学家德贝莱纳（Johann W. Döbereiner）注意到在某些三元素组如钙、锶和钡中，锶的相对原子质量恰好是钙和钡的相对原子质量的平均值。在他更深入地研究锶的化学性质时，还发现锶在化学反应中的表现也与钙和钡非常相似，从而发现了周期表中同族元素的相似性。类似的例子还有锂、钠和钾，硫、硒和碲以及氯、溴和碘。后来人们就将具有类似关系的一组元素称为德贝莱纳的三元素组（Döbereiner's triads）。

在德贝莱纳工作的基础上，1843 年德国化学家格梅林（Leopold Gmelin）绘制了能体现"三元素组"规律的元素周期表。在该周期表中一共有五十多种元素，基本上按照相对原子质量递增的顺序排列，对于主族元素的分类也基本正确。

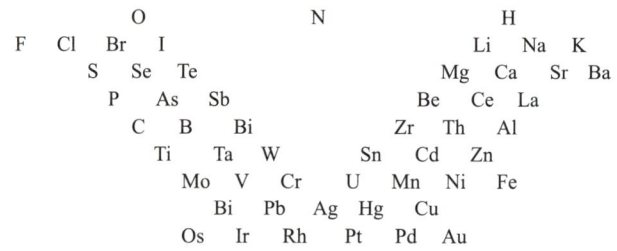

格梅林元素周期表

此后，伴随着人们对相对原子质量认识的深入以及光谱技术的使用，更多元素被发现。1862 年法国地质学家尚古尔多（Alexandre B. de Chancourtois）发表了螺旋形的元素周期表。在该周期表中相对原子质量相差 16 的元素被排在圆柱体的同一列。例如，完成一个循环后钠恰好排在锂的下方，而同一族的元素钾、铷也在同一列。第一圈以氧为结尾，第二圈以硫为结尾，第八圈以碲为结尾，这一特殊规律被作者称作碲螺旋。在这张元素周期表中，尚古尔多首次发现了元素和相对原子质量之间的内在联系，为元素性质的周期性的深入研究提供了启发。

1866 年英国化学家纽兰兹（John Newlands）在伦敦化学会上宣读了一篇论文，提出体现元素周期性的"八音律（law of octaves）"。纽兰兹发现，如果把元素按相对原子质量排成一个表，那么任一指定元素与表中从其算起的第八个元素表现出类似的性质，与音乐中的八度音程类似，如表 2.14 所示。纽兰兹是最先按照相对原子质量来排列元素的科学家，基于其对元素周期律的贡献，他在 1887 年被授予英国皇家学会戴维奖。

表 2.14　纽兰兹原子序数表

符号	No.	符号	No.	符号	No.	符号	No.	符号	No.	符号	No.	符号	No.	符号	No.
H	1	F	8	Cl	15	Co & Ni	22	Br	29	Pd	36	I	42	Pt & Ir	50
Li	2	Na	9	K	16	Cu	23	Rb	30	Ag	37	Cs	44	Os	51
G	3	Mg	10	Ca	17	Zn	24	Sr	31	Cd	38	Ba & V	45	Hg	52
Bo	4	Al	11	Cr	19	Y	25	Ce & La	33	U	40	Ta	46	Tl	53
C	5	Si	12	Ti	18	In	26	Zr	32	Sn	39	W	47	Pb	54
N	6	P	13	Mn	20	As	27	Di & Mo	34	Sb	41	Nb	48	Bi	55
O	7	S	14	Fe	21	Se	28	Ro & Ru	35	Te	43	Au	49	Th	56

后门捷列夫时代的元素周期表

此后,1869 年 4 月俄国化学家门捷列夫发表了他的第一张元素周期表。德国化学家迈耶尔的论文日期稍晚一些,正式发表于 1869 年 12 月。这两个周期表虽然与现代周期表的形式有所不同,却已经非常接近。当然,在门捷列夫提出周期表时,还没有发现稀有气体,因此在门捷列夫的周期表中也没有它们的位置。

从 1894 年起,稀有气体元素陆续被发现。英国化学家拉姆齐被誉为"稀有气体之父",他在 1894 年和 1895 年分别发现了氩和氦。拉姆齐随即预言,在氩和氦之间存在一个相对原子质量为 20 的元素,且存在两个相对原子质量分别为 82 和 129 的类似气体元素。这三种元素(氖、氪和氙)后来被逐一发现。在此基础上,拉姆齐于 1895 年提出了现代元素周期表的基本形式,确认了稀有气体在元素周期表的位置。

此外,稀土元素的发现也促使周期表进行了调整。门捷列夫发现元素周期表时,仅有少数几个稀土元素被发现,在当时的周期表中并没有合适的位置来安排这些元素。随着对稀土元素研究的深入,化学家们逐渐理解了这些元素的特性,并将其作为一个整体来处理。

1913 年英国物理学家莫斯利利用 X 射线光谱仪对多种元素进行了详细的实验研究。他发现当用高能电子轰击不同元素原子时,原子的内层电子被激发到更高能级后,外层电子受原子核吸引可以跃迁至内层,并发射出特定波长的特征 X 射线。莫斯利的进一步实验数据表明,元素特征 X 射线频率的平方根与元素的原子序数呈线性关系;这一关系称为莫斯利定律。

莫斯利的研究表明,每个元素均有其独特的 X 射线光谱,这些光谱特征可用于识别元素的种类和数量。这一发现不仅解决了元素周期表中原子序数的确定问题,更证明了元素周期律取决于原子序数而非相对原子质量,即元素周期表应按照原子序数而非相对原子质量排序。莫斯利定律为证明当时的元素周期表的排列顺序提供了强有力的证据,并预测了尚未发现的元素的位置。

1937 年第一个人造新元素——锝(Tc)在回旋加速器中由氘核轰击钼原子产生,开启了人工合成元素的时代。此后元素周期表的扩展,都有赖于新元素的人工合成。

2016年国际纯粹与应用化学联合会(IUPAC)核准并发布了4个人工合成元素113、115、117和118的英文名称和元素符号:nihonium(Nh)、moscovium(Mc)、tennessine(Ts)和oganesson(Og)。这4种元素的确认,标志着元素周期表中第七周期被全部填满。至此,1~118号元素形成了一张完整规范的元素周期表(见本书附表)。

元素周期系的展望

然而,118号元素是不是元素周期表的终点呢? 影响原子核稳定性的主要因素都有哪些呢? 科学家们提出了很多理论模型用于解释原子核的构造,揭示原子核结构的奥秘,推进超重元素的发现。

例如,20世纪60年代美国化学家西博格(Glenn T. Seaborg)提出"稳定岛"(island of stability)理论,认为当质子数或中子数为幻数(magic number),或者二者均为幻数(称为双幻数)时,原子核特别稳定。其中质子幻数为2、8、20、28、50、82、114、164,中子幻数为2、8、20、28、50、82、126、184等。这一假定基于的事实是,随着原子序数的增加,元素的稳定性并不是一直下降,而是存在一个相对稳定的区域(即"稳定岛"),这些区域内元素的同位素比其他同位素更稳定,如图2.46所示。例如,在对自然界存在元素的分析中发现,^{4}He、^{16}O、^{40}Ca、^{208}Pb等核素都具有较高的丰度。

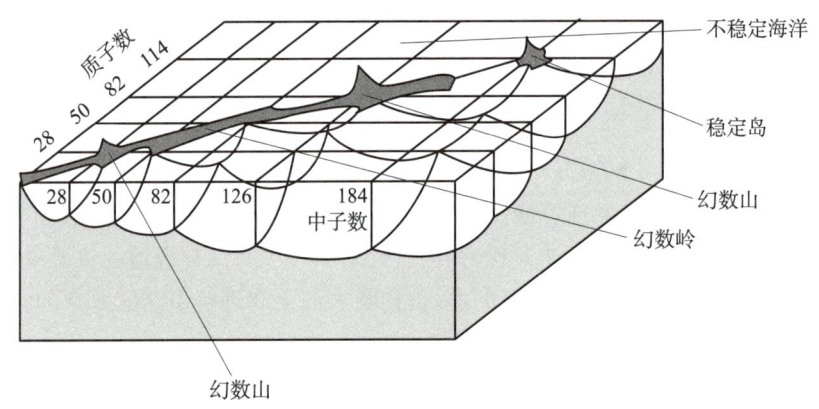

图2.46 "稳定岛"核素示意图

根据稳定岛理论[1]可以预测,质子数为114且中子数为184的元素可能稳定存在。1999年114号元素Fl的发现证实了西博格的猜想。同样,根据这一理论也可以预测,164号元素应该也具有较高的稳定性。在这两个元素附近,将有一些稳定性较高的元素。按此推论,元素周期系将会在第七周期的后面出现第八周期,与镧系、锕系类似,也应该产生新的内过渡系,如表2.15所示。

人们对元素周期表的研究和探索一直没有停止。不断合成新的元素以及预测和探索未知元素的性质和规律,其意义不仅在于这些工作本身的创新性,更体现了人类对于未知领域的好奇心及对科学边界的不断拓展。

表 2.15 未来的元素周期表

周期\族	1 IA	2 IIA	3 IIIB	4 IVB	5 VB	6 VIB	7 VIIB	8	9 VIII	10	11 IB	12 IIB	13 IIIA	14 IVA	15 VA	16 VIA	17 VIIA	18 0
1	1 H																	2 He
2	3 Li	4 Be											5 B	6 C	7 N	8 O	9 F	10 Ne
3	11 Na	12 Mg											13 Al	14 Si	15 P	16 S	17 Cl	18 Ar
4	19 K	20 Ca	21 Sc	22 Ti	23 V	24 Cr	25 Mn	26 Fe	27 Co	28 Ni	29 Cu	30 Zn	31 Ga	32 Ge	33 As	34 Se	35 Br	36 Kr
5	37 Rb	38 Sr	39 Y	40 Zr	41 Nb	42 Mo	43 Tc	44 Ru	45 Rh	46 Pd	47 Ag	48 Cd	49 In	50 Sn	51 Sb	52 Te	53 I	54 Xe
6	55 Cs	56 Ba	71 Lu	72 Hf	73 Ta	74 W	75 Re	76 Os	77 Ir	78 Pt	79 Au	80 Hg	81 Tl	82 Pb	83 Bi	84 Po	85 At	86 Rn
7	87 Fr	88 Ra	103 Lr	104 Rf	105 Db	106 Sg	107 Bh	108 Hs	109 Mt	110 Ds	111 Rg	112 Cn	113 Nh	114 Fl	115 Mc	116 Lv	117 Ts	118 Og
8	119	120	153	154	155	156	157	158	159	160	161	162	163	164	165	166	167	168
9	169	170	203	204	205	206	207	208	209	210	211	212	213	214	215	216	217	218

镧系	57 La	58 Ce	59 Pr	60 Nd	61 Pm	62 Sm	63 Eu	64 Gd	65 Tb	66 Dy	67 Ho	68 Er	69 Tm	70 Yb
锕系	89 Ac	90 Th	91 Pa	92 U	93 Np	94 Pu	95 Am	96 Cm	97 Bk	98 Cf	99 Es	100 Fm	101 Md	102 No
第一超锕系	121	122	123	124	125	………………………				148	149	150	151	152
第二超锕系	171	172	173	174	175	………………………				198	199	200	201	202

参考文献

[1] Oganessian Y. Nuclei in the "island of stability" of superheavy elements. J Phys：Conf Ser，2012,337,012005.

习题

2.1 计算在折射率为 1.20 的介质中频率为 5.0×10^{13} Hz 的电磁辐射所对应的周期、波长和波数，并说明其属于电磁波谱的哪个区域。

2.2 金属汞的功函数相当于 435 kJ·mol^{-1} 光子的能量。

（1）用可见光能使汞产生光电效应吗？解释之。

（2）当 215 nm 的光照射到汞表面时，计算产生的光电子的动能和速度，以及该光电子的德布罗意波长。

2.3 根据玻尔理论，计算氢原子第四电子激发态的轨道半径和电子在此轨道上的能量。当电子从此轨道跃迁回基态时，发射光的波长和频率分别为多少？该辐射属于电磁波谱的哪个区域？

2.4 根据玻尔理论，证明类氢原子的量子化轨道半径和能级符合

$$r_n = a_0 n^2/Z \quad 且 \quad E_n = -R_H Z^2/n^2$$

其中 Z 为类氢原子的核电荷数。计算 Li^{2+} 的电离能和第一激发态轨道半径。

2.5 当电子的速度达到光速的 20% 时，其德布罗意波长为多少？锂原子以相同速度飞行，其德布罗意波长又是多少？

2.6* 参考一维势箱和三维势箱的求解结论,试写出二维势箱模型的量子数、波函数形式和量子化能级公式。

2.7* 类氢物种的不含时薛定谔方程为

$$-\frac{\hbar^2}{2\mu r^2}\left[\frac{\partial}{\partial r}\left(r^2\frac{\partial \psi}{\partial r}\right)+\Lambda^2\psi\right]-\frac{Ze^2}{4\pi\varepsilon_0 r}\psi = E\psi$$

其中 $\Lambda^2 = \frac{1}{\sin^2\theta}\frac{\partial^2}{\partial\phi^2}+\frac{1}{\sin\theta}\frac{\partial}{\partial\theta}\left(\sin\theta\frac{\partial}{\partial\theta}\right)$。已知 $a_0 = \frac{\varepsilon_0 h^2}{\pi\mu e^2}$ 且 $R_H = \frac{\mu e^4}{8\varepsilon_0^2 h^2}$。

(1) 通过应用以上不含时薛定谔方程,计算氢原子 1s 轨道的能量 E_{1s},以折合质量(μ)和玻尔半径(a_0)的形式表示。

(2) 证明 $E_{1s} = -R_H$ 对于氢原子成立。

2.8* 计算氢原子 3s 轨道节面的 r 值及 He^+ 的 2s 电子概率最大处的 r 值,均用 a_0 表示。

2.9* 计算基态氢原子中电子在半径为 a_0 的球体内出现的总概率。

2.10 已知基态 M^{2+} 在 3d 轨道中有 5 个电子,试推出:

(1) M 原子的基态电子组态。
(2) M 元素的名称和元素符号。
(3) M 元素在周期表中的位置。

2.11 基态价电子组态满足下列条件之一的是哪一类或哪一种元素?

(1) 具有 2 个 p 电子。
(2) 有 2 个量子数为 $n=4$ 和 $l=0$ 的电子,6 个量子数为 $n=3$ 和 $l=2$ 的电子。
(3) 3d 为全充满,4s 只有 1 个电子。

2.12 某元素在 Kr 之前,当它的基态原子失去 3 个电子后,其角量子数为 2 的轨道上的电子恰好是半充满。试推断该元素的名称,并给出其基态原子的电子组态。

2.13 试用芯价表示法写出下列离子的基态电子组态,并给出化学式:

(1) 与 Ar 电子组态相同的 +2 价离子。
(2) 与 F^- 互为等电子体的 +3 价离子。
(3) 原子核中质子数目最少的、3d 轨道全充满的 +1 价离子。
(4) 与 Kr 电子组态相同的 -1 价离子。

2.14 如果其他所有关于电子组态的规则均有效,仅下述规则不同,分别写出 Cs 原子的基态电子组态:

(1) 电子自旋存在三种可能性。
(2) 量子数 l 可以为 n。

2.15 通过 Z^* 计算 He 原子的第二电离能,并将计算结果与实验值 $5251\ kJ\cdot mol^{-1}$ 相比较。

2.16* 按照从小到大的顺序排列以下电离能值:F 的 I_1;Ba 的 I_2;Sc 的 I_3;Na 的 I_2;Mg 的 I_3。如果其中存在任何不确定性,试解释之。从化学手册中查找上述电离能的实验值,与你的排列顺序相比对。

2.17* 应用斯莱特规则完成以下内容:

(1) 计算 O 的价电子的 Z^*。
(2) 计算 Cu 的 4s 和 3d 电子的 Z^*。
(3) 计算第 1 族元素(包括 H)的价电子的 Z^*,并用该结果解释第 1 族元素的电离能变化趋势。
(4) 计算从 Li 到 Ne 的价电子的 Z^*,并用该结果解释这些元素的第一电离能变化趋势。

第三章 分子结构与晶体结构

分子结构
- 3.1 路易斯理论 ……………… 73
- 3.2 分子的形状与极性 ……… 77
- 3.3 价键理论 ………………… 83
- 3.4 分子轨道理论 …………… 92
- 3.5 金属键与能带理论初步 … 100
- 3.6 配合物结构与性质 ……… 103
- 3.7 分子间作用力 …………… 114

晶体结构
- 3.8 晶体结构基本概念 ……… 118
- 3.9 各种晶体类型及其结构 … 122
- 案例 3.1 稀土配合物的结构与发光性质 ……………………… 128
- 案例 3.2 氢键结构的发展 ……… 132
- 案例 3.3 储氢材料的结构 ……… 136
- 习题 ………………………………… 139

在第二章原子结构的基础上,本章主要讨论原子结合形成分子时的相互作用以及化学键的本质,将按照从共价键到金属键、配位键、分子间作用力,再到离子键的顺序介绍。本章还将简介原子或分子互相结合形成晶体的结构及各种晶体类型。

3.1 路易斯理论
（Lewis Theory）

1916 年美国化学家路易斯(Gilbert N. Lewis)提出**路易斯理论**(Lewis theory),根据稀有气体原子的电子组态与其化学惰性之间的联系,认为其他元素的原子也可以相互结合、获得与稀有气体类似的稳定电子组态。路易斯理论是表示化学键的最简单方法之一,主要用于理解共价键的结构,但其思想同样适用于离子键。

路易斯符号与路易斯结构

路易斯符号(Lewis symbol)是路易斯为其理论发展的一套特殊符号,包括:1)一个化学元素符号,代表该元素的原子芯,即原子核及所有内层电子;2)环绕在元素符号外的若干小黑点,每个小黑点代表 1 个价电子。一些主族元素的路易斯符号举例如下:

$$\cdot \text{Si} \cdot \quad \cdot \text{N} \cdot \quad \cdot \text{Al} \quad \cdot \text{Se} \colon \quad \colon \text{I} \colon \quad \colon \text{Ar} \colon$$

路易斯结构(Lewis structure)是用路易斯符号的组合来表示化学键中电子组态的结构示意图。原子之间通过共用电子对而形成的化学键,称为**共价键**(covalent bond);原子之间得失电子或电子转移而形成的化学键,称为**离子键**(ionic bond)。例如

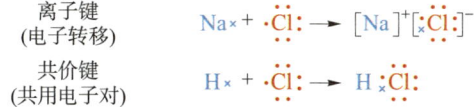

这里将一个成键原子的价电子用小圆点(·)表示,另一个成键原子的价电子用叉

号(×)表示,以示差别。然而电子实际上不可区分,此后将仅用小圆点(·)来表示路易斯结构的价电子。

在路易斯结构中,通常用一根短线(—)代替成键原子之间共用的一对电子,这样形成的化学键称为**共价单键**(single covalent bond),这对电子称为**成键电子对**,简称键对(bond pair)。成键原子之间共用多对电子,可形成**多重共价键**(multiple covalent bond),包括**共价双键**(double covalent bond,=)和**共价三键**(triple covalent bond,≡)。成键原子之间共用电子对的数目,称为**键级**(bond order)。原子中未参与成键的电子对,称为**孤电子对**,简称孤对(lone pair)。形成共价键时两个成键原子之间的核间距,称为**键长**(bond length)。断开 1 mol 某类化学键所需的平均能量,称为**键能**(bond energy)。一般而言,键级越高,原子之间的结合力越强,键能就越大,键长也就越短。表 3.1 列出了一些常见共价键的键长和键能。

表 3.1 常见共价键的键长和键能

共价键	键长/pm	键能/(kJ·mol^{-1})	共价键	键长/pm	键能/(kJ·mol^{-1})
H—H[a]	74.14	436	C—C	154	347
H—F[a]	91.7	565	C=C	134	611
H—Cl[a]	127.4	431	C≡C	120	837
H—Br[a]	141.4	364	C—N	147	305
H—I[a]	160.9	297	C=N	128	615
N≡N[a]	109.8	946	C≡N	116	891
O=O[a]	121	498	C—O	143	360
F—F[a]	143	159	C=O	120	736
Cl—Cl[a]	199	243	C—Cl	178	339
Br—Br[a]	228	193	N—N	145	163
I—I[a]	266	151	N=N	123	418
H—C	110	414	N—O	136	222
H—N	100	389	N=O	120	590
H—O	97	464	O—O	145	142
H—S	132	368			

a 键长和键能为对应的双原子分子中共价键的键长和键能,其余为同类共价键的平均键长和平均键能。

八隅律

由于稀有气体原子的稳定组态通常在最外层有 8 个电子(He 为 2 电子除外),形成的结构称为**八隅体**(octet)。书写路易斯结构的规则也称八隅体规则,简称**八隅律**(octet rule),可总结如下:

1) 计算分子或离子的价电子总数,保证所有价电子均出现在路易斯结构中。
2) 画出分子或离子的**骨架结构**(skeletal structure)。在含有 2 个以上原子的骨架结构中,与 1 个以上原子成键的原子称为中心原子,而仅与另 1 个原子成键的原子称为端基原子。用短线连接中心原子和端基原子,代表共价单键。骨架结构中每有 1 个共价单键,从价电子总数中减去 2。一般而言,中心原子具有较低电负性,端基原子具有较高电负性。具体而言,碳原子一般为中心原子;卤素和氢(硼烷中除外)通常为端基原子;氧一般也为端基原子,但在过氧键(—O—O—)或羟基(—O—H)中除外。无机分子和离子通常采用紧凑对称的结构,而有机分子和离子可以形成链状结构。

3) 分配剩余电子。将剩余电子成对,优先分配给端基原子使其形成八隅体(H 为 2 电子除外),再尽可能地使中心原子也形成八隅体。如果有中心原子无法形成八隅体,则每缺少 2 个电子,就从一个端基原子上移动一对孤电子对,与中心原子形成多重共价键。

4) 检查结构,尽量使所有原子均形成完整的八隅体。

形式电荷

符合上述八隅律的路易斯结构称为**合理路易斯结构**(plausible Lewis structure),有时也将"合理"二字省略。一些分子和离子可能存在不止一种路易斯结构,可以通过形式电荷来判定究竟哪种路易斯结构更为合理。**形式电荷**(formal charge,FC)是假定所有化学键均为 100% 共价性(即成键电子对完全均等分布在成键原子之间)时路易斯结构中原子的假想电荷。根据定义,原子的形式电荷可用原子固有的价电子数减去孤对电子数再减去成键电子数的一半来计算,即

$$FC = N(价电子) - N(孤对电子) - N(成键电子)/2$$

注: 形式电荷与氧化态的区别和联系详见 6.7 节。

根据形式电荷判定或比较路易斯结构合理性的一般规则如下:

1) 形式电荷之和必须等于分子或离子的总电荷数。
2) 形式电荷较小的结构(特别是所有原子形式电荷均为 0 的结构)最为合理。
3) 形式负电荷通常归属于电负性较大的元素,而形式正电荷通常归属于电负性较小的元素。
4) 在相邻原子上出现同号形式电荷的结构较为不合理。

在路易斯结构中,形式电荷通常以圆圈内数字的形式标记在相应原子的下方。例如

左式水的结构符合所有形式电荷规则,是合理路易斯结构。在右式的 NO_2^+ 结构中存在同号形式电荷相邻接的情况,较不合理;中间的 NO_2^+ 结构也是合理路易斯结构。

>> **例 3.1** 画出 SCN^- 的路易斯结构并标明形式电荷,若存在多种路易斯结构,试判断哪种更为合理。

>> **解:** 可以按照八隅律来书写 SCN^- 的路易斯结构。

思考题：为什么这里只考虑从电负性较高的 N 上移动两对电子？如果从 S 上移动两对电子，试画出标明形式电荷的路易斯结构并分析其合理性。

1) 计算价电子总数：$n = 6 + 4 + 5 + 1 = 16$
2) 画出骨架结构，用短线代表共价单键：$[S—C—N]^-$
   计算剩余电子数：$16 - 4 = 12$
3) 分配剩余电子：为使端基原子 S 和 N 形成八隅体各需 6 个电子，使中心原子 C 形成八隅体需要 4 个电子，总计缺少 $6+6+4-12 = 4$ 个电子，因此需从端基原子上移动 2 对电子形成多重共价键。有两种较为合理的移动方式，一种是从 N 和 S 上各移一对电子，可得如下左式路易斯结构，另一种是从电负性较高的 N 上移动两对电子，可得如下右式路易斯结构：

$$[\ddot{S}{=}C{=}\ddot{N}]^- \qquad [:\!\ddot{S}{—}C{\equiv}N\!:]^-$$

4) 计算形式电荷：
   左式的形式电荷为：$FC(S) = 6 - 4 - 2 = 0$，$FC(C) = 4 - 0 - 4 = 0$，
   $FC(N) = 5 - 4 - 2 = -1$；
   右式的形式电荷为：$FC(S) = 6 - 6 - 1 = -1$，$FC(C) = 4 - 0 - 4 = 0$，
   $FC(N) = 5 - 2 - 3 = 0$；

   标明形式电荷的路易斯结构为

$$[\ddot{S}{=}C{=}\ddot{N}]^- \qquad [:\!\ddot{S}{—}C{\equiv}N\!:]^-$$
$$\;\;\;\,⓪\;\;⓪\;\;\,\text{Ⓐ}\qquad\quad\text{Ⓐ}\;\;⓪\;\;⓪$$

注：根据形式电荷的大小和分布，通常可判定路易斯结构的合理性，但有时也需要结合分子或离子所处的具体化学环境及其他参数进行综合判定。例如，当 SCN^- 用 N 与正离子结合时，通常会采用左式；当 SCN^- 用 S 与正离子结合时，则一般会采用右式。

5) 判断路易斯结构的合理性：以上两种结构符合形式电荷规则，均是合理路易斯结构。考虑到 N 的电负性比 S 大，一般而言，形式负电荷归属于 N 的左式相对更为合理。

路易斯理论的局限性

路易斯理论抓住了各种分子体系电子结构的许多关键特征，在有机化学领域尤为有用，但也存在如下诸多局限性：

1) 路易斯理论没有阐明化学键（特别是共价键）的本质。例如，路易斯理论不能解释为什么通过共用电子对就可以使两个原子牢固地结合成键。
2) 八隅律是一个最初从主族元素化合物中观察到的化学经验规则，能较好地适用于第二周期元素的原子，但可能不适用于其他周期元素（特别是过渡元素）的原子。
3) 八隅律无法解释具有不完整价层（即少于 8 个电子）的物种结构，如 BeF_2、BF_3 等，或具有超价价层（即多于 8 个电子）的物种结构，如 PCl_5、SO_3 等。
4) 路易斯理论强调电子对的概念，因此无法解释含有未成对电子的物种结构。例如，八隅律不能解释 O_2 的顺磁性。未成对电子在磁场中通常呈顺磁性，而电子对则表现为反磁性（关于磁性的更多讨论详见 3.6 节）。O_2 的路易斯结构如左所示，其中不含未成对电子，这与实验测得 O_2 为顺磁性相矛盾。八隅律也无法解释含单电子的自由基（如 $·CH_3$、$:CH_2$、$·OH$ 等）和含三电子键的物种（如 NO 等）结构。

3.2 分子的形状与极性
(Shape and Polarity of Molecules)

除上节所述局限性之外，路易斯理论也不能解释分子的形状，而分子的形状是与其性质（包括极性）直接相关的重要结构信息。确定分子的形状通常需要基于大量光谱实验数据和较为复杂的量子力学计算。而本节将要介绍的一个称为**价层电子对互斥理论**（valence-shell electron-pair repulsion theory, VSEPR）的简单模型，在预测分子的大致形状时即可给出与光谱实验数据和量子力学计算相当一致的结论。

价层电子对互斥理论

1940 年英国化学家西奇威克（Nevil V. Sidgwick）最早提出，分子的形状与其中心原子价层电子对的数目密切相关，1957 年经英国化学家吉莱斯皮（Ronald J. Gillespie）和澳大利亚化学家尼霍姆（Ronald S. Nyholm）改进之后，形成 VSEPR 理论。该理论的要点在于：原子的价层电子对倾向于相互排斥；当原子结合形成分子体系时，将采用一种使价层电子对之间的排斥力最小化的排布形式，以降低分子体系的总能量，而正是这种排布形式决定了分子的形状。

VSEPR 理论首先定义了**电子组**（electron group）的概念，包括成键电子组（含共价单键、双键或三键，均用 X 表示）和孤电子组（即孤电子对，用 E 表示），在某些特殊情况下未成对的单电子也可视为一个电子组。首先计算一个分子的中心原子（用 A 表示）周围的电子组数。例如，SF_4 和 CO_3^{2-} 的路易斯结构如右所示。SF_4 的中心 S 原子含有 5 个电子组，包括 4 个成键电子组（4 个单键）和 1 个孤电子组，可表示为 AX_4E；CO_3^{2-} 的中心 C 原子含有 3 个电子组，均为成键电子组（1 个双键和 2 个单键），可表示为 AX_3。

分子的中心原子周围的电子组在空间中的几何分布，称为其**电子组几何构型**（electron-group geometry），简称电子组构型。电子组之间的排斥力使其在空间中尽可能彼此远离，因此中心原子周围的电子组数，直接决定了分子的电子组构型。对于含有 2、3、4、5 和 6 个电子组的分子，其电子组构型分别为直线形、平面三角形、四面体形、三角双锥形和八面体形。

分子在空间中的几何分布，称为**分子几何构型**（molecular geometry），简称分子构型，可通过中心原子的电子组构型来确定。对于成键电子组，由于在键的另一端还有一个原子核，限制了其在空间中的延伸，而孤电子对在空间中的延伸则不受原子核限制。因此，当分子的所有电子组均为成键电子组时，其分子构型与电子组构型相同。如果分子含有一个或多个孤电子对，则其分子构型与电子组构型通常存在差异。表 3.2 总结了二者之间的对应关系。

> **思考题：** 为什么要定义电子组的概念？电子组与电子对有何区别和联系？

表 3.2　VSEPR 理论中电子组构型与分子构型的对应关系

中心原子电子组数	电子组构型	VSEPR 表示法	分子构型	理想键角	分子实例
2	直线形	AX_2	直线形	180°	$BeCl_2$
3	平面三角形	AX_3	平面三角形	120°	BF_3
		AX_2E	V 形	120°	SO_2
4	四面体形	AX_4	四面体形	109.5°	CH_4
		AX_3E	三角锥形	109.5°	NH_3
		AX_2E_2	V 形	109.5°	H_2O
5	三角双锥形	AX_5	三角双锥形	90°,120°	PCl_5
		AX_4E	变形四面体形	90°,120°	SF_4
		AX_3E_2	T 形	90°	ClF_3
		AX_2E_3	直线形	180°	XeF_2
6	八面体形	AX_6	八面体形	90°	SF_6
		AX_5E	四角锥形	90°	BrF_5
		AX_4E_2	平面四边形	90°	XeF_4

根据 VSEPR 理论,在确定分子构型时需要比较电子对之间的排斥力,其中的两个规则是:

1）孤电子对比成键电子对在空间中延伸得更远,排斥力更强。排斥力的大小顺序为

孤电子对-孤电子对 > 孤电子对-成键电子对 > 成键电子对-成键电子对

2）两个电子对之间的夹角越小,距离越近,排斥力就越强。排斥力的大小顺序为

90°夹角 > 120°夹角 > 180°夹角

例如,CH_4、NH_3 和 H_2O 的中心原子均含有 4 个电子组,其电子组构型均为四面体形,如图 3.1 所示。CH_4 具有 4 个相同的成键电子对,可表示为 AX_4,因此其分子构型与电子组构型相同,为四面体形。NH_3 具有 3 个成键电子对和 1 个孤电子对,可表示为 AX_3E,其分子构型与电子组构型不同,为三角锥形。H_2O 具有 2 个成键电子对和 2 个孤电子对,可表示为 AX_2E_2,其分子构型为 V 形或折叠形。

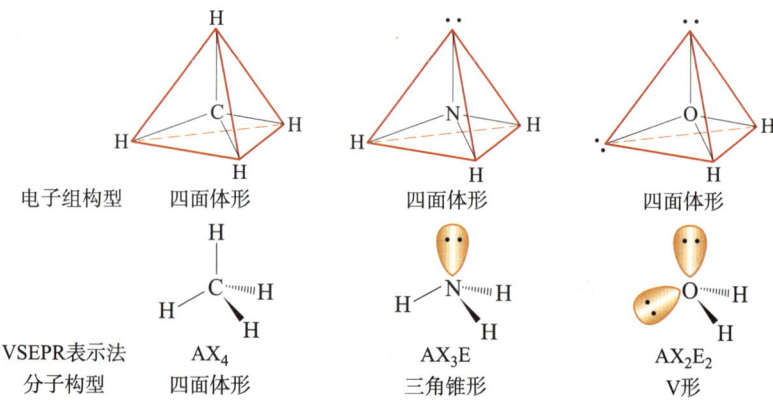

图 3.1　四面体形电子组构型对应的分子构型及键角:CH_4(四面体形,109.5°);NH_3(三角锥形,107.3°);H_2O(V 形,104.5°)

CH₄ 具有正四面体形分子构型，键角为 109.5°。根据上述规则 1，H₂O 中 2 个孤电子对之间的排斥力，以及 NH₃ 中孤电子对与成键电子对之间的排斥力，均大于 CH₄ 中成键电子对之间的排斥力。更大的排斥力使得成键电子对更为靠近，键角就更小。因此 H₂O 中 H—O—H 的键角为 104.5°，NH₃ 中 H—N—H 的键角为 107.3°，均小于 CH₄ 中 H—C—H 的键角。

中心原子的电子组数为 5，对应于三角双锥形电子组构型。如果全部为成键电子组（即 AX₅），则分子构型也为三角双锥形。如果其中一个为孤电子对（即 AX₄E）时，该孤电子对既可以位于三角平面（图 3.2a）也可以位于双锥顶点（图 3.2b），二者的排斥力不同。由于不存在孤电子对之间的排斥力，可根据上述规则 2 考虑不同夹角时孤电子对与成键电子对之间的排斥力大小。前者存在 2 个 90° 夹角的排斥力和 2 个 120° 夹角的排斥力，而后者存在 3 个 90° 夹角的排斥力和一个 180° 夹角的排斥力。为使排斥力最小化，孤电子对位于三角平面（图 3.2a）的构型在能量上更为有利；这一分子构型称为变形四面体形。

分子的形状

基于 VSEPR 理论预测分子形状的主要步骤可总结如下：

1) 画出分子的合理路易斯结构。
2) 确定分子的中心原子周围的电子组数，包括成键电子组（含共价单键、双键或三键，X）数和孤电子组（E）数。
3) 根据总电子组数确定中心原子的电子组构型：直线形（2）、平面三角形（3）、四面体形（4）、三角双锥形（5）或八面体形（6）。
4) 根据成键电子组数和孤电子组数确定分子构型。如果该分子包含多个中心原子，则需确定每个中心原子周围端基原子的几何分布，再将其合并为对分子形状的一个统一的描述。

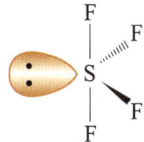

(a) 孤电子对位于三角平面

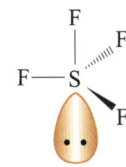

(b) 孤电子对位于双锥顶点

图 3.2 三角双锥形（AX₄E）电子组构型的两种可能的分子构型：(a) 构型比 (b) 构型排斥力更小，能量上更有利

思考题： 用 AX₃E₂ 和 AX₂E₃ 表示的电子组，应如何根据排斥力的大小关系确定其分子构型？

》例 3.2 根据 VSEPR 理论，画出异氰酸甲酯（CH₃NCO）的分子形状，并标出其理想键角。

》解： 可以按照上述四个主要步骤来预测 CH₃NCO 的分子形状。

1) 该分子的价电子总数为 4×2+5+6+1×3 = 22，用共价单键连接后剩余价电子数为 22 − 12 = 10，总计缺少 4+4+6 − 10 = 4 个价电子，需额外形成 2 个双键。故其路易斯结构为

$$\text{H-}\underset{\underset{\text{H}}{|}}{\overset{\overset{\text{H}}{|}}{\text{C}}}\text{-N=C=Ö:}$$

所有原子的形式电荷均为 0，是合理路易斯结构。

2) 该分子有三个中心原子，从左至右分别为 C、N 和 C，对应的电子组数分别为 4（AX₄）、3（AX₂E）和 2（AX₂）。
3) 三个中心原子的电子组构型从左至右分别为：C（四面体形）、N（平面三角形）和 C（直线形）。
4) 三个中心原子处的分子构型从左至右分别为：C（四面体形）、N（V 形）和 C（直

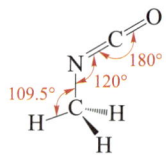

线形),对应的理想键角分别为 109.5°、120° 和 180°。

该分子为非线性分子,其分子形状和理想键角如左图所示。

VSEPR 理论能够较好地预测前三周期元素组成的一些分子或离子的构型,但在判断少数含单电子的分子或离子及由 VA、VIA 族元素形成的一些分子或离子构型时,经常会得出与实验结果不符的结论,也不能很好地说明各分子构型中化学键形成的原因和键的相对稳定性。

偶极矩与键矩

极性(polarity)是分子的一种重要性质,决定了分子的许多其他性质,与分子的形状密切相关。根据是否具有极性,分子可分为**极性分子**(polar molecule)和**非极性分子**(nonpolar molecule)。例如,H_2O 是一种极性分子,其极性可以解释水的许多性质,如溶解物质的能力、相对较高的熔点和沸点、反常密度等。分子的极性取决于分子的形状以及分子中化学键的极性,可用偶极矩来衡量。

偶极(dipole)由一对带等量相反电荷的点电荷组成,其总电荷量为 0,呈电中性。极性分子的正、负电荷中心必然不重合,所带电荷量又相等,故可视为一个偶极。正、负电荷中心所带电荷量(δ)与它们之间距离(d)的乘积,称为**偶极矩**(dipole moment, μ),即

$$\mu = \delta d \tag{3.1}$$

偶极矩的 SI 单位为 C·m,但电子电荷的量级为 10^{-19} C,分子中原子之间距离的量级为 10^{-10} m,因此 C·m 的单位太大,在分子尺度上并不实用。偶极矩的常用单位是德拜(D),1 D = 3.33564×10^{-30} C·m。

两个原子之间形成的化学键的偶极矩,称为**键矩**(bond dipole moment),是衡量化学键极性的物理量。理想情况下,离子键涉及电子在两个成键原子之间的完全转移,共价键涉及电子对在两个成键原子之间的均等共用。然而实际上没有任何化学键具有 100% 离子性,在周围带异性电荷离子电场的作用下,离子的电子云或多或少会发生变形而偏离原来的球形分布,这一现象称为**离子极化**(polarization of ions)。极化后的电子云更多地分布在正、负离子之间,增加了键的共价成分,因此极化的离子键必然具有一定的共价性。尽管在两个化学环境完全对等的同种原子之间形成的共价键具有 100% 共价性,由于电负性的差异,在两个不同原子之间形成的共价键必然是**极性共价键**(polar covalent bond),电子对在两个不同原子之间的共用必然是不均等的。

在极性共价键中,电子会偏向电负性更强的原子,而偏离电负性更弱的原子。电子对的不均等共用,导致了电负性较强的原子带有部分负电荷(用 $\delta-$ 表示),而电负性较弱的原子带有等量的部分正电荷(用 $\delta+$ 表示),从而形成一个键偶极。**部分电荷**(partial charge)指的是小于电子所带单位电荷量的电荷。如果一个键偶极的电荷为 0,意味着电子对在两个成键原子之间完全均等共用,即为 100% 共价性;如果一个键偶极的电荷为 ± 1,意味着在两个成键原子之间完全得失一个电子,即为 100% 离子性。极性共价键的部分电荷必然介于 0 和 ± 1 之间,因此极性

注: 严格来说,偶极矩是一个矢量,用 μ 表示,其方向与正、负电荷中心之间的位移矢量(d)方向一致。根据定义,偶极矩的方向应从负电荷指向正电荷。但传统上曾规定其方向从正电荷指向负电荷,本书沿用传统规定。

共价键介于100%共价性和100%离子性之间。部分电荷与电子所带单位电荷的比值,可以反映该极性共价键的离子性成分。

例如,HCl中的H—Cl键是极性共价键,可表示为

$$^{\delta+}H \longmapsto Cl^{\delta-}$$

其中H带部分正电荷$\delta+$,Cl带部分负电荷$\delta-$,表明成键电子对偏向Cl而偏离H,与二者的电负性大小关系一致。键矩的大小可通过实验测定,H—Cl的键矩为1.11 D,从光谱数据可得H—Cl的键长为127.5 pm。由式(3.1)可计算出

$$\delta = \frac{\mu}{d} = \frac{1.11\ \text{D} \times 3.34 \times 10^{-30}\ \text{C·m/D}}{127.5 \times 10^{-12}\ \text{m}} = 2.91 \times 10^{-20}\ \text{C} = 0.181e$$

这表明HCl中H—Cl键形成的键偶极,其部分电荷约为电子电荷的18%,相当于H原子失去0.18个电子而Cl原子得到0.18个电子,意味着H—Cl键具有18%离子性成分。

显然,键的极性与两个成键原子的电负性之差(ΔEN)有关。如果ΔEN很小(<0.5,鲍林标度),它们之间的化学键基本为非极性共价键。如果ΔEN较大(>1.7),则基本为离子键。对于ΔEN的中间值(0.5~1.7),通常可视为极性共价键。图3.3给出了一些化学键的离子性百分数与ΔEN之间的近似关系。可以看到,50%离子性对应于ΔEN = 1.7。

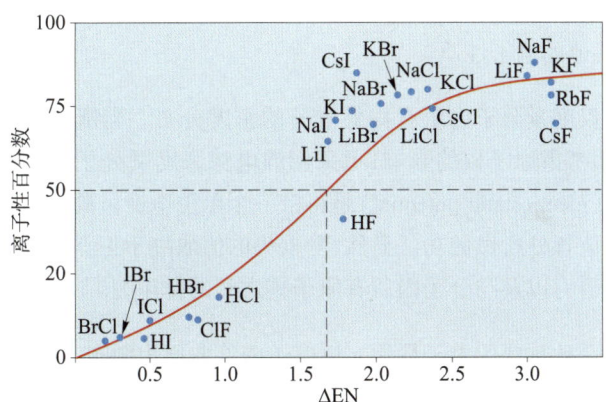

图3.3 一些化学键的离子性百分数与成键原子电负性之差(ΔEN)之间的近似关系图

》例 3.3 比较下列各组化合物的极性大小:

(1)ZnO和ZnS;(2)HI、HBr、HCl和HF;(3)H_2S、H_2Se和H_2Te;(4)NH_3和NF_3;(5)F_2O和H_2O

》解:共价键的极性大小一般可根据两个成键原子电负性的差值来判断,电负性差值越大,通常极性就越大。

(1) O的电负性高于S,故Zn和O的电负性差值较大,ZnO极性大于ZnS。
(2) HF>HCl>HBr>HI。
(3) H_2S>H_2Se>H_2Te。
(4) 虽然N和F的电负性差值1.0略大于N和H的电负性差值0.9,但由于N上

注:ΔEN仅可用于粗估共价键的极性大小,具体比较还需要由实验测定。实验测得NH_3的偶极矩为1.5 D,远大于NF_3的0.20 D,通过矢量分解法可求得N—H键矩为1.33 D,而N—F键矩仅为0.15 D。

孤电子对的影响,使得 NH_3 的偶极矩增加,而 NF_3 的偶极矩减小,故 NH_3 极性大于 NF_3。

(5) $H_2O > F_2O$。

静电势图(C)

一个分子究竟是极性分子还是非极性分子,可通过基于电子密度和静电势概念的静电势图直接可视化。2.7 节介绍了以三维界面图形式表示的各种原子轨道的电子概率密度空间分布图像。将所有填充了电子的原子轨道的电子概率密度分布进行组合,可以得到一个多电子原子的总电子概率密度。当原子结合形成分子时,也可以类似地得到整个分子的总电子概率密度。电子概率密度通常简称**电子密度**(electron density),是对分子内所有电子的密度分布的度量。与常用的原子轨道界面图表示法类似,分子的电子密度也可用三维曲面图的形式来表示。图 3.4a 给出了 NH_3 分子的电子密度图,其主要特点总结如下:

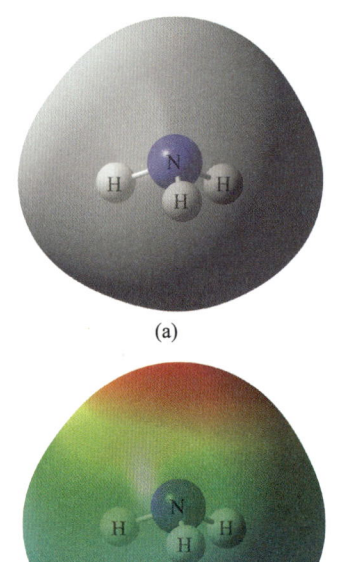

图 3.4 NH_3 分子的(a)**电子密度图**和(b)**静电势图**

注:au 是电子密度的原子单位(atomic unit)的缩写,1 au = e/a_0^3 = 1.081 × 10^{12} C·m^{-3}。

1) 形状:电子密度曲面的形状源自等电子密度面,这意味着曲面上的每个点都具有相同的电子密度。
2) 大小:电子密度曲面的大小既可以源自分子中所有电子在曲面内出现的总概率为某一定值(通常取 95%),也可以直接采用具有某一定值(如 0.02 au)的等电子密度面。本章所有图片均采用后者。
3) 颜色:规定用灰色表示电子密度曲面。它就像一块画布,可以在上面用各种颜色来表示其他的电子性质。

电子密度仅度量分子内所有核外电子的密度分布。当衡量一个分子的所有电荷时,还必须考虑原子核的影响,可采用静电势来度量分子内所有电荷的密度分布。**静电势**(electrostatic potential)是将带一个单位电荷量的正点电荷从无穷远处移至某特定位置处所做的功。显然,静电势的值取决于正点电荷与分子内所有电子之间的吸引力以及与分子内所有原子核之间的排斥力。

静电势是一种重要的电子性质。以电子密度曲面为画布,用不同颜色表示曲面上每一点的静电势值(即将单位正点电荷从无穷远处移至该点所做的功),得到的图像称为分子的**静电势图**(electrostatic potential map)。NH_3 分子的静电势图如图 3.4b 所示。显然,对于分子内存在过量负电荷的富电子区域,正点电荷受到的吸引力大于排斥力,从无穷远移至该处所做的功为负值,静电势也为负值。相反,对于分子内存在过量正电荷的缺电子区域,吸引力小于排斥力,功和静电势均为正值。在静电势图中通常用彩虹色来表示不同的静电势值,红色代表负的静电势,蓝色代表正的静电势,中间色代表静电势的中间值。因此,从一个分子的静电势图即可直观看出,红色对应于分子内的富电子区域,蓝色对应于分子内的缺电子区域。

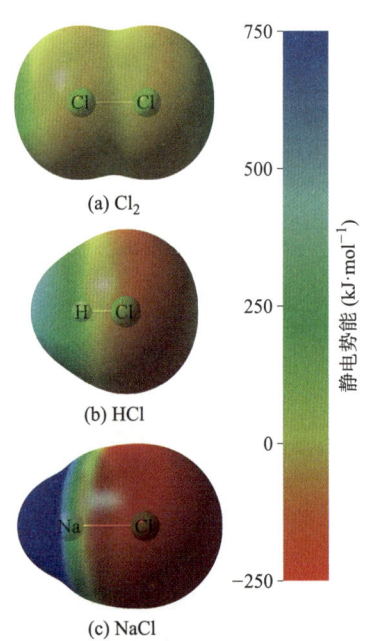

图 3.5 分子的静电势图

几个分子的静电势图如图 3.5 所示,由此可直接获知这些分子内电荷密度分布的信息。可以看到,Cl_2 的静电势图颜色分布均匀,代表对称的电荷密度分布,这是所有同核双原子分子(或 100% 共价性)的典型特征。颜色分布均匀对称的静电势图,表明对应分子为非极性分子。相反,NaCl 分子(气态时 NaCl 以分子形式存在)的静电势图表现出非常不均匀的电荷密度分布。Na 原子几乎完全呈蓝色而 Cl 原子几乎完全为红色,这种静电势图代表了典型的离子键。HCl 分子也具有不对称的电荷密度分布,H 原子上带有部分正电荷(呈蓝绿色),而 Cl 原子上带有部分负电荷(呈橙黄色)。颜色分布不均匀对称的静电势图,表明对应分子为极性分子。因此,从一个分子的静电势图上即可直观地显示其极性。

分子的极性

极性分子的正、负电荷中心不重合,具有非零的净偶极矩(即 $\mu_{净} \neq 0$),源自分子的极性键中部分电荷的不对称分布。相反,非极性分子的正、负电荷中心重合,净偶极矩必为 0(即 $\mu_{净} = 0$)。双原子分子只含一个化学键,分子的极性完全由键的极性决定,分子的偶极矩等于其键矩,典型值在 0~11 D 范围内。例如,同核双原子分子 Cl_2 中 Cl—Cl 键矩为 0,偶极矩也为 0;Cl_2 为非极性分子。气态的异核双原子分子 KBr 中 K—Br 键矩为 10.6 D,等于其偶极矩;KBr 为极性分子。

多原子分子含有多个化学键,分子的总偶极矩等于所有键矩的矢量和。如果一个分子的形状在三维空间中完全对称,如 P_4、CO_2、BF_3、CCl_4 等,不论其化学键是否为极性键,该分子始终为非极性分子,因为键矩总能相互抵消而得到非零的净偶极矩。例如,CCl_4 中 4 个 C—Cl 键均为极性键,但任意 2 个 C—Cl 键矩的矢量和与剩下 2 个 C—Cl 键矩的矢量和,大小相等方向相反,它们的矢量总和(即分子的净偶极矩)必为 0,如图 3.6a 所示。如果一个分子的形状在三维空间中不完全对称,则该分子是极性分子,且净偶极矩值与其结构相关。例如,H_2O 中含有 2 个极性 O—H 键,分子形状又是非完全对称的 V 形,净偶极矩不为 0,如图 3.6b 所示。因此 H_2O 是典型的极性分子,通常能溶解其他极性分子。由于氢键环境所引起的结构差异,固态(3.09 D)和液态(2.95 D)H_2O 的偶极矩高于气态(1.85 D)。

分子的偶极矩可由实验测得,再通过矢量分解法可求得其键矩。与原子的电负性类似,化学键的键矩也是一种可调用性质,其值在不同分子中通常不会发生显著变化,因此可在不同分子之间互相调用。通过实验测量少数分子的偶极矩,可求得各种不同化学键的键矩,再调用这些键矩数据,经过矢量加和法,即可估算出大量分子的偶极矩。

3.3 价键理论
(Valence-Bond Theory)

本节和下一节将分别介绍两种基本的成键理论(bonding theory):价键理论和分子轨道理论。这两种理论均采用量子力学的方法来解释化学键(特别是共价键)的形成。

成键理论的目标

如 2.6 节所述,势能项是薛定谔方程的重要组成部分,因体系而异。对于在两个原子之间形成共价键的体系(如 H_2 分子中的 H—H 键)而言,典型的势能曲

注:不论极性还是非极性分子,电子密度曲面上的总和静电势并不为零,而是某个正值。这是因为在电子密度曲面内找到所有电子的总概率小于 100%,加上原子核,则曲面内的总电荷必然为正。将正点电荷从无穷远移至一个总电荷为正的曲面,所做的总功一定为正,因此曲面的总和静电势必然为正。

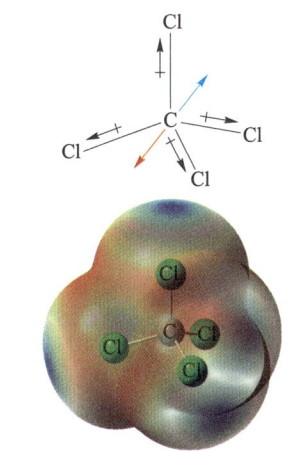

(a) CCl_4 键矩的矢量和为0,是非极性分子

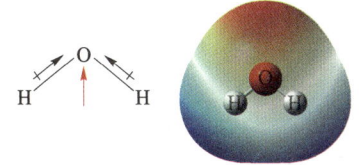

(b) H_2O 键矩的矢量和不为0,是极性分子

图 3.6 分子的净偶极矩示意图

注:由同一元素原子组成的多原子分子,如果其形状在三维空间中不完全对称,则各原子所处的化学环境必然不完全对等,净偶极矩就不为 0,是极性分子。例如,O_3 中的氧氧键虽然成键的两个原子均为 O,但由于其所处化学环境不对等,是弱极性键;O_3 也是弱极性分子。其静电势图如下所示,中心 O 带部分正电荷,端基 O 带部分负电荷。

O_3 的静电势图

线如图 3.7a 所示。当两个 H 原子彼此距离无穷远(条件 1)时,它们之间没有相互作用,体系的势能按惯例设为 0。当它们彼此接近时,除了在两个 H 原子中原有的 N_1-e_1 和 N_2-e_2 的吸引力之外,还会发生额外的相互作用,包括电子 e_1-e_2 的排斥力、原子核 N_1-N_2 的排斥力,以及 N_1-e_2 和 N_2-e_1 的吸引力,如图 3.7b 所示。当两个 H 原子距离较远时,体系内的吸引力大于排斥力,占主导地位,势能为负值(条件 2)。当两个 H 原子距离非常近时,排斥力急剧上升,超过吸引力,势能由负变正(条件 4)。在两个 H 原子距离由无穷远逐渐减小至 0 的过程中,体系的势能从 0 开始先下降后上升,形成一个势阱,因此在条件 2 和 4 之间必然存在一个特定的核间距(0.74 Å,条件 3),使得体系的势能达到最小值($-436\ \text{kJ}\cdot\text{mol}^{-1}$),这就是在两个 H 原子之间形成 H—H 共价键的条件。此特定核间距即为 H—H 键的平衡核间距 r_e 或键长,平衡核间距处势能的相反数称为键的**解离能**(dissociation energy, D_e)。

共价键成键理论的目标在于,应能解释如图 3.7a 所示的势能曲线的形状,并有助于理解共价键的各种性质和**键参数**(bond parameter),如键长、键角、键级、键能和键的解离能等。为此,仅有前述路易斯理论和 VSEPR 理论是远远不够的,需要建立基于量子力学的成键理论。而价键理论正是其中之一,本书仅对价键理论进行定性介绍。

价键理论的要点

价键理论(valence-bond theory, VB)最早由海特勒(Walter Heitler)和伦敦(Fritz London)在 1927 年提出,后经鲍林(Linus Pauling)等修正。其要点在于:当即将成键的两个原子彼此接近时,原子轨道中具有较高电子密度的区域开始相互钻穿,波函数发生叠加,称为**轨道重叠**(overlap of orbitals)。轨道重叠的结果使得两个原子之间的电子密度增加,而增加的电子密度距离两个带正电荷的原子核均较近,受到较强的吸引力,从而使体系的总能量降低,并在两个原子之间形成共价键。

以 H_2 分子中的 H—H 键为例,回顾 2.7 节,图 2.26 给出了氢原子 1s 轨道电子密度较高的区域。当两个 H 原子彼此接近时,两个半充满的 1s 轨道之间发生相互钻穿,两个 1s 原子波函数之间发生干涉。当两个原子波函数同相时会发生相长干涉,使得两个 H 原子之间的电子密度增加(图 3.8),体系势能降低。在形成 H—H 键的平衡核间距 r_e 处,体系的势能达到最小值,这种能量最低的状态称为 H_2 分子的基态。同时,当两个原子波函数异相时会发生相消干涉,使得两个 H 原子之间的电子密度降低,体系势能增加,对应于 H_2 分子的激发态(或称排斥态,图 3.7a 的条件 5)。

共价键的特性与分类

共价键的两大特性是饱和性与方向性,均可用价键理论解释。所谓共价键具有饱和性,指的是一个原子所能形成的共价键总数是有限的。例如,通常而言,氢原子只能形成 1 个共价键,而碳原子可形成 4 个共价键。这是由于原子的成键轨道总数以及未成对电子总数均是有限的,一旦原子的某个未成对电子与另一未成对电子配对形成共价键之后,除非共价键断裂,该电子不能再与其他电子配对。共价键的饱和性决定了各种原子结合形成分子时的数量关系。

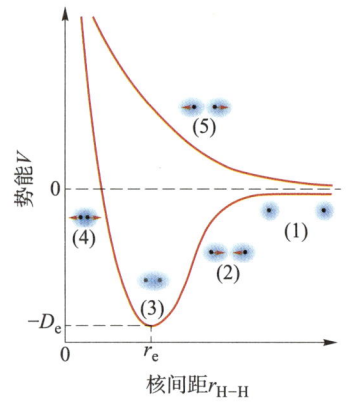

(a) 体系势能与核间距的关系图

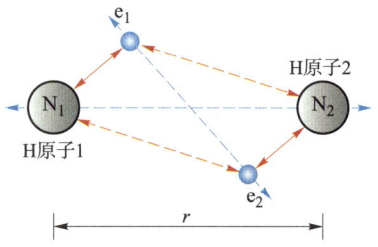

(b) 两个氢原子之间的吸引力与排斥力,其中虚线表示形成氢分子时额外的相互作用

图 3.7 由两个氢原子组成的体系的相互作用

注:键的解离能是断开 1 mol 分子中某一特定化学键所需的能量,而键能则是断开 1 mol 某类化学键所需的平均能量。

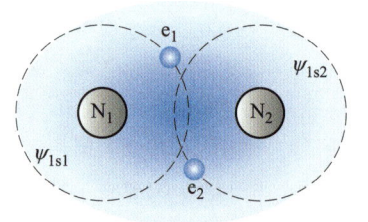

图 3.8 H_2 分子的电子密度示意图

注:成键时在两个 H 原子之间的电子密度增加,而在两个 H 原子之外的电子密度必然降低,整个 H_2 分子的波函数仍是归一化的。

除了球形的 s 轨道之外,所有原子轨道在三维空间中都存在一定的方向性,即其波瓣(最大电子密度所在的方向)具有特定的空间取向。如 p_x、p_y 和 p_z 轨道的波瓣分别指向 x、y 和 z 轴。为实现两个成键轨道之间的最大重叠,使得两个成键原子之间的电子密度增加最多,体系势能降低最大,共价键必须在特定方向上形成。共价键的方向性决定了各种原子结合形成分子时的几何构型。

当原子轨道重叠形成共价键时,不同的重叠方式可形成两类主要的共价键:σ 键和 π 键。当轨道以"头碰头"的方式重叠时,形成的共价键称为 σ **键**(σ bond)。如 H_2 中 H 的 2 个 1s 轨道之间形成的键,HCl 中 Cl 的 3p 轨道与 H 的 1s 轨道之间形成的键,以及 N_2 中 N 的 2 个 $2p_x$ 轨道之间形成的键(图 3.9a)。σ 键中轨道重叠的部分呈近圆柱形对称,当围绕键轴旋转时,无论旋转角度如何,形成 σ 键的轨道的形状和相位均保持不变,轨道重叠的程度也不会改变,因此围绕键轴的旋转不会影响 σ 键的强度。当两个平行轨道以"肩并肩"的方式重叠时,形成的共价键称为 π **键**(π bond)。如 N_2 中 N 的 2 个 $2p_y$ 轨道之间以及 2 个 $2p_z$ 轨道之间形成的键(图 3.9b)。π 键必然存在一个通过键轴的节面,如 $2p_y$-$2p_y$ 之间 π 键的节面为 xz 平面,$2p_z$-$2p_z$ 之间 π 键的节面为 xy 平面。当围绕键轴旋转时,轨道重叠的程度会大幅度减小,导致 π 键的强度大幅度减弱。

共价单键是 1 个 σ 键,双键通常包含 1 个 σ 键和 1 个 π 键,三键包含 1 个 σ 键和 2 个 π 键,其中 π 键的键能一般略低于相应的 σ 键(因为 π 键的轨道重叠程度弱于 σ 键)。具有多重共价键的分子,其形状仅由 σ 键决定(称为 σ 骨架)。共价单键是柔性的,可以绕轴旋转,σ 键在旋转过程中保持成键强度不变。而共价双键和三键均是刚性的,不能绕轴旋转,任何绕轴的扭曲或旋转均会削弱其中 π 键的成键强度。

上述价键理论可以解释一些简单分子(如 H_2)的共价成键及结构。然而,从原子轨道的简单重叠推导出的分子构型,在许多情况下与实验观察结果并不一致。为了解释某些特定分子的几何构型,历史上对价键理论进行过两次修正,分别为杂化轨道理论和共振理论。

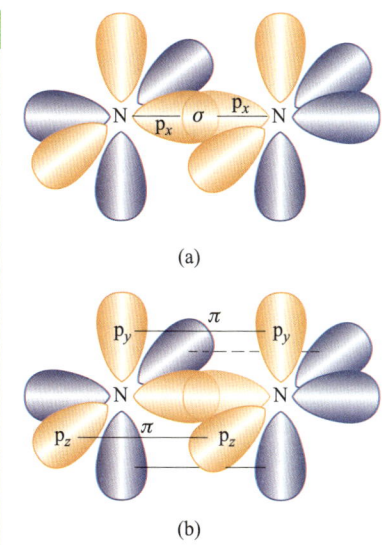

图 3.9 N_2 中的(a)σ 键和(b)π 键示意图

杂化轨道理论

1931 年鲍林提出**杂化轨道理论**(hybridization theory),作为价键理论的修正,用于解释甲烷(CH_4)的分子结构。光谱实验数据表明,CH_4 分子为正四面体形,具有 4 个完全等同的 C—H 键,键角为 109.5°。而按照价键理论,C 的基态价电子组态为

为了与 4 个 H 原子成键形成 CH_4 分子,需要将 C 的 1 个 2s 电子激发到空的 2p 轨道,成为 C 的激发态,其价电子组态为

这种激发态价电子组态意味着,CH_4 分子应该具有 3 个互相垂直的、由 C 的 3 个

2p 轨道与 H 的 1s 轨道重叠而成的 C—H 键,键角为 90°;而第 4 个 C—H 键由 C 的球形 2s 轨道与 H 的 1s 轨道重叠而成,可以在任意方向。由价键理论预测的结构显然不符合 CH_4 分子的实际结构。

价键理论中的成键原子轨道,完全等同于孤立未成键的原子轨道。在许多情况下,需要对这些原子轨道进行修正。如 2.7 节所述,原子轨道是描述原子中电子状态的波函数。不同轨道的波函数可以进行线性组合,生成一组新的轨道,该过程称为**杂化**(hybridization),线性组合后生成的这一组新的轨道,称为**杂化原子轨道**(hybrid atomic orbitals),简称杂化轨道。原子轨道杂化的一般规则如下:

1) 同一原子中能量相近的原子轨道才能发生杂化,在杂化过程中总能量保持守恒。
2) 杂化轨道的总数等于参与杂化的原子轨道总数,尽管轨道的形状和空间取向可能不同。
3) 并非所有原子轨道都必须参与杂化,生成的杂化轨道需要被使用。

根据发生线性组合的原子轨道的数目和类型,通常有以下几种常见杂化形式。

1. sp 杂化

同一原子的 1 个 s 轨道和 1 个 p 轨道发生线性组合,可以生成 2 个等同的 sp 杂化轨道,每个 sp 杂化轨道均包含 1/2 个 s 轨道和 1/2 个 p 轨道的成分。以气态 $BeCl_2$ 分子为例,Be 的基态价电子组态为 $2s^2 2p^0$,激发态价电子组态为 $2s^1 2p^1$。由于 2s 和 2p 轨道能量相近,可以发生杂化,生成 2 个等同的 sp 杂化轨道,剩余的 2 个 2p 轨道不参与杂化。Be 的 2 个价电子以自旋平行的方式,分占 2 个 sp 杂化轨道。这 2 个 sp 杂化轨道再分别与 2 个 Cl 的 3p 轨道重叠,形成 2 个 sp-p 的 σ 键,从而形成 $BeCl_2$ 分子。由于 2 个 sp 杂化轨道之间的夹角为 180°,气态 $BeCl_2$ 分子为直线形构型,如图 3.10 所示,与 VSEPR 理论的结论一致。

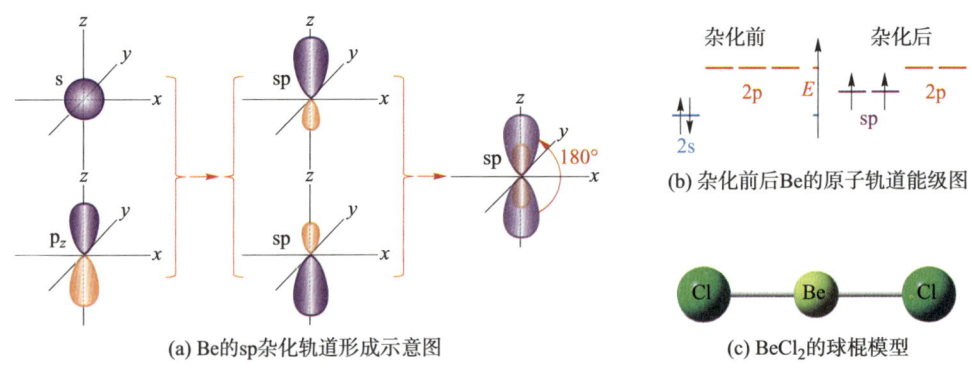

(a) Be 的 sp 杂化轨道形成示意图

(b) 杂化前后 Be 的原子轨道能级图

(c) $BeCl_2$ 的球棍模型

图 3.10 $BeCl_2$ 分子 sp 杂化轨道示意图

在量子力学中,sp 杂化轨道的波函数可由相应轨道(如 2s 和 $2p_z$ 轨道)波函数的线性组合得到(图 3.11a-b),有

$$\begin{cases} \psi_1(sp) = \dfrac{1}{\sqrt{2}}[\psi(2s) + \psi(2p_z)] \\ \psi_2(sp) = \dfrac{1}{\sqrt{2}}[\psi(2s) - \psi(2p_z)] \end{cases} \tag{3.2}$$

其中 $1/\sqrt{2}$ 是归一化系数。与 2.7 节绘制原子轨道的概率密度空间分布图像类似，也可绘制出 sp 杂化轨道的二维等概率密度线图（图 3.11c-d，与图 2.26b 类似）和三维概率密度图（图 3.11e-f，与图 2.26a 类似）。其他杂化轨道的图像也可同理绘制，但比 sp 杂化轨道更为复杂，本书中不再给出。

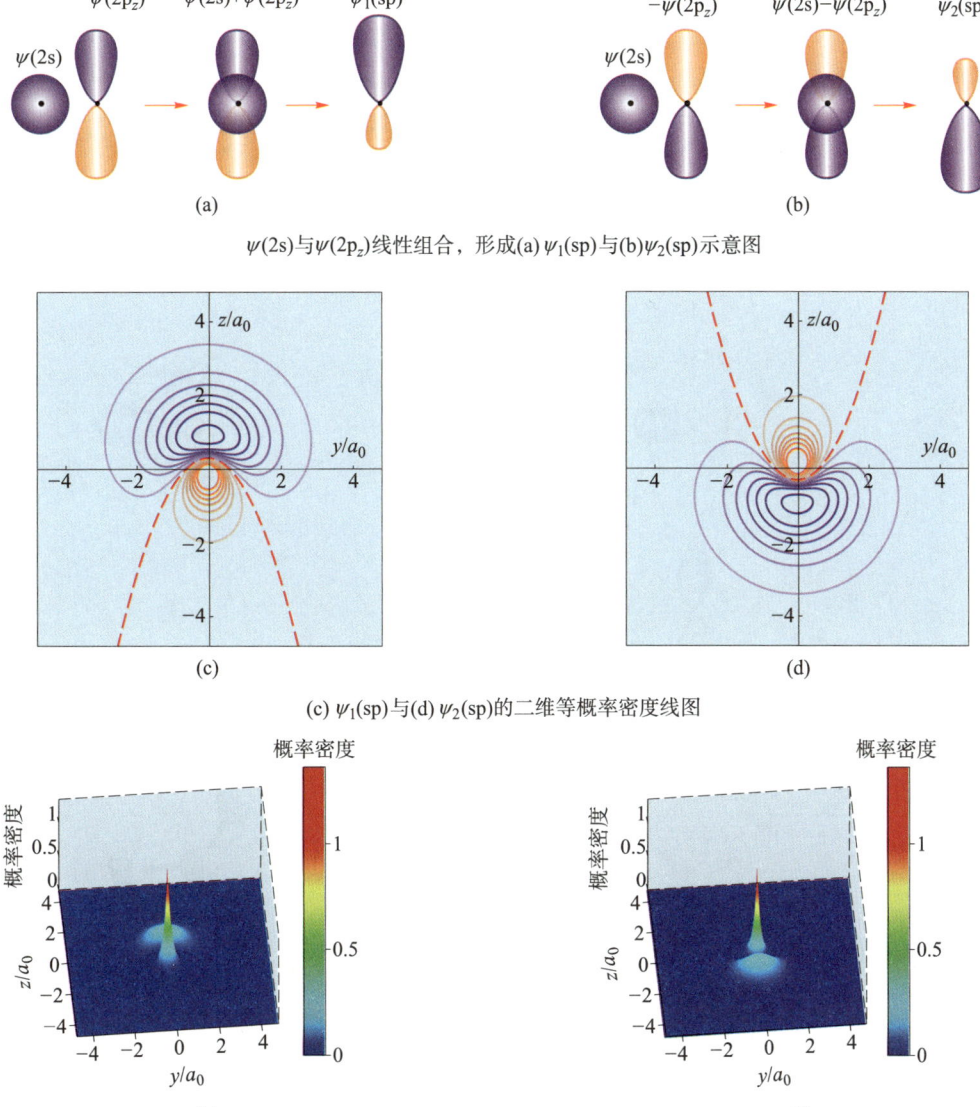

(a) $\psi(2s)$ 与 $\psi(2p_z)$ 线性组合，形成 (a) $\psi_1(sp)$ 与 (b) $\psi_2(sp)$ 示意图

(c) $\psi_1(sp)$ 与 (d) $\psi_2(sp)$ 的二维等概率密度线图

(e) $\psi_1(sp)$ 与 (f) $\psi_2(sp)$ 的三维概率密度图

图 3.11 sp 杂化轨道图

2. sp^2 杂化

同一原子的 1 个 s 轨道和 2 个 p 轨道发生线性组合，可以生成 3 个等同的 sp^2 杂化轨道，每个 sp^2 杂化轨道均包含 1/3 个 s 轨道和 2/3 个 p 轨道的成分。以 BF_3 分子为例，B 的 3 个 sp^2 杂化轨道分别与 3 个 F 的 2p 轨道重叠，形成 3 个 sp^2-p 的 σ 键，从而形成 BF_3 分子。由于 3 个 sp^2 杂化轨道之间的夹角为 120°，BF_3 分子为平面三角形构型，如图 3.12 所示。2s、$2p_x$ 和 $2p_z$ 形成的 sp^2 杂化轨道的波函数为

$$\begin{cases} \psi_1(sp^2) = \dfrac{1}{\sqrt{3}}\psi(2s) + \dfrac{\sqrt{2}}{\sqrt{3}}\psi(2p_x) \\ \psi_2(sp^2) = \dfrac{1}{\sqrt{3}}\psi(2s) - \dfrac{1}{\sqrt{6}}\psi(2p_x) + \dfrac{1}{\sqrt{2}}\psi(2p_z) \\ \psi_3(sp^2) = \dfrac{1}{\sqrt{3}}\psi(2s) - \dfrac{1}{\sqrt{6}}\psi(2p_x) - \dfrac{1}{\sqrt{2}}\psi(2p_z) \end{cases} \quad (3.3)$$

上式中归一化系数的值由 sp^2 杂化轨道的对称性决定。

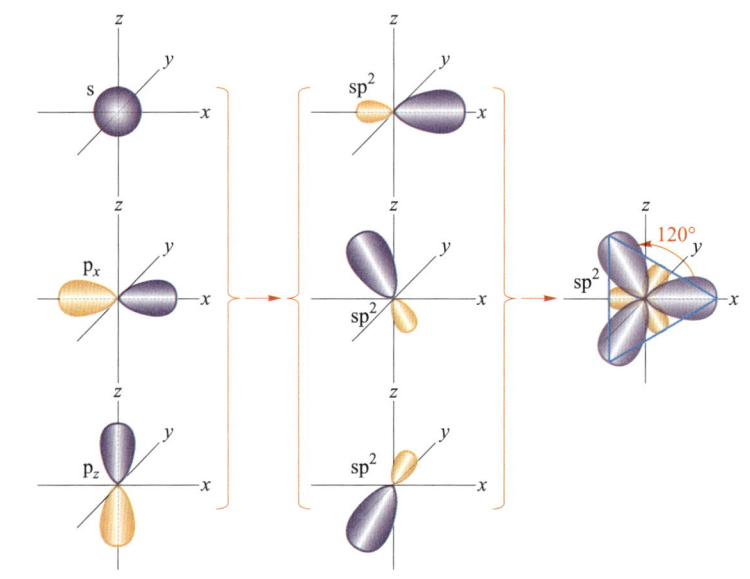

(a) B的sp^2杂化轨道形成示意图

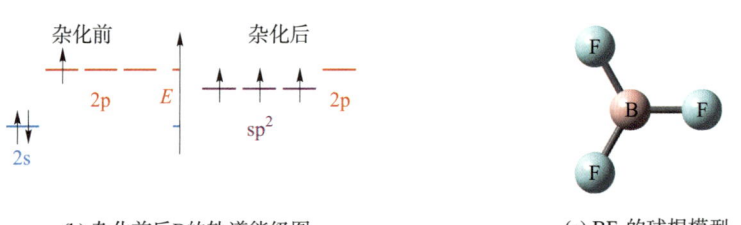

(b) 杂化前后B的轨道能级图　　　(c) BF$_3$的球棍模型

图 3.12　BF$_3$ 分子 sp^2 杂化轨道示意图

3. sp^3 杂化

同一原子的 1 个 s 轨道和 3 个 p 轨道发生线性组合,可以生成 4 个等同的 sp^3 杂化轨道,每个 sp^3 杂化轨道均包含 1/4 个 s 轨道和 3/4 个 p 轨道的成分。以 CH$_4$ 分子为例,C 的 4 个 sp^3 杂化轨道分别与 4 个 H 的 1s 轨道重叠,形成 4 个 sp^3-s 的 σ 键,从而形成 CH$_4$ 分子。由于 4 个 sp^3 杂化轨道之间的夹角为 109.5°,CH$_4$ 分子为正四面体构型,如图 3.13 所示。sp^3 杂化轨道的波函数为

$$\begin{cases}\psi_1(\mathrm{sp}^3) = \dfrac{1}{2}\psi(2\mathrm{s}) + \dfrac{1}{2}\psi(2\mathrm{p}_x) + \dfrac{1}{2}\psi(2\mathrm{p}_y) + \dfrac{1}{2}\psi(2\mathrm{p}_z) \\ \psi_2(\mathrm{sp}^3) = \dfrac{1}{2}\psi(2\mathrm{s}) - \dfrac{1}{2}\psi(2\mathrm{p}_x) + \dfrac{1}{2}\psi(2\mathrm{p}_y) - \dfrac{1}{2}\psi(2\mathrm{p}_z) \\ \psi_3(\mathrm{sp}^3) = \dfrac{1}{2}\psi(2\mathrm{s}) - \dfrac{1}{2}\psi(2\mathrm{p}_x) - \dfrac{1}{2}\psi(2\mathrm{p}_y) + \dfrac{1}{2}\psi(2\mathrm{p}_z) \\ \psi_4(\mathrm{sp}^3) = \dfrac{1}{2}\psi(2\mathrm{s}) + \dfrac{1}{2}\psi(2\mathrm{p}_x) - \dfrac{1}{2}\psi(2\mathrm{p}_y) - \dfrac{1}{2}\psi(2\mathrm{p}_z)\end{cases} \quad (3.4)$$

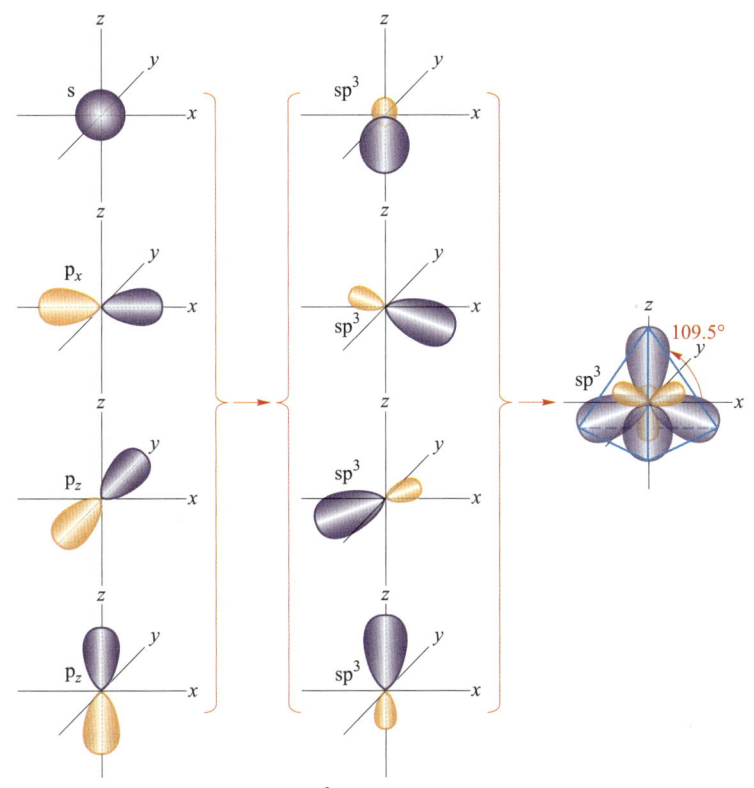

(a) C的sp³杂化轨道形成示意图

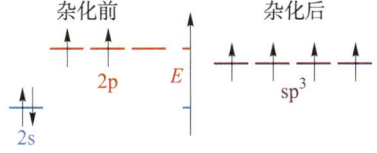

(b) 杂化前后C的原子轨道能级图

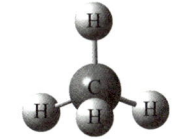

(c) CH₄的球棍模型

图 3.13　CH₄ 分子 sp³ 杂化轨道示意图

对于 NH₃ 和 H₂O 分子，中心原子仍为 sp³ 杂化，因此电子组构型仍为四面体形。由于 N 有 5 个价电子，其中 1 个 sp³ 轨道被一对孤电子对占据，其能量略低于参与成键的其他 3 个半充满 sp³ 轨道，导致 NH₃ 分子的构型为三角锥形，键角为 107.3°。类似地，H₂O 的 2 个 sp³ 轨道被孤电子对占据，形成键角为 104.5° 的 V 形构型。这种杂化后的轨道能量不完全简并的杂化，称为不等性杂化，通常发生在杂化轨道上同时含有孤电子对和成键电子对时。相应地，全部杂化轨道能量均简并的杂化，称为等性杂化。

在 C_2H_6、C_2H_4 和 C_2H_2 中，C—H 键的杂化类型分别为 sp^3、sp^2 和 sp 杂化，对应 C—H 的键长分别为 109 pm、108 pm 和 106 pm，键能分别为约 410 kJ·mol^{-1}、427 kJ·mol^{-1} 和 523 kJ·mol^{-1}。可见，随着 s 成分的增加，各杂化轨道成键的键长缩短，键能增大。

4. sp^3d 和 sp^3d^2 杂化

对于第三周期及以上元素的原子，d 轨道也能参与成键。同一原子的 1 个 s、3 个 p 和 1 个 d 轨道发生线性组合，可以生成 5 个 sp^3d 杂化轨道，形成三角双锥形分子构型，如 PCl_5（图 3.14a-b）。同一原子的 1 个 s、3 个 p 和 2 个 d 轨道发生线性组合，可以生成 6 个 sp^3d^2 杂化轨道，形成八面体形分子构型，如 SF_6（图 3.14c-d）。

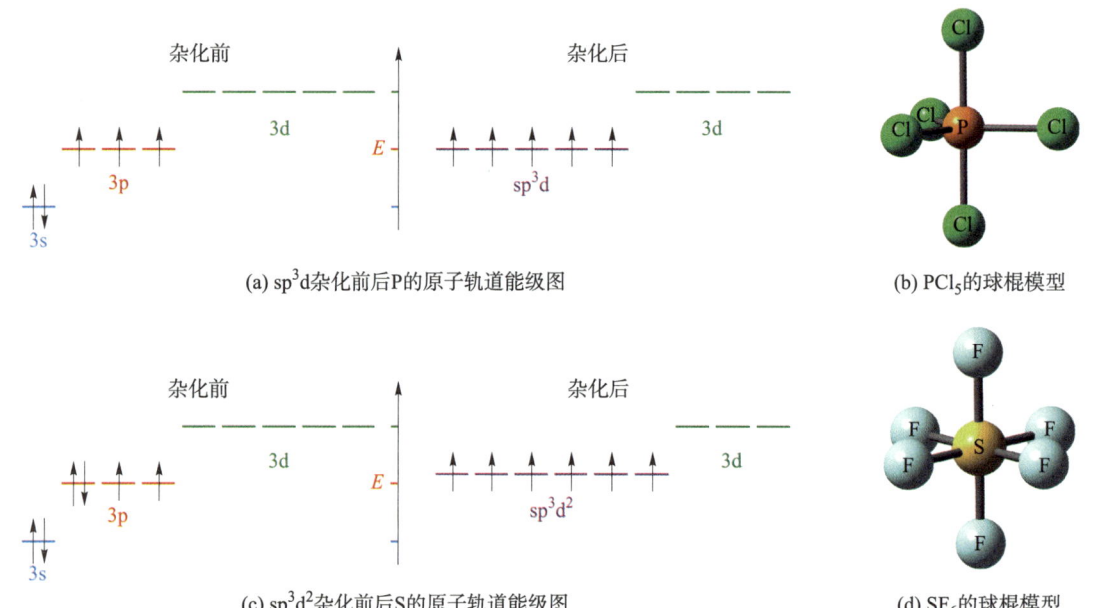

(a) sp^3d 杂化前后 P 的原子轨道能级图

(b) PCl_5 的球棍模型

(c) sp^3d^2 杂化前后 S 的原子轨道能级图

(d) SF_6 的球棍模型

图 3.14 sp^3d 和 sp^3d^2 杂化轨道示意图

>> **例 3.4** 分析 Si、P 和 S 在分别形成（1）SiF_4、（2）PCl_3 和（3）SF_4 三种化合物时的杂化轨道类型，画出杂化前后中心原子的轨道能级图，并注明是等性杂化还是不等性杂化。

>> **解：**（1）Si 的 1 个 3s 轨道与 3 个 3p 轨道线性组合，生成 4 个 sp^3 杂化轨道，分别与 F 的 2p 轨道重叠，形成 4 个 sp^3-p 的 σ 键。Si 的 4 个价电子分占 4 个 sp^3 杂化轨道，能量简并，因此是等性杂化。

（2）P 的 1 个 3s 轨道与 3 个 3p 轨道线性组合，生成 4 个 sp^3 杂化轨道，其中 3 个分别与 Cl 的 3p 轨道重叠，形成 3 个 sp^3-p 的 σ 键。另外 1 个 sp^3 杂化轨道被一对孤电子对占据，能量不再简并，因此是不等性杂化。

（3）S 的 1 个 3s 轨道、3 个 3p 轨道与 1 个 3d 轨道线性组合，生成 5 个 sp^3d 杂化轨道，其中 4 个分别与 F 的 2p 轨道重叠，形成 4 个 sp^3d-p 的 σ 键。另外 1 个 sp^3d 杂化轨道被一对孤电子对占据，能量不再简并，因此是不等性杂化。

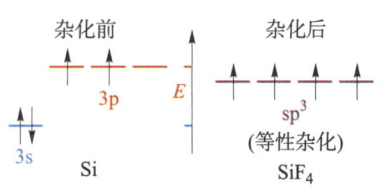

sp^3 杂化前后 Si 的轨道能级图

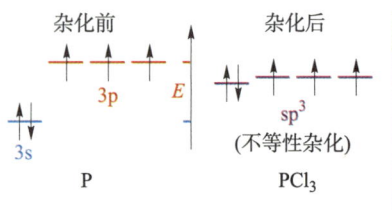

sp^3 杂化前后 P 的轨道能级图

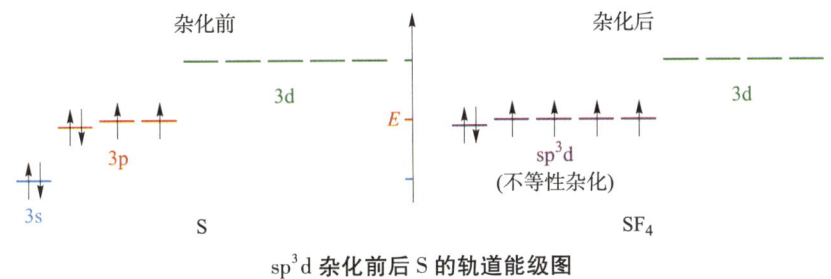

sp³d 杂化前后 S 的轨道能级图

共振理论

价键理论认为成键原子轨道的电子密度集中在轨道重叠的区域，是一种定域键理论，因此无法解释具有离域电子的体系，如苯（C_6H_6）。1928 年鲍林提出**共振理论**（resonance theory），作为价键理论的修正，用于解释苯的结构。按照杂化轨道理论预期，苯的 6 个 C 原子采取 sp^2 杂化，通过具有不同键长的共价单/双键交替连接，形成平面六元环，即**凯库勒结构**（Kekulé structure）。然而光谱实验数据表明，苯的所有碳碳键实际上完全等同，键长相等。

为解释上述现象，共振理论提出，分子的真实结构是其所有合理路易斯结构的共振叠加，其中的每一个合理路易斯结构均称为**共振体**（resonance structures）。同一分子的所有共振体的骨架结构必须相同，但电子在其中的分布可能不同，这样在某种程度上实现了电子的离域。共价键的键级是所有共振体的加权平均值，而更为合理的共振体具有更高的权重。

例如，O_3 具有如下 2 个共振体：

$$\ddot{\underset{-1}{\text{O}}}-\underset{+1}{\text{O}}=\underset{0}{\ddot{\text{O}}} \longleftrightarrow \ddot{\underset{0}{\text{O}}}=\underset{+1}{\text{O}}-\underset{-1}{\ddot{\text{O}}}$$

每个共振体均含有 1 个 O—O 单键和 1 个 O=O 双键。然而光谱实验数据表明，O_3 的两个氧氧键完全等同，键长均为 128 pm。该键长介于常规 O—O 单键键长（约 145 pm）和常规 O=O 双键键长（约 121 pm）之间。因此 O_3 的真实结构不是这 2 个共振体，而是二者的共振叠加。由于这 2 个共振体结构对等，加权平均的权重相等，即二者对真实结构的贡献相等。因此，O_3 中氧氧键的平均键级可计算为 (1 + 2)/2 = 1.5。

又如，叠氮阴离子（N_3^-）具有如下 3 个共振体：

$$[:\underset{-2}{\ddot{\text{N}}}-\underset{+1}{\text{N}}\equiv\underset{0}{\text{N}}:]^- \longleftrightarrow [\underset{-1}{\ddot{\text{N}}}=\underset{+1}{\text{N}}=\underset{-1}{\ddot{\text{N}}}]^- \longleftrightarrow [:\underset{0}{\text{N}}\equiv\underset{+1}{\text{N}}-\underset{-2}{\ddot{\text{N}}}:]^-$$

应用形式电荷的一般规则可知，中间的共振体更为合理，因为其他两个共振体在 N 原子上出现了较大的形式电荷 −2。可以预期，中间的共振体对 N_3^- 的真实结构贡献最大。但无论权重如何，N_3^- 中氮氮键的平均键级均为 2。O_3 和 N_3^- 的静电势图如右所示，可以看到 O_3 和 N_3^- 的静电势均左右对称，与共振理论的结论一致。

对于苯分子，两个对等的凯库勒结构是苯的共振体。苯的真实结构通常用一个中间画圈的六元环表示，其中碳碳键的平均键级为 (1 + 2)/2 = 1.5。这与苯中

注：路易斯结构并不要求画出分子或离子的具体空间结构，O_3 的共振体应该是 V 形构型，但路易斯结构画成线性也是可以的。

O_3 的静电势图

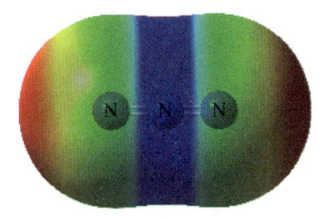

N_3^- 的静电势图

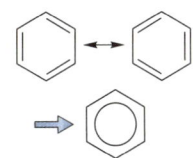

碳碳键的键长(140 pm)介于 C—C 单键键长(约 154 pm)和 C═C 双键键长(约 134 pm)之间相符合。

价键理论是典型的**后验理论**(after-the-fact theory),即它可以很好地解释分子的形状和结构,但对分子形状和结构的预测性较差。价键理论建立在路易斯理论的电子对概念的基础上,因此同样无法解释某些含有未成对电子的物种的结构和性质,如 O_2 的顺磁性,以及 H_2^+ 和 He_2^+ 的稳定存在等。同时,杂化并非一种实际的物理现象,实验上并没有观察到电子电荷分布从原子轨道到杂化轨道的变化。共振理论也并非认为分子在多个共振体结构之间交替变换,分子一直都具有相同的结构。尽管如此,杂化和共振的概念对含 C 分子十分有效,因此被大量应用于有机化学中。

>> **例 3.5** 画出 NO_2^- 和 SO_3 的共振体结构,并计算其平均键级。

>> **解:**(1) NO_2^- 与 O_3 是等电子体,具有类似的共振体结构。两个共振体的权重相等,平均键级为 (1+2)/2 = 3/2。

(2) SO_3 分子的中心 S 原子需要形成 2 个单键和 1 个双键,才能使所有原子均满足八隅律。三个共振体的权重相等,平均键级为 (1+1+2)/3 = 4/3。

3.4 分子轨道理论
(Molecular Orbital Theory)

分子轨道理论(molecular orbital theory, MO)是采用量子力学方法解释共价键形成的另一个理论,主要由洪德(Friedrich Hund)和马利肯(Robert S. Mulliken)等人在 1932 年左右提出。

分子轨道理论的要点

分子轨道理论的要点在于:分子中的电子不受单个化学键的约束,可视为在由分子的所有原子核和其他所有电子产生的平均势场中运动(称为单电子近似)。分子中电子的状态可用**分子轨道**(molecular orbital)来描述,它是与电子在分子的某些区域出现的概率密度相关的波函数,可视为**原子轨道的线性组合**(linear combination of atomic orbitals, LCAO);形成的分子轨道总数等于参与组合的原子轨道总数。

同样以 H_2 分子中的 H—H 键为例,当两个 H 原子彼此接近时,两个 1s 轨道(分别记为 $1s_A$ 和 $1s_B$)通过相长干涉形成**成键分子轨道**(bonding molecular orbital),简称成键轨道,即

$$\psi_{\sigma_{1s}} = \frac{1}{\sqrt{2}}\psi_{1s_A} + \frac{1}{\sqrt{2}}\psi_{1s_B} \tag{3.5}$$

其电子密度为

$$\psi_{\sigma_{1s}}^2 = \frac{1}{2}\psi_{1s_A}^2 + \frac{1}{2}\psi_{1s_B}^2 + \psi_{1s_A}\psi_{1s_B}$$

由于交叉项 $\psi_{1s_A}\psi_{1s_B}$ 的存在,成键轨道在两个原子核之间的电子密度增加,能量低于原 1s 轨道。两个 1s 轨道通过相消干涉形成**反键分子轨道**(anti-bonding molecular orbital),简称反键轨道,即

$$\psi_{\sigma_{1s}}^* = \frac{1}{\sqrt{2}}\psi_{1s_A} - \frac{1}{\sqrt{2}}\psi_{1s_B} \tag{3.6}$$

其电子密度为

$$\psi_{\sigma_{1s}}^{*2} = \frac{1}{2}\psi_{1s_A}^2 + \frac{1}{2}\psi_{1s_B}^2 - \psi_{1s_A}\psi_{1s_B}$$

由于交叉项 $-\psi_{1s_A}\psi_{1s_B}$ 的存在,反键轨道在两个原子核之间的电子密度降低,能量高于原 1s 轨道。在两个原子核的中点处电子密度为 0,存在一个额外的**分子节面**(molecular node)。图 3.15 给出了 H 原子的两个 1s 轨道线性组合形成 H_2 分子的两个分子轨道。

将原子轨道有效组合形成分子轨道时,需要满足如下三条原则:

1) 对称性匹配原则:待组合的原子轨道必须具有匹配的对称性。σ 和 π 成键轨道由两个相位(即符号)相同的原子轨道重叠形成,即 + 与 + 重叠,- 与 - 重叠。σ^* 和 π^* 反键轨道由两个相位相反的原子轨道重叠形成,即 + 与 - 重叠。
2) 能量相近原则:待组合的原子轨道的能量必须接近,能量差较大的原子轨道不能组合形成有效的分子轨道。
3) 最大重叠原则:待组合的原子轨道之间应发生最大重叠,这样可使成键轨道的能量尽可能降低。

在分子的基态组态中,电子在分子轨道上的排布也遵循与原子轨道电子排布相同的规则,即泡利不相容原理(每个分子轨道最多只能容纳 2 个自旋相反的电子)、能量最低原理(电子以使总能量最小化的方式占据分子轨道)和洪德定则(电子优先以自旋平行的方式分占简并的分子轨道)。

将电子排布在分子轨道上之后,稳定的分子或离子在成键轨道中的电子数应多于反键轨道中的电子数,这样才能使电子排布在分子轨道上的总能量低于排布在未成键原子轨道上的总能量,即有效成键。由于路易斯理论的共价单键对应于一对电子,分子轨道理论中的键级等于成键与反键电子数之差的一半。

不同结构类型的分子轨道

下面以一些具体的分子为例对分子轨道理论做进一步说明。

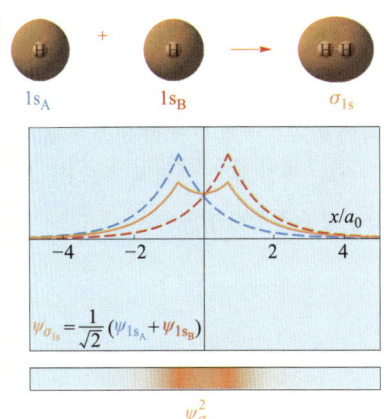

(a) 两个 1s 轨道相长干涉形成 σ_{1s} 成键轨道

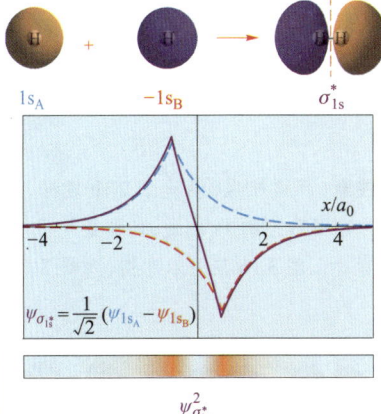

(b) 两个 1s 轨道相消干涉形成 σ_{1s}^* 反键轨道,在两个原子核的中点存在一个分子节面

图 3.15 H 原子的两个 1s 轨道线性组合形成 H_2 分子的两个分子轨道

思考题:都是原子轨道波函数的线性组合,分子轨道理论与杂化轨道理论的主要区别在哪里?

1. 第一周期同核双原子分子

元素周期表的第一周期只有 2 个元素：H 和 He；形成的同核双原子分子或分子离子共有 4 种：H_2、H_2^+、He_2 和 He_2^+。2 个 1s 原子轨道线性组合形成 1 个 σ_{1s} 成键轨道和 1 个 σ_{1s}^* 反键轨道。分子的所有电子排布在这两个分子轨道中，如图 3.16 所示并总结如下：

1) H_2：该分子含有 2 个电子。根据泡利不相容原理和能量最低原理，在基态组态中，这 2 个电子以自旋相反的方式配对，排布在 σ_{1s} 成键轨道上，而 σ_{1s}^* 反键轨道为空。键级为 (2-0)/2 = 1，对应于 H—H 共价单键。

2) H_2^+：该分子离子只有 1 个单电子，填入 σ_{1s} 成键轨道。键级为 (1-0)/2 = 1/2，称为**单电子键**(single electron bond)。因此，H_2^+ 是一种稳定存在的离子。

3) He_2：该分子含有 4 个电子，2 个填入 σ_{1s}，2 个填入 σ_{1s}^*。键级为 (2-2)/2 = 0。键级为 0 意味着没有有效成键，因此 He_2 不能稳定存在。

4) He_2^+：该分子离子含有 3 个电子，2 个填入 σ_{1s}，1 个填入 σ_{1s}^*。因此 He_2^+ 是一种稳定存在的离子，键级为 (2-1)/2 = 1/2。

> **注意：** 所谓分子离子(molecular ion)，指的是从一个电中性的分子中电离一个电子而形成的正离子。H_2^+ 和 He_2^+ 是典型的分子离子。

> **注意：** 严格来说，填充了 2 个电子、1 个电子和空的 1s 轨道，其能量是不相等的。图 3.16 仅为示意图，忽略了这一点。

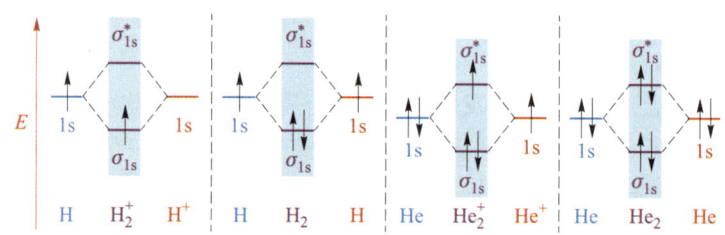

图 3.16 第一周期同核双原子分子的分子轨道能级图

2. 第二周期同核双原子分子

第二周期元素的同核双原子分子需要考虑 2s 与 2p 轨道。除了具有更高能量，2s 组合而成的分子轨道与 1s 组合而成的分子轨道基本类似。这里重点分析由 2p 轨道组合而成的分子轨道，以 O_2 分子为例，有两种可能的方式将 2p 轨道组合形成分子轨道：

1) "头碰头"的组合方式会沿键轴形成 1 对 σ 型分子轨道(图 3.17a—b)：σ_{2p} 成键轨道(由 2 个同相 2p 轨道波瓣重叠而成)和 σ_{2p}^* 反键轨道(由 2 个反相 2p 轨道波瓣重叠而成)。σ_{2p} 成键轨道在两个原子核处各有 1 个节面，但这些节面均为 2p 轨道本来的原子节面。而在 σ_{2p}^* 反键轨道中，除了本来的原子节面外，在 2 个原子核的中点处还形成了 1 个额外的分子节面。只有沿键轴方向的一对 p 轨道可以组合形成 σ 型分子轨道。

2) "肩并肩"的组合方式会垂直于键轴形成 2 对 π 型分子轨道(图 3.17c—d)：2 个 π_{2p} 成键轨道(由垂直于键轴的 2 个同相 2p 轨道相加形成)和 2 个 π_{2p}^* 反键轨道(由垂直于键轴的 2 个反相 2p 轨道相加形成，或者说由垂直于键轴的 2 个同相 2p 轨道相减形成)。在 π_{2p}^* 反键轨道中，除了 2p 轨道本来的原子节面外，在 2 个原子核之间也形成了 1 个额外的分子节面。

2 个成键原子 2p 轨道的组合可形成 6 个分子轨道。如果指定键轴的方向为 z，则 2 个 σ 型分子轨道为 σ_{2p_z} 和 $\sigma_{2p_z}^*$，4 个 π 型分子轨道分别为简并的 π_{2p_x} 和 π_{2p_y}

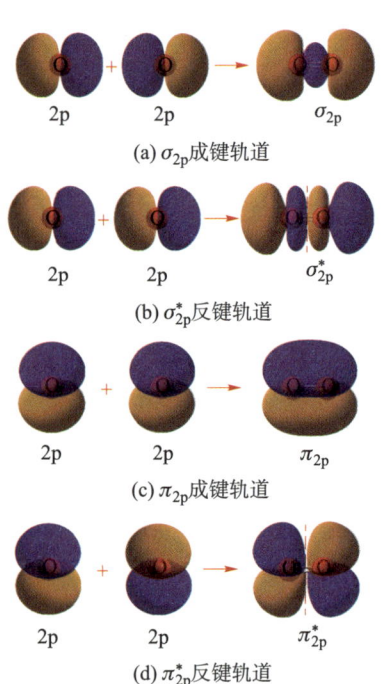

图 3.17 由 2p 轨道组合形成的成键和反键轨道

> **注意：** 出现额外的分子节面，是反键轨道的重要特征。

以及简并的 $\pi^*_{2p_x}$ 和 $\pi^*_{2p_y}$，如图 3.18 所示。除了上述强调由哪些原子轨道组合形成分子轨道的一套符号之外，还有另一套强调同核双原子分子中形成分子轨道的对称性符号。如果一个分子轨道相对于其对称中心是对称的，可表示为 g(gerade)；如果是反对称的，则表示为 u(ungerade)。因此，σ_{2p}、σ^*_{2p}、π_{2p} 和 π^*_{2p} 轨道可分别表示为 σ_g、σ_u、π_u 和 π_g。此外，σ_{2s} 和 σ^*_{2s} 的对称性符号也分别为 σ_g 和 σ_u。注意，不论由什么原子轨道组合形成，所有的成键 σ 轨道必然是中心对称的，总是 σ_g；而所有的反键 σ^* 轨道必然是中心反对称的，总是 σ_u。相反，所有的成键 π 轨道均为 π_u，而所有的反键 π^* 轨道均为 π_g。这完全由轨道的对称性决定。

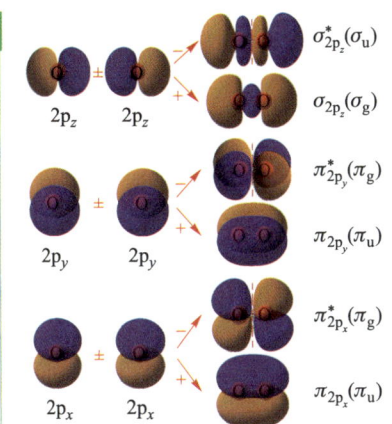

图 3.18 由 2p 轨道组合形成的 6 个分子轨道的空间取向及对称性

分子轨道的能量与形成该分子轨道的原子轨道能量直接相关。一般来说，由 2s 轨道形成的分子轨道，比由 2p 形成的能量更低。由于 p 轨道"头碰头"式重叠比"肩并肩"式重叠在空间中延伸更广，由 2p 形成的 σ 型成键轨道，其能量一般低于相应的 π 型成键轨道，而 σ 型反键轨道，其能量一般高于相应的 π 型反键轨道。

第二周期共有 8 个元素，可形成 8 个同核双原子分子。根据其分子轨道能级图，可将这八个分子分为两类。一类为 O_2、F_2 和 $Ne_2(Z \geq 8)$，能级如图 3.19a 所示，电子排布如图 3.19b 所示。这一类分子的价层轨道按能量递增的正常顺序排列，即 σ_{2s}、σ^*_{2s}、σ_{2p}、π_{2p}、π^*_{2p} 和 σ^*_{2p}。如果使用对称性符号，相应的分子轨道可标记为 $1\sigma_g$、$1\sigma_u$、$2\sigma_g$、$1\pi_u$、$1\pi_g$ 和 $2\sigma_u$。这里对称性符号前的数字，表示价层中具有相同键型和对称性的分子轨道能量由低到高的顺序。例如，σ_{2s} 是价层的第 1 个 σ_g，σ_{2p} 是第 2 个 σ_g，以此类推。另一类为 Li_2、Be_2、B_2、C_2 和 $N_2(Z<8)$，图 3.20 给出了它们的能级图和电子排布图。其价层分子轨道的顺序反常，为 σ_{2s}、σ^*_{2s}、π_{2p}、σ_{2p}、π^*_{2p} 和 σ^*_{2p} 或 $1\sigma_g$、$1\sigma_u$、$1\pi_u$、$2\sigma_g$、$1\pi_g$ 和 $2\sigma_u$。可以看到，这两类分子能级顺序的不同之处在于：σ_{2p} 和 π_{2p} 轨道的能量高低顺序发生了交换，如图 3.21 所示。这是因为 $Li_2 \sim N_2$ 的 2s 和 2p 轨道能量更为接近，因此 2s-2p 之间 σ 轨道的能级耦合作用比 $O_2 \sim Ne_2$ 更强，这种能级耦合作用使得 $Li_2 \sim N_2$ 的 σ_{2p}（即 $2\sigma_g$）轨道能量抬高得更多，超过了 π_{2p}（即 $1\pi_u$）轨道，从而导致了两个轨道能量顺序的翻转。这种效应称为 2s-2p 混杂（2s-2p mixing）。

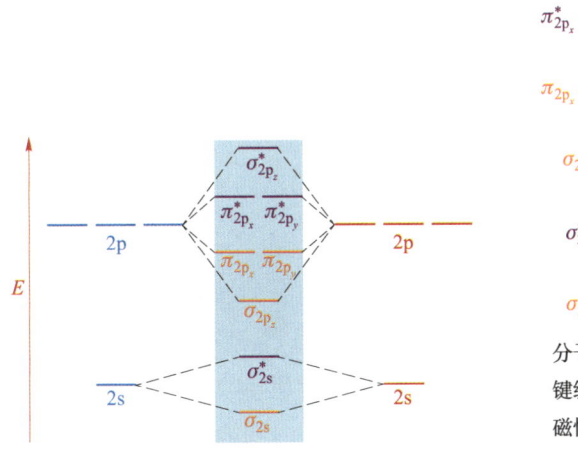

(a) 分子轨道能级图，其中 σ_{2p} 位于 π_{2p} 之下，为正常顺序

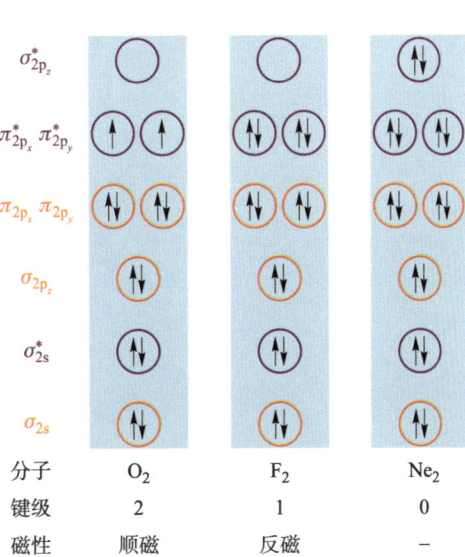

(b) 电子排布图

图 3.19 第二周期元素（$Z \geq 8$）的同核双原子分子

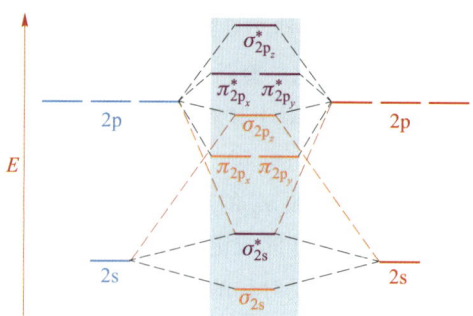

(a) 分子轨道能级图，其中σ_{2p}位于π_{2p}之上，是由于2s-2p混杂而发生交换的顺序

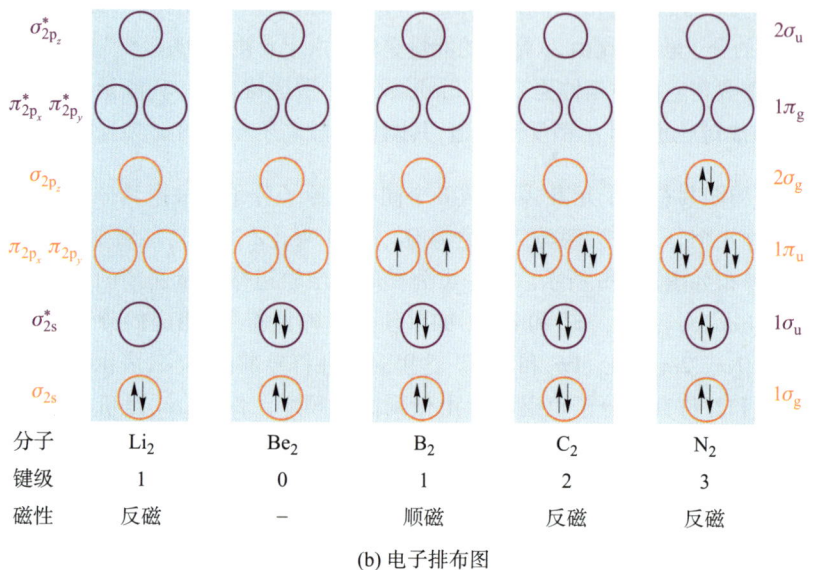

(b) 电子排布图

图 3.20　第二周期元素($Z<8$)的同核双原子分子

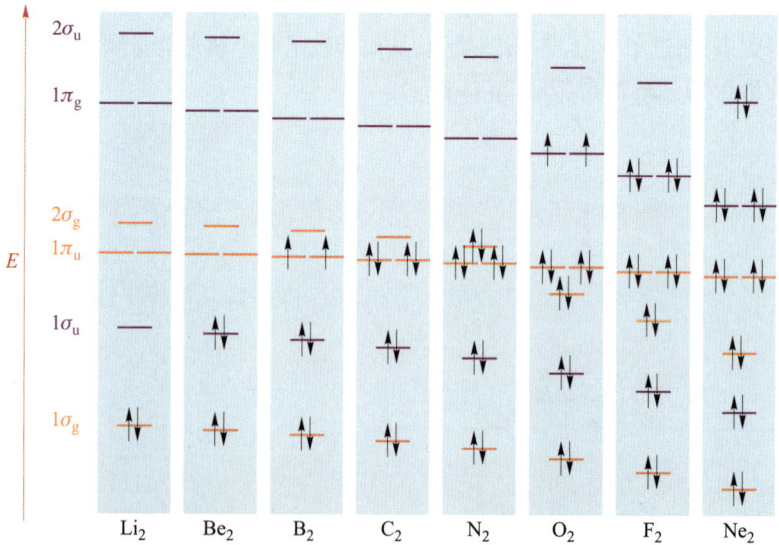

图 3.21　第二周期同核双原子分子的分子轨道能量变化示意图：由于存在 2s-2p 混杂，用对称性符号来表示这些分子轨道更为合适

上述分子轨道能级的高低顺序可由分子光谱和分子磁性实验数据确定。例如，O_2 具有顺磁性，意味着其中含有未成对电子。将 12 个价电子排布在 O_2 的价

层分子轨道中,可得

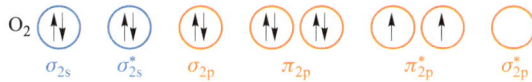

该电子组态中存在 2 个未成对电子,与 O_2 的顺磁性实验结果一致。其键级为 $(8-4)/2 = 2$,对应于 O═O 共价双键。关于磁性的更多讨论详见 3.6 节。

》例 3.6 分别写出 O_2^+、O_2、O_2^- 和 O_2^{2-} 的基态价电子组态,并通过键级判断其稳定性顺序。

》解:这些分子或离子的分子轨道能级顺序相同,仅价电子数不同,基态价电子组态分别为

$O_2^+ : (\sigma_{2s})^2(\sigma_{2s}^*)^2(\sigma_{2p})^2(\pi_{2p})^4(\pi_{2p}^*)^1$,键级为 $(8-3)/2 = 2.5$;

$O_2 : (\sigma_{2s})^2(\sigma_{2s}^*)^2(\sigma_{2p})^2(\pi_{2p})^4(\pi_{2p}^*)^2$,键级为 $(8-4)/2 = 2$;

$O_2^- : (\sigma_{2s})^2(\sigma_{2s}^*)^2(\sigma_{2p})^2(\pi_{2p})^4(\pi_{2p}^*)^3$,键级为 $(8-5)/2 = 1.5$;

$O_2^{2-} : (\sigma_{2s})^2(\sigma_{2s}^*)^2(\sigma_{2p})^2(\pi_{2p})^4(\pi_{2p}^*)^4$,键级为 $(8-6)/2 = 1$;

键级越高,说明该分子或离子越稳定,因此稳定性顺序为 $O_2^+ > O_2 > O_2^- > O_2^{2-}$。

前线轨道理论(B)

类似的方法可以扩展到异核双原子分子和多原子分子。对于异核双原子分子,两个不同的成键原子的能级高低不同,对分子轨道的贡献也不等。如 2.8 节所述,同一周期内从左到右 Z^* 逐渐增加,能级持续降低。一般而言,电负性较高的原子能级较低,对成键轨道的贡献较大;而电负性较低的原子能级较高,对反键轨道的贡献较大。

以 CO 分子为例,C 的 2s 和 2p 轨道能量均高于 O 的对应轨道。CO 与 N_2 互为等电子体,电子组态相同,因此可以预期 CO 的 σ 轨道会因 2s-2p 混杂而出现能级翻转,其分子轨道能级如图 3.22a 所示。由于 CO 中存在之间存在显著的 2s-2p 混杂,通常不使用 σ_{2s} 和 π_{2p} 等符号。由于异核双原子分子没有对称中心,g 和 u 对称性不适用。可将 CO 的分子轨道按能量递增的顺序标记为 1σ、2σ、1π、3σ、2π 和 4σ。将 10 个价电子排布在这些分子轨道上,其基态价电子组态为

$$CO: 1\sigma^2 2\sigma^2 1\pi^4 3\sigma^2$$

键级为 $(8-2)/2 = 3$,对应于 C≡O 共价三键。

在所有已填充电子的轨道中能量最高的,称为**最高占据轨道**(highest occupied molecular orbital,HOMO);在所有未填充电子的轨道中能量最低的,称为**最低未占据轨道**(lowest unoccupied molecular orbital,LUMO)。CO 的 HOMO 为 3σ,LUMO 为 2π,如图 3.22b 所示。HOMO 和 LUMO 统称为**前线轨道**(frontier molecular orbital,FMO)。描述前线轨道的理论称为**前线轨道理论**(frontier molecular orbital theory),其要点在于:由于 HOMO 轨道能量最高,其中填充的电子最容易失去,而 LUMO 轨道能量最低,最容易得到电子,因此这两个轨道分别与分子失/得电子的能力密

注意:CO 中 C 有 4 个价电子而 O 有 6 个价电子,C 和 O 之间共价三键中的一对电子可以认为全部由 O 原子提供。这种键称为配位共价键,简称配位键,将在 3.6 节详细介绍。有时会用从电子对给体到受体的箭头(→)来标明配位键,以示与常规共价键的区别。CO 的结构式也可表示为 C≡O。

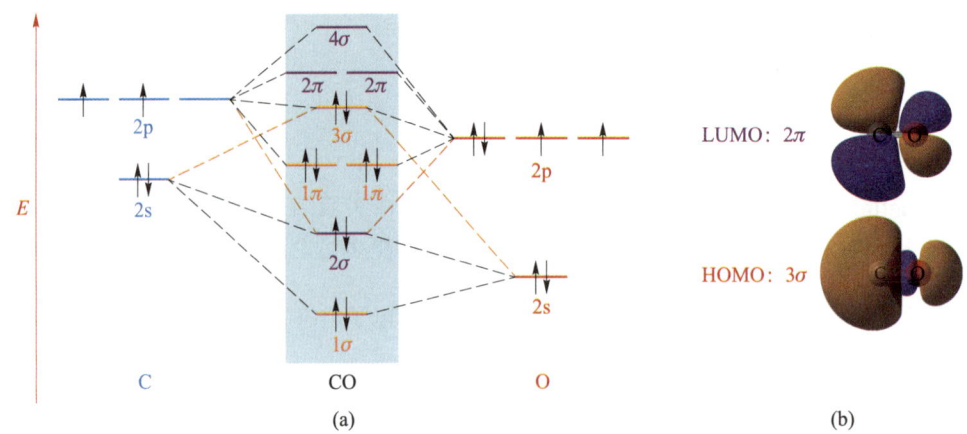

图 3.22 CO 的 (a) 分子轨道能级图及 (b) 前线轨道 (HOMO 和 LUMO) 示意图

切相关,是决定分子的化学活性以及发生反应的空间取向等的关键。

图 3.23a 给出了 NO 的分子轨道能级图,其基态价电子组态为

$$\text{NO}:1\sigma^2 2\sigma^2 1\pi^4 3\sigma^2 2\pi^1$$

注意:NO 的分子轨道能级图与 N_2 类似而与 O_2 不同,是 3σ 位于 1π 之上的反常顺序。

键级为 $(8-3)/2 = 2.5$。可以预期 NO 的键能小于 CO,且 NO 具有顺磁性。图 3.23b 给出了 HF 的分子轨道能级图,其分子轨道由 H 的 1s 轨道与 F 的 $2p_z$ 轨道组合而成,其中 z 为键轴所在的方向。F 的 $2p_x$ 和 $2p_y$ 轨道不参与组合,能量也不发生改变,称为**非键分子轨道**(non-bonding molecular orbital)。HF 的基态价电子组态为

$$\text{HF}:1\sigma^2 2\sigma^2 1\pi^4$$

其中 1σ 和 1π 基本为非键分子轨道,主要局域在 F 原子周围。2σ 是成键轨道,主要由 F 的 $2p_z$ 轨道贡献;3σ 是反键轨道,主要由 H 的 1s 轨道贡献。HF 的键级为 $(2-0)/2 = 1$,对应于 H—F 共价单键。

与价键理论相比,分子轨道理论在解释含离域电子体系的结构方面具有优势。图 3.24 给出了苯的 π 型分子轨道示意图。苯中 C 的 6 个 2p 轨道组合形成 6 个 π 型分子轨道,包含 3 个成键轨道和 3 个反键轨道。这些 π 型分子轨道的形状

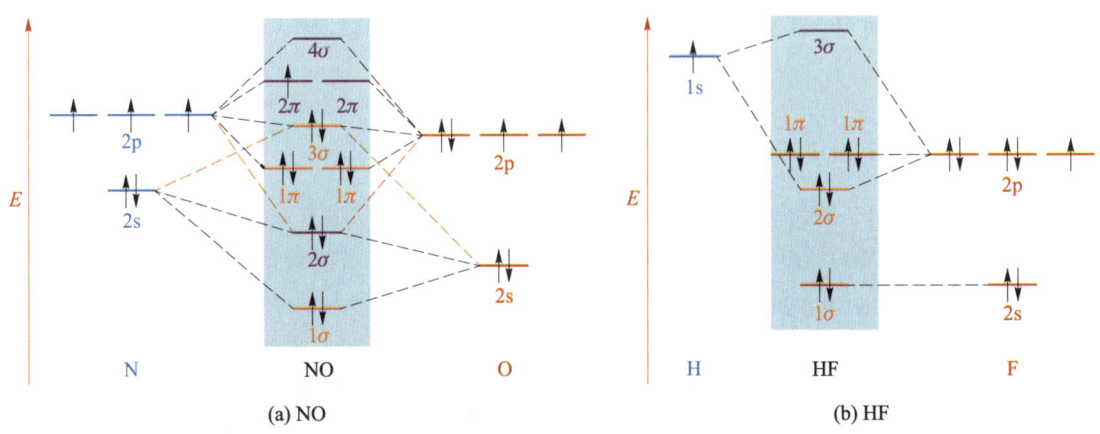

图 3.23 分子轨道能级图

可以根据其分子节面数量来分析，随着分子轨道能量的增加，分子节面的数量也相应增加。按照能量由低到高的顺序，能量最低的成键轨道没有分子节面，所有 6 个 2p 轨道均同相，即所有正的波瓣均位于 σ 骨架的同侧；接下来的 2 个成键轨道均具有 1 个分子节面（经过图 3.24b 的虚线并垂直于苯的分子平面），能量简并；下一对轨道是简并的反键轨道，具有 2 个分子节面；最后一个反键轨道具有 3 个分子节面，即任意相邻 2p 轨道均反相。6 个 2p 电子填入 3 个成键轨道，形成 π_6^6 型离域 π 键，也称大 π 键。键级为 $(6-0)/2=3$，分布在 6 个 C 原子之间，使得相邻 C 原子之间形成半键。加上一个键级为 1 的 σ 键，苯的每个碳碳键的键级均为 1.5。由于 π 型分子轨道分布在所有 6 个 C 原子之间，而并非局限于相邻 C 原子之间的区域，因此称为**离域分子轨道**（delocalized molecular orbital）。类似的例子还有 O_3（图 3.25）、NO_2、NO_3^- 等。

注意：离域 π 键通常用 π_n^m 表示，其中下标 n 为离域 π 键的中心原子数，上标 m 为离域 π 键的总电子数。π_6^6 表示总共有 6 个电子以离域 π 键的形式分布在 6 个 C 原子之间。

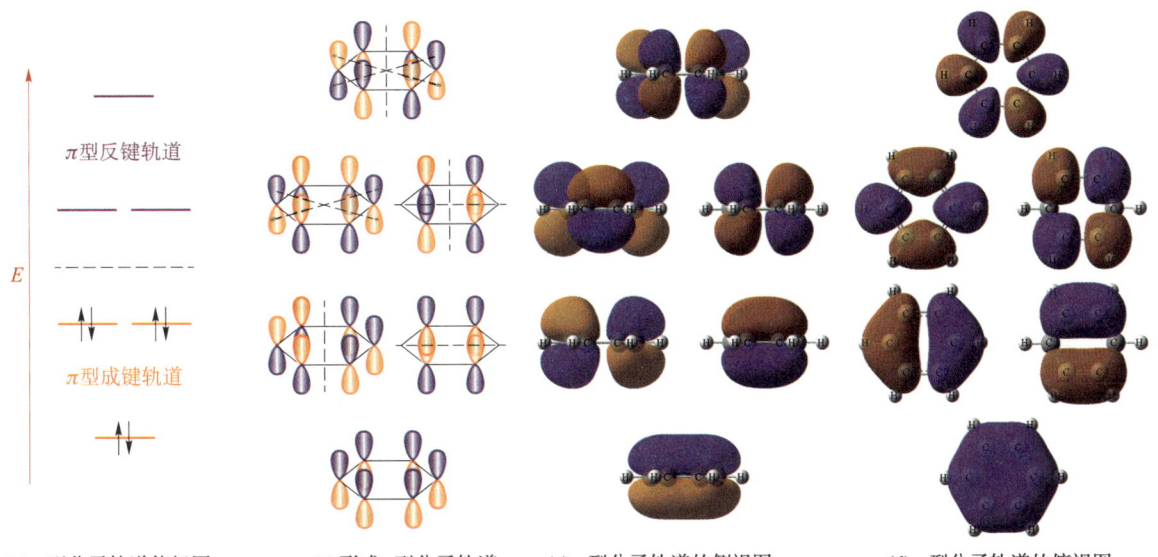

(a) π 型分子轨道能级图，包含三个成键轨道和三个反键轨道　　(b) 形成 π 型分子轨道的 2p 轨道图　　(c) π 型分子轨道的侧视图　　(d) π 型分子轨道的俯视图

图 3.24　苯 (C_6H_6) 的 π 型分子轨道图

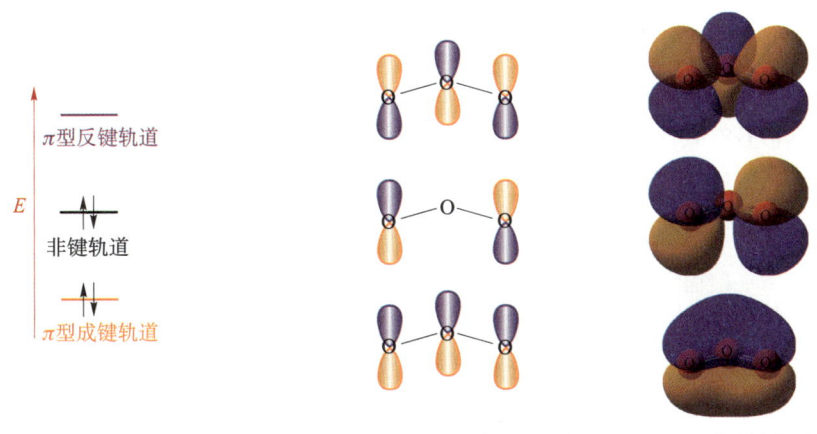

(a) π 型分子轨道能级图，包含一个成键轨道、一个非键轨道和一个反键轨道　　(b) 形成 π 型分子轨道的 2p 轨道图　　(c) π 型分子轨道图

图 3.25　臭氧 (O_3) 的 π 型分子轨道图

β-胡萝卜素($C_{40}H_{56}$)

番茄红素($C_{40}H_{56}$)

分子轨道理论还可用于解释植物的颜色。例如，胡萝卜和番茄的颜色分别来自 β-胡萝卜素（橘黄色）和番茄红素（深红色）。这是两种从蔬菜中分离出的典型色素分子，其共同特征是存在大 π 共轭体系。在一些单、双键交替结构或芳香性环状结构中，许多 C 原子的 2p 轨道可以组合形成大量 π 型分子轨道，其中能量较低的一半为成键轨道，能量较高的一半为反键轨道，中间还可能存在一些非键轨道；电子按照能量从低到高的顺序填入紧密排列的 π 型分子轨道中，如图 3.26 所示。在这些具有大 π 共轭体系的分子中，HOMO 能量非常接近 LUMO。因此只需较低的能量（通常在可见光范围），即可将一个电子从 HOMO 激发到 LUMO，而吸收光的互补色就是对应色素分子或植物所显示的颜色。关于吸收光及其互补色的讨论详见 3.6 节。

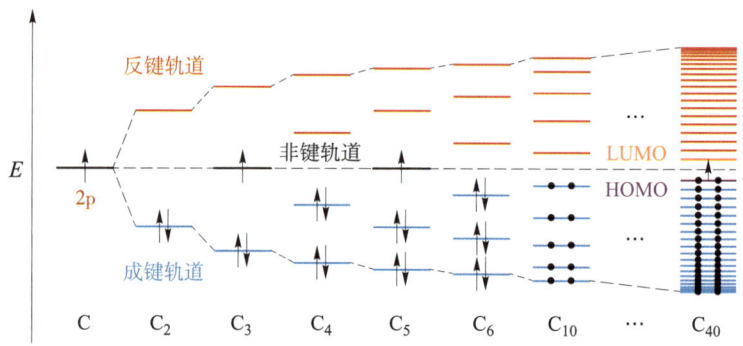

图 3.26　大 π 共轭体系中 π 型分子轨道的形成以及从 HOMO 到 LUMO 的跃迁

3.5　金属键与能带理论初步
（Metallic Bonding and Preliminary Band Theory）

本章前四节围绕共价键及其成键理论展开。周期表中有 80% 左右的元素都是金属元素；本节介绍金属中的化学键，称为**金属键**（metallic bond），再介绍可用于解释金属键的形成和特性的两个理论：电子海模型和能带理论。

金属键的特性

金属在日常生活中有着广泛的应用，从做菜用的铁锅、电线里的铜丝、电灯泡里的钨丝，到装饰用的各种金属箔，这些应用都与金属的特征密切相关。所有金属的共性有：不透明且具有金属光泽，是热和电的良导体，富有延展性等。但有的金属很软、熔点很低，如钠、钾、镓等；有的金属很硬、熔点很高，如铬和钨等。不论共性还是个性，金属的特征均由其中金属键的特性决定。

一般而言，非金属的价电子比价轨道多，而金属的价电子比价轨道少。例如，F 和 Li 都是含有 4 个价轨道的第二周期元素。F 原子有 7 个价电子，通过共用 F—F 共价单键中的一对电子，无论在固态、液态还是气态均可形成 F_2 分子。而 Li 原子只有 1 个价电子，通过 Li—Li 共价单键，可以在高温下形成稳定的气态 Li_2 分子。但在固态 Li 金属中，每个 Li 原子均可与其附近的其他很多 Li 原子形成金属键。与共价键不同，金属键既没有方向性也没有饱和性。因此金属键成键理论的目标在于，不仅应能解释金属的各种特征，还能解释为什么金属中的少量电子即可形成大量方向不同的金属键,即为什么金属键不具有方向性和饱和性。

电子海模型

与非金属原子相比,金属原子的半径通常较大,原子核对价电子的吸引力较弱。这些价电子很容易脱离金属原子而离域在整个金属中,称为自由电子或离域电子。自由电子不再从属于某一金属原子,而是为整个金属所共有,汇集形成"电子海",在整个金属晶体中自由流动。失去电子的金属原子成为带正电荷的金属离子,浸泡在带负电荷的"电子海"中。金属正离子与自由电子之间互相吸引并胶合在一起,从而形成了金属。上述简化模型称为**电子海模型**(electron sea model),可用于解释金属的一些特征和性质。

电子海模型认为金属键的本质是金属正离子与自由电子之间的静电引力,因此没有方向性和饱和性,也没有固定的键能。金属键的强度与自由电子的多少有关,也与金属正离子的电荷、半径、电子层结构等复杂因素有关,因此不同金属的硬度和熔点差别很大。此外,电子海模型对金属共性的解释如下:

1) 不透明且具有金属光泽:自由电子可以吸收包含可见光区在内的、波长范围很宽的光,并迅速重新释放,使得光线在金属内部无法发生有效的反射或折射,导致金属看起来不透明。而那些从金属表面重新释放的光,则使其表面出现"金属光泽"。

2) 良好的导热性和导电性:当金属的一端受热时,其离子的振动会加强,自由电子不断与金属离子碰撞并交换能量,再通过自由电子的迁移将热能迅速传递到另一端,从而使金属整体的温度很快升高,因此金属具有良好的导热性。在外电场的作用下,自由电子可以定向迁移形成电流,因此金属具有良好的导电性。

3) 富有延展性:如图 3.27 所示,在受到外力作用发生形变时,由于自由电子与金属离子之间的胶合作用,使得金属离子之间发生滑动时金属键的强度能够基本保持不变,因此金属离子之间易发生滑动而不易断裂。金属可被压成薄片或拉成细丝,表现出良好的延展性和可塑性。

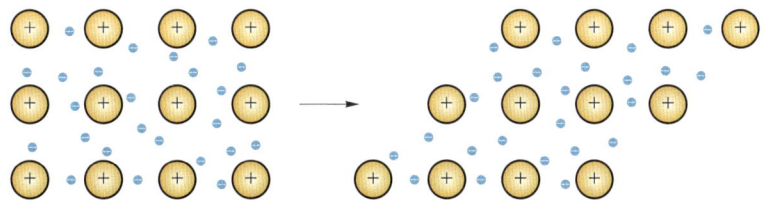

图 3.27　电子海模型解释金属延展性示意图:金属离子滑动时金属键强度基本不变,其中黄色小球代表金属正离子,蓝色小球代表自由电子

能带理论初步(C)

室温下除汞为液态之外,其他所有金属均为固体。与以简单、定性的方式描述金属键形成和特性的电子海模型相比,**能带理论**(band theory)是一个基于量子力学解释固体各种性质的更为复杂的理论,不仅可以解释金属键的形成和特性,还可以解释半导体和绝缘体的特征和性质。能带理论较为复杂,这里仅初步介绍其中一些基本概念,详细内容留待后续专业课程学习。

仍以金属 Li 为例。在分子轨道理论中，Li_2 分子中每个 Li 原子贡献一个 2s 轨道，组合形成 σ_{2s} 成键轨道和 σ_{2s}^* 反键轨道，Li_2 的两个价电子填充在 σ_{2s}，而 σ_{2s}^* 为空轨道，如图 3.20 所示。如果将整个金属 Li 看作一个巨大的 "Li 分子"，用 Li_N 表示，其中 N 代表该 "Li 分子" 中的原子总数，通常在 10^{22} 量级以上。与图 3.26 从 C_2 扩展到 C_{40} 的情况类似，将 Li 原子的组合由 Li_2 扩展到 Li_N，随着越来越多的 Li 原子加入 "Li 分子" 中，由 2s 轨道组合形成的分子能级也越来越多，能级之间的间距越来越小。在由 N 个 Li 原子组成的金属 Li 中，N 个 2s 能级合并成一个紧密间隔、几乎连续的带状能级组，称为**能带**（energy band）。N 个价电子填入 2s 能带中，使得其中能量较低的 N/2 个能级（即 2s 能带的下半段）充满电子，而能量较高的 N/2 个能级（即 2s 能带的上半段）为空，如图 3.28 所示。

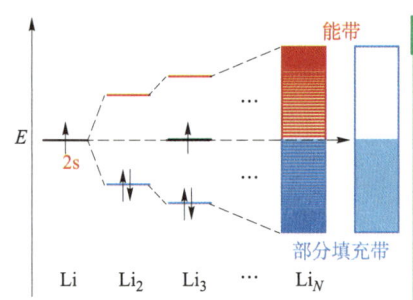

图 3.28　金属锂中 2s 能带的形成

根据电子的填充量，能带可分为完全充满电子的**满带**（filled band）、完全没有填充电子的**空带**（empty band）以及部分填充电子的**部分填充带**（partially filled band）。上述 Li 金属的 2s 能带即为部分填充带，而 Li 金属的 1s 能带为满带，2p 能带为空带。在 Li 的 1s 能带和 2s 能带之间不存在任何能级，因此电子不具有对应的能量。这种位于相邻能带之间的能量范围，称为能带间隙，简称**带隙**（band gap）；带隙中不存在能级，因此不可能含有电子，也称**禁带**（forbidden band）。

此外，价电子填充的能带称为**价带**（valence band）；与材料导热、导电性直接相关的能带称为**导带**（conduction band）。部分填充带既是价带又是导带，因为其中能级紧密间隔、几乎连续，已占据能级和未占据能级之间的能量差非常小，电子可在其中自由迁移，因此能够传热导电。空带中没有电子，自身不能传热导电；满带中虽然有电子，但由于完全充满、不能自由迁移，自身也不能传热导电。但如果满带中有一些电子吸收了大于或等于对应带隙的能量而跃迁至其上一个空带中，则满带和空带均转变为部分填充带，都能传热导电。

在固体物理中，固体的**电子能带结构**（electronic band structure）描述了电子可能处于的能级范围（即能带）和不可能具有的能级范围（即带隙）。能带理论通过原子或分子中的电子在周期性晶格中所允许的量子力学波函数，来计算固体的电子能带结构，可视为一种扩展的分子轨道理论。根据材料对热和电的传导率，能带理论将固体分为三大类：

1) **导体**（conductor）：导体是具有良好热、电传导率的固体。可自由迁移的带电粒子统称**载流子**（charge carrier）。导体中存在大量载流子，载流子的迁移使得导体能够传热导电。金属是最为常见的一类导体，自由电子即为金属的载流子，金属通过自由电子在导带中的迁移来传热导电。例如，碱金属的半充满价带（如 Li_N 的 2s 能带和 Na_N 的 3s 能带）可作为导带（图 3.29a）。碱土金属（如 Be_N）的 ns 价带是满带，含有 N 个轨道和 2N 个电子，自身不能传热导电。但由于 Be_N 的 2s 满带与 2p 空带彼此重叠（即 2p 能带最低能级的能量低于 2s 能带的最高能级），重叠的 2s 和 2p 能带相当于一个大的部分填充带，也可作为导带（图 3.29b）。尽管 Be_N 和 Li_N 均为金属，但 Be_N 的导电性比 Li_N 差。金属的传导率通常随温度升高而降低，因为高温下正离子更为剧烈的振动阻碍了自由电子的迁移。

注：由于金属是最为常见的导体，有时也直接用金属代指导体。例如，氢通常为非金属，但在极高的压强下可转变为导体，称为金属氢。

2) **绝缘体**(insulator):绝缘体具有紧密结合、不易迁移的电子,因此传导率非常差。一般而言,绝缘体的价带是满带,导带是空带,在价带和导带之间存在非常宽的带隙(图 3.29d),电子很难获得足够能量从价带跃迁至导带,因此载流子浓度极低。玻璃、塑料、金刚石和二氧化硅(SiO_2)等材料均为绝缘体。

3) **半导体**(semiconductor):常温下半导体的传导率介于导体和绝缘体之间,对光或热敏感。半导体的电子能带结构与绝缘体类似,但带隙通常较小(图 3.29c)。在光或热的作用下,价带中的部分电子可激发至导带,同时在价带中形成带正电荷的空位,称为**空穴**(hole)。虽然空穴自身不能移动,但其他位置的电子可以迁移过来填充空穴,等效于空穴沿反方向迁移,因此空穴可视为一种带正电荷的载流子。导带中的电子和价带中的空穴均可传热导电。温度越高,半导体的载流子浓度越高,因此半导体的传导率通常随温度升高而增加。

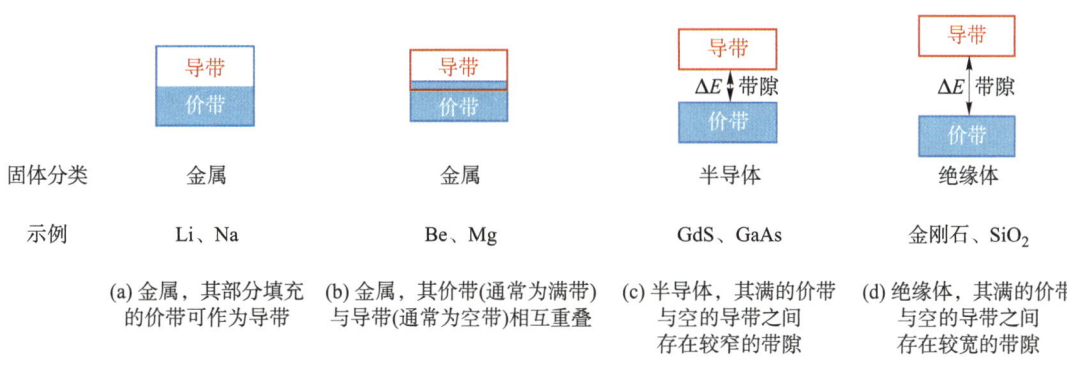

图 3.29 能带理论对固体的分类

3.6 配合物结构与性质
(Structure and Properties of Coordination Compounds)

如果形成共价键的一对电子均由同一原子贡献,形成的键称为配位共价键,简称**配位键**(coordination bond),有时用从电子对给体到受体的箭头(→)表示。含有配位键的化合物称为配位化合物,简称**配合物**(coordination compound),也称络合物。本节主要介绍配合物的基本概念、结构、成键、性质及应用。

配合物的概念与结构

19 世纪实验发现,当等量 $CoCl_3$(aq)与不同量 NH_3(aq)混合时,可以生成不同颜色的化合物。例如,$CoCl_3$(aq)与 NH_3(aq)以物质的量之比 1∶6 混合时,会生成黄色化合物(化学式为 $CoCl_3 \cdot 6NH_3$),而以物质的量之比 1∶5 混合时,则会生成紫红色化合物(化学式为 $CoCl_3 \cdot 5NH_3$)。在两种生成物中分别加入过量 $AgNO_3$(aq),1 mol $CoCl_3 \cdot 6NH_3$ 可生成 3 mol AgCl 沉淀,而 1 mol $CoCl_3 \cdot 5NH_3$ 仅生成 2 mol AgCl 沉淀。这意味着 1 mol $CoCl_3 \cdot 6NH_3$ 和 $CoCl_3 \cdot 5NH_3$ 可分别电离出 3 mol 和 2 mol Cl^-。这些实验现象令当时的科学家们感到困惑,他们无法理解的主要问题有:

1) $CoCl_3(aq)$ 和 $NH_3(aq)$ 均能单独稳定存在,为什么二者还能进一步结合形成其他的稳定化合物?
2) $CoCl_3 \cdot 5NH_3$ 中 3 个 Cl 的地位明显不同,应如何解释这种差异?

1893 年瑞士化学家维尔纳(Alfred Werner)提出**维尔纳理论**(Werner's theory),解答了上述问题,并因此获得 1913 年诺贝尔化学奖。维尔纳理论阐明了配合物的结构,是配位化学的基础。其要点在于:一些原子具有两重价态,第一价态是该原子形成中心离子时所失去的电子数;第二价态是中心离子与周围一些分子或离子发生配位时所形成的配位键数。其中的中心离子称为**配位中心**(coordination center),通常为金属;与配位中心发生配位的分子或离子称为**配位体**,简称**配体**(ligand)。

注:维尔纳理论中心离子的第一价态即其氧化态,第二价态即其配位数。

例如,$CoCl_3 \cdot 6NH_3$ 应写为 $[Co(NH_3)_6]Cl_3$,其中 Co 原子失去 3 个电子形成配位中心 Co(Ⅲ),中心离子的第一价态为 3。Co(Ⅲ)与周围 NH_3 配体形成 6 个配位键,其中含有孤电子对的 N 是给体,具有空 d 轨道的 Co(Ⅲ)是受体,中心离子的第二价态为 6。3 个 Cl^- 作为抗衡离子,使得整个配合物呈电中性。3 个 Cl^- 均可自由电离,因此 1 mol $[Co(NH_3)_6]Cl_3$ 与过量 $AgNO_3$ 可生成 3 mol AgCl 沉淀。同理,$CoCl_3 \cdot 5NH_3$ 应写为 $[CoCl(NH_3)_5]Cl_2$,Co 的第一和第二价态也分别为 3 和 6,其中 6 个配体包含 5 个 NH_3 和 1 个 Cl^-,其他 2 个 Cl^- 则是抗衡离子。作为配体的 Cl^- 通过配位键与 Co 键合,在水溶液中不能自由电离,而作为抗衡离子的 2 个 Cl^- 则可自由电离。因此,前述反应的方程式可写为

$$CoCl_3 + 6NH_3 \longrightarrow [Co(NH_3)_6]Cl_3$$
$$[Co(NH_3)_6]Cl_3 + 3AgNO_3 \longrightarrow [Co(NH_3)_6](NO_3)_3 + 3AgCl \downarrow$$
$$CoCl_3 + 5NH_3 \longrightarrow [CoCl(NH_3)_5]Cl_2$$
$$[CoCl(NH_3)_5]Cl_2 + 2AgNO_3 \longrightarrow [CoCl(NH_3)_5](NO_3)_2 + 2AgCl \downarrow$$

根据上述配合物结构可知,1 mol $[Co(NH_3)_6]Cl_3$ 可电离 4 mol 离子,而 1 mol $[CoCl(NH_3)_5]Cl_2$ 仅电离 3 mol 离子,因此 $[Co(NH_3)_6]Cl_3$ 的导电性优于 $[CoCl(NH_3)_5]Cl_2$;这与导电性实验数据一致。实验结果还表明,$[CoCl_2(NH_3)_4]Cl$ 的导电性更差,而 $[CoCl_3(NH_3)_3]$ 不能导电,同样符合维尔纳理论的预测。

由配位中心与若干配体通过配位键相连接而形成的结构单元,称为**配位单元**(complex)。配体中提供电子对与配位中心形成配位键的原子,称为**配位原子**(coordiantion atom)。配合物即为含有配位单元的化合物,是电中性的。通常配位原子含有孤电子对,是电子对给体;配位中心具有空轨道,是电子对受体。配位单元可以是阳离子、阴离子(统称配离子)或中性分子(称为配分子)。例如,$[CoCl(NH_3)_5]^{2+}$、$[CoCl_5(NH_3)]^{2-}$、$[CoCl_3(NH_3)_3]$ 和 $[Co(NH_3)_6]Cl_3$ 分别是配阳离子、配阴离子、配分子和配合物。书写时通常将配位单元置于方括号内,也称内界;方括号之外称为外界。在溶液中,内外界之间可自由电离;一定条件下,配位单元也可发生解离(详见 6.6 节)。图 3.30 以 $K_4[Fe(CN)_6]$ 为例,给出了配合物结构的各种相关概念。

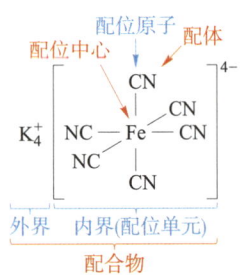

图 3.30 与配合物结构相关的各种概念

配位中心周围的配位原子数,称为**配位数**(coordination number),一般在 2 到 12 之间,6 是最常见的配位数,其次是 4。一般而言,具有高电荷和大半径的配位

中心，倾向于形成高配位数的配位单元。例如，大于 6 的配位数在第一过渡系元素中不常见，但在第二和第三过渡系元素中更为常见；配位数 2 主要限于Cu(Ⅰ)、Ag(Ⅰ)和Au(Ⅰ)。具有高电荷和大半径的配体，则倾向于形成低配位数的配位单元。表 3.3 列出了一些金属离子的常见配位数。4 种最常见的配位单元构型为直线形、四面体形、平面正方形和八面体形，对应配位数分别为 2、4、4 和 6。

表 3.3 一些配位中心的常见配位数（罗马数字:氧化态;阿拉伯数字:配位数）

最高配位数	周期数																	
2	1	H Ⅰ 2																
4	2	Li Ⅰ 4	Be Ⅱ 4									B Ⅲ 4	C Ⅳ 4	N	O	F		
	3	Na Ⅰ 6	Mg Ⅱ 4,6									Al Ⅲ 4,6	Si Ⅳ 6	P Ⅴ 6	S	Cl		
6	4	K Ⅰ 6,8	Ca Ⅱ 6,8	Sc Ⅲ 6	Ti Ⅳ 6	V Ⅲ 6 Ⅳ 5,6	Cr Ⅱ 6 Ⅲ 6	Mn Ⅰ 6 Ⅱ 4,6 Ⅲ 6	Fe Ⅱ 4,6 Ⅲ 4,6	Co Ⅱ 4,6 Ⅲ 6	Ni 0 4 Ⅰ 4,6 Ⅱ 6	Cu Ⅰ 2,3 Ⅱ 4,6	Zn Ⅱ 4,6	Ga Ⅲ 4,6	Ge Ⅳ 6	As Ⅲ 4 Ⅴ 6	Se	Br
	5	Rb Ⅰ 8	Sr Ⅱ 6,8	Y Ⅲ 6	Zr Ⅳ 6,8	Nb Ⅲ 6 Ⅳ 6,8 Ⅴ 6~8	Mo Ⅲ 6 Ⅳ 6,8 Ⅴ 8	Tc	Ru Ⅱ 6 Ⅲ 6	Rh Ⅲ 6	Pd Ⅱ 4,6 Ⅳ 6	Ag Ⅰ 2,3 Ⅱ 4	Cd Ⅱ 4,6	In Ⅲ 4,6	Sn Ⅱ 4 Ⅳ 6	Sb Ⅲ 6 Ⅴ 6	Te	I
8	6	Cs Ⅰ 8	Ba Ⅱ 6,8	La	Hf Ⅳ 6,8	Ta Ⅴ 6~8	W Ⅴ 6,8	Re Ⅳ 4,6	Os Ⅲ 6	Ir Ⅲ 6	Pt Ⅱ 4,6 Ⅳ 6	Au Ⅰ 2,3 Ⅲ 4	Hg Ⅱ 4,6	Tl Ⅰ 2,4	Pb Ⅱ 4 Ⅳ 6	Bi Ⅲ 4~6 Ⅴ 6	Po	At

所有含孤电子对的阴离子和分子均可作为配体。例如，卤离子和类卤离子是重要的阴离子配体，NH_3、CO 和 H_2O 是常见的中性配体。一些有机物种（如吡啶和甲胺）也是常见的配体。仅通过一个配位原子与配位中心结合的配体，称为**单齿配体**（monodentate ligand），表 3.4 列出了一些常见的单齿配体。一些配体中存在多个潜在的配位原子，但由于这些原子相互邻接，因此只有其中一个可以与配位中心结合，这类配体称为**两可配体**（ambidentate ligand）。例如，配体 NO_2^- 中 N 原子和 O 原子均含有孤电子对，都可用作配位原子；然而这两个原子相互邻接，不能同时与配位中心配位，否则将形成具有极高张力的三元环。因此 NO_2^- 是单齿配体，也是两可配体，需要指明其中的配位原子。如果配位原子为 N，命名为硝基（nitrito-N-）并写作 NO_2^-；如果配位原子为 O，则命名为亚硝酸根（nitrito-O-）并写作 ONO^-。

含有多个可同时与配位中心结合的配位原子的配体，称为**多齿配体**（polydentate ligand）。例如，乙二胺（en）分子的 2 个 N 原子可提供 2 个孤电子对，并同时与配位中心相连，因此 en 是**双齿配体**（bidentate ligand）。当 en 与配位中心结合时，可形成一个五元环，如图 3.31 所示。多齿配体与配位中心结合成环的配合物，称为**螯合物**（chelate）。螯合物一般形成五元环或六元环，相对而言环张力较小，更为稳定。表 3.5 列出了一些常见的多齿配体。

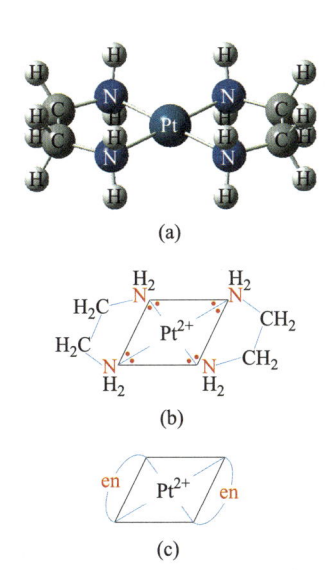

图 3.31 螯合物 $[Pt(en)_2]^{2+}$ 的三种表示法

表 3.4 常见单齿配体

中性分子配体		阴离子配体			
化学式	中英文名称	化学式	中英文名称	化学式	中英文名称
H_2O	水（aqua）	F^-	氟（fluoro）	SO_4^{2-}	硫酸根（sulfato）
NH_3	氨（ammine）	Cl^-	氯（chloro）	$S_2O_3^{2-}$	硫代硫酸根（thiosulfato）
CO	羰基（carbonyl）	Br^-	溴（bromo）	NO_2^-	硝基（nitrito-N-）
NO	亚硝酰基（nitrosyl）	I^-	碘（iodo）	ONO^-	亚硝酸根（nitrito-O-）
CH_3NH_2	甲胺（methylamine）	OH^-	羟基（hydroxo）	SCN^-	硫氰酸根（thiocyanato-S-）
C_5H_5N	吡啶（pyridine, py）	CN^-	氰（cyano）	NCS^-	异硫氰酸根（thiocyanato-N-）

表 3.5 常见多齿配体

缩写	中英文名称	配位键数	化学式
en	乙二胺（ethylenediamine）	2	$H_2N-CH_2-CH_2-NH_2$
phen	1,10-邻菲咯啉（o-phenanthroline）	2	（邻菲咯啉结构式）
ox^{2-}	草酸根（oxalate）	2	（草酸根结构式）
$EDTA^{4-}$	乙二胺四乙酸根（ethylenediaminetetraacetato）	6	（EDTA 结构式）

配合物的命名

配合物的组成和结构较为复杂，需按统一的规则命名。配合物的**系统命名法**（nomenclature）最早源自维尔纳，已经历多次修改。1980 年中国化学会无机专业委员会制定了《无机化学命名原则》，其中与配合物系统命名法相关的原则简介如下：

1) 命名配合物时，阴离子名称在前、阳离子名称在后，与无机盐命名规则相同。阴离子为简单离子时，在阴、阳离子之间加"化"字；阴离子为含氧酸根或配阴离子时，在阴、阳离子之间加"酸"字。

2) 命名配位单元时，配体名称在前、配位中心名称在后，在配体与配位中心之间加"合"字。配体前用二、三、四等表示该配体的个数，没有数字则表示该配体仅一个。几种不同的配体之间用"·"隔开。配位中心后加圆括号，内写罗马数字代表配位中心的氧化态。

3) 配位单元含有两种及以上配体时，配体列出的顺序为：无机配体在前、有机配体在后；阴离子配体在前、阳离子和中性分子配体在后；同类配体按照配位原子元素符号的英文字母顺序排列；同类配体的配位原子也相同时，将含较少原子数的配体排列在前；同类配体的配位原子和所含原子数均相同时，按照结构式中与配位原子相连的原子元素符号的英文字母顺序排列。

按照上述配合物的系统命名法,列举一些配合物的名称如下:

[CoCl$_4$(NH$_3$)$_2$]$^-$ 四氯·二氨合钴(Ⅲ)离子

[PtCl(NO$_2$)(en)$_2$]$^{2+}$ 氯·硝基·二(乙二胺)合铂(Ⅳ)离子

[Cr(NH$_3$)$_5$H$_2$O]Cl$_3$ 三氯化五氨·水合铬(Ⅲ)

H$_2$[PtCl$_6$]   六氯合铂(Ⅳ)酸

[Pt(py)$_4$][PtCl$_4$]   四氯合铂(Ⅱ)酸四(吡啶)合铂(Ⅱ)

[PtNH$_2$NO$_2$NH$_3$NH$_2$OH]   氨基·硝基·氨·羟氨合铂(Ⅱ)

K$_3$[Fe(CN)$_6$]   六氰合铁(Ⅲ)酸钾(俗称铁氰化钾或赤血盐)

K$_4$[Fe(CN)$_6$]   六氰合铁(Ⅱ)酸钾(俗称亚铁氰化钾或黄血盐)

晶体场理论

20 世纪 30 年代贝特(Hans A. Bethe)和范弗莱克(John H. van Vleck)提出**晶体场理论**(crystal field theory,CFT),用于解释配合物的成键、结构和性质。晶体场理论认为,配位键的本质是配体与配位中心之间的静电相互作用,包括配体的孤电子对与配位中心的原子核之间的吸引力,以及配体的孤电子对与配位中心的电子之间的排斥力。

晶体场理论的要点在于:在周围配体所产生的静电晶体场作用下,配位中心原本简并的轨道能级(通常是 d 或 f 轨道能级)将会发生分裂。以 d 轨道为例,在形成配位键之前,配位中心原子或离子中 5 个 d 轨道能量简并,但空间取向各不相同。将配体的孤电子对视为点电荷,当配体逐渐接近配位中心时,配体电子与配位中心不同空间取向的 d 轨道之间距离不同,将产生不同程度的排斥力,导致 d 轨道能级发生不同程度地升高。其中距离配体较近的 d 轨道能量升高的程度较大,而距离配体较远的 d 轨道能量升高的程度较小,打破了 d 轨道原本的五重简并。同时,配体电子与配位中心原子核之间的吸引力,使得 5 个 d 轨道总能量同等程度地降低,从而导致了配合物的稳定成键。

1. 八面体场

在八面体形配合物中,6 个配体分别沿 x、y 和 z 轴方向接近配位中心。波瓣位于这些方向的 d_{z^2} 和 $d_{x^2-y^2}$ 轨道,比波瓣避开这些方向的其他 3 个 d 轨道能量升高的程度更大(图 3.32)。计算表明,d 轨道原本的五重简并分裂成两组:一组为两重简并的 d_{z^2} 和 $d_{x^2-y^2}$,另一组为三重简并的 d_{xy}、d_{xz} 和 d_{yz}。这两组轨道之间的能量差称为**晶体场分裂能**(crystal field splitting),记为 Δ_o,其中下标 o 代表八面体场(图 3.33)。为使总能量守恒,不难计算出 d_{z^2} 和 $d_{x^2-y^2}$ 组能量比 d 轨道平均能量高 $0.6\Delta_o$,而 d_{xy}、d_{xz} 和 d_{yz} 组能量比平均能量低 $0.4\Delta_o$。

图 3.33 配位中心简并 d 轨道在配体八面体场中的能级分裂情况

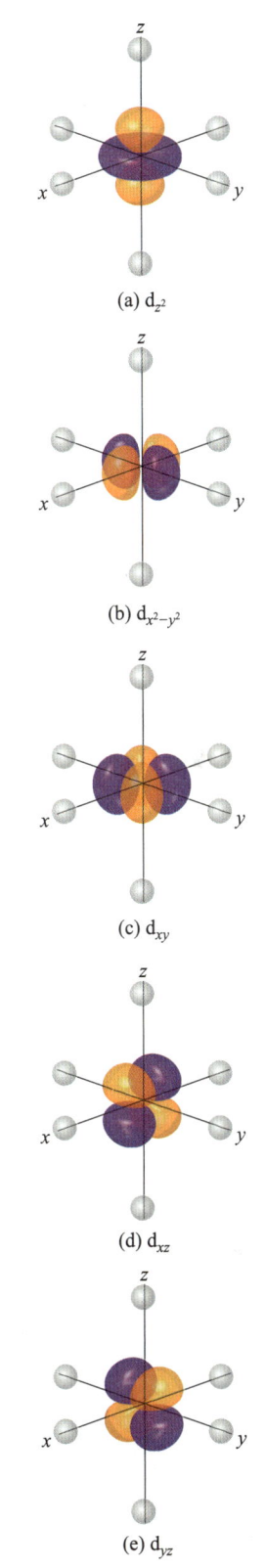

(a) d_{z^2}

(b) $d_{x^2-y^2}$

(c) d_{xy}

(d) d_{xz}

(e) d_{yz}

图 3.32 八面体形配合物中,六个沿 x、y 和 z 轴方向靠近的配体与配位中心 d 轨道之间的相互作用

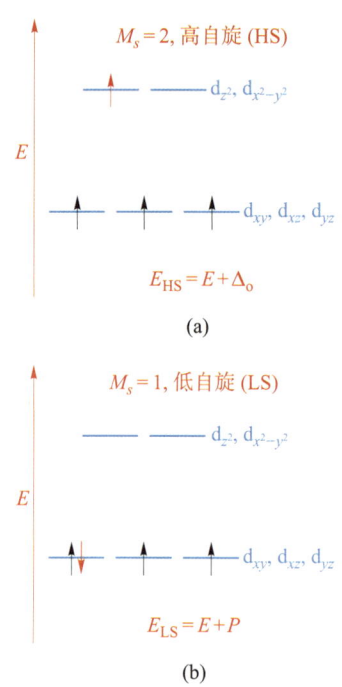

图 3.34 具有 d^4 组态的 (a) 高自旋和 (b) 低自旋配合物

注：PPh_3、phen、bpy、en 和 py 分别代表三苯基膦、邻菲咯啉、2,2'-联吡啶、乙二胺和吡啶。

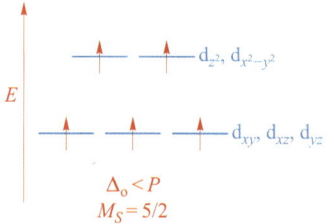

(a) 弱场（$\Delta_o < P$）高自旋配位单元 $[FeF_6]^{3-}$

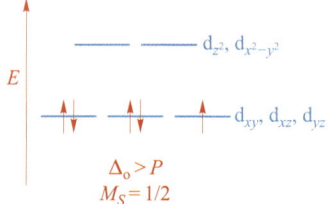

(b) 强场（$\Delta_o > P$）低自旋配位单元 $[Fe(CN)_6]^{3-}$

图 3.35 高自旋与低自旋举例

配合物的基态电子组态同样遵循泡利不相容原理、能量最低原理和洪德定则。以 d^4 组态的 Cr^{2+} 为例，根据洪德定则，前三个 d 电子以自旋平行的方式分占三重简并的 d_{xy}、d_{xz} 和 d_{yz} 轨道。第四个电子则存在两种可能：占据 d_{z^2} 和 $d_{x^2-y^2}$ 轨道中的任一个（图 3.34a）或与前三个电子的任一个配对（图 3.34b）。前一种组态的额外能量即为 Δ_o；在后一种组态中，迫使另一个电子进入已被电子占据的轨道所需的额外能量，称为**电子成对能**（pairing energy，P）。第四个电子究竟采取哪一种组态，取决于 Δ_o 和 P 值的相对大小。P 值通常在 $20000 \sim 30000$ cm^{-1} 范围内，即 $2.5 \sim 3.7$ eV。如果 $\Delta_o < P$，此晶体场称为**弱场**（weak field），第四个电子占据较高能级时更为稳定。多电子原子的总电子自旋量子数记为 M_S，是其所有电子 m_s 值之和。由于同一轨道上具有相反自旋的一对电子总自旋必为 0，多电子原子的 M_S 值可通过所有未成对电子 m_s 值之和来计算。弱场中 Cr(Ⅱ) 含 4 个未成对电子，$M_S = 4 \times 1/2 = 2$，对应于 M_S 值最高的组态，称为**高自旋**（high spin, HS）。如果 $\Delta_o > P$，此晶体场称为**强场**（strong field），第四个电子与较低能级的电子成对时能量更低，此时 $M_S = 2 \times 1/2 = 1$，对应于 M_S 值最低（满足洪德定则前提下）的组态，称为**低自旋**（low spin, LS）。因此，强场通常产生低自旋配合物，而弱场通常对应于高自旋配合物。

一个晶体场究竟是强场还是弱场，与该配合物的配体和配位中心均有关。基于配合物吸收光谱实验数据，按照晶体场分裂能的大小顺序进行排列的序列，称为**光谱化学序列**（spectrochemical series）。配位中心的光谱化学序列通常为

（强场、大 Δ_o 值、低自旋）$Pt^{4+} > Ir^{3+} > Pd^{4+} > Ru^{3+} > Rh^{3+} > Mo^{3+} > Co^{3+} > Fe^{3+} > V^{2+} > Fe^{2+} > Co^{2+} > Ni^{2+} > Mn^{2+}$（弱场、小 Δ_o 值、高自旋）

配体的光谱化学序列通常为

（强场、大 Δ_o 值、低自旋）$CO > CN^- > PPh_3 > NO_2^- > phen > bpy > en > NH_3 > py > CH_3CN > NCS^- > H_2O > O^{2-} > C_2O_4^{2-} > OH^- > F^- > N_3^- > ONO^- > Cl^- > SCN^- > S^{2-} > Br^- > I^-$（弱场、小 Δ_o 值、高自旋）

其中 H_2O 通常作为强场配体和弱场配体的分界线。

以 $[FeF_6]^{3-}$ 和 $[Fe(CN)_6]^{3-}$ 为例，吸收光谱实验数据表明，$\Delta_o([FeF_6]^{3-}) = 13700$ cm$^{-1} < P$，$\Delta_o([Fe(CN)_6]^{3-}) = 34250$ cm$^{-1} > P$，与配体光谱化学序列中 F^- 是弱场配体而 CN^- 是强场配体一致。因此，$[FeF_6]^{3-}$ 为高自旋配位单元，5 个未成对电子分占 5 个 d 轨道（$M_S = 5/2$，图 3.35a）。$[Fe(CN)_6]^{3-}$ 为低自旋配位单元，3 个较低能级中分别排布 2 对电子和 1 个未成对电子（$M_S = 1/2$，图 3.35b）。

若配体所产生的静电场为球形对称，则 d 轨道仍保持原本的五重简并，称为球形场，通常将其设为能量的参考零点。将电子排布到发生分裂的晶体场中的总能量（E_o）通常不高于将电子排布到球形场中的总能量（E_d），二者之差的绝对值称为**晶体场稳定化能**（crystal field stabilization energy, CFSE）。晶体场稳定化能的存在，解释了形成配合物的稳定性。对于 $[FeF_6]^{3-}$：

$$\text{CFSE} = |E_o - E_d| = |2 \times 0.6\Delta_o - 3 \times 0.4\Delta_o - 0| = 0$$

对于$[Fe(CN)_6]^{3-}$：

$$CFSE = |E_o - E_d| = |-5 \times 0.4\Delta_o + 2P - 0| = |2P - 2\Delta_o|$$

2. 四面体场

在四面体形配合物中，4个配体接近配位中心的方向均避开了坐标轴正对的方向（图3.36）。四面体场（图3.37）与八面体场的差别主要表现在以下两个方面：

1) d轨道原本的五重简并分裂成两组：一组为两重简并的、比平均能量低$0.6\Delta_t$的d_{z^2}和$d_{x^2-y^2}$，另一组为三重简并的、比平均能量高$0.4\Delta_t$的d_{xy}、d_{xz}和d_{yz}，其中Δ_t为四面体场分裂能。

2) 当配位中心和配体均相同时，Δ_t与Δ_o的关系为：$\Delta_t = 0.44\Delta_o$。一般情况下$\Delta_t < P$均成立，几乎所有四面体形配合物均为高自旋。

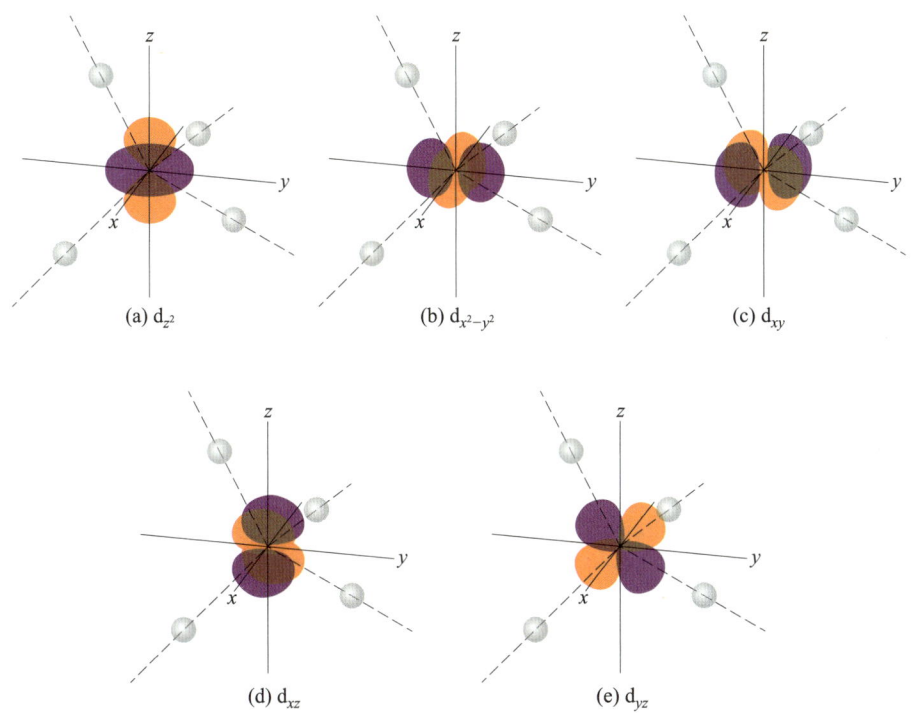

图3.36 四面体形配合物中，四个沿避开x、y和z轴方向靠近的配体与配位中心d轨道之间的相互作用

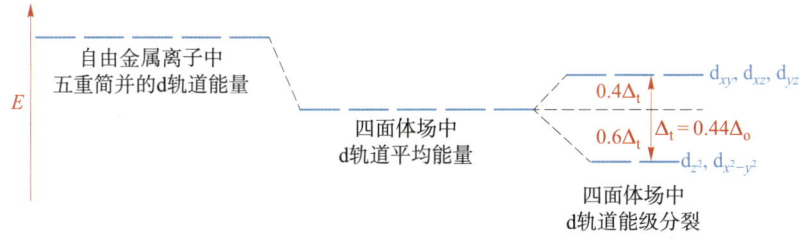

图3.37 配位中心简并d轨道在配体四面体场中的能级分裂情况

3. 平面正方形场

在平面正方形配合物中，4个配体分别沿 x 轴和 y 轴方向接近配位中心。因此波瓣正对 x 轴和 y 轴的 $d_{x^2-y^2}$ 和 d_{xy} 被提升至更高能量，但二者的能量差保持不变，仍等于 Δ_o。由于 z 轴方向没有配体接近，d_{z^2} 的能量显著低于 $d_{x^2-y^2}$，同理 d_{xz} 和 d_{yz} 的能量（保持简并）也远低于 d_{xy}。平面正方形场分裂能记为 Δ_{sp}，是该晶体场中最大的能量差，即 $d_{x^2-y^2}$ 与 d_{xz}（或 d_{yz}）之间的能量差（图3.38）。计算表明 $\Delta_{sp} = 1.74\Delta_o$，其中 Δ_o 是配位中心和配体均相同的八面体场分裂能。

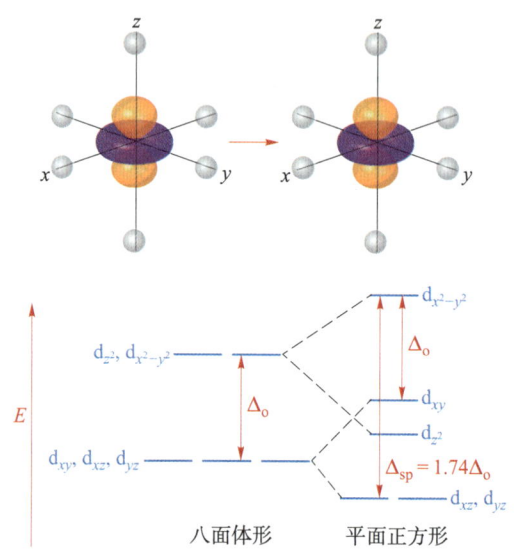

图 3.38　平面正方形场与八面体场分裂能对比图

晶体场理论仅考虑了配位中心与配体之间的静电相互作用，并简单地将配体视为点电荷，虽然能较好地解释配位中心的光谱化学序列，却不能解释配体的光谱化学序列。顺磁共振波谱和核磁共振波谱等实验方法证明，配位中心的轨道与配体轨道之间存在重叠，这表明配位中心与配体之间的成键具有一定程度的共价成分。将晶体场理论与分子轨道理论相结合，发展了**配位场理论**（ligand field theory，LFT），聚焦于配位中心 d 或 f 轨道与配体价层轨道之间的重叠。配位场理论不仅可以解释配体的光谱化学序列，更为理解配合物能级分裂的起源提供了更为实质性的框架，将在后续专业课程中介绍。

配合物的性质（B）

配合物具有独特的光学和磁学性质，这些性质均与其电子结构密切相关。

1. 光学性质

物质的光学性质是指与通过该物质的光（或电磁辐射）相关的各种性质，如吸收、散射、折射、色散和偏振等。本节的重点在于通过吸收光谱解释配合物的颜色。当白光照射一个自身不发光的物质时，如果所有可见光均被透射，则该物质呈无色透明；如果所有可见光均被反射则显白色；如果全部被吸收则显黑色。如果只有一部分可见光被物质吸收，剩余的光将被透射（对于透明物质）或反射（对于不透明物质），则该物质会呈现出吸收光的互补色。各种颜色的互补关系如图3.39所示。如果物质在可见光区没有吸收，则所有可见光均会被透射或反射。

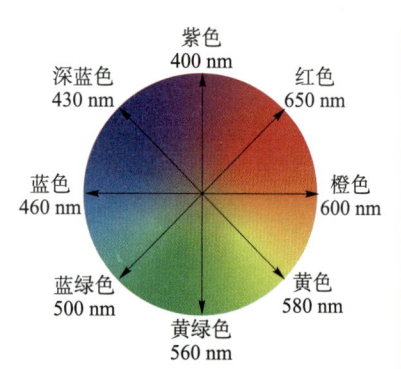

图 3.39　颜色的互补关系图

当光子能量与物质的电子能级差相匹配时,会发生光子的吸收。物质吸收光子后,电子会在相应能级之间进行跃迁。对配合物而言,这些电子跃迁通常发生在分裂的 d 能级之间,称为 **d-d 跃迁**(d-d transition)。例如,$[Ti(H_2O)_6]^{3+}$ 中 Ti(Ⅲ) 的价电子组态为 $3d^1$,$\Delta_o = 19500\ cm^{-1}$,对应于 $\lambda = 510\ nm$ 的绿光能量(图 3.40a)。当一束白光照射到 $[Ti(H_2O)_6]^{3+}$ 溶液时,其中的绿光被吸收,剩余的光被透射,因此 $[Ti(H_2O)_6]^{3+}$ 溶液呈现出绿色的互补色——红紫色。

吸光度(absorbance, A)是单色光通过物质时被吸收比例的量度,可通过比尔定律(Beer's law)计算如下:

$$A = -\lg T = -\lg \frac{I}{I_0} = \lg \frac{I_0}{I} \tag{3.7}$$

其中 T 称为**透光率**(transmittance),是被物质吸收之后的光强度(I)与吸收前的光强度(I_0)之比。物质的吸光度与波长相关,**吸收光谱**(absorption spectrum)是吸光度对波长或波数的函数关系图。$[Ti(H_2O)_6]^{3+}(aq)$ 的吸收光谱如图 3.40b 所示。

满轨道组态的离子具有较大的 HOMO–LUMO 跃迁能,通常高于可见光的能量,白光通过时不被吸收。这些离子,如碱金属和碱土金属离子、卤素离子、Ag^+、Zn^{2+}、Al^{3+}、Bi^{3+} 和 Ti^{4+} 等,在溶液中通常呈无色。

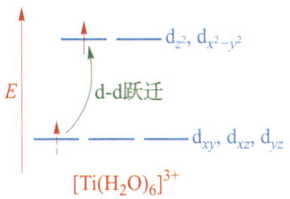

(a) Ti(Ⅲ)价电子组态及其对应于绿光能量范围的电子跃迁

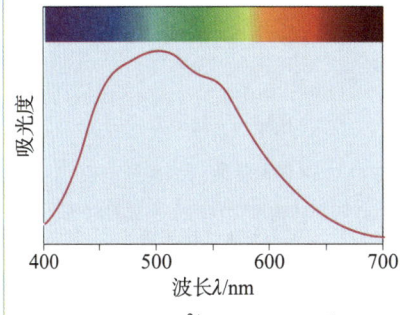

(b) $[Ti(H_2O)_6]^{3+}(aq)$ 的吸收光谱,最大吸光度位于 $\lambda = 510\ nm$

图 3.40 $[Ti(H_2O)_6]^{3+}(aq)$ 的颜色

注:关于稀土配合物的结构与发光性质详见案例 3.1。

2. 磁学性质

置于外磁场中的材料会被磁化而产生感应磁场,其磁性与原子或分子中的未成对电子数密切相关。材料磁性的主要类型有:

1)**顺磁性**(paramagnetism):这是在含未成对电子的材料中所观察到的一般磁性。未成对电子具有固有磁矩,当置于外磁场时就像小磁针一样,将顺着外磁场的方向排布,从而增强磁场强度。未成对电子数越多,磁场的增强就越大。对于第一过渡系金属,未成对电子数 n 与磁矩 μ 的关系为

$$\mu = \sqrt{n(n+2)}\,\mu_B \tag{3.8}$$

其中 $\mu_B = 9.274 \times 10^{-24}\ J \cdot T^{-1}$ 称为玻尔磁子,是单个自由电子产生的磁矩,通常用作原子磁矩的基本单位。

2)**抗磁性**(diamagnetism,也称反磁性):当置于外磁场时,所有材料均会产生与外磁场方向相反的感应磁场,从而具有被外磁场排斥的趋势。泡利不相容原理要求成对电子的固有磁矩方向必须相反,因此相互抵消,表现出抗磁行为。尽管成对电子在所有材料中普遍存在,但只有在没有未成对电子的纯抗磁性材料中,才能观察到抗磁行为。这是因为单个电子的顺磁性远超成对电子的抗磁性,材料中一旦存在未成对电子,则顺磁行为将占主导。

3)**铁磁性**(ferromagnetism):这是在含铁、钴和镍的材料中所发现的一种特殊磁性。在固态铁磁性材料中,即使没有外磁场时,在称为**磁畴**(magnetic domain)的小区域内电子磁矩也具有平行排布的倾向。未磁化时磁畴取向随机,磁矩相互抵消,材料的净磁性为零。当置于外磁场时,磁化后的磁畴整齐排列,产生强的净磁矩。即使将材料从外磁场中移除后,磁畴的有序性仍得以保持,从

而产生永久磁性。当温度超过一个称为**居里温度**(Curie temperature)的临界点后,剧烈的热运动会使铁磁性材料转变为顺磁性。图3.41给出了顺磁性和铁磁性材料在有无外磁场下的比较。

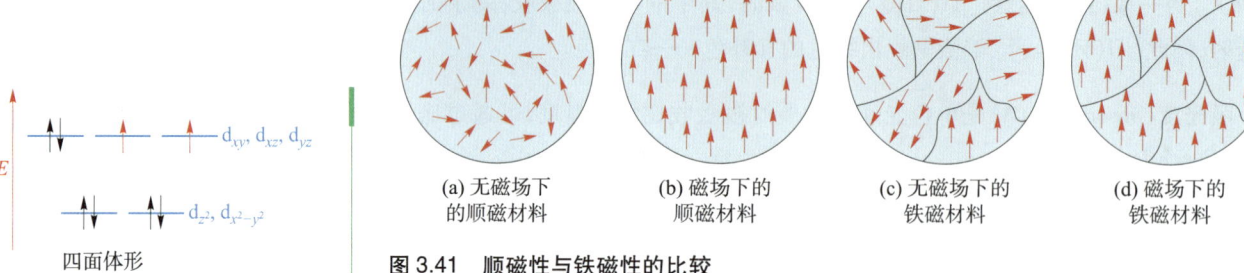

图3.41 顺磁性与铁磁性的比较

除以上三种常见的磁性外,一些材料还会表现出其他类型的磁性,如反铁磁性、亚铁磁性等,留待后续专业课程介绍。

>> **例 3.7** 实验测得$[Ni(CN)_4]^{2-}$呈抗磁性,试根据晶体场理论预测该配阴离子的几何构型。

>> **解**:当配位数为4时,可能的几何构型有四面体形和平面正方形。Ni原子的电子组态为$[Ar]3d^8 4s^2$,Ni(Ⅱ)的电子组态为$[Ar]3d^8$。由于呈抗磁性,中心离子Ni(Ⅱ)的所有8个3d电子必须成对。如果采用四面体构型,在2个较低的d能级中排布2对电子后,剩余的4个电子必须排布在3个较高的d能级中,则会出现2个未成对电子,如图3.42a所示。而在平面正方形构型中,可以在4个较低的d轨道中排布4对电子,并使最高的$d_{x^2-y^2}$轨道为空,如图3.42b所示。因此根据磁性的实验测量结果,配阴离子$[Ni(CN)_4]^{2-}$的几何构型应为平面正方形。

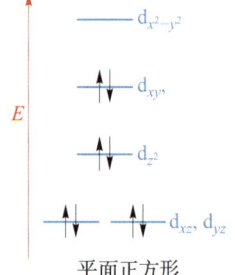

图3.42 基于晶体场理论由磁性预测$[Ni(CN)_4]^{2-}$的几何构型

(a) 四面体构型存在两个未成对电子,与抗磁性相矛盾

(b) 平面正方形构型所有电子均成对,符合抗磁性

配位化学的应用(C)

配位化学(coordination chemistry)是研究配合物的特征、成键、结构、性质、制备以及反应的无机化学分支。配位化学在化学分析、催化、生物医药等领域均有着广泛的应用,下面举例简要介绍。

1. 顺铂

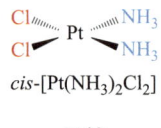

cis-[Pt(NH₃)₂Cl₂]

顺铂

trans-[Pt(NH₃)₂Cl₂]

反铂

顺铂是平面正方形配合物 cis-$[PtCl_2(NH_3)_2]$ 的俗名,结构如左图所示。1845年意大利化学家佩龙(Michele Peyrone)最早合成顺铂,1893年维尔纳阐明其结构。1965年罗森堡(Barnett Rosenberg)发现了顺铂的抗癌活性,并报道其反式异构体反铂无活性。1978年顺铂在美国获得医疗许可,1979年在英国和其他几个欧洲国家获得医疗许可,此后被广泛用于抗癌药物,一般通过静脉注射给药。

顺铂的抗癌活性主要通过干扰DNA的复制、从而杀死增殖最快的癌细胞来实现。顺铂一般通过扩散进入癌细胞,之后发生水合,其中一个Cl^-配体被H_2O配体取代。由于细胞内氯化物的浓度远低于细胞外液,细胞内有利于Cl^-的解离。cis-$[PtCl(NH_3)_2(H_2O)]^+$上的水分子很容易被DNA的N-杂环碱基取代,随后再

通过取代其他 Cl^- 发生交联,造成 DNA 损伤,破坏 DNA 功能,并抑制细胞有丝分裂。

反铂没有显示出同等疗效的药理作用,学界提出了两种机制来解释。一种是 Cl^- 配体的反式结构使反铂具有更高的化学反应性,导致其在到达顺铂能发挥药理作用的 DNA 之前就已经失活。另一种是反铂的立体构象使其无法大量形成顺铂所能形成的特征加合物。

顺铂有一定的毒性,用于治疗癌症时还存在许多副作用,如肾损伤、神经损伤、恶心呕吐、听力下降和电解质紊乱等。但顺铂联合化疗仍是许多癌症治疗的基石,迄今为止,已有数千种含铂化合物作为潜在的化疗药物被研究。目前,铂类抗癌药物的全球年销售额已超过 20 亿美元。

2. 卟啉与卟吩

卟啉(porphyrin,图 3.43a)是一类由四个吡咯类亚基的 α-碳原子通过次甲基桥($=CH-$)互联而成的大分子杂环化合物。如果所有 R 基团均为 H 原子,则称为**卟吩**(porphin,$C_{20}H_{14}N_4$,图 3.43b)。卟吩是最简单的卟啉,而卟啉是含有取代基的卟吩。

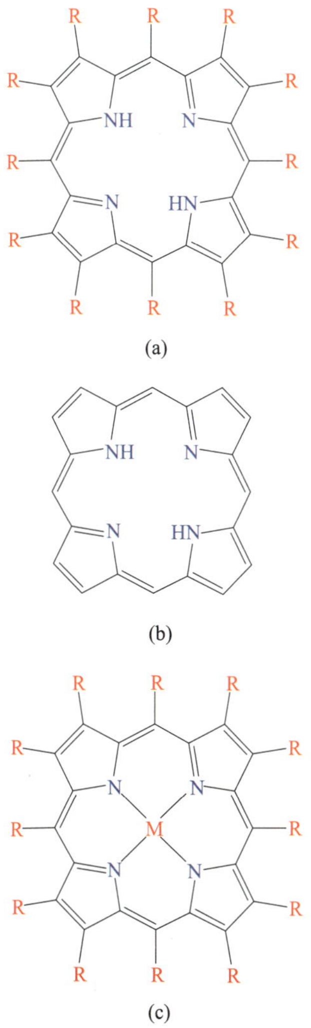

卟啉的内环有 18 个 π 电子,外环有 26 个 π 电子,均符合 $4n+2$ 规则,具有芳香性。卟啉的大共轭体系使其在可见光区存在强吸收。如果中心 N 上的两个 H 原子被去除,卟啉可作为四齿配体与金属离子发生配位,其中配位原子为四个 N,位于同一平面内。生成的配位单元称为**金属卟啉**(metal porphyrin,图 3.43c),常见于动植物体内。

血红素是一种八面体形铁卟啉配合物,是血红蛋白的前体,而血红蛋白是红细胞中的氧转运蛋白。血红素的配位中心为 $Fe(II)$ 离子,除了与平面四齿配体卟啉发生配位之外,还可与 1 或 2 个轴向配体配位。O_2 分子可作为轴向配体之一与 $Fe(II)$ 离子配位,二者之间配位键的强度适中。因此在富氧环境(如在肺或鳃)中,血红素可以与 O_2 结合;当被输送到缺氧环境(其他部位)后,可释放出 O_2,进行有氧呼吸,并通过新陈代谢提供能量。而 CO 与血红素中 $Fe(II)$ 离子的结合比 O_2 强得多,因此 CO 的毒性来源于其阻止了血红蛋白与 O_2 的结合。

叶绿素是在藻类和植物的叶绿体中发现的几种绿色色素之一,是一种镁卟啉配合物,可吸收太阳光并催化光合作用,将 CO_2 和 H_2O 合成为糖类,有

$$nCO_2 + nH_2O \xrightarrow[\text{叶绿素}]{\text{光照}} (CH_2O)_n + nO_2 \tag{3.9}$$

图 3.44a 给出了叶绿素 a 和 b 的结构,二者的不同之处在于,叶绿素 a 的 R 基团为甲基($-CH_3$)而叶绿素 b 的 R 基团为甲酰基($-CHO$),这种差异导致了吸收光谱的显著变化(图 3.44b)。可以看到,叶绿素 a 和 b 在可见光的红光和紫光区均存在强吸收峰,而红紫色正是绿色的互补色,这就是叶绿素之所以呈绿色的原因。

图 3.43 (a) 卟啉、(b) 卟吩与 (c) 金属卟啉的结构

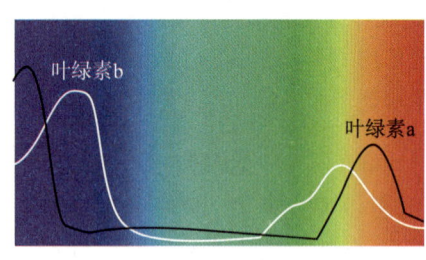

(a) 叶绿素a(R=CH₃)与叶绿素b(R=CHO)的结构

(b) 叶绿素a与叶绿素b的吸收光谱，二者在红光和紫光区均存在强吸收峰

图 3.44　叶绿素的结构及其吸收光谱

3.7　分子间作用力
(Intermolecular Forces)

前几节讨论的共价键、金属键和配位键均为化学键，是分子内部原子之间的作用力，属于**分子内作用力**（intramolecular forces）。除此之外，在分子与分子之间还存在一种比化学键弱得多的相互作用力，称为**分子间作用力**（intermolecular forces），包括范德华力和氢键等。**范德华力**（van der Waals force）命名自范德华（Johannes van der Waals），由色散力、取向力和诱导力组成。范德华力的来源是分子中各种偶极之间的相互作用。

三类偶极

3.2 节介绍了偶极和偶极矩的概念。在分子中存在以下三类偶极：

1) **永久偶极**（permanent dipole）：是极性分子由于正、负电荷中心不重合所产生的偶极。如未加说明，偶极通常特指永久偶极。只有极性分子具有永久偶极，非极性分子的永久偶极矩必为零。

2) **瞬时偶极**（instantaneous dipole）：由于分子中的电子在某一特定时刻的位移而引起的瞬时存在的偶极（图 3.45a）。电子在核外不断运动，所有分子（不论极性还是非极性分子）都会有一些纯偶然的瞬间，电子碰巧集中在分子中的一些区域，导致正、负电荷中心的瞬时分离，从而产生瞬时偶极。瞬时偶极的存在时间极短，且长时间的平均效应为 0，但在分子中会不断重复出现。

3) **诱导偶极**（induced dipole）：是在附近其他偶极的诱导下新形成的偶极。不论永久偶极还是瞬时偶极，均可能与附近另一个分子的电子发生相互作用，诱导该分子形成一个新的偶极。根据原偶极的类型，诱导偶极可分为永久偶极的诱导偶极和瞬时偶极的诱导偶极（图 3.45b）。

(a) 在某一瞬间电子的位移会产生瞬时偶极，其正、负电荷分别用δ+和δ-表示

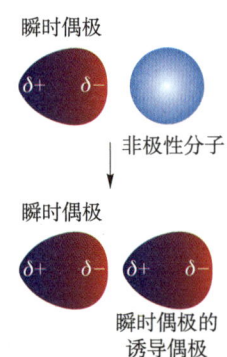

(b) 左侧分子的瞬时偶极诱导右侧分子发生电荷分离，产生了瞬时偶极的诱导偶极；在原瞬时偶极与其诱导偶极之间的吸引力即为色散力

图 3.45　瞬时偶极及其诱导偶极

色散力

色散力（dispersion force）是瞬时偶极与其诱导偶极之间的吸引力，又称伦敦力，基于 1928 年伦敦（Fritz London）对色散力的理论解释而得名。由于瞬时偶极

存在于所有分子中,且可能诱导其邻近分子产生诱导偶极,因此色散力普遍存在于所有分子(不论极性还是非极性分子)之间。色散力的能量范围为 0.05~40 kJ·mol^{-1},是绝大多数分子中范德华力最主要的组成部分。

色散力与分子的极化率正相关;**极化率**(polarizability,α)是一个衡量分子或原子的电子云易变形程度的物理量。在外电场的作用下,分子或原子的电子云会发生形变,产生诱导偶极。极化率即定义为产生的诱导偶极矩($\mu_{诱导}$)与外电场强度(E)的比值,即

$$\alpha = \frac{\mu_{诱导}}{E} \tag{3.10}$$

事实上,偶极矩 $\boldsymbol{\mu}$ 和电场强度 $\boldsymbol{E}$ 均为矢量,可分别用三维分量 μ_x、μ_y、μ_z 和 E_x、E_y、E_z 表示。为使 $\boldsymbol{\mu} = \alpha \boldsymbol{E}$,极化率 α 应为一个矩阵,即

$$\begin{pmatrix} \mu_x \\ \mu_y \\ \mu_z \end{pmatrix} = \begin{pmatrix} \alpha_{xx} & \alpha_{xy} & \alpha_{xz} \\ \alpha_{yx} & \alpha_{yy} & \alpha_{yz} \\ \alpha_{zx} & \alpha_{zy} & \alpha_{zz} \end{pmatrix} \begin{pmatrix} E_x \\ E_y \\ E_z \end{pmatrix} \tag{3.11}$$

分子的极化率与其电荷密度负相关,而电荷密度是该分子电子云的电荷与体积之比。体积较大、偶极电荷较小的分子通常电荷密度较小,电子云更为松散,极化率较大。一般而言,随着分子半径和分子量的增大,分子的极化率增加,色散力增大,由分子组成的物质的熔、沸点也相应升高。例如,卤素的熔、沸点均按 F_2、Cl_2、Br_2 和 I_2 的顺序升高;He 的沸点(4.22 K)远低于 Rn(211.5 K)。

色散力的大小也与分子的形状有关,分子量相同但分子形状不同的异构体溶、沸点均不同。一般而言,细长型的分子比紧凑对称型的分子更易极化,色散力更大,物质的熔、沸点均更高。例如,正戊烷的沸点(36.1 ℃、细长型)高于新戊烷(9.5 ℃、紧凑型)。

取向力

取向力(dipole-dipole interaction)也称偶极-偶极作用力,源于永久偶极之间的吸引或排斥作用。只有极性分子具有永久偶极,因此取向力只存在于极性分子之间。取向力使得极性分子倾向于以一个偶极的负极对准相邻偶极正极的形式排列(图 3.46),以降低体系的总势能。

取向力的能量范围为 5~25 kJ·mol^{-1}。除少数偶极矩极强的极性分子外,大多数分子的取向力对范德华力的总贡献小于色散力。对于分子量相当的物质,色散力大小相近,是否存在取向力则会导致其熔、沸点差异显著。例如,比较 N_2、O_2 和 NO 的沸点,由于 N_2 和 O_2 均为非极性分子,分子量较小的 N_2 沸点(77.34 K)低于 O_2(90.19 K)。若仅考虑色散力,NO 的沸点应介于 N_2 和 O_2 之间;加上额外存在的取向力,极性分子 NO 的沸点(121.39 K)高于 N_2 和 O_2。

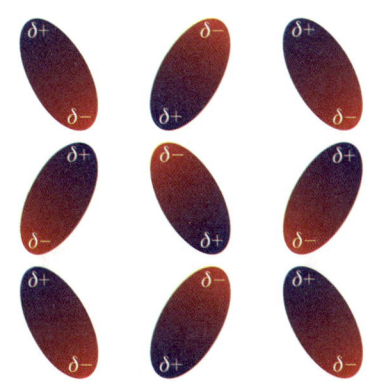

图 3.46 永久偶极之间的取向力使得极性分子通常按照一定取向排列

诱导力

诱导力(dipole-induced dipole interaction)也称偶极-诱导偶极作用力,源于永久偶极与其诱导偶极之间的吸引力。诱导力存在于极性分子之间或极性与非极

性分子之间。例如，HCl 和 Ar 之间存在诱导力；HCl 的永久偶极与其附近 Ar 的电子发生相互作用，使 Ar 靠近 HCl 的 H 原子的一端带部分负电荷，而远离的一端带部分正电荷，形成永久偶极的诱导偶极；诱导力即为 HCl 的永久偶极与 Ar 的诱导偶极之间的吸引力。诱导力和取向力均属于极性相互作用，因为二者的存在均需要具有永久偶极的极性分子。诱导力的强度通常弱于相应的取向力，能量范围为 $2 \sim 10 \text{ kJ·mol}^{-1}$。表 3.6 列出了一些常见分子的范德华力的能量分配情况。

表 3.6 一些常见分子的范德华力的能量分配情况

分子	分子量/u	偶极矩/D	范德华力对应能量/(kJ·mol^{-1})	色散力/%	取向力/%	诱导力/%	沸点/K
Ar	40.0	0	8.50	100.0	0.0	0.0	87.3
CO	28.0	0.110	8.75	99.9	0.03	0.09	81.6
HI	127.9	0.448	26.00	99.5	0.1	0.4	237.6
HBr	80.9	0.827	23.11	94.9	3.0	2.1	206.8
HCl	36.5	1.109	21.14	79.6	15.7	4.7	188.1
NH_3	17.0	1.471	29.60	50.2	44.6	5.2	239.8
H_2O	18.0	1.850	47.31	19.0	76.9	4.1	373.2

思考题：分子中各种偶极之间的相互作用为什么仅需考虑色散力、取向力和诱导力？例如，为什么无须考虑永久偶极与瞬时偶极之间的作用力？

注：范德华力与距离的六次方成反比，随着距离的增加而显著降低，是一种短程力。作为比较，库仑力被认为是相对长程的作用力，因为其与距离的平方成反比。

范德华力的主要特征总结如下：

1) 范德华力比正常化学键弱几个数量级。范德华力的能量范围一般在 $1 \sim 50 \text{ kJ·mol}^{-1}$，而共价键、离子键和金属键的能量范围一般分别为 $100 \sim 1000 \text{ kJ·mol}^{-1}$、$400 \sim 4000 \text{ kJ·mol}^{-1}$ 和 $100 \sim 1000 \text{ kJ·mol}^{-1}$。
2) 范德华力没有方向性和饱和性。范德华力的本质是分子偶极之间的静电相互作用，与离子键类似，但与共价键不同，因此没有方向性和饱和性。
3) 范德华力是一种短程力，因此仅需考虑最近邻粒子之间的相互作用，而不用考虑所有粒子。
4) 对于分子量差异较大的物质，色散力通常比取向力和诱导力更为重要（少数强极性分子除外）。对于分子量相当的物质，极性分子的范德华力通常大于非极性分子。
5) 取向力与温度成反比，色散力和诱导力受温度影响不大。

氢键

氢键（hydrogen bond）是与高电负性原子 X（如 F、O 或 N）以共价键相连的 H 原子，和另一高电负性原子或基团 Y 的孤电子对之间的静电吸引作用，可表示为 X—H⋯Y，其中的氢键用⋯表示。由于 X 原子的高电负性，当其与 H 原子形成共价键时，共用电子对强烈地偏向 X 原子，使得 H 原子几乎成为"裸露"的质子；而质子的半径特别小（约 30 pm），电荷密度相当大，可以与另一高电负性的原子或基团 Y 相互相吸引而形成氢键。氢键的能量取决于 X 和 Y 的几何形状、化学环境和性质，能量范围一般为 $10 \sim 40 \text{ kJ·mol}^{-1}$。因此氢键通常比范德华力稍强，但弱于正常的化学键。

氢键既可以发生在同一分子的不同部分之间，也可以发生在不同分子之间。前者称为分子内氢键（intramolecular hydrogen bond，图 3.47a），后者称为分子间氢键（intermolecular hydrogen bond，图 3.47b）。DNA 中腺嘌呤（A）与胸腺嘧啶（T）之间的配对（图 3.47c），也是分子间氢键的例子。

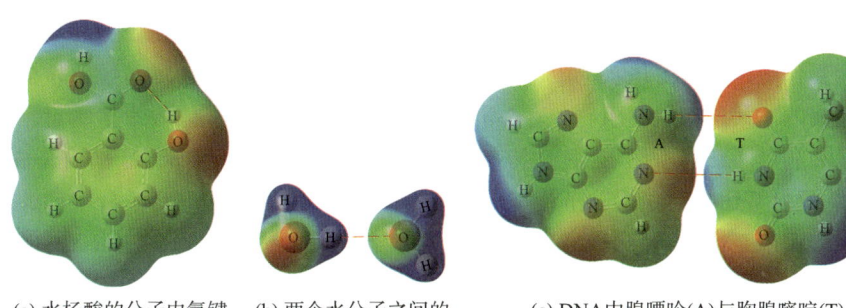

(a) 水杨酸的分子内氢键　　(b) 两个水分子之间的分子间氢键　　(c) DNA中腺嘌呤(A)与胸腺嘧啶(T)之间的分子间氢键

图 3.47　氢键示意图：红色虚线表示相应的氢键

氢键的存在使 F、O 和 N 的化合物具有许多反常的物理和化学性质。由于存在分子间氢键，HF、H_2O 和 NH_3 的沸点显著高于同族其他氢化物（图 3.48）；而作为对比，不存在氢键的 CH_4 在第 14 族元素氢化物中具有最低沸点。

氢键具有一定的方向性和饱和性，其中 H 的配位数多为 2，常见氢键键角接近 180°，但也存在相差较大的情况，特别是某些分子内氢键。关于氢键的本质，目前学界仍存有争议。近年来有实验和理论表明，某些超强氢键具有接近共价键的键长和键能，显示出一定的共价性。

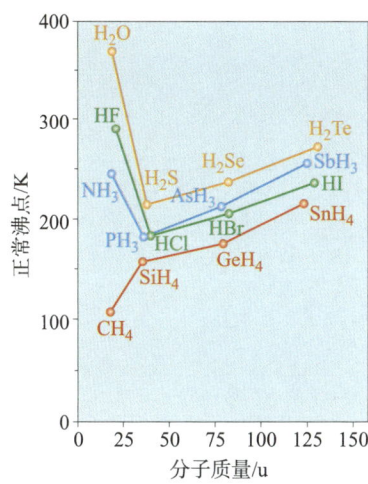

图 3.48　第 14、15、16、17 族元素氢化物沸点的比较

注：关于氢键结构的发展详见案例 3.2。

>> **例 3.8**　判断下列各组中同种或异种分子之间存在哪些形式的分子间作用力：
（1）H_2S；
（2）CH_4；
（3）Ne 与 H_2O；
（4）CH_3Br；
（5）NH_3；
（6）Br_2 与 CCl_4。

>> **解**：（1）H_2S 是极性分子，存在色散力、取向力和诱导力。
（2）CH_4 是非极性分子，仅存在色散力。
（3）非极性分子 Ne 与极性分子 H_2O 之间存在色散力和诱导力。
（4）CH_3Br 是极性分子，存在色散力、取向力和诱导力。
（5）NH_3 是极性分子，存在色散力、取向力和诱导力，同时还存在氢键作用力。
（6）Br_2 与 CCl_4 均为非极性分子，仅存在色散力。

其他分子间作用力

除了范德华力和氢键之外，还存在其他类型的分子间作用力，如离子-偶极作用力、离子-诱导偶极作用力以及 π-π 堆积作用、疏水相互作用、主客体相互作用等。离子-偶极作用力是离子与极性分子之间的静电相互作用；水溶液中离子的水合作用，即为离子-偶极相互作用的重要例子，这种相互作用对于水中各种离子（如 Cu^{2+}）的稳定性，具有极其重要的意义。离子-偶极作用力和离子-诱导偶极作用力的能量范围分别为 40~600 kJ·mol^{-1} 和 3~15 kJ·mol^{-1}，二者与偶极-偶极作用力和偶极-诱导偶极作用力类似但强度更高，因为离子所带的电荷通常大于偶极所带的部分电荷。

注：Cu^+ 的基态价电子组态为 $3d^{10}$，Cu^{2+} 的基态价电子组态为 $3d^9$，气态时前者比后者更稳定。但在水溶液中，正是因为存在离子-偶极相互作用，Cu^{2+}(aq) 反而比 Cu^+(aq) 更稳定。

π-π 堆积作用是一种发生在芳香环 π 键之间互相吸引的非共价相互作用。疏水相互作用是分子的疏水基团（通常为非极性基团）由于被水排斥而导致彼此靠近聚集的非共价相互作用。主客体相互作用是主体分子和客体分子在满足结构互补和能量匹配的条件下、形成具有特定功能复合物时的非共价相互作用；如环糊精、冠醚等通常为主体分子，填充其中的即为客体分子。研究基于分子间非共价相互作用而形成的分子聚集体的化学分支，称为**超分子化学**（supramolecular chemistry）；超分子化学的核心即为分子间的非共价相互作用。

3.8 晶体结构基本概念
(Basic Concepts in Crystal Structure)

前几节讨论了原子相互结合形成分子时的各种化学键及分子间作用力，本节和下一节将简介原子或分子进一步结合形成晶体的各种结构。本节先介绍晶体学的一些基本定义和概念。

晶体的定义

根据结构的有序性，固体可分为晶体和非晶体。例如，食盐、糖、苏打、金刚石、红宝石、石英等都是晶体；而玻璃、沥青、石蜡等均为非晶体。**晶体**（crystal）也称晶态固体，其传统定义是由大量微观物质单元（如原子、分子或离子）以周期性排列的形式形成向所有方向延伸晶格的固体材料。研究晶体的形成、生长、形态、结构及性质的科学分支，称为**晶体学**（crystallography）。传统晶体通常具有以下特征：

金刚石晶体

注：将多面体的任一个面延展成平面，如果所有其他部分均位于该平面的同侧，则此多面体称为凸多面体。

1) 自范性，即在适宜的条件下，晶体能够自发地形成封闭、规则的凸多面体外形；
2) 固定的熔点，即在熔化过程中温度保持不变；
3) 各向异性，即在不同方向上晶体的宏观物理性质（如导电性、热膨胀系数、折射率等）不同；
4) 尖锐离散的 X 射线衍射峰，表明晶体可使 X 射线发生有规律的衍射。关于 X 射线衍射详见本节后续内容。

天然准晶

1982 年舍特曼（Dan Shechtman）发现一种特殊类型的晶体，它由有序但不具有严格周期性的物质单元阵列组成，称为准周期性晶体，简称**准晶**（quasicrystal）。舍特曼因"准晶的发现"获得 2011 年诺贝尔化学奖。准晶具有许多与传统晶体相同的性质，如规则的几何外形、尖锐离散的 X 射线衍射峰等。准晶可以连续地填充所有可用空间，但缺乏平移对称性，没有严格的周期性，因此并未包含在晶体的传统定义中。随后，国际晶体学联合会（IUCr）将"晶体"这一术语重新定义为"任何具有离散的衍射图案的固体"，这样就将传统周期性晶体和准晶均包含在内。

结构基元、点阵与晶胞

晶体中重复排列的最小单位，称为**结构基元**（structural motif）。所谓"重复排列"指的是，若任意一个最小单位沿某一方向平移一定距离后与另一最小单位完全重合，则沿同一方向每平移该距离均必须重复出现一个最小单位。结构基元应包含组成晶体的微观物质单元（如原子、分子或离子）的种类、数目以及化学环境。例如,虽然石墨完全由 C 原子组成,但其结构基元含有 2 个 C 原子而非 1 个,因为这 2 个 C 原子的化学环境不同。

将晶体的每个结构基元均抽象为一个点,可以得到空间中一组离散的点。由这些离散的点组成的在空间中无限延伸的阵列,称为**点阵**(lattice)。其中每一个离散的点,称为一个**点阵点**(lattice point)。点阵可以很好地体现晶体在空间中的排列规律;从一个点阵点出发,应用无限组平移操作,即可生成点阵。将结构基元置于点阵中的每个点阵点上,就可以得到整个晶体,即

$$晶体 = 结构基元 @ 点阵$$

包含晶体的所有结构和对称性信息、可通过平移操作生成整个晶体的最小结构单位,称为**晶胞**(unit cell)。整个晶体可以看作是由晶胞无隙并置而成;晶胞是晶体的代表,主要体现在以下两个方面:

1)晶胞代表晶体的化学组成,即与晶体具有相同的化学式;
2)晶胞代表晶体的对称性,即与晶体具有相同的对称元素。

点阵型式与点阵参数(B)

点阵可分为不同的**点阵型式**(lattice type),并用相应的**点阵参数**(lattice parameter,也称晶胞参数)来描述。这里将按零维、一维、二维和三维点阵的顺序,由简至繁地介绍这些点阵型式和点阵参数。所谓 N 维($N=0,1,2,3$)点阵指的是,从一个点阵点出发,通过在 N 个独立的维度上应用无限组平移操作可以生成的点阵。

根据定义,零维点阵完全不能进行平移操作,只存在一个点阵点,显然只有一种型式的零维点阵。从一个点阵点出发,在一个维度上应用无限组平移操作生成的点阵是一维点阵,也称直线点阵。将该维度定义为 x 方向,一维点阵就是由一组等间距的点所组成的在 x 方向上无限延伸的阵列,如图 3.49 的一组红点所示。不论结构基元如何,仅需一个参数即相邻点阵点之间的距离 a,即可完全描述一维点阵。图 3.49 给出了 Cu、石墨、NaCl、Se 和聚乙炔的一维结构及点阵。尽管这些一维晶体的 a 值不同,其点阵型式完全相同,而结构基元(图 3.49 的红色虚线框)则各不相同。因此一维点阵也仅有一种型式。

从一个点阵点出发,在两个独立的维度(x 和 y 方向,即在 xy 平面内)上应用无限组平移操作生成的点阵是二维点阵,也称平面点阵。二维点阵的晶胞为平行四边形,共有 5 种不同的二维点阵型式,如图 3.50 所示。为了完全描述二维点阵,需要使用三个参数:a_1、a_2 及其夹角 φ。这 5 种二维点阵型式及其相应点阵参数分别为

1)斜方:$a_1 \neq a_2$ 且 $\varphi \neq 90°$;
2)简单长方:$a_1 \neq a_2$ 且 $\varphi = 90°$;
3)面心长方:$a_1 \neq a_2$ 且 $\varphi = 90°$;
4)六方:$a_1 = a_2$ 且 $\varphi = 120°$;
5)正方:$a_1 = a_2$ 且 $\varphi = 90°$。

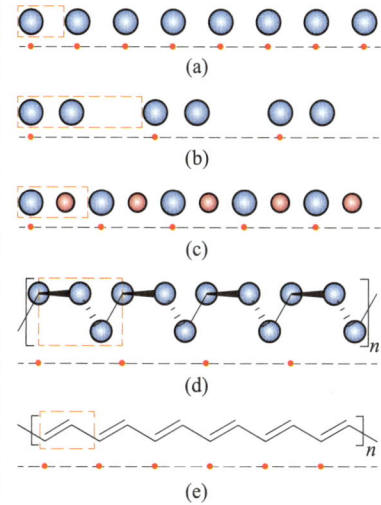

图 3.49 (a)Cu、(b)石墨、(c)NaCl、(d)Se 和(e)聚乙炔的一维结构及周期性排列的结构及其点阵:红点代表点阵点,红色虚线框代表相应的结构基元

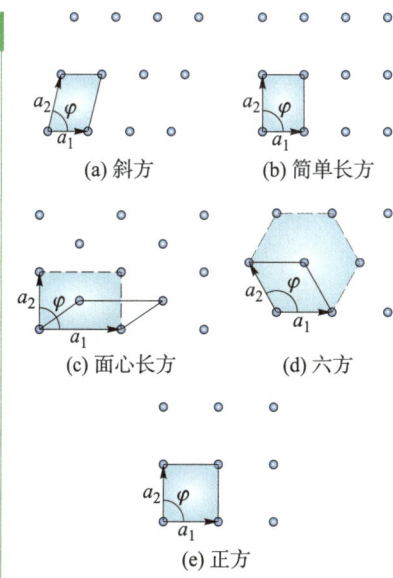

图 3.50 五种二维点阵型式:蓝色小球代表点阵点,实线的平行四边形表示二维晶胞

注：晶族是按照点阵参数来分类，而晶系则是按照空间对称性来分类。例如，三方和六方晶系的空间对称性不同，三方晶系仅含 1 个三重对称轴，而六方晶系含有 1 个六重对称轴，但二者的点阵参数完全一致，同属六方晶族。

注：历史上，"正交晶系"曾称为"斜方（rhombic）晶系"，"三方晶系"曾称为"菱方（rhombohedral）晶系"，"立方晶系"曾称为"等轴晶系"，在学习时要予以注意。

注意，尽管简单长方和面心长方均对应于 $a_1 \neq a_2$ 且 $\varphi = 90°$，它们的点阵型式不同；面心长方在长方形中心还有一个点阵点，而简单长方则没有。简单长方和面心长方均属于长方晶系，因此这 5 种二维点阵型式可划归为 4 种晶系。

同理可定义三维点阵，也称空间点阵，这也是描述实际晶体的点阵。三维点阵的晶胞为平行六面体，共有 14 种点阵型式，可划归为 7 种晶系和 6 种晶族，总结于表 3.7 中。完全描述三维点阵需要使用 6 个参数：a、b、c、α、β 和 γ。这里不逐一介绍，只以最简单的立方晶系为例（图 3.51），其点阵参数为 $a = b = c$ 且 $\alpha = \beta = \gamma = 90°$。立方晶系仅有一个独立的参数 a，这意味着如果 a 值给定，则所有参数均确定。立方晶系包括 3 种不同的点阵型式：**简单立方**（primitive cubic, pcc，在立方体晶胞的每个角上各有一个点阵点）、**体心立方**（body-centered cubic, bcc，在立方体晶胞的中心及每个角上各有一个点阵点）和**面心立方**（face-centered cubic, fcc，在立方体晶胞每个面的中心及每个角上各有一个点阵点）。立方晶系的例子有 CsCl(pcc)、K(bcc) 和 NaCl(fcc)。

表 3.7　三维点阵的 6 种晶族、7 种晶系和 14 种点阵型式

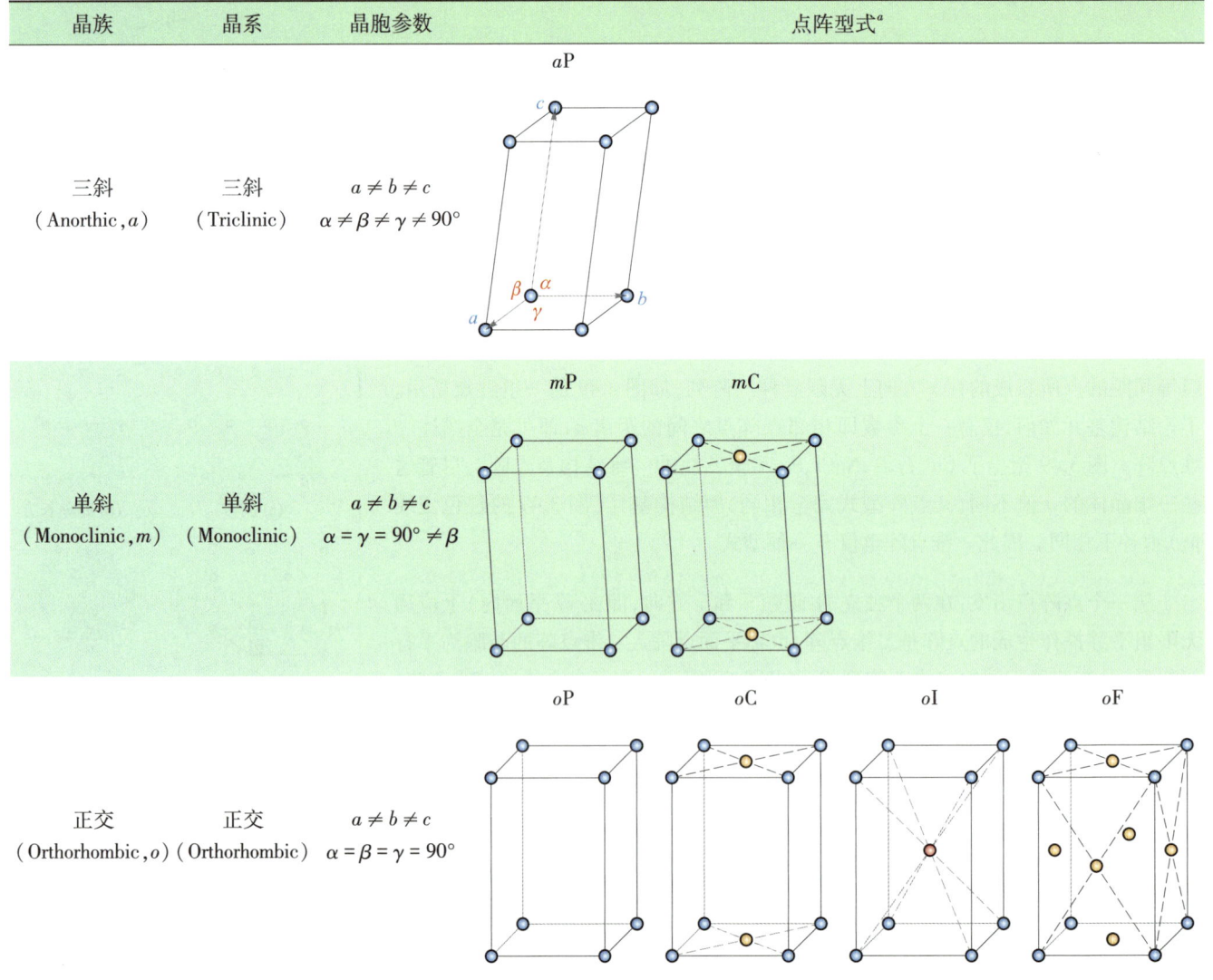

晶族	晶系	晶胞参数	点阵型式[a]
三斜 (Anorthic, a)	三斜 (Triclinic)	$a \neq b \neq c$ $\alpha \neq \beta \neq \gamma \neq 90°$	aP
单斜 (Monoclinic, m)	单斜 (Monoclinic)	$a \neq b \neq c$ $\alpha = \gamma = 90° \neq \beta$	mP, mC
正交 (Orthorhombic, o)	正交 (Orthorhombic)	$a \neq b \neq c$ $\alpha = \beta = \gamma = 90°$	oP, oC, oI, oF

续表

晶族	晶系	晶胞参数	点阵型式[a]
四方 (Tetragonal, t)	四方 (Tetragonal)	$a = b \neq c$ $\alpha = \beta = \gamma = 90°$	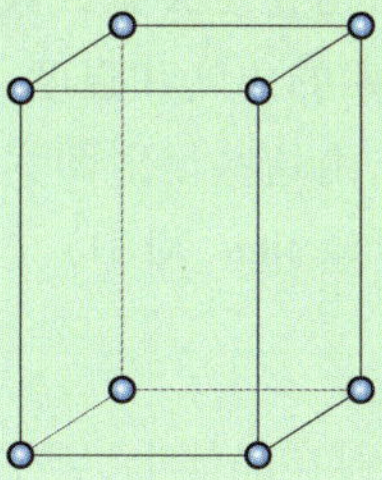 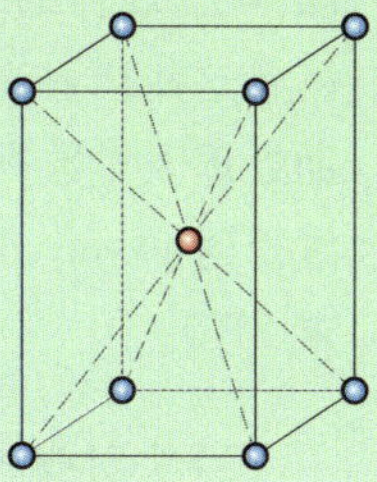 tP, tI
六方 (Hexagonal, h)	三方 (Trigonal)	$a = b \neq c$ $\alpha = \beta = 90°$ $\gamma = 120°$	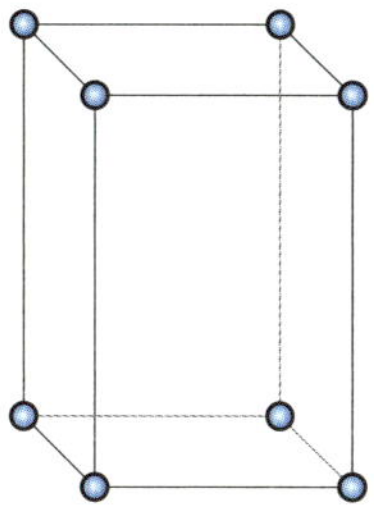 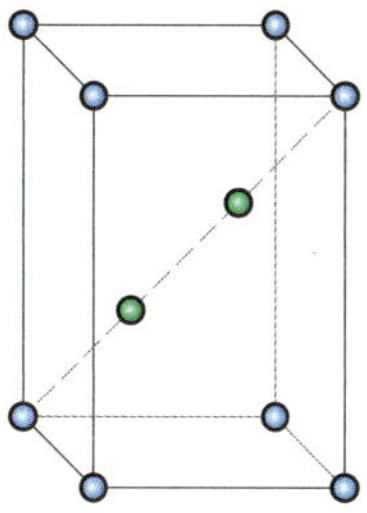 hP, hR
	六方 (Hexagonal)	$a = b \neq c$ $\alpha = \beta = 90°$ $\gamma = 120°$	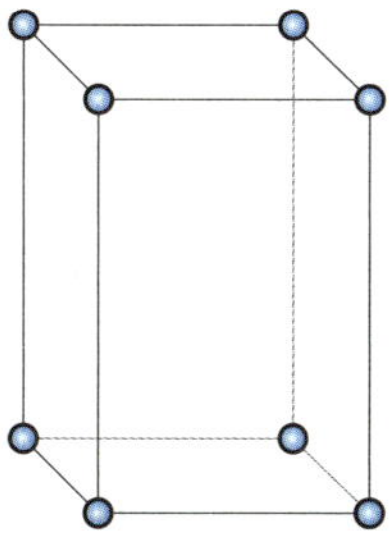 hP
立方 (Cubic, c)	立方 (Cubic)	$a = b = c$ $\alpha = \beta = \gamma = 90°$	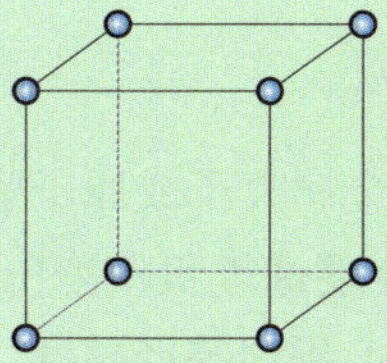 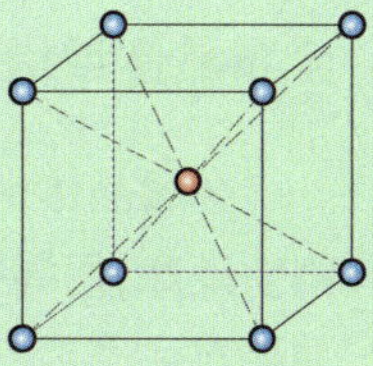 cP(pcc), cI(bcc), cF(fcc) 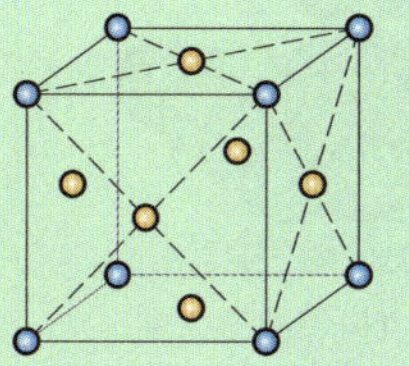

[a] P:简单;C:底心;I:体心;F:面心;R:R心。

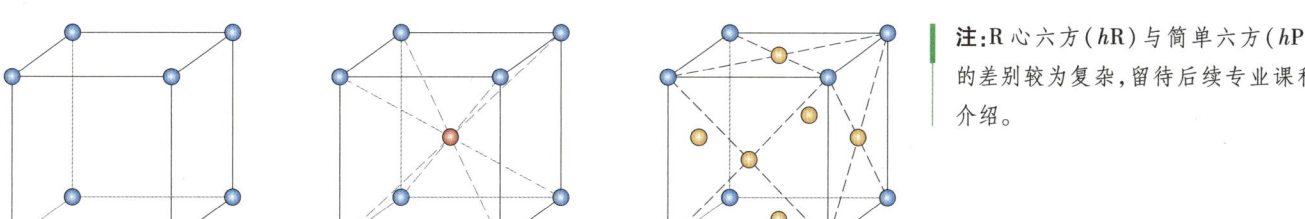

(a) 简单立方(pcc)　　(b) 体心立方(bcc)　　(c) 面心立方(fcc)

图 3.51　立方晶系的三种点阵型式

注:R 心六方(hR)与简单六方(hP)的差别较为复杂,留待后续专业课程介绍。

可利用光与晶体之间的相互作用来测量晶体结构,这要求光的波长与晶体中重复排列的微观单元尺寸相当。由于晶体中的原子、分子或离子的尺寸通常在从埃到纳米的量级,与晶体相互作用最合适的光为 X 射线。当一束 X 射线照射在晶体上,晶体的结构会使 X 射线束衍射到与晶体结构相关的许多特定方向。通过测量这些衍射光束的角度和强度,可以获得一系列衍射图案。借助高速计算机辅助处理大量数据,由这些衍射图案可以推断晶体的微观结构,这种方法称为 **X 射线衍射**(X-ray diffraction,XRD)。根据样品材料的不同,可分为单晶 XRD 和粉末 XRD。

当 X 射线照射在晶体上,它主要与晶体中的电子发生相互作用。就像海浪撞击灯塔时会产生从灯塔发出的次级球形波一样,X 射线撞击电子时也会产生从电子发出的次级球形波,使得原 X 射线束向所有方向散射。这些散射的 X 射线在大多数方向上会通过相消干涉相互抵消,但在几个具有特殊对称性的方向上则会发生相长干涉而叠加。在这些方向上的光程差为波长的整数倍,可由**布拉格定律**(Bragg's law)确定,有

$$n\lambda = 2d\sin\theta \tag{3.12}$$

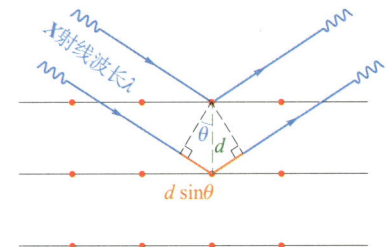

图 3.52 布拉格定律的推导示意图

其中 d 为衍射晶面间距,θ 是入射角,n 为任意正整数,λ 是入射 X 射线的波长,如图 3.52 所示。布拉格定律由布拉格父子(William H. Bragg 与 William L. Bragg)于 1913 年提出,布拉格父子因此获得 1915 年诺贝尔物理学奖。

3.9 各种晶体类型及其结构
(Various Types of Crystals and Their Structures)

本节将介绍原子或分子结合形成晶体时的 4 种基本类型,即金属晶体、离子晶体、分子晶体和共价晶体,以及一类称为混合晶体的过渡型晶体。

金属晶体结构

金属晶体由金属离子或原子紧密堆积而成,这些金属离子或原子可视为等径刚性硬球,用**等径硬球堆积模型**(packing model of congruent hard spheres)来描述。如果在一个平面上排列等径硬球,其最密堆积的形式如图3.53a 所示,将其记为 A 层(蓝球),其中 6 个最近邻小球排列成正六边形,与中心小球相接触。在任意 3 个相邻小球中间形成的空隙,称为三角形空隙(图 3.53a)。为搭建空间最密堆积,第二层(记为 B 层,红球)小球必须位于 A 层三角形空隙的正上方。搭建好 B 层之后,在 A、B 两层之间出现了两种不同类型的空隙:一种是位于 A 层 1 个小球正上方和 B 层 3 个相邻小球正下方的四面体空隙(图 3.53b,红色四面体),另一种是位于 A 层 3 个相邻小球正上方和 B 层 3 个相邻小球正下方的八面体空隙(图 3.53b,绿色八面体)。在 A、B 两层之上搭建第三层(记为 C 层,黄球),这时小球的位置存在两种可能性。一种是第三层小球正好位于四面体空隙的正上方,称为**六方最密堆积**(hexagonal closest packed,hcp,图 3.54a),其第三层与 A 层完全相同,结构可记为 A B A B A B⋯。另一种是第三层小球正好位于八面体空隙的正上方,称为**立方最密堆积**(cubic closest packed,ccp,图 3.54c),其第三层与 A、B 两

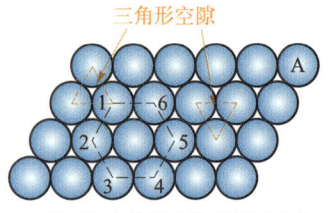

(a) 平面最密堆积中位于任意三个相邻小球之间的三角形空隙(橙色三角形)

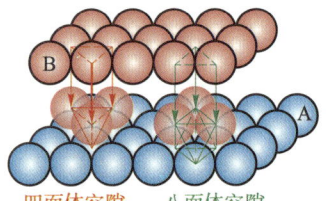

(b) 空间最密堆积中相邻两层之间四面体空隙(红色四面体)和八面体空隙(绿色八面体)的侧视图

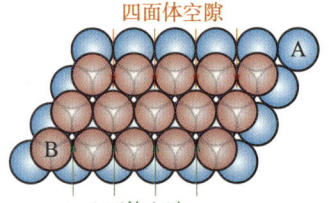

(c) 空间最密堆积中相邻两层之间四面体空隙(红色四面体)和八面体空隙(绿色八面体)的俯视图

图 3.53 等径硬球最密堆积结构的各种空隙

层均不同,结构可记为 A B C A B C⋯。如图 3.55a 所示,将 ccp 堆积结构中一根穿过 ABCA 层中心的轴侧翻 45°,就会发现它变成 fcc 晶胞体对角线的方向,因此 ccp 堆积结构具有 fcc 晶胞。

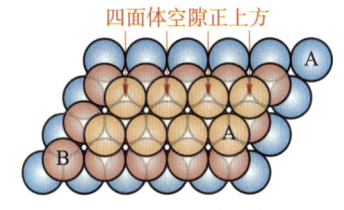

(a) hcp结构的俯视图,其中第三层小球(A层,黄球)正好位于A(蓝球)、B(红球)两层之间四面体空隙正上方

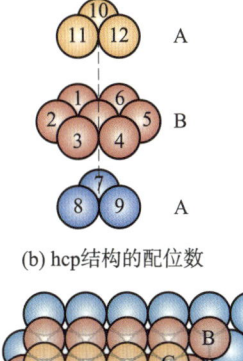

(b) hcp结构的配位数

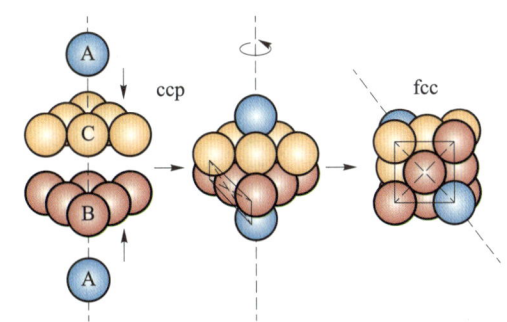

(a) 将从ccp结构阵列中提取的14个小球旋转45°,显示其具有fcc晶胞

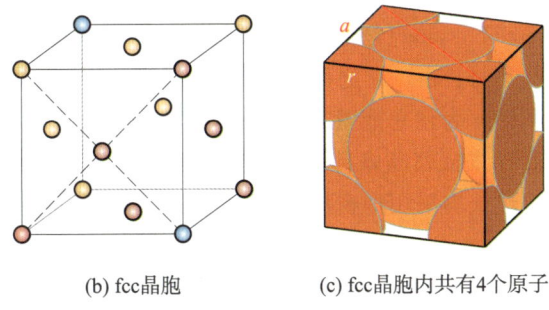

(b) fcc晶胞   (c) fcc晶胞内共有4个原子

图 3.55 立方最密堆积(ccp)结构与面心立方(fcc)晶胞之间的关系

在金属晶体中,**配位数**(coordination number)指与给定原子相接触的其他原子数。ccp 堆积结构的配位数为 12(图 3.54d):同一层 6,上一层 3,下一层 3。对应的 fcc 晶胞内原子总数为 4 个(图 3.55c):8 个顶点原子,每个在 8 个相邻晶胞之间共享,算作 8 × 1/8 = 1 个原子;6 个面心原子,每个在 2 个相邻晶胞之间共享,算作 6 × 1/2 = 3 个原子。空间占有率(即原子所占体积相对于晶胞总体积的百分比)可计算为

$$\sqrt{2}\,a = 4r$$

$$\eta_{\text{ccp}} = \eta_{\text{fcc}} = \frac{4V}{a^3} = \frac{4 \times 4\pi r^3/3}{(4r/\sqrt{2})^3} = \frac{\sqrt{2}\,\pi}{6} = 74.05\% \tag{3.13}$$

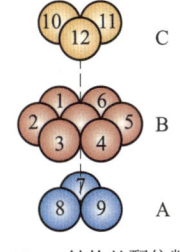

(c) ccp结构的俯视图,其中第三层小球(C层,黄球)正好位于A(蓝球)、B(红球)两层之间八面体空隙正上方

(d) ccp结构的配位数

图 3.54 等径硬球最密堆积结构

其中 V 是球形原子的体积,r 是原子的半径,a 为晶胞的边长。

hcp 堆积结构的配位数为 3+6+3 = 12(图 3.54b),其晶胞(图 3.56a-b)是一个菱形底面的平行六面体,每个晶胞中有 2 个原子。空间占有率也为 74.05%,与 ccp 相同。ccp 和 hcp 在所有空间堆积结构中具有最大的体积占有率,这也是二者被称为"最密"堆积的原因。

除了以上两种最密堆积之外,还有一些密堆积形式。体心立方(bcc)堆积结构(图 3.56c)的配位数为 8,晶胞内的原子总数为 1 + 8 × 1/8 = 2,空间占有率可计算为

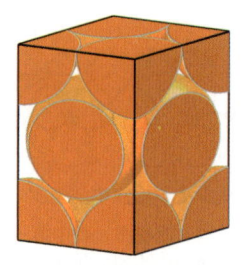

(a) hcp结构的晶胞内共有2个原子

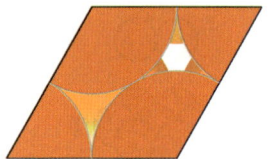

(b) hcp结构的晶胞俯视图

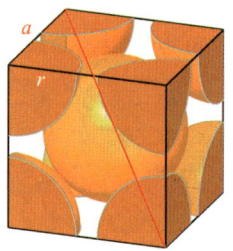

(c) bcc晶胞内共有2个原子

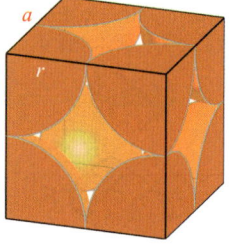

(d) pcc晶胞内共有1个原子

图 3.56 各种晶胞内的原子总数

注:关于储氢材料的结构详见案例3.3。

$$\sqrt{3}\,a = 4r$$

$$\eta_{bcc} = \frac{2V}{a^3} = \frac{2 \times 4\pi r^3/3}{(4r/\sqrt{3})^3} = \frac{\sqrt{3}\pi}{8} = 68.02\% \tag{3.14}$$

简单立方(pcc)堆积结构(图 3.56d)的配位数为 6,晶胞内的原子总数为 $8 \times 1/8 = 1$,空间占有率可计算为

$$a = 2r$$

$$\eta_{pcc} = \frac{V}{a^3} = \frac{4\pi r^3/3}{(2r)^3} = \frac{\pi}{6} = 52.36\% \tag{3.15}$$

bcc 和 pcc 的空间占有率小于 ccp 和 hcp,这也是二者被称为"密"堆积而非"最密"堆积的原因。

金属晶体(metallic crystal)是金属离子或原子之间以金属键结合形成的晶体。金属键源于金属离子与自由电子之间的静电吸引力;由于其静电力本质,金属键没有方向性和饱和性。为使总能量最小化,尽可能多的金属离子倾向于彼此聚集、紧密堆积,从而导致金属晶体具有较高配位数。XRD 数据表明,室温下超过一半金属的最稳定形式均采用最密堆积结构。表 3.8 列出了周期表中许多金属的晶体结构。

表 3.8 一些金属晶体的堆积形式

堆积形式	配位数	晶胞内原子数	空间占有率%	实例
简单立方(pcc)	6	1	52.36	Po
体心立方(bcc)	8	2	68.02	碱金属、Fe、Cr、Mn、W
立方最密堆积(ccp)	12	4	74.05	Ca、Ni、Pt、Cu、Ag、Au、Pb
六方最密堆积(hcp)	12	2	74.05	Be、Mg、Sc、Ti、Zn、Cd

》例 3.9 已知金属 Ni 的点阵型式为面心立方,密度为 $8.90\ \text{g·cm}^{-3}$。计算 Ni 晶体中最近邻原子之间的距离。

》解:在面心立方 fcc 晶胞中共有 4 个 Ni 原子,故

$$\rho = \frac{4m}{V} = \frac{4m}{a^3} = \frac{4 \times 58.69\ \text{g·mol}^{-1}}{6.02 \times 10^{23}\ \text{mol}^{-1} \times a^3} = 8.90\ \text{g·cm}^{-3}$$

$$\therefore a = 3.53 \times 10^{-8}\ \text{cm} = 3.53\ \text{Å}$$

面心立方晶胞中最近邻原子之间的距离为

$$2r = \sqrt{2}\,a/2 = 2.50\ \text{Å}$$

离子晶体结构

离子晶体(ionic crystal)是离子之间通过离子键结合形成的晶体,离子键是一

种与带电离子之间静电相互作用有关的化学键。由于其静电力本质,离子键没有方向性和饱和性。离子晶体的典型特征包括:熔、沸点高,硬度高,延展性差,易碎,在水溶液或熔融状态下导电性良好,在极性溶剂(如水)中溶解性良好等。

为了理解离子晶体的结构,仍可应用与金属晶体类似的硬球堆积模型,但需要考虑如下两点额外因素:

1) 正、负离子带异种电荷;
2) 正、负离子的大小不等。

为使整个晶体的总能量最低,应使各种吸引力最大化而排斥力最小化;这可以通过令异种电荷离子尽可能互相接触、同时使同种电荷离子不直接接触来实现。由于负离子的体积通常大于正离子,负离子之间的静电排斥力相对较弱。在大多数情况下,可以将离子晶体看作负离子的等径紧密堆积,而将尺寸较小的正离子填充在负离子的空隙中。其中的填隙规则是,将正离子填入比其自身实际尺寸略小的空隙中,这样可以将负离子略微间隔开,同时保持正、负离子之间直接接触,从而使整个离子晶体总能量最小化。

二元离子晶体的常见负离子空隙有4种:在负离子以 fcc 排布的离子晶体中有3种,分别为三角形空隙(图 3.57a)、四面体空隙(图 3.57b)和八面体空隙(图 3.57c),其空隙大小依次增加;而负离子以 pcc 排布的离子晶体,在其晶胞中心处还存在一个立方体空隙(图 3.57d)。如果用 r_+ 和 R_- 分别代表正、负离子的半径,运用立体几何公式不难计算出,使正离子恰好填入负离子的三角形、四面体、八面体和立方体空隙的半径比 r_+/R_-,分别为 0.155、0.225、0.414 和 0.732。应用填隙规则,不同半径比的正离子应分别填入负离子的以下空隙中:

三角形空隙(fcc):$0.155 < r_+/R_- < 0.225$

四面体空隙(fcc):$0.225 < r_+/R_- < 0.414$

八面体空隙(fcc):$0.414 < r_+/R_- < 0.732$

立方体空隙(pcc):$0.732 < r_+/R_- \leq 1$

如果 $r_+/R_- > 1$,这意味着正离子的体积大于负离子。这时应先将正离子紧密堆积,而用负离子来填隙。

Cs^+、Na^+ 和 Cl^- 的离子半径分别为 174 pm、102 pm 和 181 pm,相应的半径比分别为

$$\frac{r_+}{R_-}(CsCl) = \frac{r_+(Cs^+)}{R_-(Cl^-)} = \frac{174}{181} = 0.961$$

$$\frac{r_+}{R_-}(NaCl) = \frac{r_+(Na^+)}{R_-(Cl^-)} = \frac{102}{181} = 0.564$$

因此 CsCl 晶体中 Cs^+ 会占据以 pcc 排布的 Cl^- 的立方体空隙(图 3.58a),而 NaCl 晶体中 Na^+ 会占据以 fcc 排布的 Cl^- 的八面体空隙(图 3.58b)。在 CsCl 晶胞中,Cl^- 位于晶胞的 8 个顶点上,每个 Cl^- 在 8 个相邻晶胞之间共享,有 $8 \times 1/8 = 1$ 个 Cl^-;Cs^+ 位于立方体空隙,晶胞内有 1 个 Cs^+。Cs^+ 与 Cl^- 的离子数之比为 1:1,与化学

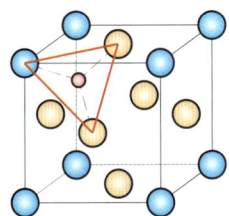

(a) fcc晶胞中的三角形空隙

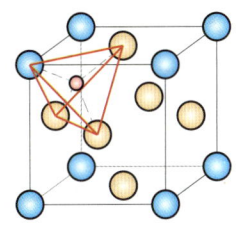

(b) fcc晶胞中的四面体空隙

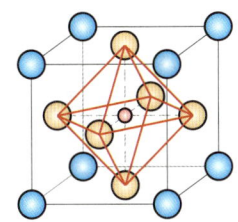

(c) fcc晶胞中的八面体空隙

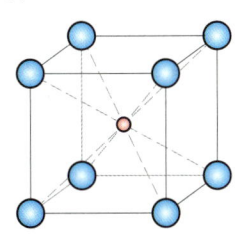

(d) pcc晶胞中的立方体空隙

图 3.57 面心立方(fcc)和简单立方(pcc)晶胞中的各种空隙:蓝色和黄色小球均代表体积较大的密堆离子(通常为负离子),红色小球代表体积较小的填隙离子(通常为正离子)

注意：离子晶体的离子数之比和配位数之比均不能化简。例如，配位数之比 8∶8 不能化简为 1∶1。

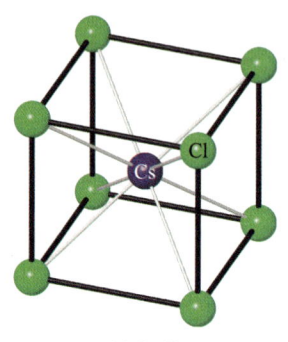

(a) CsCl

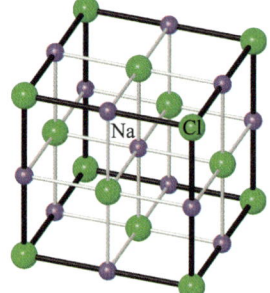

(b) NaCl

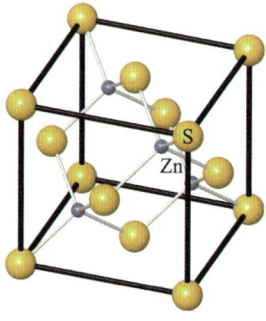

(c) ZnS

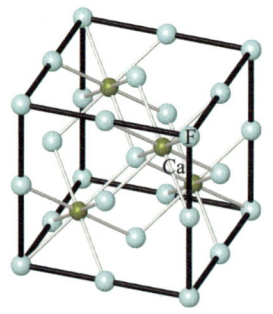

(d) CaF$_2$

图 3.58　典型的离子晶体结构类型

式 CsCl 一致。在离子晶体中，任意正离子周围最近邻的负离子数与任意负离子周围最近邻的正离子数之比，称为正、负离子配位数之比。CsCl 中每个 Cs$^+$ 周围有 8 个最近邻 Cl$^-$，每个 Cl$^-$ 周围也有 8 个最近邻 Cs$^+$，配位数之比为 8∶8，也与化学式 CsCl 一致。在 NaCl 晶胞中，共有 $8 \times 1/8 + 6 \times 1/2 = 4$ 个 Cl$^-$ 和 $1 + 12 \times 1/4 = 4$ 个 Na$^+$，Na$^+$ 与 Cl$^-$ 的离子数之比为 4∶4，配位数之比为 6∶6。

大多数 M^{2+}X^{2-} 型二元离子化合物（如 MgO、BaS、CaO 等），均可形成 NaCl 型晶体。但如果正、负离子的半径比足够小，满足 $0.225 < r_+/R_- < 0.414$，则可以占据 fcc 的四面体空隙。如 ZnS 的半径比为

$$\frac{r_+}{R_-}(\mathrm{ZnS}) = \frac{r_+(\mathrm{Zn}^{2+})}{R_-(\mathrm{S}^{2-})} = \frac{60}{184} = 0.326$$

为满足化学计量数之比，在 4 个 S^{2-} 形成的 fcc 阵列中，8 个四面体空隙只有一半被占据（图 3.58c）。在 ZnS 晶胞中，Zn^{2+} 与 S^{2-} 的离子数之比为 4∶4，配位数之比也是 4∶4。采用这种结构类型的 M^{2+}X^{2-} 型化合物还有 BeS、CuCl、CdS 等。CaF$_2$ 的结构也与 ZnS 类似，但 8 个 F$^-$ 占据所有 8 个四面体空隙（图 3.58d），使得 Ca^{2+} 与 F$^-$ 的离子数之比为 4∶8，配位数之比为 8∶4。

分子晶体结构

分子晶体（molecular crystal）是分子之间以分子间作用力结合形成的晶体。在分子晶体中，分子之间存在较弱的分子间作用力，而在分子内部存在较强的共价键。分子晶体的熔化或升华仅需克服相对较弱的分子间作用力，而不需要断裂共价键。分子晶体的典型特征有：熔、沸点低，硬度低，挥发性强，导电导热性差等。

由球形或近球形分子构成的分子晶体通常采用最密堆积结构，配位数为 12。所有稀有气体的分子晶体均为 ccp 或 hcp 结构；H$_2$ 分子晶体采用 hcp 结构；HCl、HBr、HI、H$_2$S、CH$_4$ 和 C$_{60}$ 等分子晶体采用 ccp 结构。三个及以上原子的直线形分子堆积成分子晶体时，由于存在分子的空间取向问题，不如球形分子紧密。例如，在 CO$_2$ 分子晶体（俗称干冰）中，虽然 CO$_2$ 分子占据 fcc 的各个点阵点，但只有 8 个顶点上的 CO$_2$ 分子取向相同，其余分子的取向不同。因此干冰不是 fcc 晶胞，而是 pcc 晶胞。

以上三种晶体均是通过没有方向性和饱和性的金属键、离子键和分子间作用力使其微观物质单元聚集在一起。为使晶体稳定，各种微观物质单元一般趋向于紧密排列，因此均具有较高的配位数。

共价晶体结构

共价晶体（covalent crystal）是原子之间以共价键网格连接形成的晶体，又称原子晶体。整个共价晶体可视为一个巨大的分子，破坏共价晶体需要断裂原子之间的共价键。共价晶体的典型特征有：熔、沸点高，硬度高，配位数低，密度低，导电导热性差，延展性差，通常不溶于大多数溶剂等。

金刚石是一种典型的共价晶体。每个 C 原子可通过 4 个 sp^3 杂化轨道与 4 个

相邻 C 原子形成共价键,进而形成四面体形网格结构。在如图 3.59a 所示的金刚石晶胞中,C 原子位于所有 fcc 点阵点以及一半的四面体空隙中心。C 原子的配位数为 4,晶胞中 C 原子的总数为 4+4=8,空间占有率仅为 34%,远低于金属晶体或离子晶体。金刚石是已知最坚硬的物质,是一种绝缘体,具有非常高的熔点(3500 ℃ 以上)。导热性非常好(与一般共价晶体不同)。用 Si 原子替换金刚石在四面体空隙中心的 4 个 C 原子,可以得到 SiC 的晶体结构,如图 3.59b 所示。进一步用 Si 原子替换 SiC 中剩余的 C 原子,可以得到 Si 的晶体结构。SiC 和 Si 均具有半导体性质,在一定条件下可以导电。

混合晶体简介

除了金属晶体、离子晶体、分子晶体和共价晶体这 4 种基本晶体类型之外,还有一些物质是由共价键和其他结合方式形成的过渡型晶体,称为**混合晶体**(hybrid crystal)。

石墨是混合晶体的一个例子。石墨晶体(图 3.60)由无限延伸的正六边形碳环平面层堆积而成,层与层之间的作用力为较弱的范德华力;层内为共价键,其中每个 C 原子通过 3 个 sp^2 杂化轨道,分别与相邻的 3 个 C 原子形成距离相等的 3 个 σ 键;每个 C 原子还有一个垂直于平面层、未参与杂化的 2p 轨道,这些彼此平行的 2p 轨道互相叠加,形成离域 π 键。石墨的层间距离为 335 pm,层内相邻 C 原子间距为 141.8 pm,其键长介于 C—C 单键和 C=C 双键之间。电子可以在平面层内自由迁移,因此石墨具有良好的导电导热性,并具有光泽。石墨晶体层与层之间的范德华力很弱,容易滑动,工业上常用作润滑剂。

除了石墨等层状结构的晶体,具有链状结构的晶体也属于混合晶体,如天然硅酸盐。硅酸盐晶体中存在具有链状结构的多硅酸根阴离子,化学通式为 $Si_nO_{3n}^{2n-}$。这些多硅酸根阴离子由硅氧四面体共用顶角的氧原子、通过共价键连接形成长链,在链与链之间存在金属阳离子如 Na^+、Ca^{2+} 等,将其约束在一起形成晶体。由于带负电荷的长链与金属阳离子之间的静电引力比链内的共价键弱,因此当施加平行于链的方向的作用力时,硅酸盐晶体容易裂开。

> **例 3.10** 灰锡(Sn)为面心立方金刚石型结构,其晶胞参数为 $a=648.9$ pm。

(1) 计算灰锡中 Sn 的原子半径。
(2) 已知灰锡的密度为 5.77 g·cm^{-3},求 Sn 的相对原子质量。
(3) 灰锡的同素异形体白锡为四方晶系,$a=583.1$ pm,$c=318.2$ pm,晶胞中含有 4 个 Sn 原子。试通过计算说明从白锡转变为灰锡体积是膨胀还是收缩。
(4) 白锡的平均键长为 310 pm,试判断哪一种晶型的 Sn—Sn 键更强。

> **解:**(1) 面心立方金刚石型结构中,键长为立方晶胞对角线的 1/4,故

$$r = \frac{1}{2}l = \frac{\sqrt{3}\,a}{8} = \frac{\sqrt{3}}{8} \times 648.9 \text{ pm} = 140.5 \text{ pm}$$

(2) 灰锡的晶胞中共有 8 个 Sn 原子,Sn 原子的摩尔质量可计算为

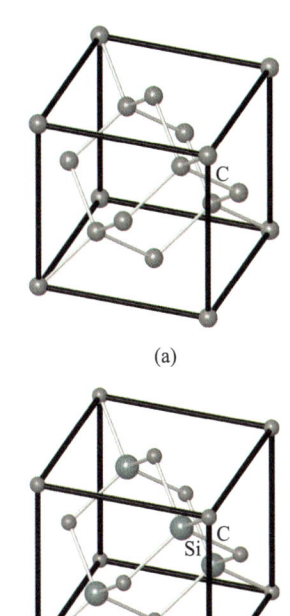

图 3.59 (a)金刚石与(b)SiC 的晶体结构

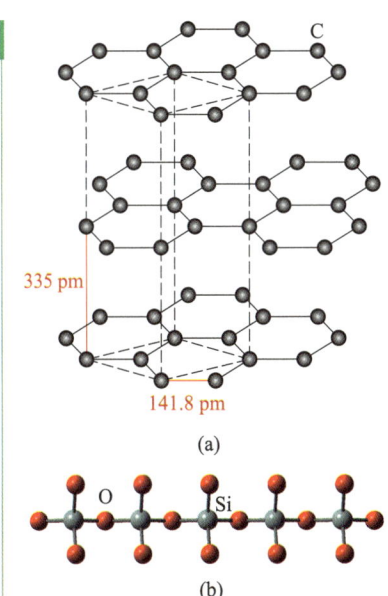

图 3.60 (a)石墨与(b)多硅酸根 ($Si_nO_{3n}^{2n-}$) 的晶体结构

注: 白锡中每个 Sn 原子周围有 2 个距离为 301.6 pm 的 Sn 原子和 2 个距离为 317.5 pm 的 Sn 原子,平均键长为 310 pm。

$$M = \frac{m}{n} = \frac{\rho V}{N/N_A} = \frac{\rho a^3 N_A}{N}$$

$$= \frac{5.77 \times 10^6 \text{ g} \cdot \text{m}^{-3} \times (648.9 \times 10^{-12} \text{ m})^3 \times 6.02 \times 10^{23} \text{ mol}^{-1}}{8}$$

$$= 119 \text{ g} \cdot \text{mol}^{-1}$$

因此 Sn 的相对原子质量为 119。

(3) 四方晶系的晶胞体积为

$$V = abc = a^2 c = (583.1 \times 10^{-10} \text{ cm})^2 \times (318.2 \times 10^{-10} \text{ cm})$$

$$= 1.082 \times 10^{-22} \text{ cm}^3$$

$$\rho = \frac{NM}{N_A V} = \frac{4 \times 119 \text{ g} \cdot \text{mol}^{-1}}{6.02 \times 10^{23} \text{ mol}^{-1} \times 1.082 \times 10^{-22} \text{ cm}^3} = 7.30 \text{ g} \cdot \text{cm}^{-3}$$

白锡的密度高于灰锡,故从白锡转变为灰锡体积膨胀。

(4) 灰锡的键长为 281 pm,比白锡的平均键长短,因此灰锡的 Sn—Sn 键更强。

不同的晶体结构具有不同的性质,表 3.9 总结了 4 种基本晶体类型的结构和性质。

表 3.9 四种基本晶体类型的结构和性质汇总

基本晶体类型	金属晶体	离子晶体	分子晶体	共价晶体
微观物质单元	金属离子或原子	正离子和负离子	极性或非极性分子	原子
相互作用	金属键	离子键	分子间作用力	共价键
配位数	高	较高	高(氢键结合例外)	低
熔、沸点	差异较大、多数较高	较高	低	高
硬度	差异较大、多数较硬	硬而脆	软	硬
挥发性	不挥发	低挥发	高挥发	不挥发
溶解性	难溶于一般溶剂	易溶于极性溶剂	遵循相似相溶原理	难溶于一般溶剂
导电性	导体	固体不导电、熔融状态或水溶液导电	绝缘体	绝缘体或半导体
导热性	好	固体不好	不好	差异较大、多数不好
延展性	好	不好	不好	不好
典型实例	Li、Na、Be	NaCl、CsCl	Ar、HCl、CH_4	金刚石、SiC

案例 3.1 稀土配合物的结构与发光性质

撰写人:刘志伟(北京大学)

稀土(rare earth,RE)元素共计 17 种,包括 57~71 号镧系元素(Ln,共 15 种)及与其性质相近的 21 号元素钪(Sc)和 39 号元素钇(Y)。由于最初被发现时矿物稀少,且一般以氧化物(人们一般用"土"指代不溶于水的氧化物)形式存在于矿物中,故被命名为"稀土"。实际上,稀土并不"稀",例如,Y、铈(Ce)、镧(La)的质量克拉克值约为10^{-3},而镨(Pr)、钐(Sm)、铕(Eu)、钆(Gd)、镝(Dy)、镱(Yb)、钬(Ho)、铒(Er)等的也有10^{-4},远高于银(Ag,10^{-6})、金(Au,10^{-7})和铂(Pt,10^{-7})等贵金属。不过,稀土常常以伴生矿存在于其他矿石之中,不易分离。我国是稀土资源最丰富的国家,稀土储量和产量均居世界首位。

注:克拉克值是元素在地壳中的平均百分比,即地壳中的元素丰度。为纪念美国化学家克拉克(Frank W. Clarke)而命名,因为他通过对世界各地5159件岩石样品化学分析数据的计算,求出了厚16 km的地壳内50种元素的平均含量与总质量的比值。

稀土的电子组态

与过渡金属相比,稀土的独特性质主要来自4f轨道中填充的电子。基态原子的电子组态由主量子数n和角量子数l决定。若以[Xe]代表稀有气体氙的电子组态,即$1s^2 2s^2 2p^6 3s^2 3p^6 3d^{10} 4s^2 4p^6 4d^{10} 5s^2 5p^6$,那么根据能量最低原理,镧系元素原子的电子组态有两种类型,即[Xe]$4f^n 6s^2$和[Xe]$4f^n 5d^1 6s^2$,其中n为0~14。La、Ce、Gd、镥(Lu)的基态原子的电子组态属于[Xe]$4f^n 5d^1 6s^2$类型,其余元素均属于[Xe]$4f^n 6s^2$类型。Sc和Y虽然没有4f电子,但最外层电子具有$(n-1)d^1 ns^2$组态,因此在化学性质上与具有4f电子的镧系元素有相似之处,这是人们常将它们统称为稀土元素的原因。由于4f轨道数目众多,电子具有多种多样的填充方式,使得稀土元素具有独特的光学、电学、磁学性质,在石油化工、新材料、冶金和玻璃陶瓷等众多领域存在广泛的应用价值。

如3.6节所述,配合物是含有由配位中心与若干配体通过配位键相连接而形成的配位单元的化合物。在稀土配合物中,稀土元素作为配位中心,通常以+3价离子的形式存在,但也存在+2、+4等其他氧化态。根据洪德定则,在原子或离子的电子结构中,当同一层的电子数为全空、全满或半满的状态时体系能量较低,所以4f亚层上电子布居数分别为$4f^0$(La^{3+})、$4f^7$(Gd^{3+})和$4f^{14}$(Lu^{3+})时比较稳定。在La^{3+}之后的Ce^{3+}和Gd^{3+}之后的Tb^{3+}分别为$4f^1$和$4f^8$电子组态,比稳定的$4f^0$和$4f^7$电子组态多1个电子,因此它们可进一步失去一个电子被氧化成+4价;与之相反,在Gd^{3+}之前的Sm^{3+}、Eu^{3+},和Lu^{3+}之前的Yb^{3+},其电子组态分别为$4f^5$、$4f^6$和$4f^{13}$,比稳定的电子组态少1个或2个电子,因此它们有获得1个或2个电子被还原成+2价的倾向,这是上述几个元素有时以非+3价氧化态存在的原因。事实上,随着人们对稀土配位化学更深入的理解,越来越多的非常规氧化态稀土配合物被报道出来。

稀土配合物的结构

稀土作为一类典型的金属元素,能与大多数非金属元素形成化学键。从软硬酸碱理论的观点看,稀土元素属于硬酸,因而它们更倾向于与被称为硬碱的元素形成化学键。例如,在氧族中,稀土元素更倾向于与氧形成RE—O键,而与硫、硒、碲形成的化学键明显减少;稀土元素也能与氮族元素形成化学键,类似地,稀土元素与氮形成RE—N键明显比稀土与磷、砷形成的化学键要多;稀土元素也能与碳形成化学键,但其配合物在通常情况下已经很不稳定了,含有RE—Si键的配合物则很少。对稀土配合物中化学键的性质和4f电子是否参与成键的问题,长期以来曾有过很多的争论。近年来对稀土配合物逐渐展开了分子轨道理论的研究,旨在深入了解它们的电子结构。目前比较一致的定性结论是,在常规+3价稀土配合物中的化学键具有一定的共价性(以离子型为主)且4f轨道参与成键的成分不大,而在非常规价态的稀土配合物中,可能存在4f轨道成键情况。

稀土元素与过渡金属相比，在配位数方面有两个突出的特点[1]：(1) 具有较大的配位数。例如，3d 过渡金属离子的配位数通常是 4 或 6，而稀土元素离子最常见的配位数为 8 或 9，其主要原因是稀土离子具有较大的半径。当配位数同为 6 时（同一离子在不同配位数情况下的半径存在差异），Fe^{3+} 和 Co^{3+} 的离子半径分别为 55 pm 和 54 pm，而 La^{3+}、Gd^{3+}、Lu^{3+} 的离子半径分别为 103 pm、94 pm 和 86 pm。(2) 具有多变的配位数。稀土离子的晶体场稳定化能较小（一般只有 4 kJ·mol^{-1}），而过渡金属的晶体场稳定化能较大（一般大于 400 kJ·mol^{-1}），因而稀土元素在形成配合物时，稀土离子与配体的作用不强，配位数一般可在 2～14 范围内变动。

稀土配合物的发光性质

发光是物质的电子从高能量激发态跃迁到低能量基态时伴随的光子释放的过程，是光吸收的逆过程。按照电子跃迁的来源，稀土配合物的发光机理主要可分为三类：稀土离子发光、配体发光及稀土离子和配体间的电荷转移态发光。其中，稀土离子发光利用了稀土独特的电子结构，表现出丰富的发光性质，受到更多关注。按照稀土离子电子跃迁的方式不同，稀土离子发光又分为两类：f-f 跃迁发光和 d-f 跃迁发光。其中 f-f 跃迁发光是指电子从稀土离子的 4f 激发态能级跃迁至 4f 基态能级时伴随的发光，而 d-f 跃迁发光则是指电子从稀土离子的 5d 激发态能级跃迁至 4f 基态能级时伴随的发光。根据电子跃迁的**拉波特定则**（Laporte rule），相同角量子数（即 $\Delta l = 0$）之间的电子跃迁是禁阻的，$\Delta l = \pm 1$ 之间的电子跃迁是允许的。因此，f-f 跃迁禁阻而 d-f 跃迁允许。

1. f-f 跃迁发光

理论上，f-f 跃迁是禁阻的，但是这种禁阻会受到其所处的微环境以及晶体场的影响而在一定程度上被打破，导致微弱的 f-f 跃迁吸收或发射。尽管稀土离子自身吸收光而被激发的能力较弱，但是当这些稀土离子与有机配体配位后，可以通过配体吸收光子的能量到达激发态，然后通过"天线效应"将能量传递给稀土离子，以辅助稀土离子实现跃迁发光，其机理如图 3.61 所示。

在 +3 价稀土离子中，除了 Sc^{3+}、Y^{3+}、La^{3+} 和 Lu^{3+} 的 4f 轨道处于全空或全满状态，其余 +3 价稀土离子的 4f 电子可以在 7 个 4f 轨道上产生不同的排布方式，导致复杂多样的能级分布，从而产生丰富的 f-f 跃迁发光。整体上，f-f 跃迁发光具有如下性质：

1) 发射波长固定：稀土离子 4f 轨道由于外层 5s 和 5p 轨道电子的屏蔽作用，受外界环境的影响较小，因此同种稀土离子在不同结构配合物中表现出比较固定的发射波长，即发光颜色比较固定。例如，Eu^{3+} 配合物发红光，Tb^{3+} 配合物发绿光。

2) 窄带发射：4f 轨道为内层轨道，电子跃迁具有高度的选择性，发射光谱形状比较窄，半峰宽（即光谱峰高一半处的峰宽）一般为数纳米，而常规荧光材料的半峰宽为数十甚至上百纳米。半峰宽越窄，表明发射波长的变化范围越小，光的单色性就越好，相应地发光颜色就比较鲜艳。

3) 激发态寿命长：由于 f-f 跃迁禁阻，其激发态电子跃迁比较困难，具体表现为激发态的失活过程时间比较长，即激发态寿命较长，一般在微秒甚至是毫秒量级，而常规荧光材料的激发态寿命为纳秒量级。

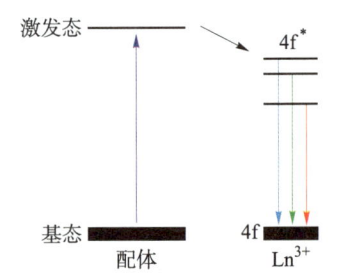

图 3.61 基于 f-f 跃迁发光稀土配合物的发光机理示意图

注：激发态寿命是激发态分子失活到初始时的 $1/e$ 所需要的时间。

Eu^{3+}、Tb^{3+}、Dy^{3+}的发光位于可见光区域,且发光一般较强,在过去的研究中受到广泛关注。图3.62给出了基于这三种稀土离子的三个配合物的发射光谱及发光照片[2],Eu^{3+}、Tb^{3+}、Dy^{3+}配合物的主要发射峰的最大发射波长分别为615 nm、545 nm和573 nm,分别为红光、绿光和白光(573 nm对应为黄光,但因为同时含有480 nm蓝光发射而表现为白光);配合物的半峰宽分别为4 nm、5 nm和5 nm,激发态寿命分别为1300 μs、1300 μs和87 μs。

2. d-f跃迁发光

除了上述具有f-f跃迁特性的稀土离子外,还有一类稀土离子,其4f轨道电子可以被激发到5d轨道,从而使得中心离子呈现$4f^{n-1}5d^1$的激发态构型,产生d-f跃迁发光。由于d-f跃迁允许,稀土离子自身可以吸收光而被激发,从而产生d-f跃迁发光。需要提到的是,d-f跃迁发光稀土配合物也可以通过"天线效应"将配体吸收的能量传递给稀土离子,实现稀土离子的发光,其机理如图3.63所示。

能够产生d-f跃迁发光机理的稀土配合物主要有Ce^{3+}、Eu^{2+}、Yb^{2+}和Sm^{2+}配合物,其中Ce^{3+}和Eu^{2+}配合物在空气中的稳定性相对较好,因此研究得相对较多,虽然整体上d-f跃迁发光稀土配合物的研究相比f-f跃迁发光稀土配合物的研究少很多。与f-f跃迁发光相比,d-f跃迁发光主要有以下特点:

1) 发射光谱可调:5d轨道易受配位场(配位场可以理解成结合了分子轨道理论的晶体场)的影响而发生不同大小的能级劈裂,随着配位场强度的变化,5d轨道最低能级也会改变,而一般可认为4f基态能级不变,因此改变配体会影响5d激发态能级和4f基态能级的能量差,从而改变发射光谱。
2) 宽带发射:相比于受屏蔽的内壳层4f轨道,5d为外层轨道,对于外界环境更为敏感,发射光谱相对较宽,半峰宽通常为数十至上百纳米。
3) 激发态寿命短:由于d-f跃迁允许,其激发态电子跃迁至基态比较容易,激发态寿命短,通常在纳秒量级。

图3.64给出了Eu^{2+}与不同氮杂穴醚类配体配位后的发射光谱和发光照片[3]。配合物EuI_2-N_8、EuI_2-N_6O_2、EuI_2-N_4O_4和EuI_2-N_2O_6的最大发射波长分别为579 nm、549 nm、502 nm和468 nm,发光颜色逐渐从橙黄光变化为绿光、天蓝光和深蓝光,说明其发射光谱和颜色的可调性;此外,这四个配合物的半峰宽分别为70 nm、66 nm、58 nm和49 nm,明显比f-f跃迁发射峰宽;激发态寿命分别为1179 ns、781 ns、358 ns和220 ns,也比f-f跃迁发光的激发态寿命短。

稀土配合物结合了稀土离子的独特电子结构和有机配体的强可衍生性等优点,为创造新型功能发光材料提供了新思路。通过选择不同稀土离子和不同发光机理,稀土配合物的发光颜色在从紫外到红外的范围可调,半峰宽从数纳米到数百纳米可调,激发态寿命也从纳秒到毫秒可调,有望被应用于照明与显示、生物成像与传感、转光膜及防伪等领域。事实上,人们一直在致力于高性能稀土配合物发光材料的研发。以稀土配合物作为发光材料在有机发光二极管(organic light emitting diode, OLED)中的应用研究为例,早期主要集中在f-f跃迁发光稀土配合物,源于其理论电光转换效率高、半峰宽比较窄带来的色纯度高等优点,然而较长的激发态寿命使得f-f跃迁发光稀土配合物的OLED器件稳定性不佳[4]。近期的

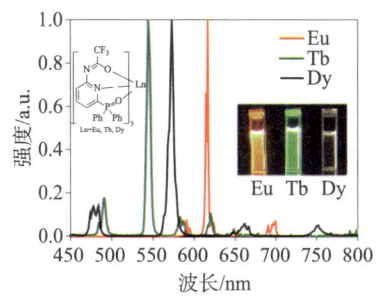

图3.62 基于f-f跃迁发光的稀土Eu^{3+}、Tb^{3+}和Dy^{3+}配合物的化学结构式和发射光谱,以及溶液在紫外光激发下的发光照片

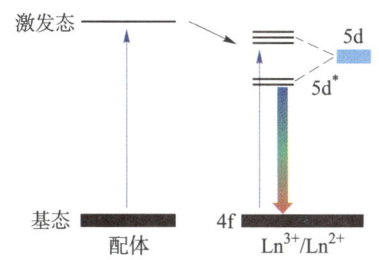

图3.63 基于d-f跃迁发光稀土配合物的发光机理示意图

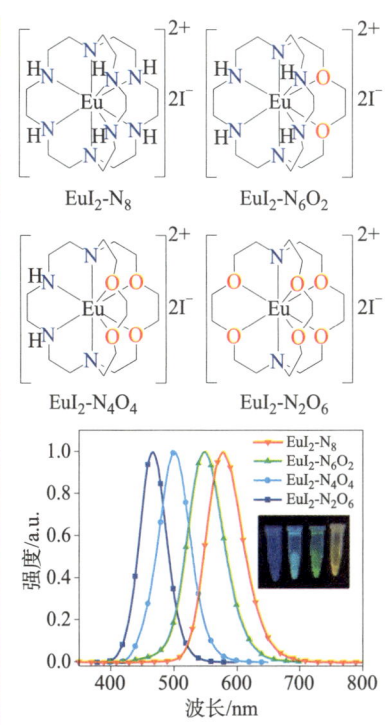

图3.64 基于d-f跃迁发光的Eu^{2+}与不同氮杂穴醚类配体配位后的化学结构式、发射光谱,以及溶液在紫外光激发下的发光照片

研究则主要集中在 d-f 跃迁发光稀土配合物,原因是发现 d-f 跃迁稀土发光配合物作为发光材料应用于 OLED 时具有理论效率高、发光颜色可调、器件稳定性更好、成本低等优点,是一类新型的 OLED 发光材料[5]。

参考文献

[1] 黄春辉. 稀土配位化学. 北京:科学出版社,1997.
[2] 魏晨. 基于三齿配体的高效稀土发光配合物及其应用. 北京:北京大学,2017.
[3] 燕文超. 蓝光 d-f 跃迁稀土配合物的结构设计及发光性能. 北京:北京大学,2024.
[4] 刘志伟,卞祖强,黄春辉. 金属配合物电致发光. 北京:科学出版社,2019.
[5] Wang L, Fang P, Zhao Z, et al. Rare earth complexes with 5d-4f transition: New emitters in organic light-emitting diodes. J Phys Chem Lett. 2022,13(12),2686-2694.

案例 3.2 氢键结构的发展

撰写人:朱英(北京航空航天大学)

氢键是自然界中一种极其重要且普遍存在的分子间相互作用,对物质的物理和化学性质均会产生重要影响。例如,氢键的存在使水在常温下保持液态、冰可以漂浮在水面上、DNA 能够形成稳定的双螺旋结构以存储遗传信息等。

如 3.7 节所述,氢键是一种非共价、具有一定方向性和饱和性的分子间相互作用。当 H 原子与高电负性原子 X(如 F、O 或 N)形成共价键之后,由于共用电子对强烈地偏向 X 原子,使得 H 原子几乎成为"裸露"的质子,可以与另一高电负性原子或基团 Y 的孤电子对之间发生静电吸引作用,从而形成氢键,可表示为 X—H⋯Y,其中⋯表示氢键。X(有时也用 X—H)称为氢键的给体或供体(donor, D),Y 称为氢键的受体(acceptor, A),有时也用 D—H⋯A 表示。若 X 和 Y 为相同原子,形成的氢键称为对称氢键。

尽管氢键的基本概念已被广泛理解,但对于氢键的本质,目前学界仍存有争议。近年来的实验和理论研究表明,某些超强氢键具有接近共价键的键长和键能,显示出一定的共价性。对氢键的深入研究不仅能加深对分子间相互作用的理解,还对化学反应机理、材料科学以及药物设计等领域的实际应用都具有重要意义。

氢键及其振动频率

氢键的存在一般可通过红外光谱检测。当一束具有连续波长的红外线通过物质时,如果物质的分子中某个基团或化学键的振动频率与红外线的频率一致,分子就会吸收红外光,由基态跃迁至能量较高的振动激发态能级。用红外线的吸光度或透光率相对其频率或波长作图,即为红外光谱。在化学键的各种振动模式中,伸缩振动(stretching vibration)是一类原子沿化学键的键轴方向伸长和缩短的振动;当一个化学键做伸缩振动时,只有键长发生改变而键角保持不变。化学键的伸缩振动一般可视为简谐振动,其频率体现了化学键的键能及成键原子的质量。键能越大,伸缩振动的频率越高;两个成键原子的折合质量越小,伸缩振动的频率也越高。

注:红外光谱也是一种吸收光谱(参见 3.6 节),但与位于紫外-可见区的电子吸收光谱不同,它一般是位于远红外至中红外区的振动吸收光谱。此外,远红外区也对应于一些分子或基团的转动吸收光谱。

在氢键 X—H⋯Y 中，H⋯Y 键由于键能很小，一般难以直接在红外光谱中检测到。当未形成氢键时，X—H（X 为 F、O 或 N）键的伸缩振动频率通常位于 3000～4000 cm^{-1}。氢键的形成会使电子云在 X、H 和 Y 之间平均化，从而导致 X—H 的键能下降，振动频率显著降低。例如，游离 O—H 键的振动频率一般在 3600～3700 cm^{-1}，而形成氢键后，其振动频率下降为 2500～3300 cm^{-1}。形成的氢键越强，H⋯Y 的键长越短而 X—H 的键长越长，振动频率就越低；相反，氢键越弱，则 H⋯Y 越长而 X—H 越短，振动频率就相对较高。通过分析氢键的振动频率，可以推断分子中氢键的存在及其强度和特性。这对理解分子结构和分子间相互作用至关重要，也有助于深入研究分子的物理和化学性质。

非经典氢键

典型氢键通常是由含氢的强极性共价键（如 F—H、O—H 或 N—H）与另一个高电负性的原子（如 F、O 或 N）之间的静电相互作用形成，强度介于共价键与范德华力之间。除典型氢键之外，科学家们还发现了一些非经典的氢键形式，如 π 型氢键 X—H⋯π、双氢键 X—H⋯H—Y、过渡金属氢键 X—H⋯M、单电子氢键 X—H⋯e 等；这些发现为氢键研究带来了新的视角。

南京大学燕红教授团队与美国南卫理公会大学克雷默（Dieter Cremer）团队在 2016 年的《美国化学会志》上首次报道了一种新型非经典氢键：B—H⋯π 氢键。这种氢键涉及硼（B）和氢（H）化合物与芳香环之间的相互作用[1]。由于硼原子的电负性较低，一般预期 B—H 键通常会与芳香环产生排斥作用。然而该研究发现，在特定的分子环境中，B—H 键可以通过三中心二电子（2e-3c）成键模式获得局部正电性，从而与芳香环产生吸引作用，形成 B—H⋯π 氢键。该研究团队成功地在室温条件下观测到 B—H⋯π 氢键，并利用单晶 X 射线衍射（XRD）技术，精确地测定了碳硼烷的 B—H 键与䏼的芳基之间的相互作用距离，即 H⋯π 键长为 (2.40 ± 0.05) Å。量子化学计算进一步揭示了 B—H⋯π 氢键的成键本质是静电作用，其强度相当于 0.35 键级，与水分子中氢键的强度相似。B—H⋯π 氢键结构[1]如图 3.65 所示。

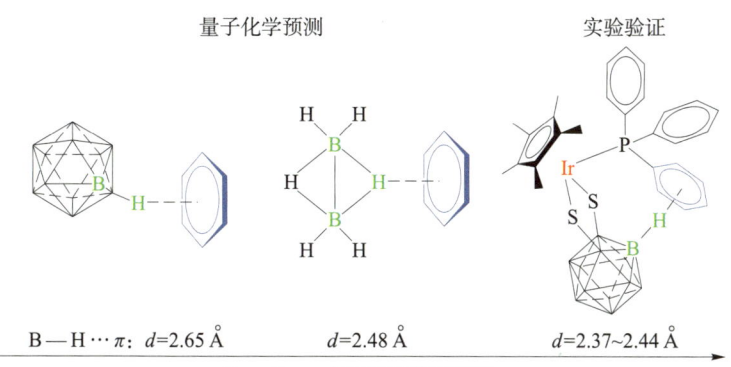

图 3.65　B—H⋯π 氢键的结构

这项研究的发现不仅扩展了对氢键多样性和复杂性的认识，而且为设计新型含硼药物分子提供了理论基础，有助于开发具有高生物亲和性的硼化合物。

氢键的直接观测

氢键作用力较弱,一般难以直接观测。2013 年中国科学院国家纳米科学中心的裘晓辉等利用非接触原子力显微镜(NC-AFM)技术,成功揭示了 8-羟基喹啉(8-hq)分子在 Cu(111)基底上形成的氢键网络[2]。他们通过实验首次直接确定了氢键的精确特征,包括键合位点、取向和键长等,如表观氢键键长(L)为 2.56(7) Å。这些测量结果为化学界长期探讨的"氢键的本质"问题提供了直观的证据。NC-AFM 技术获得的图像显示,氢键的对比度与分子内的共价键相当,这一发现得到了力谱测量的验证。这表明氢键不仅具有静电相互作用的特性,还展现出部分共价性质。此外,除了 O—H⋯N 典型氢键外,他们还观察到芳香环与 OH 基团或 N 原子之间的非经典氢键的形成。通过密度泛函理论(DFT)计算,研究者进一步分析了氢键的电子结构,发现在两个 8-hq 分子间形成氢键后,氢键位置处的电子密度重新分布,表明氢键在某些情况下具有类似共价键的性质。研究结果如图 3.66 所示。

注:非接触原子力显微镜技术是使振动的探针靠近而不直接接触样品,当二者靠近到一定距离时,针尖原子与样品原子之间的泡利排斥力将使探针的振动频率发生偏移。通过检测探针振动频率的变化,可以反映针尖原子与样品原子之间的相互作用力。

注:密度泛函理论(DFT)是一种用于研究多电子体系量子力学性质的计算方法。它通过电子密度而非波函数来描述体系的基态能量,从而大幅降低计算复杂度。DFT 在物理、化学、材料科学等领域广泛应用,尤其用于预测分子结构、能量、反应机制和材料性能。

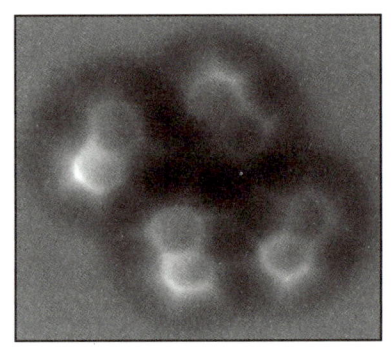 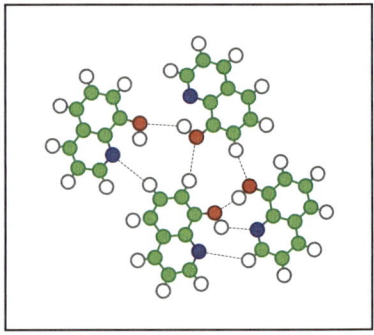

(a) 非接触原子力显微镜图　　(b) DFT模拟的氢键结构示意图

图 3.66　8-羟基喹啉在 Cu(111) 晶面上的自组装结构

这一研究不仅在原子尺度上深化了对氢键的理解,还为在纳米尺度上设计和调控化学反应提供了新的可能性。这些发现为氢键在分子组装、材料科学及化学反应中的调控提供了新的视角和策略。

强氢键——氢键与共价键的临界点

传统氢键是与供体(D)共价键连的氢原子和受体(A)之间的相互吸引作用,其强度远低于共价键。然而在某些特殊情况下,氢键的强度可以接近甚至达到共价键的水平,从而模糊这两者之间的界限。芝加哥大学托克马科夫(Andrei Tokmakoff)团队 2021 年发表在《科学》上的研究,深入探讨了由氢键向共价键过渡的现象,特别是通过对[F—H—F]⁻的研究,揭示了强氢键的本质[3]。

该团队利用飞秒激光二维红外光谱和量子化学计算方法,深入分析了水溶液中[F—H—F]⁻的氢键特性。在传统氢键中,供体和受体间的距离(F⋯F)较大(>2.7 Å),此时处于 F—H 共价键长时势能最低。随着 F⋯F 距离的缩短,氢键强度增加,势垒逐渐减小,直到质子的零点能足以克服该势垒,形成了平底单势阱。当 F⋯F 距离降至 2.4 Å 以下时,质子在供体和受体之间表现出更强的局域化,质子穿梭振动频率(ν^H)也随之升高。这表明质子穿梭振动、氢键弯曲振动(δ)和

注:飞秒(femtosecond,fs)是极短的时间尺度单位,1 fs = 10^{-15} s。飞秒激光二维红外光谱是一种通过多束超快(10^{-15} ~ 10^{-12} s)中红外(400 ~ 4000 cm⁻¹)激光对分子中化学键的振动模式进行顺序激发,从而获得关于分子动态及静态结构信息的方法。

F—F 伸缩振动（ν^{FF}）之间存在显著的耦合效应（振动模式如右图所示）。量子化学计算揭示当 F—F 距离小于 2.4 Å 时，氢键的电子结构发生了显著变化。具体而言，质子的 3s 轨道与 F 原子的 $2p_z$ 轨道重叠，形成新的 σ_g 分子轨道，表现出 H 介导的供体-受体键特性。这种结构使得质子在供体-受体之间运动时表现出强烈局域化状态，进一步增加了氢键的共价性。研究还表明，当 H 原子通过共价键与一个 F 原子结合时（F—H），其势能曲线表现为对称（图 3.67a）。然而当 H 原子同时与另一个 F 原子形成氢键时，原本的共价键被部分削弱，导致了势能曲线的不对称（图 3.67b）。随着氢键强度增加，共价键进一步削弱（图 3.67c 和 3.67d），最终质子在两个 F 原子之间均等共享，形成一种既非完全共价键、也非典型氢键的杂合键（图 3.67e）[4]。

质子穿梭振动

氢键弯曲振动

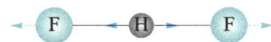

质子穿梭与 F—F 伸缩的耦合振动

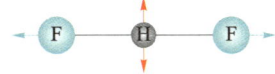

氢键弯曲与 F—F 伸缩的耦合振动

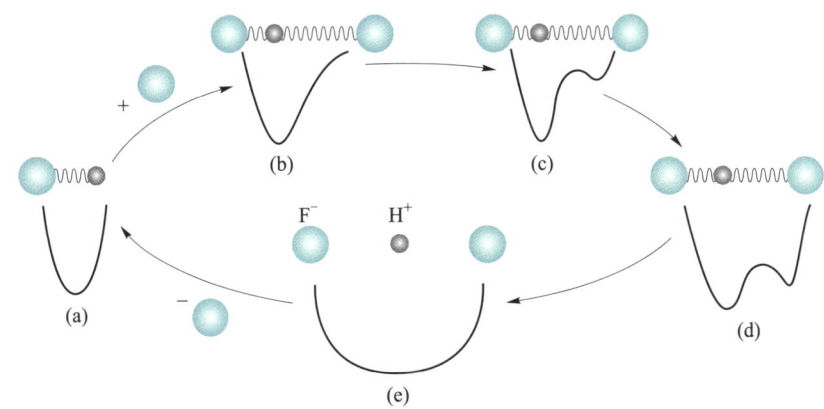

图 3.67 （a）共价键、（b）弱氢键、（c）中等强度氢键、（d）强氢键和（e）共价-氢键杂合键的关系及对应势能图

这种 [F—H—F]⁻ 体系的研究揭示了氢键与共价键之间的过渡特性，质子在这种体系中形成的键既不属于传统的氢键，也不完全是共价键，而是二者的融合体。这种独特的键合形式在理论上具有重要意义，同时在实际应用中也可能带来新的启示。

在氢键研究的前沿领域，这些成果极大地深化了对分子间相互作用的理解。通过引入这些前沿研究成果，可以在教学中提供现代化的科学内容和创新的工具，帮助学生解决复杂的科学问题。例如，在化学、材料科学和药物设计等领域的应用研究中，强氢键的理解能够指导新材料的开发和药物分子的设计。通过这些教学探索，期望能激发学生对化学科学的持久兴趣和探索精神，并为他们未来的科研和职业生涯提供充分的支持和准备。

参考文献

[1] Zhang X, Dai H, Yan H, et al. B-H···π interaction: A new type of nonclassical hydrogen bonding. J Am Chem Soc, 2016, 138: 4334-4337.

[2] Zhang J, Chen P, Yuan B, et al. Real-space identification of intermolecular bonding with atomic force microscopy. Science, 2013, 342: 611-614.

[3] Dereka B, Yu Q, Lewis N H C, et al. Crossover from hydrogen to chemical bonding. Science, 2021, 371: 160-164.

[4] Bonn M, Hunger J. Between a hydrogen and a covalent bond. Science, 2021, 371: 123-124.

注：按基本形态分类，能源可分为一次能源和二次能源。一次能源又称天然能源，是自然界中以原有形式存在的、未经加工转化的能源，如原煤、原油、天然气等。二次能源又称人工能源，是一次能源经过加工转化的能源；可分为过程性能源（如电能、潮汐能等）和含能体能源（如汽油、柴油等）。

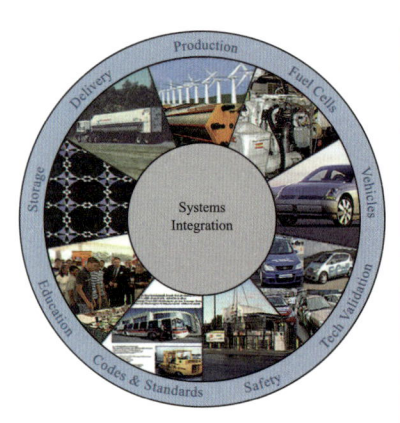

氢经济

案例 3.3 储氢材料的结构

撰写人：芦昌盛（南京大学）

氢能是氢在物理与化学变化过程中释放的能量，是一种新型的含能体能源。氢能的主要优点有：燃烧热值高，燃烧同等质量的氢所产生的热量约为汽油的三倍；燃烧产物仅为水，是清洁环保的绿色能源；利用率高，能源转化效率远超汽油、煤等传统化石燃料；资源丰富，可以由水直接制取。氢能的开发和利用受到包括我国在内的世界各国的广泛重视，甚至提出"氢经济"时代的说法。

氢经济与氢储运

"氢经济"（hydrogen economy）是在20世纪70年代提出的一种以氢为媒介的未来经济结构设想，被认为是应对气候变化和实现可持续发展的重要途径之一。氢经济通过氢的生产、储存、运输和利用来替代传统化石燃料，旨在减少CO_2等温室气体的排放，从而实现更为清洁的能源结构。

在氢经济的实施过程中，氢的高效储存和运输是连接生产端和消费端的桥梁，也是整个产业链的关键技术挑战之一。储氢技术要求能量密度（包含质量储氢密度和体积储氢密度）大、能耗少、安全性高等。国际能源署（IEA）曾经对车用储氢材料提出产业目标，包括质量储氢密度大于5%（质量分数）、体积储氢密度大于50 kg $H_2 \cdot m^{-3}$、释放氢能温度低于423 K 及循环寿命超过1000次[1]。

从这个目标来看，目前仅有液氢储存技术能满足上述指标，但液态储氢条件能耗大且安全系数低，缺乏适用可行性。因此，开发高容量储氢材料将在很长一段时间内成为研究热点领域，并且作为关键基础性科学问题已被列入2010年国家重点基础研究发展计划。

储氢材料的分类

目前，储氢材料基本包括以下几类：金属/合金储氢材料、碳质储氢材料、有机液体储氢材料、配合物储氢材料及氨硼烷储氢材料等。金属/合金是发展较快且较为成熟的储氢材料，具有实用价值的包括稀土系AB_5型、钛系AB型、镁系A_2B型等，其中A元素是可形成较为稳定氢化物的金属（包括La、Ce等稀土金属和Ti、Zr、Mg、V等金属），而B元素则是难以形成氢化物但具有催化活性的金属（如Ni、Co、Fe、Mn、Al等）。

稀土储氢材料自1968年被发现至今，经过多年研究已经取得较大进展，目前已发展出以La、Ce为主的系列储氢材料，对我国稀土资源的综合利用具有重大战略意义。这些合金中的典型代表是$LaNi_5$，具有易活化、氢释放压适中、吸放氢动力学性能优良、不易发生材料中毒等优点；其缺点包括吸氢后晶格膨胀而易粉化、储氢容量偏低、价格昂贵等。近年来，由$LaNi_5$发展而来的众多稀土系合金如$LnNi_{3.55}Co_{0.75}Mn_{0.4}Al_{0.3}$（Ln 为混合稀土，主要成分为 La、Ce、Pr、Nd）[2,3]，已广泛应用于储氢材料。

LaNi₅合金的结构和性质

LaNi₅晶体结构属于CaCu₅型,如图3.68a所示,归属六方晶系;在较低温度下可以吸收氢气,而在140 ℃释氢较快。该合金可以用化学计量比的金属单质混合,经高温熔炼后再粉碎制得,也可用化学还原法或气相沉积法制备;可用于储运氢气、燃料电池、氢的分离提纯、丙烯氢化催化剂等。

LaNi₅晶胞由两种结构不同的层交替堆积而成(图3.68a)。当分层观察晶胞内原子之间的相互位置关系时会发现,如果将素晶胞的底面上紧邻晶胞的Ni原子也画出来,易知该层内原子的点阵形式可以简化为类似蜂巢结构(图3.68b)。而晶胞中间原子层的排列规律,可以简化为图3.68c的形式。因此,LaNi₅素晶胞的空间排列规律,可以用以上两层原子的简化结构进行组合,得到图3.68d的代表性模式(从平行晶轴方向观察)。显然,这样的结构具有简单六方晶胞的特征,因此LaNi₅归属于六方晶系。

LaNi₅的储氢机制

LaNi₅合金的储氢机制与其晶胞内的空隙类型和数目有关。LaNi₅晶胞内有6个变形四面体空隙(图3.69a,用三角形表示),每个空隙由2La+2Ni共4个原子围成。晶胞中还有3个变形八面体空隙(即8×1/4+2×1/2=3,图3.69b,用正方形表示),每个空隙由2La+4Ni共6个原子围成。

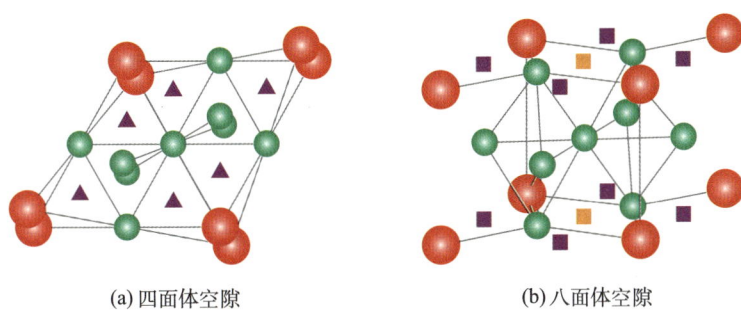

(a) 四面体空隙　　　　(b) 八面体空隙

图3.69　LaNi₅晶胞内的空隙类型和数目

八面体空隙可以从图3.70进行描述和计数:如果把平行六面体素晶胞中垂直于晶轴方向的原子层分别标识,可得图3.70a;晶胞上、下底面等同,故只用一套标识。从图3.70b中可以观察到,在晶胞上底面棱边La1—La2处,通过相邻晶胞原子进行连线可得八面体空隙(由La1、Ni1、La2、Ni2′、Ni3和Ni3′围成,中心处用■标记);此空隙在晶胞内的占有率只有1/4,在8条棱边上各有一处,故晶胞内共有此类空隙数为8×1/4=2。此外,该晶胞上底面中心处还有一处八面体空隙(由La2、Ni1、La4、Ni2、Ni7和Ni7′围成,中心处用■标记);此空隙在晶胞内的占有率为1/2,在上、下底面中心处各有一处,晶胞内该类型八面体空隙数为2×1/2=1。因此LaNi₅晶胞内总计有3个八面体空隙。

根据文献计算结果,LaNi₅晶胞内八面体空隙、四面体空隙及其组成原子半径大小的参考值列于表3.10中。

注:素晶胞是晶体晶格的最小单位,其内容物即结构基元。素晶胞不一定是对称性最高的单位,形状也可能较不规则。例如,NaCl晶体的素晶胞是一个夹角为60°的菱面体,但通常使用如图3.58b所示的面心立方晶胞来表示NaCl的晶体结构。后者为复晶胞,其内容物是素晶胞的4倍,更能体现NaCl晶体的对称性。

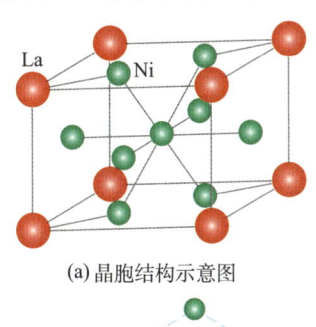

(a) 晶胞结构示意图

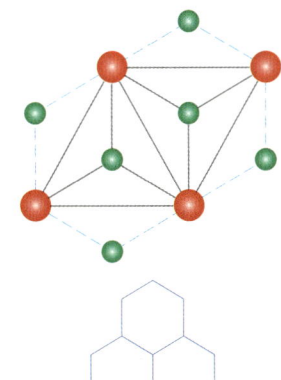

(b) 晶胞底面结构示意图

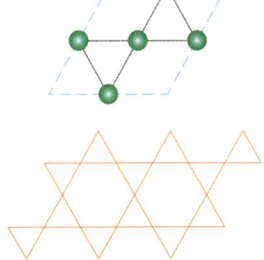

(c) 晶胞中间截面结构示意图

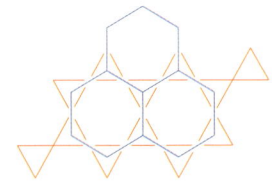

(d) 两层点阵缩略图复合

图3.68　LaNi₅晶体结构示意图:红色小球代表La原子,绿色小球代表Ni原子

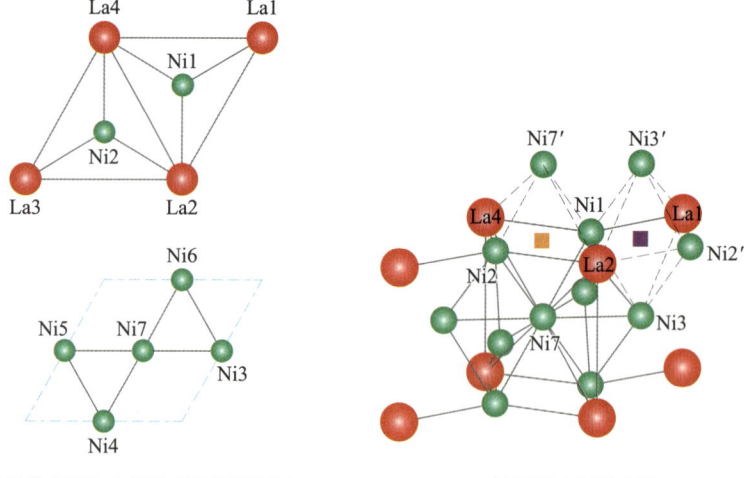

(a) 晶胞底面和中间截面的原子标识　　(b) 两类八面体空隙

图 3.70　LaNi₅ 晶胞内的八面体空隙

表 3.10　LaNi₅ 晶胞内的空隙种类、组成和大小

种类	组成	空隙内径或半径/Å
八面体空隙	La2Ni4	0.3126
四面体空隙	La2Ni2	0.5548
四面体空隙	Ni4	0.3927
La 原子	La	1.877
Ni 原子	Ni	1.246
H 原子	H	0.46

根据韦斯特莱克(D. G. Westlake)等人的研究结果[4-6]，在 LaNi₅ 晶格中，氢原子最先填充的位置是半径大于 0.4 Å 的四面体空隙，即由 La2Ni2 构成的四面体空隙。从表 3.10 可见，虽然由 4 个 Ni 原子形成的四面体空隙大小与 H 原子半径接近，但由于仅含与 H 难于形成氢化物的单一金属，故不是填充 H 原子的首选。由 La2Ni2 构成的四面体空隙数为 6，因此通常认为晶胞内吸附的 H 原子数为 6。但在储氢过程中晶胞具有一定的变形性，所以实际储氢量会略有变化[7]。

结合 X 射线衍射技术，经计算可得 LaNi₅ 合金及其氢化物的晶胞参数。常见的改进型合金(例如掺入少量 Al 以取代 Ni)的分析结果与之类似，列于表 3.11 中。Al 含量增加使晶胞参数变大，且 c 轴轴向增量比 a 轴略大；LaNi₄.₅Al₀.₅ 晶胞体积比 LaNi₅ 增加 2.3%。Al 含量增加使得吸氢过程阻力下降，吸氢速率提高。

表 3.11　LaNi$_{5-x}$Al$_x$ 合金及氢化物的晶胞参数[8-9]

合金	a/Å	c/Å	V/Å³
LaNi₅	5.016	3.984	86.8
LaNi₄.₉Al₀.₁	5.018	3.996	87.1
LaNi₄.₇Al₀.₃	5.032	4.008	87.9
LaNi₄.₅Al₀.₅	5.043	4.030	88.8
LaNi₄.₅Al₀.₅H₆	5.301	4.168	101.4
LaNi₅H₆.₅	5.399	4.290	108.3

以氢化物的方式进行化学储氢的材料也具有良好发展潜力,包括氨硼烷类、配位氢化物(LiAlH$_4$等)以及金属氢化物(MgH$_2$等)。尽管这些氢化物普遍具有比合金储氢材料更高的储氢性能,但较高的工作温度和较差的循环可逆性限制了它们的大规模应用。例如,MgH$_2$的储氢密度高(质量分数7.6%)、无毒无害、可逆性好、兼具氢净化功能,但是其脱氢焓较高(约76 kJ·mol^{-1})、脱氢活化能大(约160 kJ·mol^{-1}),导致工作温度较高。因此,设计和开发在适宜温度下能够快速吸氢和释氢的储氢材料仍然是一个艰难挑战。

参考文献

[1] 周素芹,陈晓春,居学海,等. 储氢材料研究进展. 材料科学与工程学报,2010,28(5):783-790.

[2] Willims J J G, Buschow K H J. Structural property from permanent magnets to rechargeable hydride electrodes. J Less-Common Met, 1987, 129:13-30.

[3] 苑慧萍,李志念,沈浩,等. 稀土储氢材料的研究进展. 中国材料进展,2023,42(2):98-104.

[4] Westlake D G. A geometric model for the stoichiometry and interstitial site occupancy in hydrides (deuterides) of LaNi$_5$, LaNi$_4$Al and LaNi$_4$Mn. J Less-Common Met, 1983, 91:275-292.

[5] Soubeyroux J L, Percheron-Guegan A, Achard J C. Localization of hydrogen in α-LaNi$_5$H$_{0.1}$, α-LaNi$_5$H$_{0.4}$. J Less-Common Met, 1987, 129:181-186.

[6] 袁满雪,韩剑文,赖城明. LaNi$_5$储氢材料中储氢状态的理论研究. 南开大学学报(自然科学),1998,31(1):84-89.

[7] 钱存富,杜昊,王洪祥. LaNi$_5$型储氢材料最大储氢量的讨论. 稀有金属材料与工程,2000,29(1):25-27.

[8] Tatsumi K, Tanaka I, Inui H, et al. Atomic structures and energetics of LaNi$_5$-H solid solution and hydrides. Phys Rev, B 2001, 64, 184105.

[9] Hector L G, Herbst J F, Capehart T W, et al. Electronic structure calculations for LaNi$_5$ and LaNi$_5$H$_7$: Energetics and elastic properties. J Alloys Compd, 2003, 353:74-85.

习题

3.1 画出下列分子或离子的路易斯结构并标明非零的形式电荷:CO$_2$、COCl$_2$、HCN、PH$_4^+$、H$_2$O$_2$、CH$_3$CHO、N$_2$O$_3$、N$_2$H$_4$、HNO$_3$、NO$_3^-$。

3.2 根据VSEPR理论填写下表。

分子或离子	电子组构型	VSEPR表示法	分子构型	理想键角	图示	分子极性
P$_4$						
NO$_2$						
BO$_3^{3-}$						
NF$_3$						
SiF$_4$						

分子或离子	电子组构型	VSEPR 表示法	分子构型	理想键角	图示	分子极性
H_2S						
SO_3^{2-}						
AsO_3^{3-}						
ClO^-						
ClO_2^-						
ClO_3^-						
ClO_4^-						

3.3 根据 VSEPR 理论和杂化轨道理论,画出下列分子的形状,标出其理想键角和每一个键的键型(如 sp^2-pσ 键),并注明是等性杂化还是不等性杂化:NH_2OH、CH_3COOH、CH_3OCH_3、C_6H_5OH。

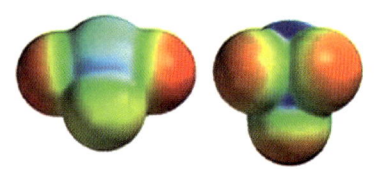

3.4 如左图所示的两张静电势图所对应的分子,一个仅含 Cl 和 F 原子,另一个仅含 P 和 F 原子。写出这两个化合物的分子式,将静电势图与分子式相匹配并解释原因。

3.5 LiBr 的偶极矩和键长分别为 7.268 D 和 217.0 pm,NaCl 的偶极矩和键长分别为 9.001 D 和 236.1 pm。计算这两个键的离子性百分数,并与图 3.3 中的数据进行比较。

3.6 (1) 已知 H_2O 分子的键角为 104.5°,偶极矩为 1.85 D,计算 H_2O 分子中 H—O 键的键矩。

(2) 已知 H—S 键的键矩为 0.67 D,H_2S 分子的偶极矩为 0.93 D,计算 H_2S 分子的键角。

(3) 已知 $CHCl_3$ 的偶极矩为 1.04 D,C—Cl 键和 C—H 键的键矩分别为 1.87 D 和 0.30 D,估算 $CHCl_3$ 的 H—C—Cl 键角。

3.7 具有交替单、双键的共轭烃是典型的大 π 共轭体系之一。分别绘制 1,3,5-己三烯和 1,3,5,7-辛四烯的 π 型分子轨道能级图,并指出对应的前线轨道。如果将电子从 HOMO 激发到 LUMO,哪种物质所需能量对应光的波长更短?为什么?

3.8 Si 的带隙对应能量为 110 kJ·mol^{-1}。试计算将电子由 Si 的价带激发至导带所需光的最短波长,并说明其属于电磁波谱的哪个区域。

3.9 指出下列配合物的中心离子、配体、配位原子、配位数、配位单元电荷数以及配合物名称:$K_2[PtCl_6]$、$[Ag(NH_3)_2]Cl$、$Co(NO_2)_3(NH_3)_3$、$[Cr(en)_3]Cl_3$、$Ni(CO)_4$、$K_2Na[Co(ONO)_6]$。

3.10 分别绘制 Cr^{3+}、Cr^{2+}、Mn^{2+}、Fe^{2+}、Co^{3+} 和 Co^{2+} 在八面体场强场和弱场的轨道能级图,指出未成对电子数和磁性,并计算晶体场稳定化能。

3.11 按照熔、沸点由低到高的顺序依次排列下列物质:(1) H_2、CO、Ne、HF;(2) CI_4、CCl_4、CBr_4、CF_4;(3) Br_2、BrCl、ICl、IBr。

3.12 已知金属 Fe 的点阵型式为体心立方，晶胞参数为 $a = 0.409$ nm。

(1) 求 Fe 的金属半径和晶胞体积。
(2) 计算一个晶胞内 Fe 的原子数。
(3) 计算 Fe 的密度。

3.13 某蛋白质是正交晶体，晶胞参数为 $a = 13.0$ nm，$b = 7.48$ nm，$c = 3.09$ nm。已知晶体密度为 1.315 kg·dm^{-3}，每个晶胞中有 6 个分子，求该蛋白质的摩尔质量。

3.14* sp 杂化轨道是 s 轨道与 p 轨道的线性组合。例如，2s 与 2p$_z$ 轨道的组合为

$$\begin{cases} \psi_1(\mathrm{sp}) = \dfrac{1}{\sqrt{2}}[\psi(2\mathrm{s}) + \psi(2\mathrm{p}_z)] \\ \psi_2(\mathrm{sp}) = \dfrac{1}{\sqrt{2}}[\psi(2\mathrm{s}) - \psi(2\mathrm{p}_z)] \end{cases}$$

在表 2.9 中查找对应的波函数，通过线性组合构建 H 原子的 $\psi_1(\mathrm{sp})$ 和 $\psi_2(\mathrm{sp})$ 函数，试绘制其在 xz 平面的极坐标图，并与图 3.11c、d 相比较。

3.15* 请根据案例 3.3 描述的 LaNi$_5$ 晶胞特征回答下述问题：

(1) 如果将 La 原子放在晶胞原点，写出晶胞中所有 Ni 原子的坐标参数。
(2) 计算同一层内以及相邻层间 Ni 原子的最短距离。

第四章
物质状态

气体
4.1 理想气体 …………… 142
4.2 气体分子运动论 …………… 147
4.3 实际气体 …………… 153
凝聚态与相图
4.4 凝聚态 …………… 157
4.5 相图 …………… 164
溶液
4.6 溶液 …………… 168
案例4.1 渗透压的应用 …………… 178
习题 …………… 181

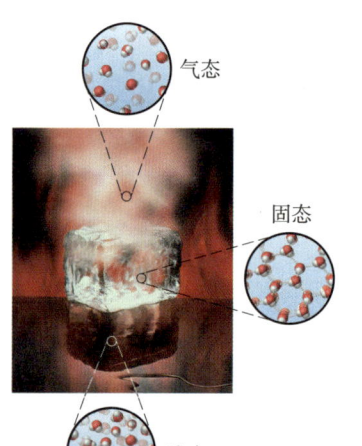

水的气、液、固三态

前两章介绍了原子结构、分子结构与晶体结构。所有物质均由原子构成,原子之间通过化学键相互结合形成分子。原子、分子等微观物质单元之间存在各种相互作用,通过这些相互作用进一步结合,进而形成宏观世间万物。同时,也正是由于这些相互作用的存在,使得宏观物质表现出各种不同的性质和状态,其中最常见的三种物质状态为:气态(gas)、液态(liquid)和固态(solid)。本章将从气体开始,按照从理想气体到实际气体、从实验观察到理论推导的顺序来讲解;然后介绍统称为凝聚态的液态和固态;最后过渡到一种混合物:溶液。

4.1 理想气体
(Ideal Gas)

在气、液、固三态中,气体分子之间的相互作用最弱,结构和性质也最为简单。从17世纪开始,科学家们就对气体进行了大量实验观察,并总结出一系列气体定律;在19世纪中叶提出了气体分子运动论,作为对气体定律和气体性质的解释。对气体体系的研究,从实验观察、到气体定律、再到理论模型,可视为1.1节中科学发展过程的一个典型案例。

理想气体基本假定

人类生活的宏观世界是一个包含多种彼此之间相互影响因素的复杂世界。能够从一系列非关键因素中区分出关键因素,或者说从复杂体系中提炼出简化模型,是科学研究中的一种非常重要的能力。对于气体这一研究体系,**理想气体**(ideal gas)是科学家们从实际气体中简化出的、符合以下两条基本假定的一种模型:

1) 理想气体分子之间的距离极大,分子间作用力可忽略不计。
2) 理想气体分子极小,占据的空间可忽略不计,可视为**质点**(point mass)。

在高温和低压条件下,实际气体分子之间的距离相当大,分子间作用力极其微弱,可忽略不计。同时,实际气体的体积远大于气体分子自身占据的空间,因此气体分子自身占据的空间也可忽略。这种条件下的实际气体满足理想气体的两条基本假定,其性质很接近理想气体。因此理想气体可视为实际气体在高温低压条件下的一种极限情况,研究理想气体的性质具有实际意义。注意,这种先简化实际研究对象,从中构建出理想模型以便于研究,再经过一些必要的修正,将理想模型应用回实际研究对象的方法,是科学研究中处理复杂体系时的一种常用方法。关于实际气体的更多讨论详见 4.3 节。

简单气体定律

关于气体的压强 P、体积 V、热力学温度 T 和物质的量 n,科学家们从大量实验观察中总结出如下几个**简单气体定律**(simple gas law):

1) **玻意耳定律**(Boyle's law):当 n 和 T 恒定时,V 与 P 成反比,如图 4.1a 所示,即

$$V \propto \frac{1}{P} \tag{4.1}$$

2) **查理定律**(Charles's law):当 n 和 P 恒定时,V 与 T 成正比,如图 4.1b 所示,即

$$V \propto T \tag{4.2}$$

其中热力学温度(也称绝对温度或开氏温度)T 与摄氏温度 t 的换算关系为:

$$T(\text{K}) = t(\text{℃}) + 273.15 \tag{4.3}$$

根据查理定律,$-273.15\ \text{℃}$ 或 $0\ \text{K}$ 以下理想气体的体积将为负值,而气体体积不可能为负值,因此将 $-273.15\ \text{℃}$ 或 $0\ \text{K}$ 定义为**绝对零度**(absolute zero of temperature)。

3) **阿伏伽德罗定律**(Avogadro's law):当 P 和 T 恒定时,V 与 n 成正比,如图 4.1c 所示,即

$$V \propto n \tag{4.4}$$

理想气体状态方程

除 P、T 和 n 之外,理想气体体积 V 不与其他物理量相关。综合以上三个与 V 相关的简单气体定律,可得如下关系:

$$V \propto \frac{nT}{P} \tag{4.5}$$

定义**摩尔气体常数**(molar gas constant,R)为 V 与 nT/P 的比例系数,则有

$$R = \frac{V}{nT/P} = \frac{PV}{nT} \tag{4.6}$$

即

$$PV = nRT \tag{4.7}$$

式(4.7)称为**理想气体状态方程**(ideal gas equation),式中包含四个变量及一个常数 R。

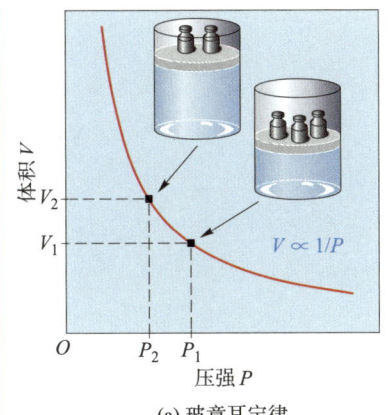

(a) 玻意耳定律

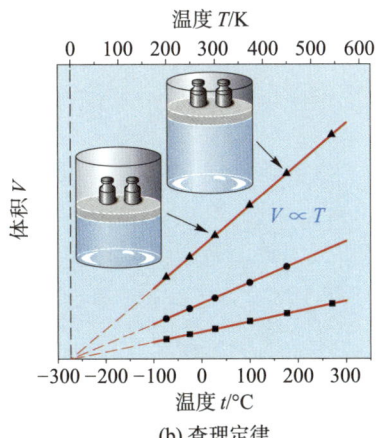

(b) 查理定律

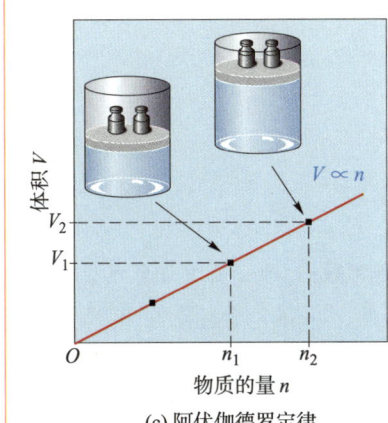

(c) 阿伏伽德罗定律

图 4.1 简单气体定律

由于气体的很多性质(如密度、摩尔体积等)均与温度和压强相关,因此定义一组**温度和压强的标准状况**(standard conditions of temperature and pressure, STP,简称**标况**)非常有用,这样就可以在标况下比较不同气体的性质。历史上 STP 的定义各不相同,本书采用 IUPAC 自 1982 年以来所使用的版本,将 STP 定义为

$$T = 0\ ℃ = 273.15\ K \quad 且 \quad P = 1\ bar = 10^5\ Pa$$

气体的**摩尔体积**(molar volume, V_m)定义为 1 mol 气体的体积,即

$$V_m = \frac{V}{n} = \frac{RT}{P} \tag{4.8}$$

标况下理想气体的摩尔体积为 22.711 L,由此数值可计算摩尔气体常数 R 的值为

$$R = \frac{PV_m}{T} = \frac{10^5\ Pa \times 22.711 \times 10^{-3}\ m^3 \cdot mol^{-1}}{273.15\ K}$$

$$= 8.3145\ Pa \cdot m^3 \cdot mol^{-1} \cdot K^{-1}$$

注:本教材中涉及的一些常数值总结在附录 B。

R 值也可取 $8.3145\ J \cdot mol^{-1} \cdot K^{-1}$、$8.3145\ kPa \cdot L \cdot mol^{-1} \cdot K^{-1}$ 或 $0.082057\ atm \cdot L \cdot mol^{-1} \cdot K^{-1}$ 等。

理想气体状态方程可用于计算气体的**摩尔质量**(molar mass, M),将 $n = m/M$ 代入,可得

$$PV = \frac{m}{M}RT$$

即

$$M = \frac{m}{n} = \frac{mRT}{PV} \tag{4.9}$$

理想气体状态方程还可用于计算气体密度,将**密度**(density)的定义式 $\rho = m/V$ 代入,可得

$$P\frac{m}{\rho} = \frac{m}{M}RT$$

即

思考题:为什么通常说氦气比空气"轻"而二氧化碳比空气"重"?试通过计算比较三种气体的密度。

$$\rho = \frac{PM}{RT} = \frac{M}{V_m} \tag{4.10}$$

故理想气体的密度与其摩尔质量成正比,与其摩尔体积成反比。

》例 4.1 丙烯(C_3H_6)是一种重要的工业合成原料,被广泛应用于塑料、纤维和橡胶的合成领域,特别是用于生产聚丙烯塑料。一玻璃容器在干净、干燥且真空时质量为 40.1305 g,装满 25.0 ℃ 纯水后质量为 138.2410 g,此时纯水的密度为 0.9970 g·mL^{-1}。该玻璃容器在 0.9741 atm 和 24.0 ℃ 条件下填充丙烯气体后质量

为 40.2959 g,计算丙烯在此条件下的摩尔质量及在标况下的密度。

> **解**:玻璃容器的体积即纯水的体积,可计算为

$$V = \frac{m}{\rho} = \frac{(138.2410 - 40.1305) \text{ g}}{0.9970 \text{ g} \cdot \text{mL}^{-1}} = 98.41 \text{ mL}$$

丙烯气体的质量为 $m = 40.2959 \text{ g} - 40.1305 \text{ g} = 0.1654 \text{ g}$

丙烯的摩尔质量为

$$M = \frac{mRT}{PV} = \frac{0.1654 \text{ g} \times 0.082057 \text{ atm} \cdot \text{L} \cdot \text{mol}^{-1} \cdot \text{K}^{-1} \times 297.2 \text{ K}}{0.9741 \text{ atm} \times (98.41 \times 10^{-3}) \text{ L}} = 42.08 \text{ g} \cdot \text{mol}^{-1}$$

将丙烯视为理想气体,标况下的摩尔体积为 22.711 L,故密度为

$$\rho = \frac{M}{V_m} = \frac{42.08 \text{ g} \cdot \text{mol}^{-1}}{22.711 \text{ L} \cdot \text{mol}^{-1}} = 1.853 \text{ g} \cdot \text{L}^{-1}$$

混合气体分压与分体积定律

气体常以混合物的形式存在。显然,简单气体定律和理想气体状态方程对于单一气体和互不反应的混合气体均适用,因为气体定律最初就是基于空气的数据推导出的,而空气显然是混合气体。

由两种或两种以上气体组成的体系称为**混合气体**(mixture gas),组成混合气体的每种气体都称为**组分气体**(component gas)。在空气这一混合气体中,N_2、O_2、CO_2 等均为其组分气体。如果混合气体由 N 种组分气体组成,其中第 i 种组分气体的物质的量用 n_i 表示,混合气体总物质的量用 $n_{总}$ 表示,易得

$$n_{总} = \sum_{i=1}^{N} n_i$$

其中第 i 种组分气体的**摩尔分数**(mole fraction) x_i 定义为

$$x_i = \frac{n_i}{n_{总}} \tag{4.11}$$

显然有

$$1 = \sum_{i=1}^{N} x_i \tag{4.12}$$

如果将理想气体状态方程应用于混合气体,可对所有变量均加一个下标"总"来表示混合气体的总量。混合气体的总压 $P_{总}$ 和总体积 $V_{总}$ 可由总物质的量 $n_{总}$ 决定,分别有

$$P_{总} = \frac{n_{总} RT}{V_{总}} \quad \text{且} \quad V_{总} = \frac{n_{总} RT}{P_{总}}$$

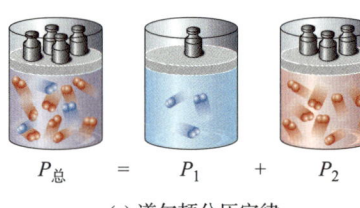

(a) 道尔顿分压定律

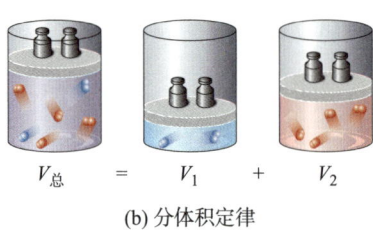

(b) 分体积定律

图 4.2 气体分压定律和分体积定律示意图

混合气体中某一组分气体的**分压**(partial pressure)定义为该组分气体单独占据容器(即具有容器的总体积)时所具有的压强。根据上述定义,对于由 N 种组分气体组成的混合气体,其中第 i 种组分气体的分压可表示为

$$P_i = \frac{n_i RT}{V_\text{总}} \tag{4.13}$$

对于理想混合气体,每一组分气体都可以均匀地充满容器空间,各组分气体的分压不会因其他组分气体的存在而改变,因此理想混合气体的总压等于各组分气体的分压之和,如图 4.2a 所示,可表示为

$$P_\text{总} = \sum_{i=1}^{N} P_i \tag{4.14}$$

这一气体定律由英国科学家道尔顿(John Dalton)在 1807 年首先提出,故称**道尔顿分压定律**(Dalton's law of partial pressure)。

与分压的定义类似,混合气体中某一组分气体的**分体积**(partial volume)定义为该组分气体单独具有总压时所占据的体积。根据上述定义,对于由 N 种组分气体组成的混合气体,其中第 i 种组分气体的分体积可表示为

$$V_i = \frac{n_i RT}{P_\text{总}} \tag{4.15}$$

理想混合气体的总体积等于各组分气体的分体积之和,称为**分体积定律**(law of partial volume),如图 4.2b 所示,可表示为

$$V_\text{总} = \sum_{i=1}^{N} V_i \tag{4.16}$$

注意: 分压 P_i 的定义中对应的体积为混合气体总体积 $V_\text{总}$,分体积 V_i 的定义中对应的压强为混合气体总压 $P_\text{总}$。$P_i V_\text{总}$ 和 $P_\text{总} V_i$ 的乘积均等于 $n_i RT$。

式(4.13)和式(4.15)可统一记为

$$P_\text{总} V_i = P_i V_\text{总} = n_i RT \tag{4.17}$$

考虑第 i 种组分气体与总混合气体的比值,有

$$\frac{P_i}{P_\text{总}} = \frac{n_i RT / V_\text{总}}{n_\text{总} RT / V_\text{总}} = \frac{n_i}{n_\text{总}} = x_i$$

$$\frac{V_i}{V_\text{总}} = \frac{n_i RT / P_\text{总}}{n_\text{总} RT / P_\text{总}} = \frac{n_i}{n_\text{总}} = x_i$$

因此

$$\frac{P_i}{P_\text{总}} = \frac{V_i}{V_\text{总}} = \frac{n_i}{n_\text{总}} = x_i \tag{4.18}$$

考虑第 i 种组分气体与第 j 种组分气体的比值,有

$$\frac{P_i}{P_j} = \frac{V_i}{V_j} = \frac{n_i}{n_j} = \frac{x_i}{x_j} \tag{4.19}$$

>> **例 4.2** 当冷却到室温时,部分 NO_2 会发生反应形成二聚体 N_2O_4,反应方程式为:$2NO_2 \longrightarrow N_2O_4$。若将 15.2 g NO_2 置于一个 10.0 L 高温烧瓶中,并将烧瓶冷却至 25 ℃,测得其总压为 0.500 atm,求烧瓶中 NO_2 和 N_2O_4 的分压和摩尔分数。

>> **解**:NO_2 的初始物质的量为

$$n_0 = \frac{m}{M} = \frac{15.2 \text{ g}}{46.01 \text{ g} \cdot \text{mol}^{-1}} = 0.330 \text{ mol}$$

烧瓶冷却至 25 ℃ 后瓶中气体的总物质的量为

$$n_{总} = \frac{P_{总} V_{总}}{RT} = \frac{0.500 \text{ atm} \times 10.0 \text{ L}}{0.082057 \text{ atm} \cdot \text{L} \cdot \text{mol}^{-1} \cdot \text{K}^{-1} \times 298 \text{ K}} = 0.204 \text{ mol}$$

设反应过程中生成 N_2O_4 的物质的量为 x,则有

$$2NO_2 \longrightarrow N_2O_4$$

初始物质的量/mol	0.330	0
最终物质的量/mol	0.330 − 2x	x

$$0.330 - 2x + x = 0.204$$

$$x = n(N_2O_4) = 0.126 \text{ mol}$$

$$P(N_2O_4) = \frac{n(N_2O_4)}{n_{总}} P_{总} = \frac{0.126 \text{ mol}}{0.204 \text{ mol}} \times 0.500 \text{ atm} = 0.309 \text{ atm}$$

$$n(NO_2) = n_{总} - n(N_2O_4) = 0.204 \text{ mol} - 0.126 \text{ mol} = 0.078 \text{ mol}$$

$$P(NO_2) = P_{总} - P(N_2O_4) = 0.500 \text{ atm} - 0.309 \text{ atm} = 0.191 \text{ atm}$$

4.2 气体分子运动论
(Kinetic-Molecular Theory of Gases)

理想气体状态方程 $PV = nRT$ 是一条从实验观察中概括总结的自然定则,为了理解为什么该自然定则成立,即为什么 PV 的乘积恰好等于 nRT 的乘积,科学家们在 19 世纪中叶建立了一个称为**气体分子运动论**(kinetic-molecular theory of gases)的理论。在此基础之上,20 世纪又发展了**统计力学**(statistical mechanics),这是采用概率统计的方法,对由大量微粒组成的宏观体系的性质和规律做出微观解释的科学分支。本节仅简介气体分子运动论。

三点基本假定

所有理论均从基本假定开始,气体分子运动论也不例外。该理论有以下三点基本假定:

1) 气体由大量可视为质点的微粒(分子、原子等)组成,这些微粒做连续不断、无

规则的直线运动。

2) 微粒之间以及微粒与器壁之间发生快速的弹性碰撞,在碰撞过程中能量和动量均守恒。

3) 微粒之间的距离很大,除碰撞之外微粒之间没有相互作用,微粒自身的体积可忽略不计。

压强体积方程及其意义

所有的理论都是通过缜密的逻辑或数学规律来推导结论,气体分子运动论亦是如此。这里介绍一种科研中常见的简化推导方法,即将一个三维空间的复杂问题先降至一维、经过简化的推导之后再由一维回归三维的方法。该方法在气体分子运动论中有效,是因为在这种情况下所有三个维度(即 x、y 和 z)均是完全等价的。

先考虑一维(x 方向)的情况。假定在边长为 l 的立方体容器中有一个质量为 m 的微粒,以 v_x 的速率垂直碰撞某一器壁,如图 4.3 所示。根据牛顿第二运动定律,该气体微粒弹性撞击器壁时对器壁施加的力在 x 方向的分量 f_x 为

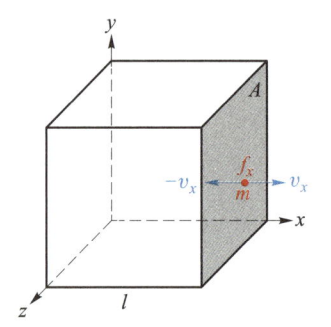

图 4.3 微粒与立方形容器壁碰撞示意图

$$f_x = ma_x = m\frac{\Delta v_x}{\Delta t} = \frac{\Delta(mv_x)}{\Delta t} = \frac{\Delta p_x}{\Delta t}$$

其中动量的改变量为

$$\Delta p_x = mv_x - (-mv_x) = 2mv_x$$

$\Delta t = 2l/v_x$ 为该微粒连续两次撞击同一器壁的时间间隔,因此

注意: 微粒需要移动 $2l$ 的路程才能与立方体容器的同一器壁发生再次碰撞。

$$f_x = \frac{\Delta p_x}{\Delta t} = \frac{2mv_x}{2l/v_x} = \frac{mv_x^2}{l}$$

思考题: 气体分子运动论推导过程中的 Δt 为什么是微粒连续两次撞击同一器壁的时间间隔,而不是微粒与器壁发生碰撞的实际时间?

对于一个由 N 个微粒组成的气体体系,大量微粒具有不同的运动速率,存在一个速率分布。如果用 N_i 表示速率为 v_{xi} 的气体微粒的数目,则有

$$N = \sum_i N_i$$

对于此气体体系,大量微粒碰撞某一器壁的合力 F_x,等于所有微粒碰撞的分力之和,可表示为

$$F_x = \sum_{i=1}^{N} f_{xi} = \frac{N_1 mv_{x1}^2}{l} + \frac{N_2 mv_{x2}^2}{l} + \cdots + \frac{N_i mv_{xi}^2}{l} + \cdots$$

$$= \frac{m}{l}(N_1 v_{x1}^2 + N_2 v_{x2}^2 + \cdots + N_i v_{xi}^2 + \cdots) \tag{4.20}$$

式(4.20)形式较为复杂,可通过定义 $\overline{v_x^2}$ 来化简,令

$$\overline{v_x^2} = \frac{1}{N}\sum_{i=1}^{N} v_{xi}^2 = \frac{1}{N}(N_1 v_{x1}^2 + N_2 v_{x2}^2 + \cdots + N_i v_{xi}^2 + \cdots)$$

采用该定义,式(4.20)可改写为

$$F_x = \frac{Nm\overline{v_x^2}}{l} \tag{4.21}$$

式(4.21)显然比式(4.20)形式更为简明。

再回归三维。由矢量代数,可知

$$v^2 = v_x^2 + v_y^2 + v_z^2$$

由于 x、y 和 z 三维均等价,有

$$\overline{v^2} = \frac{1}{N}\sum_{i=1}^{N} v_i^2 = \frac{1}{N}\sum_{i=1}^{N}(v_{xi}^2 + v_{yi}^2 + v_{zi}^2) = \overline{v_x^2} + \overline{v_y^2} + \overline{v_z^2} = 3\overline{v_x^2}$$

容器内气体的压强等于气体对器壁的作用力除以器壁面积,故

$$P = \frac{F_x}{A} = \frac{Nm\overline{v_x^2}/l}{l^2} = \frac{Nm\overline{v_x^2}}{l^3} = \frac{Nm\overline{v^2}}{3V}$$

即

$$PV = \frac{1}{3}Nm\overline{v^2} \tag{4.22}$$

式(4.22)称为**压强体积方程**(pressure-volume equation),其中 $\overline{v^2}$ 称为**均方速率**(mean-square speed),是所有气体微粒速率平方的算术平均值,即

$$\overline{v^2} = \frac{1}{N}\sum_{i=1}^{N} v_i^2 = \frac{1}{N}(N_1 v_1^2 + N_2 v_2^2 + \cdots + N_i v_i^2 + \cdots) \tag{4.23}$$

在压强体积方程式(4.22)中,左侧的所有变量(P 和 V)均为气体体系可通过实验测量的宏观物理量,而右侧的所有变量(N、m 和 $\overline{v^2}$)均为气体分子的微观性质。因此该方程的意义在于,它揭示了宏观与微观之间的联系,是一个将宏观物理量与微观性质相关联的方程。压强体积方程表明,P 和 V 这样的宏观物理量可以在微观上通过单个气体微粒的质量、均方速率和总气体微粒数目来理解,而一些分子层面的微观性质也可以通过实验测量的宏观物理量来直接计算。

> **思考题**:压强体积方程是一个联系宏观与微观的方程。根据其左右两边的变量,压强体积方程是怎样将宏观与微观相关联的?

温度的含义

为了从压强体积方程进一步推导出理想气体状态方程,需要探索温度的含义。由于需要用到一些较为复杂的背景知识,这里不做详细推导和解读,而只直接给出如下结论:理想气体的热力学温度 T 与气体分子的**平均平动能**(average translational kinetic energy)$\overline{E_k}$ 或 $\overline{e_k}$ 成正比。可用宏观表达式(4.24)或微观表达式(4.25)表示为

$$\overline{E_k} = \frac{3}{2}RT \tag{4.24}$$

$$\overline{e_k} = \frac{3}{2}k_B T \tag{4.25}$$

> **注意**:$\overline{E_k}$ 是 1 mol 气体分子的平均平动能,而 $\overline{e_k}$ 是单个气体分子的平均平动能。

其中 R 是摩尔气体常数，k_B 称为**玻尔兹曼常数**（Boltzmann constant），其与 R 和**阿伏伽德罗常数**（Avogadro constant）N_A 的联系为

$$k_B = R/N_A \tag{4.26}$$

$$\overline{e_k} = \overline{E_k}/N_A \tag{4.27}$$

由动能的定义

$$E_k = \frac{1}{2}mv^2$$

注：平动是一种通过在指定方向上将每个点都移动相同距离的方式来改变物体位置的运动，其中不发生任何旋转、振动或改变大小的运动。理想气体分子可视为没有任何体积的质点，因此不存在转动和振动，理想气体的动能即为其平动能。关于平动、转动、振动的更多介绍详见 5.2 节。

可类比得出，气体分子的平均平动能与其均方速率的联系为

$$\overline{E_k} = \frac{1}{2}M\overline{v^2} \quad \text{且} \quad \overline{e_k} = \frac{1}{2}m\overline{v^2} \tag{4.28}$$

其中 M 为气体的摩尔质量，而 m 为单个气体分子的质量。因此均方速率与气体的温度成正比，有

$$\overline{v^2} = \frac{3RT}{M} = \frac{3k_BT}{m} \tag{4.29}$$

思考题：同温同压下，N_2 和 O_2 的平均平动能是否相同？均方速率是否相同？为什么？

从压强体积方程可推导

$$PV = \frac{1}{3}Nm\overline{v^2} = \frac{2}{3}N\left(\frac{1}{2}m\overline{v^2}\right) = \frac{2}{3}nN_A\left(\frac{3}{2}k_BT\right) = nN_Ak_BT$$

即

$$PV = nRT$$

至此完成了气体分子运动论的全部推导，从三条基本假定出发，经过一系列推导，得到了理想气体状态方程。

将气体的温度与气体分子的平均平动能或均方速率相联系，可以帮助从微观上理解不同温度气体的混合。平均而言，较热气体中的分子比较冷气体中的分子具有更高的动能或更快的运动速率。混合时较热气体中的分子通过与较冷气体中的分子碰撞来传递动能，直到混合气体中分子的平均平动能相等为止，即直到温度相等为止。

气体分子的速率分布（B）

并非所有气体分子均以相同的速率运动，有的分子运动快、有的分子运动慢，存在一个速率分布，称为**麦克斯韦速率分布**（Maxwell distribution of molecular speeds），如图 4.4 所示。麦克斯韦速率分布图的横轴为气体分子的运动速率 v，纵轴为速率分布函数 $F(v)$，表示速率为 v 的分子在所有分子中的占比。$F(v)$ 的函数形式如下：

注：严格来说，速率分布函数 $F(v)$ 表示速率在 v 附近的单位速率区间内的分子在所有分子中的占比。

思考题：在速率分布图上，应如何用面积来直观表示速率分布函数 $F(v)$？

$$F(v) = 4\pi\left(\frac{M}{2\pi RT}\right)^{3/2} v^2 \exp(-Mv^2/2RT) \tag{4.30}$$

随着 v 从 0 增加到 $+\infty$，$F(v)$ 从 0 开始先上升后下降，存在一个峰值。

数学上，速率处于 v 附近极小间隔 $\mathrm{d}v$ 中的分子在所有分子中所占的分数（$\mathrm{d}N/N$）为

$$\frac{\mathrm{d}N}{N} = F(v)\,\mathrm{d}v \tag{4.31}$$

上式可改写为

$$F(v) = \frac{1}{N} \cdot \frac{\mathrm{d}N}{\mathrm{d}v}$$

在如图4.4a 所示的近长方形中，$F(v)$ 和 $\mathrm{d}v$ 分别表示长和宽，$\mathrm{d}N/N$ 即为近长方形的面积。速率介于 v_1 和 v_2 之间的分子在所有分子中所占的分数（$\Delta N/N$）为

$$\frac{\Delta N}{N} = \int_{v_1}^{v_2} F(v)\,\mathrm{d}v \tag{4.32}$$

可用 $F(v)$ 曲线下在 $v = v_1$ 和 $v = v_2$ 之间的总覆盖面积来表示，如图 4.4b 所示。由于具有全部可能速率（从 0 到 $+\infty$）的分子总占比必为 1，则有

$$\int_0^{+\infty} F(v)\,\mathrm{d}v = 1 \tag{4.33}$$

即 $F(v)$ 曲线下的总覆盖面积等于 1。

在麦克斯韦分布中，有三种特征气体分子速率，如图 4.5 所示，分别定义如下：

1) **方均根速率**（root-mean-square speed, v_{rms}），也称均方根速率，定义为均方速率的平方根，即

$$v_{\mathrm{rms}} = \sqrt{\overline{v^2}} = \sqrt{\frac{1}{N}\sum_{i=1}^{N} v_i^2} = \sqrt{\frac{3RT}{M}} \tag{4.34}$$

所谓"方均根"速率，表示将分子速率先平方、再平均、再开平方根。

2) **平均速率**（average speed, $\bar{v}$）定义为分子速率的算术平均值，即

$$\bar{v} = \frac{1}{N}\sum_{i=1}^{N} v_i \tag{4.35}$$

3) **最概然速率**（most probable speed, v_{m}），也称最可几速率，定义为峰值所对应的速率，可由下式计算

$$\frac{\mathrm{d}F(v)}{\mathrm{d}v} = 0 \tag{4.36}$$

从数学上可以证明，麦克斯韦分布中的三种特征速率存在如下比例关系：

$$v_{\mathrm{m}} : \bar{v} : v_{\mathrm{rms}} = \sqrt{2} : \sqrt{\frac{8}{\pi}} : \sqrt{3} \approx 1 : 1.13 : 1.22 \tag{4.37}$$

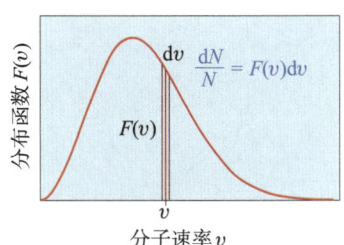

(a) 速率处于v附近极小间隔$\mathrm{d}v$中的分子在所有分子中所占的分数($\mathrm{d}N/N$)

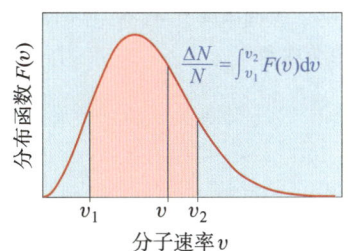

(b) 速率介于v_1和v_2之间的分子在所有分子中所占的分数($\Delta N/N$)

图 4.4 气体分子速率的麦克斯韦分布图

注意：分布曲线一直延伸到无穷远，且并不关于极大值对称。

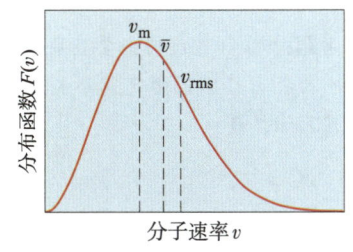

图 4.5 麦克斯韦分布中的三种特征分子速率：方均根速率 v_{rms}、平均速率 $\bar{v}$ 和最概然速率 v_{m}，其中 $v_{\mathrm{rms}} > \bar{v} > v_{\mathrm{m}}$

因此有

$$\bar{v} = \sqrt{\frac{8RT}{\pi M}} \quad \text{且} \quad v_m = \sqrt{\frac{2RT}{M}} \tag{4.38}$$

气体分子速率分布与温度 T 和摩尔质量 M 有关，图 4.6 给出了不同温度下氮气和氦气的分子速率分布图。比较 N_2 在 300 K 和 1000 K 时的分布曲线，可以看到随温度升高速率分布范围变宽，且高速率分子的占比更多。比较 N_2 和 He 在 300 K 时的分布曲线，可知较轻气体（He）的速率分布范围更宽。但无论温度和摩尔质量如何变化，所有三条曲线下的总覆盖面积均为 1。

扩散与隙流（B）

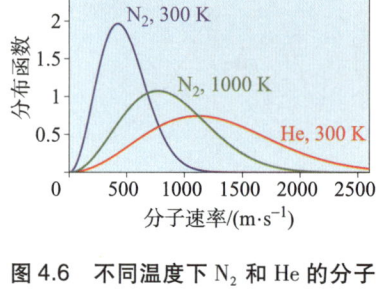

图 4.6 不同温度下 N_2 和 He 的分子速率分布图

由图 4.6 可知，300 K 时氮气的最概然速率约为 1100 m·s^{-1}，合 4000 km·h^{-1}，比飞机的飞行速率（~1000 km·h^{-1}）还快。虽然看起来气体分子似乎在短时间内即可移动很远的距离，但事实并非如此。气体分子彼此会发生大量碰撞并不断改变运动方向，因此在一个特定方向上的净运动速率虽也与其平均速率相关，但实际数值远小于后者。

扩散和隙流均与气体分子运动速率相关，可视为气体分子速率的应用。**扩散**（diffusion）即分子从高浓度向低浓度的迁移过程，是分子随机热运动的结果。两种气体的相互扩散如图 4.7a 所示，在密闭容器中很快会形成均匀的混合物。另一个相关概念**隙流**（effusion）是指气体分子通过小孔进入真空的过程，两种气体混合物的隙流如图 4.7b 所示。气体分子的隙流速率正比于其分子运动速率，这表明高速率分子比低速率分子的隙流更快。同温同压下两种不同气体的隙流速率（R）与其方均根速率成正比，有

$$\frac{R_1}{R_2} = \frac{(v_{rms})_1}{(v_{rms})_2} = \sqrt{\frac{3RT/M_1}{3RT/M_2}} = \sqrt{\frac{M_2}{M_1}} = \sqrt{\frac{\rho_2}{\rho_1}} \tag{4.39}$$

式（4.39）是 19 世纪**格雷厄姆定律**（Graham's law）的运动论表述。该定律指出，气体分子的隙流速率与其摩尔质量或密度的平方根成反比。

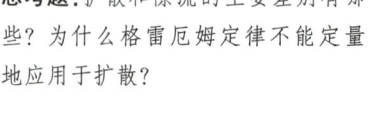

思考题：扩散和隙流的主要差别有哪些？为什么格雷厄姆定律不能定量地应用于扩散？

值得一提的是，格雷厄姆定律最初被用于描述气体的扩散速率，但实际上它并不能定量地应用于扩散。虽然定性而言，摩尔质量小的气体确实比摩尔质量大的气体扩散更快，但由于扩散过程中气体分子之间会发生大量碰撞，改变了气体分子的运动速率，因此不能用格雷厄姆定律对扩散速率进行定量预测。

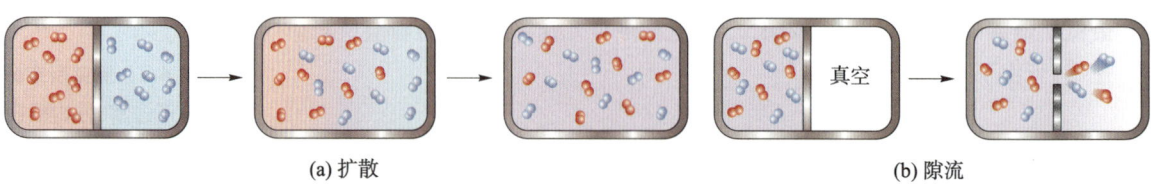

(a) 扩散　　　　　　　　　　　　　　(b) 隙流

图 4.7 扩散与隙流示意图

》**例 4.3**　计算 $^{235}UF_6$、$^{238}UF_6$ 和 H_2 三种气体在 1.00 bar 和 100.0 ℃ 时的隙流速率之比。

» **解**：由格雷厄姆定律可知，同温同压下气体分子的隙流速率与其摩尔质量的平方根成反比，即 $R \propto (M)^{-1/2}$，有

$$R_1 : R_2 : R_3 = (M_1)^{-1/2} : (M_2)^{-1/2} : (M_3)^{-1/2}$$

$$M(^{235}UF_6) = 235.0 \text{ g·mol}^{-1} + 6 \times 19.00 \text{ g·mol}^{-1} = 349.0 \text{ g·mol}^{-1}$$

$$M(^{238}UF_6) = 238.0 \text{ g·mol}^{-1} + 6 \times 19.00 \text{ g·mol}^{-1} = 352.0 \text{ g·mol}^{-1}$$

$$M(H_2) = 2 \times 1.008 \text{ g·mol}^{-1} = 2.016 \text{ g·mol}^{-1}$$

故有

$$M(^{235}UF_6) : M(^{238}UF_6) : M(H_2) = 173.1 : 174.6 : 1$$

$$R(^{235}UF_6) : R(^{238}UF_6) : R(H_2) = \frac{1}{\sqrt{173.1}} : \frac{1}{\sqrt{174.6}} : 1 = 0.0760 : 0.0757 : 1$$

4.3 实际气体
(Real Gas)

前两节讨论了理想气体的性质、规律和理论，本节将把理想气体模型应用回实际体系，研究非理想气体即实际气体。与理想气体的两个基本假定相反，对于**实际气体**：

1) 分子间作用力不可忽略，在远距离下表现为吸引力，而仅在极近距离时才表现为排斥力。
2) 分子的体积不可忽略，分子自身占据一定的空间。

在高温低压下气体行为趋于理想，而在低温高压下气体行为则偏离理想。这一点可以通过分别分析实际气体的体积项和压强项来理解。

实际气体的体积

实际气体分子占据一定的空间，在高压下不能无限压缩，压缩的最终结果是分子自身占据的体积 $V_\text{分}$。因此实际气体分子的体积大于理想气体分子的体积，令二者之差为 $V_\text{分}$，则

$$V_\text{实} = V_\text{理} + V_\text{分} > V_\text{理}$$

如果 1 mol 分子占据的体积为 b，则 n mol 分子占据的体积为

$$V_\text{分} = nb$$

且有

$$V_\text{理} = V_\text{实} - nb \tag{4.40}$$

在极高压强 ($P \to +\infty$) 下，$V_\text{实} \to V_\text{分}$，$V_\text{理} \to 0$；在 $V_\text{实}$ 中 $V_\text{分}$ 很重要且不可忽略。在极低压强 ($P \to 0$) 下，$V_\text{实} \to +\infty$，$V_\text{理} \to +\infty$；在 $V_\text{实}$ 中 $V_\text{分}$ 很小可忽略不计。因此，

气体的行为在高压下非理想,低压下趋于理想。

实际气体的压强

气体的压强是气体分子与器壁碰撞的结果,实际气体中不可忽略的分子间作用力会影响气体的压强。如 3.7 节所述,分子间作用力包括吸引力和排斥力,在绝大部分情况下吸引力均大于排斥力,使得分子间作用力主要表现为吸引力。而只有当分子极其靠近、几乎彼此碰撞时,排斥力才超过吸引力,使得分子间作用力表现为排斥力。

当一个分子(记为 A)与器壁碰撞时,其他分子对分子 A 的吸引力使其施加给器壁的作用力小于该吸引力不存在时(即理想情况),如图 4.8 所示。因此实际气体的压强小于理想气体,如果将二者之差定义为 $P_{内}$,则

$$P_{实} = P_{理} - P_{内} < P_{理}$$

其中 $P_{内}$ 是分子 A 与其他分子之间的吸引力所引起的内压,它与分子 A 的浓度和其他分子的浓度均成正比,可表示为

$$P_{内} \propto \left(\frac{n_A}{V}\right)\left(\frac{n_{其他}}{V}\right)$$

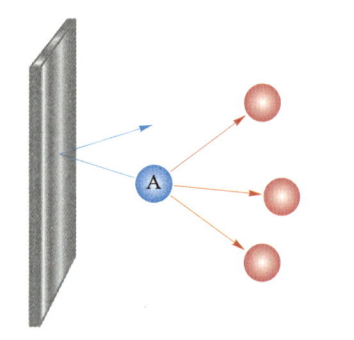

图 4.8　分子间吸引力对实际气体压强的影响

由于所有气体分子间均存在吸引力且所有分子都会与器壁碰撞,因此分子 A 与其他分子完全等价、无法区分。任何分子都可以是"分子 A",同时也可以是"其他分子"。"分子 A"与"其他分子"的浓度相同,等于容器中气体分子的浓度,故

$$P_{内} \propto \left(\frac{n}{V}\right)^2$$

令 a 为其比例系数,即 $a = P_{内}/(n/V)^2$,则

$$P_{内} = a\left(\frac{n}{V}\right)^2$$

$$P_{理} = P_{实} + \frac{an^2}{V^2} \tag{4.41}$$

在式(4.41)中,V 应为 $V_{实}$,其下标"实"被省略。

在极低温度下,分子运动速率很慢,气体分子的平均平动能很小。与较小的平动能相比,分子间的内吸引力很重要且不可忽略。在极高温度下,气体分子快速运动,平均平动能很大,分子间吸引力与其相比可以忽略。因此,气体的行为在低温下非理想,高温下趋于理想。

范德华方程

在理想气体状态方程 $PV = nRT$ 中,P 实际上代表 $P_{理}$,V 代表 $V_{理}$,由于只涉及理想气体,所以省略了下标"理"。对于实际气体,将导出的 $P_{理}$ 表达式(4.41)和 $V_{理}$ 表达式(4.40)代入理想气体状态方程,可得

$$P_{理}V_{理} = \left(P_{实} + \frac{an^2}{V_{实}^2}\right)(V_{实} - nb) = nRT$$

省略下标"实",即为著名的实际气体的**范德华方程**(van der Waals equation)

$$\left(P + \frac{an^2}{V^2}\right)(V - nb) = nRT \tag{4.42}$$

当 $n = 1$ 时,1 mol 分子的体积即摩尔体积 $V_m = V/n$。范德华方程可改写为如下更简明形式:

$$\left(P + \frac{a}{V_m^2}\right)(V_m - b) = RT \tag{4.43}$$

其中 a 和 b 称为**范德华常数**(van der Waals constants),根据定义应为正值。不同气体具有不同的 a 和 b 值,总结于表 4.1 中。

当把理想模型应用回实际对象时,理想模型与实际对象之间的比较是必须的。在科学研究中普遍采用的方法是,定义一个实际参数与理想参数的比值,用该比值来反映实际对象与理想模型的偏离程度。对于气体体系,为比较实际气体行为与理想气体的偏离程度,可定义**压缩系数**(compressibility factor) Z 为

$$Z = \frac{PV}{nRT} \tag{4.44}$$

对于理想气体,$PV = nRT$ 和 $Z = 1$ 在所有条件下均成立。对于实际气体,上式中的 P 和 V 应为实际测得的压强 $P_{实}$ 和体积 $V_{实}$。根据范德华方程

$$nRT = \left(P_{实} + \frac{an^2}{V_{实}^2}\right)(V_{实} - nb) = P_{理}V_{理}$$

> **注意**:许多不同的公式均可用于描述实际气体,范德华方程只是这些公式中最常用的形式,它以中等精度描述了实验观察到的实际气体行为。对于由球形或具有较小偶极矩的近球形分子构成的气体(如稀有气体、H_2 等),范德华方程更为精确。

表 4.1 一些气体的范德华常数及压缩系数

气体	$a/(\text{bar}\cdot\text{L}^2\cdot\text{mol}^{-2})$	$b/(\text{L}\cdot\text{mol}^{-1})$	压缩系数 Z	气体	$a/(\text{bar}\cdot\text{L}^2\cdot\text{mol}^{-2})$	$b/(\text{L}\cdot\text{mol}^{-1})$	压缩系数 Z
H_2	0.2452	0.0265	1.006	C_4H_{10}	13.89	0.1164	
He	0.0346	0.0238	1.005	C_3H_8	9.39	0.0905	
理想气体	0	0	1	C_2H_6	5.580	0.0651	0.922
N_2	1.370	0.0387	0.998	CH_4	2.303	0.0431	0.983
CO	1.472	0.0395	0.997	C_2H_4	4.612	0.0582	
O_2	1.382	0.0319	0.994	F_2	1.171	0.0290	
O_3	3.570	0.0487		NO	1.46	0.0289	
Ne	0.208	0.0167		NO_2	5.36	0.0443	
CO_2	3.658	0.0429	0.950	N_2O	3.852	0.0444	0.945
Cl_2	6.343	0.0542		SO_2	6.865	0.0568	
NH_3	4.225	0.0371	0.887	SF_6	7.857	0.0879	0.880
C_2H_2	4.516	0.0522		CCl_4	20.01	0.1281	

注：正是由于压缩系数 Z 可写为 $P_{实}V_{实}$ 与 $P_{理}V_{理}$ 的比值,其值偏离1的程度才恰好可以反映实际气体行为与理想气体模型的偏离程度。

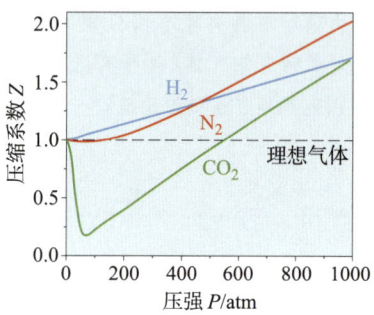

图 4.9　实际气体的行为：0 ℃ 下三种不同气体的压缩系数随压强的变化图

可得

$$Z = \frac{P_{实}V_{实}}{nRT} = \frac{P_{实}V_{实}}{\left(P_{实} + \dfrac{an^2}{V_{实}^2}\right)(V_{实} - nb)} = \frac{P_{实}V_{实}}{P_{理}V_{理}}$$

实际气体在大多数情况下 $Z \neq 1$,而只有在非常特殊的条件下,$Z = 1$ 可能偶然成立。因此,在一定条件下 Z 值的大小,或者说 Z 值偏离1的程度,反映了该条件下实际气体行为与理想气体模型的偏离程度。

图 4.9 给出了三种实际气体在 0 ℃ 下的压缩系数随压强的变化图,理想气体用 $Z = 1$ 的水平虚线表示。在极低压强($P \to 0$)下,所有实际气体行为均趋于理想,$Z \to 1$。随着实际气体压强的增加,Z 先减小后增大。在极高压强($P \to +\infty$)下,所有实际气体行为均表现为非理想,$Z \to +\infty$。

为了理解由哪些因素导致了 $Z<1$ 或 $Z>1$,可以从数学上将 Z 分解为两项

$$Z = \frac{P}{P + \dfrac{an^2}{V^2}} \cdot \frac{V}{V - nb} \tag{4.45}$$

由于 a 和 b 均为正值,故

$$\frac{P}{P + \dfrac{an^2}{V^2}} < 1 \quad 且 \quad \frac{V}{V - nb} > 1$$

上式对所有气体在所有条件下均成立。$Z<1$ 还是 $Z>1$ 取决于这两项中的哪一项占主导。当 an^2/V^2 相比于 P 不可忽略,即分子间吸引力因素显著时,$Z<1$,如低温下的实际气体。当 nb 相比于 V 不可忽略,即分子体积因素显著时,$Z>1$,如高压下的实际气体。

>> **例 4.4**　实验测得 40.0 ℃ 时 1.00 mol CO_2 气体在 1.20 L 容器中的压强为 1.97 MPa。分别采用理想气体状态方程和范德华方程计算 CO_2 的压强,并与实验值相比较。

>> **解**：根据理想气体状态方程计算得 CO_2 的压强为

$$P_{理} = \frac{nRT}{V} = \frac{1.00 \text{ mol} \times 8.314 \text{ kPa}\cdot\text{L}\cdot\text{mol}^{-1}\cdot\text{K}^{-1} \times 313 \text{ K}}{1.20 \text{ L}}$$

$$= 2.17 \times 10^3 \text{ kPa} = 2.17 \text{ MPa}$$

查表 4.1 可得,CO_2 的范德华常数为

$$a = 3.658 \text{ bar}\cdot\text{L}^2\cdot\text{mol}^{-2} \quad b = 0.0429 \text{ L}\cdot\text{mol}^{-1}$$

由范德华方程计算得 CO_2 的压强为

$$P_{实} = \frac{nRT}{V - nb} - \frac{an^2}{V^2} = \frac{1.00 \text{ mol} \times 8.314 \text{ kPa}\cdot\text{L}\cdot\text{mol}^{-1}\cdot\text{K}^{-1} \times 313 \text{ K}}{1.20 \text{ L} - 1.00 \text{ mol} \times 0.0429 \text{ L}\cdot\text{mol}^{-1}} -$$

$$\frac{3.658 \times 10^2 \text{ kPa} \cdot \text{L}^2 \cdot \text{mol}^{-2} \times (1.00 \text{ mol})^2}{(1.20 \text{ L})^2}$$
$$= 1.99 \times 10^3 \text{ kPa} = 1.99 \text{ MPa}$$

与实验值 1.97 MPa 相比较,采用理想气体状态方程计算的压强偏大约 10%,误差较大;而采用范德华方程计算的压强仅偏大 1%,结果相当接近。

4.4 凝聚态
(Condensed State)

如上节所述,分子间吸引力是导致实际气体行为偏离理想状态的重要因素之一。随着分子间距离的缩小,分子间吸引力逐渐增强。当分子间吸引力足够强时,物质会由气态转变为凝聚态。

凝聚态的定义

凝聚态是存在显著且不可忽略的分子间作用力的态。如 3.7 节所述,分子中存在永久偶极、瞬时偶极和诱导偶极,分子间作用力即源自分子中各种偶极之间的吸引和排斥相互作用,包括但不限于范德华力(色散力、取向力、诱导力)和氢键。

上节介绍过,分子间作用力在大多数情况下均表现为吸引力,只有当分子极其靠近、几乎彼此碰撞时,分子间作用力才表现为排斥力。对于理想气体,分子间吸引力可忽略不计;对于实际气体,分子间吸引力虽然不可忽略,但并不显著;因此气态不属于凝聚态。液态和固态的分子间距离远小于气态,分子间作用力表现为吸引力,且远比气态中更为显著,液态和固态均属于凝聚态。这些显著且不可忽略的分子间吸引力可以解释液体和固体的许多性质,本节即聚焦于液体和固体与分子间吸引力直接相关的一些性质。

物质状态是物质在一定的温度和压强条件下所处的相对稳定的状态,简称物态,有时也称相态。气态、液态和固态是三种常见的物态,通常可由宏观特征来区分:固态一般具有固定的体积和形状,不易压缩且不能流动;液态具有固定的体积但形状可随容器而改变,不易压缩但可以流动;气态的体积和形状均随容器而改变,易于压缩且可以流动。其中液体和气体均可以流动,因此合称**流体**(fluid)。

在一定温度和压强条件下,三种常见物态之间能够相互转变,称为物态转变,是**相变**(phase transition)的一种,如图 4.10 所示。其中从固态到液态的转变称为**熔化**(melting),其逆过程(即从液态到固态的转变)称为**凝固**(freezing);从液态到气态的转变称为**气化**(vaporization),其逆过程(即从气态到液态的转变)称为**液化**(liquification);从固态到气态的转变称为**升华**(sublimation),其逆过程(即从气态到固态的转变)称为**凝华**(deposition)。物质的能量通常按照固态、液态、气态的顺序递增。从能量较低的状态转变为能量较高的状态需要吸热,因此熔化、气化和升华均为吸热过程;从能量较高的状态转变为能量较低的状态需要放热,因此

思考题: 玻璃态(glassy state)是一种物质状态吗?

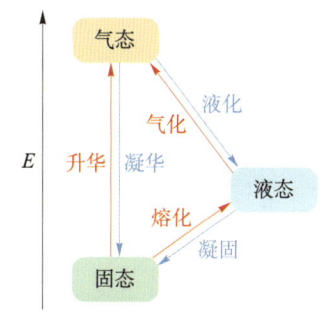

图 4.10 物质的气、液、固三态转变

凝固、液化和凝华均为放热过程。

液体的性质

一般认为,液体结构的基本特征是近程有序、远程无序。所谓近程有序,就是液体中由于存在不可忽略的分子间作用力,在较短距离内呈有序排列;但随着与中心粒子距离的增大,这种有序排列的结构逐渐破坏直至消失,表现为远程无序。液体中的粒子分布是介于完全无序(即气态)和完全规则(即晶态固体)之间的一种中间过渡状态。液体结构特点的复杂性,导致关于液体的定量理论的发展到目前为止还不甚理想。但液体也具有一些与分子间吸引力直接相关的简单特性,如表面张力、黏度、蒸气压、沸点、凝固点等。

1. 表面张力

如图 4.11a 所示,不锈钢回形针可以漂浮在水面上。由于钢的密度远大于水,与回形针的重力相抗衡的并非水的浮力,而是其表面张力。处于液体表面的分子与处于其内部的分子所受到的分子间作用力不同。如图 4.11b 所示,液体内部的分子受到所有其他分子的吸引力,这些吸引力来自各个方向,彼此平衡,合力为零。如果忽略蒸气和空气分子的吸引力,液体表面的分子只受到其他表面分子及表面以下分子的吸引力,这些吸引力的合力朝向液体内部,使得液体分子聚集在一起。

从能量的角度来分析,与表面分子相比,液体内部的分子有更多的近邻分子,受到了更多的吸引力,这些吸引力使液体内部分子比表面分子更稳定或者说处于能量更低的状态。为了降低总能量,尽可能多的分子倾向于进入液体内部,而使尽可能少的分子保留在表面,因此液体趋向于保持最小的表面积。由于同等体积时球形的表面积最小,在不考虑重力等其他力时,液滴通常呈球形。为了增加液体的表面积,需要额外的能量或功才能使液体分子从能量较低的内部迁移到能量较高的表面。

表面张力(surface tension)是增加液体单位表面积所需的能量或功,通常用希腊字母 γ 表示,国际单位为 $J \cdot m^{-2}$。随着温度的升高,分子热运动的强度随之增加,分子间吸引力变得更不显著,增加液体表面积所需的能量减少,因此表面张力随温度升高而降低。

表面张力不仅可以解释液滴的形状,还决定了液体的铺展行为。如果液滴在某个表面能够铺展成膜,称为液体**浸润**(wetting)该表面;如果液滴不铺展成膜而以近似球形立在表面上,称为液体**不浸润**(unwetting)该表面。液体是否能浸润某个表面,取决于以下两种分子间吸引力的强弱:液体分子之间的**内聚力**(cohesive force, F_C)和液体分子与表面分子之间的**黏附力**(adhensive force, F_A)。如果内聚力强于黏附力,则液体不能浸润该表面,液滴将立在表面上;反之,液体能够浸润该表面,液滴将铺展成膜。

水可以浸润玻璃和某些纤维的表面,如图 4.12a(左)所示,此时 $F_A > F_C$。将水替换成水银,则不会浸润玻璃。这是因为 Hg 原子之间的金属键使得水银具有很强的内聚力,$F_C > F_A$。如果在玻璃表面涂一层油脂,则水不再浸润该表面,水滴会

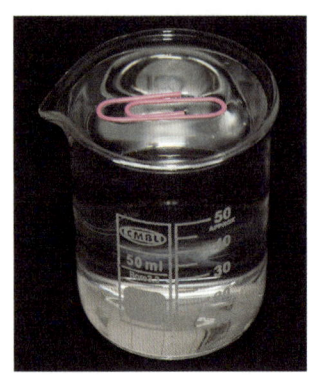

(a) 不锈钢回形针由于表面张力漂浮在水面上

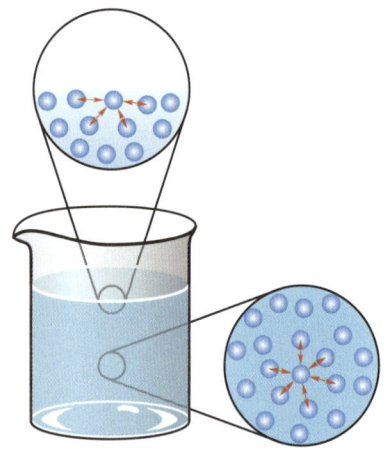

(b) 液体表面分子与内部分子所受吸引力的差别

图 4.11 表面张力示意图

思考题:按照室温下表面张力从高到低的顺序,应如何排列甲醇(CH_3OH)、乙醚($CH_3CH_2OCH_2CH_3$)和四氯化碳(CCl_4)?为什么?

立在玻璃表面上,如图 4.12a(右)所示。这时水的性质不变,F_C 强度不变,但水和油之间的吸引力远小于水和玻璃之间的吸引力,F_A 强度显著降低,变得弱于 F_C,即 $F_A<F_C$。可以想象成 F_A 和 F_C 两个力朝相反方向"拉"表面的水分子,如果 F_A 超过 F_C,水分子将被拉到表面,铺展成较大的表面积并浸润该表面。相反,如果 F_C 超过 F_A,水分子将被拉到内部,并像液滴一样立在该表面上。

表面张力或浸润行为也可解释弯液面的形成(图 4.12b)或毛细现象(图 4.12c)。将水注入玻璃容器,水浸润玻璃会形成凹液面;将金属镓注入玻璃容器,镓不浸润玻璃将形成凸液面。玻璃毛细管内的水位明显高于管外的现象,称为**毛细作用**(capillary action)。毛细管直径越小,毛细作用越显著,水柱上升得越高。相反,玻璃毛细管中的水银液面则会低于毛细管外。

2. 蒸发焓与蒸气压

液体的气化需要克服分子间吸引力,气化有两种方式:蒸发和沸腾。**蒸发**(evaporation)是液体表面能量足够大、速率足够快的分子克服分子间吸引力逸出液面而气化的现象,液面上的气态分子群称为**蒸气**(vapor)。正如气体分子的速率可用麦克斯韦分布表示,分子体系的能量也可用**玻尔兹曼分布**(Boltzmann distribution)表示,如图 4.13 所示。玻尔兹曼能量分布图的横轴为分子的能量 ε,纵轴为能量分布函数 $f(\varepsilon)$,表示能量为 ε 的分子在所有分子中的占比。与麦克斯韦分布类似,随着 ε 从 0 增加到 $+\infty$,$f(\varepsilon)$ 从 0 开始先上升后下降,存在一个峰值。

数学上,能量介于 ε_1 和 ε_2 之间的分子在所有分子中所占的分数($\Delta N/N$)为

$$\frac{\Delta N}{N} = \int_{\varepsilon_1}^{\varepsilon_2} f(\varepsilon)\,\mathrm{d}\varepsilon \tag{4.46}$$

可用 $f(\varepsilon)$ 曲线下在 $\varepsilon = \varepsilon_1$ 和 $\varepsilon = \varepsilon_2$ 之间的总覆盖面积来表示。由于具有全部可能能量(从 0 到 $+\infty$)的分子总占比必为 1,则有

$$\int_0^{+\infty} f(\varepsilon)\,\mathrm{d}\varepsilon = 1 \tag{4.47}$$

即 $f(\varepsilon)$ 曲线下的总覆盖面积等于 1。在许多情况下,需要计算能量高于某一阈值 ε_0 的分子所占分数,即

$$\frac{\Delta N}{N} = \int_{\varepsilon_0}^{+\infty} f(\varepsilon)\,\mathrm{d}\varepsilon \propto \exp(-\varepsilon_0/k_\mathrm{B}T) \tag{4.48}$$

关于玻尔兹曼分布的更多讨论详见 5.4 节。

如果用 ε_0 表示从某一分子体系的液面逸出所需的最小动能,则只有能量大于或等于 ε_0 的分子能够蒸发进入气态。根据玻尔兹曼分布,这些分子在所有分子中所占分数与 $\exp(-\varepsilon_0/k_\mathrm{B}T)$ 成正比。随着温度的升高,$\exp(-\varepsilon_0/k_\mathrm{B}T)$ 增大,更多分子具有足够的动能以克服液体的分子间吸引力,因此温度升高有利于蒸发。随着 ε_0 的降低,即克服分子间吸引力所需的动能减少,$\exp(-\varepsilon_0/k_\mathrm{B}T)$ 也增大,更多分子具有足够的能量从液面逃逸,因此 ε_0 降低有利于蒸发。此外,当液体表面

(a) 浸润(左)和不浸润(右)行为

(b) 凸液面(左,金属镓)和凹液面(右,去离子水)的形成

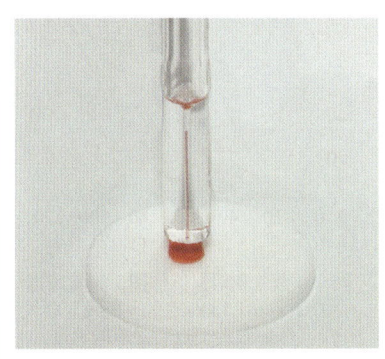

(c) 毛细现象

图 4.12 与表面张力相关的现象

注: 严格来说,能量分布函数 $f(\varepsilon)$ 表示能量在 ε 附近的单位能量区间内的分子在所有分子中的占比。

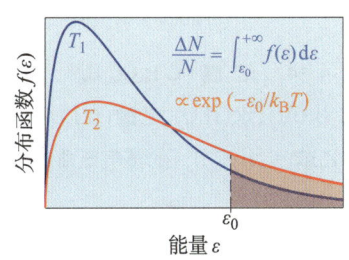

图 4.13 玻尔兹曼能量分布图: 阴影面积表示两个不同温度($T_1<T_2$)下能量高于 ε_0 的分子在所有分子中所占的分数($\Delta N/N$)

积增加时,位于表面的液体分子占比更大,同样有利于蒸发的进行。

由于蒸发过程中逃逸分子的能量远大于体系的平均能量,蒸发后剩余分子的平均能量降低,液体的温度下降。为了在恒温下蒸发液体,必须给液体提供热量以补偿逃逸分子所带走的动能。**摩尔蒸发焓**(molar enthalpy of vaporization),也称**摩尔蒸发热**(molar heat of vaporization),是在恒温下蒸发 1 mol 液体所需吸收的热量,通常用 $\Delta H_{蒸发}$ 表示,常用单位为 $kJ \cdot mol^{-1}$。关于焓与焓变的更多讨论详见 5.3 节。

蒸发是吸热过程,摩尔蒸发焓始终为正值。将蒸气转化为液体的过程称为**凝结**(condensation),**摩尔凝结焓**(molar enthalpy of condensation,$\Delta H_{凝结}$)与摩尔蒸发焓大小相等、符号相反:

$$\Delta H_{凝结} = -\Delta H_{蒸发}$$

摩尔凝结焓始终为负值,凝结是放热过程。

蒸发和凝结互为逆过程,在同时存在液体和蒸气的密闭容器内,液体的蒸发和蒸气的凝结总是同时发生。液体和蒸气二者共存,最终将达到**动态平衡**(dynamic equilibrium)。动态平衡即意味着两个相反的过程同时发生且速率相等,因此当液体和蒸气处于动态平衡时,液体蒸发的速率等于蒸气凝结的速率,虽然从微观上看蒸发和凝结都在继续不断进行,但从宏观上看整个体系没有随时间的净变化。关于动态平衡的更多讨论详见 6.1 节。

与液体处于动态平衡的蒸气称为**饱和蒸气**(saturated vapor),其平衡压强称为液体的饱和蒸气压,有时也简称**蒸气压**(vapor pressure)。室温下具有较高蒸气压的液体称为挥发性液体,而具有极低蒸气压的液体称为非挥发性液体。液体是否易挥发主要取决于其分子间吸引力的强度,分子间吸引力越弱,液体越易挥发,蒸气压越高。

一般而言,液体的蒸气压只取决于液体自身性质及其所处温度。只要液体与蒸气处于动态平衡,蒸气压就与液体的量及蒸气的量均无关。蒸气压随温度变化的曲线称为**蒸气压曲线**(vapor pressure curve),如图 4.14a 所示。随着温度的升高,液体的蒸气压呈指数量级增加,符合如下公式:

$$P = C\exp(-\Delta H_{蒸发}/RT) \tag{4.49}$$

两边取自然对数(ln),有

$$\ln P = -\frac{\Delta H_{蒸发}}{RT} + \ln C \tag{4.50}$$

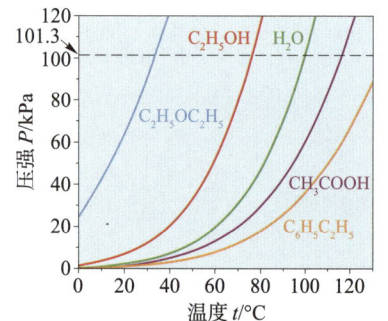

(a) 蒸气压对温度作图。正常沸点为 $P = 101.3\ kPa$ 的水平虚线与蒸气压曲线的交点所对应的温度

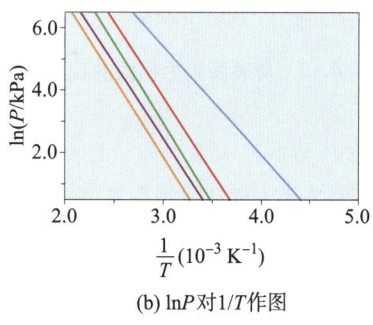

(b) $\ln P$ 对 $1/T$ 作图

图 4.14 乙醚($C_2H_5OC_2H_5$)、乙醇(C_2H_5OH)、水(H_2O)、乙酸(CH_3COOH)和乙苯($C_6H_5C_2H_5$)的蒸气压曲线

注意:$\Delta H_{蒸发}$ 实际上并不是常数,而与温度相关,但其对温度的依赖性并不显著。如果一个过程中温度变化不大,则 $\Delta H_{蒸发}$ 可视为常数,直接应用克劳修斯-克拉佩龙方程。但如果过程中温度变化较大,则需使用 $\Delta H_{蒸发}(T)$ 函数,可参见本章习题 4.12。

用 $\ln P$ 对 $1/T$ 作图,可得一条斜率为 $-\Delta H_{蒸发}/R$ 的直线,如图 4.14b 所示。取两种不同温度的式(4.50)相减以消除 $\ln C$,可得

$$\ln\frac{P_2}{P_1} = -\frac{\Delta H_{蒸发}}{R}\left(\frac{1}{T_2} - \frac{1}{T_1}\right) \tag{4.51}$$

上式称为**克劳修斯-克拉佩龙方程**(Clausius-Clapeyron equation)。表 4.2 列出了一些常见液体的摩尔蒸发焓。

表 4.2　一些常见液体在 298 K 及正常沸点(T_b)下的蒸发焓($\Delta H_{蒸发}$)

名称(化学式)	$\Delta H_{蒸发}$(298 K)/(kJ·mol^{-1})	$\Delta H_{蒸发}$(T_b)/(kJ·mol^{-1})	T_b/K
乙酸(CH_3COOH)	23.36	23.70	391.1
丙酮(CH_3COCH_3)	30.99	29.10	329.20
苯(C_6H_6)	33.83	30.72	353.23
乙醚($C_2H_5OC_2H_5$)	27.10	26.52	307.7
乙醇(C_2H_5OH)	42.32	38.56	351.44
乙酸乙酯($CH_3COOC_2H_5$)	35.60	31.94	350.26
乙苯($C_6H_5C_2H_5$)	42.24	35.57	409.31
甲酸(HCOOH)	20.10	22.69	374
甲醇(CH_3OH)	37.43	35.21	337.8
四氯化碳(CCl_4)	32.43	29.82	350.0
甲苯($C_6H_5CH_3$)	38.01	33.18	383.78
水(H_2O)	43.98	40.65	373.12

水的饱和蒸气压是水蒸气在一定温度下可维持的最高分压。如果某空气样品中水的蒸气压高于该样品所处温度下水的饱和蒸气压,则部分水蒸气将凝结为液态水。一定温度下水蒸气的分压与其饱和蒸气压的比值,称为**相对湿度**(relative humidity, RH),通常以百分数形式表示。分压相等的水蒸气在冷空气中的相对湿度高于在暖空气中。

随着温度的升高,液体的蒸气压逐渐增大,当温度升高到液体的蒸气压等于外压时,液体即会**沸腾**(boiling)。蒸发和沸腾是液体气化的两种方式,其差别在于蒸发仅发生在液体表面,而沸腾则在液体的表面和内部同时发生。沸腾时吸收的热能仅用于将液体分子转化为蒸气而温度保持不变,直至所有液体全部沸腾,该温度称为液体的**沸点**(boiling point)。液体的沸点显然随外压变化而不同,在 1 个标准大气压(1 atm = 760 mmHg = 101.3 kPa)下的沸点称为液体的**正常沸点**(normal boiling point, T_b);此时液体的蒸气压必然等于 1 个标准大气压。从图 4.14a 中 P = 101.3 kPa 的水平虚线与几种液体蒸气压曲线的交点,可得这几种液体的正常沸点。当外压升高(或降低)时,水平虚线可移至更高(或更低)压强处,与蒸气压曲线的新交点将出现在比正常沸点更高(或更低)的温度。例如,珠穆朗玛峰顶的大气压约为 30 kPa,水的沸点降低至 70 ℃ 左右;高压锅炉内气压达到 1000 kPa 时,水的沸点升高至 180 ℃ 左右。

» 例 4.5　25 ℃ 时,将 0.100 mol 液态苯置于一个带密封活塞的容器中。已知 25 ℃ 时苯的蒸气压为 12.3 kPa,试求:

(1) 拉动活塞使容器体积增加,增到多大体积时液态苯恰巧消失?
(2) 当容器体积分别为 12.0 L 和 30.0 L 时,容器内压强分别是多少?

» 解:(1) 随着容器体积增加,液态苯逐渐蒸发为气态,保持蒸气压为 12.3 kPa 不变,直至所有液态苯全部蒸发,此时的体积为

$$V_1 = \frac{nRT}{P_1} = \frac{0.100 \text{ mol} \times 8.314 \text{ J}\cdot\text{mol}^{-1}\cdot\text{K}^{-1} \times 298 \text{ K}}{12.3 \times 10^3 \text{ Pa}} = 20.14 \text{ L}$$

(2) 在体积增加到 20.14 L 之前，由于存在液态苯和苯蒸气的动态平衡，容器内压强恒定为 12.3 kPa。在体积增加到 20.14 L 之后，液态苯全部蒸发为蒸气，可用玻意耳定律计算容器内压强。

解法一：

$$P_2 = \frac{P_1 V_1}{V_2} = \frac{12.3 \text{ kPa} \times 20.14 \text{ L}}{30.0 \text{ L}} = 8.26 \text{ kPa}$$

解法二：

$$P_2 = \frac{nRT}{V_2} = \frac{0.100 \text{ mol} \times 8.314 \text{ J}\cdot\text{mol}^{-1}\cdot\text{K}^{-1} \times 298 \text{ K}}{30.0 \text{ L}} = 8.26 \text{ kPa}$$

》例 4.6 在青藏高原某地测得水的沸点为 93 ℃，试根据表 4.2 所列数据，通过克劳修斯-克拉佩龙方程估算该地的大气压。

思考题：表 4.2 中列出了水的两个 $\Delta H_{蒸发}$ 值，这里为什么使用 40.65 kJ·mol^{-1} 而不用 43.98 kJ·mol^{-1}？这两个 $\Delta H_{蒸发}$ 值相差约 8%，在例 4.5 中如果使用 43.98 kJ·mol^{-1}，会给估算结果带来多大误差？

》解： 查表 4.2 可得，水在其正常沸点的摩尔蒸发焓为 40.65 kJ·mol^{-1}。根据克劳修斯-克拉佩龙方程

$$\ln \frac{P_2}{P_1} = -\frac{\Delta H_{蒸发}}{R}\left(\frac{1}{T_2} - \frac{1}{T_1}\right)$$

将 P_1 = 101 kPa，T_1 = 373 K，T_2 = 93 + 273 = 366 K 和 $\Delta H_{蒸发}$ = 40.65 × 10^3 J·mol^{-1} 代入，有

$$\ln \frac{P_2 \text{ kPa}}{101 \text{ kPa}} = -\frac{40.65 \times 10^3 \text{ J}\cdot\text{mol}^{-1}}{8.314 \text{ J}\cdot\text{mol}^{-1}\cdot\text{K}^{-1}}\left(\frac{1}{366} - \frac{1}{373}\right)$$

解得该地的大气压为

$$P_2 = 79 \text{ kPa}$$

固体的性质

3.6 和 3.9 节已经介绍了固体的一些性质（如导电性、硬度、延展性等），本节只讨论固体的一些与物态转变直接相关的性质。

物态转变中的固态通常指晶态固体即晶体。晶体中的大量微观物质单元（如原子、分子或离子）呈有序的周期性重复排列。当加热晶体时，这些原子、分子或离子振动得更为剧烈，最终将达到一个可破坏其有序晶体结构的温度，称为**熔点**（melting point）。此时原子、分子或离子可以彼此滑动，固体失去其特定形状并熔化为液体。相反，液体凝固成固体的温度称为**凝固点**（freezing point）。固体的熔点与液体的凝固点相同，在该温度下固态与液态共存，二者处于动态平衡。在恒温下熔化 1 mol 固体所需吸收的热量，称为**摩尔熔化焓**（molar enthalpy of fusion），

通常用 $\Delta H_{熔化}$ 表示。

对固体持续加热使其熔化为液体,追踪此过程的温度,即可绘制出一条温度随时间变化的**加热曲线**(heating curve),如图 4.15a 所示。图中 AB 段斜率为正,代表固体受热升温过程;BC 段斜率为零,代表固体受热熔化的固-液共存阶段,此阶段温度保持不变,即为固体的熔点,固相逐渐减少、液相逐渐增加;CD 段斜率为正,代表熔化的液体受热继续升温的过程。反向进行此过程,从液体开始将其冷却为固体,同样可得一条温度随时间变化的**冷却曲线**(cooling curve)。理论上,冷却曲线的形状应该是加热曲线从左至右的翻转,但实验测得的冷却曲线却并非如此,如图 4.15b 所示。图中 AB 段是一条下降的曲线,代表液体冷却降温过程。当温度降至凝固点 A′时,并无晶体析出;直至温度下降到凝固点以下的 B 点时,才有晶体析出。A′B 段所代表的温度低于凝固点的液体,称为**过冷液体**;液体冷却时温度降至凝固点以下却可能不出现任何晶体的现象,称为**过冷现象**(supercooling phenomenon)。液体越纯,过冷现象越严重,如高纯水可以冷却至 $-40\ ℃$ 才开始结冰。这是因为晶体里的微观物质单元(如原子、分子或离子)排列规整有序,为了在凝固点时即从无序的液体开始形成晶体,液体中必须含有一些小微粒作为晶核,晶体才能从这些晶核开始生长。液体越纯,晶核越难形成,就会出现过冷现象。液体过冷到一定程度,分子平均平动能越低,越容易产生晶核,过冷液体开始凝固,温度会回升至凝固点,即图 4.15b 的 BC 段。CD 段斜率为零,代表液体在凝固点冷却凝固的液-固共存阶段,此时液相逐渐减少、固相逐渐增加;DE 段是一条持续下降的曲线,代表晶体冷却继续降温的过程。

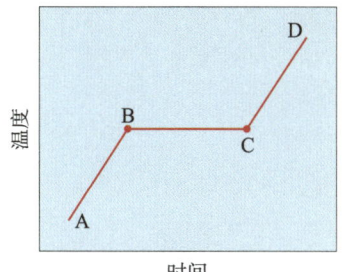

(a) 固体的加热曲线

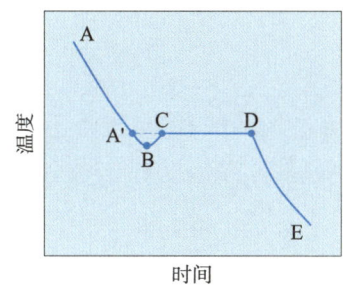

(b) 液体的冷却曲线

图 4.15 固体与液体转变过程的温度-时间曲线

与液体类似,固体里的分子同样处于无规则热运动中,其中能量较高的分子也有可能逸出固体表面而升华为蒸气,因此固体也具有蒸气压。尽管由于存在更强的分子间吸引力,固体通常不如液体易挥发,但其蒸气压同样随温度升高而增大。在密闭容器中固体与蒸气共存并达到动态平衡,升华与凝华过程同时发生且速率相等,此时蒸气具有的压强称为**升华压**(sublimation pressure)。升华压随温度变化的曲线,称为**升华压曲线**(sublimation curve)。在 1 个标准大气压下固体升华为蒸气的温度,称为固体的**正常升华点**(normal sublimation point, T_s)。在恒温下使 1 mol 固体升华为蒸气所需吸收的热量,称为**摩尔升华焓**(molar enthalpy of sublimation),通常用 $\Delta H_{升华}$ 表示。由于升华(固体→蒸气)过程相当于先熔化(固体→液体)再蒸发(液体→蒸气)的过程,因此 $\Delta H_{升华}$、$\Delta H_{熔化}$ 和 $\Delta H_{蒸发}$ 之间存在如下关系:

$$\Delta H_{升华} = \Delta H_{熔化} + \Delta H_{蒸发} \tag{4.52}$$

用 $\Delta H_{升华}$ 替代克劳修斯-克拉佩龙方程式(4.51)的 $\Delta H_{蒸发}$,即可得升华压对温度的函数关系式

$$\ln P = -\frac{\Delta H_{升华}}{RT} + \ln C \tag{4.53}$$

$$\ln \frac{P_2}{P_1} = -\frac{\Delta H_{升华}}{R}\left(\frac{1}{T_2} - \frac{1}{T_1}\right) \tag{4.54}$$

干冰(固态 CO_2)和碘是两种具有显著升华压的常见固体。冰在 0 ℃ 时的升

华压为 4.58 mHg(611 Pa),即使在温度低于 0 ℃ 的寒冷天气下,如果空气中水蒸气的分压低于升华压,雪也会从地面消失,这时雪并非融化而是升华了。

物质的其他相态(C)

除常见的气、液、固三态之外,物质还存在其他的相态。物质的第四、五、六态分别称为等离子态、玻色-爱因斯坦凝聚态和费米子凝聚态,其中后两种均为物质在量子状态下的新相态。

随着温度的升高,物质吸收能量将从固态转变为液态和气态。当温度持续升高时,气态分子继续吸收能量,首先会发生化学键的断裂,解离成单个原子;接下来原子会发生电离,逐渐失去核外电子:先失去价电子,再失去内层电子;当能量足够高时,原子将失去大量甚至全部核外电子,成为高度电离的原子核以及脱离原子核束缚的自由电子。这种含有大量电荷总量相等的原子核和自由电子、但宏观上仍呈电中性的物态,与离子晶体包含电荷总量相等的正、负离子但总体呈电中性类似,因此称为**等离子态**(plasma),处于等离子态的物质也称等离子体。等离子体具有很高的电导率,根据电离程度,可分为完全电离等离子体、部分电离等离子体和弱电离等离子体。按照来源可分为天然等离子体和人工等离子体。宇宙中 99% 以上的物质以等离子态形式存在,恒星星云、日冕、闪电、极光等都是天然等离子体,地球的电离层就是一个等离子体层,位于大气中 50~1000 km 高度之间;日光灯、霓虹灯以及核聚变反应堆等都是人工等离子体,实验室中可通过气体放电法、射线辐射法和热电离法等制备人工等离子体,并广泛应用于材料加工、表面改性、薄膜制备、化工、冶金等众多领域。

例如:电子的自旋量子数为 1/2,是典型的费米子,必须遵守泡利不相容原理,不能存在两个所有量子数完全相同(即处于同一量子态)的电子;而光子的自旋量子数为 1,是典型的玻色子,无须遵守泡利不相容原理,同一量子态可容纳大量光子。

另外,当温度持续降低到接近绝对零度时,物质也会发生相变。构成物质的微观粒子,根据自旋量子数可分为玻色子(自旋量子数为 1/2 的偶数倍即整数)和费米子(自旋量子数为 1/2 的奇数倍即半整数),其中泡利不相容原理适用于费米子而不适用于玻色子。将由玻色子粒子组成的物质冷却到接近绝对零度,大量粒子聚集到能量最低的同一量子态(即基态),形成一种新的宏观量子相态,称为**玻色-爱因斯坦凝聚态**(Bose-Einstein condensate,BEC)。处于玻色-爱因斯坦凝聚态的物质,大部分粒子的量子态相同,具有相同的动量。费米子遵循泡利不相容原理,因此不能像玻色子那样直接形成玻色-爱因斯坦凝聚态。但两个存在相互作用的自旋反平行费米子在临界温度下可以形成库珀对(Cooper pair),库珀对的总自旋量子数为整数,具有玻色子性质,可以凝聚,这样形成的凝聚态称为**费米子凝聚态**(Fermionic condensate)。

4.5 相图
(Phase Diagram)

上节介绍过,物态转变是相变的一种。"物态"和"相"这两个术语有时可互换使用,但二者仍存在差别。物态特指气、液、固等状态,而**相**(phase)指的是体系中物理和化学性质完全均匀一致的部分,同一物态可能存在几个不同的相。例如,水和油的混合物虽然都是液态,但性质不同,静置后会自发地分成两相:水相和油相。相变过程中两相之间的动态平衡称为**相平衡**(phase equilibrium)。用来表示不同相单独存在或平衡共存条件的图,称为**相图**(phase diagram)。本节仅讨论最简单的相图:单一纯净物的压强-温度图;其他更为复杂的相图留待后续课程介绍。

单相区

图 4.16a 为某单一纯净物的相图示意图,纵轴和横轴分别表示压强和温度。相图中不同颜色点的分布,勾勒出四个单相区的轮廓,其中绿色、蓝色和黄色点所对应的区域,分别代表固相、液相和气相为稳定相时的压强和温度。固相区通常位于相图的左上角,液相区位于中上部,气相区位于右下部。而相图右上角紫色点所对应的区域,表示一种称为超临界流体的特殊相态,将在本节后续内容中讨论。

需要特别注意的是,相图纵轴的压强,指的是体系的外压,视情况而定,可以等于也可以不等于该物质的内压或蒸气压。例如,图 4.16a 中点 X 位于相图的气相区,这意味着当体系的外压保持在 P_X、温度保持在 T_X 时,不管花费多长时间,该物质最终将全部转变为气相,而不会存在液相和固相。也就是说,在 P_X 和 T_X 保持不变的条件下,该物质在热力学上以纯气相的形式稳定存在。这是因为在 T_X 下液体的蒸气压(P_e)高于 P_X,为了保持外压 P_X 不变,需要持续移除液面上的蒸气,这时液体就会持续蒸发进入气相,直至最终所有液体均气化,该物质全部转变为单一相态即气相。这也是将相图中的四个区域称为单相区的原因。

相图上的直线与曲线

将图 4.16a 中相同颜色的点连接成区域,即可得如图 4.16b 所示的简化相图。图中连接固-液两相的线为一条直线(TA),而连接固-气两相和液-气两相的线为曲线(TB 和 TC)。这些直线或曲线代表相邻的两相恰好处于相平衡,线上的所有点均表示处于相邻两相共存的动态平衡状态,也代表相邻两相能够共存的边界条件。

气相与固相邻接的曲线 TB 即为升华压曲线,可用含 $\Delta H_{升华}$ 的克劳修斯-克拉佩龙升华方程描述。气相与液相邻接的曲线 TC 为蒸气压曲线,可用含 $\Delta H_{蒸发}$ 的克劳修斯-克拉佩龙蒸发方程描述。由于 $\Delta H_{升华}$ 必然大于 $\Delta H_{蒸发}$,升华压曲线 TB 的曲率一定大于蒸气压曲线 TC 的曲率,因此这两条曲线在连接处 T 点是不光滑的。

固相与液相邻接的直线 TA 为熔化线,代表外压对物质熔点的影响。由于外压对物质的熔化过程没有显著影响,TA 通常为一条接近竖直的直线。对于绝大多数物质,TA 的斜率为正。这是因为固体的密度通常高于液体,因此质量不变时固态的体积小于液态。恒温下增加外压会导致物质的体积收缩,发生从液态到固态的转变,这一过程可用图 4.16b 中的一条穿过熔化线且竖直向上的红色短箭头表示。水的熔化线具有反常的负斜率,因为冰的晶体结构中水分子之间形成了更多的氢键、结构更为有序和空旷,因此冰的密度比水还要小。除水之外,铋和锑的熔化线斜率也为负。

三相点

在图 4.16b 中,TA、TB 和 TC 三条线的共同交点位于 T 点,称为**三相点**(triple

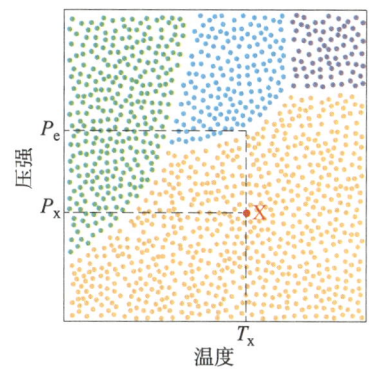

(a) 用不同颜色点表示的相图

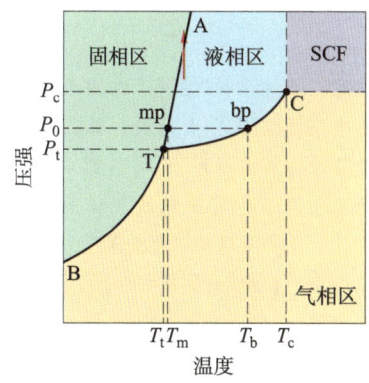

(b) 用不同颜色区域表示的相图

图 4.16 单一纯净物的相图示意图:绿色、蓝色、黄色和紫色分别代表固相、液相、气相和超临界流体相。缩写:T—三相点;C—临界点;mp—熔点;bp—沸点;SCF—超临界流体

思考题: 应如何理解可用克劳修斯-克拉佩龙蒸发方程和升华方程,分别描述相图中的蒸气压曲线 TC 和升华压曲线 TB? 由此可以得出两个克劳修斯-克拉佩龙方程的适用范围分别是什么?

point),它同时也是气、液、固三个单相区的交点。三相点定义了某单一纯净物处于气、液、固三相平衡共存时的压强(P_t)和温度(T_t)。在三相点处,液体的蒸气压与固体的升华压相等,均等于三相点压强P_t。

从相图中可以直接读取单一纯净物的正常熔点(T_m)和正常沸点(T_b)。$P_0 =$ 1 atm 的水平线与熔化线的交点,定义了该物质的正常熔点;与蒸气压曲线的交点,定义了该物质的正常沸点。对于某些物质(如 CO_2)三相点压强($P_t =$ 5.11 atm)大于 1 atm,这意味着P_0水平线不与熔化线和蒸气压曲线相交,而是与升华压曲线相交,该交点定义了此物质的正常升华点(T_s)。这可以解释CO_2等物质在常压下会直接升华为气态,而不会以液态的形式存在。

注意:由于 TA 线接近竖直,数值上T_m可能与三相点温度T_t相差不大,但二者的物理意义完全不同。

临界点与超临界流体

图 4.16b 中的另一个特殊点是**临界点**(critical point)C,它是蒸气压曲线的最高点,代表了液相可能存在的最高温度。气体只能在低于**临界温度**(critical temperature,T_c)时发生液化;温度在T_c以上时,无论如何加压均不能使气体液化。在T_c下使气体液化所需的最低外压称为**临界压强**(critical pressure,P_c)。在T_c和P_c下气体的摩尔体积称为**临界体积**(critical volume,V_c)。表 4.3 列出了一些常见物质的临界常数。

注意:"气相"和"蒸气"这两个术语的差别也与临界点有关。蒸气指的是处于临界温度以下、通过简单加压而无须降温即可凝结成液体的气相物质。临界温度同样也是蒸气所能存在(或者与液相或固相共存)的最高温度。因此,位于相图右下部的单相区应称为"气相区"而非"蒸气区"。

表 4.3 一些常见物质的临界常数

物质	T_b/K	T_c/K	P_c/bar	V_c/(cm³·mol⁻¹)
永久气体				
He	4.222	5.1953	51.953	0.22746
H_2	20.388	33.14	12.964	65
Ne	27.097	44.49	26.786	42
N_2	77.355	126.192	33.9	90
F_2	85.04	144.41	51.724	66
Ar	87.302	150.687	48.63	75
O_2	90.188	154.581	50.43	73
CH_4	111.6	190.56	46.0	99
非永久气体				
CO_2	194.6	304.13	73.75	94
C_2H_6	184.5	305.36	48.8	146
HCl	188	324.7	83.1	81
C_3H_8	231.04	369.9	42.5	199
NH_3	239.82	405.56	113.57	69.8
Cl_2	239.11	417.0	79.91	123
C_4H_{10}	272.6	425.2	37.9	257
液体或固体				
C_5H_{12}	309.21	469.7	33.7	310
C_6H_{14}	341.87	507.5	30.3	366.0
C_7H_{16}	371.53	540.1	27.4	428
C_6H_6	353.23	562.0	49.0	257
H_2O	373.12	647.10	220.6	56
I_2	457.6	819	117	155

如果气体的 T_c 高于室温（298 K），则在室温时只需施加高于 P_c 的外压即可实现液化，这类气体称为可凝聚气体或**非永久气体**（nonpermanent gas）。但如果气体的 T_c 低于室温，则意味着在室温下仅靠加压无法使其液化，只有同时将温度降至 T_c 以下并将外压增至 P_c 以上，才能使其液化，这类气体称为**永久气体**（permanent gas）。物质的沸点 T_b 总是低于临界温度 T_c，当 T_c 高于室温时，如果 T_b 同时也高于室温，则该物质在室温和常压下即为液体或固体。

在密闭容器中缓慢且持续地加热液体，其温度和蒸气压将沿相图中的蒸气压曲线逐渐升高，液相和气相将处于连续的动态平衡状态。在此加热过程中，液体的密度逐渐降低而蒸气的密度持续增加。当最终到达蒸气压曲线的末端即临界点时，液体和蒸气的密度相等，液相和气相变得完全相同、无法区分，如图 4.17 所示。此时液体的表面张力接近于零，液相和气相之间的相界面最终消失。这种状态的物质既不是液体也不是气体，称为**超临界流体**（supercritical fluid，SCF），位于相图右上角温度高于 T_c、外压大于 P_c 的紫色单相区。液体、气体和超临界流体均属于流体。

思考题： 在使用过程中，氧气高压钢瓶的压强逐渐降低，而氯气高压钢瓶的压强几乎不变，为什么？

注意： 超临界流体具有均匀一致的物理和化学性质，属于独立的相态，但通常不认为是独立的物态，一般归为气液混合态的延伸。

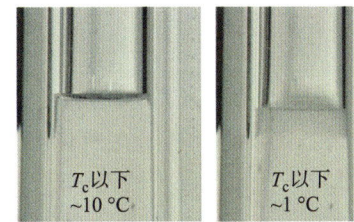

图 4.17 在密闭容器中持续加热苯以形成超临界流体的过程

超临界流体具有许多独特的性质，它的密度较高、类似液体，但黏度较低、类似气体，可以像气体一样自由扩散充满容器，又能像液体一样作为良好的溶剂。更为重要的是，在接近临界点时，压强或温度的微小改变即会导致超临界流体各种性质的显著变化，因此可以通过压强或温度来对超临界流体的许多性质进行"微调"。

超临界二氧化碳（SC-CO_2）是一种典型的超临界流体，已成为重要的商业和工业溶剂。CO_2 的临界温度为 304.2 K，临界压强为 72.8 atm，属于可凝聚气体。SC-CO_2 具有化学稳定性、无毒、不易燃、成本低、易获得等优点。SC-CO_2 相对较低的 T_c 及化学稳定性，使其基本不会导致被溶解物质变性。通过调节压强可改变不同溶质在 SC-CO_2 中的溶解度，从而实现选择性萃取。在工艺完成之后，只需恢复至常温常压即可轻松去除 SC-CO_2。因此 SC-CO_2 被广泛用于药物有效成分的萃取和提纯，以及食品工业和聚合物加工中的分离和提纯，也被用作绿色环保的干洗剂和化学反应溶剂等。

相图示例

下面以碘、二氧化碳和水的相图为例分别进行说明。碘的相图是最简单的相图之一，如图 4.18a 所示。碘的三相点位于 386.8 K 和 0.120 atm。$P_0 = 1$ atm 的水平线分别与熔化线和蒸气压曲线相交于其正常熔点（$T_m = 386.9$ K）和正常沸点（$T_b = 457.6$ K）处。这说明常温常压下，碘以固态形式存在。常压下加热，可以使固态碘熔化为液态，继续加热则可以使其气化为碘蒸气。碘的熔化过程基本不受外压影响,因此 T_m 和 T_t 非常接近。碘的临界点位于 819 K 和 115.5 atm。

图 4.18b 所示的二氧化碳的相图与碘的相图的主要区别在于,其三相点压强 (P_t = 5.11 atm)大于 1 atm,P_0 = 1 atm 的水平线与升华压曲线相交于其正常升华点(T_s = 194.7 K)。这意味着 CO_2 没有正常熔点和正常沸点,干冰在常压下不会熔化而会直接升华。由于能保持较低温度且不会熔化产生液体,干冰被广泛用于冷冻和食品保鲜。

图 4.18c 所示的水的相图示意图呈现了几个新的特征。一是在一定压强范围内熔化线具有负斜率,即冰的熔点随外压增加而降低。另一个特征是**多晶型现象**(polymorphism),这是固态物质存在两种或两种以上不同晶体结构的现象。常压下的普通冰称为冰Ⅰ(图 4.18c 的固相区Ⅰ);随着外压增大,冰的空旷的氢键网格结构逐渐压垮,可形成多种具有不同氢键网格的晶体结构。目前已发现冰的不同晶相达二十多种,其中除冰Ⅰ外其他晶相的熔化线均为正斜率。具有多晶型现象的物质的相图中存在多个三相点,例如,冰Ⅰ、冰Ⅲ和液态水的三相点位于 251.2 K 和 209.9 MPa。许多物质均存在多晶型现象,如硫存在单斜硫(又称 β-硫)和正交硫(又称斜方硫、菱形硫或 α-硫),金刚石存在立方和六方金刚石,石墨存在六方和三方石墨等。

水的常规三相点为 273.16 K,与水的冰点(约 273.15 K)相差 0.01 K,说明在对应压强范围内,冰Ⅰ的熔化过程受外压影响非常小。之所以二者之间仍存在 0.01 K 差别,是因为三相点温度是纯水在三相点压强下的气-液-固(冰Ⅰ)平衡温度,而冰点则是冰与被空气饱和的水溶液在一个大气压下的平衡温度。因此,水的冰点会受环境影响而变化,三相点温度则是一个恒定值。在 SI 中,1 K 被定义为水的三相点温度的 1/273.16。

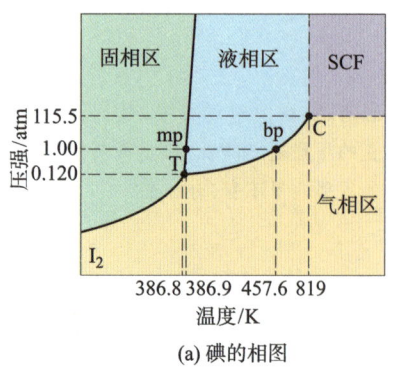

(a) 碘的相图

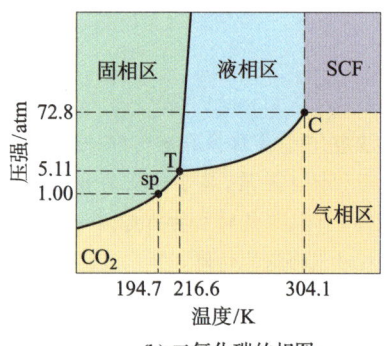

(b) 二氧化碳的相图

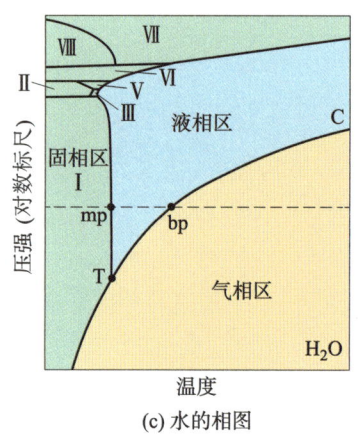

(c) 水的相图

图 4.18 不同物质的相图示意图:缩写:T—三相点;C—临界点;mp—熔点;bp—沸点;sp—升华点;SCF—超临界流体

4.6 溶液
(Solution)

前述气、液、固体及超临界流体均为纯净物的不同相态,而溶液则属于混合物而非纯净物,是一种分散系。一种或多种物质的微粒分散在另一种物质的连续相中形成的体系称为**分散系**(dispersion system),被分散的物质称为**分散质**(dispersate),另一种具有连续相的物质称为**分散剂**(dispersant)。分散系总是由两种或两种以上纯净物组成的混合物。按照分散质微粒的大小及分散系的稳定性,可将分散系分为分子分散系(<1 nm,稳定)、胶体分散系(1~1000 nm,半稳定)和粗分散系(>1000 nm,非常不稳定)。相是体系中物理和化学性质完全均匀一致的部分;只含一个相的体系称为**单相体系**(single-phase system),含两个或两个以上相的体系称为**多相体系**(multiple phase system)。分子分散系具有均匀一致的物理和化学性质,是单相体系;胶体分散系和粗分散系则是多相体系。粗分散系包括悬浊液(如泥浆等)和乳浊液(如牛奶、豆浆等)。本节主要介绍属于分子分散系的溶液,并简介胶体分散系。

溶液的浓度

由两种或两种以上物质混合形成的均匀稳定的分子分散系,称为**溶液**

(solution)。为了与胶体分散系相区分,有时也将溶液称为真溶液。溶液中的分散质称为**溶质**(solute),分散剂称为**溶剂**(solvent)。一般来说,溶剂是溶液中量最大的组分,溶液的物态通常与溶剂相同;根据溶剂的物态,溶液可分为固溶体、液溶体和气溶体。例如,空气是一种气-气溶体,其溶剂为 N_2,溶质为 O_2 和其他气体。H_2 可以溶解在一些金属(特别是钯)中,形成气-固溶体。合金可视为固-固溶体,以铜合金为例,黄铜是含锌的铜合金(铜锌合金),白铜是铜镍合金,青铜则是含其他金属的铜合金,通常为铜锡合金。

> 注:"溶液"这一术语改称"溶体"更为合适。

溶液的**浓度**(concentration)是对一定量溶液或溶剂中所含溶质的量的量度。定性地说,浓度相对较低的溶液称为**稀溶液**(dilute solution),而浓度相对较高的溶液称为**浓溶液**(concentrated solution)。定量而言,浓度可分为质量浓度、物质的量浓度、数浓度和体积浓度。表4.4列出了一些常用浓度表示法。

表 4.4 一些常用浓度表示法

浓度表示法	常用符号	分子	分母	乘法因子	单位
质量分数	w	溶质质量	溶液质量		1
体积分数	φ	溶质体积	溶液体积		1
质量体积百分数		溶质质量	溶液体积	100%	% g·mL^{-1}
摩尔分数	x	溶质物质的量	所有物质总物质的量		1
物质的量浓度	M 或 c	溶质物质的量	溶液体积		mol·L^{-1}
质量摩尔浓度	m	溶质物质的量	溶剂质量		mol·kg^{-1}

溶解度

除无限混溶的两种物质组成的溶液外,所有溶液均存在一个不能再溶解更多溶质的浓度,此时的溶液称为**饱和溶液**(saturated solution)。在饱和溶液中,溶解过程与结晶过程之间达到动态平衡。一定温度和压强下饱和溶液的浓度,称为溶质在指定溶剂中的**溶解度**(solubility),通常用 100 g 溶剂所能溶解溶质的最大克数表示。例如,在 20 ℃ 和常压下,NaCl 在水中的溶解度是 35.9 g/100 g 水。物质的溶解度通常随温度变化,描述物质溶解度随温度变化关系的曲线,称为**溶解度曲线**(solubility curve),如图 4.19 所示。随温度升高,多数物质在水中的溶解度增大,有的变化趋势显著,如 $K_2Cr_2O_7$、$AgNO_3$;也有的变化不大,如 NaCl;还有少数物质在水中的溶解度随温度升高而减小,如 $Ca(OH)_2$、$Ce_2(SO_4)_3$,或者随温度升高先增大再减小,如 Na_2SO_4 和 $MnSO_4$。气体的溶解度通常随温度升高而减小,随压强增大而显著增大。

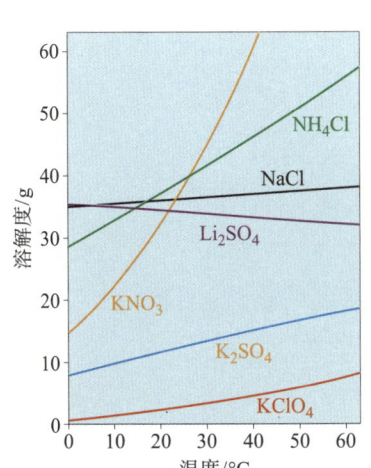

图 4.19 几种盐在水中的溶解度曲线:溶解度以 100 g 水中所能溶解盐的最大克数计

> 例如:烧开水时在沸腾之前就能看到水中有气泡冒出,这是因为空气在水中的溶解度随温度升高而减小。

关于溶解度的规律性至今尚无成熟理论。一条从大量实验结果中归纳出来的经验规律是"**相似相溶原理**(like dissolves likes)",即物质结构越相似,越容易相溶。溶解是溶质分子和溶剂分子分别拆散、溶质与溶剂分子相结合(即溶剂化)的过程。溶质与溶剂的结构越相似,溶解前后分子间作用力的变化越小,这样的过程就越容易发生。极性溶质在极性溶剂中溶解度较大,如乙醇(CH_3CH_2OH)和水能无限互溶;非极性溶质在非极性溶剂中溶解度较大,如萘在苯中溶解度很大;极性和非极性物质则难以互溶,如油水不互溶。

稀溶液的依数性（B）

与从实际气体中简化抽象出理想气体模型类似，从实际溶液中也可简化抽象出理想溶液模型。由于液体分子间存在显著且不可忽略的吸引力，不像理想气体模型可直接忽略分子间作用力，**理想溶液**（ideal solution）模型的基本假定为：1）溶质和溶剂分子之间的作用力与溶剂分子之间的作用力完全等同；2）溶质和溶剂分子的体积等同。当溶质和溶剂混合形成理想溶液时，体积没有变化，分子间作用力也没有变化，因此溶解过程没有热效应。溶质和溶剂的结构越相似，形成的溶液就越接近理想溶液。

注：由于溶质分子之间距离极大，溶质分子之间的作用力可忽略不计。

例如：苯与甲苯、正己烷与正庚烷形成的溶液，在很宽的浓度范围均近似理想溶液。

在水溶液或熔融状态下能够导电的化合物，称为**电解质**（electrolyte），如酸、碱、盐等；在水溶液和熔融状态下均不能导电的化合物，称为**非电解质**（non-electrolyte），如蔗糖、蛋白质、尿素等。电解质水溶液能够导电，是因为其溶于水后可电离出能够自由迁移的离子，因此电解质水溶液中的微粒浓度会因电离而高于溶液浓度，微粒之间的作用力也较为复杂。非电解质水溶液基本不发生电离，微粒浓度约等于溶液浓度；非电解质的稀溶液可近似认为是理想溶液。

非电解质的稀溶液具有一系列只与溶液浓度数值有关、而与溶质属性无关的性质，统称为**依数性**（colligative properties），包括蒸气压下降、沸点升高、凝固点降低和具有渗透压。例如，浓度为 0.50 mol·kg^{-1} 的蔗糖水溶液和尿素水溶液，其沸点均比纯水高，并且升高的程度近似相等；其凝固点均比纯水低，且降低的程度也近似相等。相反，溶液的颜色、气味、密度、化学反应性等性质与溶质属性有关，均不是依数性。

注：正是由于这一类性质取决于溶液浓度的数值，而与具体是什么溶液无关，才被命名为"依数性"。

1. 蒸气压下降

一般而言，溶剂的挥发性高于溶质。当溶质溶于溶剂形成溶液时，溶液的蒸气压会低于纯溶剂的蒸气压，并且溶液浓度越大，蒸气压下降得就越多。1887 年法国科学家拉乌尔（François-Marie Raoult）最先提出适用于非挥发性、非电解质稀溶液的经验公式，称为**拉乌尔定律**（Raoult's law）：溶液蒸气压相对降低值与溶质的浓度成正比，即

$$\frac{\Delta P}{P_B} = \frac{P_B - P}{P_B} = x_A \quad \text{或} \quad P = x_B P_B \tag{4.55}$$

其中 A 和 B 分别代表溶质和溶剂，P_B 是纯溶剂的蒸气压，P 为溶液的蒸气压，x_A 和 x_B 分别代表溶质和溶剂的摩尔分数，有 $x_A + x_B = 1$。

从气体分子运动论角度看，处于气–液相平衡时，液体分子蒸发的数目与气体分子凝结的数目相等。若溶质不挥发，则溶液的蒸气压全由溶剂分子挥发产生，因此由液相逸出的溶剂分子数目与溶剂的摩尔分数成正比，气相中溶剂分子的多少决定了蒸气压的大小。若溶质也是挥发性的，溶液的蒸气压则等于溶剂蒸气压与溶质蒸气压之和，二者分别正比于溶剂和溶质的摩尔分数，即

$$P = x_A P_A + x_B P_B \tag{4.56}$$

随着溶液浓度的上升，拉乌尔定律逐渐不适用，这时溶液也逐渐偏离理想溶液。

从拉乌尔定律的角度,理想溶液也可定义为所有组分在全部浓度范围内均符合拉乌尔定律的溶液。

» 例 4.7 已知 20 ℃ 时水的蒸气压为 2.34 kPa。将 3.00 g 尿素 $CO(NH_2)_2$ 溶于 100.0 g 水中,计算所得溶液在 20 ℃ 的蒸气压。

» 解:尿素的摩尔质量为 60.0 g·mol^{-1},溶于水形成尿素溶液,其中

$$n_{尿素} = \frac{3.00 \text{ g}}{60.0 \text{ g·mol}^{-1}} = 0.05 \text{ mol}$$

$$n_{水} = \frac{100.0 \text{ g}}{18.0 \text{ g·mol}^{-1}} = 5.56 \text{ mol}$$

$$x_{水} = \frac{n_{水}}{n_{尿素} + n_{水}} = \frac{5.56 \text{ mol}}{5.56 \text{ mol} + 0.05 \text{ mol}} = 0.991$$

由拉乌尔定律可得,尿素溶液的蒸气压为

$$P = x_{水} P_{水} = 0.991 \times 2.34 \text{ kPa} = 2.32 \text{ kPa}$$

2. 沸点升高与凝固点降低

液体的蒸气压随温度升高而增加,当液体的蒸气压恰好等于外压时的温度,即为液体的沸点。当溶质为非挥发性物质时,溶液的蒸气压低于纯溶剂,在溶剂的沸点 T_b 时,溶液的蒸气压小于外压;直至温度继续升高至 T_b',溶液的蒸气压等于外压时,溶液才表现出沸腾现象。溶液越浓,其蒸气压下降越多,则沸点升高越大。理想溶液蒸气压的降低值与其质量摩尔浓度 m 成正比,因此溶液沸点的升高值也与质量摩尔浓度成正比,即

$$\Delta T_b = T_b' - T_b = K_b m \tag{4.57}$$

其中 K_b 是沸点升高常数,与溶剂的摩尔质量、沸点和汽化焓有关。类似地,含非挥发性溶质的溶液在溶剂的凝固点 T_f 时不发生凝固,直到温度继续降低至 T_f' 时才凝固。溶液越浓,凝固点降低越多。理想溶液凝固点的降低值也与质量摩尔浓度成正比,即

$$\Delta T_f = T_f' - T_f = -K_f m \tag{4.58}$$

其中 K_f 是凝固点降低常数,与溶剂的摩尔质量、凝固点和熔化焓有关。由于沸点升高而凝固点降低,式(4.57)用正号而式(4.58)用负号。一些常见溶剂的 K_b 和 K_f 列于表 4.5。

沸点升高法和凝固点降低法均可用于测定溶质的摩尔质量,但对于同一种溶剂,K_f 通常大于 K_b,因此凝固点降低法测摩尔质量的精确度高于沸点升高法。

表 4.5　一些常见溶剂的 K_b 和 K_f

溶剂	T_b/K	K_b/(K·kg·mol^{-1})	T_f/K	K_f/(K·kg·mol^{-1})
水	373.1	0.513	273.2	1.86
乙醇	351.4	1.23	159.0	—
丙酮	329.2	1.80	178.3	—
苯	353.2	2.64	278.7	5.07
乙酸	391.1	3.22	290	3.63
氯仿	334.4	3.80	209.7	—
萘	491.2	—	353.4	7.45
硝基苯	483.9	5.2	278.8	6.87
苯酚	455.0	3.54	314.0	6.84

» 例 4.8 已知纯苯的凝固点为 5.54 ℃。将 0.900 g 某未知化合物溶于 27.3 g 苯中,测得该溶液的凝固点为 4.20 ℃,求该未知化合物的摩尔质量。

» 解: 查表 4.5 可知苯的 K_f 为 5.07 K·kg·mol^{-1},由式(4.58)可得

$$m = -\frac{\Delta T_f}{K_f} = -\frac{(4.20-5.54)\text{K}}{5.07\text{ K·kg·mol}^{-1}} = 0.264\text{ mol·kg}^{-1}$$

设未知化合物的摩尔质量为 M g·mol^{-1},则溶液的质量摩尔浓度为

$$m = \frac{(0.900\text{ g})/(M\text{ g·mol}^{-1})}{27.3 \times 10^{-3}\text{ kg}} = 0.264\text{ mol·kg}^{-1}$$

故未知化合物的摩尔质量为

$$M = \frac{0.900\text{ g}}{27.3 \times 10^{-3}\text{ kg} \times 0.264\text{ mol·kg}^{-1}} = 125\text{ g·mol}^{-1}$$

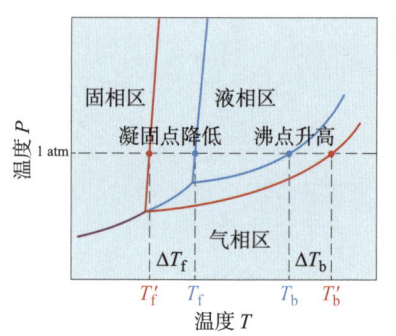

图 4.20　纯溶剂相图(蓝线)与在该溶剂中加入非挥发性溶质后形成溶液相图(红线)的对比示意图:假定溶质不溶于固态溶剂,因此两个相图的升华压曲线重合

注: 可以将沸点升高和凝固点降低统一理解为扩大了相图中液相区的范围。

从相图的角度看,图 4.20 中蓝线代表某纯溶剂的相图,$P_0 = 1$ atm 的水平线分别与熔化线和蒸气压曲线相交于其正常凝固点 T_f 和正常沸点 T_b。在该溶剂中加入少量非挥发性溶质形成稀溶液后,蒸气压下降,溶液的熔化线向左移而蒸气压曲线向下移,如图 4.20 的红线所示,导致 $P_0 = 1$ atm 的水平线与溶液熔化线的交点温度下降至 T_f',而与溶液蒸气压曲线的交点温度上升至 T_b',其中 $\Delta T_f > \Delta T_b$。

汽车散热器的冷却水在冬季常需加入适量乙二醇或甲醇以防水的冻结,路面撒盐可防止结冰,这些措施均应用了溶液凝固点降低的原理。寒冬时松树叶常青而不冻,是因为入冬前树叶内已储存了大量的糖分,使细胞液的冰点大幅降低。有机化学实验中常用测定沸点或熔点的方法来检测化合物的纯度,这是因为含杂质的化合物可视为一种杂质在化合物中溶解形成的溶液,其熔点一般低于纯化合物,沸点则高于纯化合物。

3. 渗透压

在烧杯内盛入纯溶剂,半透膜内盛放非电解质溶液,可以观察到管内液面逐渐升高的现象,如图 4.21 所示,这种现象称为**渗透**(osmosis)。由于非电解质分子(如蔗糖、蛋白质、尿素等)通常远大于溶剂分子(如水、乙醇等),较小的溶剂分子可以自由通过半透膜,而较大的溶质分子则不能通过。渗透现象可看作溶剂分子由蒸气压较高处(即纯溶剂)向蒸气压较低处(即溶液)移动的过程。半透膜两侧的高度差越大,液柱产生的压强就越大;当管内液面升至一定高度时,溶剂渗过半透膜的趋势与液柱的压强恰好抵消,渗透过程即停止。如果在纯溶剂侧施加一定压强,可使半透膜两侧的高度差为零,这个恰好能阻止渗透现象发生所需施加的压强,称为溶液的**渗透压**(osmotic pressure)。

注: 关于渗透压的应用详见案例 4.1。

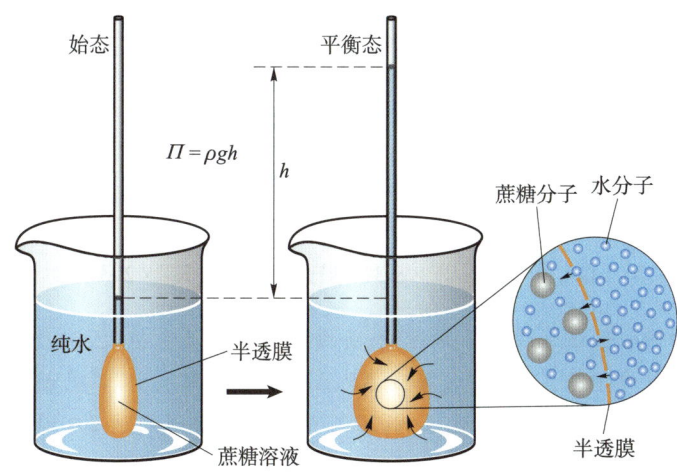

图 4.21 渗透现象与渗透压

理想溶液的渗透压 Π 与溶液的体积 V、溶质物质的量 n、溶质物质的量浓度 c 和热力学温度 T 之间存在如下关系:

$$\Pi V = nRT \quad 或 \quad \Pi = \frac{n}{V}RT = cRT \tag{4.59}$$

其中 R 为摩尔气体常数。渗透压法也可用于测定溶质的摩尔质量,尽管实验技术比沸点升高法和凝固点降低法复杂,但对于摩尔质量很大的化合物,较小的 m 导致 ΔT_f 和 ΔT_b 都很小,不易测准,而渗透压法则具有独特的优势。

思考题: 为什么静脉输液要控制生理盐水的浓度为 0.9%?如果输入葡萄糖溶液,应该控制浓度大约是多少?

例 4.9
一种蛋白质的摩尔质量约为 $1.0 \times 10^4 \ \text{g} \cdot \text{mol}^{-1}$,试通过计算确定 20 ℃ 时用哪一种依数性来测定其摩尔质量最好。

解: 取 1.0 g 该蛋白质样品溶于 100 g 水中,溶质的摩尔分数及溶液的质量摩尔浓度和物质的量浓度可分别估算为

$$x_1 = \frac{n_1}{n_1 + n_2} = \frac{\dfrac{1.0 \ \text{g}}{1.0 \times 10^4 \ \text{g} \cdot \text{mol}^{-1}}}{\dfrac{1.0 \ \text{g}}{1.0 \times 10^4 \ \text{g} \cdot \text{mol}^{-1}} + \dfrac{100 \ \text{g}}{18.0 \ \text{g} \cdot \text{mol}^{-1}}} = 1.8 \times 10^{-5}$$

注意： 由于溶液很稀，在计算物质的量浓度时可假定溶液的密度等于水的密度。

$$m = \frac{(1.0 \text{ g})/(1.0 \times 10^4 \text{ g} \cdot \text{mol}^{-1})}{0.100 \text{ kg}} = 1.0 \times 10^{-3} \text{ mol} \cdot \text{kg}^{-1}$$

$$c = \frac{n_1}{V} = \frac{(1.0 \text{ g})/(1.0 \times 10^4 \text{ g} \cdot \text{mol}^{-1})}{100 \text{ g}/1000 \text{ g} \cdot \text{L}^{-1}} = 1.0 \times 10^{-3} \text{ mol} \cdot \text{L}^{-1}$$

在 20 ℃时采用四种依数性方法进行计算，其结果分别为

蒸气压下降法：查表知 20 ℃时水的蒸气压为 2.34 kPa，有

$$\Delta P = x_1 P_0 = 1.8 \times 10^{-5} \times 2.34 \text{ kPa} = 4.2 \times 10^{-5} \text{ kPa}$$

沸点升高法：查表知水的 K_b 为 0.513 K·kg·mol^{-1}，有

$$\Delta T_b = K_b m = 0.513 \text{ K} \cdot \text{kg} \cdot \text{mol}^{-1} \times 1.0 \times 10^{-3} \text{ mol} \cdot \text{kg}^{-1} = 5.0 \times 10^{-4} \text{ K}$$

凝固点降低法：查表知水的 K_f 为 1.86 K·kg·mol^{-1}，有

$$\Delta T_f = -K_f m = -1.86 \text{ K} \cdot \text{kg} \cdot \text{mol}^{-1} \times 1.0 \times 10^{-3} \text{ mol} \cdot \text{kg}^{-1} = -1.9 \times 10^{-3} \text{ K}$$

渗透压法：

$$\Pi = cRT = 1.0 \times 10^{-3} \text{ mol} \cdot \text{L}^{-1} \times 8.314 \text{ kPa} \cdot \text{L} \cdot \text{mol}^{-1} \cdot \text{K}^{-1} \times 293 \text{ K} = 2.4 \text{ kPa}$$

比较以上四种依数性方法的计算结果，蛋白质的摩尔质量很大，溶质的摩尔分数和溶液的质量摩尔浓度均很低，导致 ΔP、ΔT_b 和 ΔT_f 都很小，不易精确测量。相反，虽然溶液的物质的量浓度也很低，20 ℃时溶液的渗透压达 2.4 kPa，可以较为精确地测定。因此，采用渗透压法测定该蛋白质的摩尔质量最好。

4. 电解质稀溶液的依数性

非电解质的稀溶液可视为理想溶液，其依数性的实验值与计算值基本符合。而电解质溶液的实验值与计算值差别很大，是非理想溶液。荷兰科学家范托夫（Jacobus van't Hoff）引入校正因子 i，作为电解质稀溶液依数性的实验值与计算值的比值，有

$$i = \frac{(\Delta T_b)_{\text{实验值}}}{(\Delta T_b)_{\text{计算值}}} = \frac{\Delta T_b}{K_b m}$$

因此

$$\Delta T_b = iK_b m$$

同理，有

$$\Delta T_f = -iK_f m$$

$$\Pi = icRT$$

1884 年瑞典科学家阿伦尼乌斯（Svante Arrhenius）研究了电解质溶液依数性与导电性的关系，并提出**电离理论**（theory of ionization）。当时的主流观点认为，只

有在接通电流之后溶液中的溶质分子才能解离成离子而导电。阿伦尼乌斯的电离理论则认为,**电离**(ionization)是电解质在溶剂的作用下自动解离成离子的现象,电离发生在电解质溶解过程中,即使没有导入电流,电解质溶液中仍然存在离子。正、负离子在溶液中做无规则热运动,互相碰撞时又可结合成分子,因此电解质在溶液中仅部分电离,已电离分子与总分子的比率称为**电离度**(degree of ionization)。关于电离度的更多讨论详见 6.4 节。

阿伦尼乌斯电离理论认为,稀溶液的各种依数性数值(ΔT_f、ΔT_b、Π 等)与溶液中溶质的质点数成正比,由此来解释范托夫校正因子 i。由于非电解质稀溶液基本不发生电离,溶质的质点数与其质量摩尔浓度成正比,$i=1$。对于强电解质如 NaCl 的稀溶液,1 mol 溶质可电离出 2 mol 离子,溶质的质点数是相同质量摩尔浓度的非电解质稀溶液的 2 倍,$i=2$;同理 $Pb(NO_3)_2$ 稀溶液的 $i=3$。弱电解质如 HAc 的稀溶液在水中仅部分电离,i 值略大于 1。

》**例 4.10** 取 0.324 g $Hg(NO_3)_2$ 溶于 100 g 水中,其凝固点为 -0.0588 ℃;0.542 g $HgCl_2$ 溶于 50 g 水中,其凝固点为 -0.0744 ℃。通过计算结果判断这两种盐在水中的电离状况。

》**解:** 所配 $Hg(NO_3)_2$ 溶液的质量摩尔浓度为

$$m = \frac{(0.324 \text{ g})/(325 \text{ g·mol}^{-1})}{100 \times 10^{-3} \text{ kg}} = 0.0100 \text{ mol·kg}^{-1}$$

$$i = -\frac{\Delta T_f}{K_f m} = \frac{0.0588 \text{ K}}{1.86 \text{ K·kg·mol}^{-1} \times 0.0100 \text{ mol·kg}^{-1}} = 3.16$$

故 $Hg(NO_3)_2$ 几乎完全电离。

所配 $HgCl_2$ 溶液的质量摩尔浓度为

$$m = \frac{(0.542 \text{ g})/(272 \text{ g·mol}^{-1})}{50 \times 10^{-3} \text{ kg}} = 0.0399 \text{ mol·kg}^{-1}$$

$$i = -\frac{\Delta T_f}{K_f m} = \frac{0.0744 \text{ K}}{1.86 \text{ K·kg·mol}^{-1} \times 0.0399 \text{ mol·kg}^{-1}} = 1.00$$

故 $HgCl_2$ 基本不发生电离。

5. 活度与活度系数

阿伦尼乌斯电离理论也存在一些不足之处:如表 4.6 数据所示,几种盐溶液的 i 并非定值,而是与溶液浓度有关,只有在无限稀释溶液中,i 值才符合阿伦尼乌斯电离理论;此外,强电解质浓溶液的导电性也远低于预期。这些不足之处可用德拜(Peter Debye)和休克尔(Erich Hückel)于 1923 年提出的强电解质理论解释。该理论认为,强电解质在水溶液中虽然完全电离,但由于异性离子之间的相互吸引,离子的行动不能完全自由。在正离子周围聚集了较多的负离子,而在负离子周围聚集了较多的正离子。这种在中心离子周围形成的异性离子群,称为**离**

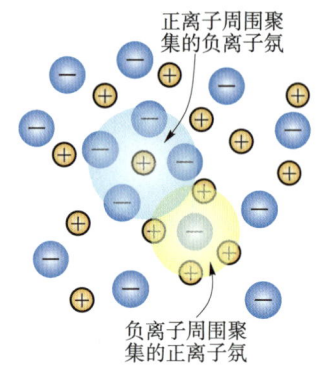

图 4.22 离子氛示意图

子氛(ionic atmosphere),如图 4.22 所示。由于受到离子氛的吸引力,离子在水溶液中的迁移率会下降,进而 i 值也会下降;浓度越高,离子氛效应越强,导电性下降越显著,i 值越偏离无限稀释的理想值。

表 4.6　几种盐在不同质量摩尔浓度时的范托夫校正因子 i

溶质	质量摩尔浓度 $m/(\text{mol}\cdot\text{kg}^{-1})$					无限稀释
	1.0	0.10	0.010	0.0010	⋯	
NaCl	1.81	1.87	1.94	1.97	⋯	2
MgSO$_4$	1.09	1.21	1.53	1.82	⋯	2
Pb(NO$_3$)$_2$	1.31	2.13	2.63	2.89	⋯	3

为了衡量非理想溶液偏离理想溶液的程度,美国科学家路易斯(Gilbert N. Lewis)提出活度的概念。**活度**(activity)即溶液的有效浓度,常用符号 a 表示,是根据实验数据对溶液化学计量浓度的校正;其校正因子称为**活度系数**(activity coefficient),常用符号 γ 表示,有

$$a = \gamma \frac{c}{c^{\ominus}} \tag{4.60}$$

其中 c 是溶液的物质的量浓度,常用单位为 $\text{mol}\cdot\text{L}^{-1}$;$c^{\ominus} = 1\ \text{mol}\cdot\text{L}^{-1}$ 是标准浓度,$c/c^{\ominus}$ 即可消除量纲;a 和 γ 的量纲均为 1。对于理想溶液或可视为理想溶液的稀溶液,$\gamma = 1$,$a = c/c^{\ominus}$。活度系数表观地修正了实际浓度与理想状态的差别,使得依数性公式可近似地用于非理想溶液。关于活度与活度系数的更多应用详见 6.1 节。

胶体(C)

分散质微粒大小在 1~1000 nm 的分散系称为胶体分散系,简称**胶体**(colloid),属于多相体系。这里主要介绍液态胶体,包含溶胶、大分子溶液和缔合胶体三类。

1. 溶胶

溶胶是固态胶体微粒分散于液态介质中形成的分散系,可通过大颗粒分散法或小颗粒凝聚法来制备。常用分散法有研磨法、超声法和胶溶法等。研磨法使用由特种硬合金制成的胶体磨,通过高速运转进行研磨,将大颗粒磨碎至胶体尺寸;超声法采用超声波撕碎大颗粒以获得胶体微粒;胶溶法则是向沉淀物中加入分散剂,使沉淀颗粒分散为胶体微粒,如向新制备的 Fe(OH)$_3$ 沉淀中加入适量 FeCl$_3$ 溶液作为分散剂,充分搅拌即可制得稳定的 Fe(OH)$_3$ 溶胶。

凝聚法是将溶液中的分子或离子凝聚成胶体微粒的方法。许多能生成不溶物的化学反应,在适当的温度、浓度和 pH 条件下可生成溶胶。如把 FeCl$_3$ 溶液滴入沸水中,Fe^{3+} 水解生成 Fe(OH)$_3$ 溶胶。制得的 Fe(OH)$_3$ 溶胶具有胶束结构,如图 4.23 所示。胶束的核心是 $m(\sim 10^3)$ 个 Fe(OH)$_3$ 微粒,称为胶核;胶核外依次吸附水中的 FeO$^+$ 和 Cl$^-$,形成一个随胶核运动的吸附层;胶核和吸附层合称胶粒。胶粒带正电荷的胶体称为正电胶体,如 Fe(OH)$_3$ 溶胶的胶核为电中性,吸附层含 nFeO$^+$ 和 $(n-x)$Cl$^-$,因此是正电胶体。胶粒外带相反电荷的 Cl$^-$ 形成扩散层;胶粒和扩散层合称胶束或胶团,整个胶束保持电中性。将饱和亚砷酸(H$_3$AsO$_3$)与

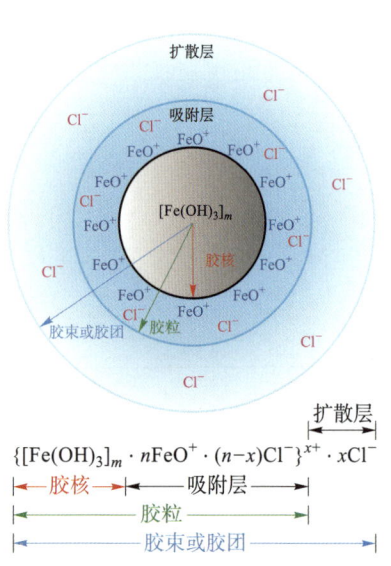

$\{[\text{Fe}(\text{OH})_3]_m \cdot n\text{FeO}^+ \cdot (n-x)\text{Cl}^-\}^{x+} \cdot x\text{Cl}^-$

图 4.23　Fe(OH)$_3$ 溶胶的胶束结构

0.1 mol·L^{-1} 硫化钠(Na$_2$S)溶液等体积混合,可生成淡黄色 As$_2$S$_3$ 溶胶,其胶粒带负电荷,是负电胶体。AgNO$_3$ 溶液和 KI 溶液在适当条件下可制备 AgI 溶胶,当 KI 过量时形成负电胶体,当 AgNO$_3$ 过量时形成正电胶体。

溶胶中胶体微粒具有很大的比表面积,由于表面分子的能量高于内部分子,胶体微粒聚集成大颗粒会减少比表面积、降低总能量,因此胶体微粒相互碰撞有自动聚集的趋势,是不稳定的分散系。然而溶胶在一定条件下可以生成并稳定存在,这是因为同一溶胶的胶粒均带同种电荷,在水溶液中互相排斥,从而保持了溶胶的相对稳定性。

2. 大分子溶液

蛋白质、淀粉、橡胶等大分子溶于水或其他溶剂形成的胶体,称为大分子溶液。当大分子尺寸处于溶胶范围时,与溶胶性质类似。但大分子溶液通常不带电荷,其稳定性是高度溶剂化造成的,因此也称亲液胶体;相反,溶胶则称为憎液胶体。向不稳定的溶胶中加入足量大分子溶液,可以保护溶胶的稳定性。

3. 缔合胶体

缔合胶体是由表面活性剂分子在溶剂中结合形成的胶体。**表面活性剂**(surfactant)是一类能够显著降低液体表面张力的物质,例如,肥皂(主要成分为硬脂酸钠 C$_{17}$H$_{35}$COO$^-$Na$^+$,结构如图 4.24a 所示)就是一种能有效降低水的表面张力的表面活性剂。从结构上看,表面活性剂通常都是具有两亲性的有机化合物,由亲水的极性基团(称为头基,具有水溶性)和疏水的非极性基团(称为尾基,具有油溶性)组成。一般含 C 原子数大于 8 的碳氢链,由于 C—H 键极性较弱(C 的电负性 2.5 与氢的电负性 2.1 很接近),且较高的分子对称性进一步抵消了键的极性,可视为非极性基团。表面活性剂有负离子型、正离子型、两性和非离子型等多种类型,如图 4.24b 所示;肥皂和洗涤剂(如 C$_{12}$H$_{25}$SO$_3^-$Na$^+$)均为负离子型表面活性剂。

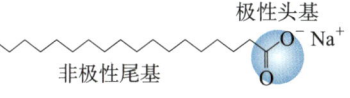

(a) 肥皂主要成分硬脂酸钠的结构

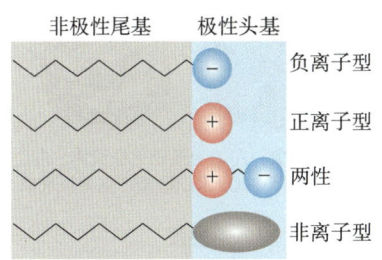

(b) 负离子型、正离子型、两性和非离子型表面活性结构示意图

当表面活性剂溶于溶剂(如水)中,在一定浓度范围(0.01~0.02 mol·L^{-1})内可形成缔合胶体,其胶束可为球形(如图 4.24c 所示)、棒形或层形。在水中形成的胶束,亲水的头基朝外与水分子相接触,疏水的尾基互相吸引、朝内包藏在胶束内部,从而形成稳定的结构。

非极性的碳氢化合物与水的极性差异很大,因此在水中溶解度很小。但在较高浓度的表面活性剂作用下,其溶解度会大幅提高,称为表面活性剂的增溶作用。这是因为这些非极性的碳氢化合物(即"油")被表面活性剂胶束的非极性尾基包裹,在水中形成了水包油型(O/W)微乳状液,分散度大幅增加。同理,在表面活性作用下,水也可以在油中形成油包水型(W/O)微乳状液。肥皂或洗涤剂洗净油污,就是表面活性剂增溶作用的实例;脂肪食物靠胆汁的增溶作用才能被人体有效吸收。表面活性剂在乳化、破乳化、起泡、消泡、分散和絮凝等多方面均可发挥作用,在日常生活和工业生产上都得到广泛应用。

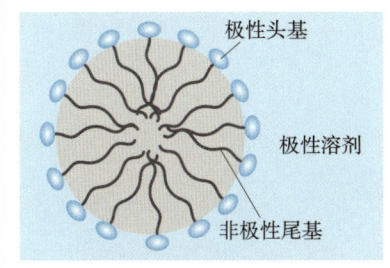

(c) 表面活性剂在溶剂中结合形成缔合胶体示意图

图 4.24 表面活性剂与缔合胶体

4. 胶体的性质

胶体与溶液都是透明均匀的分散系,没有肉眼可见的直接区别,但胶体具有

丁铎尔效应、电泳、渗析和聚沉等特性，这些都是溶液所不具备的性质。

当一束强光源通过胶体，在光线行进的侧面可以看到微弱闪光集合而成的光柱，这种现象称为**丁铎尔效应**（Tyndal effect），如图 4.25a 所示。丁铎尔效应来源于胶粒对光的散射现象，当胶粒尺寸与光的波长相当或略小时，散射现象较为显著，从侧面可以观察到闪光组成的光柱。真溶液中分子或离子的尺寸远小于光的波长，散射现象非常微弱，看不到闪光和光柱。粗分散系的微粒尺寸大于光的波长，在光照下产生反射现象，可以看到颗粒的形状。

电泳（electrophoresis）指的是带电胶粒在外加电场作用下向异性电极的迁移。正电胶体会向负极移动，负电胶体则会向正极移动，图 4.25b 所示为 $Fe(OH)_3$ 正电胶体通电后向负极的迁移。大分子溶液中的分子会电离而带电荷，也有电泳现象。**渗析**（dialysis）是胶粒不能通过半透膜而小分子、离子可自由通过半透膜的现象。在外加电场辅助下的渗析，称为电渗析。渗析可使胶粒与溶液中的分子、离子分离，这是纯化胶体的有效方法，广泛应用于生物制品的纯化。

聚沉（coagulation）是在溶胶中加入适量电解质使带电胶粒吸附相反电荷、破坏胶粒间的排斥作用而形成沉淀的现象，如图 4.25c 所示。对正电胶体的聚沉作用随电解质负电荷的增多而加强，如 $Cl^- < SO_4^{2-} < PO_4^{3-}$；对负电胶体的聚沉作用随电解质正电荷的增多而加强，如 $Na^+ < Ca^{2+} < Al^{3+}$。不同电性胶粒可相互促进聚沉，电解质亦可促使一些大分子溶液和缔合胶体聚沉，不同电性的表面活性剂也可以促使缔合胶体聚沉。在适当条件下（如控制电解质的量较小），溶胶可转变为凝胶（即含有溶剂的冻状物或其干燥状态），这种现象称为胶凝。胶凝是聚沉的特殊阶段。胶体聚沉在日常生活和科学研究中经常发生，例如，硫酸铝广泛用于水的澄清，就是利用硫酸铝水解生成的 $Al(OH)_3$ 正电胶体使水中负电胶体聚沉。豆腐的制备是利用盐卤或石膏的聚沉作用；江河入海口泥沙的沉积也与胶体聚沉有关。

(a) 丁铎尔效应：左边为胶体，右边为真溶液

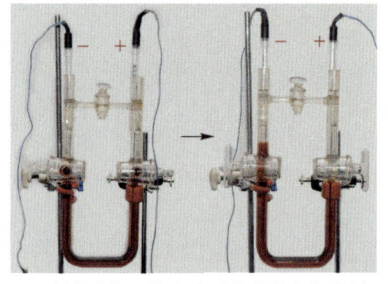

(b) 电泳现象：左边为通电前的氢氧化铁胶体，右边为该胶体通电后发生电泳现象

(c) 聚沉现象：左边为氢氧化铁胶体，右边为在该胶体中加KCl溶液产生聚沉现象

图 4.25 胶体的性质

案例 4.1 渗透压的应用

撰写人：田东亮（北京航空航天大学）

如 4.6 节所述，渗透是较低浓度溶液中的小分子溶剂通过半透膜进入较高浓度溶液的现象，渗透压则是恰好能够阻止渗透现象发生所需施加的压强。1877 年德国植物学家弗菲尔（Wilhelm Pfeffer）从实验数据中发现了如下两条规律：

1）当温度一定时，稀溶液的渗透压与溶液的浓度成正比。
2）当浓度一定时，稀溶液的渗透压与热力学温度成正比。

1886 年荷兰科学家范托夫从理论上推导出，难挥发非电解质稀溶液（可视为理想溶液）的渗透压 Π 与溶液物质的量浓度 c 和热力学温度 T 之间存在如下关系：

$$\Pi = \frac{n}{V}RT = cRT$$

其中 n 为溶质物质的量，V 为溶液体积，R 为摩尔气体常数；上式称为渗透压公式。渗透现象和渗透压在日常生产、生活中具有广泛的应用，本节简介几个与渗透压相关的应用案例。

渗透压的生物及医学应用

生命的存在与渗透平衡有着极为密切的联系。动植物由无数细胞组成，其细胞膜均具有奇妙的半透膜功能，是一种很容易透水而几乎不能透过溶解于细胞液中物质的薄膜。例如，浸入糖溶液或盐溶液的花卉，将因渗透压的作用而脱水枯萎；若再将其插入纯水，花卉将因水重返细胞而恢复原有的鲜艳和美丽。由此可见，渗透压是引起水在生物体中输运的重要推动力。298 K 时 0.10 mol·L^{-1} 理想溶液的渗透压为

$$\Pi = cRT = 0.10\ \text{mol·L}^{-1} \times 8.314\ \text{kPa·L·mol}^{-1}\cdot\text{K}^{-1} \times 298\ \text{K} = 248\ \text{kPa}$$

该压强相当于 25 m 高水柱的静水压。一般植物的渗透压可达 2000 kPa，相当于约 200 m 高水柱的静水压，因此渗透压是生物体水输运的重要推动力。

渗透压与植物生长息息相关，我们经常看到刚栽的树上要打点滴。点滴液一般由营养类物质溶液组成，由于这些溶液与土壤中的水分存在渗透压差，能够增强树木吸收水分并在体内输运的能力，从而促进根系生长和芽的萌发，显著提高新移植树木的成活率。与此类似，撒了融雪剂的雪水能否堆在树下呢？显然不能。因为含有融雪剂的雪水会增加土壤的盐浓度，降低植物根与土壤溶液的渗透势，从而引起生理干旱。很多树木渗透压不足，导致树的顶部先枯死。因此千万别把撒了融雪剂的雪水往树坑堆！同理，种植农作物或花卉时也不能施肥太多，否则会引起"烧苗"现象。这是所施肥料浓度过高，使得土壤浸出液的浓度高于农作物根部的细胞液，导致细胞外的渗透压高于细胞内，因此细胞中的水分大量流失到土壤中，最后植物可能会因缺水死亡。基于渗透压的一些技术还被广泛应用于食品加工领域，如腌制、脱水、浓缩和冷冻食品等。

刚栽的树上打点滴

人们在游泳池或河水中游泳时，睁开眼睛很快就会感到涩痛，这是眼睛组织的细胞由于渗透而扩张引起的；而在海水中游泳却没有不适之感，这是因为海水的浓度很接近眼睛组织的细胞液浓度。正是由于海水和淡水的渗透压不同，海水鱼和淡水鱼不能调换生活环境，否则将会引起组织肿胀或萎缩，使其难以生存。人的体液（如血液、细胞液、组织液等）也具有一定的渗透压，正常人体血液的渗透压为 700~800 kPa。因此，在对人体静脉输液或注射时，必须使用与人体体液渗透压相同的等渗溶液，如临床常用的 0.9%生理盐水或 5%葡萄糖溶液。前者为 0.15 mol·L^{-1} 的 NaCl 溶液，其渗透压为

$$\Pi = icRT = 2 \times 0.15\ \text{mol·L}^{-1} \times 8.314\ \text{kPa·L·mol}^{-1}\cdot\text{K}^{-1} \times (273\ \text{K} + 37\ \text{K}) = 773\ \text{kPa}$$

后者为 0.28 mol·L^{-1} 的葡萄糖溶液，其渗透压为

$$\Pi = cRT = 0.28\ \text{mol·L}^{-1} \times 8.314\ \text{kPa·L·mol}^{-1}\cdot\text{K}^{-1} \times (273\ \text{K} + 37\ \text{K}) = 722\ \text{kPa}$$

这些等渗溶液可使血管内血液的渗透压维持在一定水平，即与血管外组织细胞的

不同渗透压溶液对动、植物细胞的影响

渗透压基本持平。如果注射到静脉中的生理盐水或者其他药剂的浓度过高或过低,就会导致血液和其周围的组织细胞无法正常交换物质,水分子在紊乱的渗透压下流动,导致红细胞肿胀或萎缩,人就有生病的可能,甚至会存在生命危险。此外,基于渗透压的技术还可用于制备药品或护肤品、生产人工肾和腹膜透析等医疗设备。

渗透能的应用

当淡水与盐水(或低盐浓度溶液与高盐浓度溶液)彼此接触,并用半透膜分隔时,水分子会有一种自发穿越半透膜、向盐分更高的溶液迁移的倾向,进而在膜的两侧建立起渗透压。这种由渗透现象产生的潜在能量被命名为渗透能;溶液间的浓度差异越显著,它们之间可释放的渗透能就越大。自然界中,河流承载着淡水,而海洋则蕴藏着盐水,两者之间存在固有的浓度差。如果在河流汇入海洋的交汇处安装上涡轮发电机,利用河水与海水之间天然的渗透压差异,就能够驱动涡轮旋转,进而转化为电能。这种创新的能源转换方式,正是基于自然界中广泛存在的浓度差异与渗透原理。

作为一种可再生能源,渗透能的优势在于其能源产出的可预测性和稳定性远超太阳能与风能。2009 年,挪威 Statkraft 公司在托夫特河成功部署了首台渗透能发电原型机,利用淡水与海水交汇的渗透能发电。理论上,所有淡水入海口皆适宜建造此类发电厂。全球范围内的渗透能资源潜力巨大,年发电量可达 1.7 万亿 kW·h,相当于 2002 年中国全年用电量。隔膜是渗透能发电技术的核心,需具备坚固耐用、高效透水且防盐渗透的特性。然而,隔膜效率低下是当前技术瓶颈,每平方米隔膜的发电功率必须超过 5 W 才能实现经济可行。为此,全球科研团队正积极研发高性能隔膜材料,以推动渗透能发电技术的突破,该领域已成为研究焦点[1-2]。

反渗透水处理

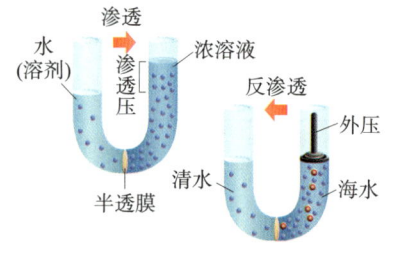

反渗透技术原理

海鸥是一种常见的海鸟。它可不只是"海港清洁工"或"海上航行安全的预报员",竟然还帮助人类解决了一大饮水难题,可谓是引发了一场"饮水革命"!1950 年,美国科学家苏里拉詹(Srinivasa Sourirajan)注意到海鸥在海上飞行时先从海面啜起一大口海水,隔了几秒后,再吐出一小口海水的现象,并对此进行了深入研究。他发现海鸥喉管中的薄膜可将海水过滤为能够饮用的淡水;受此启发,发展了反渗透净水技术(reverse osmosis, RO)。其基本原理是对浓溶液施加高于其渗透压的压强,可推动该侧溶剂通过隔膜向自然渗透的反方向流动,从而实现溶剂的有效分离。该分离技术高效、环保,能够去除水中的溶解盐类、有机物、重金属离子等杂质,同时能够去除细菌、病毒等微生物,使得处理后的水质达到较高的纯净度。当时为阿波罗登月计划水处理做出了巨大的贡献,后来逐渐应用到潜艇、航母和作战舰艇,用于海水直接制成饮用水。如今,反渗透膜(RO 膜)已普遍运用在反渗透纯水机上。这场由海鸥引发的"饮水革命"在水污染越发严重的今天意义更为重大!

反渗透水处理应用的关键与难题是什么呢?由于海水的浓度与 0.70 mol·L^{-1} 的 NaCl 溶液相近,20 ℃时海水的渗透压可估算为

$$\Pi = icRT = 2 \times 0.70 \times 8.314 \times (273+20) \text{ kPa} = 3410 \text{ kPa}$$

相当于 341 m 高水柱的静水压。这个渗透压非常大,所以耐高压半透膜的制备是反渗透水处理应用的关键与难题。因此,RO 膜被形象地称为体外的高科技"人工肾"。

参考文献

[1] Yang J, Tu B, Zhang G, et al. Advancing osmotic power generation by covalent organic framework monolayer. Nat Nanotechnol, 2022, 17: 622-628.

[2] Zhu C, Liu P, Niu B, et al. Metallic two-dimensional MoS_2 composites as high-performance osmotic energy conversion membranes. J Am Chem Soc, 2021, 143: 1932-1940.

习题

4.1 在 175 ℃下,305 mL 烧瓶中 1.00×10^{20} 个 N_2 分子所施加的压强是多少?

4.2 一个体积为 50.0 L 的氮气钢瓶,室温下使用前的压强为 13.5 MPa,使用后压强降为 10.8 MPa,估算总共用了多少千克氮气。

4.3 Ag_2O 受热分解为 Ag 和 O_2,在 23 ℃ 和 751 mmHg 条件下收集到 81.2 mL O_2,需要有多少质量的 Ag_2O 分解?已知 23 ℃时水的蒸气压为 21.1 mmHg。

4.4 在 1.00 bar 和 57 ℃时,利用排水集气法将空气收集在一个带活塞的瓶中。此时,湿空气的体积为 1.00 L。已知 57 ℃ 和 10 ℃时水的蒸气压分别为 17 kPa 和 1.2 kPa。

(1) 温度不变,压强降为 0.50 bar,求气体的体积。
(2) 温度不变,压强增为 2.00 bar,求气体的体积。
(3) 压强不变,温度降为 10 ℃,求气体的体积。
(4) 压强不变,温度升至 100 ℃,求气体的体积。

4.5* 探空气球由充满 H_2 的橡胶气囊及一套仪器负载组成。由于气囊、氢气和负载的总质量小于相应体积空气的质量,气球会缓慢上升且在此过程中逐渐膨胀。已知一个球形气囊的质量为 1200 g,膨胀到最大时直径为 7.5 m,仪器负载的质量为 1700 g。释放气球前,在气囊中充入了 0.00 ℃ 和 1.00 atm 下的 H_2 共计 3.25 m^3。试估算探空气球所能上升的最大高度区间。气压和温度随高度的变化如表 P4.1 所列。在 0~80 km 高度范围内,空气组成可视为不变。

表 P4.1

高度/km	气压/bar	温度/K
0	1.0×10^0	288
5	5.4×10^{-1}	256
10	2.7×10^{-1}	223
20	5.5×10^{-2}	217
30	1.2×10^{-2}	230
40	2.9×10^{-3}	250
50	8.1×10^{-4}	250
60	2.3×10^{-4}	256

4.6 已知臭氧和氯气隙流速率的比值为 1.193,试计算臭氧的相对分子质量及分子式。

4.7* 计算氮气在 300 K 和 1.0 atm 下的 v_{rms} 以及对应的速率分布函数 $F(v_{rms})$ 值。

4.8 已知声速与温度和气体摩尔质量的关系为

$$v_{声} = \sqrt{aRT/M}$$

其中 a 为校正因子,单原子分子 $a = 1.67$,双原子分子 $a = 1.41$。试求 25 ℃ 和 0.1 MPa 时空气中的声速,并与氦气中的声速相比较。

4.9　25.0 ℃时将60.0 g甲烷置于1.00 L容器中,测得压强为130 atm。分别采用理想气体状态方程和范德华方程计算甲烷在容器中的压强,并与实验值相比较。此时甲烷分子之间是吸引力还是排斥力占主导作用?

4.10　已知20 ℃时CCl_4的蒸气压为11.91 kPa,摩尔蒸发焓为29.98 kJ·mol^{-1}。根据克劳修斯-克拉佩龙方程,估算CCl_4的正常沸点。

4.11　抽真空时液体的沸点会相应降低。已知某液体的正常沸点为455.1 K,摩尔蒸发焓为48.14 kJ·mol^{-1}。为使其沸点降至420.0 K,需要达到多高的真空度?

4.12*　摩尔蒸发焓并非常数,而是温度的函数。克劳修斯-克拉佩龙方程仅适用于温度变化不大、$\Delta H_{蒸发}$可视为常数的过程。如果需要考虑温度的变化,则应使用如下方程:

$$\frac{dP}{dT} = \frac{\Delta H_{蒸发}(T)}{T(V_g - V_l)}$$

此方程描述了蒸气压随温度的变化率(dP/dT)与摩尔蒸发焓、温度及蒸气的摩尔体积(V_g)和液体的摩尔体积(V_l)之差的关系。在大多数情况下,蒸气可视为理想气体,其摩尔体积远大于液体的摩尔体积,因此V_l可忽略不计。对上式进行改写,并将与P相关的项全部移至等式左边,将与T相关的项全部移至等式右边,再对等式两侧分别进行积分,即可。

(1) 已知$C_2H_4(l)$的$\Delta H_{蒸发}(T) = 15971 + 14.55 T - 0.160 T^2$(单位:J·$mol^{-1}$),试推导$C_2H_4(l)$蒸气压随温度变化的方程。
(2) 采用(1)中推导的方程,根据120 K下$C_2H_4(l)$蒸气压为10.16 mmHg,计算乙烯的正常沸点。

4.13　参考表4.3的临界常数,判断O_2、H_2、Cl_2、NH_3、C_4H_{10}、C_6H_6这几种物质常温下在高压钢瓶里的存在状态。

4.14　已知苯的临界温度是288.8 ℃,临界压强是4.90 MPa,正常沸点为80.1 ℃,三相点为5 ℃和2.84 kPa。三相点时液态苯和固态苯的密度分别为0.894 g·cm^{-3}和1.005 g·cm^{-3}。根据以上数据,参照教材图4.18,绘制苯在0~300 ℃范围内的相图示意图。

4.15　气体的物质的量浓度与气相中气体的分压成正比。在37 ℃和1.00 bar时,空气在血液中的溶解度为6.6×10^{-4} mol·L^{-1}。若潜水员在深海呼吸了10.00 bar的压缩空气,当他返回地面时,参照溶解度估算血液中将一共释放多少空气?假定一个成年人的全身血液总量约4 L。

4.16　已知水在749.2 mmHg时的沸点为99.60 ℃,需要在水中加入多少克蔗糖,才能将其沸点升高到100.00 ℃?

4.17　323 K时200 g乙醇中含有23 g非挥发性溶质,形成的溶液蒸气压为27.6 kPa。已知323 K时乙醇的蒸气压为29.3 kPa,求该非挥发性溶质的相对分子质量。

第五章

化学热力学

5.1 热力学基本概念 …………… 183	物质的热力学函数
热化学	5.6 生成焓与生成吉布斯自由能 ……… 208
5.2 热力学第一定律 …………… 186	案例 5.1 日常生活中一些常见能量的
5.3 反应热、焓变与盖斯定律………… 192	估算 …………… 215
自发反应的方向	案例 5.2 卡诺循环与热机效率 ………… 220
5.4 自发性与熵的概念 …………… 199	案例 5.3 高熵合金材料 …………… 223
5.5 吉布斯自由能与自发过程的判据 …… 205	习题 …………… 228

热力学(thermodynamics)是研究热、温度及其与能量和功的关系的科学分支。**化学热力学**(chemical thermodynamics)则是研究化学反应及相应物态变化过程中的能量及热交换的热力学分支。应用化学热力学原理,不仅可以计算化学反应过程中吸收或释放的热,还能判断反应进行的方向,预测反应的自发性(即反应是否能自动发生)及条件的有利性(即在什么条件下有利于反应的自动发生)等。

5.1 热力学基本概念
(Basic Concepts in Chemical Thermodynamics)

本节将首先定义和介绍一些化学热力学基本概念,也称**术语**(terminology)。后续内容将在这些术语的基础上展开。

体系与环境

宇宙中选作研究对象的特定部分,称为**体系**(system),也称系统;宇宙中除体系之外的其他部分,称为**环境**(surroundings)。宇宙中任何感兴趣并加以考虑的部分,均可视为体系;宇宙中除体系之外的所有部分必定是该体系的环境。因此,宇宙只由体系及其环境组成。如果选择原环境作为一个新体系,那么原体系必将成为新体系的新环境。

体系与环境之间存在相互作用,该相互作用包括物质交换和能量交换。根据体系与环境之间相互作用的内容,可将体系分为三类:

1) **开放体系**(open system)是与环境之间可自由交换物质和能量的体系;
2) **封闭体系**(closed system)是与环境之间只有能量交换而没有物质交换的体系;
3) **孤立体系**(isolated system)是与环境之间既没有物质交换也没有能量交换的体系。

例如,盛放在烧杯中的水可视为一个开放体系(图 5.1a),其他所有部分均为其环境。水会蒸发为水蒸气进入环境,环境中的水蒸气也会凝结为水滴进入体

注意: 划分体系类型时并没有定义与环境之间只有物质交换而没有能量交换的体系,因为这类体系并不存在。这可以从两个方面来理解:第一,物质交换的过程总是伴随着能量交换;第二,根据爱因斯坦质能方程 $E=mc^2$,物质也可被认为是能量的一种形式。

注意：理论上宇宙中除烧杯中水之外的所有部分均为其环境。但在实践中，通常只把体系之外与其密切关联的部分当作环境，如水面上的空气、盛水的烧杯、放置烧杯的桌子，甚至烧杯所在的实验室等。其他与体系关联不大的部分可忽略不计，如千里之外高原上正在进行的一场大风雪或火星上的一场沙尘暴，这些对烧杯中水几乎没有影响，但实验室的气压和温度的变化则有可能影响到烧杯中的水。

系，因此该体系与环境之间存在物质交换。如果水的温度与环境不同，则体系与环境之间显然存在热交换，这是能量交换的形式之一。即使水温与环境相同，进入和离开体系的水分子速率不可能完全相同，也存在动能交换。盛放在加盖锥形瓶中的水则可视为一个封闭体系（图 5.1b），没有水分子进入或离开体系，但体系与环境之间可以发生能量交换。将加盖锥形瓶替换为理想的绝热保温杯，则其中的水可视为一个孤立体系（图 5.1c），与其环境之间既没有物质交换也没有能量交换。

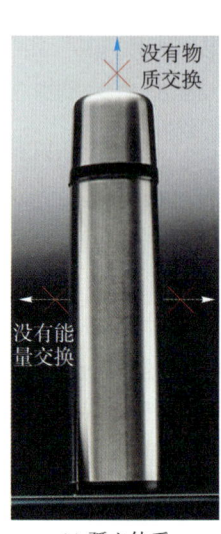

(a) 开放体系　　　　(b) 封闭体系　　　　(c) 孤立体系

图 5.1　体系的分类

如果将整个宇宙当作一个体系，那么其环境必然为零。为零的环境不能与体系发生任何物质或能量交换，因此宇宙可视为一个巨大的孤立体系。

状态与状态函数

体系的**性质**（property）指其可测量的属性。根据与物质的量的关系，体系的性质分为广度性质和强度性质。**广度性质**（extensive property）是与物质的量成正比的性质，如质量 m、体积 V 和物质的量 n 等。**强度性质**（intensive property）是与物质的量无关的性质，如密度 ρ、摩尔质量 M、温度 T、折射率等。强度性质由于与物质的量无关而只与物质的本性有关，通常可用来鉴定物质。

广度性质具有加和性而强度性质不具有加和性，即混合同样条件下两份相同的物质，其值不变的是强度性质，而值可以相加得到的则是广度性质。例如，将 20 g 水与同样条件下的另外 20 g 水混合，水的质量等于 40 g，具有加和性，因此质量是广度性质。而将一杯 20 ℃ 的水与同样条件下另一杯 20 ℃ 的水混合，水的温度仍为 20 ℃，不具有加和性，因此温度是强度性质。强度性质通常可以写成两个广度性质比值的形式，如 $\rho = m/V$、$M = m/n$ 等。

由一系列表征体系性质的物理量所确定的体系的存在形式，称为体系的**状态**（state）。如果一个体系的各种性质均为定值且不随时间改变，称该体系具有**确定的状态**（specified state），也称体系处于热力学平衡态。例如，对于理想气体体系，如果 P、V、T 和 n 四个性质中的任意三个为定值，根据理想气体状态方程，第四个性质也必为定值，这时体系的所有性质均确定，该理想气体体系就具有确定的状态。**状态函数**(state function)是完全由体系的状态决定的物理量。体系的状态一旦确定,则其所有状态函数均有确定值,该值仅与体系的状态有关,而与达到该状态的具体方式无关。例如,室温下一杯水具有确定的状态,其状态函数温度具有定值 25 ℃,该值与这杯水是由 100 ℃ 降温至 25 ℃ 还是由 0 ℃ 升温至 25 ℃ 均无关。

常见的热力学过程

对于体系的某一确定状态,所有状态函数均具有确定的值。如果体系的状态发生改变,状态函数的值也会随之改变。改变前的状态称为**始态**(initial state),改变后的状态称为**终态**(final state)。体系从始态到达终态的历程称为热力学过程,简称**过程**(process)。体系由始态到终态的过程可以通过多种不同的具体方式来实现,实现过程的每一种具体方式称为一种**途径**(path)。讨论过程时通常聚焦于始态和终态,而讨论途径时,不仅要关注始态和终态,具体的实现方式也很重要。根据定义,所有状态函数的值必然与途径无关;值与途径相关的函数称为**途径相关函数**(path-dependent function)。显然,所有途径相关函数均不是状态函数。

在一个从始态到终态的过程中,体系的任意状态函数 f 均由其始态值 $f_{始}$ 改变为终态值 $f_{终}$。只要体系的始态和终态确定,在此过程中该状态函数的改变量 Δf 也就确定,必为

$$\Delta f = f_{终} - f_{始} \tag{5.1}$$

Δf 可视为过程的性质。如果体系的终态恰好与始态完全相同,则称体系经历了一个**循环**(cycle)。在循环过程中所有状态函数的改变量必然为零,即

$$\Delta f_{循环} = f_{始} - f_{始} = 0 \tag{5.2}$$

某些过程是在特定条件下进行的。常见的热力学过程有

1) **恒压过程**(isobaric process)是体系的压强保持不变的过程,$\Delta P = 0$ 或 $P_{始} = P_{终}$,其 P-V 曲线如图 5.2a 所示。
2) **恒容过程**(isochoric process)是体系的体积保持不变的过程,$\Delta V = 0$ 或 $V_{始} = V_{终}$,其 P-V 曲线如图 5.2b 所示。
3) **恒温过程**(isothermal process)是体系的温度保持不变的过程,$\Delta T = 0$ 或 $T_{始} = T_{终}$;理想气体恒温过程的 P-V 曲线如图 5.2c 所示。对于 A、B 两条恒温曲线,由于 $P_A V > P_B V$,显然 $T_A > T_B$。
4) **绝热过程**(adiabatic process)是体系与其环境之间没有热交换的过程,$q = 0$。

例如,如图 5.3 所示,某理想气体体系由始态 A($P_A = 2$ atm 和 $V_A = 1$ L)变为终态 B($P_B = 1$ atm 和 $V_B = 2$ L)的过程,可以通过多种不同的途径来实现。1)途径 ACB:先恒压膨胀至 C,再恒容减压至 B;2)途径 ADB:先恒容减压至 D,再恒压膨胀至 B;3)途径 AEB:恒温膨胀至 B。当然还可以通过其他更多途径来实现,如先恒温压缩至 $P = 4$ atm 和 $V = 0.5$ L 再恒温膨胀至 B,或者先恒温膨胀至 $P = 0.5$ atm 和 $V = 4$ L 再恒温压缩至 B;等等。然而不论采取哪种途径,在从始态 A 到终态 B 的过程中,状态函数的改变量 $\Delta P = P_B - P_A = -1$ atm、$\Delta V = V_B - V_A = 1$ L 和 $\Delta T = T_B -$

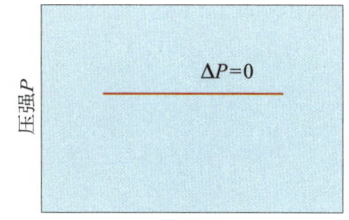
(a) 恒压过程

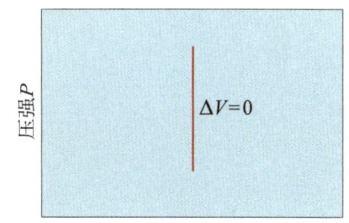
(b) 恒容过程

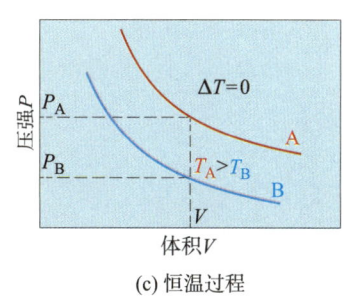
(c) 恒温过程

图 5.2 几种热力学常见过程的 P-V 图

思考题:绝热过程的 P-V 曲线应如何描绘?

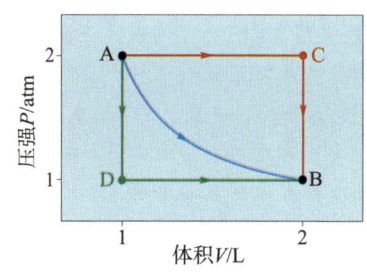

图 5.3 同一过程的多种不同途径

$T_A=0$ 均不变。由此可见,尽管体系由同一始态变为同一终态可以经历多种不同的途径,但是状态函数的改变量只与体系的始态和终态有关,而与经历的具体途径无关。

5.2 热力学第一定律
(First Law of Thermodynamics)

在上节化学热力学术语的基础上,本节介绍热力学第一定律。这里先从能量的概念开始介绍。

能量与内能

能量(energy, E)的概念相当复杂,可以理解为体系做功能力的量度。能量是体系的广度性质,可以在一个过程中通过相互作用在体系与其环境之间交换,也可以在各种不同形式之间转化,但既不会凭空产生,也不会凭空消灭。

宏观物体的能量包含动能和势能。**动能**(kinetic energy, E_k)即运动的能量,可表示为

$$E_k = mv^2/2$$

其中 m 是物体的质量,v 是其速率。**势能**(potential energy, E_p 或 V)是潜在的可用于做功的能量。势能与物体之间的吸引或排斥相互作用关联,通常与体系的位置、条件或化学组成等有关。例如,同一物体在较高位置时的势能大于在较低位置时,这种势能是与地球和物体之间的万有引力相关联的能量。在一定高度释放一个弹性小球,小球落到地面并反弹,在此过程中能量会在动能和势能两种形式之间来回转化。

从微观上看,体系内物质微粒及微粒之间相互作用所包含的一切能量的总和,称为**内能**(internal energy, U)。内能是体系的广度性质,通常包含平动能($U_{平}$)、转动能($U_{转}$)、振动能($U_{振}$)、电子能($U_{电}$)和核能($U_{核}$),可表示为

$$U = U_{平} + U_{转} + U_{振} + U_{电} + U_{核} \tag{5.3}$$

其中电子能包含电子的动能以及在所处电场中的势能;核能是蕴含在原子核中的能量,在常规过程中一般不发生改变,可视为常数。

平动、转动和振动均是分子的运动形式,可以从运动自由度的角度解读。**自由度**(degree of freedom)是为了完全描述某个物理量所需采用的独立变量数。对于一个由 N 个原子组成的分子,其总和运动自由度为 $3N$。如 4.2 节所述,平动是保持分子内所有原子之间的相对位置不发生任何改变、将分子作为一个整体在空间中进行平移的运动。分子的平动(将分子视为处于其质心的质点)需要用三个独立坐标(即 x、y、z)来描述,因此平动自由度为 3。转动是分子中每个原子均绕经过质心的同一转动轴做轨迹为圆周的运动。对于非线性分子,在三维空间中需要用三个独立的旋转轴(即 x、y、z 轴)来描述其转动,因此非线性分子的转动自由度也为 3。对于线性分子,由于绕着该分子所在的轴(通常规定为 z 轴)转

注:日常生活中一些常见能量的估算详见案例 5.1。

注:某质点在三维空间中的任意运动均可用直角坐标系 x、y、z 三个独立变量来描述。将原子视为质点,则单个原子的运动自由度为 3。由于质点没有有效的转动和振动,只有平动,因此单个原子的 3 个运动自由度均为平动自由度。N 个原子的总和运动自由度为 $3N$。

动后的分子与原分子无法区分,是无效的转动,而绕着其他两个轴的旋转均为有效的转动,因此线性分子的转动自由度为 2。除平动和转动之外,分子的其他运动均归为振动。非线性分子具有 $3N-6$ 个振动自由度,线性分子则具有 $3N-5$ 个振动自由度。

以 H_2O 和 CO_2 分子分别作为非线性和线性分子的代表,其平动、转动和振动如图 5.4 所示。这两个分子均由 3 个原子组成,分别具有 9 个运动自由度。H_2O 分子有 3 个平动自由度(T_x、T_y、T_z)、3 个转动自由度(R_x、R_y、R_z)和 $9-6=3$ 个振动自由度(对称伸缩振动 ν_1、反对称伸缩振动 ν_2 和角弯曲振动 ν_3)。CO_2 分子则有 3 个平动自由度(T_x、T_y、T_z)、2 个转动自由度(R_x、R_y)和 $9-5=4$ 个振动自由度(对称伸缩振动 ν_1、反对称伸缩振动 ν_2、两个简并的角弯曲振动 ν_3 和 ν_4)。分子的运动自由度对体系熵的贡献,将在后续 5.6 节讨论。

> **注意**:反对称(anti-symmetric)伸缩振动并非不对称(asymmetric)伸缩振动。"反对称"指的是,当分子中某个键伸到最长时,与之对等的另一个键正好缩到最短,仍属于对称模式,只是呈"反向"对称。而"不对称"则指完全不具有对称性。

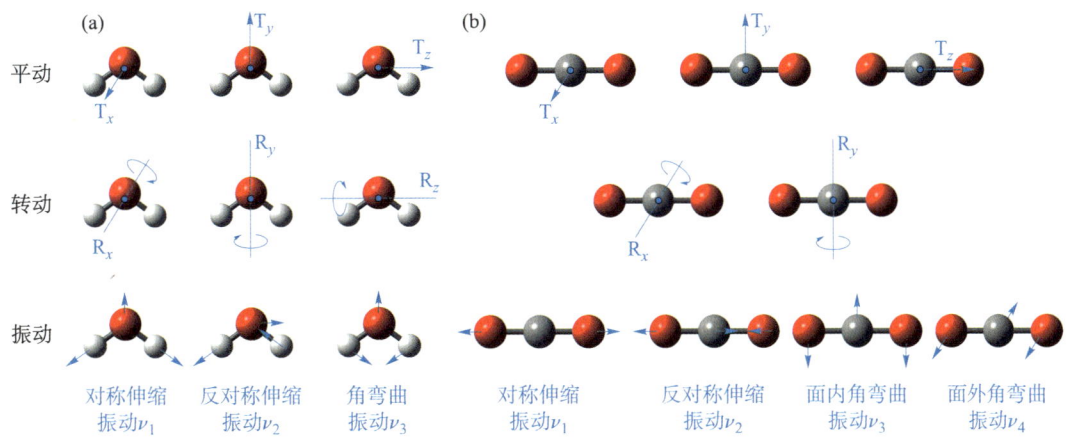

图 5.4 (a)H_2O 与(b)CO_2 分子的平动、转动和振动示意图

热能(thermal energy)是与分子无规则运动相关的能量,只与温度和物质的量有关。热能可近似地理解为式(5.3)中的平动能($U_\text{平}$),也是与 4.2 节的平均平动能($\overline{e_k}$)相关的总平动能(e_k)。

> **思考题**:NH_3 分子分别有多少个平动、转动和振动自由度?

理想气体是最简单的体系,由于理想气体分子不占据体积,可视为质点,没有有效的转动和振动,电子能和核能可视为不变,因此理想气体的内能只与温度和物质的量有关。对于一定量的理想气体,内能仅是温度的函数,可以写作 $U(T)$,故 $\Delta T=0$ 时 $\Delta U=0$,反之亦然。

热和功

热(heat, q)是体系与其环境之间由于温度不同而导致的能量交换,所交换的能量即为热能。当体系与其环境温度不同时,能量总会以热的形式从高温物体向低温物体转移,直至二者温度相等。**功**(work, w)是体系与其环境之间除热之外的其他能量交换,所交换的能量即为除热能之外的其他能量。由热和功的定义可知,体系与其环境之间有且仅有两种能量交换形式:要么是热,要么是功。

> **思考题**:热和功是体系的性质吗?

功通常可用力作用一段距离的形式表示。在所有形式的功中,化学热力学中最重要也最经常涉及的是压强-体积功,简称**体积功**(volume work),这是气体在

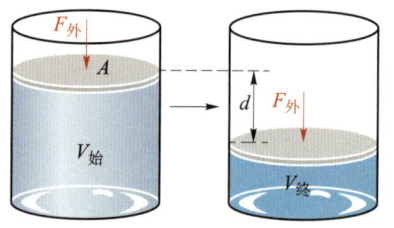

图 5.5 体积功计算示意图

注意： 用式(5.4)计算体积功时使用的压强必须是外压，它可能等于也可能不等于气体自身的压强。

例如： 式(5.3)中的核能 $U_{核}$ 在常规过程中一般不发生改变，因此对 ΔU 没有贡献，可以略去不予考虑。

膨胀或压缩过程中所对应的功。如图 5.5 所示，将一定量气体密封在横截面积为 A 的圆柱形筒内，忽略活塞质量以及与筒壁之间的摩擦力。在外力 $F_{外}$ 作用下，活塞移动的距离为 d，外力所做的功为

$$w = F_{外}d = P_{外}Ad$$

其中 $P_{外} = F_{外}/A$ 是气体的外压。由于 $V_{始}$ 大于 $V_{终}$，气体体积的改变量为

$$\Delta V = V_{终} - V_{始} = -Ad$$

故有

$$w = -P_{外}\Delta V \tag{5.4}$$

当 $P_{外} = 0$ 或体积的改变量 $\Delta V = 0$ 时，均有体积功 $w = 0$。除体积功外，还有许多其他形式的功，如电功、表面功等，但一般化学反应通常不涉及其他功。本章只考虑体积功，关于电功的讨论详见 6.8 节。

热力学第一定律

内能 U 是体系内一切能量的总和；内能的绝对数值无法测量，需要关注的是在一个过程中内能的改变量 ΔU。体系的内能之所以发生改变，源于体系和环境之间的能量交换，而体系和环境之间的能量交换有且仅有两种形式：热或功，因此体系内能的改变量一定等于热和功之和，即

$$\Delta U = q + w \tag{5.5}$$

上式称为**热力学第一定律**（first law of thermodynamics）。该式须应用于体系的某个过程，其中可能存在多种不同途径，对应于不同的热和功的值，但不论采取哪种途径，内能的改变量均相同，始终等于热和功之和。

在一个过程中，体系可能吸热也可能放热，可能做功也可能被做功，其结果导致体系的内能可能增加也可能减少。为了使式(5.5)在所有情况下均成立，可将热和功的符号定义为：

1) 凡是使体系内能减少（$\Delta U < 0$ 或 $U_{终} < U_{始}$）的量均带负号，因此体系放热 $q < 0$，体系对环境做功 $w < 0$。

2) 凡是使体系内能增加（$\Delta U > 0$ 或 $U_{终} > U_{始}$）的量均带正号，因此体系吸热 $q > 0$，环境对体系做功 $w > 0$。

对于体积功，当气体膨胀时体系对环境做功，$\Delta V > 0$，$w = -P_{外}\Delta V < 0$。当气体压缩时环境对体系做功，$\Delta V < 0$，$w = -P_{外}\Delta V > 0$。符合以上功的符号定义。

将热力学第一定律应用于宇宙中任意体系的某个过程，有

$$\Delta U_{体系} = (U_{体系})_{终} - (U_{体系})_{始} = q + w$$

如果将原环境看作一个新体系，再对其应用热力学第一定律，可得

$$\Delta U_{环境} = (U_{环境})_{终} - (U_{环境})_{始} = -q - w$$

对于整个宇宙而言

$$\Delta U_{宇宙} = \Delta U_{体系} + \Delta U_{环境} = 0$$

即

$$(U_{宇宙})_{终} = (U_{体系})_{终} + (U_{环境})_{终} = (U_{体系})_{始} + (U_{环境})_{始} = (U_{宇宙})_{始}$$

因此从热力学第一定律可以推出整个宇宙的总能量守恒。热力学第一定律本质上是**能量守恒定律**(law of conservation of energy)在热力学中的体现。

由于孤立体系不会与其环境交换能量,任何孤立体系的能量总守恒。如5.1节所述,宇宙可视为一个巨大的孤立体系,没有环境与之作用;从这个角度也可以证明宇宙的总能量守恒。

» 例 5.1 把水注入一个充满氨气的气球中,气球的体积和温度会如何变化? 判断在该过程中热和功的符号。

» 解: 氨气溶于水,气球体积缩小,$\Delta V < 0$。环境对气球做功,有

$$w = -P_{外}\Delta V > 0$$

氨气溶解过程放热,$q < 0$,释放的热使得气球温度上升。因此在该过程中,热为负值而功为正值。

可逆与不可逆过程

内能是体系的广度状态函数,在确定的状态下具有确定的值。在一个始态和终态均确定的过程中,内能的改变量也具有确定的值。相反,热和功均不是体系的性质,不与某个状态相关,而必须与一个过程相联系。热和功的值在同一过程的不同途径中可能不同,因此热和功均不是状态函数而是途径相关函数。下面以可逆与不可逆过程为例,来计算在同一过程的不同途径中热和功的值。

考虑如图5.6~图5.8所示的三个实验。在实验A(图5.6a)中,将一定量理想气体密封在恒温气缸内,托盘上放两个质量均为 $m/2$ 的砝码,活塞、托盘等的质量均不计,忽略活塞与气缸壁之间的摩擦力。将此状态设为始态,令 $P_{始} = 4$ atm,$V_{始} = 3$ L。在某一时刻移去一个砝码,托盘上的总质量变为 $m/2$。将达到平衡后的状态设为终态,易得 $P_{终} = P_{始}/2 = 2$ atm,$V_{终} = 6$ L。在整个过程中,气体的内压逐渐改变,但外压保持不变,均为一个砝码所施加的压强,与 $P_{终}$ 相等。故

$$w_A = -P_{终}(V_{终} - V_{始}) = -2 \times (6-3) \text{ atm·L} = -6 \text{ atm·L}$$

在 P-V 图中,$|w_A|$ 可用一个长为 $(V_{终} - V_{始})$、宽为 $P_{终}$ 的矩形的面积表示(图5.6b)。

实验B(图5.7a)的所有条件与A完全相同,只是将两个砝码替换为四个质量均为 $m/4$ 的小砝码。始态仍为 $P_{始} = 4$ atm,$V_{始} = 3$ L。在某一时刻移去一个小砝

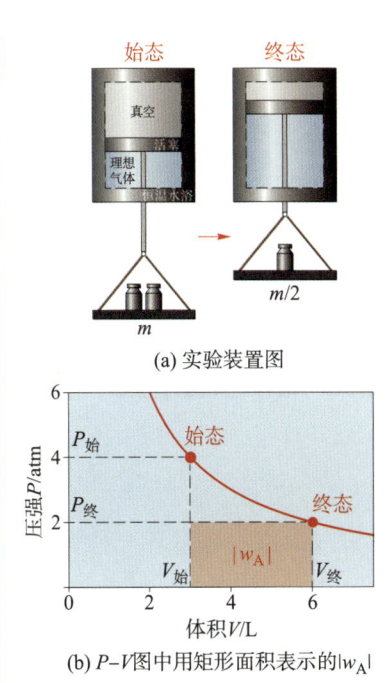

(a) 实验装置图

(b) P-V 图中用矩形面积表示的 $|w_A|$

图 5.6 不可逆膨胀过程 A

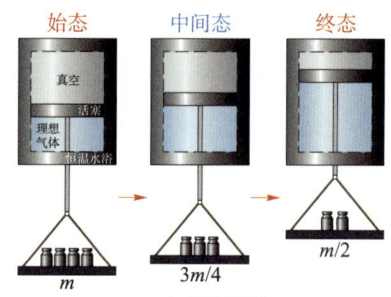

(a) 实验装置图

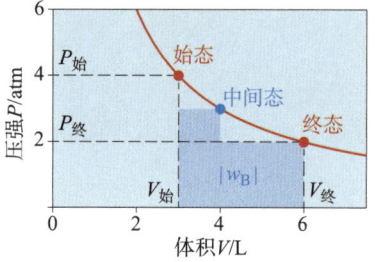

(b) P-V图中用两个矩形面积之和表示的$|w_B|$

图 5.7　不可逆膨胀过程 B

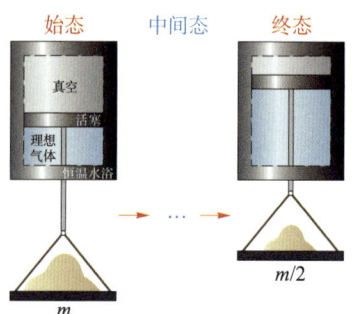

(a) 实验装置图

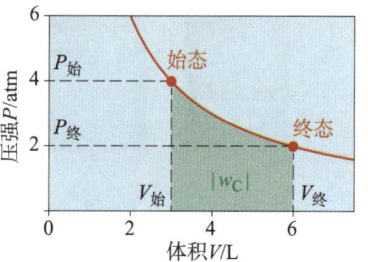

(b) P-V图中用曲线下覆盖面积表示的$|w_C|$

图 5.8　准可逆膨胀过程 C

码,将达到平衡后的状态设为中间态,$P_中 = 3P_始/4 = 3$ atm, $V_中 = 4$ L。再移去一个小砝码,对于达到平衡的终态,仍有 $P_终 = 2$ atm, $V_终 = 6$ L。此过程的始态和终态与实验 A 完全相同,但途径不同,经历了一个中间态。实验 B 的功为

$$w_B = w_1 + w_2 = -P_中(V_中 - V_始) - P_终(V_终 - V_中)$$
$$= -3 \times (4-3) - 2 \times (6-4) = -7 \text{ atm·L}$$

其值小于实验 A 的功。在 P-V 图中,$|w_B|$ 可用两个矩形的面积之和表示,其中一个长为 $(V_中 - V_始)$、宽为 $P_中$,另一个长为 $(V_终 - V_中)$、宽为 $P_终$(图 5.7b)。

在实验 C(图 5.8a)中,将砝码替换为总质量为 m 的沙子。一粒一粒地移去一半沙子,在此过程中,始态和终态仍与之前相同,但每移去一粒沙子就经历了一个中间态。实验 C 的功为

$$w_C = w_1 + w_2 + w_3 + \cdots$$
$$= -P_{中1}(V_{中1} - V_始) - P_{中2}(V_{中2} - V_{中1}) - P_{中3}(V_{中3} - V_{中2}) + \cdots$$

在 P-V 图中,$|w_C|$ 可用曲线下从 $V_始$ 到 $V_终$ 的总覆盖面积表示(图 5.8b)。

比较代表 $|w_A|$、$|w_B|$ 和 $|w_C|$ 的三块面积,不难得出 $|w_A| < |w_B| < |w_C|$。由于气体膨胀总做负功,有

$$0 > w_A > w_B > w_C$$

三个过程均为恒温膨胀,而理想气体的内能是温度的函数,故

$$\Delta U_A = \Delta U_B = \Delta U_C = 0 \quad 且 \quad 0 < q_A < q_B < q_C$$

实验 C 以近似可逆的方式进行,**可逆过程**(reversible process)是可以向正、逆两个方向无限小地改变体系某一变量的过程。例如,移去一粒沙子可以略微增大体系的体积,而加入一粒沙子则可以略微减小体系的体积。由于沙子的质量并非无限小,该过程近似可逆但并非完全可逆。可逆过程中体系总与其环境处于平衡,一个可逆过程的完成可能需要通过无数步、经历无限长时间,它是一个现实中不存在的理想过程,但在特定情况中,尤其在某些平衡条件(如相平衡)下,许多实际过程可简化为可逆过程。相反,实验 A 和 B 存在逐级进行的途径,**是不可逆过程**(irreversible process),不能通过无限小地改变体系某一变量使其逆向进行。

可逆过程所做功的绝对值,可用 P-V 曲线下的总覆盖面积表示(图 5.8b)。数学上,对于一个从 $(P_始, V_始, T)$ 到 $(P_终, V_终, T)$ 且只有体积功的恒温可逆过程,体积功的微分形式为

$$dw = -PdV$$

因此

$$w_{可逆} = -\int_{V_始}^{V_终} PdV = -\int_{V_始}^{V_终} \frac{nRT}{V} dV = -nRT \int_{V_始}^{V_终} \frac{1}{V} dV$$
$$= nRT \ln \frac{V_始}{V_终} = nRT \ln \frac{P_终}{P_始} \tag{5.6}$$

实验 C 中，$w_C \approx -nRT\ln 2 = -P_终 V_终 \ln 2 \approx -8.32 \text{ atm·L}$。一般而言，气体可逆膨胀的功总小于任何不可逆膨胀的功，可逆膨胀的热总大于任何不可逆膨胀的热。因此对于理想气体恒温膨胀过程，有

$$w_{可逆} < w_{不可逆} < 0, \quad q_{可逆} > q_{不可逆} > 0, \quad \Delta U_{可逆} = \Delta U_{不可逆} = 0$$

交换实验 A、B、C 中的始态和终态，用类似的方法可计算理想气体恒温压缩过程的功和热。

1) 不可逆压缩过程 A：$P_始 = 2 \text{ atm}, V_始 = 6 \text{ L}, P_终 = 4 \text{ atm}, V_终 = 3 \text{ L}$

$$w_A = -P_终(V_终 - V_始) = -4 \times (3-6) \text{ atm·L} = 12 \text{ atm·L}$$

2) 不可逆压缩过程 B：$P_始 = 2 \text{ atm}, V_始 = 6 \text{ L}, P_中 = 3 \text{ atm}, V_中 = 4 \text{ L}, P_终 = 4 \text{ atm}, V_终 = 3 \text{ L}$

$$\begin{aligned} w_B &= w_1 + w_2 = -P_中(V_中 - V_始) - P_终(V_终 - V_中) \\ &= -3 \times (4-6) \text{ atm·L} - 4 \times (3-4) \text{ atm·L} = 10 \text{ atm·L} \end{aligned}$$

3) 准可逆压缩过程 C：$P_始 = 2 \text{ atm}, V_始 = 6 \text{ L}, P_终 = 4 \text{ atm}, V_终 = 3 \text{ L}$

$$w_C \approx P_终 V_终 \ln 2 \approx 8.32 \text{ atm·L}$$

在 P-V 图中，$|w_A|$、$|w_B|$ 和 $|w_C|$ 可用图 5.9 的对应面积表示。气体压缩总做正功，有

$$w_A > w_B > w_C > 0, \quad q_A < q_B < q_C < 0, \quad \Delta U_A = \Delta U_B = \Delta U_C = 0$$

可以看到，实验 C 中压缩过程的功等于膨胀过程的功的相反数。而实验 A 和 B 中，压缩过程的功均比相应膨胀过程的功的相反数更大。一般而言，气体可逆压缩的功总小于任何不可逆压缩的功，可逆压缩的热总大于任何不可逆压缩的热。因此对于理想气体恒温压缩过程，有

$$0 < w_{可逆} < w_{不可逆}, \quad 0 > q_{可逆} > q_{不可逆}, \quad \Delta U_{可逆} = \Delta U_{不可逆} = 0$$

从以上恒温膨胀和压缩过程可总结如下结论：可逆过程（不论膨胀还是压缩）的功是所有可能过程中功的最小值，可逆过程的热是所有可能过程中热的最大值，即

$$w_{可逆} < w_{不可逆}, \quad q_{可逆} > q_{不可逆}, \quad \Delta U_{可逆} = \Delta U_{不可逆} \tag{5.7}$$

此结论将在后续 5.5 节中继续应用。同时，可逆压缩的功恰好等于可逆膨胀的功的相反数，但不可逆压缩的功总大于相应不可逆膨胀的功的相反数，即

$$(w_{压缩})_{可逆} = -(w_{膨胀})_{可逆} \quad 且 \quad (w_{压缩})_{不可逆} > -(w_{膨胀})_{不可逆} \tag{5.8}$$

倘若将理想气体先膨胀再压缩回始态，或者先压缩再膨胀回始态，以形成一个循环，如果整个过程均以可逆的方式进行，则此循环的总功恒为零；如果循环中有任何步骤以不可逆的方式进行，则总功必为正，即

$$(w_{循环})_{可逆} = 0 \quad 且 \quad (w_{循环})_{不可逆} > 0 \tag{5.9}$$

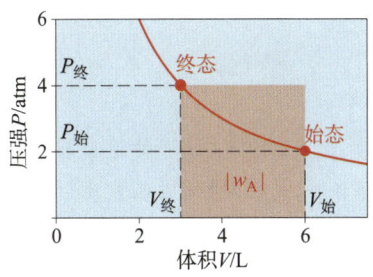

(a) 不可逆压缩过程A

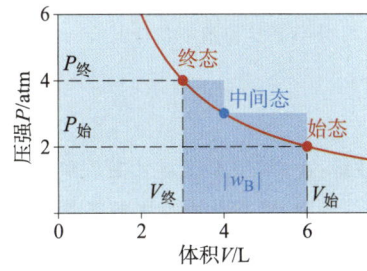

(b) 不可逆压缩过程B

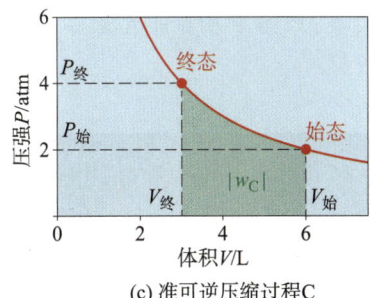

(c) 准可逆压缩过程C

图 5.9 P-V 图中用面积表示的 $|w|$

注：关于卡诺循环与热机效率详见案例 5.2。

相应地，

$$(q_{压缩})_{可逆} = -(q_{膨胀})_{可逆} \quad 且 \quad (q_{压缩})_{不可逆} < -(q_{膨胀})_{不可逆} \quad (5.10)$$

$$(q_{循环})_{可逆} = 0 \quad 且 \quad (q_{循环})_{不可逆} < 0 \quad (5.11)$$

在此基础上进一步拓展，可得卡诺循环。

5.3 反应热、焓变与盖斯定律
(Heat of Reaction, Enthalpy Change and Hess's Law)

前两节介绍了一些热力学概念和定律，本节将应用这些概念和定律来理解实际化学反应中伴随的热效应。在实际化学反应过程中，反应体系会从环境中吸热或向环境放热，例如，燃烧反应通常会剧烈放热。学习并理解化学反应中的热和能量，可以更好地将其利用。

反应热及其实验测定

化学反应可视为一类特殊的过程，其中反应物是体系的始态而生成物是体系的终态。在此反应过程中，能量在化学能、热能和其他能之间转化。**化学能**(chemical energy)是与化学键和分子间作用力相关联的能量，属于势能。在反应过程中旧的化学键断裂、新的化学键形成，体系的化学能会随之改变，并以热的形式吸收或释放。**反应热**(heat of reaction, $q_{反应}$)即定义为在恒温下发生化学反应时体系与环境之间交换的热量。

注：之所以在反应热的定义中加上恒温条件，是因为实际反应发生后体系的温度可能会不同程度地升高或降低，而实际的反应热显然会随温度的改变而有所不同。加上恒温条件后，$q_{反应}$ 具有直接而清晰的含义。

根据 $q_{反应}$ 的值可将化学反应分为放热反应和吸热反应。**放热反应**(exothermic reaction) 是 $q_{反应}$ 为负值 ($q_{反应} < 0$) 的反应。对于非孤立体系，释放的 $q_{反应}$ 会进入其环境；对于孤立体系，由于与环境没有热交换，释放的 $q_{反应}$ 会使体系温度升高。**吸热反应**(endothermic reaction) 是 $q_{反应}$ 为正值 ($q_{反应} > 0$) 的反应。对于非孤立体系，吸收的 $q_{反应}$ 由其环境给出；对于孤立体系，吸收的 $q_{反应}$ 会使体系温度降低。

注意：这里所说的温度升高或降低是 $q_{反应}$ 所致，即释放或吸收的热导致了体系温度的变化。请不要与热的定义混淆：热是温度不同而导致的能量交换，即温度差的存在造成了热交换。

如果使化学反应在恒温条件下发生，将其看作一个恒温过程，其中反应物是始态、生成物是终态，可表示为

$$反应物(始态) \longrightarrow 生成物(终态)$$
$$U_{始} \qquad\qquad\qquad U_{终}$$

$$\Delta U = U_{终} - U_{始}$$

根据热力学第一定律，$\Delta U = q + w$。由于此反应过程中 $q = q_{反应}$，因此

$$\Delta U = q_{反应} + w$$

放热反应：燃烧的煤块

化学反应中经常涉及气体，有的反应物包含气体，有的则会生成气体，这些化学反应中就会存在气体的膨胀或压缩，从而涉及体积功。很多化学反应都只涉及体积功，即通常发生在没有非体积功的条件下。如果一个反应发生在恒容且没有非体

积功的条件下,有

$$\Delta V = 0 \quad 且 \quad w = -P_{外}\Delta V = 0$$

将恒容条件下的反应热记作 q_V,称为**恒容反应热**(heat of reaction at constant volume),则有

$$\Delta U = q_{反应} + w = q_{反应} = q_V \tag{5.12}$$

即恒容反应热与体系内能的改变量相等。即使一个反应实际上并没有在恒容条件下发生,等式 $\Delta U = q_V$ 仍成立,因为此时 q_V 代表反应在恒容条件下发生的假想反应热。

许多化学反应的热效应是可以直接测量的,测量反应热的仪器统称为**热量计**(calorimeter)。如图 5.10a 所示的弹式热量计是用于测量燃烧反应 q_V 的仪器。在一个可以完全密闭的厚壁钢制容器(称为"氧弹")内充入一定量高压纯氧。在氧弹内进行某样品的燃烧反应,高压纯氧使得样品能够完全燃烧。整个氧弹位于包有绝热外套的水浴中,绝热外套内部可视为孤立体系,与周围空气不发生热交换。氧弹内的样品与引燃丝相连,样品燃烧时释放的热等于水浴中水吸收的热与热量计所有部件吸收的热之和。由于氧弹是密封容器,反应过程中总体积可视为不变,因此弹式热量计测量的热效应是恒容反应热 q_V,有

$$q_V = -q_{水} - q_{热量计}$$

$q_{水}$ 和 $q_{热量计}$ 可分别用下式计算:

$$q = C\Delta T = cm\Delta T \tag{5.13}$$

其中 C 为**热容**(heat capacity),是使物质升高 1 ℃ 所需的热量;c 为**比热**(specific heat),是使单位质量的物质升高 1 ℃ 所需的热量。每个热量计的热容都是不同的,因此要先用标准物进行标定。常用的标准物为苯甲酸(C_6H_5COOH),其摩尔燃烧热为 3.23×10^3 kJ·mol^{-1}。

弹式热量计测量的是恒容反应热 q_V,但绝大多数反应并不是在氧弹这样的恒容容器中发生,而是在烧杯、烧瓶等敞口容器中发生,处在恒定的大气压条件下。恒压条件下的反应热称为**恒压反应热**(heat of reaction at constant pressure),记作 q_P,这才是对于绝大多数反应而言真正重要且具有参考意义的值。溶液反应的 q_P,如中和热、溶解热等,通常可用如图 5.10b 所示的"保温杯式"热量计测量。保温杯可视为绝热容器,与周围空气不发生热交换。在恒定大气压下混合保温杯内的反应物并测量溶液的温度变化,从而计算 q_P,有

$$q_P = -q_{液} - q_{热量计} = -(c_{液}m_{液} + C_{热量计})\Delta T$$

» 例 5.2 1.01 g 苯甲酸在盛有 2.80 kg 水的弹式热量计中燃烧时,水温由 23.44 ℃ 升高到 25.42 ℃,求弹式热量计的热容。

» 解: 苯甲酸的摩尔质量为 122 g·mol^{-1},因此 1.01 g 苯甲酸的燃烧热为

$$q_V = -3.23 \times 10^3 \text{ kJ·mol}^{-1} \times \frac{1.01 \text{ g}}{122 \text{ g·mol}^{-1}} = -26.7 \text{ kJ}$$

吸热反应:室温下混合氯化铵晶体和氢氧化钡晶体,温度可降至冰点以下,使锥形瓶与木板之间的水结冰

$2 NH_4Cl(s) + Ba(OH)_2 \cdot 8H_2O(s) =\!=\!=$
$BaCl_2 \cdot 2H_2O(s) + 2NH_3(aq) + 8H_2O(l)$

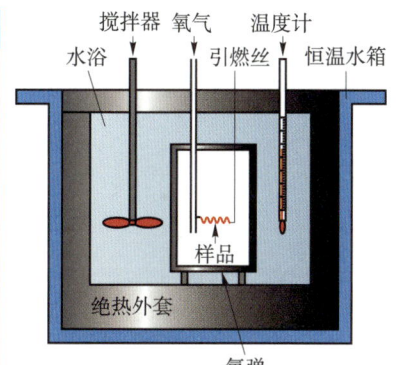

(a) 测量 q_V 的弹式热量计

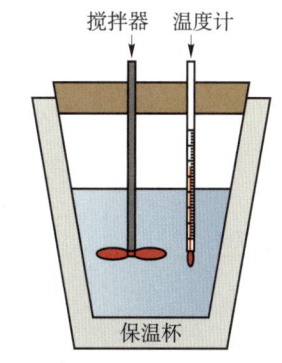

(b) 测量 q_P 的"保温杯式"热量计

图 5.10 测量反应热的热量计

注意：物质的比热实际上与温度相关，但随温度的变化并不显著。当温度变化范围较小时，物质的比热可视为常数。例如，水的比热在 0~100 ℃ 均可视为常数，其值为 4.18 J·g^{-1}·℃$^{-1}$。

2.80 kg 水吸收的热为

$$q_{水} = c_{水} m_{水} \Delta T = (4.18 \times 10^{-3}) \text{ kJ·g}^{-1}·℃^{-1} \times (2.80 \times 10^3) \text{ g} \times (25.42 - 23.44)℃ = 23.2 \text{ kJ}$$

代入 $q_V = -q_{水} - q_{热量计} = -c_{水} m_{水} \Delta T - C_{热量计} \Delta T$，有

$$-26.7 \text{ kJ} = -23.2 \text{ kJ} - C_{热量计} \times (25.42 - 23.44)℃$$

$$C_{热量计} = 1.8 \text{ kJ·℃}^{-1}$$

即该弹式热量计每升高 1 ℃ 需吸热 1.8 kJ。

焓与焓变

典型的化学反应通常发生在恒压且没有非体积功条件下，由于恒压条件下 $P_{外} = P_{内} = P$，有

$$\Delta U = q_{反应} + w = q_P - P \Delta V = q_V$$

故

思考题：什么类型的化学反应 $q_P = q_V$？什么类型的化学反应 $q_P > q_V$？

$$q_P = q_V + P \Delta V = \Delta U + P \Delta V \tag{5.14}$$

将 $\Delta U = U_{终} - U_{始}$ 和 $\Delta V = V_{终} - V_{始}$ 代入，有

$$q_P = (U_{终} - U_{始}) + P(V_{终} - V_{始}) = (U_{终} + PV_{终}) - (U_{始} + PV_{始})$$

同样，恒压条件下 $P = P_{始} = P_{终}$，故

$$q_P = (U_{终} + P_{终} V_{终}) - (U_{始} + P_{始} V_{始})$$
$$= (U + PV)_{终} - (U + PV)_{始} = \Delta(U + PV) \tag{5.15}$$

在式(5.15)中，q_P 可写作两项之差：一项是终态的 $U + PV$，另一项是始态的 $U + PV$。因此可以定义一个新的状态函数称为**焓**(enthalpy, H)，作为体系的内能和压强与体积之积的和，即

思考题：热是途径相关函数，即热的数值不仅取决于始态和终态，还与具体途径有关，但为什么 q_V 和 q_P 只取决于始态和终态？

$$H = U + PV \tag{5.16}$$

则式(5.15)可改写为

$$q_P = H_{终} - H_{始} = \Delta H \tag{5.17}$$

因此，**焓变**(enthalpy change, ΔH)的物理意义即为没有非体积功条件下的恒压反应热。如果没有特别说明，本书中所有反应热均指其焓变 ΔH。通过定义焓这个新的状态函数，式(5.17)显然比式(5.15)形式更为简明。

焓是体系的广度状态函数；与内能类似，焓的绝对数值也无法测量，需要关注的是反应过程中的焓变 ΔH。在如图 5.11 所示的焓图中，$\Delta H > 0$ 表示生成物的总焓值大于反应物的总焓值，反应吸热；$\Delta H < 0$ 表示生成物的总焓值小于反应物的总焓值，反应放热。

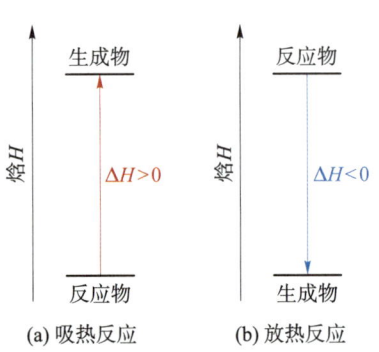

图 5.11　化学反应的焓图

值得注意的是,每个公式都有其特定的适用范围。以 ΔH 为例,一般情况下有

$$\Delta H = H_{终} - H_{始} = \Delta U + \Delta(PV)$$

对于恒压条件下发生的反应,则有

$$\Delta H = H_{终} - H_{始} = \Delta U + P\Delta V$$

对于恒压恒容条件下发生的反应,则有

$$\Delta H = H_{终} - H_{始} = \Delta U$$

》例 5.3 在 1170 K 和标准大气压下,2 mol $CaCO_3(s)$ 分解为 $CaO(s)$ 和 $CO_2(g)$,吸热 358.4 kJ。计算该过程的 q、w、ΔU 和 ΔH。

》解:
$$CaCO_3(s) \Longrightarrow CaO(s) + CO_2(g)$$

该反应发生在恒温恒压且没有非体积功条件下,因此

$$\Delta H = q = q_P = 358.4 \text{ kJ}$$

反应有 CO_2 气体生成,体系做体积功

$$w = -P_{外}\Delta V = -\Delta nRT$$
$$= -2 \text{ mol} \times (8.314 \times 10^{-3}) \text{ kJ} \cdot \text{mol}^{-1} \cdot \text{K}^{-1} \times 1170 \text{ K} = -19.46 \text{ kJ}$$

$$\Delta U = q + w = 358.4 \text{ kJ} - 19.46 \text{ kJ} = 338.9 \text{ kJ}$$

反应进度

化学方程式中不同物质一般具有不同的化学计量数,在讨论化学反应的热效应时,使用不同物质进行计算,$q_{反应}$ 值会不同,在应用时多有不便。为了解决这一问题,通常用**反应进度**(extent of reaction)来衡量化学反应进行的程度,即发生了多少摩尔的反应。反应进度通常用 ξ(希腊字母,xi)表示。

考虑如下反应通式

$$a\text{A} + b\text{B} + \cdots \Longrightarrow g\text{G} + h\text{H} + \cdots$$

将其看作等式,可变形为

$$0 = -a\text{A} - b\text{B} + g\text{G} + h\text{H} + \cdots$$

或简写为

$$0 = \sum_{\text{X}} \nu_\text{X} \text{X} \tag{5.18}$$

其中 X 代表参与反应的各种物质;ν_X 为 X 对应的化学计量数,量纲为 1,并定义其值对反应物为负、对生成物为正。假设发生了无限小量的反应 $d\xi$,则 X 的物质的量的改变量可表示为

$$\mathrm{d}n_\mathrm{X} = \nu_\mathrm{X} \mathrm{d}\xi$$

故反应进度可定义为

$$\mathrm{d}\xi = \frac{\mathrm{d}n_\mathrm{X}}{\nu_\mathrm{X}} \tag{5.19}$$

考虑一定量的变化而非无限小的变化,则反应进度为

$$\Delta\xi = \xi_终 - \xi_始 = \frac{\Delta n_\mathrm{X}}{\nu_\mathrm{X}} = \frac{(n_终)_\mathrm{X} - (n_始)_\mathrm{X}}{\nu_\mathrm{X}}$$

对于从反应物开始的化学反应,$\xi_始 = 0$,$\Delta\xi = \xi_终$。为简便起见,有时直接用 ξ 替代 $\xi_终$ 或 $\Delta\xi$。

例如,合成氨反应的化学方程式可写为

$$N_2(g) + 3H_2(g) \longrightarrow 2NH_3(g) + q_{反应}$$

如果在某段时间内一共消耗了 10 mol N_2,那么必然同时消耗了 30 mol H_2 并生成了 20 mol NH_3。用 N_2、H_2 和 NH_3 分别计算 ξ,有

$$\xi_{N_2} = \frac{-10 \text{ mol}}{-1} = 10 \text{ mol}$$

$$\xi_{H_2} = \frac{-30 \text{ mol}}{-3} = 10 \text{ mol}$$

$$\xi_{NH_3} = \frac{20 \text{ mol}}{2} = 10 \text{ mol}$$

$$\xi_{N_2} = \xi_{H_2} = \xi_{NH_3}$$

因此,使用 ξ 来衡量化学反应进行程度的优势在于:ξ 值与采用何种物质(不论是反应物还是生成物)进行计算无关。可以认为 $\xi = 1$ mol 意味着发生了 1 mol 上述反应,一共消耗了 1 mol N_2 和 3 mol H_2,生成了 2 mol NH_3,并产生了 $q_{反应}$ 的热效应。

如果把合成氨的化学方程式写为

$$\frac{1}{2}N_2(g) + \frac{3}{2}H_2(g) \longrightarrow NH_3(g) + \frac{1}{2}q_{反应}$$

则表示当发生了 1 mol 上述反应($\xi = 1$ mol)时,一共消耗了 1/2 mol N_2 和 3/2 mol H_2,生成了 1 mol NH_3,并产生了 1/2 $q_{反应}$ 的热效应。

热力学标准态与标准焓变

焓是状态函数,因此只有当反应物(即始态)和生成物(即终态)均完全确定时,化学反应过程中的焓变才具有确定的值。这时可定义某一特殊状态,作为反应物和生成物的标准状态,简称**标准态**(standard state);相应地,**标准焓变**(standard enthalpy change, $\Delta H^\ominus$)可定义为所有反应物和生成物均处于标准态时的反应焓变。

气态物质的标准态,定义为分压为 $P^{\ominus} = 1$ bar $= 10^5$ Pa 和指定温度下的理想气体;固态和液态物质的标准态,定义为处于 $P^{\ominus}$ 和指定温度下的纯物质;溶液的标准态,定义为处于指定温度下浓度为 $m^{\ominus} = 1$ mol·kg^{-1} 或 $c^{\ominus} = 1$ mol·L^{-1} 的理想溶液。注意,尽管在标准态的定义中并没有指定具体的温度,但由于 $\Delta H^{\ominus}$ 与温度有关,给出 $\Delta H^{\ominus}$ 的具体值时仍需标明温度。如果没有明确指出,则默认温度为 298.15 K。

> **思考题:** 理想气体恒温过程 $\Delta H^{\ominus} = \Delta H$ 成立,为什么?

在温度 T 下发生 1 mol 反应(即 $\xi = 1$ mol)时的标准焓变,称为反应的**标准摩尔焓变**(standard molar enthalpy change),用 $\Delta_r H_m^{\ominus}(T)$ 表示,其中下标"r"代表"反应(reaction)","m"代表"摩尔(mole)",符号"$\ominus$"表示参与反应的所有物质均处于标准态,在 298.15 K 下可简写为 $\Delta H^{\ominus}$。

热化学方程式

包含反应热和参与反应各物质物态的化学反应方程式,称为**热化学方程式**(thermochemical equation)。其中反应热通常用标准摩尔焓变 $\Delta H^{\ominus}$ 表示,例如

$$H_2(g) + \frac{1}{2}O_2(g) \longrightarrow H_2O(l) \quad \Delta H^{\ominus} = -285.8 \text{ kJ·mol}^{-1}$$

$$2H_2(g) + O_2(g) \longrightarrow 2H_2O(l) \quad \Delta H^{\ominus} = -571.6 \text{ kJ·mol}^{-1}$$

$$\frac{1}{2}N_2(g) + O_2(g) \longrightarrow NO_2(g) \quad \Delta H^{\ominus} = 33.2 \text{ kJ·mol}^{-1}$$

在书写热化学方程式时,需要特别注意以下三点:

1) 热化学方程式必须配平,其中化学计量数可以是整数也可以是分数;
2) 热化学方程式中必须标明物态,如果还涉及同素异形体或多晶型现象,也需要在热化学方程式中标明。例如

$$H_2(g) + \frac{1}{2}O_2(g) \longrightarrow H_2O(g) \quad \Delta H^{\ominus} = -241.8 \text{ kJ·mol}^{-1}$$

$$C(石墨, s) + O_2(g) \longrightarrow CO_2(g) \quad \Delta H^{\ominus} = -393.5 \text{ kJ·mol}^{-1}$$

$$C(金刚石, s) + O_2(g) \longrightarrow CO_2(g) \quad \Delta H^{\ominus} = -395.4 \text{ kJ·mol}^{-1}$$

3) 热化学方程式中必须包含与相应化学计量数和物态对应的反应热,通常用标准摩尔焓变 $\Delta H^{\ominus}$ 表示。

盖斯定律

ΔH 是一个广度物理量,与体系物质的量成正比。已知

$$N_2(g) + 3H_2(g) \longrightarrow 2NH_3(g) \quad \Delta H_1^{\ominus} = -91.8 \text{ kJ·mol}^{-1}$$

有

$$\frac{1}{2}N_2(g) + \frac{3}{2}H_2(g) \longrightarrow NH_3(g) \quad \Delta H_2^{\ominus} = \frac{1}{2}\Delta H_1^{\ominus} = -45.9 \text{ kJ·mol}^{-1}$$

当反应反转时，ΔH 改变符号，例如

$$2NH_3(g) \longrightarrow N_2(g) + 3H_2(g) \quad \Delta H_3^\ominus = -\Delta H_1^\ominus = 91.8 \text{ kJ·mol}^{-1}$$

19 世纪中叶，俄国化学家盖斯（Germain H. Hess）基于大量热化学数据首次提出**盖斯定律**（Hess's law），也称反应热加和定律，即不论化学反应是一步完成还是分步完成、是实际发生还是假想发生，其总和热效应均相同。例如

$$2Cu(s) + \frac{1}{2}O_2(g) \longrightarrow Cu_2O(s) \quad \Delta H_1^\ominus = -169 \text{ kJ·mol}^{-1}$$

$$Cu_2O(s) + \frac{1}{2}O_2(g) \longrightarrow 2CuO(s) \quad \Delta H_2^\ominus = -146 \text{ kJ·mol}^{-1}$$

则有
$$2Cu(s) + O_2(g) \longrightarrow 2CuO(s)$$

$$\Delta H_3^\ominus = \Delta H_1^\ominus + \Delta H_2^\ominus = -315 \text{ kJ·mol}^{-1}$$

三个反应 ΔH 的关系如图 5.12 所示。

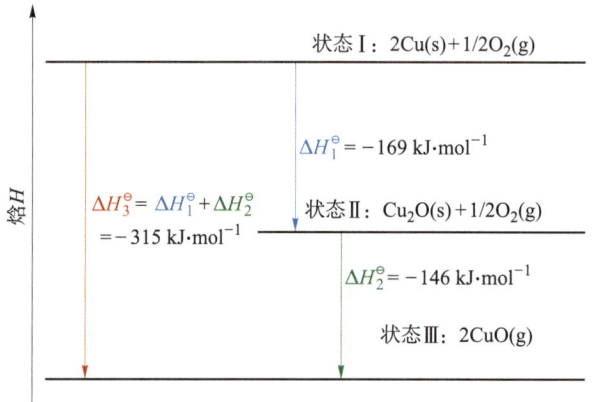

图 5.12 总反应的 ΔH 等于分步反应 ΔH 之和

盖斯定律提出时，热力学第一定律及许多其他热力学定律都还没有被发现。虽然从现代科学的角度看，盖斯定律可由 H 作为广度状态函数的本质直接导出，但历史上盖斯定律为热力学第一定律的发现提供了许多重要的实验证据。科研工作的贡献，应该站在其特定的历史背景下进行客观地评价。

盖斯定律可用于计算一些难以准确测定或根本不能直接测量的 ΔH 值，这也正是盖斯定律最为重要的应用，如例题 5.4 所示。

》例 5.4 已知下列三个燃烧反应的摩尔燃烧焓为

(1) $C_3H_8(g) + 5O_2(g) \longrightarrow 3CO_2(g) + 4H_2O(l) \quad \Delta H_1^\ominus = -2219.9 \text{ kJ·mol}^{-1}$

(2) $C(s,\text{石墨}) + O_2(g) \longrightarrow CO_2(g) \quad \Delta H_2^\ominus = -393.5 \text{ kJ·mol}^{-1}$

(3) $H_2(g) + \frac{1}{2}O_2(g) \longrightarrow H_2O(l) \quad \Delta H_3^\ominus = -285.8 \text{ kJ·mol}^{-1}$

试求反应（4）的标准摩尔焓变 $\Delta H_4^\ominus$：

(4) $3C(s,石墨) + 4H_2(g) \longrightarrow C_3H_8(g)$

» **解**：通过观察，式(4) = 3×式(2) + 4×式(3) − 式(1)。根据盖斯定律，有

$$\Delta H_4^\ominus = 3\Delta H_2^\ominus + 4\Delta H_3^\ominus - \Delta H_1^\ominus$$
$$= [3 \times (-393.5) + 4 \times (-285.8) - (-2219.9)]\ kJ \cdot mol^{-1}$$
$$= -103.8\ kJ \cdot mol^{-1}$$

注意：石墨与氢气直接发生反应的程度非常有限，而且生成物也不限于丙烷(C_3H_8)，还会形成其他的碳氢化合物。因此反应(4)的 $\Delta H^\ominus$ 值无法直接测得，但可以应用盖斯定律，通过实验上可测量的 C_3H_8、C 和 H_2 的摩尔燃烧焓来间接计算。

虽然 ΔH 对温度的依赖性不大，通常可视为常数，但如果反应体系的温度变化很大，则不可忽略温度的影响。这时可应用盖斯定律，由某一反应在 T_1 下的 ΔH_1 来计算其在 T_2 下的 ΔH_2。如图 5.13 所示，可将 T_2 下的反应拆分成如下三个步骤进行：

(a) 反应物(T_2) $\longrightarrow$ 反应物(T_1) $\Delta H_a = \sum_i c_i(反应物) m_i(反应物)(T_1 - T_2)$

(b) 反应物(T_1) $\longrightarrow$ 生成物(T_1) $\Delta H_b = \Delta H_1$

(c) 生成物(T_1) $\longrightarrow$ 生成物(T_2) $\Delta H_c = \sum_i c_i(生成物) m_i(生成物)(T_2 - T_1)$

由 (a) + (b) + (c)，可得

反应物(T_2) $\longrightarrow$ 生成物(T_2) $\Delta H_2 = \Delta H_a + \Delta H_1 + \Delta H_c$

如果在温度变化过程中还涉及了物态变化，则该物态变化的相应焓变也要纳入考虑。因此，理论上可由 298.15 K 下的 ΔH 计算反应在任意温度下的 ΔH。

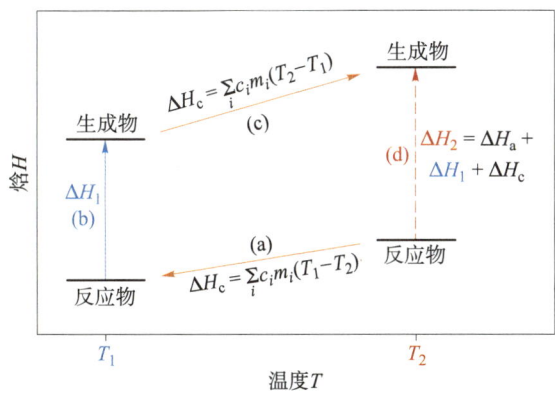

图 5.13 盖斯定律的应用：由某一反应在 T_1 下的 ΔH_1 计算其在 T_2 下的 ΔH_2

5.4 自发性与熵的概念
(Spontaneity and the Concept of Entropy)

前两节聚焦于热化学，重点关注化学反应的热效应。本节开始转向化学热力学的另一重要组成部分：预测反应的自发性和条件的有利性。

自发过程与非自发过程

在实际生活中可以观察到，水总是自发地从高处向低处流，在 0 ℃ 以上冰总

自发过程:0 ℃以上冰的融化

自发过程:上紧发条的玩具松开后向前走

例如:常压下冰的融化在 0 ℃以上是自发过程;当条件改变为 0 ℃以下时,冰的融化就变为非自发过程。

会自发地融化成水,这些都是不需要提供任何外加作用就可以自动发生的过程。相反,如果想要把水从低处移到高处,或者在 0 ℃以上将水凝结成冰,就必须提供一些外加作用,如做功或添加冷却剂等;如果不提供任何外加作用,这些过程是不会自动发生的。

自发过程(spontaneous process)是无须持续的外加作用即可自动发生的过程。常温常压下铁氧化生锈、气体向真空自由膨胀、上紧发条的玩具松开后向前走等,都是自发过程的例子。相反,**非自发过程**(nonspontaneous process)是没有持续的外加作用就不会自动发生的过程。常温常压下铁锈还原成铁、100 ℃以上水蒸气凝结成液态水等,都是非自发过程的例子。

以 HCl(aq)和 NaOH(aq)的中和反应为例,其离子方程式为

$$H^+(aq) + OH^-(aq) \longrightarrow H_2O(l)$$

将等物质的量的 HCl(aq)和 NaOH(aq)混合,无须任何外加作用,溶液中 H^+(aq)和 OH^-(aq)的浓度就会持续下降直至终态,此时基本上所有 H^+(aq)和 OH^-(aq)均转化为 $H_2O(l)$,因此这个反应是一个自发过程。而其逆反应

$$H_2O(l) \longrightarrow H^+(aq) + OH^-(aq)$$

如果没有任何外加干预不会自动发生,因此,水完全解离为 H^+(aq)和 OH^-(aq)是一个非自发过程。

关于自发过程与非自发过程,如下结论成立:

1) 如果一个过程自发,那么其逆过程必然非自发;
2) 自发过程与非自发过程都可能发生,但只有自发过程能在没有外加干预的情况下发生,非自发过程的发生要求存在一个持续的外加作用;
3) 自发过程与非自发过程是热力学概念,与过程发生的快慢(动力学概念)无必然关系;
4) 自发性与条件相关,在一定条件下自发的过程,当条件改变时可能变为非自发。

熵与混乱度

能够预测或判定一个过程的自发性显然十分重要且具有实际意义,例如,知道水总是自发地从高处向低处流,就可以利用这种自发性来建造水电站发电。由于物体总是自发地从高向低落,似乎可以用势能的下降来判定这种自发性,然而势能的变化并非所有自发过程的通用判据。例如,绝热体系中理想气体向真空膨胀的过程是自发的,这一过程称为**自由膨胀**(free expansion)。在该过程中势能保持不变,因此不能用势能解释其自发性。在科学史上,势能、内能、热和焓均曾被用作自发过程的判据,但都失败了。这里需要回答的科学问题是:自发过程的通用判据究竟是什么?

后来,科学家们从实验观察中归纳出结论:一个过程的自发性同时受两个关键因素的影响。一个是能量变化,体系趋向于达到最低能量;另一个是混乱度变化,体系趋向于达到最高混乱度。其后,**熵**(entropy,S)作为衡量体系混乱度的概念被提出。熵值越大,体系的混乱度就越高。

考虑理想气体自由膨胀过程,如图 5.14 所示,在一个中间带隔板的绝热容器中,最初左侧装有 1.00 bar 理想气体,右侧为真空。某一时刻在隔板上开一个小孔,气体会自发地从左侧膨胀至右侧。在达到热力学平衡态后,气体分子在整个容器中均匀分散,两侧的分子数基本相等,压强均为 0.50 bar。在此自由膨胀过程中,$q = 0$ 且 $w = 0$,根据热力学第一定律,$\Delta U = 0$。而一定量理想气体的内能仅是温度的函数,因此 $\Delta T = 0$,$\Delta(PV) = \Delta(nRT) = 0$,故 $\Delta H = \Delta U + \Delta(PV) = 0$。这意味着自由膨胀的自发性不是由能量因素导致的。所有气体分子起初都在容器左侧,而最终在两侧平均分布,体系的混乱度增加,熵也增加了。因此,自由膨胀的自发性是由熵的因素导致的。

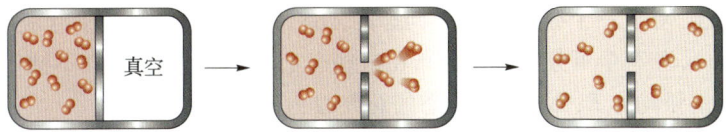

图 5.14　理想气体自由膨胀示意图

微观状态数与玻尔兹曼方程(C)

熵的概念应该从微观角度来理解。如 2.3 节所述,微观粒子(如原子、分子、离子等)的能量是量子化的,存在许多称为**态**(state)的可用微观能级,包括电子能级、振动能级、转动能级和平动能级等。核能级虽然也存在,但由于能级间隔极大,在常规过程中并不涉及,可以不予考虑。大量粒子分布在这些能级或态上,存在许多种不同的分布方式。具有相同总能量、但分布不同的每一种方式,称为一个**微观状态**(microstate)。总能量确定的体系所具有的所有微观状态的总数,称为其**微观状态数**(number of microstates)。1877 年奥地利物理学家玻尔兹曼(Ludwig Boltzmann)首次将体系的微观状态数与存在的态数相关联,并指出体系的熵与其微观状态数的对数成正比,即

$$S = k_B \ln \Omega \tag{5.20}$$

其中 S 是熵;Ω 是微观状态数;k_B 是玻尔兹曼常量,满足 $k_B = R/N_A$,其值为 1.38×10^{-23} J·K^{-1}。式(5.20)称为**玻尔兹曼方程**(Boltzmann equation)。

粒子所能分布的态越多(即态数越大),体系具有的微观状态就越多(即微观状态数越大),熵也就越大。微观状态数与态数的关系较为抽象,这里先通过几个简化的例子来介绍。首先考虑一个只有两个态的简单体系,这两个态的能量分别为 $\varepsilon = 0$ 和 2 个能量单位。将标记为 A 和 B 的两个可分辨粒子分布在这些态上,如果体系的总能量为 2 个能量单位,则一共只存在 2 种微观状态,如图 5.15a 所示,体系的熵为 $k_B \ln 2$。接下来考虑另一个存在三个态的体系,这三个态的能量分别为 $\varepsilon = 0$、1 和 2 个能量单位。同样将标记为 A 和 B 的两个可分辨粒子分布在这些态上,总能量依然为 2 个能量单位,则微观状态数变为 3(图 5.15b),体系的熵为 $k_B \ln 3$。对比两个体系,粒子数和总能量均保持不变,但第二个体系的态数大于第一个体系,其微观状态数和熵也相应地增大了。

再来看一个存在四个态的体系,这四个态的能量分别为 $\varepsilon = 0$、1、2 和 3 个能量单位,将标记为 A、B 和 C 的三个可分辨粒子分布在这些态上,如果体系的总能

注意:"态"和"能级"这两个术语一般可以互换使用,但仍存在一点微小差别:能级可以是简并的,其中每一个简并能级都是一个态。关于能级简并和简并度的概念详见 2.6 节。

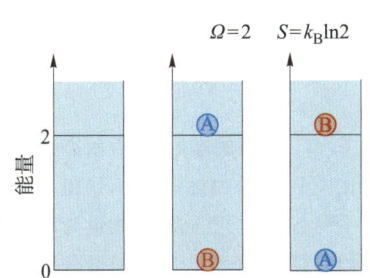

(a) 粒子可分布在能量分别为 $\varepsilon = 0$ 和 2 个能量单位的两个态上

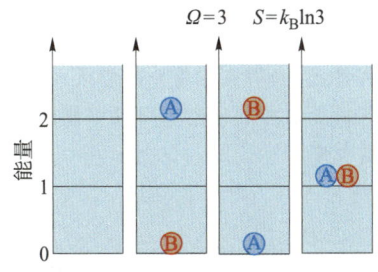

(b) 粒子可分布在能量分别为 $\varepsilon = 0$、1 和 2 个能量单位的三个态上

图 5.15　体系的态数、微观状态数与熵的关系:体系由标记为 A 和 B 的两个可分辨粒子组成,总能量为 2 个能量单位

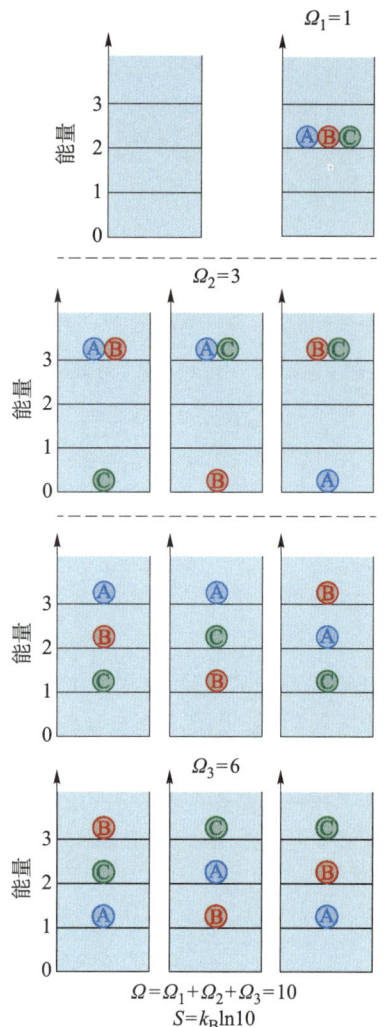

图 5.16 体系的态数、微观状态数与熵的关系：体系由标记为 A、B 和 C 的三个可分辨粒子组成，总能量为 6 个能量单位，粒子可分布在能量分别为 $\varepsilon = 0、1、2$ 和 3 个能量单位的四个态上。

注：式 (5.22) 适用于能级简并度为 1 的情况，如果存在简并的能级，在计算微观状态数时还需要考虑能级的简并度。

量为 6 个能量单位，一共有多少种微观状态？这时先要考虑，为了得到相同的总能量，粒子一共可以有多少类不同的分布情况。如果三个粒子均处于 $\varepsilon = 2$ 态，微观状态数为 $\Omega_1 = 3!/3! = 1$。如果有两个粒子分布在 $\varepsilon = 3$ 态，则第三个粒子必然位于 $\varepsilon = 0$ 态，才能满足总能量为 6。对于这类特定的分布情况，微观状态数为 $\Omega_2 = 3!/(2!1!) = 3$。如果有一个粒子分布在 $\varepsilon = 3$ 态，为使总能量为 6，其余两个粒子必须分别处于 $\varepsilon = 1$ 和 2 态，$\Omega_3 = 3!/(1!1!1!) = 6$。除了以上三类分布情况之外，再没有其他任何分布方式能够满足总能量为 6 的要求。因此，这个体系的所有微观状态的总数为 $\Omega = \Omega_1 + \Omega_2 + \Omega_3 = 10$，体系的熵为 $k_B \ln 10$。具体的分布方式如图 5.16 所示。

统计上，对于一个存在 m 个不同态的体系，每个态对应的能量分别为 ε_i ($i = 1, 2, \cdots, m$)，将 N 个可分辨粒子分布在这些态上，如果一共有 k 类不同的分布情况满足总能量均为 E，那么微观状态的总数 Ω 为

$$\Omega = \sum_{j=1}^{k} \Omega_j = \Omega_1 + \Omega_2 + \cdots + \Omega_j + \cdots + \Omega_k \tag{5.21}$$

其中 Ω_j 是第 j 类分布情况所对应的微观状态数。在这第 j 类分布情况中，如果 n_i 是分布在第 i 个态上的粒子数，则应同时满足

$$N = \sum_{i=1}^{m} n_i = n_1 + n_2 + \cdots + n_i + \cdots + n_m$$

$$E = \sum_{i=1}^{m} n_i \varepsilon_i = n_1 \varepsilon_1 + n_2 \varepsilon_2 + \cdots + n_i \varepsilon_i + \cdots + n_m \varepsilon_m$$

那么 Ω_j 可通过下式计算：

$$\Omega_j = \frac{N!}{\prod_{i=1}^{m} n_i!} = \frac{N!}{n_1! n_2! \cdots n_i! \cdots n_m!} \tag{5.22}$$

其中符号 $\prod$（希腊字母，pi）代表"之积"；$N!$ 是所有小于或等于 N 的正整数的乘积，称为 N 的**阶乘**（factorial）。

回到自由膨胀过程，为了理解为什么自由膨胀的自发性是由熵的因素导致的，需要运用在 2.6 节介绍过的一维势箱模型的量子化能级公式，即

$$E_n = \frac{n^2 h^2}{8mL^2} \tag{5.23}$$

其中 m 是粒子的质量；L 是一维势箱的长度；h 为普朗克常数，其值为 6.62607×10^{-34} J·s；$n = 1, 2, 3, \cdots$ 是量子数。对于长度为 L 的一维势箱中粒子，其量子化能级的能量分别为

$$E_1 = \frac{h^2}{8mL^2}, \quad E_2 = \frac{4h^2}{8mL^2} = 4E_1, \quad E_3 = \frac{9h^2}{8mL^2} = 9E_1, \quad \cdots$$

对于长度为 $2L$ 的势箱中粒子，其量子化能级的能量分别为

$$E_1' = \frac{h^2}{8m(2L)^2} = \frac{1}{4}E_1, \quad E_2' = \frac{4h^2}{8m(2L)^2} = E_1, \quad E_3' = \frac{9h^2}{8m(2L)^2} = \frac{9}{4}E_1, \quad \cdots$$

对于长度为 $3L$ 的势箱中粒子,其量子化能级的能量分别为

$$E_1'' = \frac{h^2}{8m(3L)^2} = \frac{1}{9}E_1, \quad E_2'' = \frac{4h^2}{8m(3L)^2} = \frac{4}{9}E_1, \quad E_3'' = \frac{9h^2}{8m(3L)^2} = E_1, \quad \cdots$$

图 5.17a 给出了长度分别为 L、$2L$ 和 $3L$ 的一维势箱中粒子的能级示意图。可以看到,随着势箱长度的增加,能级之间的间隔减小。在确定的温度下,粒子热可达能级的能量是一定的,如图 5.17a 的彩虹色所示。因此,随着势箱长度增加,粒子热可达能级数(即态数)增加。例如,在图 5.17a 中,对于长度为 L、$2L$ 和 $3L$ 的势箱中粒子,分别有 2、5 和 8 个热可达能级。

扩展到三维势箱和极其大量气体分子,随着体系体积的增大,热可达的态数增加。因此,微观状态总数显著增加,体系的熵也显著增大。在图 5.14 所示的自由膨胀情况下,膨胀后体积增大,存在更多的可用平动能级供气体分子分布,由此导致了 Ω 和 S 的增大。自由膨胀过程的自发性正是由于体系熵增所导致的。

势箱模型还可用于理解温度对体系熵的影响(图 5.17b)。低温下气体分子的平均平动能较低,只能占据相对较低的几个能级,Ω 值较小,熵也较小。随着温度的升高,气体分子的平均平动能增加,分子可以达到更多的能级,因此 Ω 值增加,熵也增大。上述结论对液体和固体同样适用。

> **注**:回顾 4.4 节,玻尔兹曼分布中能量高于某一阈值 ε_0 的分子所占分数正比于 $\exp(-\varepsilon_0/k_BT)$,因此当温度确定时,能量高于阈值的分子占比不变。例如,以 5% 为界,如果在某一温度下仅有 5% 粒子的能量高于某个特定能量 ε_0,则将该能量 ε_0 定义为此温度下粒子热可达能级的能量。

> **注**:三维势箱是微观粒子在三维空间中平动的量子力学模型。理想气体没有有效的转动和振动,自由膨胀即为理想气体分子向真空的平动。

> **注意**:当温度升高时,仍以 5% 为界,则粒子热可达能级的能量 ε_0 必然上升,粒子的热可达能级数增加。

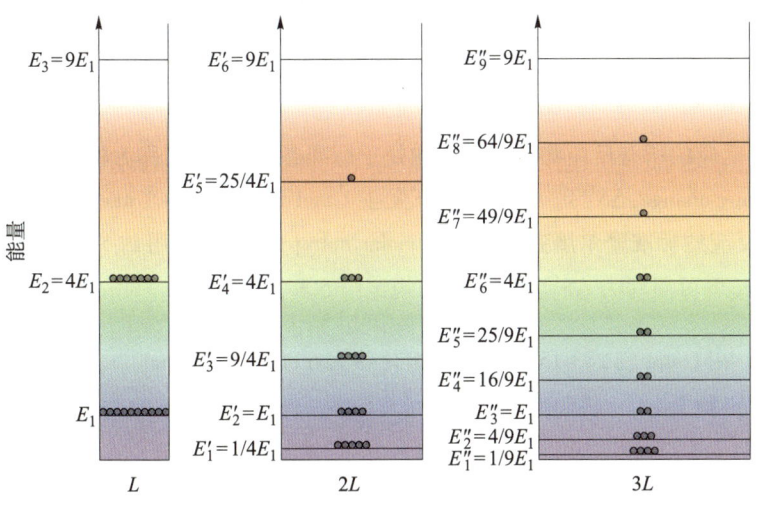

(a) 随着势箱长度增加,热可达能级数增加,间隔更密

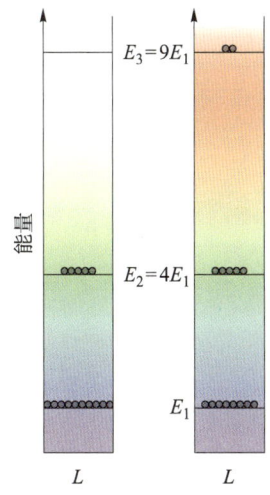

(b) 随着温度升高,热可达能级数增加

图 5.17 一维势箱中粒子的能级图

如果将 N_A 量级个可分辨粒子分布在 N_A 量级个不同的态上,不难想象体系的微观状态总数将会是一个天文数字。为了估算这种情况下 Ω 的大致量级,可将 $k_B = 1.38 \times 10^{-23}$ J·K^{-1} 和 1 mol 物质的熵值(通常在 10^2 J·K^{-1})量级代入式(5.20),有

$$\ln\Omega = \frac{S}{k_B} = \frac{\sim 10^2 \text{ J·K}^{-1}}{1.38 \times 10^{-23} \text{ J·K}^{-1}} \approx 10^{25}$$

可得 $\Omega = \exp(10^{25})$,这是一个极其庞大的数字。

熵变

熵是体系的广度状态函数,在一个过程中熵的改变量称为**熵变**(entropy change, ΔS),也是一个广度物理量。熵变既可以从微观上、也可以从宏观上理解。微观角度的熵即玻尔兹曼方程式(5.20)所定义的熵,通常称为**统计熵**(statistical entropy),其改变量为

$$\Delta S = S_{终} - S_{始} = k_B (\ln \Omega_{终} - \ln \Omega_{始}) \tag{5.24}$$

而宏观上,熵变等于恒温可逆过程的反应热与热力学温度之比,即

$$\Delta S = \frac{q_{可逆}}{T} \tag{5.25}$$

式(5.25)所对应的熵,通常称为**热力学熵**(thermodynamic entropy),以示与统计熵的区别。即使实际过程并非恒温可逆,上式仍然有效,此时 $q_{可逆}$ 代表该过程如果恒温可逆地发生所对应的假想反应热。式(5.24)和式(5.25)之间的关系可以严格推导,但相当复杂,留待后续专业课程介绍。

两相平衡时的热交换可视为可逆过程,交换的热等于相变过程的焓变 $\Delta H_{相变}$,故有

$$\Delta S_{相变} = \frac{\Delta H_{相变}}{T_{相变}} \tag{5.26}$$

下标"相变"可替换为具体的相变方式,如"蒸发"对应于气-液相平衡、"熔化"对应于固-液相平衡等。

一个化学反应的所有反应物和生成物均处于标准态时的熵变,称为**标准熵变**(standard entropy change, $\Delta S^{\ominus}$)。在温度 T 下发生 1 mol 反应(即 $\xi = 1$ mol)时的标准熵变,称为反应的**标准摩尔熵变**(standard molar entropy change),用 $\Delta_r S_m^{\ominus}(T)$ 表示,在 298.15 K 下可简写为 $\Delta S^{\ominus}$。标准态的规定与 5.3 节一致。

注:关于高熵合金材料详见案例 5.3。

注:汉字"熵"即得名于可逆过程的"热温商"。

> **例 5.5** 在 1 atm 和 273.15 K 下冰的熔化热为 6.007×10^3 J·mol^{-1},求该条件下冰熔化的摩尔熵变。

> **解**:在 1 atm 下,273.15 K 是冰的正常熔点。因此,该条件下冰的熔化为恒温恒压下的可逆相变过程,有

$$\Delta S_{熔化} = \frac{\Delta H_{熔化}}{T_{熔化}} = \frac{(6.007 \times 10^3) \text{ J·mol}^{-1}}{273.15 \text{ K}}$$
$$= 21.99 \text{ J·mol}^{-1}\cdot\text{K}^{-1}$$

热力学第三定律

与内能和焓的情况不同,熵存在绝对零点,绝对熵值是可以确定的。考虑如下情况:将 N_A 量级个可分辨粒子分布在 N_A 量级个不同的态上,这些态的能

量分别为 $\varepsilon = 0, 1, 2, \cdots$ 个能量单位。如果体系的总能量为 0，一共有多少种微观状态？熵又是多少呢？为使体系的总能量为 0，所有粒子都必须分布在 $\varepsilon = 0$ 的基态上，不能有任何粒子处在激发态。因此，体系的微观状态总数必为 $\Omega = N!/(N!0!0!\cdots) = 1$，熵为 $k_B \ln 1 = 0$。

上述情况只是一个简化的例子。事实上体系的基态能量不可能为 0，而是对应于一维势箱模型中 $n = 1$ 的零点能（详见 2.6 节），即

$$E_1 = \frac{h^2}{8mL^2}$$

但在体系总能量最低的状态下，所有粒子均处于基态 ($n = 1$)。这时体系的温度必为 0 K，微观状态总数仍为 1，熵仍为 0，这种状态就是熵的绝对零点。由于熵是体系混乱度的量度，熵为 0 意味着体系的混乱度最低，即体系处于最为有序的完美状态。这就是**热力学第三定律**（third law of thermodynamics）的一种表述形式：在 0 K 时，纯物质完美晶体的熵为零。

5.5 吉布斯自由能与自发过程的判据
(Gibbs Free Energy and Criteria for Spontaneous Process)

上节介绍了熵和熵变的概念，讨论了它们与体系微观状态数之间的关系，并从统计熵的角度理解了自由膨胀过程的自发性。本节将在此基础上，回答"自发过程的通用判据究竟是什么"这一科学问题。

熵增原理与热力学第二定律

回顾 5.2 节关于可逆与不可逆过程的结论：可逆过程的功是所有可能过程中功的最小值，可逆过程的热是所有可能过程中热的最大值。该结论可表达为

$$w_{可逆} < w_{不可逆} \quad 且 \quad q_{可逆} > q_{不可逆}$$

或

$$w_{可逆} \leq w \quad 且 \quad q_{可逆} \geq q$$

对于任何过程（不论可逆还是不可逆），上式均成立，其中对于可逆过程取等号，对于不可逆过程分别取小于或大于号。结合热力学熵的定义式(5.25)，可得

$$\Delta S = \frac{q_{可逆}}{T} \geq \frac{q}{T} \tag{5.27}$$

上式可分情况改写为

$$\begin{cases} \Delta S = \dfrac{q_{可逆}}{T} = \dfrac{q}{T}, & \text{对于所有可逆过程 } q = q_{可逆} \\ \Delta S = \dfrac{q_{可逆}}{T} > \dfrac{q}{T}, & \text{对于所有不可逆过程 } q = q_{不可逆} \end{cases} \tag{5.28}$$

孤立体系与其环境之间没有物质和能量交换，亦即没有任何相互作用，因此 $q = 0$。这表明孤立体系的熵变必定大于或等于 0，即

$$\Delta S \geq 0 \tag{5.29}$$

其中对于可逆过程 $\Delta S = 0$，对于不可逆过程 $\Delta S > 0$。

由于非自发过程需要在持续的外加作用推动下才能发生，而这些外加作用显然属于体系与环境之间的相互作用，因此孤立体系不能发生非自发过程，或者说孤立体系所能发生的不可逆过程必定都是自发的。式(5.29)可以重新表述为：对于孤立体系的自发过程，$\Delta S > 0$。如果将整个宇宙视为一个巨大的孤立体系，则宇宙中发生任何自发过程的通用判据为

$$\Delta S_{宇宙} = \Delta S_{体系} + \Delta S_{环境} > 0 \tag{5.30}$$

式(5.30)是**热力学第二定律**(second law of thermodynamics)的一种表述形式，它指出所有自发过程均会使宇宙的熵增加，也称孤立体系的**熵增原理**(principle of entropy increase)。

> 思考题：某体系经历可逆循环过程，试判断该过程中 $\Delta S_{体系}$ 和 $\Delta S_{环境}$ 的值。

> 思考题：常压下 $-10\ ℃$ 的过冷水结冰是自发过程，这时体系的熵变 $\Delta S < 0$。生命体的生长发育是从无序到有序的熵减过程，却能自发进行。这些是否违背熵增原理？为什么？

吉布斯自由能与吉布斯自由能变

尽管式(5.30)可用作自发过程的通用判据，但在应用时多有不便，因为它需要计算整个宇宙的所有熵变，才能判断一个过程是否自发。我们显然希望能有一个更方便使用的替代判据，仅涉及感兴趣且性质易于测定的体系，而无须担心环境所发生的变化。

考虑一个恒温恒压且没有非体积功的假想过程，该过程的热效应为 q_P，其值等于 $\Delta H_{体系}$，则环境的热效应为

$$q_{环境} = -q_P = -\Delta H_{体系}$$

如果环境足够大，那么热进出环境的途径可视为可逆，使得环境的温度几乎不变，则环境的熵变为

$$\Delta S_{环境} = \frac{q_{可逆}}{T} = \frac{q_{环境}}{T} = -\frac{\Delta H_{体系}}{T}$$

故

$$-T\Delta S_{宇宙} = -T(\Delta S_{体系} + \Delta S_{环境}) = \Delta H_{体系} - T\Delta S_{体系} \tag{5.31}$$

式(5.31)右侧的所有变量均只涉及体系，左侧的 $\Delta S_{宇宙}$ 可用作自发过程的判据。

可以将体系的焓和温度与熵之积的差值定义为一个新的状态函数，称为**吉布斯自由能**(Gibbs free energy, G)，即

$$G = H - TS \tag{5.32}$$

显然，G 是体系的广度状态函数。恒温过程的**吉布斯自由能变**(Gibbs free energy change, ΔG) 为

$$\Delta G = \Delta H - T\Delta S \tag{5.33}$$

上式称为**吉布斯-亥姆霍兹方程**(Gibbs-Helmholtz equation),是化学研究中的一个非常重要且实用的方程。

一个化学反应的所有反应物和生成物均处于标准态时的吉布斯自由能变,称为**标准吉布斯自由能变**(standard Gibbs free energy chang,$\Delta G^\ominus$),有

$$\Delta G^\ominus = \Delta H^\ominus - T\Delta S^\ominus \tag{5.34}$$

在温度 T 下发生 1 mol 反应(即 $\xi = 1$ mol)时的标准吉布斯自由能变,称为反应的**标准摩尔吉布斯自由能变**(standard molar Gibbs free energy change),用 $\Delta_r G_m^\ominus(T)$ 表示,在 298.15 K 下可简写为 $\Delta G^\ominus$。标准态的规定与 5.3 节一致。ΔG 与 $\Delta G^\ominus$ 的关系详见后续 6.3 节。

> **例 5.6** 已知反应 $CO(g) + Cl_2(g) \longrightarrow COCl_2(g)$ 的 $\Delta H^\ominus = -108.6$ kJ·mol^{-1},$\Delta S^\ominus = -137.3$ J·mol^{-1}·K^{-1},分别计算室温和 1000 K 时该反应的 $\Delta G^\ominus$。

> **解**:根据 $\Delta G^\ominus = \Delta H^\ominus - T\Delta S^\ominus$,可知在室温 298 K 时,有
>
> $$\Delta G^\ominus(298\ K) = \Delta H^\ominus - T\Delta S^\ominus = [-108.6 - 298 \times (-137.3 \times 10^{-3})]\ kJ·mol^{-1}$$
> $$= -67.7\ kJ·mol^{-1}$$
>
> $\Delta H^\ominus$ 和 $\Delta S^\ominus$ 随温度变化不大,可视为常数,用 298 K 时的 $\Delta H^\ominus$ 和 $\Delta S^\ominus$ 替代其他温度下的数据进行计算。在 1000 K 时,有
>
> $$\Delta G^\ominus(1000\ K) = \Delta H^\ominus - T\Delta S^\ominus = [-108.6 - 1000 \times (-137.3 \times 10^{-3})]\ kJ·mol^{-1}$$
> $$= 28.7\ kJ·mol^{-1}$$

自发过程的判据

在定义了吉布斯自由能和吉布斯自由能变后,式(5.31)可改写为

$$\Delta G_{体系} = \Delta H_{体系} - T\Delta S_{体系} = -T\Delta S_{宇宙} \tag{5.35}$$

因此,使用一个只涉及体系的变量 $\Delta G_{体系}$,即可评估一个恒温恒压且没有非体积功的过程的自发性。为简明起见,通常省略 $\Delta G_{体系}$ 的下标"体系"。在此条件下,自发过程的通用判据可由 $\Delta S_{宇宙} > 0$ 改写为 $\Delta G < 0$。

对于恒温恒压且没有非体积功的化学反应,可以通过 ΔG 来判定其自发性:

1) 若 $\Delta G = 0$,该反应可视为可逆过程,正、逆反应处于动态平衡。
2) 若 $\Delta G < 0$,正反应(指从反应物到生成物的过程)自发,逆反应(指从生成物到反应物的过程)非自发。
3) 若 $\Delta G > 0$,正反应非自发,逆反应自发。

当温度变化范围不大时,ΔH 和 ΔS 对温度的依赖性可忽略不计。根据 ΔH 和 ΔS 的符号,通过 ΔG 即可预测反应条件的有利性,即在什么温度条件下有利于反应的自发进行:

1) 若 $\Delta S > 0$ 且 $\Delta H < 0$(即熵增焓减),则 ΔG 必为负值,该反应(指从反应物到生成物的正反应)在所有温度下均自发。

> **思考题**:有人认为 $\Delta G < 0$ 的反应都能自发进行,这个说法正确吗?为什么?

2) 若 $\Delta S<0$ 且 $\Delta H>0$（即熵减焓增），则 ΔG 必为正值，该反应在所有温度下均非自发。

3) 若 $\Delta S>0$ 且 $\Delta H>0$（即熵增焓增），则反应是否自发取决于温度；一般而言，该反应在高温下自发、低温下非自发，即高温有利于该反应的自发进行。

4) 若 $\Delta S<0$ 且 $\Delta H<0$（即熵减焓减），则反应是否自发也取决于温度；一般而言，该反应在低温下自发、高温下非自发，即低温有利于该反应的自发进行。

>> **例 5.7** 已知两个反应的热力学数据如下表所示：

热力学数据	(1) $2Fe_2O_3(s) + 3C(s)$ $\longrightarrow 4Fe(s) + 3CO_2(g)$	(2) $Fe_2O_3(s) + 3CO(g)$ $\longrightarrow 2Fe(s) + 3CO_2(g)$
$\Delta H^\ominus / (kJ \cdot mol^{-1})$	+468	−25
$\Delta S^\ominus / (J \cdot mol^{-1} \cdot K^{-1})$	+559	+16
$\Delta G^\ominus / (kJ \cdot mol^{-1})$	+301	−29

试通过热力学数据说明炼铁高炉用焦炭为原料将 Fe_2O_3 还原为 Fe 时，还原剂主要是 CO 而不是焦炭。

>> **解**：由上表的热力学数据可知，以 CO 为还原剂的反应 (2) $\Delta G^\ominus<0$，在室温下即能自发进行，并且该反应是一个熵增焓减的反应，在所有温度下均可自发进行；温度越高，$\Delta G^\ominus$ 越负，反应 (2) 的自发性就越显著。而以 C 为还原剂的反应 (1)，其 $\Delta G^\ominus$ 为相当大的正值，在室温下不能自发进行。反应 (1) 是一个熵增焓增的反应，$\Delta G^\ominus$ 随温度升高而减小。在 ~1000 K 时，$\Delta G^\ominus$ 变为负值，因此高温时 C 也可以还原 Fe_2O_3，但反应的自发性不如反应 (2)。所以一般用反应 (2) 代表高炉炼铁的主要反应。

5.6 生成焓与生成吉布斯自由能
(Enthalpy of Formation and Gibbs Free Energy of Formation)

前几节介绍了焓、熵、吉布斯自由能等状态函数的概念和意义，以及如何根据 ΔH 计算反应的热效应、根据 ΔG 预测反应的自发性等。这些计算和预测均需要基于热力学数据，然而没有任何一本化学手册能够记录下所有化学反应的热力学数据，因为化学反应种类繁多、数量庞大，无法逐一刊载。相反，可以方便地从化学手册中查找到数千种常见纯净物的生成焓和生成吉布斯自由能数据，由此计算得到常见化学反应的 $\Delta H^\ominus$ 和 $\Delta G^\ominus$ 等热力学数据。

标准摩尔生成焓

如 5.3 节所述，焓的绝对数值无法测量，需要关注的是化学反应过程中的焓变 ΔH。为了便于计算和应用，在科学研究中普遍采用的方法是，给焓选定一个参考零点，其他物质的焓值即可相对该参考零点确定。就像山的高度的绝对数值也不能确定，因为并不存在高度的绝对零点；通常将平均海平面至山顶的垂直距离定义为海拔，如珠穆朗玛峰的海拔为 8848 m，而平均海平面就是选定的参考零点。

由于所有物质均由元素组成,给焓选定的参考零点是元素指定单质的焓值。元素的**指定单质**(reference form)通常为在标准态和指定温度下该元素最稳定的单质,但也存在少数例外。在温度 T 下由元素的指定单质生成 1 mol 某种物质的标准焓变,称为该物质的**标准摩尔生成焓**(standard molar enthalpy of formation),简称生成焓,用 $\Delta_f H_m^\ominus(T)$ 表示,在 298.15 K 下可简写为 $\Delta H_f^\ominus$,其中下标 "f" 代表 "生成(formation)"。

作为参考零点,指定单质自身的生成焓必为零。几种元素的指定单质举例如下:

$$Na(s), H_2(g), N_2(g), O_2(g), C(s,石墨), Br_2(l)$$

石墨和金刚石是碳的两种天然存在的同素异形体,由于

$$C(s,石墨) \longrightarrow C(s,金刚石) \quad \Delta H^\ominus = 1.9 \text{ kJ·mol}^{-1}$$

这说明标准态下石墨比金刚石的焓值更低、更为稳定,因此将石墨选为碳元素的指定单质。令 $\Delta H_f^\ominus(s,石墨) = 0$,则 $\Delta H_f^\ominus(s,金刚石) = 1.9 \text{ kJ·mol}^{-1}$。同理

$$S(s,正交) \longrightarrow S(s,单斜) \quad \Delta H^\ominus = 0.3 \text{ kJ·mol}^{-1}$$

标准态下正交硫比单斜硫更稳定,因此 $\Delta H_f^\ominus(s,正交硫) = 0$,$\Delta H_f^\ominus(s,单斜硫) = 0.3 \text{ kJ·mol}^{-1}$。由于

$$Br_2(l) \longrightarrow Br_2(g) \quad \Delta H^\ominus = 30.9 \text{ kJ·mol}^{-1}$$

标准态下 $Br_2(l)$ 比 $Br_2(g)$ 更稳定,因此 $\Delta H_f^\ominus[Br_2(l)] = 0$,$\Delta H_f^\ominus[Br_2(g)] = 30.9 \text{ kJ·mol}^{-1}$。

磷则是指定单质并非最稳定单质的例外之一,尽管白磷的焓值高于红磷,由于历史原因白磷仍被选为磷元素的指定单质,由

$$P(s,白磷) \longrightarrow P(s,红磷) \quad \Delta H^\ominus = -17.6 \text{ kJ·mol}^{-1}$$

可得 $\Delta H_f^\ominus[P(s,白磷)] = 0$,$\Delta H_f^\ominus[P(s,红磷)] = -17.6 \text{ kJ·mol}^{-1}$。

298.15 K 下一些常见物质的标准摩尔生成焓列于表 5.1 及附录 C.1 中。例如,查表可知 $\Delta H_f^\ominus[C_3H_8(g)] = -103.8 \text{ kJ·mol}^{-1}$,$C_3H_8$ 由 C 和 H 两种元素组成,指定单质分别为 C(s,石墨) 和 $H_2(g)$,由生成焓定义直接有

$$3C(s,石墨) + 4H_2(g) \longrightarrow C_3H_8(g)$$

$$\Delta H^\ominus = \Delta H_f^\ominus[C_3H_8(g)] = -103.8 \text{ kJ·mol}^{-1}$$

根据生成焓得到上述反应的标准摩尔焓变,与例题 5.4 应用盖斯定律间接计算的结果完全一致。

表 5.1　298.15 K 下一些常见物质的标准摩尔生成焓($\Delta H_f^\ominus$)、标准摩尔熵($S^\ominus$)和标准摩尔生成吉布斯自由能($\Delta G_f^\ominus$)

物质	$\dfrac{\Delta H_f^\ominus}{\text{kJ·mol}^{-1}}$	$\dfrac{S^\ominus}{\text{J·mol}^{-1}\text{·K}^{-1}}$	$\dfrac{\Delta G_f^\ominus}{\text{kJ·mol}^{-1}}$	物质	$\dfrac{\Delta H_f^\ominus}{\text{kJ·mol}^{-1}}$	$\dfrac{S^\ominus}{\text{J·mol}^{-1}\text{·K}^{-1}}$	$\dfrac{\Delta G_f^\ominus}{\text{kJ·mol}^{-1}}$
AgCl(s)	-127.0	96.3	-109.8	$C_2H_5OH(l)$	-277.6	160.7	-174.8
AgBr(s)	-100.4	107.1	-96.9	HF(g)	-273.3	173.8	-275.4
AgI(s)	-61.8	115.5	-66.2	HCl(g)	-92.3	186.9	-95.3
$AgNO_3$(s)	-124.4	140.9	-33.4	HBr(g)	-36.3	198.7	-53.4
$BaCl_2$(s)	-855.0	123.7	-806.7	HI(g)	26.5	206.6	1.7
$BaSO_4$(s)	-1473.2	132.2	-1362.2	H_2O(l)	-285.8	70.0	-237.1
$Ca(OH)_2$(s)	-985.2	83.4	-897.5	H_2O(g)	-241.8	188.8	-228.6
CO(g)	-110.5	197.7	-137.2	H_2O_2(l)	-187.8	109.6	-120.4
CO_2(g)	-393.5	213.8	-394.4	H_2S(g)	-20.6	205.8	-33.4
CH_4(g)	-74.6	186.3	-50.5	H_2SO_4(l)	-814.0	156.9	-690.0
C_2H_2(g)	227.4	200.9	209.9	NH_3(g)	-45.9	192.8	-16.4
C_2H_4(g)	52.4	219.3	68.4	NO(g)	91.3	210.8	87.6
C_2H_6(g)	-84.0	229.2	-32.0	NO_2(g)	33.2	240.1	51.3
C_3H_8(g)	-103.8	270.3	-23.4	N_2O_4(g)	11.1	304.4	99.8
C_6H_6(l)	49.1	173.4	124.5	N_2H_4(l)	50.6	121.2	149.3
C_6H_6(g)	82.9	269.2	129.7	SO_2(g)	-296.8	248.2	-300.1
CH_3OH(l)	-239.2	126.8	-166.6	SO_3(g)	-395.7	256.8	-371.0

注意： 由表 5.1 可见，绝大多数化合物的 $\Delta H_f^\ominus$ 均为负值，即由指定单质生成这些化合物时是放热的，这些通常都是较为稳定的化合物。只有少数化合物的 $\Delta H_f^\ominus$ 为正值，如 NO_2、HI 等，相对而言这类化合物都较不稳定。

生成焓与分子结构密切相关。例如，在各种碳氢化合物中，甲烷、乙烷等烷烃的 $\Delta H_f^\ominus$ 均为负值，而乙烯、乙炔等烯烃和炔烃的 $\Delta H_f^\ominus$ 均为正值。这表明烷烃（所有键均饱和）比烯烃和炔烃（含有双键、三键等不饱和键）更为稳定。

使用生成焓的优势在于，可以由少量 $\Delta H_f^\ominus$ 数据计算得到大量化学反应的 $\Delta H^\ominus$ 值。对于如下反应通式：

$$\text{反应物} \longrightarrow \text{生成物}$$

可以构建两套假想反应：

$$\text{元素的指定单质} \longrightarrow \text{反应物} \quad \Delta H^\ominus = \Delta H_f^\ominus(\text{反应物})$$

$$\text{元素的指定单质} \longrightarrow \text{生成物} \quad \Delta H^\ominus = \Delta H_f^\ominus(\text{生成物})$$

根据物质守恒定律，组成反应物的元素和组成生成物的元素一定相同。如图 5.18 所示，应用盖斯定律，一般反应的标准摩尔焓变可计算为

$$\Delta H^\ominus = \sum_X \nu_X \Delta H_f^\ominus(X) \tag{5.36}$$

其中 X 代表参与反应的各种物质；ν_X 为 X 对应的化学计量数，其值对反应物为负、对生成物为正。

溶液中的许多化学反应可视为离子之间的反应，用离子方程式来表示。当考虑溶液中的离子反应时，将元素指定单质的焓值作为参考零点就不再适用了，这时需要定义另一个参考零点。由于离子都是成对存在的，无法测定单一离子的生

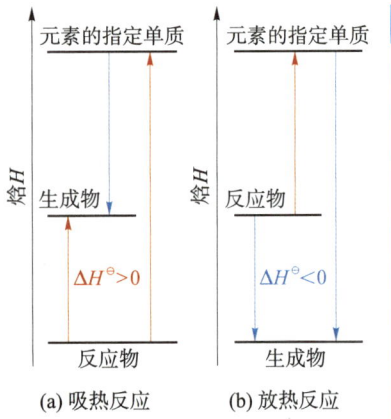

图 5.18　由生成焓计算化学反应焓变示意图

成焓。离子在水溶液中以水合离子形式存在，$H^+(aq)$是水溶液中最简单的离子，通常将它选为离子焓值的参考零点，在此基础上得到其他水合离子的生成焓。溶液标准态的规定与 5.3 节一致，即处于指定温度下浓度为 $m^\ominus = 1\ mol\cdot kg^{-1}$ 或 $c^\ominus = 1\ mol\cdot L^{-1}$ 的理想溶液。例如，对于强酸和强碱的中和反应，有

$$H^+(aq) + OH^-(aq) \longrightarrow H_2O(l) \quad \Delta H^\ominus = -55.8\ kJ\cdot mol^{-1}$$

$$\Delta H^\ominus = \Delta H_f^\ominus[H_2O(l)] - \Delta H_f^\ominus(H^+) - \Delta H_f^\ominus(OH^-)$$

由 $\Delta H_f^\ominus(H^+) = 0$ 及 $\Delta H_f^\ominus[H_2O(l)] = -285.8\ kJ\cdot mol^{-1}$，可得

$$\begin{aligned}\Delta H_f^\ominus(OH^-) &= \Delta H_f^\ominus[H_2O(l)] - \Delta H_f^\ominus(H^+) - \Delta H^\ominus \\ &= [-285.8 - 0 - (-55.8)]\ kJ\cdot mol^{-1} = -230.0\ kJ\cdot mol^{-1}\end{aligned}$$

水溶液中其他离子的 $\Delta H_f^\ominus$ 可用类似方法计算。298.15 K 下一些常见离子在水溶液中的标准摩尔生成焓列于表 5.2 及附录 C.1 中。

表 5.2 298.15 K 下一些常见离子在水溶液中的标准摩尔生成焓($\Delta H_f^\ominus$)、标准摩尔熵($S^\ominus$)和标准摩尔生成吉布斯自由能($\Delta G_f^\ominus$)

离子	$\dfrac{\Delta H_f^\ominus}{kJ\cdot mol^{-1}}$	$\dfrac{S^\ominus}{J\cdot mol^{-1}\cdot K^{-1}}$	$\dfrac{\Delta G_f^\ominus}{kJ\cdot mol^{-1}}$	离子	$\dfrac{\Delta H_f^\ominus}{kJ\cdot mol^{-1}}$	$\dfrac{S^\ominus}{J\cdot mol^{-1}\cdot K^{-1}}$	$\dfrac{\Delta G_f^\ominus}{kJ\cdot mol^{-1}}$
阳离子				Mn^{2+}	−220.8	−73.6	−228.1
H^+	0	0	0	Fe^{3+}	−48.5	−315.9	−4.7
Li^+	−278.5	13.4	−293.3	Al^{3+}	−531.0	−321.7	−485.0
Na^+	−240.1	59.0	−261.9	阴离子			
K^+	−252.4	102.5	−283.3	OH^-	−230.0	−10.8	−157.2
NH_4^+	−132.5	113.4	−79.3	F^-	−332.6	−13.8	−278.8
Ag^+	105.6	72.7	77.1	Cl^-	−167.2	56.5	−131.2
Mg^{2+}	−466.9	−138.1	−454.8	Br^-	−121.6	82.4	−104.0
Ca^{2+}	−542.8	−53.1	−553.6	I^-	−55.2	111.3	−51.6
Ba^{2+}	−537.6	9.6	−560.8	NO_3^-	−207.4	146.4	−111.3
Cu^{2+}	64.8	−99.6	65.5	MnO_4^-	−541.4	191.2	−447.2
Fe^{2+}	−89.1	−137.7	−78.9	CO_3^{2-}	−677.1	−56.9	−527.8
Zn^{2+}	−153.9	−112.1	−147.1	SO_4^{2-}	−909.3	20.1	−744.5
Cd^{2+}	−75.9	−73.2	−77.6	$S_2O_3^{2-}$	−652.3	67.0	−522.5
Pb^{2+}	−1.7	10.5	−24.4	PO_4^{3-}	−1277.4	−220.5	−1018.7

» 例 5.8 火箭常用肼 $N_2H_4(l)$ 作为燃料，$N_2O_4(g)$ 作为氧化剂，燃烧后生成 $N_2(g)$ 和 $H_2O(l)$。写出配平的化学方程式，并查阅生成焓数据计算 $N_2H_4(l)$ 的标准摩尔燃烧焓。

» 解：肼在四氧化二氮中燃烧的化学方程式为

$$2N_2H_4(l) + N_2O_4(g) \longrightarrow 3N_2(g) + 4H_2O(l)$$

查附录 C.1，可知

$$\Delta H_f^\ominus[\mathrm{N_2H_4(l)}] = 50.6 \text{ kJ·mol}^{-1}, \quad \Delta H_f^\ominus[\mathrm{N_2O_4(g)}] = 11.1 \text{ kJ·mol}^{-1}$$

$$\Delta H_f^\ominus[\mathrm{H_2O(l)}] = -285.8 \text{ kJ·mol}^{-1}$$

$\mathrm{N_2(g)}$ 是指定单质，$\Delta H_f^\ominus[\mathrm{N_2(g)}] = 0$。上述反应的标准摩尔焓变为

$$\Delta H^\ominus = 3\Delta H_f^\ominus[\mathrm{N_2(g)}] + 4\Delta H_f^\ominus[\mathrm{H_2O(l)}] - 2\Delta H_f^\ominus[\mathrm{N_2H_4(l)}] - \Delta H_f^\ominus[\mathrm{N_2O_4(g)}]$$
$$= [3\times 0 + 4\times(-285.8) - 2\times 50.6 - 11.1] \text{ kJ·mol}^{-1} = -1255.5 \text{ kJ·mol}^{-1}$$

$\mathrm{N_2H_4(l)}$ 的标准摩尔燃烧焓是 1 mol $\mathrm{N_2H_4(l)}$ 燃烧的标准摩尔焓变，故为

$$\frac{1}{2}\Delta H^\ominus = \frac{1}{2}\times(-1255.5) \text{ kJ·mol}^{-1} = -627.8 \text{ kJ·mol}^{-1}$$

标准摩尔熵

如 5.4 节所述，熵存在绝对零点，物质的绝对熵值是可以确定的。1 mol 某种物质在温度 T 下的标准绝对熵，称为**标准摩尔熵**(standard molar entropy)，用 $S_m^\ominus(T)$ 表示，在 298.15 K 下可简写为 $S^\ominus$。298.15 K 下一些常见物质的标准摩尔熵列于表 5.1 及附录 C.1 中。

熵的大小与物质微粒的运动自由度有关，而不同物态具有不同的运动形式，因此熵值大小不同。图 5.19 给出了几个典型熵增过程的示意图。晶态固体分子只能在平衡位置附近小幅振动，自由平动和自由转动消失，具有很低的熵值。与晶态固体相比，液态分子的结构更不规整，可以在平衡位置附近小幅振动，但没有固定的平衡位置，可以较为自由地流动，具有一些平动和转动的自由。因此液体的熵值大于固体($S_\text{液}>S_\text{固}$)，由固体生成液体的过程是熵增过程。气态分子可以在很大的体积内自由运动（平动、转动、振动），比液态或固态分子具有更多的热可达能级。因此气体的熵值远高于固体或液体($S_\text{气}\gg S_\text{液}>S_\text{固}$)，由固体或液体生成气体的过程是熵增过程。例如，$S^\ominus[\mathrm{H_2O(g)}] = 188.8 \text{ J·mol}^{-1}\cdot\text{K}^{-1} \gg S^\ominus[\mathrm{H_2O(l)}] = 70.0 \text{ J·mol}^{-1}\cdot\text{K}^{-1}$。此外，压强对固体或液体熵值的影响较小，而对气体熵值的影响较大。压强越大，气体分子的自由运动越受限，熵值越小。

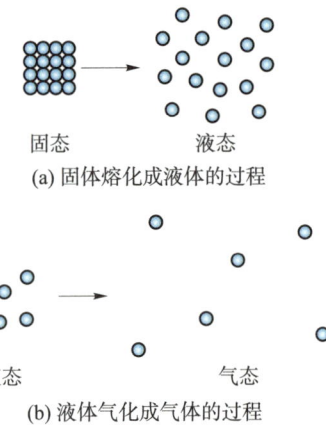
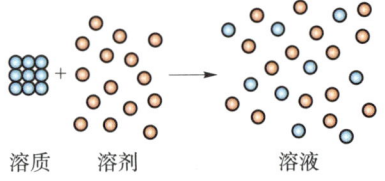
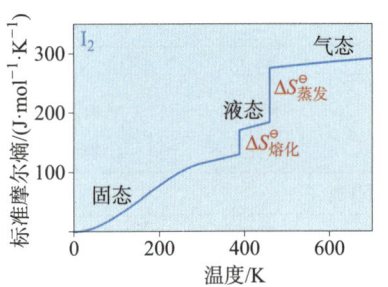

图 5.19 几个典型熵增过程示意图

(a) 固体熔化成液体的过程

(b) 液体气化成气体的过程

(c) 固体和液体形成溶液的过程

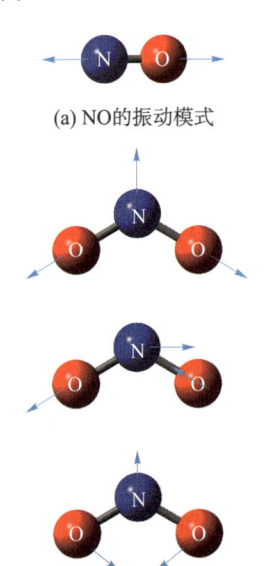

图 5.20 I_2 的标准摩尔熵与温度的关系图

I_2 的标准摩尔熵随温度的变化曲线如图 5.20 所示。可以看到，标准摩尔熵随温度升高而增大，在相变时会发生突跃，相变过程的标准摩尔熵变可用下式计算：

$$\Delta S_\text{相变}^\ominus = \frac{\Delta H_\text{相变}^\ominus}{T_\text{相变}} \tag{5.37}$$

此外，对于物态相同的物质，熵的大小还与其振动自由度有关。例如，$S^\ominus[\mathrm{NO_2(g)}] = 240.1 \text{ J·mol}^{-1}\cdot\text{K}^{-1} > S^\ominus[\mathrm{NO(g)}] = 210.8 \text{ J·mol}^{-1}\cdot\text{K}^{-1}$。这是因为双原子分子 NO 仅有 $3N-5 = 1$ 个振动，即 N—O 键的伸缩振动（图 5.21a），而非线性三原子分子 $\mathrm{NO_2}$ 具有 $3N-6 = 3$ 个振动（图 5.21b）。一般而言，具有更多原子数、复杂度更高的分子，微观状态数更多，标准摩尔熵值也更大。例如，$S^\ominus[\mathrm{CH_4(g)}] = 186.3 \text{ J·mol}^{-1}\cdot\text{K}^{-1}$，$S^\ominus[\mathrm{C_2H_6(g)}] = 229.2 \text{ J·mol}^{-1}\cdot\text{K}^{-1}$，

图 5.21 NO 与 $\mathrm{NO_2}$ 的振动模式

(a) NO 的振动模式

(b) $\mathrm{NO_2}$ 的振动模式

$S^{\ominus}[C_3H_8(g)] = 270.3 \text{ J·mol}^{-1}·\text{K}^{-1}$。

一般而言,同类物质的摩尔质量越大,含有的电子数越多,微观状态数就越多,标准摩尔熵值也更大。例如,$S^{\ominus}[I_2(g)] > S^{\ominus}[Br_2(g)] > S^{\ominus}[Cl_2(g)] > S^{\ominus}[F_2(g)]$。摩尔质量相同的不同物质,结构复杂度越高,标准摩尔熵值越大。例如,乙醇(CH_3CH_2OH)和二甲醚(CH_3OCH_3)是同分异构体,由于乙醇分子的对称性低于二甲醚,$S^{\ominus}[CH_3CH_2OH(g)] = 281.6 \text{ J·mol}^{-1}·\text{K}^{-1} > S^{\ominus}[CH_3OCH_3(g)] = 266.4 \text{ J·mol}^{-1}·\text{K}^{-1}$。

一般而言,由晶态固体和液体形成溶液的过程同样也是熵增过程($S_{溶液} > S_{溶剂} + S_{溶质}$)。溶解时晶态固体和纯液体变为溶剂化离子和溶剂分子的混合物,尽管在离子-偶极相互作用下,溶剂分子会聚集在离子附近造成熵减,但固体晶格破坏带来的熵增通常占主导地位。对于水溶液中的离子反应,熵的绝对零点不再适用,这时仍将 $H^+(aq)$ 选为离子熵值的参考零点,规定 $S^{\ominus}(H^+) = 0$,由此可计算水溶液中其他离子的 $S^{\ominus}$。298.15 K 下一些常见离子在水溶液中的标准摩尔熵列于表 5.2 及附录 C.1 中。

> **思考题:** 标准摩尔熵有可能为负值吗?为什么?

与式(5.36)类似,一般反应的标准摩尔熵变可用下式计算:

$$\Delta S^{\ominus} = \sum_X \nu_X S^{\ominus}(X) \tag{5.38}$$

其中 X 代表参与反应的各种物质;ν_X 为 X 对应的化学计量数,其值对反应物为负、对生成物为正。

» 例 5.9 比较下列各对物质熵值的大小并说明理由:

(1) 1 mol O_2(298 K, $P^{\ominus}$) 与 1 mol O_2(373 K, $P^{\ominus}$);
(2) 0.1 mol H_2O(s, 273 K, $10P^{\ominus}$) 与 0.1 mol H_2O(l, 273 K, $10P^{\ominus}$);
(3) 0.5 mol N_2(298 K, $P^{\ominus}$) 与 0.5 mol N_2(298 K, $5P^{\ominus}$);
(4) 1 g He(298 K, $P^{\ominus}$) 与 1 mol He(298 K, $P^{\ominus}$);
(5) n mol C_2H_4(293 K, $P^{\ominus}$) 与 1 mol $(C_2H_4)_n$(293 K, $P^{\ominus}$);
(6) 1 mol Li(323 K, $2P^{\ominus}$) 与 1 mol K(323 K, $2P^{\ominus}$)。

» 解: (1) 前者小于后者。等物质的量的同一物质,熵随温度升高而增大。
(2) 前者小于后者。等物质的量的同一物质,液态的熵大于固态。
(3) 前者大于后者。等物质的量的同一气体,熵随压强增大而减小。
(4) 前者小于后者。熵是广度状态函数,随物质的量增加而增大。
(5) 前者大于后者。一方面,前者的物质的量更大;另一方面,293 K 时前者为气态而后者为固态。
(6) 前者小于后者。等物质的量的同类物质,熵随摩尔质量增加而增大。

标准摩尔生成吉布斯自由能

在温度 T 下由元素的指定单质生成 1 mol 某种物质的标准吉布斯自由能变,称为该物质的**标准摩尔生成吉布斯自由能**(standard molar Gibbs free energy of formation），简称生成吉布斯自由能，用 $\Delta_f G_m^\ominus(T)$ 表示，在 298.15 K 下可简写为 $\Delta G_f^\ominus$。根据定义，元素指定单质的 $\Delta G_f^\ominus$ 必为零。298.15 K 下一些常见物质的标准摩尔生成吉布斯自由能列在表 5.1 及附录 C.1 中。以 $H^+(aq)$ 为参考零点，298.15 K 下一些常见离子在水溶液中的标准摩尔生成吉布斯自由能列于表 5.2 及附录 C.1 中。

对于由元素的指定单质生成 1 mol 某种物质的假想反应，有

$$\Delta G_f^\ominus = \Delta H_f^\ominus - T\Delta S^\ominus \tag{5.39}$$

其中 $\Delta S^\ominus$ 是该假想反应的标准摩尔熵变。

一般反应的标准摩尔吉布斯自由能变可用下式计算：

$$\Delta G^\ominus = \sum_X \nu_X \Delta G_f^\ominus(X) \tag{5.40}$$

其中 X 代表参与反应的各种物质；ν_X 为 X 对应的化学计量数，其值对反应物为负、对生成物为正。

例 5.10 查阅热力学数据，通过标准摩尔生成焓和标准摩尔熵计算 298.15 K 下丙烷（C_3H_8）的标准摩尔生成吉布斯自由能，并与相应数据比较。

解： 由指定单质生成丙烷的反应为

$$3C(s,石墨) + 4H_2(g) \longrightarrow C_3H_8(g)$$

查附录 C.1，可知

$$\Delta H_f^\ominus[C_3H_8(g)] = -103.8 \text{ kJ·mol}^{-1}, \quad S^\ominus[C_3H_8(g)] = 270.3 \text{ J·mol}^{-1}\cdot K^{-1}$$

$$S^\ominus[C(s,石墨)] = 5.7 \text{ J·mol}^{-1}\cdot K^{-1}, \quad S^\ominus[H_2(g)] = 130.7 \text{ J·mol}^{-1}\cdot K^{-1}$$

对于上述反应

$$\Delta H^\ominus = \Delta H_f^\ominus[C_3H_8(g)] = -103.8 \text{ kJ·mol}^{-1}$$

$$\Delta S^\ominus = S^\ominus[C_3H_8(g)] - 3S^\ominus[C(s,石墨)] - 4S^\ominus[H_2(g)]$$
$$= [270.3 - 3\times5.7 - 4\times130.7] \text{ J·mol}^{-1}\cdot K^{-1} = -269.6 \text{ J·mol}^{-1}\cdot K^{-1}$$

$$\Delta G^\ominus = \Delta H^\ominus - T\Delta S^\ominus = [-103.8 - 298\times(-269.6\times10^{-3})] \text{ kJ·mol}^{-1}$$
$$= -23.4 \text{ kJ·mol}^{-1}$$

$$\Delta G_f^\ominus[C_3H_8(g)] = \Delta G^\ominus = -23.4 \text{ kJ·mol}^{-1}$$

查附录 C.1，$\Delta G_f^\ominus[C_3H_8(g)] = -23.4$ kJ·mol^{-1}，二者符合得很好。

注意： 指定单质的 $\Delta H_f^\ominus$ 和 $\Delta G_f^\ominus$ 必为零，但 $S^\ominus$ 并不为零。在应用式 (5.39) 时，计算 $\Delta S^\ominus$ 需要减去指定单质的 $S^\ominus$。

例 5.11 定性分析化学反应 $I_2(g) \longrightarrow 2I(g)$ 的自发性以及温度变化对该反应自发性的影响。查阅热力学数据，粗估该反应在自发与非自发之间发生转变的温度。

» 解: 定性分析化学反应的自发性需要从熵和焓两个角度分别评估。该反应由 1 mol 气态反应物生成 2 mol 气态生成物,是一个熵增的过程,$\Delta S>0$。发生该反应需要断开 I—I 键,而断开化学键是一个吸热过程,$\Delta H>0$。该反应属于熵增焓增型反应,高温有利于其自发进行。当温度高于某一特定值 T,使得 $T\Delta S>\Delta H$,有 $\Delta G<0$,反应自发。反之,当温度低于该特定值 T,$\Delta G>0$,反应非自发。

查附录 C.1,可知

$$\Delta H_f^\ominus[I_2(g)] = 62.4 \text{ kJ·mol}^{-1}, \quad S^\ominus[I_2(g)] = 260.7 \text{ J·mol}^{-1}\text{·K}^{-1}$$

$$\Delta G_f^\ominus[I_2(g)] = 19.3 \text{ kJ·mol}^{-1}, \quad \Delta H_f^\ominus[I(g)] = 106.8 \text{ kJ·mol}^{-1}$$

$$S^\ominus[I(g)] = 180.8 \text{ J·mol}^{-1}\text{·K}^{-1}, \quad \Delta G_f^\ominus[I(g)] = 70.2 \text{ kJ·mol}^{-1}$$

对于该反应,有

$$\Delta H^\ominus = 2\Delta H_f^\ominus[I(g)] - \Delta H_f^\ominus[I_2(g)] = 151.2 \text{ kJ·mol}^{-1}$$

$$\Delta S^\ominus = 2S^\ominus[I(g)] - S^\ominus[I_2(g)] = 100.9 \text{ J·mol}^{-1}\text{·K}^{-1}$$

$$\Delta G^\ominus = 2\Delta G_f^\ominus[I(g)] - \Delta G_f^\ominus[I_2(g)] = 121.1 \text{ kJ·mol}^{-1}$$

> **注意:** 参见表 3.1,I—I 键的解离能为 151 kJ·mol^{-1}。反应 $I_2(g) \longrightarrow 2I(g)$ 的 $\Delta H^\ominus$,即为 I—I 键的解离能。

由热力学数据可见,该反应确实是一个熵增焓增型反应,且 $\Delta G^\ominus>0$,反应在室温 (298.15 K) 下非自发。随着温度升高,ΔG 由正变负,反应由非自发变为自发。其转变温度可粗估为

$$T_{\text{转}} = \frac{\Delta H^\ominus}{\Delta S^\ominus} = \frac{151.2 \text{ kJ·mol}^{-1}}{100.9\times 10^{-3} \text{ kJ·mol}^{-1}\text{·K}^{-1}} = 1498 \text{ K}$$

> **注:** 计算转变温度应使用 $\Delta H/\Delta S$,但可以采用 $\Delta H^\ominus/\Delta S^\ominus$ 进行粗估。

计算结果表明,在约 1500 K 时反应的自发性发生转变。当低于该温度时,反应非自发;当高于该温度时,反应转变为自发。

案例 5.1 日常生活中一些常见能量的估算

撰写人:杨娟(北京大学)

如 5.2 节所述,能量是体系的广度性质,可以在一个过程中通过相互作用在体系与其环境之间交换,也可以在各种不同形式之间转化。例如,用电炉加热时电能转化为热能,绿色植物通过光合作用将太阳能转化为生物质能,风力发电将风能转化为电能等。但能量既不会凭空产生,也不会凭空消灭,总能量始终保持守恒。当能量从一种形式转化为另一种形式时,其转化速率定义为**功率**(power, P),有

$$P = \frac{\Delta E}{\Delta t} = F\frac{\Delta d}{\Delta t} = Fv \tag{5.41}$$

功率即单位时间内转化的能量,其 SI 单位为瓦特(W),$1 \text{ W} = 1 \text{ J·s}^{-1}$。在日常生活中,我们会遇到许多与能量和功率相关的场景。学会对日常生活中的常见能量

进行快速估算,不仅有助于理解和应用热力学概念,更能使我们意识到满足快速增长的能源需求是当前人类社会面临的重大挑战,从而督促我们节约能源、保护环境以及积极开发高效绿色的新能源。

常见电器的能耗估算

常见电器上一般会标注功率,在购买时可按需选择。家用电器的能耗常用千瓦时(kW·h)为单位,1 kW·h 表示一件功率为 1 kW 的电器使用 1 h 所消耗的能量,亦即通常所说的 1 度电。其与 SI 单位的转换为

$$1 \text{ kW·h} = 1000 \text{ W} \times 3600 \text{ s} = 3.6 \times 10^6 \text{ J}$$

以家用电灯泡为例,一只 60 W 的电灯泡使用 1 h 的耗电量为

$$E = Pt = (60 \times 10^{-3}) \text{ kW} \times 1 \text{ h} = 0.060 \text{ kW·h}$$

早期电灯泡多为白炽灯,其工作原理即为 2.3 节介绍的黑体辐射,利用电流通过钨丝的热效应,发出连续的可见光和红外线。普通白炽灯的灯丝温度约 2800 K,其黑体辐射发光的峰值位于 1035 nm 左右的红外波段,而可见光区(390~760 nm)的能量不到 5%。大量能量以热的形式损耗,同时高温会造成钨升华,降低白炽灯的使用寿命。由于发光效率低下,平均寿命仅 1000 h,白炽灯已逐步退出生产和销售环节。

白炽灯的替代品主要有节能灯和发光二极管(light-emitting diode,LED)灯等。节能灯的工作原理为通过加热灯丝发射电子,使汞原子电离发出紫外线,激发荧光粉发光。由于灯丝的工作温度约 1160 K,远低于白炽灯,寿命大幅提高,超过 5000 h;同时热效应不显著,发光效率提升到接近 10%,从而节约能耗。但灯管中所含的汞使节能灯成为潜在的污染源,需要报废回收处理,避免产生汞污染。LED 灯是一种能将电能直接转化为可见光的固态半导体器件,利用电流通过半导体 P-N 结,使电子和空穴复合并以光子的形式发出能量,具有很高的发光效率。同等照明程度,LED 灯的能耗通常仅为白炽灯的十分之一、节能灯的四分之一。LED 灯的理想寿命可达 50000 h,但目前的初始购买成本及安装维护成本较高。

2007 年世界自然基金会向全球发起"地球一小时(Earth Hour)"节能倡议活动,提倡于每年三月最后一个星期六 20:30,关闭不必要的电灯及耗电产品一小时,以此来表明对应对气候变化行动的支持。该活动首次于 2007 年 3 月 31 日在澳大利亚悉尼市展开,当晚有超过 220 万户家庭和企业关闭灯源和电器一小时。以每户 5 只 60 W 电灯泡估算,节省总能耗为

$$(0.060 \times 5) \text{ kW·h/户} \times (2.2 \times 10^6) \text{ 户} = 6.6 \times 10^5 \text{ kW·h}$$

每节约1度电,相当于少消耗 400 g 煤(煤的含 C 量一般约 70%),少排放约 1000 g CO_2 和 30 g SO_2。该次活动节省的总能耗,相当于少消耗 264 t 煤,少排放约 660 t CO_2 和 19.8 t SO_2。"地球一小时"活动本身节省的能耗并不多,其主要目的也不是省电,更重要的意义在于提高公众的环保意识,号召更多人参与到节能减排的实际行动中。

地球一小时

除电灯泡之外,其他家用电器的功率可粗略估计如下:电视机约 200 W,冰箱

约 100 W,台式计算机和笔记本计算机分别约 200 W 和 100 W,洗衣机、电吹风机和电熨斗约 500 W,电热水器在 1 kW 以上。空调的功率通常用匹数表示,所谓 1 匹即 1 马力,约为 735 W。1 匹空调的功率约 735 W,1.5 匹空调约 1100 W。家用燃气壁挂炉同时消耗电和燃气,但电功率远小于燃气功率,通常可忽略不计。壁挂炉的燃气功率等于燃气流量与燃气热值的乘积。燃料的热值定义为标准态和 25 ℃下单位体积(或质量)的燃料完全燃烧所释放的热量。燃气的热值与其成分和供应来源有关,通常约 10 kW·h·m^{-3}。若每小时消耗 1 m³ 燃气,则燃气功率约为 10 kW。

> **趣味知识**:历史上曾测算过,一匹马每秒能把 75 kg 水提高 1 m,即 1 马力 = 75 千克力·米/秒 ≈ 735 W。

另一方面,让我们来比较单位能耗的居民用电、民用天然气和汽油的价格。2024 年北京第一梯度(每年 2880 度以下)居民用电为每度 0.4883 元,即 0.4883 元·(kW·h)$^{-1}$。第一梯度(每年 1500 m³ 以下)民用天然气为 2.61 元·m^{-3},以燃气热值约 10 kW·h·m^{-3} 计算,合 0.26 元·(kW·h)$^{-1}$。2024 年北京 92 号汽油为 8.19 元·L^{-1},其热值约 44000 kJ·kg^{-1},密度约 0.75 kg·L^{-1},相当于 9.2 kW·h·L^{-1},折合约 0.89 元·(kW·h)$^{-1}$。因此,单位能耗的价格汽油最高,民用天然气最低,居民用电居中。

常见交通工具的能耗估算

接下来估算常见交通工具的能耗。以汽车为例,在平整路面上行驶时,为保持一定车速需要消耗能量以克服轮胎与路面的滚动摩擦阻力以及汽车与空气的风阻。假设一辆汽车质量为 1500 kg,轮胎与路面的滚动摩擦系数(μ)约 0.015,则滚动摩擦阻力(F_r)可估算为

$$F_r = \mu N = \mu mg \approx 0.015 \times 1500 \text{ kg} \times 10 \text{ m·s}^{-2} = 225 \text{ N}$$

保持 100 km·h^{-1} 速度运行 1 h 的能耗为

$$E_r = F_r d = 225 \text{ N} \times 100 \text{ km·h}^{-1} \times 1 \text{ h} = 2.25 \times 10^4 \text{ kJ} = 6.3 \text{ kW·h}$$

汽车与空气之间的风阻(F_a)与车速的平方成正比,可用如下公式估算:

$$F_a = C_D \rho S v^2 / 2$$

其中 C_D 是风阻系数;ρ 为空气密度(约 1.29 kg·m^{-3});S 是汽车的迎风面积;v 是相对速度,无风时即汽车的行驶速度。假设一辆汽车的风阻系数为 0.3,迎风面积为 2.5 m²,则保持 100 km·h^{-1} 速度的风阻为

$$F_a = C_D \rho S v^2 / 2 = \left[0.3 \times 1.29 \times 2.5 \times \left(\frac{100 \times 10^3}{3600}\right)^2 / 2\right] \text{ N} = 373 \text{ N}$$

运行 1 h 的能耗为

$$E_a = F_a d = 373 \text{ N} \times 100 \text{ km·h}^{-1} \times 1 \text{ h} = 3.73 \times 10^4 \text{ kJ} = 10.4 \text{ kW·h}$$

二者相加,汽车的总能耗可估算为

$$E = E_r + E_a = 16.7 \text{ kW·h}$$

其中约有 60% 能耗用于克服风阻。随着速度提高,风阻按平方规律递增,因此高

车速下风阻能耗的占比会进一步增加。

对于 1.5 排量的燃油车,保持 100 km·h^{-1} 车速的百公里油耗 6~8 L,这里取中间值 7 L。前文已估算过汽油的热值为 9.2 kW·h·L^{-1},7 L 汽油完全燃烧的能耗为 64.4 kW·h。这种情况下的燃油效率可估算为 16.7/64.4×100% = 26%。通常汽油机效率为 20%~35%,柴油机效率为 35%~43%。

对于新能源汽车如电动车,保持 100 km·h^{-1} 车速行驶百公里大约耗电 20 kW·h,其效率可估算为 16.7/20×100% = 83%。通常电动车的蓄电池循环效率(即释放电能与充电电能之比)约 90%,电机效率(即从电能到动能的转化率)约 90%,二者相乘与 83% 的效率基本相当。因此在车辆使用过程中,电动车的能效远高于燃油车。考虑全生命周期,我国目前虽然仍以煤炭发电(效率仅 35%)为主,但近年来其在电力结构中的比重呈逐年下降的趋势,总发电效率可粗估为 40%,而汽油生产过程的能源转化率高达 92%。与车辆使用过程的能效相乘,可知电动车的总能效比燃油车高 20% 以上。此外,虽然发电过程会排放大量 CO_2,但电动车在使用过程中没有任何排放,全生命周期的总 CO_2 排放量仍低于燃油车,具有环保优势。其劣势在于充电慢、续航里程短、易受温度等环境因素影响等。

与汽车相比,高铁运行速度更快,总能耗虽然更高,但人均能耗反而更低。根据全国能源信息平台数据,时速 350 km 的高铁每小时耗电 9600 度,时速 250 km 的高铁每小时耗电 4800 度。根据编组不同,高铁列车满载人数为 800~1200 人。按 1000 人估算,时速 350 km 的高铁人均百公里能耗为 2.7 kW·h,时速 250 km 的高铁则为 1.9 kW·h。根据中国国家铁路集团的统计,中国高铁人均百公里能耗仅为飞机的 18%、大客车的 50% 左右。

常见人类活动的能耗估算

注:1 cal = 4.18 J

正常成年人在身体静止状态下的静息能耗约为每天 1500 kcal,约合 1.7 kW·h,用于维持基础的生理功能、新陈代谢和人体的觉醒状态。静息能耗受性别、体表面积和年龄等因素影响。在其他条件相同的情况下,男性的静息能耗通常高于女性,体表面积大的人群静息能耗高于体表面积小的人群。此外,随着年龄增长,基础代谢率下降,老年人的静息能耗通常低于青壮年、婴幼儿。

运动时的能耗显然远大于静息能耗。假设一个体重为 60 kg 的成年人跑步上楼,在 10 s 内爬升了 10 m 的高度。这种情况下动能的影响较小,可忽略不计,仅考虑重力势能变化,其功率可估算为

$$P = \frac{\Delta E}{\Delta t} = \frac{mgh}{\Delta t} \approx \frac{60 \text{ kg} \times 10 \text{ m·s}^{-2} \times 10 \text{ m}}{10 \text{ s}} = 600 \text{ W}$$

维持该强度运动 1 h 的能耗为 0.6 kW·h,约合 500 kcal。

在平地行走或跑步的能耗与速度有关。正常成年人的步行速度约 4 km·h^{-1},能耗约 200 kcal·h^{-1};慢跑速度为 6 km·h^{-1} 时,能耗约 400 kcal·h^{-1};快跑速度为 12 km·h^{-1} 时,能耗约 700 kcal·h^{-1}。骑自行车的能耗也与速度有关,可用与汽车能耗类似的方法估算。车速为 16 km·h^{-1} 时,能耗约 300 kcal·h^{-1};车速为 20 km·h^{-1} 时,能耗约 550 kcal·h^{-1};当车速提高到 30 km·h^{-1} 时,能耗则大幅提升至约 1100 kcal·h^{-1}。

常见可再生及不可再生能源估算

地球上的一切能源均直接或间接地来自太阳辐射。太阳辐射的功率可用**斯特藩-玻尔兹曼定律**(Stefan-Boltzmann law)[1]估算,其形式为

$$P = \frac{\Delta E}{\Delta t} = A\sigma T^4 \tag{5.42}$$

其中 A 为辐射面积,$\sigma = 5.67 \times 10^{-8}$ W·m^{-2}·K^{-4} 称为斯特藩-玻尔兹曼常量,T 为黑体辐射的热力学温度。由太阳半径(约 7.0×10^8 m)及太阳表面温度(约 5800 K)可估算

$$P = A\sigma T^4 = 4 \times 3.14 \times (7.0 \times 10^8)^2 \times 5.67 \times 10^{-8} \times 5800^4 \text{ W}$$
$$= 4 \times 10^{26} \text{ W}$$

地球距太阳约 1.5×10^{11} m,地球半径约 6.4×10^6 m,则辐射到地球的太阳能总功率可估算为

$$P' = \frac{\pi r^2}{4\pi R^2} P = \frac{(6.4 \times 10^6)^2}{4 \times (1.5 \times 10^{11})^2} \times 4 \times 10^{26} \text{ W} = 1.8 \times 10^{17} \text{ W}$$

每年辐射到地球的总太阳能可估算为

$$E = P't = 1.8 \times 10^{17} \times 365 \times 24 \times 3600 \text{ J} = 5.7 \times 10^{24} \text{ J}$$

经过亿万年形成的、短期内无法再产生的能源称为**不可再生能源**(non-renewable energy),如煤炭、石油、天然气等。随着大规模的开采和利用,不可再生能源的储量会越来越少,终有枯竭之时。据世界能源会议统计,全世界已探明可采煤炭储量约 1.6 万亿吨,预计还可开采 200 年;已探明可采石油储量约 1.2 千亿吨,预计还可开采 30~40 年;已探明可采天然气储量约 120 万亿立方米,预计还可开采 60 年。与太阳能类似,可以不断得到补充或在较短周期内可再产生的能源称为**可再生能源**(renewable energy),如风能、水能、潮汐能、地热能、生物质能等。2024 年 1 月,国际能源署(International Energy Agency, IEA)发布了 2023 年可再生能源年度展望报告《2023 年可再生能源:到 2028 年的分析和预测》,指出 2023 年全球年度可再生能源装机容量增长了近 50%,达到近 510 GW(1 GW = 10^9 W),是过去二十年来最快的增长速率。中国是世界的可再生能源大国;预计到 2028 年,中国新增可再生能源装机容量将占全球新增可再生能源装机容量的近 60%。IEA 预测显示,中国有望在 2024 年实现 2030 年风能和太阳能光伏装机的国家目标,即风电、太阳能发电总装机容量达到 12 亿千瓦以上,比原计划提前 6 年。

注意:计算时应采用以地球半径 r 为半径的大圆面积(πr^2),而不能使用地球表面积的一半($4\pi r^2/2$),这是因为即使在昼半球,各地的太阳辐射量仍然不同,用大圆面积可对应于垂直照射。

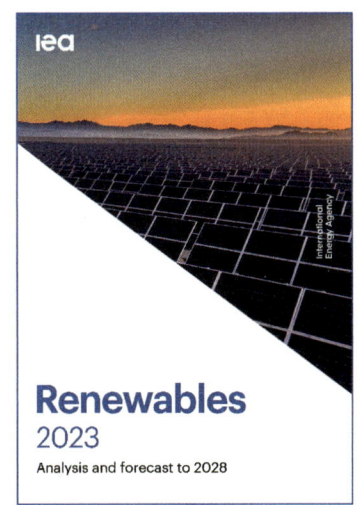

2023 年可再生能源:到 2028 年的分析和预测

参考文献

[1] Anderson J G. University chemistry: Frontiers and foundations from a global and molecular perspective. Cambridge: The MIT Press, 2022.

案例 5.2 卡诺循环与热机效率

撰写人:杨娟(北京大学)

案例 5.1 介绍了汽车燃油效率的估算方法,其中提到汽油机的效率通常仅为 20%~35%,而柴油机的效率可达 35%~43%。这意味着汽油中近 80% 的化学能以热的形式消耗而没有用于做功。那么该如何提升热机效率?热机效率是否存在上限?为什么柴油机的效率会明显高于汽油机?要回答这些问题,需要引入卡诺循环,这是由两个恒温可逆过程和两个绝热可逆过程所构筑的热力学循环。先来看绝热过程。

注意:热机是利用燃料的化学能做功的各种机械的总称。热机种类繁多,常见热机包括蒸汽机、内燃机、汽轮机、燃气轮机、喷气发动机等。汽油机和柴油机均属于内燃机。

绝热过程

图 5.2 给出了恒压、恒容和恒温过程的 P-V 图,绝热过程的 P-V 图又是怎样的呢?假设一定量理想气体由始态 A(P_A, V_A, T_A)经历绝热膨胀至终态 B(P_B, V_B, T_B)。在此过程中,气体膨胀 $\Delta V>0$,故 $w<0$。由绝热 $q=0$ 可知 $\Delta U = q+w<0$。而理想气体的内能仅是温度的函数,内能下降意味着温度降低,因此理想气体绝热膨胀必然导致温度降低,$\Delta T<0$ 即 $T_B<T_A$。如图 5.22a 所示,曲线 AA′ 是一条温度为 T_A 的恒温线。以 A 点为始态的绝热膨胀过程 AB,其终态 B 点的温度低于始态,这意味着 B 点位于 A′ 点下方。过 B 点还可以做一条温度为 T_B 的恒温曲线 BB′,绝热膨胀过程 AB 即为体系与环境之间没有热交换、体系温度从 T_A 逐渐下降为 T_B、通过降低内能来膨胀做功的过程。

从始态 A 出发的绝热膨胀可以是可逆过程也可以是不可逆过程,二者的主要区别在哪里?由 5.2 节的结论 $w_{可逆}<w_{不可逆}$,可得 $\Delta U_{可逆}<\Delta U_{不可逆}$ 及 $\Delta T_{可逆}<\Delta T_{不可逆}$,故有 $T_{可逆}<T_{不可逆}<T_A$。这表明同样从始态 A 点出发,如果经历绝热可逆膨胀,其终态 B 点的温度 $T_{可逆}$ 将低于经历绝热不可逆膨胀到达的终态 C 点的温度 $T_{不可逆}$,如图 5.22b 所示。绝热可逆过程的功的绝对值,可用对应曲线下的覆盖面积表示,并用下式计算:

$$w_{可逆} = \Delta U_{可逆} = nC_{V,m}\Delta T \tag{5.43}$$

其中 $C_{V,m}$ 是体系的恒容摩尔热容。

相反,如果从始态 A 出发经历绝热压缩,则终态的温度将高于始态,即绝热条件下环境对体系做功使其内能增加、温度升高。相应地,绝热可逆压缩终态 D 点的温度 $T_{可逆}$ 将低于绝热不可逆压缩终态 E 点的温度 $T_{不可逆}$,如图 5.22c 所示。

卡诺循环

卡诺循环(Carnot cycle)由法国工程师卡诺(Nicolas Carnot)于 1824 年提出,用于分析热机的工作过程。如图 5.23 所示,卡诺循环是由如下四个可逆过程组成的一个热力学循环:

1) 恒温可逆膨胀过程 Ⅰ:从 A(P_1, V_1, T_1) 到 B(P_2, V_2, T_1),$\Delta U_1 = 0$,$w_1 = nRT_1\ln(V_1/V_2)<0$,$q_1 = -w_1 = nRT_1\ln(V_2/V_1)>0$;

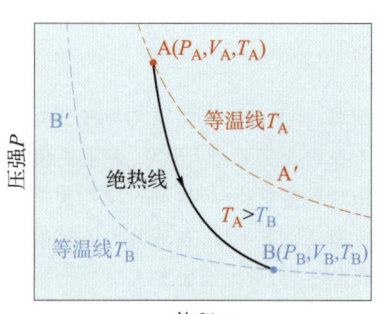

(a) 绝热膨胀过程

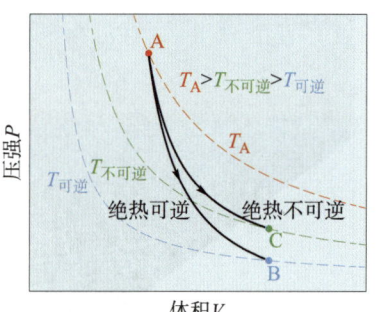

(b) 绝热可逆膨胀与绝热不可逆膨胀过程对比

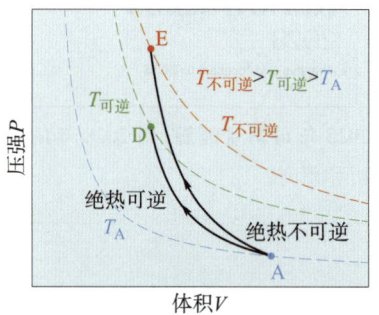

(c) 绝热可逆压缩与绝热不可逆压缩过程对比

图 5.22 绝热过程的 P-V 图

2）绝热可逆膨胀过程Ⅱ：从 $B(P_2,V_2,T_1)$ 到 $C(P_3,V_3,T_2)$，其中 $T_1>T_2$；$q_Ⅱ=0$，$\Delta U_Ⅱ=w_Ⅱ=nC_{V,m}(T_2-T_1)<0$；

3）恒温可逆压缩过程Ⅲ：从 $C(P_3,V_3,T_2)$ 到 $D(P_4,V_4,T_2)$，$\Delta U_Ⅲ=0$，$w_Ⅲ=nRT_2\ln(V_3/V_4)>0$，$q_Ⅲ=-w_Ⅲ=nRT_2\ln(V_4/V_3)<0$；

4）绝热可逆压缩过程Ⅳ：从 $D(P_4,V_4,T_2)$ 到 $A(P_1,V_1,T_1)$，其中 $T_1>T_2$；$q_Ⅳ=0$，$\Delta U_Ⅳ=w_Ⅳ=nC_{V,m}(T_1-T_2)>0$。

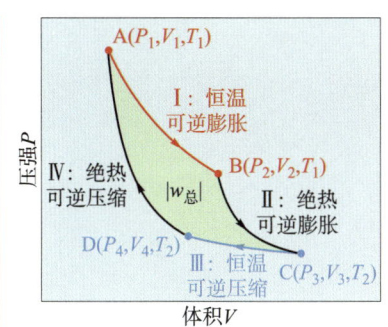

图 5.23 卡诺循环示意图

在上述卡诺循环中，满足

$$P_1V_1=P_2V_2=nRT_1>nRT_2=P_3V_3=P_4V_4$$

以上四个可逆过程的功的绝对值，均可用对应曲线下的覆盖面积表示，但过程Ⅰ和Ⅱ的功为负值而过程Ⅲ和Ⅳ的功为正值。由于过程Ⅰ和Ⅱ对应曲线的总覆盖面积必然大于过程Ⅲ和Ⅳ对应曲线的总覆盖面积，因此体系在从 A 点出发、经历以上四个可逆过程组成的循环、最终回到 A 点的过程中，$\Delta U_总=0$，$w_总=w_Ⅰ+w_Ⅱ+w_Ⅲ+w_Ⅳ<0$，$q_总=-w_总>0$。这意味着经历一个卡诺循环后，体系吸热做功，但内能保持不变。$w_总$ 的绝对值，可用由四条曲线组成的封闭图形面积表示。

注意：不论可逆还是不可逆，绝热过程 q 始终为 0，即 $q_{可逆}=q_{不可逆}=0$。

思考题：绝热可逆过程也称等熵过程（isentropic process），为什么？

由于 $w_Ⅱ=nC_{V,m}(T_2-T_1)=-w_Ⅳ$，可得 $w_Ⅱ+w_Ⅳ=0$，故

$$w_总=w_Ⅰ+w_Ⅲ=nRT_1\ln\frac{V_1}{V_2}+nRT_2\ln\frac{V_3}{V_4}$$

为了分析上述两项之间的关系，让我们来看绝热可逆膨胀过程Ⅱ的微分式，有

$$dU=nC_{V,m}dT=dw=-\frac{nRT}{V}dV$$

将所有含 T 项移至左侧而所有含 V 项移至右侧，有

$$nC_{V,m}\frac{dT}{T}=-nR\frac{dV}{V}$$

在过程Ⅱ中，体系的温度由 T_1 变为 T_2，体积由 V_2 变为 V_3，对 T 和 V 进行相应的积分，可得

$$nC_{V,m}\int_{T_1}^{T_2}\frac{dT}{T}=-nR\int_{V_2}^{V_3}\frac{dV}{V}$$

$$nC_{V,m}\ln\frac{T_2}{T_1}=-nR\ln\frac{V_3}{V_2}$$

同理，由过程Ⅳ可得

$$nC_{V,m}\ln\frac{T_1}{T_2}=-nR\ln\frac{V_1}{V_4}$$

故有

$$nR\ln\frac{V_3}{V_2}=-nR\ln\frac{V_1}{V_4}=nR\ln\frac{V_4}{V_1}$$

$$\frac{V_3}{V_4} = \frac{V_2}{V_1}$$

$$w_\text{总} = nRT_1\ln\frac{V_1}{V_2} + nRT_2\ln\frac{V_3}{V_4} = nRT_1\ln\frac{V_1}{V_2} - nRT_2\ln\frac{V_1}{V_2}$$

$$= nR(T_1 - T_2)\ln\frac{V_1}{V_2} \tag{5.44}$$

式(5.44)即为体系在一个卡诺循环过程中所做总功。由于 $T_1 > T_2$ 且 $V_1 < V_2$，$w_\text{总} < 0$[1]。

热机效率

卡诺循环所对应的热机，需要有一个温度为 T_1 的高温热源和一个温度为 T_2 的低温热源(满足 $T_1 > T_2$)。过程Ⅱ和Ⅳ均绝热，体系在过程Ⅰ中会从高温热源吸热 q_I，而在过程Ⅲ中会向低温热源放热 $q_\text{Ⅲ}$，并在整个循环过程中做功 $w_\text{总}$。**热机效率**(heat engine efficiency, ε)定义为热机在一个循环过程中所做总功的绝对值与完成该循环所需提供的热之比，即

$$\varepsilon = \frac{|w_\text{总}|}{q} \tag{5.45}$$

为完成卡诺循环所需提供的热为 q_I，因此卡诺循环的热机效率为

注意：完成卡诺循环所需提供的热为 q_I 而不是 $q_\text{总}$，因为即使体系在过程Ⅲ放热 $q_\text{Ⅲ}$，在下一个过程Ⅰ中仍需吸热 q_I 才能使循环继续。

$$\varepsilon = \frac{|w_\text{总}|}{q_\text{I}} = \frac{\left|nR(T_1-T_2)\ln\dfrac{V_1}{V_2}\right|}{nRT_1\ln\dfrac{V_2}{V_1}} = \frac{T_1 - T_2}{T_1} = 1 - \frac{T_2}{T_1} \tag{5.46}$$

由此可见，卡诺循环的效率只与两个热源的热力学温度之比有关。高温热源的温度 T_1 越高，低温热源的温度 T_2 越低，则卡诺循环的效率越高。当 $T_1 \to \infty$ 或 $T_2 \to 0$ 时，卡诺循环可达到其最高理论效率值1。但这两种情况均不可能发生，因此卡诺循环的效率必定小于1。

容易证明，卡诺循环的效率与其工作物质无关。同样也可以证明，所有其他循环的效率均低于同等条件下卡诺循环的效率，也就是说，如果 T_1 和 T_2 确定，卡诺循环的效率是在二者之间工作的一切热机的效率上限[2]。因此，为提升热机效率，应努力提高 T_1 并降低 T_2，同时减少散热、漏气、摩擦等不可逆损耗，使实际循环尽量接近卡诺循环。低温热源通常是周围环境，降低环境的温度难度大、成本高，通常不会采取，而提高高温热源的温度则相对容易实现。例如，现代热电厂尽量提高水蒸气的温度，使用过热蒸汽推动汽轮机，正是基于这个道理。

卡诺循环是一个实际上不可能实现的理想过程，其意义在于揭示了热机循环的效率极限。现代汽油机、柴油机等内燃机通常采用四冲程循环，也称奥托循环(Otto cycle)，其效率虽然远低于卡诺循环，但易于实现，且具有转动平稳、噪声小等优点。奥托循环由吸气、压缩、做功和排气四个冲程构成。首先活塞运动使燃料与空气的混合物通过进气阀进入气缸；接着关闭进气阀、活塞反向运动压缩混

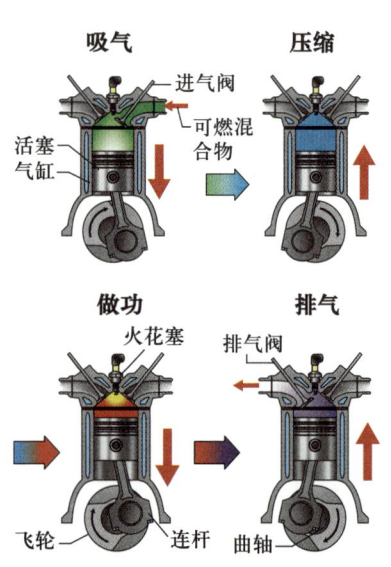

内燃机四冲程：吸气、压缩、做功、排气

合气体;然后由火花塞点燃混合气体、爆燃的气体推动活塞做功;最后将燃烧过的废气通过排气阀排出气缸。与汽油机相比,柴油机在压缩冲程的压缩程度更大,在做功冲程气缸内燃气产生的压强和温度更高,因此柴油机转化的有用功更多、效率更高。

参考文献

[1] Anderson J G. University chemistry: Frontiers and foundations from a global and molecular perspective. Cambridge: The MIT Press, 2022.
[2] 侯文华, 傅献彩. 物理化学:上册. 6 版. 高等教育出版社, 2022.

案例 5.3 高熵合金材料

撰写人:李文华(北京师范大学)

如 5.4 节所述,熵是热力学中描述体系混乱度的物理量,熵值越大,体系的混乱度就越高。由于熵的概念与过程的自发性直接关联,在实际应用中,对熵的研究及合理利用具有重要意义。本案例围绕高熵合金材料展开,简介其概念、特点及制备方法。

高熵合金的概念

高熵合金是在传统合金研究的基础上发展起来的。传统合金是由一种金属与另一种(或多种)金属(或非金属)经一定方法合成的具有金属特性的物质。大多数传统合金均是以一种金属元素为主,再少量掺杂其他元素制成的。生活中常见的合金包括以铝为主的铝合金、以铁为主的钢铁材料和以钛为主的钛合金等。其中铝硅合金因其充型能力强且强度适中,常用于制造密度高、结构复杂的零部件,如高压阀件、泵、涡轮叶片等;铝锂合金的密度较低,低温韧性较好,被普遍用于制造火箭及飞机的低温燃料箱;不锈钢材料具有良好的耐腐蚀性和耐高温性,常用于厨房用具和城市建筑;钛镍合金在特定温度下可将自身变形恢复为原始形状,是最佳形状记忆合金,常用于制造管接头、减震器等。

对于合金材料,熵反映了不同元素原子混合的混乱程度;当组成合金的元素种类增加时,合金的熵值也随之变大,具体增量可以通过玻尔兹曼方程式(5.24)来计算。对于由 m 种元素组成的合金,其混合熵 $\Delta S_{混}$ 可表示为

$$\Delta S_{混} = S_{终} - S_{始} = k_B \ln \frac{\Omega_{终}}{\Omega_{始}} = k_B \ln \frac{N!}{n_1! n_2! \cdots n_i! \cdots n_m!}$$

注:对于由 m 种元素组成的合金,混合前后微观状态数的比值为

$$\frac{\Omega_{终}}{\Omega_{始}} = \frac{N!}{n_1! n_2! \cdots n_i! \cdots n_m!}$$

其中 k_B 是玻尔兹曼常量,N 是合金的总原子数,n_i 代表第 i 种元素的原子数。n_i 与 N 之间的关系为 $n_i = N x_i$,其中 x_i 为第 i 种元素的摩尔分数。当 N 非常大时,可以使用斯特林近似方程(Stirling approximation equation)来简化阶乘计算,有

$$\ln N! \approx N \ln N - N$$

将其代入混合熵表达式,可得

$$\Delta S_{混} = k_B \left(N\ln N - N - \sum_{i=1}^{m} n_i \ln n_i + \sum_{i=1}^{m} n_i \right)$$

由于 $N = \sum_{i=1}^{m} n_i$,故

$$\Delta S_{混} = k_B \left(N\ln N - \sum_{i=1}^{m} n_i \ln n_i \right) = k_B \left[N\ln N - \sum_{i=1}^{m} (Nx_i) \ln (Nx_i) \right]$$

$$= k_B N \left(\ln N - \sum_{i=1}^{m} x_i \ln x_i - \sum_{i=1}^{m} x_i \ln N \right)$$

由于 $\sum_{i=1}^{m} x_i = 1$,故

$$\sum_{i=1}^{m} x_i \ln N = \ln N \sum_{i=1}^{m} x_i = \ln N$$

上述混合熵表达式可化简为

$$\Delta S_{混} = -k_B N \sum_{i=1}^{m} x_i \ln x_i = -nR \sum_{i=1}^{m} x_i \ln x_i$$

其中 R 为摩尔气体常数,满足 $R = k_B N_A$。当 $n = 1$ mol 时,对应的摩尔混合熵 $\Delta S_{m,混}$(有时也直接简写为 $\Delta S_{混}$)为

$$\Delta S_{混} = -R \sum_{i=1}^{m} x_i \ln x_i \tag{5.47}$$

式(5.47)即为合金混合熵的计算公式,m 是组成合金的元素种类数。当 $m = 1$ 时,$\Delta S_{混} = -R\ln 1 = 0$,仅含一种元素,无混合熵。当 $m \geq 2$ 时,合金的混合熵随 x_i 不同而不同;当某一种元素的摩尔分数接近 1 时(意味着其他元素含量很低),$\Delta S_{混}$ 接近 0。传统合金大多是以一种金属元素为主,其他元素的含量很低,因此传统合金的混合熵很小。研究结果表明,不同元素原子的扩散速率存在差异,这种混合熵较小的多组分传统合金在制备过程中容易出现元素偏析甚至相分离的情况,如图 5.24a 所示,反而会导致合金的性能恶化如变脆等。

数学上不难证明,只有多元素等摩尔比混合即 $x_i = 1/m$ 时,合金的混合熵才能达到最大,即

$$\Delta S_{混} = -R \sum_{i=1}^{m} \frac{1}{m} \ln \frac{1}{m} = R\ln m \tag{5.48}$$

(a) 传统合金易形成的相分离结构

(b) 高熵合金的单相结构

图 5.24 传统合金与高熵合金结构的对比示意图

此时组成合金的每一种元素均是主要成分。当 $m \geq 5$ 时,多元素等摩尔比合金的混合熵 $\Delta S_{混} \geq R\ln 5 = 1.61R$。最大化合金材料体系的熵值,可赋予其优异的机械性能及化学/热稳定性,这些都是传统合金所无法企及的。至少由 5 种金属元素组成且每种元素的原子百分比在 5%~35% 区间的新型合金材料,称为**高熵合金**(high-entropy alloys,HEAs),通常为单相结构,如图 5.24b 所示。

高熵合金的特点：四大核心效应

高熵合金的设计理念由叶均蔚在 1995 年首次提出[1]；历经近十年的努力和尝试后，在 2004 年得以成功制备[2-3]。这类材料可兼具高强度、高硬度、良好的耐腐蚀性及稳定性等优异性能，且当材料尺寸减小到纳米量级时，具有的表面效应、量子尺寸效应等使其成为许多表面反应的理想平台，因此在材料科学和工程领域受到广泛关注。大量的理论研究结合目前已取得的实验结果均表明，高熵合金优异的性能来源于其独特的"四大核心效应"，即高熵效应、晶格畸变效应、迟滞扩散效应和"鸡尾酒"效应，分述如下：

1) 热力学上的高熵效应：高熵合金的高主元数使得体系的混合熵较高，吉布斯自由能较低，因此多元素更容易混溶形成单一相结构。该效应使得亲和性较差（即 $\Delta H_{混}$ 较大）的不相溶元素结合形成合金成为可能。

2) 结构上的晶格畸变效应：由于组成高熵合金的多主元元素具有不同的原子尺寸，其晶体内部产生的晶格畸变和缺陷比传统合金更为显著。传统合金中含量较低元素的原子（可视为溶质）只能在很小范围内引起晶格膨胀（原子尺寸较大时）或收缩（原子尺寸较小时），即晶格畸变不明显，如图 5.25a 所示。高熵合金中多主元元素等摩尔或近等摩尔比例混合，难以区分溶质原子和溶剂原子，因此，各原子重新定位，偏离理想的点位，造成严重的晶格扭曲，如图 5.25b 所示；这种扭曲会改变晶格形状和体积（图 5.25c），进而影响到晶格的能量状态，对材料的机械性能和物理性能会产生重要积极的影响。

注：表面效应是指纳米粒子（NPs）的比表面积和表面原子数随粒子尺寸的减小而急剧增加，使得纳米粒子表面活性增强，具有更高的化学反应性和催化活性。量子尺寸效应是指当纳米粒子的尺寸减小到纳米级别甚至与原子或分子的尺寸相当时，其电子的行为将受到量子力学的限制，使得纳米粒子表现出独特的光学和电学性质。

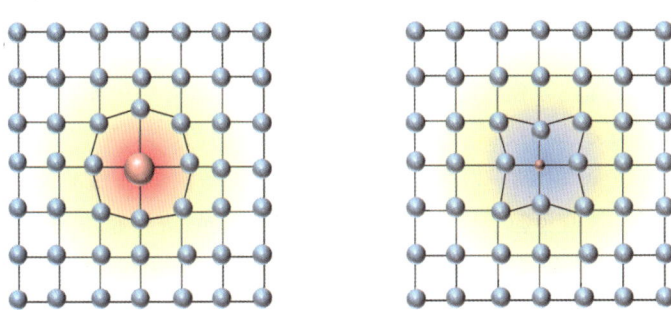

(a) 传统合金中溶质原子尺寸较大（左）及较小时（右）的晶格畸变

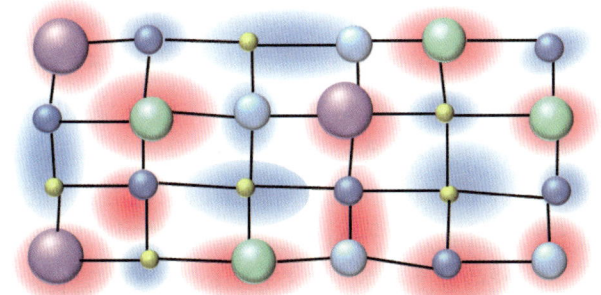

(b) 高熵合金中由于不同元素原子尺寸差异所引起的严重晶格畸变

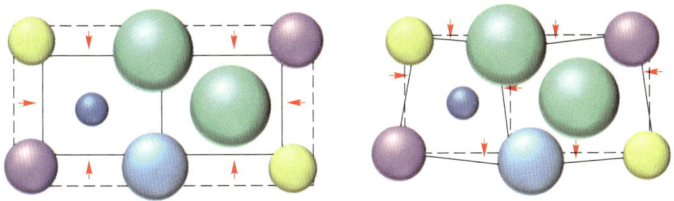

(c) 高熵合金材料中晶格体积变化和形状变化示意图

图 5.25　传统合金与高熵合金中晶格畸变程度的对比图及晶格畸变效应的影响[4]

3）动力学上的迟滞扩散效应：高熵合金中各元素原子的差异使得晶格点阵中原子扩散能垒提高，扩散速率降低，合金稳定性增加，同时有助于延缓晶相的生长速率，形成非晶结构或微观尺度上的纳米晶。迟滞扩散效应使得高熵合金即使在高温、腐蚀等严苛环境下仍然能保持稳定正常工作。

4）性能上的"鸡尾酒"效应：指多元素原子共存时，由于彼此间的均匀混合和较强的相互作用，会产生一些全新的独特性能，如兼具超高强度、高硬度、延展性及热电性能等，这些性能是传统合金材料无法具备的。

高熵合金的制备

高熵合金具有潜在的优异性能，但要实现高质量的制备并非易事。这是因为组成高熵合金的多种元素电负性、原子尺寸、价电子浓度等差异较大，因此在制备过程中驱动原子扩散、实现多种元素均匀混溶需要很高的能量。以高熵合金纳米粒子（HEA-NPs）的制备为例，当混合元素的化学和物理性质差异较大时，若采用传统工艺，则会导致合金化反应中形成大量不混溶相。由吉布斯自由能公式

$$\Delta G_{混} = \Delta H_{混} - T\Delta S_{混}$$

可知，升高温度增加熵因子的贡献从而使 $\Delta G_{混}<0$，有利于形成热力学稳定的均匀单相 HEA-NPs，同时高温也为原子扩散混溶提供足够动力。然而，高温下 NPs 易团聚，致使粒子尺寸变大、比表面积减小、活性位点急剧减少，这些因素极大限制了 HEA-NPs 在催化等领域的应用。为了得到单分散的均一相 HEA-NPs，人们开发了多种制备方法和技术[5-7]，这里以较为经典的两步碳热冲击法为例加以说明。该方法由 Yao 等人在 2018 年提出[8]，通过在高温处理后的碳纤维上负载 HEA-NPs，可有效避免粒子团聚；同时制备过程中先后进行超快高温加热和冷却处理，以形成热力学有利的高熵态，且即使在正常温度下仍得以保持，因此得到的 NPs 内部不会发生相分离。

借助碳热冲击法，研究者发展了熵驱动策略。2020 年 Yao 等人在不混溶 Ru-Ni 体系中分别引入 Rh、Co、Ir 三种元素，制备得到 Ru-4 和 Ru-5 NPs（元素种类分别为 $m=4$ 和 5）[9]。作者通过理论计算得到了 Ru-Ni、Ru-4 和 Ru-5 NPs 的混合焓 $\Delta H_{混}$、混合熵 $\Delta S_{混}$ 以及随温度变化的混合吉布斯自由能 $\Delta G_{混}$。如图 5.26 所示，对于 Ru-4 和 Ru-5 NPs，混合焓略有下降，但混合熵比双金属 Ru-Ni 体系增加了 2~3 倍。实验证明，Ru-Ni 双金属体系在高达 2000 K 时才能形成合金，而 Ru-4 NPs 合金化的温度可降低到 871 K，Ru-5 则在更低的 584 K 下就能合金化。这表明多元素均匀混溶可显著增加体系混合熵，从而降低合金化温度，有利于形成高熵合金。

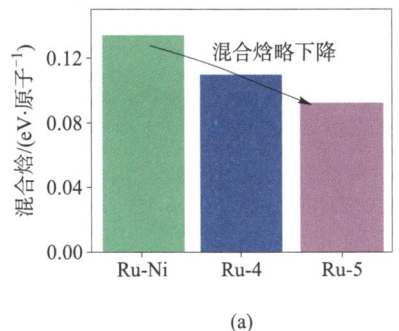
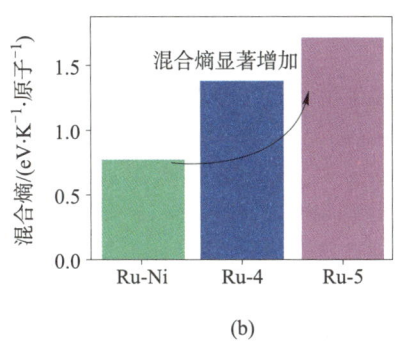
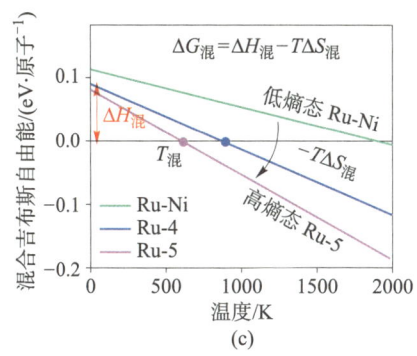

图 5.26　理论计算所得 Ru-Ni、Ru-4 和 Ru-5 NPs 的(a)混合焓；(b)混合熵；(c)随温度变化的混合吉布斯自由能[9]

在超高温条件助力下，利用熵驱动策略能够实现更多种不相溶元素的结合，包括差异性很大的元素组合如 Au-Mo、Au-Ru、Au-W（$\Delta H_{混}$ >10 kJ·mol^{-1}）。2021 年 Yao 等人报道，设定合成温度为 1800 K 时，Au、Ru 和 W 与其他 12 种元素能够合金化[10]。同样高温条件下，即使延长加热时间，所得 Au-Mo、Au-Ru 或 Au-W 二元 NPs 仍然为相分离结构（图 5.27a 所示的 XRD 衍射峰有分裂，意味着存在两种物相）。图 5.27b 中热力学计算结果表明，其他多种元素混溶使得体系的混合熵增加 3.9 倍，而超高温度使得混合熵的贡献进一步增加 2 倍左右，最终大幅提升了熵驱动力，成功实现了 15 种元素混溶进而形成 HEA-NPs（图 5.27c）。

注：熵驱动力定义为 $T\Delta S_{混}$。由式 (5.48) 可计算出 15 种元素混合时 $\Delta S_{混}$ 为 22.5 J·mol^{-1}·K^{-1}，1800 K 下熵驱动力为 40.5 kJ·mol^{-1}。

注：XRD 指 X 射线衍射（见 3.8 节），常用于表征材料的晶体结构，揭示其物相信息。均一相高熵合金材料的 XRD 衍射峰都为单峰。

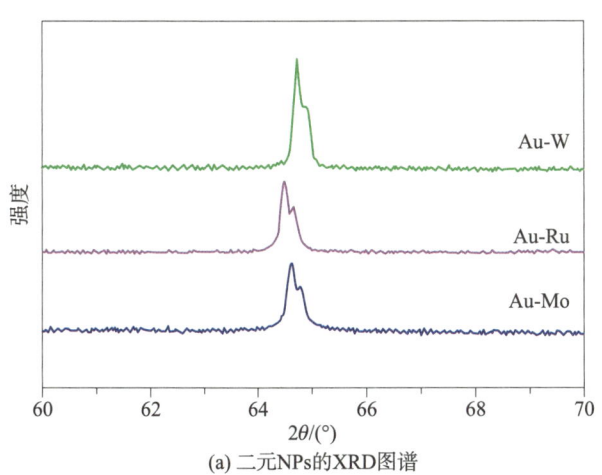

(a) 二元NPs的XRD图谱

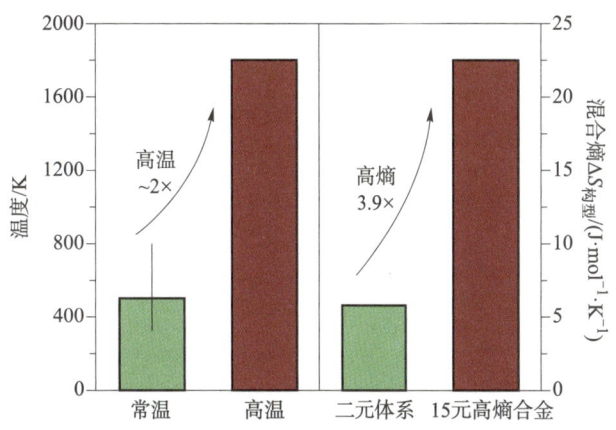

(b) 超高温（1800 K）和正常温度（300~800 K）对体系混合熵的贡献对比图（左）及采用熵驱动策略混溶15种元素所得NPs的混合熵与二元NPs体系混合熵的对比图（右）

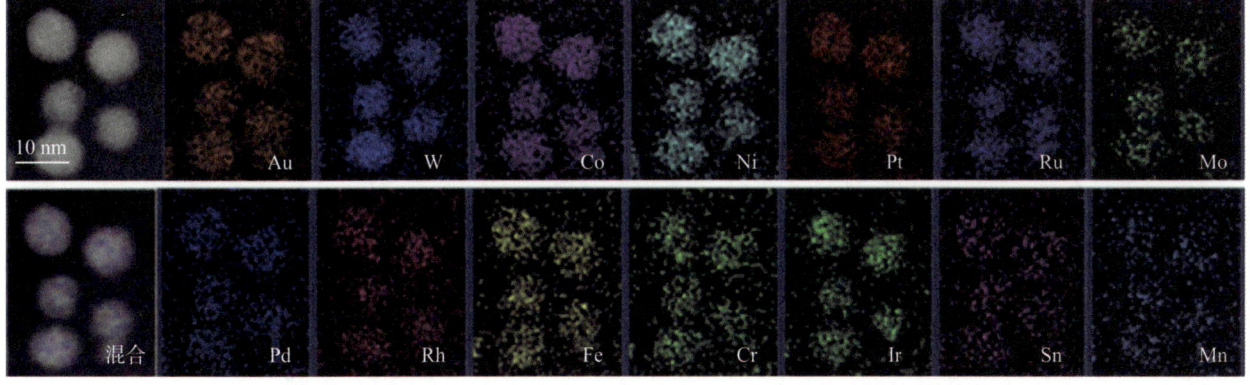

(c) 超高温碳热冲击法合成的包含15种金属元素的HEA-NPs的元素分布图（Cu的数据未给出）

图 5.27　超高温碳热冲击法制备的二元 NPs 及 HEA-NPs 的基本表征和热力学理论计算结果[10]

参考文献

[1] Huang K H, Yeh J W. A study on multicomponent alloy systems containing equal-mole elements. Hsinchu: National Tsing Hua University, 1996.

[2] Cantor B, Chang I T H, Knight P, et al. Microstructural development in equiatomic multicomponent alloys. Mater Sci Eng A, 2004: 375-377, 213-218.

[3] Yeh J W, Chen S K, Lin S J, et al. Nanostructured high-entropy alloys with multiple principal elements: Novel alloy design concepts and outcomes. Adv Eng Mater, 2004, 6 (5): 299-303.

[4] Wang H, He Q F, Gao X, et al. Multifunctional high entropy alloys enabled by severe lattice distortion. Adv Mater, 2024, 36 (17): 2305453.

[5] Wu D, Kusada K, Yamamoto T, et al. Platinum-group-metal high-entropy-alloy nanoparticles. J Am Chem Soc, 2020, 142 (32): 13833-13838.

[6] Kumar N, Tiwary C S, Biswas K. Preparation of nanocrystalline high-entropy alloys via cryomilling of cast ingots. J Mater Sci, 2018, 53 (19): 13411-13423.

[7] Gao S J, Hao S Y, Huang Z N, et al. Synthesis of high-entropy alloy nanoparticles on supports by the fast moving bed pyrolysis. Nat Commun, 2020, 11 (1): 13411-13423.

[8] Yao Y, Huang Z, Xie P, et al. Carbothermal shock synthesis of high-entropy-alloy nanoparticles. Science, 2018, 359 (6383): 1489-1494.

[9] Yao Y, Liu Z, Xie P, et al. Computationally aided, entropy-driven synthesis of highly efficient and durable multi-elemental alloy catalysts. Sci Adv, 6 (11): eaaz0510.

[10] Yao Y, Huang Z, Hughes L A, et al. Extreme mixing in nanoscale transition metal alloys. Matter, 2021, 4 (7): 2340-2353.

习题

5.1 指出在表 P5.1 的热力学过程中,各种热力学量是大于(>)、小于(<)还是等于(=)零。

表 P5.1

热力学过程	q	w	ΔU	ΔH	ΔS	ΔG
理想气体自由膨胀						
$H_2O(l, P^\ominus, 298\text{ K}) \longrightarrow H_2O(s, P^\ominus, 298\text{ K})$						
苯$(l, P^\ominus,$沸点以下 10 K$) \longrightarrow$ 苯$(g, P^\ominus,$沸点以下 10 K$)$						

5.2 将图 5.6a 所示装置中的两个等重砝码替换成两个不同的砝码,一个是直径为 10.00 cm、长为 25 cm 的钢制圆柱体(钢的密度为 7.75 g·cm^{-3}),另一个产生的压强为 745 mmHg。气缸内温度为 25.0 ℃,活塞直径为 12.00 cm 且距离气缸底座的高度为 8.10 cm。某一时刻将圆柱形砝码从托盘上移去,计算达到热平衡时体系所做的功。

5.3 300 K 时 1 mol 理想气体的始态压强为 100 kPa,在恒温下分别经历如下三个过程:

(1) 在 10 kPa 恒压下体积膨胀 1 dm^3。

（2）在 10 kPa 恒压下体积膨胀至平衡态。

（3）恒温可逆膨胀至压强为 10 kPa。

求三个过程的 q、w、ΔU 和 ΔH。

5.4 505 mg 萘 $C_{10}H_8$ 在某弹式热量计的氧弹中充分燃烧，所放出的热使其温度由 25.62 ℃ 升高至 29.06 ℃，水浴中盛有 1215 g 水。用苯甲酸 C_6H_5COOH 作为标准物进行标定，1.013 mg 苯甲酸可使盛有 1198 g 水的同一弹式热量计温度由 25.36 ℃ 升高至 28.34 ℃。已知苯甲酸的摩尔燃烧焓为 3.23×10^3 kJ·mol^{-1}，求萘的摩尔燃烧焓。

5.5 辛烷不完全燃烧时发生如下反应：

$$2C_8H_{18}(l) + 17O_2(g) \longrightarrow 16CO(g) + 18H_2O(l)$$

请通过以下实验数据，计算该反应的 $\Delta H^\ominus$：

（1） $2C_8H_{18}(l) + 25O_2(g) \longrightarrow 16CO_2(g) + 18H_2O(l)$ $\Delta H_1^\ominus = -10942$ kJ·mol^{-1}

（2） $2CO(g) + O_2(g) \longrightarrow 2CO_2(g)$ $\Delta H_2^\ominus = -566.0$ kJ·mol^{-1}

5.6 根据表 P5.2 数据，计算以下哪种燃料单位体积释放的热最多：

表 P5.2

燃料	20 ℃时密度/(g·cm^{-3})	摩尔燃烧焓/(kJ·mol^{-1})
硝基乙烷 $C_2H_5NO_2$(l)	1.052	-1368
乙醇 C_2H_5OH(l)	0.789	-1367
乙肼 CH_6N_2(l)	0.874	-1305

5.7 某一体系具有能量分别为 0、1、2 和 3 个能量单位的四个态，将 5 个可分辨粒子分布在这些态上。如果体系的总能量为 10 个能量单位，计算体系的微观状态数和熵值。

5.8 由锡石（SnO_2）炼制金属锡（白锡）可有以下三种方法，按照热力学原理应推荐哪种方法？相关数据从附录中查表获得。

（1） $SnO_2(s) \longrightarrow Sn(s) + O_2(g)$

（2） $SnO_2(s) + C(s) \longrightarrow Sn(s) + CO_2(g)$

（3） $SnO_2(s) + 2H_2(g) \longrightarrow Sn(s) + 2H_2O(g)$

5.9 利用热力学数据，估算反应 $CO(g) + Cl_2(g) \longrightarrow COCl_2(g)$ 可以自发进行的最高温度。

5.10 利用热力学数据，预测标准态下温度变化对反应 $CuS(g) + H_2(g) \longrightarrow Cu(g) + H_2S(g)$ 进行方向的影响。

5.11 利用以下各反应热，计算 N_2H_4(l) 的生成焓和燃烧热。

（1） $2NH_3(g) + 3N_2O(g) \longrightarrow 4N_2(g) + 3H_2O(l)$ $\Delta H_1^\ominus = -1010$ kJ·mol^{-1}

（2） $N_2O(g) + 3H_2(g) \longrightarrow N_2H_4(l) + H_2O(l)$ $\Delta H_2^\ominus = -317$ kJ·mol^{-1}

（3） $2NH_3(g) + \dfrac{1}{2}O_2(g) \longrightarrow N_2H_4(l) + H_2O(l)$ $\Delta H_3^\ominus = -143$ kJ·mol^{-1}

(4) $H_2(g) + \dfrac{1}{2}O_2(g) \longrightarrow H_2O(l)$ $\Delta H_4^\ominus = -286 \text{ kJ·mol}^{-1}$

5.12 已知 1 mol 甲醚 CH_3OCH_3 完全燃烧生成 CO_2 和 $H_2O(l)$ 的标准摩尔焓变为 $-1461 \text{ kJ·mol}^{-1}$。

(1) 求甲醚的 $\Delta H_f^\ominus$。

(2) 由键焓估算甲醚的 $\Delta H_f^\ominus$，并与(1)相比较。

5.13 若苯环是 3 个单键和 3 个双键交替的结构，根据键焓估算 $C_6H_6(g)$ 的 $\Delta H_f^\ominus$。若实验测得其 $\Delta H_f^\ominus = 82.9 \text{ kJ·mol}^{-1}$，比较计算值与实验值，并讨论苯的凯库勒结构是否确切。

*5.14 恒压过程焓变随温度的变化可由 $\Delta H = q_P = C_P \Delta T$ 计算，其中 C_P 是物质的恒压热容，为广度性质，通常可用恒压摩尔热容 $C_{P,m}$ (即 1 mol 物质的恒压热容，为强度性质) 来表示，其随温度变化的经验公式为

$$C_{P,m} = a + bT + \dfrac{c}{T^2}$$

严格来说，C_P 是焓随温度变化的切线斜率，即 $C_P = dH/dT$。C_P 可用于估算由温度变化而引起的焓变。对于温度的微小变化，有

$$dH = C_P dT$$

为计算温度从 T_1 变化到 T_2 所对应的焓变，有

$$\int_{H(T_1)}^{H(T_2)} dH = H(T_2) - H(T_1) = \int_{T_1}^{T_2} C_P dT$$

若假定 C_P 与温度无关，则可得

$$\Delta H = H(T_2) - H(T_1) = C_P \Delta T$$

试计算将 N_2 从 25.0 ℃ 加热到 100.0 ℃ 的摩尔焓变，已知 N_2 的恒压摩尔热容经验公式为

$$C_{P,m} = 28.58 + (3.77 \times 10^{-3})T - \dfrac{0.5 \times 10^5}{T^2} \quad (\text{J·mol}^{-1} \cdot \text{K}^{-1})$$

*5.15 固态肼 N_2H_4 在其熔点 1.53 ℃ 时的标准摩尔熵为 $67.15 \text{ J·mol}^{-1}\cdot\text{K}^{-1}$，标准摩尔熔化焓为 $12.66 \text{ kJ·mol}^{-1}$。液态 N_2H_4 在 1.53 ℃ 至 298.15 K 范围内的恒压摩尔热容，可由 $C_{P,m}/(\text{J·mol}^{-1}\cdot\text{K}^{-1}) = 97.78 + 0.0586(T/K - 280)$ 给出。试计算 298.15 K 时 $N_2H_4(l)$ 的标准摩尔熵。

5.16* 一定量理想气体的始态为 $P_0 = 1.2 \times 10^6 \text{ Pa}$，$V_0 = 8.31 \times 10^3 \text{ m}^3$，$T_0 = 300 \text{ K}$，先经一恒容过程，温度升至 $T_1 = 450 \text{ K}$，再经一恒温过程，压强降至 $P = P_0$ 的终态。已知该理想气体的恒压摩尔热容与恒容摩尔热容之比 $C_{P,m}/C_{V,m} = 5/3$，且满足 $C_{P,m} - C_{V,m} = R$，求：

(1) 该理想气体的 $C_{P,m}$ 和 $C_{V,m}$。

(2) 气体从始态至终态全过程中吸收的热。

第六章
化学平衡

平衡原理
6.1 平衡常数 …………… 231
6.2 反应商与勒夏特列原理 …… 238
6.3 平衡与热力学的关系 ……… 242

四大平衡
6.4 酸碱平衡 ……………… 248
6.5 沉淀溶解平衡 ………… 263

6.6 配位解离平衡 ………… 269
6.7 氧化还原平衡 ………… 274

电化学
6.8 电化学 ………………… 278
案例6.1 人体内的缓冲体系及
　　　　 调节作用 ………… 295
习题 …………………………… 300

在第五章介绍的各种热力学基本概念和状态函数的基础上,本章将进一步讨论化学反应中的一个重要问题:**化学平衡**(chemical equilibrium)。原则上所有化学反应都是可逆的,即正反应和逆反应会同时进行,但反应进行的程度是有限的,不能简单地由化学计量数计算。例如,碳还原法炼铁的主要反应为 $Fe_2O_3 + 3CO \rightleftharpoons 2Fe + 3CO_2$,按照化学计量数直接计算需要多少焦炭才能炼制 1 t 生铁的结果,会与实际情况存在很大差别。这是因为在高炉中 C 和 O_2 不能全部转化为 CO,而 Fe_2O_3 和 CO 也不能全部转化为 Fe 和 CO_2。这时需要用化学平衡的概念来讨论化学反应的限度,并用平衡常数进行相应的计算。

6.1 平衡常数
(Equilibrium Constant)

本节将从化学平衡及其特点出发,引入平衡常数的概念,再介绍各种平衡常数之间的关系,最后讨论多重平衡原理。

化学平衡及其特点

对于任何一个化学反应,随着反应的逐渐进行,正反应速率与逆反应速率最终将趋于相等,这时反应物和生成物的浓度就不再随时间变化,即反应体系不再发生任何净变化(net change),这种状态称为平衡状态,简称**平衡态**(equilibrium state)。处于平衡态的物质浓度称为平衡浓度,其中气态物质的压强或分压称为平衡压强或平衡分压。

化学平衡一般包含四大类:酸碱平衡、沉淀溶解平衡、配位解离平衡和氧化还原平衡,将在 6.4 ~ 6.7 节中分别讨论。总体来说,化学平衡具有如下特点:

1) 化学平衡始终是**动态平衡**(dynamic equilibrium)。任何反应的反应物均不可能完全转化为生成物,而是存在一定的反应限度,对应于该反应的平衡态。当处于平衡态时,虽然反应体系不再发生任何净变化,并不意味着化学反应就停止了,正反应和逆反应仍然在同时进行,只是二者发生的速率相等,使得反应物

思考题:反应限度(limit of reaction)与反应进度(extent of reaction)这两个概念有什么区别和联系?

思考题: 有人认为化学反应的平衡状态就是反应停止进行的状态,这种说法正确吗?为什么?

和生成物的浓度均保持不变。例如,在 AgI 饱和溶液中加入一些放射性的 $Ag^{131}I$ 固体,一段时间后即可在溶液中检测到放射性的 $^{131}I^-$。这说明 $Ag^{131}I$ 固体的溶解与溶液中 Ag^+ 和 I^- 形成沉淀的过程必然同时发生,该沉淀溶解平衡是动态的。关于反应速率的更多讨论详见 7.1 节。

2) 达到平衡时反应体系的各种性质均不再随时间变化,体系具有确定的状态即平衡态,且该状态与如何达到平衡的过程无关。例如,合成氨反应达到平衡态后,N_2、H_2 和 NH_3 的浓度或分压均不再改变。该平衡态与反应的始态如何无关,既可以由 N_2 和 H_2 混合、从左至右开始反应,也可以仅提供 NH_3、从右至左开始反应,还可以由三者的混合物开始反应。

3) 只要始态不处于平衡态,化学反应均会自发地进行以达到平衡,即所有化学反应都有自发达到平衡的趋势。例如,足量蔗糖溶于水最终会形成饱和蔗糖溶液,该饱和溶液即对应于沉淀溶解平衡态。只要溶液尚未饱和(即不处于沉淀溶解平衡态),蔗糖就会自发溶解以增加溶液浓度,直到最终饱和。相反,如果形成了过饱和溶液(同样不处于沉淀溶解平衡态),蔗糖则会自发析出以降低溶液浓度,直到形成饱和溶液。

4) 化学平衡与条件(如温度、压强、浓度等)有关,当条件改变时,原有平衡会被破坏,在新的条件下会自发建立新的平衡。某化学反应在一定条件下达到平衡之后,如果改变一种或多种物质的浓度或分压,或者改变反应体系的温度,均会破坏原有平衡。在原来条件下达到的平衡态,变成了新条件下的非平衡态,化学反应就会自发进行,最终在新的条件下建立新的平衡。

平衡常数

以上均为对化学平衡的定性描述,下面过渡到定量分析和计算,需要引入**平衡常数**(equilibrium constant)的概念。以无色气体 N_2O_4 分解生成棕红色气体 NO_2 的反应为例,其化学反应方程式为

$$N_2O_4(g) \rightleftharpoons 2NO_2(g)$$

将 0.100 mol N_2O_4 充入体积为 1.00 L 的密闭烧瓶内,将该烧瓶置于 373 K 恒温槽。瓶内气体由无色逐渐变为棕色,表明 N_2O_4 分解生成了 NO_2。一段时间后气体颜色不再变化,说明 N_2O_4 和 NO_2 的浓度不再变化,即反应达到了平衡态。这时取样分析,N_2O_4 的浓度变为 0.040 mol·L^{-1},即为 N_2O_4 的平衡浓度。而 N_2O_4 的初始浓度为 0.100 mol·L^{-1},可知有 0.060 mol N_2O_4 分解生成了 0.120 mol NO_2,因此 NO_2 的平衡浓度为 0.120 mol·L^{-1}。将这些数据列入表 6.1 的实验一。将 0.100 mol NO_2 充入另一个体积为 1.00 L 的烧瓶中,在同样条件下会看到气体颜色变浅,说明 NO_2 聚合生成了 N_2O_4。平衡后测量和计算的浓度数据列入表 6.1 的实验二。将 0.100 mol N_2O_4 和 0.100 mol NO_2 同时充入烧瓶中进行同样的实验,平衡后测量和计算的浓度数据列入表 6.1 的实验三。将三个实验 N_2O_4 和 NO_2 浓度随时间的变化关系分别绘图,可得图 6.1。图中 t_e 后 N_2O_4 和 NO_2 浓度均不再随时间变化,表明 t_e 后该反应达到了平衡。

由表 6.1 数据可见:在恒温条件下,当始态不同时,N_2O_4 和 NO_2 的浓度变化各不相同,平衡浓度也不同,但生成物 NO_2 平衡浓度的平方与反应物 N_2O_4 平衡浓度的商(即 $[c(NO_2)]^2/c(N_2O_4)$),在实验误差范围之内可认为是不变的,等于

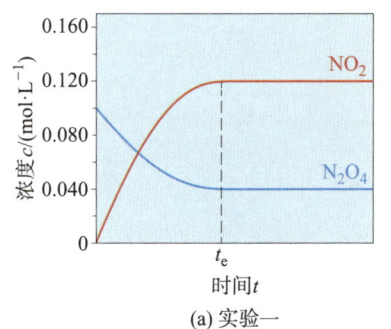

(a) 实验一

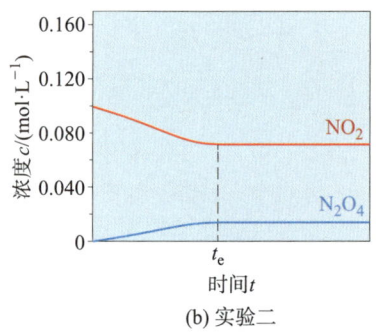

(b) 实验二

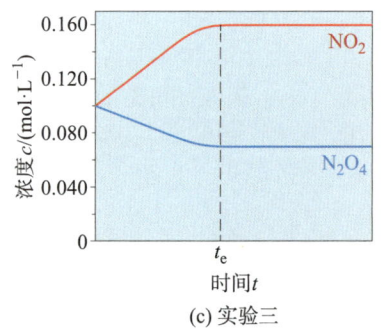

(c) 实验三

图 6.1 373 K 下 $N_2O_4(g) \rightleftharpoons 2NO_2(g)$ 平衡体系中浓度随时间的变化图

注: 图 6.1 三个实验的时间尺度未按比例。

一个常数。用平衡浓度表示的平衡常数，称为浓度平衡常数，通常记为 K_c。例如，$[c(NO_2)]^2/c(N_2O_4) = 0.37 \text{ mol}\cdot\text{L}^{-1}$ 就是上述反应在 373 K 下的浓度平衡常数，记为

$$K_c = \frac{[c(NO_2)]^2}{c(N_2O_4)} = 0.37 \text{ mol}\cdot\text{L}^{-1}$$

思考题：373 K 下反应 $N_2O_4(g) \rightleftharpoons 2NO_2(g)$ 的 K_c、K_P、$K_c^\ominus$、$K_P^\ominus$ 和 $K^\ominus$ 分别是多少？这些平衡常数之间满足什么关系？

显然，上述反应 K_c 的量纲不为 1，这是因为反应物化学计量数的绝对值为 1，而生成物的化学计量数为 2，二者不相等。

表 6.1 373 K 下 $N_2O_4(g) \rightleftharpoons 2NO_2(g)$ 平衡体系的浓度数据

编号	物质	初始浓度 $\text{mol}\cdot\text{L}^{-1}$	浓度变化 $\text{mol}\cdot\text{L}^{-1}$	平衡浓度 $\text{mol}\cdot\text{L}^{-1}$	$[c(NO_2)]^2/c(N_2O_4)$ $\text{mol}\cdot\text{L}^{-1}$	平衡分压 bar	$[P(NO_2)]^2/P(N_2O_4)$ bar
实验一	N_2O_4	0.100	-0.060	0.040	0.36	1.2	11
	NO_2	0.000	+0.120	0.120		3.7	
实验二	N_2O_4	0.000	+0.014	0.014	0.37	0.43	11
	NO_2	0.100	-0.028	0.072		2.2	
实验三	N_2O_4	0.100	-0.030	0.070	0.37	2.2	11
	NO_2	0.100	+0.060	0.160		5.0	

对于具有如下通式的可逆反应：

$$a\text{A} + b\text{B} + \cdots \rightleftharpoons g\text{G} + h\text{H} + \cdots$$

在温度 T 下达到动态平衡时，其浓度平衡常数的表达式为

$$K_c = \frac{[c(G)]^g [c(H)]^h \cdots}{[c(A)]^a [c(B)]^b \cdots} = \prod_X [c(X)]^{\nu_X} \quad (6.1)$$

其中 X 代表参与反应的各种物质，ν_X 为 X 对应的化学计量数，其值对反应物为负、对生成物为正。只有当 $\sum \nu_X = 0$ 时，K_c 才是量纲为 1 的物理量。通常情况下 $\sum \nu_X \neq 0$，因此 K_c 的量纲一般不为 1。当浓度以 $\text{mol}\cdot\text{L}^{-1}$ 为单位时，K_c 的单位为 $(\text{mol}\cdot\text{L}^{-1})^{\sum \nu_X}$。

对于气相反应，平衡常数既可以用各物质的平衡浓度计算，也可以用各物质的平衡分压计算。用平衡分压表示的平衡常数，称为压强平衡常数，通常记为 K_P。对于具有如下通式的气相可逆反应：

$$a\text{A}(g) + b\text{B}(g) + \cdots \rightleftharpoons g\text{G}(g) + h\text{H}(g) + \cdots$$

在温度 T 下达到动态平衡时，各物质的浓度和分压均不再改变，其压强平衡常数的表达式为

$$K_P = \frac{[P(G)]^g [P(H)]^h \cdots}{[P(A)]^a [P(B)]^b \cdots} = \prod_X [P(X)]^{\nu_X} \quad (6.2)$$

同理，只有当 $\sum \nu_X = 0$ 时，K_P 才是量纲为 1 的物理量。通常情况下 $\sum \nu_X \neq 0$，因此 K_P 的量纲一般不为 1。当分压以 bar 为单位时，K_P 的单位为 $(\text{bar})^{\sum \nu_X}$。例如，上

述 $N_2O_4(g) \rightleftharpoons 2NO_2(g)$ 平衡体系三个实验的平衡分压和 $[P(NO_2)]^2/P(N_2O_4)$ 值也列在表 6.1 中。在实验误差范围之内，$K_P = 11$ bar 也可认为是不变的。

注意，在平衡常数表达式中不必包含纯固体、纯液体或稀溶液中水的浓度，因为这些物质的浓度在反应过程中基本不发生改变，可视为常数。例如，反应 $CaCO_3(s) \rightleftharpoons CaO(s) + CO_2(g)$ 的平衡常数可写为

$$K_P = P(CO_2)$$

稀水溶液中反应 $HAc(aq) + H_2O(l) \rightleftharpoons H_3O^+(aq) + Ac^-(aq)$ 的平衡常数可写为

$$K_c = \frac{c(H_3O^+)c(Ac^-)}{c(HAc)}$$

> **注**：出现在平衡常数表达式中的项均为反应体系的变量，如果某项平衡浓度或平衡分压在反应过程中基本保持不变，则可并入常数项中，而不必作为变量出现在平衡常数表达式中。

其中 $c(H_2O) \approx 55.6$ mol·L^{-1} 远大于 $c(HAc)$，在反应过程中基本保持不变，不必出现在平衡常数表达式中。但如果在某个反应体系中仅生成少量水，则 $c(H_2O)$ 会随反应的进行而改变，需要包含在平衡常数表达式中。

如果一个反应体系同时包含溶液相和气相，则平衡常数表达式中既有平衡浓度也有平衡分压，这时的平衡常数既不是 K_c 也不是 K_P，可用 K 表示。K_c、K_P 和 K 统称为**经验平衡常数**（empirical equilibrium constant），也称实验平衡常数。

不同反应的经验平衡常数的量纲显然不统一，不便于实际应用。为统一量纲，可结合 5.3 节标标准态的概念，用以标准浓度 $c^\ominus = 1$ mol·L^{-1} 为基准的相对浓度来表示平衡浓度，这时的平衡常数记为 $K_c^\ominus$，有

$$K_c^\ominus = \frac{\left[\dfrac{c(G)}{c^\ominus}\right]^g \left[\dfrac{c(H)}{c^\ominus}\right]^h \cdots}{\left[\dfrac{c(A)}{c^\ominus}\right]^a \left[\dfrac{c(B)}{c^\ominus}\right]^b \cdots} = \prod_X \left[\frac{c(X)}{c^\ominus}\right]^{\nu_X} \tag{6.3}$$

显然，当浓度以 mol·L^{-1} 为单位时，$K_c^\ominus$ 的量纲必为 1；$K_c^\ominus$ 与 K_c 数值相等，仅量纲不同。气相反应则可用以标准分压 $P^\ominus = 1$ bar 为基准的相对分压来表示平衡分压，这时的平衡常数记为 $K_P^\ominus$，有

$$K_P^\ominus = \frac{\left[\dfrac{P(G)}{P^\ominus}\right]^g \left[\dfrac{P(H)}{P^\ominus}\right]^h \cdots}{\left[\dfrac{P(A)}{P^\ominus}\right]^a \left[\dfrac{P(B)}{P^\ominus}\right]^b \cdots} = \prod_X \left[\frac{P(X)}{P^\ominus}\right]^{\nu_X} \tag{6.4}$$

当分压以 bar 为单位时，$K_P^\ominus$ 的量纲必为 1；$K_P^\ominus$ 与 K_P 数值相等，仅量纲不同。

实验表明，当参与反应各物质的浓度较高时，将浓度数据直接代入平衡常数表达式，其计算结果实际上并非常数。为了获得不依赖于浓度的平衡常数，即不论各物质的实际平衡浓度是多少，在同一温度下同一反应的平衡常数均为定值，则需要使用有效浓度，即前述 4.6 节引入的活度（a）概念。溶液的活度定义为

$$a = \gamma \frac{c}{c^\ominus}$$

其中 γ 为活度系数；c 是化学计量浓度，与 $c^\ominus$ 单位相同。γ 和 a 的量纲均为 1。对于理想溶液或可视为理想溶液的稀溶液，$\gamma = 1$，$a = c/c^\ominus$。气体的活度则定义为

$$a = \gamma \frac{P}{P^\ominus}$$

其中 P 是气体的分压，与 $P^\ominus$ 单位相同。对于理想气体或可视为理想气体的低压气体，$\gamma = 1$，$a = P/P^\ominus$。对于纯固体、纯液体或稀溶液中的水，活度可统一规定为 $a = 1$。

对于具有如下通式的可逆反应：

$$a\mathrm{A} + b\mathrm{B} + \cdots \rightleftharpoons g\mathrm{G} + h\mathrm{H} + \cdots$$

在温度 T 下达到动态平衡时，不论参与反应的各种物质是什么物态、平衡浓度或平衡分压是多少，其平衡常数均可表示为

$$K^\ominus = \frac{[a(\mathrm{G})]^g [a(\mathrm{H})]^h \cdots}{[a(\mathrm{A})]^a [a(\mathrm{B})]^b \cdots} = \prod_{\mathrm{X}} [a(\mathrm{X})]^{\nu_\mathrm{X}} \tag{6.5}$$

用平衡活度表示的平衡常数 $K^\ominus$，称为**标准平衡常数**（standard equilibrium constant），也称**热力学平衡常数**（thermodynamic equilibrium constant）。显然，任何化学反应 $K^\ominus$ 的量纲均为 1。$K^\ominus$ 也是通常使用的平衡常数，是温度的函数；当温度不变时，同一反应的 $K^\ominus$ 为常数。在给出平衡常数时，通常需要注明温度。如果没有明确指出，则默认温度为 298.15 K。

> **注意：** 虽然标准平衡常数 $K^\ominus$ 与经验平衡常数 K 的量纲有别，且与活度系数的取值有关，但如果将参与反应各物质均视为理想，则二者数值相等，在实际工作中往往并不严格区分。

平衡常数之间的关系

由式(6.3)和式(6.4)，不难得到 $K_c^\ominus$ 与 K_c、$K_P^\ominus$ 与 K_P 之间的关系为

$$K_c^\ominus = \prod_{\mathrm{X}} \left[\frac{c(\mathrm{X})}{c^\ominus}\right]^{\nu_\mathrm{X}} = \prod_{\mathrm{X}} \left(\frac{1}{c^\ominus}\right)^{\nu_\mathrm{X}} \prod_{\mathrm{X}} [c(\mathrm{X})]^{\nu_\mathrm{X}} = \left(\frac{1}{c^\ominus}\right)^{\Sigma \nu_\mathrm{X}} K_c$$

$$K_P^\ominus = \prod_{\mathrm{X}} \left[\frac{P(\mathrm{X})}{P^\ominus}\right]^{\nu_\mathrm{X}} = \prod_{\mathrm{X}} \left(\frac{1}{P^\ominus}\right)^{\nu_\mathrm{X}} \prod_{\mathrm{X}} [P(\mathrm{X})]^{\nu_\mathrm{X}} = \left(\frac{1}{P^\ominus}\right)^{\Sigma(\nu_\mathrm{X})_\text{气}} K_P$$

> **思考题：** 化学反应的经验平衡常数和标准平衡常数在意义和用途上有何异同？有人认为标准平衡常数是化学反应在标准态下的平衡常数，这种说法正确吗？为什么？

由 $P = nRT/V = cRT$，可得

$$K_P = \prod_{\mathrm{X}} [P(\mathrm{X})]^{\nu_\mathrm{X}} = \prod_{\mathrm{X}} [c(\mathrm{X})RT]^{\nu_\mathrm{X}} = (RT)^{\Sigma(\nu_\mathrm{X})_\text{气}} K_c$$

其中 $\Sigma(\nu_\mathrm{X})_\text{气}$ 是参与反应的各种气态物质的化学计量数之和。

对于具有如下通式的可逆反应：

$$a\mathrm{A} + b\mathrm{B} + \cdots \rightleftharpoons g\mathrm{G} + h\mathrm{H} + \cdots$$

将参与反应的各种物质均视为理想溶液,即 $\gamma = 1, a = c/c^\ominus$,则有

$$K^\ominus = K_c^\ominus = \left(\frac{1}{c^\ominus}\right)^{\Sigma \nu_X} K_c \tag{6.6}$$

若上述反应为气相反应且各种气体均可视为理想气体,即 $\gamma = 1, a = P/P^\ominus$,则有

$$K^\ominus = K_P^\ominus = \left(\frac{1}{P^\ominus}\right)^{\Sigma(\nu_X)_{\text{气}}} K_P = \left(\frac{RT}{P^\ominus}\right)^{\Sigma(\nu_X)_{\text{气}}} K_c \tag{6.7}$$

例如,反应 $CaCO_3(s) \rightleftharpoons CaO(s) + CO_2(g)$ 的标准平衡常数可写为

$$K^\ominus = \frac{a(CaO) \, a(CO_2)}{a(CaCO_3)}$$

CaO 和 $CaCO_3$ 均为纯固体,有 $a(CaO) = a(CaCO_3) = 1$。若 $\gamma(CO_2) = 1$,有

$$K^\ominus = a(CO_2) = \frac{P(CO_2)}{P^\ominus} = \frac{c(CO_2)RT}{P^\ominus}$$

由 $K_P = P(CO_2)$ 及 $K_c = c(CO_2)$,可得

$$K^\ominus = \frac{K_P}{P^\ominus} = \frac{K_c RT}{P^\ominus}$$

上式也可由式(6.7)直接得出,其中 $\Sigma(\nu_X)_{\text{气}} = 1$。

» 例 6.1 已知 1000 K 时反应 $2SO_2(g) + O_2(g) \rightleftharpoons 2SO_3(g)$ 的 $K_P = 3.46 \times 10^{-5} \, Pa^{-1}$。若上述反应中的各种气体均可视为理想气体,求该反应的 $K^\ominus$、K_c 和 $K_c^\ominus$。

» 解: 上述反应为气相反应且 $\Sigma(\nu_X)_{\text{气}} = 2 - 2 - 1 = -1$,故有

$$K^\ominus = K_P^\ominus = K_P P^\ominus = \frac{K_c P^\ominus}{RT}$$

将 $K_P = 3.46 \times 10^{-5} \, Pa^{-1} = 3.46 \, bar^{-1}$ 代入,可得

$$K^\ominus = K_P^\ominus = K_P P^\ominus = 3.46 \, bar^{-1} \times 1 \, bar = 3.46$$

$$K_c = K_P RT = 3.46 \, bar^{-1} \times 0.0831 \, bar \cdot L \cdot mol^{-1} \cdot K^{-1} \times 1000 \, K = 2.88 \times 10^2 \, L \cdot mol^{-1}$$

$$K_c^\ominus = K_c c^\ominus = 2.88 \times 10^2 \, L \cdot mol^{-1} \times 1 \, mol \cdot L^{-1} = 2.88 \times 10^2$$

多重平衡原理

由于平衡常数表达式中包含参与反应各物质的化学计量数,即使同一个反应,当配平的反应方程式中化学计量数不同时,平衡常数表达式及其数值均会有相应的变化。因此,平衡常数表达式要与具体的化学方程式相对应,并注明温度。

如果没有明确指出,则默认温度为 298.15 K。例如,将 N_2O_4 和 NO_2 均视为理想气体,有

$$N_2O_4(g) \rightleftharpoons 2NO_2(g) \quad K_1^{\ominus} = \frac{[a(NO_2)]^2}{a(N_2O_4)} = \frac{[P(NO_2)]^2}{P(N_2O_4)} \cdot \frac{1}{P^{\ominus}} = 11 \ (373 \ K)$$

$$\frac{1}{2}N_2O_4(g) \rightleftharpoons NO_2(g) \quad K_2^{\ominus} = \frac{a(NO_2)}{[a(N_2O_4)]^{1/2}} = \sqrt{K_1^{\ominus}} = 3.3 \ (373 \ K)$$

$$2NO_2(g) \rightleftharpoons N_2O_4(g) \quad K_3^{\ominus} = \frac{a(N_2O_4)}{[a(NO_2)]^2} = \frac{1}{K_1^{\ominus}} = 0.090 \ (373 \ K)$$

一般而言,对于具有如下通式的可逆反应:

$$aA + bB + \cdots \rightleftharpoons gG + hH + \cdots$$

$$K^{\ominus} = \frac{[a(G)]^g[a(H)]^h\cdots}{[a(A)]^a[a(B)]^b\cdots} = \prod_X [a(X)]^{\nu_X}$$

如果反转上述方程式,则平衡常数应取倒数,有

$$gG + hH + \cdots \rightleftharpoons aA + bB + \cdots$$

$$K_{\text{逆}}^{\ominus} = \frac{[a(A)]^a[a(B)]^b\cdots}{[a(G)]^g[a(H)]^h\cdots} = \prod_X [a(X)]^{-\nu_X} = \frac{1}{K^{\ominus}}$$

从数学上不难证明,如果平衡常数为 K_1 和 K_2 的两个方程式相加可得第三个方程式,则第三个方程式的平衡常数 K_3 应为

$$K_3 = K_1 \cdot K_2$$

如果平衡常数为 K_1 和 K_2 的两个方程式相减可得第三个方程式,则第三个方程式的平衡常数 K_3 应为

$$K_3 = K_1/K_2$$

相应地,如果方程式中的化学计量数均乘以 n,则平衡常数应为 K^n;如果方程式中的化学计量数均除以 n,则平衡常数应为 $K^{1/n}$。以上统称**多重平衡原理**(principle of multiple equilibria),将在后续 6.4~6.7 节讨论多重平衡时得到具体应用。

》例 6.2 已知 298 K 时下列三个反应的平衡常数分别为

(1) $2N_2(g) + O_2(g) \rightleftharpoons 2N_2O(g)$ $K_{c1}^{\ominus} = 1.2 \times 10^{-35}$
(2) $N_2O_4(g) \rightleftharpoons 2NO_2(g)$ $K_{c2}^{\ominus} = 4.6 \times 10^{-3}$
(3) $N_2(g) + 2O_2(g) \rightleftharpoons 2NO_2(g)$ $K_{c3}^{\ominus} = 1.7 \times 10^{-17}$

求同一温度下反应(4)的 $K_c^{\ominus}$ 和 $K_P^{\ominus}$:

(4) $2N_2O(g) + 3O_2(g) \rightleftharpoons 2N_2O_4(g)$

解：通过观察，式(4) = 2×式(3) − 式(1) − 2×式(2)，故

$$K_c^\ominus = \frac{(K_{c3}^\ominus)^2}{K_{c1}^\ominus \cdot (K_{c2}^\ominus)^2} = \frac{(1.7 \times 10^{-17})^2}{1.2 \times 10^{-35} \times (4.6 \times 10^{-3})^2} = 1.1 \times 10^6$$

气相反应(4)的 $\sum(\nu_X)_气 = 2 - 2 - 3 = -3$，有

$$K^\ominus = K_P^\ominus = \left(\frac{RT}{P^\ominus}\right)^{-3} K_c = \left(\frac{c^\ominus RT}{P^\ominus}\right)^{-3} K_c^\ominus$$

$$= (0.0831 \times 298)^{-3} \times 1.1 \times 10^6 = 72$$

注意：$K_P^\ominus$ 和 $K_c^\ominus$ 的量纲均为 1，为使 $c^\ominus RT/P^\ominus$ 的量纲也为 1，R 值应取 0.0831 bar·L·mol⁻¹·K⁻¹。

6.2 反应商与勒夏特列原理
(Reaction Quotient and Le Châtelier's Principle)

在一个体系开始反应但还没有达到平衡态之前，反应总会自发地进行以达到平衡。能够预测化学反应自发进行的方向，即该反应究竟将正向进行还是逆向进行以达到平衡，具有重要意义，这时需要使用反应商的概念。

反应商的概念

反应商(reaction quotient)通常用 Q 表示，定义为在反应的当前状态下生成物与反应物活度之比，即

$$Q = \prod_X [a(X)_{当前}]^{\nu_X} \tag{6.8}$$

比较式(6.8)与式(6.5)，可以看到 Q 与 $K^\ominus$ 的形式完全相同，唯一的差别在于 Q 的表达式使用当前活度，而 $K^\ominus$ 的表达式使用平衡活度。可用与 $K_c^\ominus$ 和 $K_P^\ominus$ 类似的方式分别定义 Q_c 和 Q_P。

对于确定温度下的确定化学反应，不论当前是否处于平衡态，反应的 $K^\ominus$ 均为定值；但随着反应的进行，当前状态不断改变，Q 值也随之改变。如果一个反应的初始状态仅有反应物而完全没有生成物，则 $Q = 0 < K^\ominus$；净反应必定正向进行，且随着反应的进行，反应物活度逐渐减小而生成物活度逐渐增大，Q 值从 0 开始逐渐增大，直至最终建立平衡时当前状态变为平衡态，达到 $Q = K^\ominus$。在 Q 值从 0 增大到 $K^\ominus$ 的过程中，反应都将自发正向进行以达到平衡。相反，如果一个反应的初始状态仅有生成物而完全没有反应物，则 $Q = \infty > K^\ominus$；净反应必定逆向进行，且随着反应的进行，反应物活度逐渐增大而生成物活度逐渐减小，Q 值从 ∞ 开始逐渐减小，直至最终建立平衡时达到 $Q = K^\ominus$。在 Q 值从 ∞ 减小到 $K^\ominus$ 的过程中，反应都将自发逆向进行以达到平衡。

注意：当一个反应仅有反应物而没有生成物时，$a(生成物) = 0$，因此 $Q = 0/a(反应物) = 0$。当仅有生成物而没有反应物时，$a(反应物) = 0$，因此 $Q = a(生成物)/0 = \infty$。

因此，通过比较 Q 和 $K^\ominus$ 的大小，可以预测当前化学反应自发进行的方向：

1) 若 $Q = K^\ominus$ 即 $Q/K^\ominus = 1$，则反应当前正处于平衡态；
2) 若 $Q < K^\ominus$ 即 $Q/K^\ominus < 1$，则反应将自发正向进行以达到平衡；
3) 若 $Q > K^\ominus$ 即 $Q/K^\ominus > 1$，则反应将自发逆向进行以达到平衡。

在化学反应过程中,常用转化率(α)表示反应进行的程度;反应物的转化率指已转化为生成物的部分占该反应物起始总量的百分比。当反应达到平衡时,反应体系的各种性质均不再随时间变化,反应物已经最大限度地转化为生成物,此时的转化率称为平衡转化率。

注意:平衡转化率表示在某种具体条件下一个化学反应进行的程度,它随具体反应条件(温度、压强、浓度等)改变而变化,而平衡常数仅是温度的函数,只随温度改变而变化。

>> **例 6.3** 合成氨工业涉及 CO 变换反应:$CO(g) + H_2O(g) \rightleftharpoons H_2(g) + CO_2(g)$。已知 700 K 时该反应的平衡常数 $K^{\ominus} = 9.07$,对于一个初始分压分别为 $P_{CO} = 500.0$ kPa、$P_{H_2O} = 200.0$ kPa、$P_{H_2} = 400.0$ kPa、$P_{CO_2} = 500.0$ kPa 的反应体系:

(1) 判断 700 K 时反应自发进行的方向;
(2) 计算反应达到平衡后体系中 CO 的分压;
(3) 计算反应物的平衡转化率。

>> **解**:(1) 将所有气体视为理想气体,初始条件下的反应商为

$$Q = \prod_X [a(X)_{\text{当前}}]^{\nu_X} = \frac{\dfrac{400.0 \text{ kPa}}{100.0 \text{ kPa}} \times \dfrac{500.0 \text{ kPa}}{100.0 \text{ kPa}}}{\dfrac{500.0 \text{ kPa}}{100.0 \text{ kPa}} \times \dfrac{200.0 \text{ kPa}}{100.0 \text{ kPa}}} = 2.000$$

可见 $Q < K^{\ominus}$,因此该反应在初始条件下将自发正向进行以达到平衡。

(2) 设反应达到平衡后 CO 分压的改变量为 x kPa,有

	$CO(g)$	+ $H_2O(g)$	$\rightleftharpoons$	$H_2(g)$	+ $CO_2(g)$
初始分压/kPa	500.0	200.0		400.0	500.0
平衡分压/kPa	500.0−x	200.0−x		400.0+x	500.0+x

$$\frac{(400.0+x) \times (500.0+x)}{(500.0-x) \times (200.0-x)} = 9.07$$

解得 $x = 111.3$,因此反应达到平衡后体系中 CO 的分压为

$$P_{CO} = (500.0 - x) \text{ kPa} = 388.7 \text{ kPa}$$

(3) 由平衡转化率的定义可得

$$\alpha(CO) = \frac{111.3 \text{ kPa}}{500.0 \text{ kPa}} \times 100\% = 22.26\%$$

$$\alpha(H_2O) = \frac{111.3 \text{ kPa}}{200.0 \text{ kPa}} \times 100\% = 55.65\%$$

化学平衡的移动

化学平衡取决于浓度、压强、温度等条件。在一定条件下建立的平衡,当条件改变时,原有平衡会被破坏,这时原平衡态就变为了新条件下的非平衡态,化学反应会自发地进行,最终在新的条件下建立新的平衡。当条件改变时,化学反应从

原来的平衡态转变为新的平衡态的过程,称为**平衡的移动**(shift of equilibrium)。在研究平衡的移动时,不仅需要预测平衡将向哪个方向移动,还希望能够利用条件的改变,使得平衡向某个特定的方向移动。

在一定条件下建立平衡时,满足 $Q = K^{\ominus}$。如果参与反应的物质浓度或分压改变,Q 值将会改变;如果反应温度改变,$K^{\ominus}$ 值也会改变。无论 Q 或 $K^{\ominus}$ 的改变均会使 $Q \neq K^{\ominus}$,从而破坏原有平衡。如果 $Q < K^{\ominus}$ 即 $Q/K^{\ominus} < 1$,反应将正向进行以达到新的平衡,称为平衡右移。如果 $Q > K^{\ominus}$ 即 $Q/K^{\ominus} > 1$,反应将逆向进行以达到新的平衡,称为平衡左移。无论 Q 或 $K^{\ominus}$ 怎样变化,其比值 $Q/K^{\ominus}$ 总决定了平衡移动的方向。此外,$Q/K^{\ominus}$ 值还决定了原平衡与新平衡之间发生移动的相对程度,即 $Q/K^{\ominus}$ 值越远离 1,原平衡与新平衡之间的相对差异就越大。

勒夏特列原理

1884 年法国化学家勒夏特列(Henri L. Le Châtelier)总结了一条预测平衡移动方向的基本原理:当一个平衡体系受到浓度、压强、温度等条件变化的影响时,化学平衡将向减小该影响的方向移动,称为**勒夏特列原理**(Le Châtelier's principle)。下面从浓度、压强和温度三个方面分别讨论化学平衡的移动。

1. 浓度对化学平衡的影响

参与反应的物质浓度的改变会影响反应的 Q 值,进而使平衡发生移动。当其他物质浓度保持不变时,增加某一种反应物的浓度,可以使 Q 值因分母增大而减小,即 $Q < K^{\ominus}$。根据勒夏特列原理,平衡将右移以减少该反应物浓度增加的程度,该反应物的转化率减小,而其他反应物的转化率则会相应地增大。例如,硫酸工业常用到反应 $2SO_2(g) + O_2(g) \rightleftharpoons 2SO_3(g)$。理论上原料物质的量之比为 $n_{SO_2} : n_{O_2} = 1 : 0.5$;但实际生产中为了提高 SO_2 的利用率(即其转化率),往往使用过量 O_2,原料的实际投料比通常为 $n_{SO_2} : n_{O_2} = 1 : 1.6$。

> **例 6.4** 一定温度下 HI 的分解反应为 $2HI(g) \rightleftharpoons H_2(g) + I_2(g)$。若初始体系中仅有 1.00 mol HI,当反应达到平衡时测得有 24.4% 的 HI 发生了分解。若要将 HI 的平衡分解率降低到 10.0%,应向该体系中加入多少 mol I_2?

注意:所谓平衡分解率,即为分解反应的平衡转化率。

> **解**:平衡时有 24.4% 的 HI 发生分解,即有 0.244 mol HI 发生分解,生成 0.122 mol H_2 和 I_2。设容器的体积为 a L,则有

	$2HI(g)$	$\rightleftharpoons$	$H_2(g)$	+	$I_2(g)$
初始浓度 /(mol·L^{-1})	$\dfrac{1.00}{a}$		0		0
第一次平衡浓度 /(mol·L^{-1})	$\dfrac{1.00-0.244}{a}$		$\dfrac{0.122}{a}$		$\dfrac{0.122}{a}$

要将 HI 的分解率降低到 10.0%,即达到新平衡时仅有 0.100 mol HI 发生分解,说明该过程由于加入 I_2 而使平衡左移。在平衡移动过程中有 0.244 mol − 0.100 mol = 0.144 mol HI 生成,消耗的 H_2 和 I_2 均为 0.072 mol。设应向第一次建立的平衡体系中加入 x mol I_2,则

	2HI(g)	⇌	H₂(g)	+	I₂(g)
初始浓度/(mol·L⁻¹)	$\dfrac{1.00-0.244}{a}$		$\dfrac{0.122}{a}$		$\dfrac{0.122+x}{a}$
第二次平衡浓度/(mol·L⁻¹)	$\dfrac{1.00-0.100}{a}$		$\dfrac{0.122-0.072}{a}$		$\dfrac{0.122+x-0.072}{a}$

温度不变,故平衡常数 K_c 保持不变,即

$$K_c = \frac{\dfrac{0.122}{a} \times \dfrac{0.122}{a}}{\left(\dfrac{1.00-0.244}{a}\right)^2} = \frac{\dfrac{0.122-0.072}{a} \times \dfrac{0.122+x-0.072}{a}}{\left(\dfrac{1.00-0.100}{a}\right)^2}$$

注意:容器的体积 a 在求解方程时左右相消了,因此该反应的平衡分解率与容器体积无关。

解得 $x = 0.372$,即应向该体系中加入 0.372 mol I_2。

2. 压强对化学平衡的影响

压强的改变对固相或液相反应的平衡位置几乎没有影响。对于 $\Sigma(\nu_X)_{\text{气}} = 0$ 的气相反应,如 $H_2(g) + I_2(g) \rightleftharpoons 2HI(g)$ 等,压强对其平衡也没有影响,因为增大或减小总压对反应物和生成物的分压所产生的影响是等效的。压强的改变,会影响有气体参与且 $\Sigma(\nu_X)_{\text{气}} \neq 0$ 的反应的化学平衡。

如果按照固定比例增加各组分的分压而使恒容体系总压增大,可令 $P(X)_{\text{当前}} = kP(X)_{\text{平衡}}$ 且 $k > 1$,有

$$Q_P = \prod_X \left[\frac{P(X)_{\text{当前}}}{P^{\ominus}}\right]^{\nu_X} = k^{\Sigma(\nu_X)_{\text{气}}} \prod_X \left[\frac{P(X)_{\text{平衡}}}{P^{\ominus}}\right]^{\nu_X} = k^{\Sigma(\nu_X)_{\text{气}}} K_P^{\ominus}$$

若某反应 $\Sigma(\nu_X)_{\text{气}} > 0$,即生成物中气体化学计量数之和大于反应物中气体化学计量数之和的绝对值,$k^{\Sigma(\nu_X)_{\text{气}}} > 1$,因此 $Q_P > K_P^{\ominus}$。根据勒夏特列原理,平衡将左移以减少总压增大的程度。相反,若某气相反应 $\Sigma(\nu_X)_{\text{气}} < 0$,则平衡将右移。不论哪种情况,总压增大时平衡均向气体化学计量数绝对值减小(即体积减小)的方向移动。如果通过加入不参与反应的气体而使恒容体系总压增大,由于各组分的分压均保持不变,反应商不变,则平衡不发生移动。

体积的改变也会影响化学平衡。通常将体积的改变归结为浓度或压强的改变来讨论,即体积增大相当于浓度或压强减小,而体积减小相当于浓度或压强增大。

» 例 6.5 325 K 时,将一定量 N_2O_4 封入密闭容器中发生反应 $N_2O_4(g) \rightleftharpoons 2NO_2(g)$,当体系的平衡总压为 100.0 kPa 时,测得 N_2O_4 的分解率为 50.2%。保持反应温度不变,将体系的平衡总压增大到 1000.0 kPa,计算 N_2O_4 的平衡分解率。

» 解:设反应前 $N_2O_4(g)$ 的压强为 P_0,平衡分解率为 α,则

	$N_2O_4(g)$	⇌	$2NO_2(g)$
起始分压	P_0		0
平衡分压	$P_0(1-\alpha)$		$2P_0\alpha$

$$P_{总} = P_0(1-\alpha) + 2P_0\alpha = P_0(1+\alpha)$$

$$P_0 = \frac{P_{总}}{1+\alpha}$$

$$K_P = \frac{(2P_0\alpha)^2}{P_0(1-\alpha)} = \frac{4P_0\alpha^2}{1-\alpha} = \frac{4P_{总}\alpha^2}{(1+\alpha)(1-\alpha)} = \frac{4P_{总}\alpha^2}{1-\alpha^2}$$

将 $P_{总,1} = 100.0$ kPa、$\alpha_1 = 50.2\%$ 和 $P_{总,2} = 1000.0$ kPa 代入，可得

$$\frac{4 \times 100.0 \text{ kPa} \times (50.2\%)^2}{1-(50.2\%)^2} = \frac{4 \times 1000.0 \text{ kPa} \times \alpha_2^2}{1-\alpha_2^2}$$

解方程可得，$\alpha_2 = 18.1\%$，即总压增大到 1000.0 kPa 时 N_2O_4 的平衡分解率为 18.1%。

思考题：若其他条件保持不变，仅将体系的平衡总压减小至 10.0 kPa，N_2O_4 的平衡分解率会如何变化？

3. 温度对化学平衡的影响

平衡常数 $K^\ominus$ 是温度的函数，温度对化学平衡的影响，体现在其对 $K^\ominus$ 的影响上。根据勒夏特列原理，温度升高时平衡将向吸热的方向移动，因此吸热反应的平衡右移，而放热反应的平衡左移。相反，温度降低时平衡将向放热的方向移动，因此吸热反应的平衡左移，而放热反应的平衡右移。与此相关的定量计算涉及平衡与热力学的关系，将在下一节讨论。

6.3 平衡与热力学的关系
（Relationship Between Equilibrium and Thermochemistry）

上一节介绍了怎样通过 $Q/K^\ominus$ 值预测化学反应自发进行的方向。前述 5.5 节曾引入一个新状态函数吉布斯自由能（G），并可以通过吉布斯自由能变（ΔG）来预测常规条件下（即恒温恒压且没有非体积功时）化学反应的自发性。同样是预测化学反应的自发性，二者之间必然存在联系，可以用范托夫等温式相关联。

范托夫等温式

先来看范托夫等温式的推导过程。对于在温度 T 下发生的某气相反应，将所有气体均视为理想气体，来考虑 ΔG 与 $Q/K^\ominus$ 值的关系。由于理想气体的焓仅为温度的函数而与压强无关，恒温时 $\Delta H = \Delta H^\ominus$ 成立，因此

$$\Delta G = \Delta H - T\Delta S = \Delta H^\ominus - T\Delta S \tag{6.9}$$

注意：回顾 5.2 节，理想气体的内能仅是温度的函数，恒温时 $\Delta U = \Delta U^\ominus$ 成立。同时，理想气体 $\Delta(PV) = \Delta(nRT) = 0$，因此 $\Delta H^\ominus = \Delta U^\ominus + \Delta(PV) = \Delta U + \Delta(PV) = \Delta H$。

接下来推导 ΔS 与 $\Delta S^\ominus$ 的关系。对于理想气体恒温膨胀过程，$\Delta U = 0$ 且 $q = -w$。如果该过程以可逆的方式进行，则恒温可逆膨胀的功为

$$w_{可逆} = nRT\ln\frac{P_{终}}{P_{始}}$$

恒温可逆膨胀的热为

$$q_{可逆} = -w_{可逆} = -nRT\ln\frac{P_{终}}{P_{始}}$$

不论实际过程是否可逆,恒温膨胀的摩尔熵变均为

$$\Delta S = \frac{q_{可逆}}{nT} = -R\ln\frac{P_{终}}{P_{始}} = S_{终} - S_{始}$$

假定该实际过程的始态为标准态,即 $P_{始} = P^{\ominus} = 1 \text{ bar}$ 且 $S_{始} = S^{\ominus}$,则有

$$S_{终} = S^{\ominus} - R\ln\frac{P_{终}}{P^{\ominus}}$$

省略下标,即可得理想气体 S 与 $S^{\ominus}$ 的关系为

$$S = S^{\ominus} - R\ln\frac{P}{P^{\ominus}}$$

因此,对于在温度 T 下发生的理想气体反应,ΔS 可写为

$$\Delta S = \Delta S^{\ominus} - R\ln Q \tag{6.10}$$

其中 Q 为该气相反应的反应商,由下式给出

$$Q = Q_P = \prod_{X}\left[\frac{P(X)_{当前}}{P^{\ominus}}\right]^{\nu_X}$$

将式(6.10)代入式(6.9),可得

$$\Delta G = \Delta H^{\ominus} - T\Delta S = \Delta H^{\ominus} - T(\Delta S^{\ominus} - R\ln Q)$$

即

$$\Delta G = \Delta G^{\ominus} + RT\ln Q \tag{6.11}$$

上式要求反应过程保持温度不变,称为**范托夫等温式**(van't Hoff isothermal equation)。虽然上述推导过程对应于气相反应,但范托夫等温式普遍适用于所有反应。

如果一个反应已经处于平衡态,则有 $\Delta G = 0$ 且 $Q = K^{\ominus}$。将其应用于式(6.11),即可将标准吉布斯自由能变 $\Delta G^{\ominus}$ 与标准平衡常数 $K^{\ominus}$ 相关联,有

$$\Delta G^{\ominus} = -RT\ln K^{\ominus} \tag{6.12}$$

这意味着从附录 C.1 的热力学数据 $\Delta G_f^{\ominus}$ 出发,计算出某个化学反应的 $\Delta G^{\ominus}$ 后,即可得到 298.15 K 下该反应的标准平衡常数 $K^{\ominus}$。将式(6.12)代入式(6.11),可得

$$\Delta G = -RT\ln K^{\ominus} + RT\ln Q = RT\ln\frac{Q}{K^{\ominus}} \tag{6.13}$$

式(6.13)是范托夫等温式的另一种形式,直接将非标准吉布斯自由能变 ΔG 与 $Q/K^{\ominus}$ 相关联。显然有

1) 当 $Q/K^\ominus = 1$ 时，$\Delta G = 0$，反应处于平衡态；
2) 当 $Q/K^\ominus < 1$ 时，$\Delta G < 0$，正反应自发而逆反应非自发；
3) 当 $Q/K^\ominus > 1$ 时，$\Delta G > 0$，正反应非自发而逆反应自发。

ΔG 代表任意状态的吉布斯自由能变，而 $\Delta G^\ominus$ 代表标准态下的吉布斯自由能变，对应于反应物和生成物均处于标准态。$\Delta G^\ominus = 0$ 对应于 $K^\ominus = 1$，$\Delta G^\ominus$ 可作为标准态下反应自发性的判据。然而实际体系中参与反应的各物质很可能并不处于标准态，而且反应在标准态下不能自发进行，并不意味着在非标准态下也不能自发进行。因此，具有普遍实际意义的自发性判据是 ΔG 和 $Q/K^\ominus$。

如果一个反应的标准平衡常数 $K^\ominus$ 值很大，意味着平衡时生成物浓度很大而反应物浓度接近于 0，即正反应进行完全而逆反应几乎不发生，反应限度相当大。这时 $\Delta G^\ominus < 0$，说明反应在标准态下可以自发正向进行。而在非标准态下该反应是否也能自发正向进行，取决于 ΔG 是否小于 0 或 $Q/K^\ominus$ 是否小于 1。但 $K^\ominus$ 值越大（或 $\Delta G^\ominus$ 值越小），在一般情况越可能满足 $Q/K^\ominus < 1$（或 $\Delta G < 0$），从而使反应自发正向进行。298.15 K 下 $\Delta G^\ominus$ 数据齐全、选用方便，虽然不能用其严格判定非标准态下一个反应的自发性，但仍可用于粗估反应自发进行的方向或反应限度。特别是当 $\Delta G^\ominus$ 值非常大或非常小时，实际压强、浓度等条件的变化对反应自发性的影响很小，通常可忽略不计。一般常用 $K^\ominus = 10^{\pm 7}$ 即 $\Delta G^\ominus = \pm 40 \text{ kJ·mol}^{-1}$ 作为区分反应限度的分界值，有

> **注意：** 平衡有利于生成物意味着平衡态时反应体系几乎全为生成物而基本没有反应物。

1) 当 $K^\ominus > 10^7$ 即 $\Delta G^\ominus < -40 \text{ kJ·mol}^{-1}$ 时，正反应基本进行完全而逆反应几乎不发生，平衡有利于生成物；
2) 当 $K^\ominus < 10^{-7}$ 即 $\Delta G^\ominus > 40 \text{ kJ·mol}^{-1}$ 时，逆反应基本进行完全而正反应几乎不发生，平衡有利于反应物；
3) 当 $10^{-7} < K^\ominus < 10^7$ 即 $-40 \text{ kJ·mol}^{-1} < \Delta G^\ominus < 40 \text{ kJ·mol}^{-1}$ 时，需结合实际反应条件进行具体分析。

》例 6.6 已知 $2\text{NO}(g) + \text{Br}_2(g) \rightleftharpoons 2\text{NOBr}(g)$ 是放热反应，查阅热力学数据，预测下列初始状态时反应自发进行的方向。

状态	温度 T/K	初始分压 P/bar		
		$P(\text{NO})$	$P(\text{Br}_2)$	$P(\text{NOBr})$
Ⅰ	298	0.0100	0.0100	0.0450
Ⅱ	298	0.1000	0.0100	0.0450
Ⅲ	273	0.1000	0.0100	0.1080

》解： 查附录 C.1 可知 298 K 时

$$\begin{array}{cccc} & 2\text{NO}(g) & + \text{Br}_2(g) & \rightleftharpoons 2\text{NOBr}(g) \\ \Delta G_f^\ominus/(\text{kJ·mol}^{-1}) & 87.6 & 3.1 & 82.4 \end{array}$$

$$\Delta G^\ominus = 82.4 \times 2 - 87.6 \times 2 - 3.1 = -13.5 \text{ kJ·mol}^{-1}$$

由范托夫等温式，可得

$$\ln K^{\ominus} = -\frac{\Delta G^{\ominus}}{RT} = \frac{13.5 \times 10^3 \text{ J} \cdot \text{mol}^{-1}}{8.314 \text{ J} \cdot \text{mol}^{-1} \cdot \text{K}^{-1} \times 298 \text{ K}} = 5.45$$

$$K^{\ominus} = 232$$

比较 Q 与 $K^{\ominus}$，即可预测反应自发进行的方向：

$$Q_{\text{I}}(298 \text{ K}) = \frac{0.0450^2}{0.0100^2 \times 0.0100} = 2.03 \times 10^3 > K^{\ominus}(298 \text{ K})$$

$$Q_{\text{II}}(298 \text{ K}) = \frac{0.0450^2}{0.1000^2 \times 0.0100} = 20.3 < K^{\ominus}(298 \text{ K})$$

因此状态 I 时反应自发逆向进行，状态 II 时反应自发正向进行。

$$Q_{\text{III}}(273 \text{ K}) = \frac{0.1080^2}{0.1000^2 \times 0.0100} = 117 < K^{\ominus}(298 \text{ K})$$

此反应为放热反应，$K^{\ominus}(298 \text{ K}) < K^{\ominus}(273 \text{ K})$，故 $Q_{\text{III}}(273 \text{ K}) < K^{\ominus}(273 \text{ K})$，状态 III 时反应自发正向进行。

注意：温度降低平衡向放热方向移动，因此当温度从 298 K 降低到 273 K 时平衡右移，$K^{\ominus}$ 增大。

范托夫方程

$\Delta G^{\ominus}$ 与温度有关，可写为

$$-RT \ln K^{\ominus} = \Delta G^{\ominus} = \Delta H^{\ominus} - T\Delta S^{\ominus}$$

两边同时除以 $-RT$，得

$$\ln K^{\ominus} = -\frac{\Delta H^{\ominus}}{RT} + \frac{\Delta S^{\ominus}}{R} \tag{6.14}$$

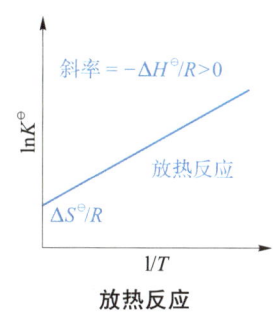

放热反应

在没有发生相变且温度变化范围不大时，$\Delta H^{\ominus}$ 和 $\Delta S^{\ominus}$ 随温度的变化不显著，一般可忽略。用 $\ln K^{\ominus}$ 对 $1/T$ 作图，可得一条斜率为 $-\Delta H^{\ominus}/R$、截距为 $\Delta S^{\ominus}/R$ 的直线。显然，对于放热反应，$\Delta H^{\ominus} < 0$，直线斜率为正；随着温度升高，$K^{\ominus}$ 减小。对于吸热反应，$\Delta H^{\ominus} > 0$，直线斜率为负；随着温度升高，$K^{\ominus}$ 增大。

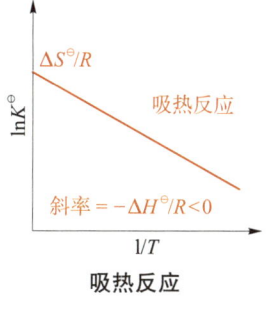

吸热反应

取两个不同温度 T_1 和 T_2，对应的标准平衡常数分别为 $K_1^{\ominus}$ 和 $K_2^{\ominus}$，则有

$$\ln K_1^{\ominus} = -\frac{\Delta H^{\ominus}}{RT_1} + \frac{\Delta S^{\ominus}}{R}$$

$$\ln K_2^{\ominus} = -\frac{\Delta H^{\ominus}}{RT_2} + \frac{\Delta S^{\ominus}}{R}$$

两式相减，可得

$$\ln \frac{K_2^{\ominus}}{K_1^{\ominus}} = -\frac{\Delta H^{\ominus}}{R}\left(\frac{1}{T_2} - \frac{1}{T_1}\right) \tag{6.15}$$

该式由荷兰化学家范托夫在 1884 年首先提出，因此命名为**范托夫方程**（van't Hoff

equation)。当反应的 $\Delta H^\ominus$ 已知时，只要测定某一温度 T_1 的标准平衡常数 $K_1^\ominus$，即可利用范托夫方程求另一温度 T_2 的 $K_2^\ominus$。当两个温度的标准平衡常数已知时，也可利用范托夫方程求得反应的 $\Delta H^\ominus$。

前述 4.4 节介绍的克劳修斯-克拉佩龙方程式(4.51)和式(4.54)可视为范托夫方程式(6.15)的特殊情况，分别对应于气-液相平衡和气-固相平衡，前者的平衡常数为饱和蒸气压，且有 $\Delta H^\ominus = \Delta H_{蒸发}$，后者的平衡常数为饱和升华压，且有 $\Delta H^\ominus = \Delta H_{升华}$。

» 例 6.7 钢铁零件通常要在 900 ℃ 左右进行热处理，通过控制气氛进行脱碳氧化或渗碳，从而控制零件表层的碳含量。该过程涉及一个重要的化学平衡反应：$C(s) + CO_2(g) \rightleftharpoons 2CO(g)$。试由热力学数据分别计算该反应在 25 ℃ 和 900 ℃ 时的 $\Delta G^\ominus$ 与 $K^\ominus$，并简要说明其意义。

» 解： 查附录 C.1 可知 298 K 时

	C(s)	+	$CO_2(g)$	$\rightleftharpoons$	2CO(g)
$\Delta H_f^\ominus/(kJ \cdot mol^{-1})$	0		-393.5		-110.5
$\Delta G_f^\ominus/(kJ \cdot mol^{-1})$	0		-394.4		-137.2

$$\Delta G_1^\ominus = -137.2 \text{ kJ} \cdot mol^{-1} \times 2 - 0 - (-394.4 \text{ kJ} \cdot mol^{-1}) = 120.0 \text{ kJ} \cdot mol^{-1}$$

由范托夫等温式，可得

$$\ln K_1^\ominus = -\frac{\Delta G_1^\ominus}{RT_1} = -\frac{120.0 \times 10^3 \text{ J} \cdot mol^{-1}}{8.314 \text{ J} \cdot mol^{-1} \cdot K^{-1} \times 298 \text{ K}} = -48.43$$

$$K_1^\ominus = 9.27 \times 10^{-22}$$

要计算反应在 900 ℃ 即 1173 K 时的 $K_2^\ominus$，需使用范托夫方程，故要先计算反应的 $\Delta H^\ominus$，有

$$\Delta H^\ominus = -110.5 \text{ kJ} \cdot mol^{-1} \times 2 - 0 - (-393.5 \text{ kJ} \cdot mol^{-1}) = 172.5 \text{ kJ} \cdot mol^{-1}$$

代入范托夫方程，可得

$$\ln \frac{K_2^\ominus}{9.27 \times 10^{-22}} = -\frac{172.5 \times 10^3 \text{ J} \cdot mol^{-1}}{8.314 \text{ J} \cdot mol^{-1} \cdot K^{-1}} \times \left(\frac{1}{1173 \text{ K}} - \frac{1}{298 \text{ K}}\right) = 51.94$$

$$K_2^\ominus = 33.4$$

$$\Delta G_2^\ominus = -RT_2 \ln K_2^\ominus = -8.314 \text{ J} \cdot mol^{-1} \cdot K^{-1} \times 1173 \text{ K} \times \ln 33.4 = -34.2 \text{ kJ} \cdot mol^{-1}$$

意义分析： 由计算可知，反应 $C(s) + CO_2(g) \rightleftharpoons 2CO(g)$ 在 25 ℃ 的 $\Delta G^\ominus > 40 \text{ kJ} \cdot mol^{-1}$，$K^\ominus \ll 10^{-7}$，说明在常温下堆放的煤炭不会与空气中的 CO_2 自发反应转化成有毒的 CO。而在 900 ℃ 的高温条件下，$\Delta G^\ominus = -34.2 \text{ kJ} \cdot mol^{-1}$，正反应自发，将有利于 CO 的生成；同时，$K^\ominus = 33.4$ 适中，故很容易通过控制气氛中 CO 与 CO_2 的比例来调控反应进行的方向，从而控制钢铁零件脱碳氧化或渗碳。

吉布斯自由能变、平衡与自发过程的方向（B）

前文已经介绍了 ΔG 与 $Q/K^{\ominus}$ 的关系，这里再以图像的形式对自发过程的判据及其与 ΔG 和 $Q/K^{\ominus}$ 的关系进行小结。如图 6.2 所示，将某个化学反应体系在某一确定条件下的吉布斯自由能 G 对反应进度 ξ 作图，可得一条曲线。曲线最左端的点代表反应物，最右端的点代表生成物，均处于热力学标准态，$\Delta G^{\ominus}$ 即为生成物与反应物之间的标准吉布斯自由能变；平衡点必然位于反应物和生成物之间的某处。

> **注意**：反应限度是可逆反应在某确定条件下所能达到的极限程度，对应于平衡态，各物质活度满足 $K^{\ominus}$ 表达式；而反应进度是化学反应当前进行的程度，可以处于平衡态也可以处于非平衡态，各物质活度对应于反应商 Q。

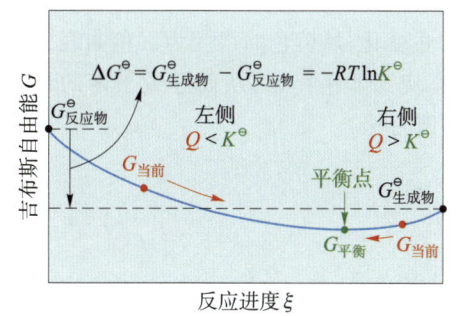

(a) $|\Delta G^{\ominus}|$ 较小时，平衡点位于反应物和生成物的中点附近

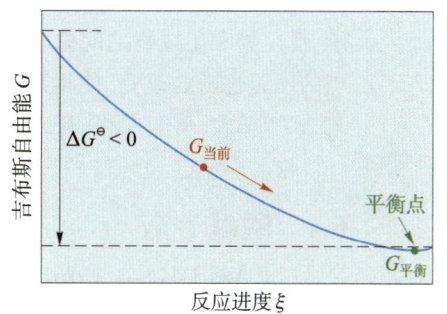

(b) $\Delta G^{\ominus}$ 为负值且 $|\Delta G^{\ominus}|$ 很大时，平衡有利于生成物

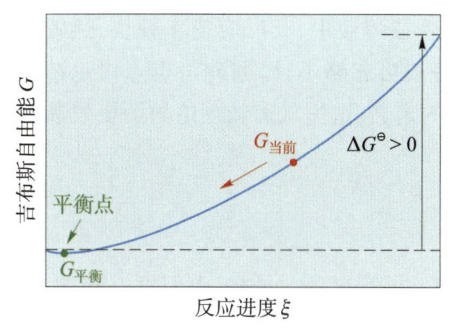

(c) $\Delta G^{\ominus}$ 为正值且 $|\Delta G^{\ominus}|$ 很大时，平衡有利于反应物

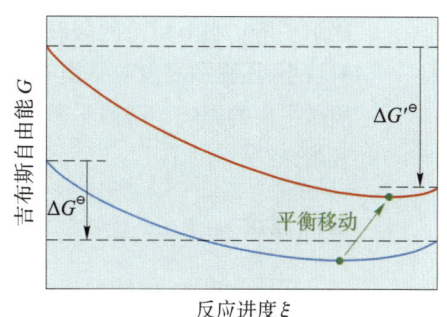

(d) $\Delta G^{\ominus}$ 随温度变化，曲线形状和平衡点位置随之改变，导致平衡移动

图 6.2　吉布斯自由能变、平衡与自发过程方向的关系

所有化学反应均包含正反应和逆反应，且正、逆反应自发进行的方向均为 G 减小的方向，直至达到该确定条件下的平衡态，这意味着平衡态必须是在该条件下反应体系所具有的所有状态中 G 最小的状态，即对应于图 6.2 曲线的最低点。换言之，吉布斯自由能 G 的减少是恒温恒压下化学反应自发达到平衡的驱动力。当处于平衡态（$Q = K^{\ominus}$）时，反应体系的 G 已经达到了该条件下的最小值（$G_{当前} = G_{平衡}$），因此自发反应的驱动力为 0，反应体系不再发生净变化。而只要 G 尚未达到该条件下的最小值，反应体系就没有达到平衡态，反应即会以 $G_{当前} - G_{平衡}$ 为驱动力向平衡态方向自发地进行。反应体系的 $G_{当前}$ 越远离最小值，即 $G_{当前} - G_{平衡}$ 越大，反应自发达到平衡的驱动力就越大。

> **注意**：$\Delta G^{\ominus} = G^{\ominus}_{生成物} - G^{\ominus}_{反应物} = (G^{\ominus}_{生成物} - G^{\ominus}_{平衡}) - (G^{\ominus}_{反应物} - G^{\ominus}_{平衡})$，$G^{\ominus}_{生成物} - G^{\ominus}_{平衡}$ 是标准态下逆反应自发进行的驱动力，而 $G^{\ominus}_{反应物} - G^{\ominus}_{平衡}$ 是标准态下正反应自发进行的驱动力。

当 $|\Delta G^{\ominus}|$ 较小即 $G^{\ominus}_{反应物}$ 和 $G^{\ominus}_{生成物}$ 差别不大时，平衡点将位于反应物和生成物的中点附近，平衡时反应体系中同时含有大量反应物和生成物，如图 6.2a 所示。满足 $Q < K^{\ominus}$ 的反应体系位于平衡点左侧，净反应将沿 G 减小的方向即向右自发进行，直至最终达到平衡；而满足 $Q > K^{\ominus}$ 的反应体系位于平衡点右侧，将自发向左发生净反应以达到平衡。

当 $\Delta G^{\ominus}$ 为负值且 $|\Delta G^{\ominus}|$ 很大（通常 $\Delta G^{\ominus} < -40 \text{ kJ·mol}^{-1}$）时，平衡点必然非常

靠近代表生成物的点,说明平衡态时反应体系几乎全为生成物而基本没有反应物,平衡有利于生成物,达到平衡时正反应基本进行完全而逆反应几乎不发生,如图 6.2b 所示。相反,当 $\Delta G^{\ominus}$ 为正值且 $|\Delta G^{\ominus}|$ 很大(通常 $\Delta G^{\ominus} > 40$ kJ·mol^{-1})时,平衡点必然非常靠近代表反应物的点,说明平衡态时反应体系几乎全为反应物而基本没有生成物,平衡有利于反应物,达到平衡时正反应几乎不发生而逆反应基本进行完全,如图 6.2c 所示。

当温度改变时,$G^{\ominus}_{反应物}$ 和 $G^{\ominus}_{生成物}$ 均发生变化,$\Delta G^{\ominus}$ 也随之改变。如图 6.2d 所示,反应物和生成物之间曲线的形状会发生变化,从蓝色曲线变为红色曲线,平衡点的位置也随之改变,使得原来的平衡态变为非平衡态,从而导致平衡的移动。若 $\Delta G^{\ominus}$ 增大,平衡左移;若 $\Delta G^{\ominus}$ 减小,平衡右移。

6.4 酸碱平衡
(Acid-Base Equilibria)

本章前三节概述了化学平衡原理,6.4 ~ 6.7 节会将这些原理分别应用于四大化学平衡。本节讨论的酸碱平衡通常发生在溶液中,其反应速率较快、热效应相对较小,压强和温度对平衡常数的影响一般可忽略不计,因此将重点讨论浓度对酸碱平衡的影响。酸碱平衡涉及酸和碱的定义,这里从酸碱理论的历史发展过程开始介绍。

酸碱理论

在科学史上,酸碱理论经历了一系列发展和更新。最初,人们把有酸味、能使蓝色石蕊变红的物质称为酸;把有涩味、能使红色石蕊变蓝的物质称为碱。

1. 阿伦尼乌斯酸碱理论

1887 年瑞典科学家阿伦尼乌斯(Svante Arrhenius)基于 4.6 节介绍的电离理论,首先提出酸碱的现代定义:凡是在水溶液中电离出的阳离子皆为 H^+ 的物质称为**酸**(acid),电离出的阴离子皆为 OH^- 的物质称为**碱**(base)。根据该定义,酸碱反应即为 H^+ 和 OH^- 的中和反应(neutralization reaction),可写为

$$酸(aq) + 碱(aq) \Longleftrightarrow 盐(aq) + 水(l) \tag{6.16}$$

离子方程式均为

$$H^+(aq) + OH^-(aq) \Longleftrightarrow H_2O(l)$$

阿伦尼乌斯酸碱理论提高了对酸碱本质的认识,但具有较为显著的局限性,包括:

1) 仅限于水溶液,不包含非水溶液,不能解释非水体系的酸碱性;
2) 不能解释如 BF_3、NH_4Cl 等物质的酸性以及如 NH_3、Na_2CO_3 等物质的碱性;
3) 没有揭示溶剂在酸、碱电离中的关键作用;例如,H^+ 在水溶液中不能单独存在,而是以水合离子的形式存在,一般用 H_3O^+ 表示;
4) 既可作酸又可作碱的物质称为**两性物质**(amphiprotic substance);阿伦尼乌斯

酸碱理论中只有一种两性物质即水,因此不能解释如 $NaHCO_3$ 等盐的两性。

2. 布朗斯特-劳里酸碱理论

1923年丹麦化学家布朗斯特(Johannes N. Brønsted)和英国化学家劳里(Thomas M. Lowry)分别独立提出**酸碱质子理论**(proton theory of acids and bases),又称布朗斯特-劳里酸碱理论。在该理论中,凡是能给出质子(H^+)的物质称为酸,凡是能接受质子的物质称为碱。酸给出质子后变为其共轭碱,共轭碱接受质子后又变回酸,该过程可表示为

$$酸 \rightleftharpoons 共轭碱 + H^+$$

类似地,碱接受质子后变为其共轭酸,共轭酸给出质子后又变回碱,该过程可表示为

$$碱 + H^+ \rightleftharpoons 共轭酸$$

一对相互共轭的酸和碱合称**共轭酸碱对**(conjugate pairs)。酸碱反应即为处于电离平衡的共轭酸碱对之间发生的质子传递反应,可表示为

$$酸1 + 碱2 \rightleftharpoons 共轭酸2 + 共轭碱1$$

或

$$H^+A + B \rightleftharpoons H^+B + A \tag{6.17}$$

其中 A 是酸 H^+A 的共轭碱,H^+B 是碱 B 的共轭酸。在此酸碱反应中,质子从酸 H^+A 转移到碱 B,因此酸是**质子给体**(proton donor)而碱是**质子受体**(proton acceptor)。在酸碱反应中,酸被去质子化(deprotonate)而碱被质子化(protonate)。

> **注意**:共轭酸碱对的半反应不能单独存在。酸自身并不能自动给出质子,必须有碱接受质子,酸才能变为其共轭碱。类似地,必须有酸给出质子,碱才能接受质子变为其共轭酸。

布朗斯特-劳里理论的酸碱范围比阿伦尼乌斯理论更为宽泛,同时包含了水溶液和非水溶液,且酸碱既可以是分子型也可以是离子型。很多在阿伦尼乌斯理论里视为盐的物质,均含有布朗斯特-劳里酸碱,如 NH_4Cl 中的 NH_4^+ 是酸,NaAc 中的 Ac^- 是碱。所谓盐的"水解",实际上就是盐中的酸或碱与溶剂 H_2O 分子之间质子传递的过程。例如:

$$Ac^-(aq) + H_2O(l) \rightleftharpoons HAc(aq) + OH^-(aq)$$

其中溶剂水作为酸,与碱 Ac^- 发生酸碱反应,水给出质子变为其共轭碱 OH^-,而 Ac^- 接受质子变为其共轭酸 HAc。

布朗斯特-劳里理论的两性物质范围也比阿伦尼乌斯理论更为宽泛。例如,水溶液中 HCO_3^- 既能给出质子生成 CO_3^{2-} 和 H_3O^+,有

$$HCO_3^-(aq) + H_2O(l) \rightleftharpoons H_3O^+(aq) + CO_3^{2-}(aq)$$

其中 HCO_3^- 是酸而水是碱;HCO_3^- 也能从水中接受质子生成 H_2CO_3 和 OH^-,有

$$HCO_3^-(aq) + H_2O(l) \rightleftharpoons OH^-(aq) + H_2CO_3(aq)$$

其中 HCO_3^- 是碱而水是酸。因此在布朗斯特-劳里理论中,HCO_3^- 是两性物质。

至于 HCO_3^- 水溶液究竟显酸性还是碱性,取决于以上两个反应向右进行倾向性的大小,将在本节后续内容中进一步讨论。

根据给出或接受质子的能力,或者与溶剂反应后电离的程度,可将酸碱分为强酸、强碱和弱酸、弱碱。强酸强碱给出或接受质子的能力都很强,基本完全电离。例如,HCl 是强酸,其电离方程式为

$$HCl(aq) + H_2O(l) \longrightarrow H_3O^+(aq) + Cl^-(aq)$$

$$K_a^\ominus = \frac{a(H_3O^+)a(Cl^-)}{a(HCl)} > 10^6 \tag{6.18}$$

注意: 由于正反应基本进行完全而逆反应几乎不发生,在强酸、强碱的电离方程式中通常使用箭头而不用平衡符号。

其中 $K_a^\ominus$ 称为**酸式电离常数**(acid ionization constant)。若将其视为理想溶液,并用 $[X]$ 代表物质 X 在平衡时的相对浓度,即 $[X] = c(X)_{平衡}/c^\ominus = a(X)_{平衡}$ 且 $\gamma(X) = 1$,则上式也可写为

$$K_a^\ominus = \frac{[H_3O^+][Cl^-]}{[HCl]} > 10^6$$

为书写简便,本章后续内容将所有物质均视为理想(除非明确指出),统一使用 $[X]$ 代替 $a(X)_{平衡}$,用 $c(X)$ 代替 $c(X)/c^\ominus$ 表示非平衡态时的相对浓度,提醒读者阅读时留意。

Cl^- 是强酸 HCl 的共轭碱,其水解反应(即上述反应的逆反应)几乎不发生,因此 Cl^- 是一个极弱碱。一般而言,酸的酸性越强,其共轭碱的碱性就越弱,反之亦然。

弱酸弱碱给出或接受质子的能力都很弱,只能部分电离,会形成电离平衡。例如,NH_3 是弱碱,其电离平衡式为

$$NH_3(aq) + H_2O(l) \rightleftharpoons NH_4^+(aq) + OH^-(aq)$$

$$K_b^\ominus = \frac{[NH_4^+][OH^-]}{[NH_3]} = 1.8 \times 10^{-5} \tag{6.19}$$

其中 $K_b^\ominus$ 称为**碱式电离常数**(base ionization constant)。可以用酸式或碱式电离常数的大小,来区分弱酸弱碱的相对强弱。

酸碱的相对强弱不仅与其自身相关,也取决于溶剂。例如,HAc 在水溶液中表现为弱酸,但在液氨溶液中表现为中强酸,这是因为 NH_3 是比水更强的碱,比水更容易接受质子。而 HAc 在 HF 溶液中则表现为碱,这是因为 HF($K_a^\ominus = 6.3 \times 10^{-4}$)的酸性比 HAc($K_a^\ominus = 1.75 \times 10^{-5}$)更强,HAc 在 HF 溶液中可以接受质子形成 H_2Ac^+。

水是最为常用的溶剂,若不加说明,本书中默认的溶剂即为水。H_3O^+ 和 OH^- 分别是水中所能存在的最强酸和最强碱,因为更强的酸碱将立即与水反应生成 H_3O^+ 和 OH^-,这种效应称为溶剂的**拉平效应**(leveling effect)。例如,$HClO_4$ 和 HCl 在水溶液中均完全电离,故其酸性均被拉平至 H_3O^+ 的酸性。为了证明 $HClO_4$ 的酸性比 HCl 更强,需要使用一个比水更难接受质子的溶剂如冰醋酸。在冰醋酸中 $HClO_4$ 给出质子的程度高于 HCl,表明其酸性更强。能够区分酸或碱的相对强弱的

溶剂称为区分溶剂,具有**区分效应**(differentiating effect)。

表 6.2 及附录 C.2 列出了水溶液中的一些常见共轭酸碱对及其 $K_a^\ominus$ 值。表的左侧为酸,从上至下相对酸性逐渐减弱;右侧为对应酸的共轭碱,从上至下相对碱性逐渐增强。通常以 H_3O^+ 和 H_2O 作为分界线。H_3O^+ 以上的酸均为极强酸,在水溶液中基本完全电离,不能以分子形式存在,其共轭碱的碱性极弱。位于 H_3O^+ 和 H_2O 之间的酸是在水溶液中能够存在的弱酸,其共轭碱相应地位于 H_2O 和 OH^- 之间,是在水溶液中能够存在的弱碱。可以通过 $K_a^\ominus$ 的大小,来比较浓度相同的弱酸、弱碱的相对强度。位于 H_2O 以下的酸是在水溶液中几乎不发生电离的极弱酸,其共轭碱是基本完全电离的极强碱,在水中不能以分子形式存在。

酸碱反应自发进行的方向总是由强到弱。由强酸和强碱生成弱酸和弱碱的反应基本进行完全,而由弱酸和弱碱生成强酸和强碱的反应会形成平衡且平衡常数较小。例如

$$\underset{\text{极强酸}}{HCl} + \underset{\text{强碱}}{OH^-} \longrightarrow \underset{\text{极弱碱}}{Cl^-} + \underset{\text{弱酸}}{H_2O} \quad \text{反应完全}$$

表 6.2　298.15 K 下水溶液中的一些常见共轭酸碱对的相对强度、电离方程式及 $K_a^\ominus$ 值

酸		电离方程式	$K_a^\ominus$	碱	
相对强度	化学式			化学式	相对强度
极强	$HClO_4$	$HClO_4 + H_2O \longrightarrow H_3O^+ + ClO_4^-$	$\gg 1$	ClO_4^-	极弱
	HI	$HI + H_2O \longrightarrow H_3O^+ + I^-$		I^-	
	HBr	$HBr + H_2O \longrightarrow H_3O^+ + Br^-$		Br^-	
	HCl	$HCl + H_2O \longrightarrow H_3O^+ + Cl^-$		Cl^-	
	H_2SO_4	$H_2SO_4 + H_2O \longrightarrow H_3O^+ + HSO_4^-$		HSO_4^-	
	HNO_3	$HNO_3 + H_2O \longrightarrow H_3O^+ + NO_3^-$		NO_3^-	
强	H_3O^+	$H_3O^+ + H_2O \rightleftharpoons H_3O^+ + H_2O$	1	H_2O	
弱	H_2SO_3	$H_2SO_3 + H_2O \rightleftharpoons H_3O^+ + HSO_3^-$	$1.4 \times 10^{-2} (K_{a1}^\ominus)$	HSO_3^-	弱
	HSO_4^-	$HSO_4^- + H_2O \rightleftharpoons H_3O^+ + SO_4^{2-}$	$1.0 \times 10^{-2} (K_{a2}^\ominus)$	SO_4^{2-}	
	H_3PO_4	$H_3PO_4 + H_2O \rightleftharpoons H_3O^+ + H_2PO_4^-$	$6.9 \times 10^{-3} (K_{a1}^\ominus)$	$H_2PO_4^-$	
	HF	$HF + H_2O \rightleftharpoons H_3O^+ + F^-$	6.3×10^{-4}	F^-	
	HNO_2	$HNO_2 + H_2O \rightleftharpoons H_3O^+ + NO_2^-$	5.6×10^{-4}	NO_2^-	
	CH_3COOH	$CH_3COOH + H_2O \rightleftharpoons H_3O^+ + CH_3COO^-$	1.75×10^{-5}	CH_3COO^-	
	H_2CO_3	$H_2CO_3 + H_2O \rightleftharpoons H_3O^+ + HCO_3^-$	$4.5 \times 10^{-7} (K_{a1}^\ominus)$	HCO_3^-	
	HCN	$HCN + H_2O \rightleftharpoons H_3O^+ + CN^-$	6.2×10^{-10}	CN^-	
	NH_4^+	$NH_4^+ + H_2O \rightleftharpoons H_3O^+ + NH_3$	5.6×10^{-10}	NH_3	
	HCO_3^-	$HCO_3^- + H_2O \rightleftharpoons H_3O^+ + CO_3^{2-}$	$4.7 \times 10^{-11} (K_{a2}^\ominus)$	CO_3^{2-}	
	H_2O	$H_2O + H_2O \rightleftharpoons H_3O^+ + OH^-$	1.0×10^{-14}	OH^-	强
极弱	CH_3OH	$CH_3OH + H_2O \rightleftharpoons H_3O^+ + CH_3O^-$	3.2×10^{-16}	CH_3O^-	极强
	NH_3	$NH_3 + H_2O \rightleftharpoons H_3O^+ + NH_2^-$	1.8×10^{-19}	NH_2^-	

$$H_2SO_4 + H_2O \longrightarrow HSO_4^- + H_3O^+ \quad \text{反应基本完全}$$
极强酸　　　弱碱　　　极弱碱　　强酸

$$HSO_4^- + H_2O \rightleftharpoons SO_4^{2-} + H_3O^+ \quad \text{反应处于平衡}$$
弱酸　　　弱碱　　　弱碱　　强酸

布朗斯特-劳里理论是溶液中广泛应用的酸碱理论,本节后续的大部分内容均基于布朗斯特-劳里酸碱理论。但该理论仍存在一定的局限性,例如,该理论也不能解释如 BF_3、SO_3 等非质子酸,且仅局限于质子传递反应,未能阐明酸碱反应的本质等。

3. 路易斯酸碱理论

1923 年美国化学家路易斯(Gilbert N. Lewis)提出**酸碱电子理论**(electron theory of acids and bases),又称路易斯酸碱理论。与 3.1 节介绍的路易斯理论类似,酸碱电子理论聚焦于电子对,将碱定义为能给出电子对的物质,将酸定义为能接受电子对的物质。因此,酸碱反应是碱提供电子对给酸、形成配位键并生成**酸碱加合物**(acid-base adduct)的反应,可表示为

$$A + :B \rightleftharpoons A \leftarrow B \tag{6.20}$$

其中:B 是路易斯碱,为**电子对给体**(electron-pair donor),用两个小黑点(:)代表电子对;A 是路易斯酸,为**电子对受体**(electron-pair acceptor);$A \leftarrow B$ 是酸碱加合物,用箭头(←)表示配位键。例如,:NH_3 是典型的路易斯碱,N 原子上具有可共用的孤电子对;BF_3 是典型的路易斯酸,B 原子具有可容纳电子对的空轨道;二者之间的酸碱反应可表示为

$$:\ddot{F}-\underset{\underset{\ddot{F}:}{|}}{\overset{\overset{:\ddot{F}:}{|}}{B}} \quad :\underset{\underset{H}{|}}{\overset{\overset{H}{|}}{N}}-H \rightleftharpoons :\ddot{F}-\underset{\underset{\ddot{F}:}{|}}{\overset{\overset{:\ddot{F}:}{|}}{B}} \leftarrow \underset{\underset{H}{|}}{\overset{\overset{H}{|}}{N}}-H$$

如果酸为配位中心,碱为配体,则生成的酸碱加合物即为 3.6 节介绍的配位单元。由于配位键的普遍存在,无论是固态、液态、气态或者溶液中,大部分化合物均可视为酸碱加合物。酸碱电子理论进一步扩大了酸碱范围,揭示了酸碱反应的本质。

超酸与魔酸

硫酸的酸性极强,但还有一些酸的强度远超硫酸,称为超酸。**超酸**(superacid)泛指任何酸度大于 100% 纯硫酸的酸性体系,其显著特点是能够质子化非常弱的碱性物质。例如,三氟甲磺酸(CF_3SO_3H)和氟硫酸(HSO_3F)都是比硫酸强约 1000 倍的超酸,前者常用做有机合成中的强酸催化剂,后者被广泛用于酯化、聚合等反应。

很多强的超酸都是强路易斯酸和强布朗斯特-劳里酸的混合酸,如魔酸。**魔酸**(magic acid)由美国化学家奥拉(George A. Olah)于 1966 年发现,是 HSO_3F 和五氟化锑(SbF_5)按一定比例(如摩尔比 1:1)的混合物,为无色透明的黏稠液体,有明显的刺激性气味。魔酸的超强酸性源于两种酸性成分的协同作用,其中

趣味知识:1966 年圣诞节,奥拉实验室的一位研究人员无意中将圣诞节晚会上用过的蜡烛扔进一个酸性溶液中,结果惊奇地发现蜡烛竟然很快地溶解了。蜡烛由高级脂肪烷烃的混合物组成,化学性质很稳定,在常规酸性条件下一般不会质子化。"魔酸"由此得名。

HSO_3F 是典型的布朗斯特-劳里酸,SbF_5 则是强路易斯酸。HSO_3F 解离提供质子并生成 SO_3F^-,SbF_5 作为缺电子中心与 SO_3F^- 中的 F^- 结合,形成更稳定阴离子 SbF_6^-,降低了体系中 F^- 浓度,推动 HSO_3F 解离释放更多质子。同时过量质子与未解离的 HSO_3F 结合,生成质子化能力超强的阳离子(如 $H_2SO_3F^+$ 或 $H(HSO_3F)_2^+$),进一步强化其酸性。魔酸可质子化传统酸无法作用的物质如烷烃、芳香烃等,例如,可使 CH_4 质子化为 CH_5^+,从而稳定具有高活性的碳正离子,推动有机反应机理的突破。奥拉也凭借超酸"对碳正离子化学的贡献",获得 1994 年诺贝尔化学奖。

目前已知的最强超酸体系为氟锑酸(H_2FSbF_6),由 HF 和 SbF_5 按一定比例(如摩尔比 1∶1)混合而成,其方程式为

$$SbF_5 + 2HF \rightleftharpoons SbF_6^- + H_2F^+$$

其中 HF 是布朗斯特-劳里酸,SbF_5 是强路易斯酸,二者的协同效应最终形成了质子化能力超强的高活性 H_2F^+。氟锑酸不仅能质子化烷烃、芳香烃,甚至可以活化氙(Xe)生成 XeH^+,或使石墨发生质子化反应。尽管酸性极强,但因安全性和成本问题,氟锑酸的应用受到一定限制。

水的自耦电离与 pH

根据布朗斯特-劳里理论,酸碱反应是质子传递反应。一般而言,发生在溶质之间的质子传递反应称为中和反应,发生在溶剂之间的质子传递反应称为**自耦电离反应**(self-ionization reaction)。

水是最重要也最常用的溶剂。在阿伦尼乌斯、布朗斯特-劳里和路易斯酸碱理论中,水均为两性物质,既是共轭碱为 OH^- 的弱酸,也是共轭酸为 H_3O^+ 的弱碱。纯水中水分子之间会发生传递质子的自耦电离反应,其方程式和 $\Delta G_f^\ominus$ 值为

$$\begin{array}{ccccc}
& H_2O(l) & + & H_2O(l) & \rightleftharpoons & H_3O^+(aq) & + & OH^-(aq) \\
\Delta G_f^\ominus/(kJ \cdot mol^{-1}) & -237.1 & & -237.1 & & -237.1 & & -157.2
\end{array}$$

$$\Delta G^\ominus = [-237.1 - 157.2 - (-237.1) - (-237.1)] \text{ kJ} \cdot \text{mol}^{-1} = 79.9 \text{ kJ} \cdot \text{mol}^{-1}$$

$$K^\ominus = \exp(-\Delta G^\ominus/RT) = 1.0 \times 10^{-14}$$

298.15 K 下该反应的 $\Delta G^\ominus$ 为 79.9 kJ·mol^{-1},对应的标准平衡常数为 1.0×10^{-14}。水的自耦电离反应的平衡常数称为**水的离子积**(ionic product of water, $K_w^\ominus$)。298.15 K 时

$$K_w^\ominus = [H_3O^+][OH^-] = 1.0 \times 10^{-14} \tag{6.21}$$

$$[H_3O^+] = [OH^-] = \sqrt{K_w^\ominus} = 1.0 \times 10^{-7}$$

$K_w^\ominus$ 是温度的函数;由于水的自耦电离反应吸热,$K_w^\ominus$ 随温度升高而增加。$K_w^\ominus$ 适用于纯水及所有水溶液,可用于计算酸性或碱性水溶液中的 $[H_3O^+]$ 和 $[OH^-]$。例如,在纯水中加酸使 $[H_3O^+] = 0.1$,则

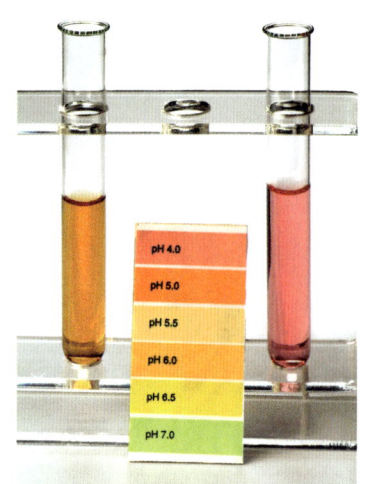

酸雨的 pH

表 6.3　一些常见物质的 pH

常见物质	pH
胃酸	0.9~1.5
食醋	2.4~3.4
碳酸饮料	3.9
啤酒	4.0~4.5
雨水	5.6
尿液	4.6~8.0
牛奶	6.4
血液	7.4
海水	7.0~8.5
小苏打	8.4
牙膏	8~9
肥皂	8~10
镁乳(治疗胃病用)	10.5
家用氨水	11.9

$$[OH^-] = \frac{K_w^\ominus}{[H_3O^+]} = \frac{1.0 \times 10^{-14}}{0.1} = 1.0 \times 10^{-13}$$

此酸性溶液的所有 OH^- 均来自水，但 H_3O^+ 有两个来源：极少量来自水（1.0×10^{-13} mol·L^{-1}），绝大多数来自酸（$0.1 - 1.0 \times 10^{-13} \approx 0.1$ mol·L^{-1}）。

很多水溶液反应发生在 H_3O^+ 浓度极低时，通常远小于 1 mol·L^{-1}，这时采用 pH 符号来表示溶液的酸碱度较为方便。pH 这一术语由丹麦生物化学家索伦森（Søren Sørensen）在 1909 年首次提出，定义为 $[H^+]$（后来修改为 $[H_3O^+]$）的负对数，即

$$pH = -\lg[H_3O^+] \tag{6.22}$$

显然，当溶液的 pH 变化 1 个单位时，$[H_3O^+]$ 改变 10 倍。

类似地，pOH 和 $pK_w^\ominus$ 分别定义为

$$pOH = -\lg[OH^-] \quad \text{且} \quad pK_w^\ominus = -\lg K_w^\ominus \tag{6.23}$$

由于 $K_w^\ominus = [H_3O^+][OH^-] = 1.0 \times 10^{-14}$，易得

$$pK_w^\ominus = pH + pOH = 14.00 \tag{6.24}$$

例如，$[H_3O^+] = 0.0020$ 的水溶液中，$pH = -\lg(2.0 \times 10^{-3}) = 2.70$，$pOH = 14.00 - 2.70 = 11.30$。pH = 5.50 的水溶液中，pOH = 8.50，$[H_3O^+] = 10^{-5.50} = 3.2 \times 10^{-6}$，$[OH^-] = 10^{-8.50} = 3.2 \times 10^{-9}$。

中性水溶液中 $[H_3O^+]$ 和 $[OH^-]$ 相等，室温下 pH = 7.00。pH < 7.00 的溶液为酸性，pH > 7.00 的溶液为碱性。pH 和 pOH 在 2~12 范围内使用较为方便；在此范围之外的酸性或碱性溶液中，H_3O^+ 和 OH^- 的物质的量浓度与其活度的差别较大，以 mol·L^{-1} 表示的实际物质的量浓度值更为有用。表 6.3 列出了一些常见物质的 pH。

》例 6.8　水的自耦电离反应为吸热反应，已知 313.15 K 时水的自耦电离反应的平衡常数为 $K_w^{\ominus\prime} = 2.92 \times 10^{-14}$。313.15 K 时纯水的 pH 是多少？水的自耦电离反应的热效应是多少？将计算值与附录的热力学数据值相比较。

》解：由 313.15 K 时 $K_w^{\ominus\prime} = 2.92 \times 10^{-14}$，可得

$$[H_3O^+] = [OH^-] = \sqrt{K_w^{\ominus\prime}} = 1.7 \times 10^{-7}$$

$$pH = -\lg[H_3O^+] = 6.77$$

313.15 K 时纯水的 pH 为 6.77。将 $K_w^{\ominus\prime}$、$K_w^\ominus$、T_2 和 T_1 分别代入范托夫方程，可得

$$\ln\frac{2.92 \times 10^{-14}}{1.0 \times 10^{-14}} = -\frac{\Delta H^\ominus}{8.314 \text{ J·mol}^{-1} \cdot \text{K}^{-1}}\left(\frac{1}{313.15 \text{ K}} - \frac{1}{298.15 \text{ K}}\right)$$

$$\Delta H^\ominus = 5.55 \times 10^4 \text{ J·mol}^{-1} = 55.5 \text{ kJ·mol}^{-1}$$

水的自耦电离反应的热效应为 55.5 kJ·mol^{-1}。查附录 C.1 可知

	$H_2O(l)$	+	$H_2O(l)$	$\rightleftharpoons$	$H_3O^+(aq)$	+	$OH^-(aq)$
$\Delta H_f^\ominus / (kJ \cdot mol^{-1})$	-285.8		-285.8		-285.8		-230.0

$$\Delta H^\ominus = -285.8 \text{ kJ} \cdot \text{mol}^{-1} - 230.0 \text{ kJ} \cdot \text{mol}^{-1} - (-285.8 \text{ kJ} \cdot \text{mol}^{-1}) - (-285.8 \text{ kJ} \cdot \text{mol}^{-1})$$
$$= 55.8 \text{ kJ} \cdot \text{mol}^{-1}$$

计算值与附录的热力学数据值较为符合,可见 $\Delta H^\ominus$ 基本不随温度变化。

非水溶剂的自耦电离(B)

与水类似,许多非水液体均能充当溶剂形成溶液,也存在自耦电离平衡和对应溶剂的离子积。例如,在液氨中

$$NH_3(l) + NH_3(l) \rightleftharpoons NH_4^+(\text{sol}) + NH_2^-(\text{sol})$$

其中 sol 代表溶液。液氨的离子积用 $K_{NH_3}^\ominus$ 表示,298.15 K 时

$$K_{NH_3}^\ominus = [NH_4^+][NH_2^-] = 1.0 \times 10^{-28} \quad 且 \quad pK_{NH_3}^\ominus = 28.00$$

非水溶剂的自耦电离反应可以是质子传递反应,也可以是非质子传递反应,分别举例如下:

1) 质子传递的自耦电离:

$$2HAc(l) \rightleftharpoons H_2Ac^+(\text{sol}) + Ac^-(\text{sol})$$
$$3HF(l) \rightleftharpoons H_2F^+(\text{sol}) + HF_2^-(\text{sol})$$

2) 非质子传递的自耦电离:

$$2PF_5(l) \rightleftharpoons PF_4^+(\text{sol}) + PF_6^-(\text{sol})$$
$$2SO_2(l) \rightleftharpoons SO^{2+}(\text{sol}) + SO_3^{2-}(\text{sol})$$

前者传递 F^- 而后者传递 O^{2-}。

> **注**:在 HF 的自耦电离中,两个 HF 之间传递质子所产生的 F^-,可与第三个 HF 结合形成 HF_2^-。

1905 年美国化学家富兰克林(Edward C. Franklin)将阿伦尼乌斯酸碱理论从水溶液推广至非水溶剂,提出了**酸碱溶剂理论**(solvent theory of acids and bases)。其要点为:凡是在溶剂中能电离产生该溶剂特征阳离子(如 NH_4^+、SO^{2+} 等)的物质是该溶剂中的酸;凡是在溶剂中能电离产生该溶剂特征阴离子(如 NH_2^-、SO_3^{2-} 等)的物质是该溶剂中的碱。酸碱中和即为溶剂特征阳离子与特征阴离子发生反应、生成溶剂分子的过程。例如,在液氨中 NH_4NO_3 是酸、KNH_2 是碱,二者可发生如下中和反应:

$$NH_4NO_3(\text{sol}) + KNH_2(\text{sol}) \rightleftharpoons KNO_3(\text{sol}) + 2NH_3(l)$$

弱酸弱碱的电离平衡

发生在溶质和溶剂之间的质子传递反应,称为电离反应。在水溶液中,酸和碱均能与溶剂水发生质子传递,并形成电离平衡。其中强酸、强碱基本完全电离,其电离平衡常数非常大($>10^6$),可视为全部以离子的状态存在于水溶液中。弱酸、弱碱仅部分电离,形成电离平衡,其平衡常数即为对应的酸式或碱式电离常

数。酸和碱的电离均是分步进行的，每一步仅传递一个质子。根据分步电离的次数，酸和碱可分为一元酸碱（一步电离）和多元酸碱（多步电离）。常见一元和多元弱酸、弱碱的电离常数详见附录 C.2。

1. 一元弱酸、弱碱的电离平衡

对于某典型一元弱酸 HA，设其酸式电离常数为 $K_a^\ominus$，物质的量相对浓度为 c，**电离度**（degree of ionization，即已电离分子与总分子的比率）为 α。HA 的电离方程式可写为

	HA	+	H_2O	$\rightleftharpoons$	H_3O^+	+	A^-
初始浓度	c				0		0
浓度变化	$-c\alpha$				$c\alpha$		$c\alpha$
平衡浓度	$c(1-\alpha)$				$c\alpha$		$c\alpha$

忽略水的自耦电离，有

$$K_a^\ominus = \frac{[H_3O^+][A^-]}{[HA]} = \frac{c\alpha^2}{1-\alpha} \tag{6.25}$$

在一些近似计算或估算中，通常使用 0.05 作为边界值，即若 $x/y < 0.05$，则认为 $x \ll y$ 或 $y - x \approx y$，这意味着相对于 y，x 可忽略不计。对于酸碱电离平衡，如果电离度 $\alpha < 0.05$，这时 $1 - \alpha \approx 1$，即意味着相对于溶液中的 HA 分子，已电离的 HA 分子可忽略不计。由 $\alpha < 0.05$ 可计算得 $c/K_a^\ominus > 380$，在该简化条件下，有

$$K_a^\ominus = c\alpha^2, \quad \alpha = \frac{[H_3O^+]}{c} = \sqrt{\frac{K_a^\ominus}{c}} \quad 且 \quad [H_3O^+] = \sqrt{K_a^\ominus c}$$

相反，如果 $\alpha > 0.05$ 或 $c/K_a^\ominus < 380$，即意味着简化条件不适用，这时需求解方程 (6.25)。

> **注意**：电离度有时也用已电离分子占总分子的百分数来表示，称为**电离百分数**（ionization percentage）。

» 例 6.9 分别计算物质的量浓度为 $0.10 \text{ mol} \cdot \text{L}^{-1}$ 的醋酸（HAc, $K_a^\ominus = 1.75 \times 10^{-5}$）和二氯乙酸（$CHCl_2COOH$, $K_a^\ominus = 4.4 \times 10^{-2}$）的 pH 和电离度。

» 解：对于 HAc：

$$\frac{c}{K_a^\ominus} = \frac{0.10}{1.75 \times 10^{-5}} = 5.7 \times 10^3 > 380$$

$$[H_3O^+] = \sqrt{K_a^\ominus c} = 1.3 \times 10^{-3} \quad 且 \quad pH = 2.89$$

$$\alpha = \frac{[H_3O^+]}{c} = 0.013 < 0.05$$

对于 $CHCl_2COOH$：

$$\frac{c}{K_a^\ominus(CHCl_2COOH)} = \frac{0.10}{4.4 \times 10^{-2}} = 2.3 < 380$$

	$CHCl_2COOH$	+	H_2O	$\rightleftharpoons$	H_3O^+	+	$CHCl_2COO^-$
平衡浓度	$0.10 - x$				x		x

$$K_a^\ominus = \frac{[H_3O^+][CHCl_2COO^-]}{[CHCl_2COOH]} = \frac{x^2}{0.10-x} = 4.4\times 10^{-2}$$

$$x = [H_3O^+] = 0.048 \quad 且 \quad pH = 1.32$$

$$\alpha = \frac{[H_3O^+]}{c} = 0.48 > 0.05$$

注意： 如果对二氯乙酸仍使用简化条件进行计算，可得 $[H_3O^+] = 0.067$，相对误差达 40%，不可忽略。如果对 HAc 求解方程(6.25)，可得 $[H_3O^+] = 1.3\times 10^{-3}$，误差仅为 1%，可忽略不计。

持续稀释某一元弱酸 HA，其电离平衡常数可写为

$$K_a^\ominus = \frac{[H_3O^+][A^-]}{[HA]} = \frac{(n(H_3O^+)/V)(n(A^-)/V)}{c^\ominus n(HA)/V} = \frac{n(H_3O^+)n(A^-)}{n(HA)}\cdot\frac{1}{c^\ominus V}$$

随着 V 增加，$1/V$ 减小。为保持 $K_a^\ominus$ 值恒定，$n(H_3O^+)n(A^-)/n(HA)$ 必须增加，这要求 $n(H_3O^+)$ 和 $n(A^-)$ 增加而 $n(HA)$ 减小。因此，电离度会随弱酸的稀释而持续上升。相反，强酸稀释时基本保持 100% 电离。图 6.3 给出了弱酸(HAc)和强酸(HCl)的电离百分数随其物质的量浓度的变化关系图，并标注了相应的 pH。

弱酸 HA 的共轭碱 A^- 是一元弱碱，设其碱式电离常数为 $K_b^\ominus$。A^- 的水解方程式可写为

$$A^- + H_2O \rightleftharpoons HA + OH^-$$

$$K_b^\ominus = \frac{[HA][OH^-]}{[A^-]} = \frac{[HA][OH^-]}{[A^-]}\cdot\frac{[H_3O^+]}{[H_3O^+]}$$

$$= \frac{[HA]}{[H_3O^+][A^-]}\cdot[H_3O^+][OH^-] = \frac{K_w^\ominus}{K_a^\ominus}$$

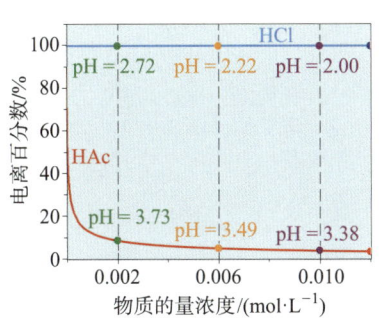

图 6.3　醋酸(红线)和盐酸(蓝线)的电离百分数及相应 pH 随物质的量浓度的变化关系图

因此在水溶液中，酸与其共轭碱的电离常数的乘积或者碱与其共轭酸的电离常数的乘积，均等于水的离子积，可表示为

$$K_a^\ominus(酸)\cdot K_b^\ominus(共轭碱) = K_b^\ominus(碱)\cdot K_a^\ominus(共轭酸) = K_w^\ominus \tag{6.26}$$

2. 多元弱酸、弱碱的电离平衡

H_2S 是二元弱酸，有两个 H 原子，可分两步电离，每一步均可写出其电离方程式，具有酸式电离常数 $K_{a1}^\ominus$ 和 $K_{a2}^\ominus$。对于物质的量浓度为 $0.10\text{ mol}\cdot L^{-1}$ H_2S 溶液，先仅考虑第一步电离

	H_2S	$+$	H_2O	$\rightleftharpoons$	H_3O^+	$+$	HS^-
初始浓度	0.10				0		0
浓度变化	$-x$				x		x
第一步电离后	$0.10-x$				x		x

$$K_{a1}^\ominus = \frac{[H_3O^+][HS^-]}{[H_2S]} = \frac{x^2}{0.10-x} = 8.9\times 10^{-8}$$

$$\frac{c}{K_{a1}^{\ominus}} \gg 380 \quad \text{则} \quad x = \sqrt{K_{a1}^{\ominus}c} = 9.4 \times 10^{-5}$$

再考虑第二步电离

	HS^-	$+ H_2O$	$\rightleftharpoons$	H_3O^+	$+ S^{2-}$
第一步电离后	x			x	0
浓度变化	$-y$			y	y
第二步电离后	$x-y$			$x+y$	y

$$K_{a2}^{\ominus} = \frac{[H_3O^+][S^{2-}]}{[HS^-]} = \frac{(x+y)y}{x-y} = 1 \times 10^{-13}$$

$$x \gg y \quad \text{且} \quad x+y \approx x-y$$

$$y = K_{a2}^{\ominus} = 1 \times 10^{-13}$$

综合考虑两步电离，$0.10 \text{ mol} \cdot \text{L}^{-1}$ H_2S 溶液中各物种的相对浓度为

$$[H_2S] = 0.10 - x \approx 0.10$$

$$[H_3O^+] = x + y \approx x = 9.4 \times 10^{-5} \quad \text{且} \quad \text{pH} = 4.03$$

$$[HS^-] = x - y \approx x = 9.4 \times 10^{-5}$$

$$[S^{2-}] = y = K_{a2}^{\ominus} = 1 \times 10^{-13}$$

$$[OH^-] = \frac{K_w^{\ominus}}{[H_3O^+]} = 1.1 \times 10^{-10}$$

混合弱酸的计算方法与多元弱酸类似。例如，对于 HAc 和 HCN 的混合溶液，由于 $K_a^{\ominus}(\text{HAc}) = 1.75 \times 10^{-5} \gg K_a^{\ominus}(\text{HCN}) = 6.2 \times 10^{-10}$，溶液中 H_3O^+ 基本全部来自 HAc 电离。水可视为 $K_a^{\ominus}(H_2O) = K_w^{\ominus}$ 的弱酸或 $K_b^{\ominus}(H_2O) = K_w^{\ominus}$ 的弱碱，对于 $K_a^{\ominus} \gg K_w^{\ominus}$ 的酸或 $K_b^{\ominus} \gg K_w^{\ominus}$ 的碱，水的自耦电离可忽略不计。

多元弱酸或弱碱电离所产生的离子也可视为多元弱碱或弱酸，会发生水解反应。例如，三元弱酸 H_3PO_4 电离产生的 PO_4^{3-} 是三元弱碱，可分三步水解，有如下三个碱式电离常数：

$$PO_4^{3-} + H_2O \rightleftharpoons HPO_4^{2-} + OH^- \qquad K_{b1}^{\ominus}$$

$$HPO_4^{2-} + H_2O \rightleftharpoons H_2PO_4^- + OH^- \qquad K_{b2}^{\ominus}$$

$$H_2PO_4^- + H_2O \rightleftharpoons H_3PO_4 + OH^- \qquad K_{b3}^{\ominus}$$

不难推导得出，PO_4^{3-} 的三个碱式电离常数与 H_3PO_4 的三个酸式电离常数之间存在如下关系：

$$K_{a1}^{\ominus} \cdot K_{b3}^{\ominus} = K_{a2}^{\ominus} \cdot K_{b2}^{\ominus} = K_{a3}^{\ominus} \cdot K_{b1}^{\ominus} = K_w^{\ominus} \tag{6.27}$$

3. 两性物质的电离平衡

HCO_3^-、HPO_4^{2-} 和 $H_2PO_4^-$ 等两性物质既可作酸又可作碱,为了确定其水溶液的 pH,需要进行多重电离平衡分析。以 HCO_3^- 为例,有

$$HCO_3^- + H_2O \rightleftharpoons CO_3^{2-} + H_3O^+ \qquad K_{a2}^{\ominus} = 4.7 \times 10^{-11}$$

$$HCO_3^- + H_2O \rightleftharpoons H_2CO_3 + OH^- \qquad K_{b2}^{\ominus} = K_w/K_{a1} = 2.2 \times 10^{-8}$$

由于 $K_{b2}^{\ominus} > K_{a2}^{\ominus}$,易得 HCO_3^- 水溶液呈碱性、pH>7 的定性结论。若要定量计算,需考虑 HCO_3^- 水溶液中同时存在的以下三种电离平衡:

$$(1) \quad HCO_3^- + H_2O \rightleftharpoons CO_3^{2-} + H_3O^+ \qquad K_1^{\ominus} = K_{a2}^{\ominus}$$

$$(2) \quad HCO_3^- + H_2O \rightleftharpoons H_2CO_3 + OH^- \qquad K_2^{\ominus} = K_w^{\ominus}/K_{a1}^{\ominus}$$

$$(3) \quad H_3O^+ + OH^- \rightleftharpoons 2H_2O \qquad K_3^{\ominus} = 1/K_w^{\ominus}$$

(1)+(2)+(3),可得

$$2HCO_3^- \rightleftharpoons CO_3^{2-} + H_2CO_3 \qquad K^{\ominus} = K_1^{\ominus} \cdot K_2^{\ominus} \cdot K_3^{\ominus} = K_{a2}^{\ominus}/K_{a1}^{\ominus}$$

由于 HCO_3^- 的酸式电离常数与碱式电离常数相差不大,可以认为生成的 CO_3^{2-} 和 H_2CO_3 浓度接近,即 $[CO_3^{2-}] \approx [H_2CO_3]$,有

$$K^{\ominus} = \frac{K_{a2}^{\ominus}}{K_{a1}^{\ominus}} = \frac{[CO_3^{2-}][H_2CO_3]}{[HCO_3^-]^2} \approx \frac{[H_2CO_3]^2}{[HCO_3^-]^2} \cdot \frac{[H_3O^+]^2}{[H_3O^+]^2} = \frac{[H_3O^+]^2}{K_{a1}^{\ominus 2}}$$

$$[H_3O^+] = \sqrt{K_{a1}^{\ominus} \cdot K_{a2}^{\ominus}} = 4.6 \times 10^{-9} \quad 且 \quad pH = 8.34$$

> 思考题:如果不假定 $[CO_3^{2-}] \approx [H_2CO_3]$,应如何精确计算 HCO_3^- 水溶液的 pH?

同离子效应

某一弱电解质电离产生的离子,称为该弱电解质的**同离子**(common ion)。例如,一元弱酸 HA 可电离产生 H_3O^+ 和 A^-,二者均是 HA 的同离子。前文讨论了单一电解质(酸、碱、盐或两性物质)水溶液的电离平衡及 pH 计算,接下来拓展到同时含有某弱电解质及其同离子水溶液的电离平衡及 pH 计算。

例题 6.9 计算过 0.10 mol L^{-1} HAc 水溶液的 $\alpha = 0.013$,pH = 2.89。如果在该 HAc 溶液中加入一些能产生同离子 Ac$^-$ 的 NaAc,使溶液的初始相对浓度为 [HAc] = [Ac$^-$] = 0.10,其电离平衡方程式为

	HAc	+ H$_2$O	$\rightleftharpoons$	H$_3$O$^+$	+ Ac$^-$
初始浓度	0.10			0	0.10
浓度变化	$-x$			x	x
平衡浓度	$0.10-x$			x	$0.10+x$

$$K_a^{\ominus} = \frac{[H_3O^+][Ac^-]}{[HAc]} = \frac{x(0.10+x)}{0.10-x} \approx x = 1.75 \times 10^{-5}$$

则 $$[H_3O^+] = K_a^{\ominus} = 1.75 \times 10^{-5} \quad 且 \quad pH = pK_a^{\ominus} = 4.74$$

$$\alpha = \frac{[H_3O^+]}{c} = 0.00018 \ll 0.013$$

可以看到,同离子 Ac^- 的加入使得 HAc 的电离平衡向左移动,极大地抑制了 HAc 的电离。由于加入同离子而引起的对弱电解质电离的抑制,称为**同离子效应**(common ion effect)。

对于由典型一元弱酸 HA 及其同离子 A^- 组成的混合溶液,有

$$K_a^{\ominus} = \frac{[H_3O^+][A^-]}{[HA]} \quad \text{且} \quad [H_3O^+] = K_a^{\ominus} \cdot \frac{[HA]}{[A^-]}$$

$$pH = pK_a^{\ominus} - \lg\frac{[HA]}{[A^-]} = pK_a^{\ominus} + \lg\frac{[A^-]}{[HA]}$$

A^- 是 HA 的共轭碱,上式可改写为更宽泛的通式:

$$pH = pK_a^{\ominus} + \lg\frac{[共轭碱]}{[弱酸]} \tag{6.28}$$

类似地,

$$pOH = pK_b^{\ominus} + \lg\frac{[共轭酸]}{[弱碱]} \tag{6.29}$$

以上两式统称为**亨德森-哈塞巴奇方程**(Henderson-Hasselbalch equation),可用于计算弱电解质溶液中不同物种浓度随 pH 的变化。

在一元弱酸 HAc 溶液中,根据 pH 和 $pK_a^{\ominus}$ 的大小关系,HAc 和 Ac^- 的浓度关系可归为三类:

1) 当 $pH < pK_a^{\ominus}$ 时,$[H_3O^+] > K_a^{\ominus}$,$[HAc] > [Ac^-]$,此时溶液中的主要物种为 HAc;
2) 当 $pH = pK_a^{\ominus}$ 时,$[H_3O^+] = K_a^{\ominus}$,$[HAc] = [Ac^-]$;
3) 当 $pH > pK_a^{\ominus}$ 时,$[H_3O^+] < K_a^{\ominus}$,$[HAc] < [Ac^-]$,此时溶液中的主要物种为 Ac^-。

对于二元弱酸 H_2S,含 S 元素的物种有 H_2S、HS^- 和 S^{2-},其浓度均随 pH 变化。根据 pH、$pK_{a1}^{\ominus}$ 和 $pK_{a2}^{\ominus}$ 的大小关系,含 S 物种的浓度关系可归为五类:

1) 当 $pH < pK_{a1}^{\ominus}$ 时,$[H_3O^+] > K_{a1}^{\ominus}$,$[H_2S] > [HS^-] > [S^{2-}]$,此时溶液中的主要物种为 H_2S;
2) 当 $pH = pK_{a1}^{\ominus}$ 时,$[H_3O^+] = K_{a1}^{\ominus}$,$[H_2S] = [HS^-] \gg [S^{2-}]$;
3) 当 $pK_{a1}^{\ominus} < pH < pK_{a2}^{\ominus}$ 时,$K_{a1}^{\ominus} > [H_3O^+] > K_{a2}^{\ominus}$,$[H_2S] < [HS^-] > [S^{2-}]$,此时溶液中的主要物种为 HS^-;
4) 当 $pH = pK_{a2}^{\ominus}$ 时,$[H_3O^+] = K_{a2}^{\ominus}$,$[HS^-] = [S^{2-}] \gg [H_2S]$;
5) 当 $pH > pK_{a2}^{\ominus}$ 时,$[H_3O^+] < K_{a2}^{\ominus}$,$[S^{2-}] > [HS^-] > [H_2S]$,此时溶液中的主要物种为 S^{2-}。

对于以 H_3A 表示的三元弱酸,H_3A、H_2A^-、HA^{2-} 和 A^{3-} 的浓度均随 pH 变化,其浓度关系可根据 pH、$pK_{a1}^{\ominus}$、$pK_{a2}^{\ominus}$ 和 $pK_{a3}^{\ominus}$ 的大小,采用类似的方法归为七类,如图 6.4 所示。

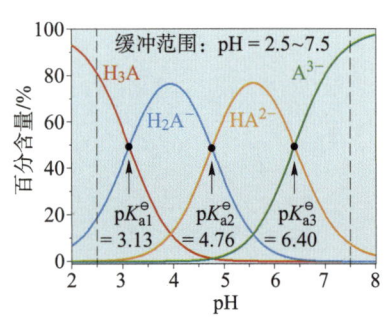

图 6.4 三元弱酸 H_3A 中各物种浓度与 pH 的函数关系:图中给出了柠檬酸的 $pK_a^{\ominus}$ 及其缓冲范围

» 例 6.10 在 100 mL 1.0 mol·L^{-1} 的 $NH_3 \cdot H_2O$ 中加入 13.2 g $(NH_4)_2SO_4$ 固

体并稀释至 1.0 L,求所得溶液的 pH。

» **解法一**:13.2 g $(NH_4)_2SO_4$ 溶于 1.0 L 溶液中所产生的 $[NH_4^+]$ 为

$$[NH_4^+] = \frac{2 \times 13.2 \text{ g}}{132 \text{ g}\cdot\text{mol}^{-1} \times 1.0 \text{ L} \times 1 \text{ mol}\cdot\text{L}^{-1}} = 0.20$$

由于同离子效应,NH_4^+ 的存在会抑制 $NH_3\cdot H_2O$ 电离。设溶液中 $[OH^-]$ 为 x,有

$$NH_3\cdot H_2O \rightleftharpoons NH_4^+ + OH^-$$

平衡浓度　　　　　　$0.10-x$　　　　$0.20+x$　　x

查表得 $K_b^\ominus(NH_3) = 1.8 \times 10^{-5}$,$c/K_b^\ominus > 380$,故

$$K_b^\ominus = \frac{[NH_4^+][OH^-]}{[NH_3]} = \frac{(0.20+x)x}{0.10-x} \approx \frac{0.20x}{0.10} = 2x = 1.8 \times 10^{-5}$$

$$x = 9.0 \times 10^{-6}$$

$$pH = 14 - pOH = 14.00 + \lg(9.0 \times 10^{-6}) = 8.95$$

» **解法二**:代入亨德森-哈塞巴奇方程,可得

$$pOH = pK_b^\ominus + \lg\frac{[共轭酸]}{[弱碱]} = -\lg(1.8 \times 10^{-5}) + \lg\frac{0.20}{0.10} = 5.05$$

$$pH = 14 - pOH = 8.95$$

缓冲溶液

根据亨德森-哈塞巴奇方程,调节 pH 可以控制溶液中共轭酸碱对的浓度比。反之,调节共轭酸碱对的浓度比也可以控制溶液的 pH,其实例之一即为配制缓冲溶液。缓冲溶液(buffer solution)是当外加少量酸或碱时能保持 pH 基本不变的溶液。许多化学反应必须在一定 pH 范围内才能进行,例如,人体血液的 pH 要保持在 7.35～7.45 才能维持机体的酸碱平衡,超出范围就会不同程度地导致"酸中毒"或"碱中毒";血液即是一种缓冲溶液。缓冲溶液通常要求包含两种互不反应的组分:一种能中和酸,另一种能中和碱;而共轭酸碱对恰好能满足要求,是配制缓冲溶液的常规选择。

注:关于人体内的缓冲体系及调节作用详见案例 6.1。

当加入一定量酸或碱时,好的缓冲溶液 pH 变化应较小。纯水显然不是好的缓冲溶液,在 1.00 L pH = 7 的水中加入 1.00 mL 1.0 mol·L^{-1} HCl 溶液或 NaOH 溶液,可使其 pH 改变 4 个单位。但在 1.00 L $[HAc] = [Ac^-] = 0.010$ 的 HAc-NaAc 溶液中加入 1.00 mL 1.0 mol·L^{-1} HCl 溶液或 NaOH 溶液,其 pH 改变量可计算为

初始:$pH = pK_a^\ominus = 4.74$

加入 HCl:$[HAc] = \dfrac{0.010 \times 1000 \text{ mL} + 1.0 \times 1.00 \text{ mL}}{1000 \text{ mL} + 1 \text{ mL}} = 0.011$

$$[\text{Ac}^-] = \frac{0.010 \times 1000 \text{ mL} - 1.0 \times 1.00 \text{ mL}}{1000 \text{ mL} + 1 \text{ mL}} = 0.0090$$

$$\text{pH} = \text{p}K_a^\ominus + \lg\left(\frac{0.011}{0.0090}\right) = 4.65 \quad \text{且} \quad \Delta\text{pH} = -0.09$$

加入 NaOH：$[\text{HAc}] = \dfrac{0.010 \times 1000 \text{ mL} - 1.0 \times 1.00 \text{ mL}}{1000 \text{ mL} + 1 \text{ mL}} = 0.0090$

$$[\text{Ac}^-] = \frac{0.010 \times 1000 \text{ mL} + 1.0 \times 1.00 \text{ mL}}{1000 \text{ mL} + 1 \text{ mL}} = 0.011$$

$$\text{pH} = \text{p}K_a^\ominus + \lg\left(\frac{0.0090}{0.011}\right) = 4.83 \quad \text{且} \quad \Delta\text{pH} = 0.09$$

加入少量强酸或强碱只会略微改变该溶液的 pH，因此 HAc-NaAc 溶液是好的缓冲溶液。作为对比，在 1.00 L pH = 4.74 的 HCl 溶液中加入 1.00 mL 1.0 mol·L^{-1} HCl 溶液或 NaOH 溶液，相应的 pH 改变量为

加入 HCl：$[\text{H}_3\text{O}^+] = \dfrac{10^{-4.74} \times 1000 \text{ mL} + 1.0 \times 1.00 \text{ mL}}{1000 \text{ mL} + 1 \text{ mL}} = 0.0010$

$$\text{pH} = 3.0 \quad \text{且} \quad \Delta\text{pH} = -1.74$$

加入 NaOH：$[\text{OH}^-] = \dfrac{1.0 \times 1.00 \text{ mL} - 10^{-4.74} \times 1000 \text{ mL}}{1000 \text{ mL} + 1 \text{ mL}} = 0.0010$

$$\text{pOH} = 3.0, \text{pH} = 11.00 \quad \text{且} \quad \Delta\text{pH} = 6.26$$

加入少量强酸或强碱会显著改变该溶液的 pH，因此强酸强碱不是好的缓冲溶液。

当 pH 改变量相同时，好的缓冲溶液能缓冲更大量的外加酸碱。缓冲溶液能有效中和外加酸碱而保持 pH 几乎不变的范围，称为**缓冲范围**（buffer range），通常规定为从 p$K_a^\ominus$ - 1 到 p$K_a^\ominus$ + 1，共计 2 个 pH 单位的范围，这也是该缓冲溶液适用的最大 pH 范围。例如，HAc-NaAc 缓冲溶液（p$K_a^\ominus$ = 4.74）的缓冲范围是 pH = 3.7~5.7，NH$_3$-NH$_4$Cl 缓冲溶液（p$K_a^\ominus$ = 9.26）的缓冲范围是 pH = 8.3~10.3。缓冲溶液在其缓冲范围内所能中和外加酸或碱的量，称为**缓冲容量**（buffer capacity），可用于衡量缓冲溶液的缓冲能力。根据亨德森-哈塞巴奇方程，当 pH = p$K_a^\ominus$ - 1 时，[共轭碱]/[弱酸] = 0.10；当 pH = p$K_a^\ominus$ + 1 时，[共轭碱]/[弱酸] = 10。因此在从 p$K_a^\ominus$ - 1 到 p$K_a^\ominus$ + 1 的缓冲范围内，[共轭碱]/[弱酸] 在 0.10 到 10 之间变化。

由共轭酸碱对 HA-A$^-$ 组成的缓冲溶液，通常在同时满足以下三个条件时，具有较大的缓冲容量：

1) 共轭酸碱对相对浓度比满足 0.1 < [A$^-$] : [HA] < 10；
2) 每种组分的相对浓度超过 $K_a^\ominus$ 至少 100 倍，即 [HA] > 100 $K_a^\ominus$ 且 [A$^-$] > 100 $K_a^\ominus$；
3) 总组分的量超过被缓冲酸碱量的 10 倍，即 $n(\text{HA}) + n(\text{A}^-) > 10\, n(酸或碱)$。

相应地，要配制在一定 pH 下缓冲容量较大的缓冲溶液，通常应考虑以下三个因素：

1) 选择 $pK_a^\ominus$ 接近所需缓冲 pH 的共轭酸碱对,通常满足 $pK_a^\ominus - 1 < pH < pK_a^\ominus + 1$;
2) 调节共轭酸碱对相对浓度比以获得所需的 pH,1∶1 浓度比时缓冲容量最高;
3) 增加缓冲溶液的总浓度,以满足所需的缓冲容量。

>> **例 6.11** 欲制备 100.0 mL pH 为 5.0 且 $[Ac^-] = 0.500$ 的缓冲溶液,需加入多少毫升密度为 1.049 g·mL^{-1}、含 HAc 100% 的醋酸和多少克 NaAc·3H$_2$O?

>> **解**:查表得 $K_a^\ominus(HAc) = 1.75 \times 10^{-5}$,由亨德森-哈塞巴奇方程

$$pH = pK_a^\ominus + \lg\frac{[共轭碱]}{[弱酸]}$$

可得

$$5.0 = -\lg(1.75 \times 10^{-5}) + \lg\frac{0.500}{[HAc]}$$

$$[HAc] = 0.286$$

所需醋酸的体积为

$$V = \frac{m}{\rho} = \frac{nM(HAc)}{\rho} = \frac{0.286 \text{ mol·L}^{-1} \times 0.1000 \text{ L} \times 60.1 \text{ g·mol}^{-1}}{1.049 \text{ g·mL}^{-1}}$$
$$= 1.64 \text{ mL}$$

所需 NaAc·3H$_2$O 的质量为

$$m = nM(NaAc \cdot 3H_2O) = 0.500 \text{ mol·L}^{-1} \times 0.1000 \text{ L} \times 136 \text{ g·mol}^{-1}$$
$$= 6.80 \text{ g}$$

6.5 沉淀溶解平衡
(Precipitation-Dissolution Equilibria)

沉淀溶解平衡是固态溶质在溶剂中溶解形成均相饱和溶液时所建立的动态平衡,其中溶质的溶解速率与沉淀速率相等。如 4.6 节所述,溶质在饱和溶液中的浓度称为溶解度,通常用 100 g 溶剂所能溶解溶质的最大克数表示。例如,将 AgCl 晶体放入水中,晶体表面上的 Ag$^+$ 和 Cl$^-$ 与水分子之间存在离子-偶极作用,一些 Ag$^+$ 和 Cl$^-$ 离开晶体表面而进入溶液,这一过程即为溶解;与此同时,随着溶液中 Ag$^+$ 和 Cl$^-$ 浓度逐渐增加,它们又重新返回晶体表面,这一过程即为沉淀。在一定温度下,当溶解速率与沉淀速率相等时,就达到了 AgCl 的沉淀溶解平衡。所得溶液即为该温度下 AgCl 的饱和溶液,其溶解度为 1.35×10^{-4} g/100 g H$_2$O。

溶度积常数

一般而言,当固态溶质 A$_m$B$_n$(s) 与其水合离子 A^{n+}(aq) 和 B^{m-}(aq) 在饱和溶液中建立如下平衡时

$$A_mB_n(s) \rightleftharpoons mA^{n+}(aq) + nB^{m-}(aq)$$

该沉淀溶解平衡的常数称为**溶度积常数**(solubility product, $K_{sp}^{\ominus}$),由下式给出:

$$K_{sp}^{\ominus} = \frac{a(A^{n+})^m a(B^{m-})^n}{a(A_mB_n)} \tag{6.30}$$

对于纯固体,$a(A_mB_n) = 1$;对于理想溶液或稀溶液,离子的活度系数也为1。用相对浓度表示,上式可化简为

$$K_{sp}^{\ominus} = [A^{n+}]^m [B^{m-}]^n \tag{6.31}$$

化合物的溶解度与温度相关,$K_{sp}^{\ominus}$也是如此。表6.4和附录C.2列出了298.15 K下一些常见化合物的$K_{sp}^{\ominus}$。

表 6.4 298.15 K 下一些常见化合物的 $K_{sp}^{\ominus}$

化合物	沉淀溶解平衡方程式	$K_{sp}^{\ominus}$
AgBr	$AgBr(s) \rightleftharpoons Ag^+(aq) + Br^-(aq)$	5.35×10^{-13}
AgCl	$AgCl(s) \rightleftharpoons Ag^+(aq) + Cl^-(aq)$	1.77×10^{-10}
Ag_2CO_3	$Ag_2CO_3(s) \rightleftharpoons 2Ag^+(aq) + CO_3^{2-}(aq)$	8.46×10^{-12}
Ag_2CrO_4	$Ag_2CrO_4(s) \rightleftharpoons 2Ag^+(aq) + CrO_4^{2-}(aq)$	1.12×10^{-12}
AgI	$AgI(s) \rightleftharpoons Ag^+(aq) + I^-(aq)$	8.52×10^{-17}
$Al(OH)_3$	$Al(OH)_3(s) \rightleftharpoons Al^{3+}(aq) + 3OH^-(aq)$	1.3×10^{-33}
$BaCO_3$	$BaCO_3(s) \rightleftharpoons Ba^{2+}(aq) + CO_3^{2-}(aq)$	2.58×10^{-9}
$BaCrO_4$	$BaCrO_4(s) \rightleftharpoons Ba^{2+}(aq) + CrO_4^{2-}(aq)$	1.17×10^{-10}
$BaSO_4$	$BaSO_4(s) \rightleftharpoons Ba^{2+}(aq) + SO_4^{2-}(aq)$	1.08×10^{-10}
$CaCO_3$	$CaCO_3(s) \rightleftharpoons Ca^{2+}(aq) + CO_3^{2-}(aq)$	2.8×10^{-9}
CaF_2	$CaF_2(s) \rightleftharpoons Ca^{2+}(aq) + 2F^-(aq)$	5.3×10^{-9}
$CaSO_4$	$CaSO_4(s) \rightleftharpoons Ca^{2+}(aq) + SO_4^{2-}(aq)$	4.93×10^{-5}
$Cr(OH)_3$	$Cr(OH)_3(s) \rightleftharpoons Cr^{3+}(aq) + 3OH^-(aq)$	6.3×10^{-31}
$Fe(OH)_3$	$Fe(OH)_3(s) \rightleftharpoons Fe^{3+}(aq) + 3OH^-(aq)$	2.79×10^{-39}
Hg_2Cl_2	$Hg_2Cl_2(s) \rightleftharpoons Hg_2^{2+}(aq) + 2Cl^-(aq)$	1.43×10^{-18}
$MgCO_3$	$MgCO_3(s) \rightleftharpoons Mg^{2+}(aq) + CO_3^{2-}(aq)$	6.82×10^{-6}
MgF_2	$MgF_2(s) \rightleftharpoons Mg^{2+}(aq) + 2F^-(aq)$	5.16×10^{-11}
$Mg(OH)_2$	$Mg(OH)_2(s) \rightleftharpoons Mg^{2+}(aq) + 2OH^-(aq)$	5.61×10^{-12}
$PbCl_2$	$PbCl_2(s) \rightleftharpoons Pb^{2+}(aq) + 2Cl^-(aq)$	1.70×10^{-5}
$PbCrO_4$	$PbCrO_4(s) \rightleftharpoons Pb^{2+}(aq) + CrO_4^{2-}(aq)$	2.8×10^{-13}
PbI_2	$PbI_2(s) \rightleftharpoons Pb^{2+}(aq) + 2I^-(aq)$	9.8×10^{-9}
$SrCO_3$	$SrCO_3(s) \rightleftharpoons Sr^{2+}(aq) + CO_3^{2-}(aq)$	5.60×10^{-10}
$SrSO_4$	$SrSO_4(s) \rightleftharpoons Sr^{2+}(aq) + SO_4^{2-}(aq)$	3.44×10^{-7}

$K_{sp}^{\ominus}$ 和溶解度均与饱和溶液中溶质的浓度有关,对于理想溶液或稀溶液,$K_{sp}^{\ominus}$ 可直接由其溶解度计算。例如,已知 $SrSO_4$ 在 298.15 K 时的溶解度为 0.0135 g/100 g H_2O,根据 $SrSO_4$ 的摩尔质量 M = 183.7 g·mol^{-1},以及 $SrSO_4$ 溶液的密度约等于水的密度 $\rho \approx 1.0$ g·cm^{-3},可计算 $SrSO_4$ 饱和溶液的物质的量浓度为

$$s = \frac{n}{V} = \frac{m(SrSO_4)/M}{m_{总}/\rho} = \frac{0.0135 \text{ g}/(183.7\text{g}\cdot\text{mol}^{-1})}{(100+0.0135)\text{ g}/(1.0 \text{ g}\cdot\text{cm}^{-3})} = 7.35\times10^{-7} \text{mol}\cdot\text{cm}^{-3}$$
$$= 7.35\times10^{-4}\text{mol}\cdot\text{L}^{-1}$$

相对浓度为 $[Sr^{2+}] = [SO_4^{2-}] = 7.35\times10^{-4}$,$SrSO_4$ 的溶度积常数为

$$K_{sp}^{\ominus} = [Sr^{2+}][SO_4^{2-}] = s^2 = 5.40\times10^{-7}$$

相反,物质的溶解度也可由 $K_{sp}^{\ominus}$ 计算。由其计算的浓度为物质的量相对浓度,进而可计算溶解度。

可以看到,上述 $SrSO_4$ 的 $K_{sp}^{\ominus}$ 计算值(5.40×10^{-7})略大于表 6.4 所列的值(3.44×10^{-7})。其中主要原因是 $SrSO_4$ 饱和溶液的浓度不够小,使得离子的活度系数小于1;其他原因还包括溶质不完全分解成离子、同时存在多重平衡等。并非所有溶解的溶质均以独立的阴、阳离子形式存在于溶液中,一些离子可能以分子形式存在,两个带相反(不一定等量)电荷的离子还可通过静电引力结合在一起形成**离子对**(ion pair)。例如,在 MgF_2 饱和溶液中,虽然绝大部分溶质以 Mg^{2+}(aq) 和 F^-(aq) 形式存在,溶液中仍然存在一定量 MgF_2 分子和 MgF^+ 离子对。所有不以独立的阴、阳离子形式存在的溶质成分,均没有在 $K_{sp}^{\ominus}$ 中体现。

同离子效应与盐效应

同离子效应同样适用于沉淀溶解平衡。根据列夏特勒原理,加入同离子将使沉淀溶解平衡向难溶化合物的方向移动,从而导致生成更多沉淀。因此,加入能提供同离子的另一种溶质,会显著降低难溶化合物的溶解度。

如果在饱和溶液中加入非同离子的其他离子,往往会增加难溶化合物的溶解度。这些其他离子的加入并不直接影响沉淀溶解平衡,但增加了溶液中的总离子浓度,使离子间的吸引力变得更为重要且不可忽略,导致离子的活度系数小于1,活度小于化学计量浓度。相应地,溶液中需要更高的离子浓度才能达到恒定的 $K_{sp}^{\ominus}$。这种化合物的溶解度随其他离子的加入而增加的效应,称为**盐效应**(salt effect)。

同离子的加入也会引起溶液中总离子浓度的增加,从而产生盐效应,但盐效应所导致的溶解度增加远弱于同离子效应引起的溶解度降低。一般而言,当存在同离子效应时,盐效应可忽略不计。图 6.5 比较了同离子效应和盐效应对同一难溶物溶解度的影响。

沉淀的生成、溶解和转化

虽然 $K_{sp}^{\ominus}$ 并不能精确地反映溶液中的离子浓度,但仍可依据勒夏特列原理、通过 $K_{sp}^{\ominus}$ 和 Q_{sp} 的比较,对溶液中沉淀的生成、溶解和转化等问题做出一些正确的预测。Q_{sp} 是沉淀溶解的反应商,称为**离子积**(ion product)。对于如下反应

注意:严格来说,不存在绝对不溶解的"不溶物",只是溶解多少的程度不同。以水为溶剂时,通常将溶解度小于 0.01 g/100 g H_2O 的物质称为"难溶物"。

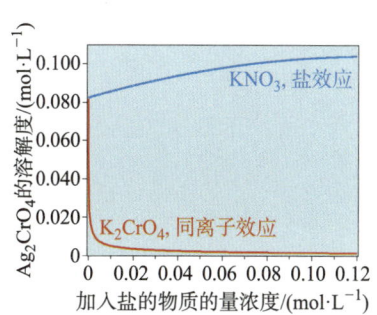

图 6.5 同离子效应(红线)和盐效应(蓝线)对 Ag_2CrO_4 溶解度影响的比较

$$A_mB_n(s) \rightleftharpoons mA^{n+}(aq) + nB^{m-}(aq)$$

$$Q_{sp} = [A^{n+}]_{当前}^m [B^{m-}]_{当前}^n \tag{6.32}$$

对于给定温度下的给定反应,$K_{sp}^{\ominus}$为定值,而Q_{sp}随当前条件不同而变化。若$Q_{sp} > K_{sp}^{\ominus}$,表明离子浓度已高于饱和溶液的浓度,反应将自发向左进行,多余的溶质会从溶液中沉淀析出。若$Q_{sp} < K_{sp}^{\ominus}$,溶液未达饱和,不会形成沉淀物。因此,可以将$Q_{sp}$和$K_{sp}^{\ominus}$大小的比较,作为溶液中离子是否会生成沉淀的判据,称为溶度积规则:

1) 当$Q_{sp} = K_{sp}^{\ominus}$时,溶液恰好饱和,沉淀和溶解处于动态平衡;
2) 当$Q_{sp} < K_{sp}^{\ominus}$时,溶液不会生成沉淀;
3) 当$Q_{sp} > K_{sp}^{\ominus}$时,溶液将会生成沉淀。

注意:由于动力学原因,有时尽管$Q_{sp} > K_{sp}^{\ominus}$,也不会立即形成沉淀。这种溶液称为过饱和溶液,处于一种非平衡的亚稳定状态。

值得注意的是,在应用上述溶度积规则时,必须先考虑混合溶液所造成的稀释效应。

1. 沉淀的生成及其完全度

含有溶质同离子的化合物可用作沉淀剂;在溶液中加入更多沉淀剂时,会生成更多的沉淀,相应地,残留在溶液中的溶质则会减少。当溶液中残留溶质的量极少时,即可认为溶质已经沉淀完全。在实际应用中,由于分析天平的称量精度为10^{-4} g,水溶液中物质的量的精度一般在10^{-6} mol 量级。因此,通常将沉淀完全的经验判据标准设定为:如果溶液中目标离子的残留相对浓度低于1×10^{-6},就认为已经沉淀完全。在其他一些教材中,也有采用溶液中目标离子的残留浓度低于初始浓度的 0.1%,作为沉淀完全的判据标准。

注意:严格来说,没有任何一个沉淀反应是绝对完全的。根据化学平衡的特性,不论加入的沉淀剂如何过量,溶液中总会残留极少量溶质。

注:为使Fe^{3+}从Zn^{2+}溶液中完全沉淀分离,应使Fe^{3+}以$Fe(OH)_3$的形式沉淀完全,同时保持Zn^{2+}不以$Zn(OH)_2$的形式发生沉淀,这样即可通过简单的固液分离达到提纯Zn^{2+}的目的。

» 例 6.12 在制备$ZnSO_4$时,为提高纯度需从溶液中分离掉杂质Fe^{3+}。假定溶液中$[Zn^{2+}] = 0.10$,为使Fe^{3+}从该溶液中完全沉淀分离,pH应控制在什么范围?

» 解:查表得$K_{sp}^{\ominus}(Fe(OH)_3) = [Fe^{3+}][OH^-]^3 = 2.79 \times 10^{-39}$,$K_{sp}^{\ominus}(Zn(OH)_2) = [Zn^{2+}][OH^-]^2 = 3 \times 10^{-17}$。为使$Fe(OH)_3$沉淀完全,即$[Fe^{3+}] < 1 \times 10^{-6}$,需满足

$$[OH^-] > \sqrt[3]{\frac{K_{sp}^{\ominus}(Fe(OH)_3)}{[Fe^{3+}]}} = \sqrt[3]{\frac{2.79 \times 10^{-39}}{1 \times 10^{-6}}} = 1.4 \times 10^{-11}$$

$$pH = 14 - pOH > 14 + \lg(1.4 \times 10^{-11}) = 3.15$$

为使Zn^{2+}不生成$Zn(OH)_2$沉淀,需满足

$$[OH^-] < \sqrt{\frac{K_{sp}^{\ominus}(Zn(OH)_2)}{[Zn^{2+}]}} = \sqrt{\frac{3 \times 10^{-17}}{0.10}} = 1.7 \times 10^{-8}$$

$$pH = 14 - pOH < 14 + \lg(1.7 \times 10^{-8}) = 6.23$$

因此控制溶液 pH 在 3.15~6.23 范围内,即可达到分离提纯Zn^{2+}的目的。

2. 沉淀的溶解

当 $Q_{sp} > K_{sp}^{\ominus}$ 时,溶液中会生成沉淀。为使生成的沉淀溶解,需令 $Q_{sp} < K_{sp}^{\ominus}$,这要求增加 $K_{sp}^{\ominus}$ 或减少 Q_{sp}。对于给定反应,$K_{sp}^{\ominus}$ 仅取决于温度,可通过改变温度提高 $K_{sp}^{\ominus}$ 来实现沉淀的溶解。在大多数情况下,沉淀的溶解是通过降低当前离子浓度、从而降低 Q_{sp} 来实现的,采取的方法包括添加更多溶剂、改用溶解度更低的溶剂、形成更难解离的弱电解质或配合物、进行氧化还原反应等。配位解离平衡和氧化还原平衡将分别在下两节介绍,这里仅讨论用酸来溶解一些沉淀。

难溶硫化物在强酸中的溶解同时涉及沉淀溶解平衡和酸碱平衡。例如,MnS 与强酸反应的离子方程式为

(1) $MnS \rightleftharpoons Mn^{2+} + S^{2-}$ $\qquad K_1^{\ominus} = K_{sp}^{\ominus}(MnS)$

(2) $S^{2-} + H_3O^+ \rightleftharpoons HS^- + H_2O$ $\qquad K_2^{\ominus} = 1/K_{a2}^{\ominus}$

(3) $HS^- + H_3O^+ \rightleftharpoons H_2S + H_2O$ $\qquad K_3^{\ominus} = 1/K_{a1}^{\ominus}$

(1)+(2)+(3),可得

$$MnS + 2H_3O^+ \rightleftharpoons Mn^{2+} + H_2S + 2H_2O$$

$$K^{\ominus} = K_1^{\ominus} \cdot K_2^{\ominus} \cdot K_3^{\ominus} = \frac{K_{sp}^{\ominus}(MnS)}{K_{a1}^{\ominus} K_{a2}^{\ominus}} = \frac{2.5 \times 10^{-13}}{8.9 \times 10^{-8} \times 1 \times 10^{-13}} = 2.8 \times 10^7$$

类似地,CuS 与强酸反应的离子方程式为

$$CuS + 2H_3O^+ \rightleftharpoons Cu^{2+} + H_2S + 2H_2O$$

$$K^{\ominus} = \frac{K_{sp}^{\ominus}(CuS)}{K_{a1}^{\ominus} \cdot K_{a2}^{\ominus}} = \frac{6.3 \times 10^{-36}}{8.9 \times 10^{-8} \times 1 \times 10^{-13}} = 7.1 \times 10^{-16}$$

MnS 的总平衡常数很大($K^{\ominus} > 10^7$),表明 MnS 在强酸中的溶解可进行完全;CuS 的总平衡常数很小($K^{\ominus} < 10^{-7}$),表明 CuS 的溶解几乎不发生。因此,MnS 可以溶于强酸而 CuS 不能。在上述两个总平衡常数表达式中,$K_{a1}^{\ominus}$ 和 $K_{a2}^{\ominus}$ 相同而 $K_{sp}^{\ominus}$ 不同。一般而言,当沉淀物形式相同(如同为二价金属硫化物)时,$K_{sp}^{\ominus}$ 值较大的沉淀物更易溶于酸。

又如,$CaCO_3$ 和 CaC_2O_4 在 HAc 中溶解的总平衡常数可用类似的方法计算:

$$CaCO_3 + 2HAc \rightleftharpoons Ca^{2+} + 2Ac^- + CO_2 + H_2O$$

$$K^{\ominus} = \frac{K_{sp}^{\ominus}(CaCO_3) \cdot K_a^{\ominus 2}(HAc)}{K_{a1}^{\ominus} \cdot K_{a2}^{\ominus}} = \frac{2.8 \times 10^{-9} \times (1.75 \times 10^{-5})^2}{4.5 \times 10^{-7} \times 4.7 \times 10^{-11}} = 0.041$$

$$CaC_2O_4 + HAc \rightleftharpoons Ca^{2+} + Ac^- + HC_2O_4^-$$

$$K^{\ominus} = \frac{K_{sp}^{\ominus}(CaC_2O_4) \cdot K_a^{\ominus}(HAc)}{K_{a2}^{\ominus}} = \frac{2.32 \times 10^{-9} \times 1.75 \times 10^{-5}}{1.5 \times 10^{-4}} = 2.7 \times 10^{-10}$$

注意:草酸 $H_2C_2O_4$ 的 $K_{a1}^{\ominus} = 5.6 \times 10^{-2}$ 较大,CaC_2O_4 与弱酸 HAc 进一步生成中强酸 $H_2C_2O_4$ 的反应几乎不发生,这里可以不用考虑。

因此 $CaCO_3$ 可以溶于 HAc 而 CaC_2O_4 不能。在上述两个总平衡常数表达式中,两种沉淀物的 $K_{sp}^\ominus$ 相近但生成的酸强弱不同。一般而言,生成的酸越弱,则沉淀物越容易溶解。值得注意的是,虽然 $CaCO_3$ 溶于 HAc 的总平衡常数并不大,但在反应过程中会不断释放 CO_2,导致生成的碳酸浓度降低,有助于 $CaCO_3$ 在 HAc 中的溶解。

3. 沉淀的转化

向盛有白色 $BaCO_3$ 沉淀的溶液中加入 Na_2CrO_4 溶液并搅拌,可以观察到白色沉淀转化为黄色 $BaCrO_4$ 沉淀,该反应涉及的平衡方程式为

(1) $BaCO_3 \rightleftharpoons Ba^{2+} + CO_3^{2-}$ $K_{sp}^\ominus(BaCO_3)$

(2) $Ba^{2+} + CrO_4^{2-} \rightleftharpoons BaCrO_4$ $1/K_{sp}^\ominus(BaCrO_4)$

(1)+(2),可得

$$BaCO_3 + CrO_4^{2-} \rightleftharpoons BaCrO_4 + CO_3^{2-}$$

$$K^\ominus = \frac{[CO_3^{2-}]}{[CrO_4^{2-}]} = \frac{K_{sp}^\ominus(BaCO_3)}{K_{sp}^\ominus(BaCrO_4)} = \frac{2.58 \times 10^{-9}}{1.17 \times 10^{-10}} = 22.1$$

由于 $K_{sp}^\ominus(BaCrO_4) < K_{sp}^\ominus(BaCO_3)$,上述反应的总平衡常数大于 1。这表明当 $[CO_3^{2-}]/[CrO_4^{2-}] < 22.1$ 即 $[CrO_4^{2-}]/[CO_3^{2-}] > 0.045$ 时,总反应即会自发向右进行,已沉淀的 $BaCO_3$ 将转化为 $BaCrO_4$。

再用类似的方法来考虑上述反应的逆反应:

$$BaCrO_4 + CO_3^{2-} \rightleftharpoons BaCO_3 + CrO_4^{2-}$$

$$K^{\ominus\prime} = \frac{[CrO_4^{2-}]}{[CO_3^{2-}]} = \frac{K_{sp}^\ominus(BaCrO_4)}{K_{sp}^\ominus(BaCO_3)} = \frac{1}{22.1} = 0.045$$

即使 $K_{sp}^\ominus(BaCrO_4) < K_{sp}^\ominus(BaCO_3)$,上述反应的总平衡常数小于 1,但在满足 $[CrO_4^{2-}]/[CO_3^{2-}] < 0.045$ 即 $[CO_3^{2-}]/[CrO_4^{2-}] > 22.1$ 的条件下,已沉淀的 $BaCrO_4$ 也可以转化为 $BaCO_3$。

对于 $K_{sp}^\ominus$ 表达式形式类似的两种沉淀(如 $BaCO_3$ 和 $BaCrO_4$),转化趋势是从 $K_{sp}^\ominus$ 较大的沉淀转化为 $K_{sp}^\ominus$ 较小的沉淀。如果 $K_{sp}^\ominus$ 的差别并不显著,在一定条件下也可以实现从 $K_{sp}^\ominus$ 较小的沉淀向 $K_{sp}^\ominus$ 较大沉淀的转化。对于 $K_{sp}^\ominus$ 表达式形式不同的两种沉淀(如 AgCl 和 Ag_2CrO_4),总的转化趋势是从溶解度较大的沉淀转化为溶解度较小的沉淀。

» 例 6.13 PbC_2O_4 沉淀在 NaI 溶液中可转化为 PbI_2 沉淀。如欲使 1.0 L NaI 溶液中 0.010 mol PbC_2O_4 沉淀完全转化,NaI 溶液的初始浓度至少应是多少?

» 解: 查表得 $K_{sp}^\ominus(PbC_2O_4) = 4.8 \times 10^{-10}$,$K_{sp}^\ominus(PbI_2) = 9.8 \times 10^{-9}$。设 NaI 溶液的最低初始相对浓度为 x,有

	PbC_2O_4	+	$2I^-$	$\rightleftharpoons$	PbI_2	+	$C_2O_4^{2-}$
初始浓度	0.010		x				0
浓度变化	-0.010		-0.020				0.010
平衡浓度	$<10^{-6}$		$x-0.020$				0.010

$$K^\ominus = \frac{[C_2O_4^{2-}]}{[I^-]^2} = \frac{K_{sp}^\ominus(PbC_2O_4)}{K_{sp}^\ominus(PbI_2)} = \frac{4.8\times10^{-10}}{9.8\times10^{-9}} = 0.049$$

$$K^\ominus = \frac{[C_2O_4^{2-}]}{[I^-]^2} = \frac{0.010}{(x-0.020)^2} = 0.049$$

$$x = 0.47$$

即 NaI 溶液的初始浓度至少应为 $0.47\ \mathrm{mol\cdot L^{-1}}$。

6.6 配位解离平衡
(Coordination-Dissociation Equilibria)

3.6 节已经介绍了配合物的基本概念、结构、成键、性质及应用。本节将讨论配位解离平衡,即配合物的配位单元生成与解离的动态平衡,并应用 6.1 节介绍的多重平衡原理,将配位解离平衡与各种化学平衡相耦合。

配合物稳定常数

回顾 3.6 节,配合物是含有配位单元的化合物,配位单元是由配位中心(多为金属离子)与若干配体通过配位键相连而成的结构单元,可以是配离子或配分子。配位中心与配体结合可生成配位单元,配位单元又可部分解离为配位中心和配体。当配位单元的生成速率与解离速率相等时,所建立的动态平衡称为**配位解离平衡**(coordination-dissociation equilibrium),也称**配离子平衡**(complex-ion equilibrium)。一般而言,配位中心(M^{n+})、配体(L^-)及配位单元 $ML_x^{(n-x)+}$ 之间的配位解离平衡可表示为

$$M^{n+} + xL^- \rightleftharpoons ML_x^{(n-x)+}$$

其平衡常数称为该配位单元的**稳定常数**(stability constant, $K_稳^\ominus$)或生成常数(formation constant),由下式给出

$$K_稳^\ominus = \frac{a(ML_x^{(n-x)+})}{a(M^{n+})[a(L^-)]^x} \tag{6.33}$$

对于理想溶液或稀溶液,上式可用相对浓度表示为

$$K_稳^\ominus = \frac{[ML_x^{(n-x)+}]}{[M^{n+}][L^-]^x} \tag{6.34}$$

例如,$Zn^{2+}(aq)$ 和 $NH_3(aq)$ 结合可生成配阳离子 $[Zn(NH_3)_4]^{2+}$,有

$$Zn^{2+}(aq) + 4NH_3(aq) \rightleftharpoons [Zn(NH_3)_4]^{2+}(aq) \tag{6.35}$$

其稳定常数为

$$K_{稳}^{\ominus} = \frac{[[Zn(NH_3)_4]^{2+}]}{[Zn^{2+}][NH_3]^4} = 2.9 \times 10^9$$

水溶液中的阳离子大多以水合离子的形式存在，$Zn^{2+}(aq)$ 实际上是 $[Zn(H_2O)_4]^{2+}$，其中 H_2O 分子作为配体与 Zn^{2+} 键合。在 $Zn^{2+}(aq)$ 中引入 NH_3 分子，这些 NH_3 会取代原配体 H_2O 与 Zn^{2+} 键合，这种取代是分步进行的。第一步反应为

$$[Zn(H_2O)_4]^{2+} + NH_3 \rightleftharpoons [Zn(H_2O)_3(NH_3)]^{2+} + H_2O \tag{6.36}$$

$$K_1^{\ominus} = \frac{[[Zn(H_2O)_3(NH_3)]^{2+}]}{[[Zn(H_2O)_4]^{2+}][NH_3]} = 2.3 \times 10^2$$

$K_1^{\ominus}$ 在 10^2 量级，表明 Zn^{2+} 对 NH_3 的亲和力大于对 H_2O 的亲和力。即使 NH_3 的浓度比 H_2O 的浓度低得多，如在稀 $NH_3(aq)$ 中，仍然会发生 NH_3 对 H_2O 的取代反应。之后进行第二步反应

$$[Zn(H_2O)_3(NH_3)]^{2+} + NH_3 \rightleftharpoons [Zn(H_2O)_2(NH_3)_2]^{2+} + H_2O \tag{6.37}$$

$$K_2^{\ominus} = \frac{[[Zn(H_2O)_2(NH_3)_2]^{2+}]}{[[Zn(H_2O)_3(NH_3)]^{2+}][NH_3]} = 2.8 \times 10^2$$

以此类推，共分四步进行，对应的 $K_1^{\ominus}$、$K_2^{\ominus}$、$K_3^{\ominus}$ 和 $K_4^{\ominus}$ 称为**逐级稳定常数**（stepwise stability constant）。

$[Zn(H_2O)_2(NH_3)_2]^{2+}$ 的生成也可由式(6.36)和式(6.37)之和得到，有

$$[Zn(H_2O)_4]^{2+} + 2NH_3 \rightleftharpoons [Zn(H_2O)_2(NH_3)_2]^{2+} + 2H_2O \tag{6.38}$$

式(6.38)的平衡常数用 β_2 表示，有

$$\beta_2 = \frac{[[Zn(H_2O)_2(NH_3)_2]^{2+}]}{[[Zn(H_2O)_4]^{2+}][NH_3]^2} = K_1^{\ominus} \cdot K_2^{\ominus} = 6.4 \times 10^4$$

类似地，有

$$\beta_1 = K_1^{\ominus}, \quad \beta_3 = K_1^{\ominus} \cdot K_2^{\ominus} \cdot K_3^{\ominus}, \quad \beta_4 = K_1^{\ominus} \cdot K_2^{\ominus} \cdot K_3^{\ominus} \cdot K_4^{\ominus}$$

β_1、β_2、β_3 和 β_4 称为**累积稳定常数**（cumulative stability constant）。最终的累积稳定常数（上述情况下为 β_4），即为总方程式(6.35)对应的平衡常数。因此 $\beta_4 = K_{稳}^{\ominus}$，这也是 $[Zn(NH_3)_4]^{2+}$ 默认的稳定常数。表 6.5 和附录 C.2 列出了 298.15 K 下一些常见配位单元的 $K_{稳}^{\ominus}$ 和逐级稳定常数。

表 6.5　298.15 K 下一些常见配离子的 $K_稳^\ominus$ 和逐级稳定常数

配位中心	配体	$K_1^\ominus$	$K_2^\ominus$	$K_3^\ominus$	$K_4^\ominus$	$K_5^\ominus$	$K_6^\ominus$	$K_稳^\ominus$
Ag^+	NH_3	1.7×10^3	6.5×10^3					1.1×10^7
Zn^{2+}	NH_3	2.3×10^2	2.8×10^2	3.2×10^2	1.4×10^2			2.9×10^9
Cu^{2+}	NH_3	2.0×10^4	4.7×10^3	1.1×10^3	2.0×10^2			2.1×10^{13}
Ni^{2+}	NH_3	6.3×10^2	1.7×10^2	5.4×10^1	1.5×10^1	5.6	1.1	5.5×10^8
Cu^{2+}	en	4.7×10^{10}	2.1×10^9	1.0×10^1				1.0×10^{21}
Ni^{2+}	en	3.3×10^7	2.1×10^6	3.1×10^4				2.1×10^{18}
Ni^{2+}	EDTA	3.6×10^{18}						3.6×10^{18}

一般而言，配位单元的逐级稳定常数彼此相差不大，因此在计算离子浓度时需要考虑各级配离子的存在。但在实际情况中通常会加入过量的配合剂，这时绝大部分金属离子处于最高配位数的状态，故其他较低级配离子可忽略不计，可以用 $K_稳^\ominus$ 直接计算金属离子的浓度。

思考题： 大多数配位单元的逐级稳定常数均依次降低，其中的主要原因是什么？

与含单齿配体的配位单元相比，含多齿配体的配位单元通常具有更大的 $K_稳^\ominus$，这主要是因为多齿配体可一步取代多个单齿配体，例如，乙二胺(en)可以每步两个、共分三步取代 $[Ni(H_2O)_6]^{2+}$ 的 H_2O 配体。当生成含多齿配体的配位单元时，溶液中的独立粒子数增加，从而导致体系熵增。由于多齿配体通常形成螯合物，螯合物比对应含单齿配体的配位单元更加稳定的效应，称为**螯合效应**(chelate effect)。

多重平衡

总体而言，对于如下配位解离平衡：

$$M^{n+} + xL^- \rightleftharpoons ML_x^{(n-x)+}$$

如果加入可与 M^{n+} 或 L^- 发生反应的试剂，则发生的反应会与上述配位解离平衡相耦合，形成多重平衡。接下来将应用 6.1 节介绍的多重平衡原理，来讨论配位解离平衡与各种平衡相耦合的一些实例。

思考题： 浓 $CuCl_2$ 溶液为棕黄色，加水稀释后溶液颜色逐渐变为蓝色，请基于平衡移动原理分析颜色变化的原因。

1. 配位解离平衡与酸碱平衡相耦合

一些配离子可作为布朗斯特-劳里酸或碱提供或接受质子，如 $Fe^{3+}(aq)$ 实际上是 $[Fe(H_2O)_6]^{3+}$，可以发生如下水解反应：

$$[Fe(H_2O)_6]^{3+} + H_2O \rightleftharpoons [Fe(OH)(H_2O)_5]^{2+} + H_3O^+$$

其中六水合铁(Ⅲ)离子作为酸，从 H_2O 配体中提供一个质子给溶剂 H_2O 分子，其酸式电离常数为 $K_{a1}^\ominus = 9 \times 10^{-4}$。从这个 $K_{a1}^\ominus$ 值可以看出，$Fe^{3+}(aq)$ 的酸性甚至超过醋酸（$K_a^\ominus = 1.75 \times 10^{-5}$）。为了抑制 $[Fe(H_2O)_6]^{3+}$ 的水解，需要添加如 HNO_3 或 $HClO_4$ 等强酸来降低溶液的pH。$[Fe(H_2O)_6]^{3+}$ 离子呈紫色，但由于羟基配离子的存在，$Fe^{3+}(aq)$ 溶液通常呈黄色。含水配体的配位单元的酸性，取决于中心金属离子的电荷半径比。半径小而电荷高的中心离子会强烈地吸引电子，使配体水分子的

O—H 键易于断裂。因此，$[Fe(H_2O)_6]^{3+}$ 的酸性远强于 $[Fe(H_2O)_6]^{2+}$（$K_{a1}^{\ominus} = 1×10^{-7}$）。

一些配体（如 F^-、CN^- 和 CO_3^{2-}）可以与加入的 H_3O^+ 生成弱酸，从而导致配位解离平衡移动。例如，在 FeF_3 溶液中加入 H_3O^+ 时

（1） $F^- + H_3O^+ \rightleftharpoons HF + H_2O$ $K_1^{\ominus} = 1/K_a^{\ominus}(HF)$

（2） $Fe^{3+} + 3F^- \rightleftharpoons FeF_3$ $K_2^{\ominus} = K_{稳}^{\ominus}(FeF_3)$

酸碱平衡式（1）向右移动，使得 $[F^-]$ 减小，导致配位解离平衡式（2）向左移动，使得 $[FeF_3]$ 减小。对于 $3×(1)-(2)$ 的总反应

$$FeF_3 + 3H_3O^+ \rightleftharpoons Fe^{3+} + 3HF + 3H_2O$$

总平衡常数为

$$K^{\ominus} = \frac{1}{K_{稳}^{\ominus}(FeF_3) \cdot K_a^{\ominus 3}(HF)}$$

当 $K_{稳}^{\ominus}$ 较小（意味着配位单元更不稳定）且 $K_a^{\ominus}$ 较小（意味着配体形成的酸更弱）时，配位单元更容易被加入的 H_3O^+ 解离。

2. 配位解离平衡与沉淀溶解平衡相耦合

金属离子可与配体建立配位解离平衡，同时又可与沉淀剂建立沉淀溶解平衡，这两种平衡相互竞争，可通过比较相应的 $K_{稳}^{\ominus}$ 和 $K_{sp}^{\ominus}$ 来判断最终产物。例如

（1） $Ag^+ + 2NH_3 \rightleftharpoons [Ag(NH_3)_2]^+$ $K_1^{\ominus} = K_{稳}^{\ominus}([Ag(NH_3)_2]^+)$

（2） $Ag^+ + Cl^- \rightleftharpoons AgCl$ $K_2^{\ominus} = K_{sp}^{\ominus}(AgCl)$

（1）-（2），可得

$$AgCl + 2NH_3 \rightleftharpoons [Ag(NH_3)_2]^+ + Cl^-$$

总平衡常数为

$$K^{\ominus} = K_{稳}^{\ominus}([Ag(NH_3)_2]^+) \cdot K_{sp}^{\ominus}(AgCl) = 2.0×10^{-3}$$

尽管这个 $K^{\ominus}$ 值不是很大，但 $AgCl(s)$ 沉淀可以溶解在较浓的 $NH_3(aq)$ 中，生成 $[Ag(NH_3)_2]^+$ 配离子。

3. 配位解离平衡之间的耦合

当存在多个配体时，金属离子可以与不同配体建立不同的配位解离平衡，这些平衡也会相互竞争。例如

注：SCN^- 是两可配体，S 和 N 均可作为配位原子。当周期表中第一过渡系的金属（除 Cu 外）与 SCN^- 形成配位单元时，配位原子通常是 N，写成 NCS^-。

（1） $Fe^{3+} + 3F^- \rightleftharpoons FeF_3$ $K_1^{\ominus} = K_{稳}^{\ominus}(FeF_3)$

（2） $Fe^{3+} + SCN^- \rightleftharpoons [Fe(NCS)]^{2+}$ $K_2^{\ominus} = K_{稳}^{\ominus}([Fe(NCS)]^{2+})$

（1）-（2），可得

$$[\text{Fe(NCS)}]^{2+} + 3\text{F}^- \rightleftharpoons \text{FeF}_3 + \text{SCN}^-$$

总平衡常数为

$$K^\ominus = \frac{K_\text{稳}^\ominus(\text{FeF}_3)}{K_\text{稳}^\ominus([\text{Fe(NCS)}]^{2+})} = \frac{1.1 \times 10^{12}}{8.9 \times 10^2} = 1.3 \times 10^9$$

这个 $K^\ominus$ 值非常大,因此当 F^- 和 SCN^- 浓度相当时,几乎所有 Fe^{3+} 都将形成 FeF_3 而非 $[\text{Fe(NCS)}]^{2+}$。

例 6.14 计算在 1.5 L 1.0 mol·L^{-1} 氨水中能溶解多少克 AgBr。

解: 查表得 $K_\text{sp}^\ominus(\text{AgBr}) = 5.35 \times 10^{-13}$,$K_\text{稳}^\ominus(\text{Ag(NH}_3)_2) = 1.1 \times 10^7$。设溶液中 Br^- 的相对浓度为 x,有

$$\text{AgBr} + 2\text{NH}_3 \rightleftharpoons [\text{Ag(NH}_3)_2]^+ + \text{Br}^-$$

平衡浓度　　　　　　$1.0 - 2x$　　　　　x　　　x

$$K^\ominus = \frac{[\text{Ag(NH}_3)_2]^+[\text{Br}^-]}{[\text{NH}_3]^2} = K_\text{sp}^\ominus(\text{AgBr}) \cdot K_\text{稳}^\ominus([\text{Ag(NH}_3)_2]^+)$$

$$= 5.35 \times 10^{-13} \times 1.1 \times 10^7 = 5.9 \times 10^{-6}$$

$$K^\ominus = \frac{x^2}{(1.0 - 2x)^2} = 5.9 \times 10^{-6}$$

$$x = 2.4 \times 10^{-3}$$

溶解 AgBr 的质量为

$$m = 2.4 \times 10^{-3} \text{ mol·L}^{-1} \times 1.5 \text{ L} \times 188 \text{ g·mol}^{-1} = 0.68 \text{ g}$$

例 6.15 某溶液中含有 0.10 mol·L^{-1} Al^{3+} 和一定浓度的 F^-,若在 pH = 10.00 时不产生 Al(OH)_3 沉淀,则溶液中的 F^- 应满足什么条件?

解: 查表得 $K_\text{sp}^\ominus(\text{Al(OH)}_3) = [\text{Al}^{3+}][\text{OH}^-]^3 = 1.3 \times 10^{-33}$,$K_\text{稳}^\ominus([\text{AlF}_6]^{3-}) = 6.9 \times 10^{19}$。由 pH = 10.00 可得 $[\text{OH}^-] = 1.0 \times 10^{-4}$。为了不产生 Al(OH)_3 沉淀,溶液中的 Al^{3+} 浓度应满足

$$[\text{Al}^{3+}] < \frac{K_\text{sp}^\ominus(\text{Al(OH)}_3)}{[\text{OH}^-]^3} = \frac{1.3 \times 10^{-33}}{(1.0 \times 10^{-4})^3} = 1.3 \times 10^{-21}$$

设平衡时 F^- 的相对浓度为 x,有

$$\text{Al}^{3+} + 6\text{F}^- \rightleftharpoons [\text{AlF}_6]^{3-}$$

平衡浓度　　　1.3×10^{-21}　　　x　　　≈ 0.10

$$K_\text{稳}^\ominus([\text{AlF}_6]^{3-}) = \frac{0.10}{1.3 \times 10^{-21} \cdot x^6} = 6.9 \times 10^{19}$$

$$x = 1.02$$

即溶液中 F^- 浓度应高于 $1.02\ \mathrm{mol\cdot L^{-1}}$。此外，考虑到与 Al^{3+} 配位生成 $[AlF_6]^{3-}$ 的 F^- 的量，则溶液中的 F^- 总浓度应不低于

$$c = 1.02\ \mathrm{mol\cdot L^{-1}} + 0.10\ \mathrm{mol\cdot L^{-1}} \times 6 = 1.62\ \mathrm{mol\cdot L^{-1}}$$

6.7 氧化还原平衡
(Oxidation-Reduction Equilibria)

氧化还原平衡也称氧化还原反应，是由氧化半反应和还原半反应组合而成的、涉及电子转移的反应。反应中电子的转移可用氧化态的升降来描述。

氧化态

氧化态(oxidation state)又称**氧化数**(oxidation number)，是假定所有不同元素原子之间的化学键均为 100% 离子性时、某原子所带的假想电荷数；规定两个化学环境完全对等的同种元素原子之间成键时的氧化态为 0。100% 离子性意味着在成键原子之间发生 100% 电子转移，即一个原子完全得到电子而另一个原子完全失去电子。例如，NaCl 中 Na 和 Cl 之间的化学键以离子性为主，假定其为 100% 离子性，则 Na 原子失去一个电子，电荷数为 +1，而 Cl 原子得到一个电子，电荷数为 -1。因此，NaCl 中 Na 和 Cl 的氧化态分别为 +1 和 -1。HCl 中 H 和 Cl 之间的化学键以共价性为主，其离子性成分约 18%（参见 3.2 节）。但如果也假定其为 100% 离子性，由于 Cl 的电负性高于 H，则 H 原子失去一个电子，假想电荷数为 +1，而 Cl 原子得到一个电子，假想电荷数为 -1。因此，HCl 中 H 和 Cl 的氧化态也分别为 +1 和 -1。

> **注意**：单质中元素的氧化态为 0 的前提条件是两个成键原子的化学环境完全对等。例如，O_3 中端基 O 与中心 O 的化学环境不对等，故氧化态不为 0。中心 O 失 2/3 个电子而端基 O 得 1/3 个电子，氧化态分别为 +2/3 和 -1/3。

在应用氧化态概念时，需遵循以下一般原则：单质中元素的氧化态为 0，中性分子中所有元素氧化态的代数和为 0，而离子中所有元素氧化态的代数和等于离子的净电荷数。一般而言，元素的最高氧化态等于其所在的主/副族数。第 1、2 族金属在其化合物中的氧化态通常分别为 +1 和 +2。第 17、16 和 15 族元素在二元金属化合物中的氧化态分别为 -1、-2 和 -3。在确定一些常见元素的氧化态之后，可以根据所有元素氧化态的代数和等于净电荷数的原则，来确定其他元素的氧化态。例如，在 $HClO_4$ 中，先确定 H 和 O 的氧化态分别为 +1 和 -2，则可计算出 Cl 的氧化态为 +7，这也是 Cl 的最高氧化态，等于其族数（ⅦA 族）；同理，在 $HClO_3$、$HClO_2$ 和 HClO 中，Cl 的氧化态分别为 +5、+3 和 +1，均小于其族数。

大多数情况下 H 的氧化态为 +1，但在金属氢化物中，由于 H 的电负性高于金属，因此得到电子，氧化态为 -1。大多数情况下 O 的氧化态为 -2，但在过氧化物中，由于存在成键电子均等共用的过氧键（O—O），氧化态为 -1。此外，氧化态不一定是整数，也可以为分数。例如，Fe_3O_4 中 O 的氧化态为 -2，Fe 的氧化态则为 +8/3。

氧化态的概念与其他一些常用概念容易混淆，这里汇总介绍其区别和联系如下：

1) **氧化态与化合价**：中学化学教材通常用元素化合价的升降来表示氧化还原反应中得失电子情况，那里的化合价即为氧化态。一些教材将从物质的微观结构出发得到的假想电荷数定义为化合价，而将从化学式出发计算得到的平均化合价定义为氧化态。例如，在连四硫酸钠（$Na_2S_4O_6$）中，根据 Na 和 O 的氧化态分别为 +1 和 -2，可计算出 S 的氧化态为 +5/2。$S_4O_6^{2-}$ 的结构式如右所示，式中有 4 个相连的 S 原子，其中首尾两端的 S 原子化合价为 +5，而中间 2 个 S 原子均以 S—S 键相连，化合价为 0，所有 S 原子的平均化合价即氧化态为 +5/2。又如，过氧化铬（CrO_5）的结构式如右所示，式中含有 2 个 O—O 键，因此双键 O 的化合价为 -2，而其余 4 个 O 的化合价为 -1，所有 O 原子的平均化合价即氧化态为 -6/5；Cr 的氧化态和化合价均为 +6，这是 Cr 的最高氧化态，等于其族数（ⅥB 族）。注意，本书并不严格区分这两个概念，一律使用氧化态；当提到某原子的氧化态时，指该原子的假想电荷数，而提到某元素的氧化态时，指该元素所有原子的平均氧化态。

2) **氧化态与形式电荷**：回顾 3.1 节，形式电荷是假定所有化学键均为 100% 共价性时路易斯结构中原子所带的假想电荷数。例如，H_2O 中 H 和 O 的氧化态分别为 +1 和 -2，而形式电荷均为 0；NO_2^+ 中 N 和 O 的氧化态分别为 +5 和 -2，而形式电荷分别为 +1 和 0。比较氧化态和形式电荷两个概念，氧化态夸大了化学键中的离子性成分，适用于以电子转移为主的氧化还原反应和下一节即将介绍的电化学；而形式电荷夸大了化学键中的共价性成分，适用于以理解共价键结构为主的路易斯理论。

3) **氧化态与价**：价（valence）是对一个原子与其他原子之间结合能力的量度，常用于价电子、价层、价键等术语中。例如，绝大多数情况下一个 H 原子只能和一个其他原子结合，价为 1，而一个 O 原子可以和 2 个其他原子相结合，价为 2。价总是自然数，没有正负符号，而氧化态可以是整数或分数，可以为正、为负或等于 0。表 6.6 给出了一些物质中各元素的氧化态和价的对比。

$S_4O_6^{2-}$ 结构式　　CrO_5 结构式

表 6.6　一些物质中各元素的氧化态和价

化学式	元素	氧化态	价
Cl_2	Cl	0	1
P_4	P	0	3
H_2O	H	+1	1
	O	-2	2
H_2O_2	H	+1	1
	O	-1	2
Fe_3O_4	Fe	+8/3	2 或 3
	O	-2	2
CH_3CH_2OH	C	-2	4
	H	+1	1
	O	-2	2

氧化、还原半反应

氧化还原反应必须包含同时发生的氧化半反应和还原半反应，总反应是两个半反应的加和。**氧化半反应**（oxidation half-reaction）是某些元素失去电子、氧化态升高的过程，而**还原半反应**（reduction half-reaction）是某些元素得到电子、氧化态降低的过程。氧化半反应和还原半反应总是同时发生，在氧化半反应中失去的电子总数必须等于在还原半反应中得到的电子总数。

在氧化还原反应中，含有氧化态降低的元素、并能使其他物质被氧化的物质，称为**氧化剂**（oxidant）；氧化剂得到电子、自身被还原形成的物质，称为**还原产物**（reducing product）。含有氧化态升高的元素、并能使其他物质被还原的物质，称为**还原剂**（reductant）；还原剂失去电子、自身被氧化形成的物质，称为**氧化产物**（oxidizing product）。

例如，氧化还原反应

$$Zn(s) + Cu^{2+}(aq) \longrightarrow Zn^{2+}(aq) + Cu(s)$$

包含同时发生的如下两个半反应：

$$\text{氧化半反应：} \quad Zn(s) \longrightarrow Zn^{2+}(aq) + 2e^-$$
$$\text{还原半反应：} \quad Cu^{2+}(aq) + 2e^- \longrightarrow Cu(s)$$

其中 $Zn(s)$ 是还原剂,失去两个电子,被氧化为氧化产物 $Zn^{2+}(aq)$,氧化态由 0 升高到 +2;$Cu^{2+}(aq)$ 是氧化剂,得到两个电子,被还原为还原产物 $Cu(s)$,氧化态由 +2 降低至 0。

在氧化还原反应中,还原剂的氧化态升高且失去电子,而氧化剂的氧化态降低且得到电子,亦即电子从还原剂转移到氧化剂。因此,可以用氧化态的升降来追踪电子转移总数,从而配平氧化还原方程式,其主要步骤为

1) 根据实验现象确定生成物,并标明反应条件,这时需要特别注意反应是在酸性介质还是碱性介质中进行。能与质子反应或在质子存在下不稳定的物种,不应出现在酸性环境中。例如,将 $FeSO_4$ 溶液加入酸化的 $KMnO_4$ 溶液中,MnO_4^- 的紫红色褪去,生成无色溶液,其离子反应方程式为

$$5Fe^{2+} + MnO_4^- + 8H^+ \rightleftharpoons 5Fe^{3+} + Mn^{2+} + 4H_2O$$

以上反应是在强酸性介质中进行,若不顾反应条件而写成

$$5Fe^{2+} + MnO_4^- + 4H_2O \rightleftharpoons 5Fe^{3+} + Mn^{2+} + 8OH^-$$
$$3Fe^{2+} + MnO_4^- + 4H^+ \rightleftharpoons 3Fe^{3+} + MnO_2 + 2H_2O$$

表面上看也是配平的,但与事实不符。前一个反应生成 OH^-,若溶液为碱性,则 MnO_4^- 不能被还原成 Mn^{2+},且 Fe^{3+} 和 Fe^{2+} 将分别生成 $Fe(OH)_3$ 和 $Fe(OH)_2$ 沉淀。后一个反应方程式里有 MnO_2 生成,为棕色沉淀,与无色溶液不符。

2) 分别计算氧化态的升高和降低值。如果不止一种元素的氧化态发生了变化,则将所有变化值相加。例如,三硫化二砷 (As_2S_3) 与浓硝酸反应,生成砷酸 ($HAsO_3$)、析出硫黄 (S),并放出一氧化氮气体。在还原剂 As_2S_3 中,As 的氧化态由 +3 升高为 +5,S 的氧化态由 -2 升高为 0,1 mol As_2S_3 总计失去 10 mol 电子;而氧化剂 NO_3^- 中,N 的氧化态由 +5 降低至 +2,1 mol NO_3^- 得到 3 mol 电子。

3) 按照电子守恒和原子守恒的原则配平氧化还原方程式。例如,按照电子守恒原则,上述反应中 As_2S_3 与浓硝酸的摩尔比应为 3∶10,结合原子守恒原则,可配平其离子反应方程式为

$$3As_2S_3 + 10NO_3^- + 4H^+ \rightleftharpoons 6AsO_3^- + 9S + 10NO + 2H_2O$$

» 例 6.16 写出酸性条件下 SO_3^{2-} 与 MnO_4^- 反应的离子方程式并配平。

» 解法一： MnO_4^- 是氧化剂,在酸性条件下具有很强的氧化性,其还原产物为 Mn^{2+};SO_3^{2-} 是还原剂,其氧化产物为 SO_4^{2-}。因此参与反应的物种可写为

$$SO_3^{2-} + MnO_4^- + H^+ \longrightarrow SO_4^{2-} + Mn^{2+} + H_2O$$

其中 Mn 的氧化态由 +7 降低至 +2,1 mol MnO_4^- 得到 5 mol 电子;S 的氧化态由 +4 升高到 +6,1 mol SO_3^{2-} 失去 2 mol 电子。按照电子守恒原则,SO_3^{2-} 与 MnO_4^- 的摩尔比应为 5∶2,有

$$5SO_3^{2-} + 2MnO_4^- + H^+ \longrightarrow 5SO_4^{2-} + 2Mn^{2+} + H_2O$$

最后通过 O 原子和 H 原子守恒原则,配平其离子反应方程式为

$$5SO_3^{2-} + 2MnO_4^- + 6H^+ \rightleftharpoons 5SO_4^{2-} + 2Mn^{2+} + 3H_2O$$

》**解法二:** 采用半反应法配平氧化还原方程式,其主要步骤包括

(1) 将氧化还原反应写成两个半反应,并分别配平为

氧化半反应:$SO_3^{2-} + H_2O \longrightarrow SO_4^{2-} + 2H^+ + 2e^-$

还原半反应:$MnO_4^- + 8H^+ + 5e^- \longrightarrow Mn^{2+} + 4H_2O$

(2) 乘以相应系数使得两个半反应得失电子数相等,有

氧化半反应×5:$5SO_3^{2-} + 5H_2O \longrightarrow 5SO_4^{2-} + 10H^+ + 10e^-$

还原半反应×2:$2MnO_4^- + 16H^+ + 10e^- \longrightarrow 2Mn^{2+} + 8H_2O$

(3) 将两式相加,合并反应物和生成物中相同的物质,即可得配平的离子反应方程式为

$$5SO_3^{2-} + 2MnO_4^- + 6H^+ \rightleftharpoons 5SO_4^{2-} + 2Mn^{2+} + 3H_2O$$

> **注意:** 在配平半反应时,反应物和生成物若含 O 或 H 原子数不同,可根据介质的酸碱性,分别加 H^+、OH^- 和 H_2O 配平。酸性介质中,可在 O 多的一侧加 H^+,另一侧加 H_2O;碱性介质中,可在 O 少的一侧加 OH^-,另一侧加 H_2O。若 O 原子数相同而 H 原子数不同,酸性介质中可在 H 少的一侧加 H^+,碱性介质中可在 H 多的一侧加 OH^-,另一侧加 H_2O。

氧化还原平衡与氧化还原电对

任何氧化半反应的逆反应一定是还原半反应,可统一表示为

$$\text{还原型} \xrightleftharpoons[\text{还原}]{\text{氧化}} \text{氧化型} + ne^- \tag{6.39}$$

与布朗斯特-劳里酸碱理论中共轭酸碱对之间的关系(酸 $\rightleftharpoons$ 共轭碱 + H^+)类似,物质的氧化型与还原型之间也存在共轭关系,可统称为**氧化还原电对**(redox couple),通常用 氧化型/还原型 表示。如果物质的还原型是一种金属(表示为 M),而氧化型是该金属的某种离子(表示为 M^{n+}),则该氧化还原电对可表示为 M^{n+}/M。

正如酸碱平衡可视为在两对共轭酸碱对之间发生的如下质子转移反应:

$$\text{酸}1 + \text{碱}2 \rightleftharpoons \text{共轭酸}2 + \text{共轭碱}1$$

氧化还原平衡也可视为在两对氧化还原电对之间发生的如下电子转移反应:

$$\text{还原型}1 + \text{氧化型}2 \rightleftharpoons \text{还原型}2 + \text{氧化型}1$$

该反应相当于得失电子总数相等的如下氧化半反应与还原半反应的加和:

氧化半反应: 还原型1 $\longrightarrow$ 氧化型1 + ne^-

还原半反应: 氧化型2 + ne^- $\longrightarrow$ 还原型2

氧化还原反应的标准平衡常数 $K^\ominus$,可通过范托夫等温式(6.13)与反应的 ΔG 相联系,参见例题 6.17,但更为常见的计算和应用是与该氧化还原反应所组成电池的

> **注意:** 与酸碱反应和沉淀溶解反应相比,氧化还原反应的反应速率通常较慢,有些氧化还原反应需从速率和平衡两个方面结合考虑。

电动势 $E_{池}$ 相联系,将在下一节中详述。

» 例 6.17 指出如下氧化还原反应所涉及的氧化还原电对以及电子转移的方向,查阅热力学数据,计算该氧化还原反应的标准平衡常数:

$$6CuI(s) + 4NO_3^-(aq) + 16H^+(aq) \rightleftharpoons 6Cu^{2+}(aq) + 3I_2(s) + 4NO(g) + 8H_2O(l)$$

» 解:上述氧化还原反应所涉及的氧化还原电对分别为 NO_3^-/NO、I_2/CuI 和 Cu^{2+}/CuI;其中 NO_3^- 是氧化剂,NO 是其还原产物;CuI 是还原剂,I_2 和 Cu^{2+} 均为其氧化产物;电子从 CuI 转移到 NO_3^-。查附录 C.1 可知

	CuI(s)	NO_3^-(aq)	Cu^{2+}(aq)	NO(g)	H_2O(l)
$\Delta G_f^\ominus/(kJ \cdot mol^{-1})$	-69.5	-111.3	65.5	87.6	-237.1

此外,$\Delta G_f^\ominus[H^+(aq)] = 0$,$\Delta G_f^\ominus[I_2(s)] = 0$。因此

$$\Delta G^\ominus = 65.5 \text{ kJ}\cdot\text{mol}^{-1} \times 6 + 87.6 \text{ kJ}\cdot\text{mol}^{-1} \times 4 + (-237.1 \text{ kJ}\cdot\text{mol}^{-1}) \times 8 -$$
$$(-69.5 \text{ kJ}\cdot\text{mol}^{-1}) \times 6 - (-111.3 \text{ kJ}\cdot\text{mol}^{-1}) \times 4 = -291.2 \text{ kJ}\cdot\text{mol}^{-1}$$

由范托夫等温式,可得

$$\ln K^\ominus = -\frac{\Delta G^\ominus}{RT} = \frac{291.2 \times 10^3 \text{ J}\cdot\text{mol}^{-1}}{8.314 \text{ J}\cdot\text{mol}^{-1}\cdot\text{K}^{-1} \times 298.2 \text{ K}} = 117.5$$

$$K^\ominus = 1 \times 10^{51}$$

注意:这个平衡常数非常大,表明该氧化还原反应进行得很彻底。大部分氧化还原反应的平衡常数均非常大,因此即使配平的方程式也常用箭头号(⟶)代替平衡符号(⇌)。

6.8 电化学
(Electrochemistry)

氧化还原反应是氧化还原电对之间的电子转移反应,这些转移的电子如果发生定向迁移就会形成电流,从而将化学能转化为电能。利用自发氧化还原反应将化学能转化为电能的装置称为**原电池**(voltaic cell);利用电流促使非自发氧化还原反应发生、将电能转化为化学能的装置称为**电解池**(electrolytic cell)。原电池和电解池统称化学电池(electrochemical cell)。研究化学电池中氧化还原反应过程以及化学能与电能相互转化规律的化学分支,称为**电化学**(electrochemistry)。

电极电势与电池电动势

在电化学中,与导电电解质相接触的电导体称为**电极**(electrode)。例如,将一根金属条 M 浸泡在含有同种金属离子 M^{n+} 的溶液中,这根金属条就是一个典型的电极。M 与 M^{n+} 溶液共同形成一个**半电池**(half cell),可用 $M(s)|M^{n+}(aq)$ 表示,其中 M(s) 为固相,M^{n+}(aq) 为溶液相,二者之间存在相界面,用符号"|"代表。在此半电池 M(s) 和 M^{n+}(aq) 之间的界面上,如下两个过程同时发生:

1) 还原过程:溶液中的 M^{n+}(aq) 离子与金属上的电子结合形成 M(s) 原子,沉积

到金属极板表面上。

2) 氧化过程：金属极板表面的一些原子 M(s) 受到水分子的吸引，形成水合离子 M^{n+}(aq) 进入溶液，将电子留在金属上；

上述两个过程可统一表示为

$$M^{n+}(aq) + ne^- \underset{\text{氧化}}{\overset{\text{还原}}{\rightleftharpoons}} M(s)$$

M(s) 越不活泼、M^{n+}(aq) 溶液越浓，则还原过程进行的程度越大；M(s) 越活泼、M^{n+}(aq) 溶液越稀，则氧化过程进行的程度越大。当两个过程达到动态平衡时，在 M(s) 和 M^{n+}(aq) 之间的界面上会形成双电层，导致金属极板的电势与电解质溶液的电势不相等。金属极板与电解质溶液相接触时，在二者之间的相界面上所形成的电势差，称为该电极的**电极电势**(electrode potential)，规定为金属极板高出电解质的电势差，对应于 M^{n+}(aq) 还原为 M(s) 过程的还原电势差。氧化还原电对 M^{n+}/M 的电极电势，可用 $\varphi(M^{n+}/M)$ 表示。

对于单个半电池，上述氧化还原过程所导致的金属极板或电解质的变化太小，不能用实验的方法精确测量，即无法直接精确地测量单个电极电势。但如果将两个半电池组合起来，形成一个化学电池，就可以精确地测量这两个半电池的相对电势差。在化学电池中，电子会持续地从一个电极流向另一个电极，其中发生氧化半反应、电子持续流出的电极称为**阳极**(anode)，发生还原半反应、电子持续流入的电极称为**阴极**(cathode)。对应的电极电势分别称为阳极电势和阴极电势。

如前所述，根据能量转换的方向，化学电池可分为原电池和电解池，其中原电池将化学能转化为电能，而电解池则将电能转换为化学能。图 6.6 给出了一个由 Zn(s) | Zn^{2+}(aq) 半电池和 Cu(s) | Cu^{2+}(aq) 半电池组成的原电池（称为铜锌原电池）结构示意图。将两个金属极板通过导线与电压表相连，将两个半电池的电解质溶液用盐桥(salt bridge)相连。组装完成后，该原电池就会自发地发生如下氧化还原反应：

$$Zn(s) + Cu^{2+}(aq) \longrightarrow Zn^{2+}(aq) + Cu(s)$$

注：盐桥是连接两种溶液的高浓度电解质溶液，如饱和 KNO_3 溶液等。盐桥通常置于 U 形管中，两端用多孔材料塞住，仅允许离子迁移通过，而使液体不能大量流动。

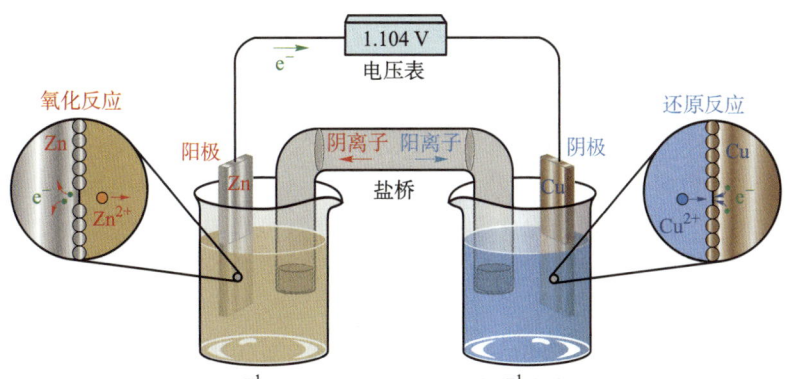

图 6.6 铜锌原电池结构示意图：发生的总氧化还原反应为 $Zn(s) + Cu^{2+}(aq) \longrightarrow Zn^{2+}(aq) + Cu(s)$

其中 Zn 电极为阳极，发生氧化反应，Zn(s) 失去 2 个电子变成 Zn^{2+}(aq)。这 2 个电子通过导线和电压表迁移到 Cu 阴极，与 Cu^{2+}(aq) 发生还原反应，在 Cu 电极上沉积出金属 Cu(s)。与此同时，阴离子（如 NO_3^-）从盐桥迁移到 Zn 半电池，中和溶液中过量 Zn^{2+} 的正电荷；而阳离子（如 K^+）从盐桥迁移到 Cu 半电池，中和溶液中过量阴离子的负电荷。对应的氧化、还原反应分别为

氧化反应： $Zn(s) \longrightarrow Zn^{2+}(aq) + 2e^-$

还原反应： $Cu^{2+}(aq) + 2e^- \longrightarrow Cu(s)$

注意：当用盐桥将两个半电池的电解质溶液相连时，两溶液的电势差被消除，使得阴极和阳极的电极电势之差直接等于两个金属极板之间的电势差。在原电池中，电子会自发地从阳极流向阴极，电流则会持续地从阴极流向阳极，因此阴极电势始终高于阳极，$E_{池} > 0$。有时也将阴极称为原电池的正极，将阳极称为原电池的负极。

在形成稳定电流后，电压表的读数（1.104 V）是阴极和阳极之间的电势差，称为**电池电动势**（cell electromotive force），用 $E_{池}$ 表示，有

$$E_{池} = \varphi_{阴极} - \varphi_{阳极} \qquad (6.40)$$

其中 $\varphi_{阴极}$ 为阴极电势，$\varphi_{阳极}$ 为阳极电势。

化学电池的结构可用**电池符号**（cell diagram）表示，上述铜锌原电池可表示为

$$(阳极,-)\,Zn(s)\,|\,Zn^{2+}(aq)\,\|\,Cu^{2+}(aq)\,|\,Cu(s)\,(阴极,+) \quad E_{池} = 1.104 \text{ V}$$

在书写电池符号时，通常规定左边为发生氧化反应的阳极，右边为发生还原反应的阴极；符号 | 代表不同相之间的界面；符号 ‖ 代表盐桥；盐桥连接的两种电解质溶液分别写在 ‖ 两侧；同一相中的不同物种之间用逗号分隔。

当组成电极的所有物质均处于标准态时，对应的电极电势称为**标准电极电势**（standard electrode potential），通常用 $\varphi^{\ominus}(M^{n+}/M)$ 表示。标准阴极电势（$\varphi_{阴极}^{\ominus}$）与标准阳极电势（$\varphi_{阳极}^{\ominus}$）之差，称为对应电池的**标准电池电动势**（standard cell electromotive force），通常用 $E_{池}^{\ominus}$ 表示，有

$$E_{池}^{\ominus} = \varphi_{阴极}^{\ominus} - \varphi_{阳极}^{\ominus} \qquad (6.41)$$

单个电极电势无法直接精确地测量，而组成电池之后，测量一个电池的电动势则是最为精确的科学测量方法之一。与 5.6 节选择 H^+(aq) 作为离子焓值的参考零点类似，也可以选择某个特定电极作为电极电势的参考零点，用这个电极与待测电极组成原电池，通过精确测量电池电动势即可间接测量待测电极电势。广为接受的电极参考零点为标准氢电极。

标准氢电极（standard hydrogen electrode, SHE，即标准态下的氢电极）示意图如图 6.7 所示。将一块惰性金属极板（如铂）插入标准活度（$a_{H_3O^+} = 1$）的 H_3O^+ 溶液中，并向其中通入标准压强（$P_{H_2} = 1$ bar）的 H_2，即构成标准氢电极。为简明起见，通常用 H^+ 替代 H_3O^+。电化学中规定，标准氢电极电势在所有温度下均为零，即

$$2H^+(aq, a=1) + 2e^- \xrightleftharpoons[]{Pt} H_2(g, 1 \text{ bar}) \quad \varphi^{\ominus}(H^+/H_2) = 0 \text{ V}$$

标准氢电极的电极符号为

$$Pt(s)\,|\,H_2(g, 1 \text{ bar})\,|\,H^+(aq, a=1) \quad \varphi^{\ominus}(H^+/H_2) = 0 \text{ V}$$

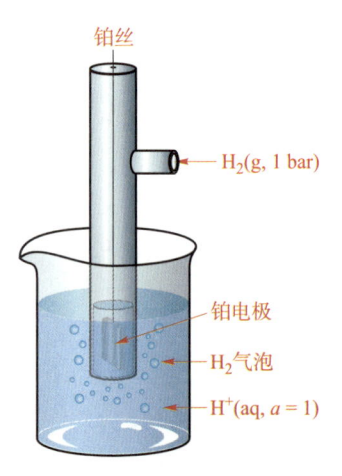

图 6.7 标准氢电极示意图

其中包含三个相:固相铂、气相 H_2 和溶液相 H^+ 水溶液,用两个界面分隔开。有时也用 H^+ 浓度为 $1\ mol\cdot L^{-1}$ 替代 $a_{H_3O^+} = 1$,用 $P_{H_2} = 1\ atm$ 替代 $P_{H_2} = 1\ bar$,这样的标准氢电极可表示为

$$Pt(s) \mid H_2(g, 1\ atm) \mid H^+(aq, 1\ mol\cdot L^{-1}) \quad \varphi^\ominus(H^+/H_2) \approx 0\ V$$

标准电极电势 $\varphi^\ominus(M^{n+}/M)$ 反映了标准态下该电极发生还原反应的趋势。$\varphi^\ominus$ 值越高,表明还原过程发生的趋势越大,因此对应的氧化型 M^{n+} 具有更强的氧化能力;$\varphi^\ominus$ 值越低,表明还原过程发生的趋势越小,则其逆过程即氧化过程发生的趋势越大,因此对应的还原型 M 具有更强的还原能力。表 6.7 和附录 C.3 列出了 298.15 K 下一些常见的还原半反应的标准电极电势,按降序排列。显然,出现在表的左上方的物种均为强氧化剂,而出现在左下方的物种均为弱氧化剂。相应地,表的右上方的物种为弱还原剂,而右下方的物种则为强还原剂。值得注意的是,同一氧化还原电对在酸性或碱性溶液中的 $\varphi^\ominus$ 值可能不同,表明其在不同环境下的氧化能力不同。例如,标准酸性溶液中 $\varphi^\ominus(O_3/H_2O) = 2.076\ V$,大于标准碱性溶液中 $\varphi^\ominus(O_3/OH^-) = 1.24\ V$,表明在酸性环境中 O_3 的氧化能力更强。

注:1986 年 IUPAC 基于热化学数据提出,标准氢电极的绝对电极电势约为 (4.4 ± 0.2) V,即在标准氢电极中,惰性金属极板的电势比 H_3O^+ 溶液的电势高 (4.4 ± 0.2) V。

» 例 6.18 参考表 6.7 的 $\varphi^\ominus$ 数据,判断下列反应能否进行:

(1) 在酸性溶液中 $KMnO_4$ 能否使 Fe^{2+} 氧化成 Fe^{3+}?
(2) 在酸性溶液中 I_2 能否使 Mn^{2+} 氧化成 MnO_2?
(3) Sn^{2+} 能否使 Fe^{3+} 还原为 Fe^{2+}?
(4) Sn^{2+} 能否使 Fe^{2+} 还原为 Fe?

» 解: 查表 6.7,可得

(1) 酸性溶液中 $\varphi^\ominus(MnO_4^-/Mn^{2+}) = 1.507\ V$,$\varphi^\ominus(Fe^{3+}/Fe^{2+}) = 0.771\ V$。前者比后者大得多,说明 $KMnO_4$ 的氧化能力强于 Fe^{3+},能使 Fe^{2+} 氧化成 Fe^{3+}。

(2) 酸性溶液中 $\varphi^\ominus(I_2/I^-) = 0.5355\ V$,$\varphi^\ominus(MnO_2/Mn^{2+}) = 1.224\ V$。后者比前者大得多,说明 MnO_2 能使 I^- 氧化成 I_2,相应地 I_2 不能使 Mn^{2+} 氧化成 MnO_2。

(3) $\varphi^\ominus(Sn^{4+}/Sn^{2+}) = 0.151\ V$,$\varphi^\ominus(Fe^{3+}/Fe^{2+}) = 0.771\ V$。后者比前者大得多,说明 Fe^{3+} 能使 Sn^{2+} 氧化成 Sn^{4+},即 Sn^{2+} 能使 Fe^{3+} 还原为 Fe^{2+}。

(4) $\varphi^\ominus(Sn^{4+}/Sn^{2+}) = 0.151\ V$,$\varphi^\ominus(Fe^{2+}/Fe) = -0.447\ V$。前者比后者大得多,说明 Sn^{2+} 不能使 Fe^{2+} 还原为 Fe。

注意:由于 $\varphi^\ominus$ 对应于参与反应的各物质均处于标准态,对于非标准态下的反应,只有当 $\varphi^\ominus$ 值相差比较大时,实际浓度、压强、温度等条件的变化对氧化还原反应自发性的影响很小,才能用 $\varphi^\ominus$ 值的大小比较准确地判断氧化还原反应进行的方向。

如果统一用标准氢电极作为阳极、用标准待测电极 $M(s) \mid M^{n+}(1\ mol\cdot L^{-1})$ 作为阴极,组建一个化学电池,其电池符号为

$$Pt(s) \mid H_2(g, 1\ atm) \mid H^+(1\ mol\cdot L^{-1}) \parallel M^{n+}(1\ mol\cdot L^{-1}) \mid M(s)$$

由于 $\varphi^\ominus_{阳极} = \varphi^\ominus(H^+/H_2) = 0$,故

$$E^\ominus_{池} = \varphi^\ominus_{阴极} = \varphi^\ominus(M^{n+}/M)$$

这时测得的标准电池电动势恰好等于待测电极的标准电极电势。例如,$\varphi^\ominus(Cu^{2+}/Cu) = 0.342\ V$,$\varphi^\ominus(Zn^{2+}/Zn) = -0.762\ V$,即

注意:在原电池中发生的氧化还原反应必然是自发的,其 $E^\ominus_{池}$ 应该为正。但这里规定用标准氢电极作阳极,而阴极的标准电极电势高于或低于 0 V 皆有可能,则 $E^\ominus_{池}$ 可正可负。如果 $E^\ominus_{池}$ 为负,则表明在实际原电池中,标准氢电极为阴极而标准待测电极为阳极。

表6.7 298.15 K下一些常见的还原半反应的标准电极电势

还原半反应	$\varphi^{\ominus}/V$
标准酸性溶液,pH = 0	
$F_2(g) + 2H^+(aq) + 2e^- \longrightarrow 2HF(aq)$	+3.053
$O_3(g) + 2H^+(aq) + 2e^- \longrightarrow O_2(g) + H_2O(l)$	+2.076
$S_2O_8^{2-}(aq) + 2e^- \longrightarrow 2SO_4^{2-}(aq)$	+2.010
$H_2O_2(aq) + 2H^+(aq) + 2e^- \longrightarrow 2H_2O(l)$	+1.776
$MnO_4^-(aq) + 8H^+(aq) + 5e^- \longrightarrow Mn^{2+}(aq) + 4H_2O(l)$	+1.507
$PbO_2(s) + 4H^+(aq) + 2e^- \longrightarrow Pb^{2+}(aq) + 2H_2O(l)$	+1.455
$Cr_2O_7^{2-}(aq) + 14H^+(aq) + 6e^- \longrightarrow 2Cr^{3+}(aq) + 7H_2O(l)$	+1.36
$Cl_2(g) + 2e^- \longrightarrow 2Cl^-(aq)$	+1.35827
$O_2(g) + 4H^+(aq) + 4e^- \longrightarrow 2H_2O(l)$	+1.229
$MnO_2(s) + 4H^+(aq) + 2e^- \longrightarrow Mn^{2+}(aq) + 2H_2O(l)$	+1.224
$2IO_3^-(aq) + 12H^+(aq) + 10e^- \longrightarrow I_2(s) + 6H_2O(l)$	+1.195
$Br_2(l) + 2e^- \longrightarrow 2Br^-(aq)$	+1.066
$NO_3^-(aq) + 4H^+(aq) + 3e^- \longrightarrow NO(g) + 2H_2O(l)$	+0.957
$Ag^+(aq) + e^- \longrightarrow Ag(s)$	+0.7996
$Fe^{3+}(aq) + e^- \longrightarrow Fe^{2+}(aq)$	+0.771
$O_2(g) + 2H^+(aq) + 2e^- \longrightarrow H_2O_2(aq)$	+0.695
$I_2(s) + 2e^- \longrightarrow 2I^-(aq)$	+0.5355
$Cu^{2+}(aq) + 2e^- \longrightarrow Cu(s)$	+0.3419
$SO_4^{2-}(aq) + 4H^+(aq) + 2e^- \longrightarrow H_2SO_3(aq) + H_2O(l)$	+0.172
$Sn^{4+}(aq) + 2e^- \longrightarrow Sn^{2+}(aq)$	+0.151
$S(s) + 2H^+(aq) + 2e^- \longrightarrow H_2S(aq)$	+0.142
$2H^+(aq) + 2e^- \longrightarrow H_2(g)$	0
$Pb^{2+}(aq) + 2e^- \longrightarrow Pb(s)$	−0.1262
$Sn^{2+}(aq) + 2e^- \longrightarrow Sn(s)$	−0.1375
$Fe^{2+}(aq) + 2e^- \longrightarrow Fe(s)$	−0.447
$Zn^{2+}(aq) + 2e^- \longrightarrow Zn(s)$	−0.7618
$Al^{3+}(aq) + 3e^- \longrightarrow Al(s)$	−1.676
$Mg^{2+}(aq) + 2e^- \longrightarrow Mg(s)$	−2.372
$Na^+(aq) + e^- \longrightarrow Na(s)$	−2.71
$Ca^{2+}(aq) + 2e^- \longrightarrow Ca(s)$	−2.868
$K^+(aq) + e^- \longrightarrow K(s)$	−2.931
$Li^+(aq) + e^- \longrightarrow Li(s)$	−3.0401
标准碱性溶液,pH = 14	
$O_3(g) + H_2O(l) + 2e^- \longrightarrow O_2(g) + 2OH^-(aq)$	+1.24
$ClO^-(aq) + H_2O(l) + 2e^- \longrightarrow Cl^-(aq) + 2OH^-(aq)$	+0.81
$O_2(g) + 2H_2O(l) + 4e^- \longrightarrow 4OH^-(aq)$	+0.401
$2H_2O(l) + 2e^- \longrightarrow H_2(g) + 2OH^-(aq)$	−0.8277

(1) $Pt(s) \mid H_2(g, 1\ atm) \mid H^+(1\ mol \cdot L^{-1}) \parallel Cu^{2+}(1\ mol \cdot L^{-1}) \mid Cu(s)$

$$E^{\ominus}_{\text{池}1} = \varphi^{\ominus}(Cu^{2+}/Cu) = 0.342\ V$$

(2) $Pt(s) \mid H_2(g, 1\ atm) \mid H^+(1\ mol \cdot L^{-1}) \parallel Zn^{2+}(1\ mol \cdot L^{-1}) \mid Zn(s)$

$$E^{\ominus}_{\text{池}2} = \varphi^{\ominus}(Zn^{2+}/Zn) = -0.762\ V$$

则如下第三个电池的标准电池电动势可直接计算为

(3) $Zn(s) \mid Zn^{2+}(1\ mol \cdot L^{-1}) \parallel Cu^{2+}(1\ mol \cdot L^{-1}) \mid Cu(s)$

$$E^{\ominus}_{\text{池}3} = \varphi^{\ominus}(Cu^{2+}/Cu) - \varphi^{\ominus}(Zn^{2+}/Zn) = E^{\ominus}_{\text{池}1} - E^{\ominus}_{\text{池}2}$$

$$= 0.342\ V - (-0.762\ V) = 1.104\ V$$

电化学与热力学和平衡的关系

在上述三个化学电池中,(1)和(3)的氧化还原反应可以自发进行,相应的 $E^{\ominus}_{\text{池}}$ 为正值。而(2)的氧化还原反应不能自发进行,$E^{\ominus}_{\text{池}}$ 为负值。因此,$E^{\ominus}_{\text{池}}$ 也可用于确定氧化还原反应的自发性。在 $E^{\ominus}_{\text{池}}$、$\Delta G^{\ominus}$ 及氧化还原反应的标准平衡常数 $K^{\ominus}$ 之间,必然存在某种联系。

回顾 5.5 节,ΔG 可用于预测恒温恒压且没有非体积功条件下化学反应的自发性。一般的化学反应均不涉及非体积功,但原电池所对应的化学反应则不然。原电池通过做电功($w_{\text{电}}$)将化学能转化为电能,这时的电功就是一种非体积功($w_{\text{非}}$),有 $w_{\text{非}} = w_{\text{电}} \neq 0$。如果将所有功分为体积功($w$)和非体积功,则

$$\Delta U = q + w + w_{\text{非}}$$

恒压条件下 $w = -P\Delta V$,有

$$\Delta U = q - P\Delta V + w_{\text{非}}$$

$$\Delta H = \Delta U + P\Delta V = q + w_{\text{非}}$$

所有恒温过程(不论可逆还是不可逆)均满足

$$\Delta S = \frac{q_{\text{可逆}}}{T} \geq \frac{q}{T}$$

故有

$$\Delta H = q + w_{\text{非}} \leq T\Delta S + w_{\text{非}}$$

$$\Delta G = \Delta H - T\Delta S \leq w_{\text{非}}$$

其中可逆过程 $\Delta G = w_{\text{非}}$,不可逆过程 $\Delta G < w_{\text{非}}$。因此,ΔG 的物理意义为恒温恒压条件下体系可做的最大非体积功,在电化学中即为电池可做的最大电功,有

$$\Delta G \leq w_{\text{电}} \tag{6.42}$$

其中可逆电池 $\Delta G = w_电$，不可逆电池 $\Delta G < w_电$。

对于如下典型的电极反应：

$$M^{n+}(aq) + ne^- \longrightarrow M(s)$$

当发生 1 mol 上述电极反应时，通过电极的电荷量为

$$q = nF$$

其中 F 是 1 mol 电子的电荷量，称为**法拉第常数**（Faraday constant），有

$$F = eN_A = 96485 \text{ C} \cdot \text{mol}^{-1} \tag{6.43}$$

原电池可做的电功为

$$w_电 = -qU = -nFE_池$$

对于可逆电池，有

$$\Delta G = w_电 = -nFE_池 \tag{6.44}$$

其中 n 为电化学反应的电子转移数，也称电荷数。

式（6.44）给出了 ΔG 与 $E_池$ 的联系，因此与 ΔG 类似，$E_池$ 也可用于预测发生在恒温恒压条件下的氧化还原反应的自发性：

1）若 $E_池 = 0$，则 $\Delta G = 0$，氧化还原反应处于平衡态；
2）若 $E_池 > 0$，则 $\Delta G < 0$，氧化还原反应自发正向进行；
3）若 $E_池 < 0$，则 $\Delta G > 0$，氧化还原反应自发逆向进行。

如果组成化学电池的所有物质均处于标准态，由式（6.44）易得

$$\Delta G^\ominus = -nFE_池^\ominus \tag{6.45}$$

上式可用于标准电极电势的间接计算。例如，已知 $\varphi^\ominus(\text{Fe}^{2+}/\text{Fe}) = -0.447$ V，$\varphi^\ominus(\text{Fe}^{3+}/\text{Fe}^{2+}) = +0.771$ V，可以组成如下三个原电池，来间接计算 $\varphi^\ominus(\text{Fe}^{3+}/\text{Fe})$ 值：

(1) $\text{Fe}^{2+}(\text{aq}) + 2e^- \longrightarrow \text{Fe}(\text{s})$

$$E_{池1}^\ominus = \varphi^\ominus(\text{Fe}^{2+}/\text{Fe}) = -0.447 \text{ V} \qquad \Delta G_1^\ominus = -n_1 F E_{池1}^\ominus$$

(2) $\text{Fe}^{3+}(\text{aq}) + e^- \longrightarrow \text{Fe}^{2+}(\text{aq})$

$$E_{池2}^\ominus = \varphi^\ominus(\text{Fe}^{3+}/\text{Fe}^{2+}) = 0.771 \text{ V} \qquad \Delta G_2^\ominus = -n_2 F E_{池2}^\ominus$$

(3) $\text{Fe}^{3+}(\text{aq}) + 3e^- \longrightarrow \text{Fe}(\text{s})$

$$\Delta G_3^\ominus = -n_3 F E_{池3}^\ominus = \Delta G_1^\ominus + \Delta G_2^\ominus = -n_1 F E_{池1}^\ominus - n_2 F E_{池2}^\ominus$$

$$E_{池3}^\ominus = \frac{n_1 F E_{池1}^\ominus + n_2 F E_{池2}^\ominus}{n_3 F} = \frac{[2 \times (-0.447 \text{ V}) + 1 \times 0.771 \text{ V}]}{3} = -0.041 \text{ V}$$

$$\varphi^\ominus(\text{Fe}^{3+}/\text{Fe}) = E_{池3}^\ominus = -0.041 \text{ V}$$

注意：$\Delta G^\ominus$ 是一个具有加和性的广度性质，而 $E_池^\ominus$ 则是一个不具有加和性的强度性质，因此计算 $E_池^\ominus$ 时不能直接相加减，而应使用加权平均法，将电化学反应的电子转移数 n 作为相应的权重。

前述 6.3 节推导了标准吉布斯自由能变 $\Delta G^{\ominus}$ 与标准平衡常数 $K^{\ominus}$ 之间的关系为

$$\Delta G^{\ominus} = -RT\ln K^{\ominus}$$

将该方程与式(6.45)结合,可得

$$\Delta G^{\ominus} = -nFE^{\ominus}_{池} = -RT\ln K^{\ominus}$$

$$E^{\ominus}_{池} = \frac{RT}{nF}\ln K^{\ominus} \qquad (6.46)$$

298.15 K 时,将 $R = 8.314 \text{ J·mol}^{-1}\text{·K}^{-1}$、$T = 298.15$ K、$F = 96485 \text{ C·mol}^{-1}$ 代入,可得

$$E^{\ominus}_{池} = \frac{0.02569 \text{ V}}{n}\ln K^{\ominus} = \frac{0.0592 \text{ V}}{n}\lg K^{\ominus} \qquad (6.47)$$

这就是标准电池电动势 $E^{\ominus}_{池}$ 与氧化还原反应的标准平衡常数 $K^{\ominus}$ 之间的关系。图 6.8 总结了电化学与热力学和平衡之间的几个重要关系式。

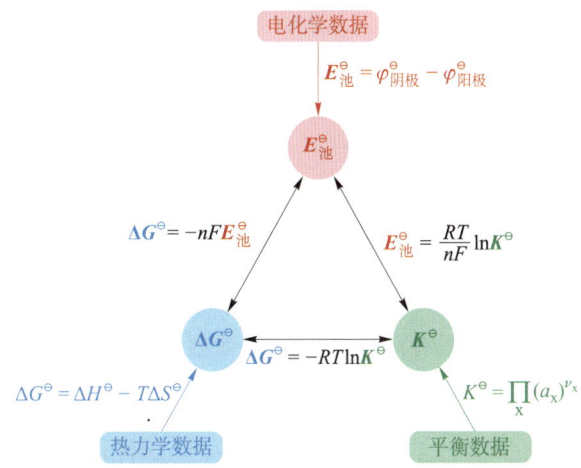

图 6.8 电化学与热力学和平衡之间的几个重要关系式

》例 6.19 查阅电化学和平衡数据,计算如下氧化还原反应的标准平衡常数:

$$6\text{CuI}(s) + 4\text{NO}_3^-(\text{aq}) + 16\text{H}^+(\text{aq}) \Longrightarrow 6\text{Cu}^{2+}(\text{aq}) + 3\text{I}_2(s) + 4\text{NO}(g) + 8\text{H}_2\text{O}(l)$$

》解: 查附录 C.3 可知

(1) $\text{NO}_3^-(\text{aq}) + 4\text{H}^+(\text{aq}) + 3e^- \longrightarrow \text{NO}(g) + 2\text{H}_2\text{O}(l)$ $\qquad \varphi^{\ominus}_1 = 0.957$ V

(2) $\text{I}_2(s) + 2e^- \longrightarrow 2\text{I}^-(\text{aq})$ $\qquad \varphi^{\ominus}_2 = 0.5355$ V

(3) $\text{Cu}^{2+}(\text{aq}) + e^- \longrightarrow \text{Cu}^+(\text{aq})$ $\qquad \varphi^{\ominus}_3 = 0.153$ V

查附录 C.2 可知

(4) $\text{CuI}(s) \longrightarrow \text{Cu}^+(\text{aq}) + \text{I}^-(\text{aq})$ $\qquad K^{\ominus}_{sp} = 1.27 \times 10^{-12}$

由于原式 = 6×式(4) - 6×式(3) - 3×式(2) + 4×式(1),故

$$\Delta G^{\ominus} = 6\Delta G^{\ominus}_4 - 6\Delta G^{\ominus}_3 - 3\Delta G^{\ominus}_2 + 4\Delta G^{\ominus}_1$$

注意：例题 6.17 从热力学数据出发而例题 6.19 从电化学和平衡数据出发，计算同一个氧化还原反应的标准平衡常数。二者的计算结果虽然相差一个数量级，仍在实验数据的误差范围之内。不论从哪个数据出发，$K^\ominus$ 值都非常大，表明该氧化还原反应进行得很彻底。

$$-RT\ln K^\ominus = -6RT\ln K_{sp}^\ominus + 6n_3 FE_3^\ominus + 3n_2 FE_2^\ominus - 4n_1 FE_1^\ominus$$

$$\ln K^\ominus = 6\ln K_{sp}^\ominus + \frac{12FE_1^\ominus - 6FE_2^\ominus - 6FE_3^\ominus}{RT}$$

$$= 6\ln(1.27\times10^{-12}) + \frac{6\times(2\times0.957 - 0.536 - 0.153)}{0.02569} = 121.8$$

$$K^\ominus = 8\times10^{52}$$

元素电势图

元素电势图(potential diagram)是表示水溶液中同一元素不同氧化态物种之间的标准电极电势的示意图，通常包括拉蒂默电势图、弗罗斯特电势图和 E-pH 图。这里只介绍美国化学家拉蒂默(Wendell M. Latimer)在 1938 年提出的**拉蒂默电势图**(Latimer diagram)，也称还原电势图；其他元素电势图留待后续课程介绍。

拉蒂默电势图将水溶液中同一元素的不同物种按氧化态递减的顺序从左至右依次排列，将两个相邻物种所组成的氧化还原电对的标准电极电势 $\varphi^\ominus$ 值，标在连接对应物种的水平线上，默认单位为伏特(V)。例如，在 pH = 0 的标准酸性水溶液中，Cl 元素的拉蒂默电势图为

$$\overset{+7}{ClO_4^-} \xrightarrow{1.189} \overset{+5}{ClO_3^-} \xrightarrow{1.214} \overset{+3}{HClO_2} \xrightarrow{1.645} \overset{+1}{HClO} \xrightarrow{1.611} \overset{0}{Cl_2} \xrightarrow{1.358} \overset{-1}{Cl^-}$$

注意：不论在酸性还是碱性溶液中，Cl 的氧化态为 +7 和 +5 的物种均为 ClO_4^- 和 ClO_3^-，这是因为 $HClO_4$ 和 $HClO_3$ 都是强酸，即使在 pH = 0 的标准酸性溶液中，也基本完全电离。而 $HClO_2$ 和 $HClO$ 均为弱酸，在标准碱性溶液中以 ClO_2^- 和 ClO^- 形式存在，但在标准酸性溶液中，酸式电离平衡被抑制，主要以 $HClO_2$ 和 $HClO$ 形式存在。

将氧化还原电对与酸性水溶液中存在的主要物种(通常为 H^+ 和 H_2O)相配平，可由拉蒂默电势图直接得到具有对应 $\varphi^\ominus$ 值的一系列还原半反应。例如

$$ClO_4^-(aq) + 2H^+(aq) + 2e^- \longrightarrow ClO_3^-(aq) + H_2O(l) \quad \varphi^\ominus(ClO_4^-/ClO_3^-) = +1.189 \text{ V}$$

$$ClO_3^-(aq) + 3H^+(aq) + 2e^- \longrightarrow HClO_2(aq) + H_2O(l) \quad \varphi^\ominus(ClO_3^-/HClO_2) = +1.214 \text{ V}$$

$$2HClO(aq) + 2H^+(aq) + 2e^- \longrightarrow Cl_2(aq) + 2H_2O(l) \quad \varphi^\ominus(HClO/Cl_2) = +1.611 \text{ V}$$

在 pOH = 0 即 pH = 14 的标准碱性水溶液中，Cl 元素的拉蒂默电势图为

$$\overset{+7}{ClO_4^-} \xrightarrow{0.36} \overset{+5}{ClO_3^-} \xrightarrow{0.33} \overset{+3}{ClO_2^-} \xrightarrow{0.66} \overset{+1}{ClO^-} \xrightarrow{0.26} \overset{0}{Cl_2} \xrightarrow{1.358} \overset{-1}{Cl^-}$$

例如，在标准碱性条件下，ClO_4^-/ClO_3^- 电对之间的还原半反应为

$$ClO_4^-(aq) + H_2O(l) + 2e^- \longrightarrow ClO_3^-(aq) + 2OH^-(aq) \quad \varphi^\ominus(ClO_4^-/ClO_3^-) = 0.36 \text{ V}$$

可以看到，只有 Cl_2/Cl^- 电对的 $\varphi^\ominus$ 值在标准酸性和碱性溶液中均相同，因为 H^+ 不参与其半反应。

拉蒂默电势图直接给出了两个相邻物种对应的 $\varphi^\ominus$ 值，而任何两个非相邻物种之间的 $\varphi^\ominus$ 值均可通过 $\Delta G^\ominus$ 间接计算。例如

$$\varphi^\ominus(ClO_3^-/Cl_2) = \frac{2\times1.214\text{ V} + 2\times1.645\text{ V} + 1\times1.611\text{ V}}{5} = 1.466 \text{ V} \quad (酸性)$$

拉蒂默电势图还可显示物种的**歧化**(disproportionation)和**归中**(comproportionation)趋势。在如下拉蒂默电势示意图中

$$\overset{+n}{M^{n+}} \xrightarrow{E_M^{\ominus}(L)} \overset{0}{M} \xrightarrow{E_M^{\ominus}(R)} \overset{-n}{M^{n-}}$$

(1) $M^{n+}(aq) + ne^- \longrightarrow M(s)$ $\varphi^{\ominus}(M^{n+}/M) = \varphi_M^{\ominus}(左)$

(2) $M(s) + ne^- \longrightarrow M^{n-}(aq)$ $\varphi^{\ominus}(M/M^{n-}) = \varphi_M^{\ominus}(右)$

(2)-(1)：

$$2M(s) \longrightarrow M^{n+}(aq) + M^{n-}(aq) \quad E^{\ominus} = \varphi_M^{\ominus}(右) - \varphi_M^{\ominus}(左)$$

如果 $\varphi_M^{\ominus}(右) > \varphi_M^{\ominus}(左)$，则 $E^{\ominus} > 0$。这意味着上述歧化反应将自发进行，物种 M 具有歧化为其左右两个物种 M^{n+} 和 M^{n-} 的趋势，表明 M 在水溶液中不稳定。如果 $\varphi_M^{\ominus}(右) < \varphi_M^{\ominus}(左)$，则 $E^{\ominus} < 0$，表明左右两个物种 M^{n+} 和 M^{n-} 有归中为物种 M 的趋势。

能斯特方程

表 6.7 和拉蒂默电势图中列出的数据均为 298.15 K 下的标准电极电势，但在绝大多数情况下，化学电池和电极并不处于标准态，可以利用能斯特方程计算非标准电极电势和非标准电池电动势。回顾 6.3 节，ΔG 和 $\Delta G^{\ominus}$ 可用范托夫等温式与反应商 Q 相关联，有

$$\Delta G = \Delta G^{\ominus} + RT\ln Q$$

用 $-nFE_{池}$ 和 $-nFE_{池}^{\ominus}$ 分别替代 ΔG 和 $\Delta G^{\ominus}$，则有

$$-nFE_{池} = -nFE_{池}^{\ominus} + RT\ln Q$$

$$E_{池} = E_{池}^{\ominus} - \frac{RT}{nF}\ln Q \tag{6.48}$$

上述方程由德国化学家能斯特(Walther Nernst)在 1889 年首次提出，因此命名为**能斯特方程**(Nernst equation)。298.15 K 时

$$E_{池} = E_{池}^{\ominus} - \frac{0.02569 \text{ V}}{n}\ln Q = E_{池}^{\ominus} - \frac{0.0592 \text{ V}}{n}\lg Q \tag{6.49}$$

如果用 ox 和 red 分别表示某氧化还原电对的氧化型和还原型，二者之间的平衡通式可写为

$$m\text{ox} + ne^- \rightleftharpoons q\text{red}$$

该电极电势的能斯特方程为

$$\varphi = \varphi^{\ominus} - \frac{RT}{nF}\ln\frac{[\text{red}]^q}{[\text{ox}]^m} \tag{6.50}$$

显然，电极电势随氧化型浓度增加而增大，随还原型浓度增加而减小。

浓差电池与 pH 计(B)

由能斯特方程可知,离子浓度会影响电池电动势。两个电极相同但离子浓度不同的半电池,也可组成原电池,称为**浓差电池**(concentration cell)。由于两个电极相同,浓差电池的标准阴极电势和标准阳极电势相等,$E_{池}^{\ominus}=0$ 必然成立;但离子浓度不同,则 $Q\ne 1$,在两个半电池之间仍然存在电势差,$E_{池}\ne 0$。浓差电池总是发生自发变化,使得浓溶液变稀、稀释溶液变浓,最终结果如同将不同浓度的溶液混合。浓差电池的电能,来自将不同浓度溶液混合的熵增。

如前所述,电池电动势的测定是最为精确的科学测量方法之一。可以设计特定的浓差电池,根据电化学与热力学和平衡的关系,通过测量浓差电池的电动势,确定一些实验上难以准确测量的平衡常数。例如,采用常规化学分析方法难以准确测定难溶化合物 AgCl 中 Ag^+ 和 Cl^- 的相对浓度,而通过组合如下浓差电池:

$$Ag(s)\mid Ag^+(饱和\ AgCl)\parallel Ag^+(0.100\ mol\cdot L^{-1})\mid Ag(s)$$

其中阳极是置于饱和 AgCl 水溶液中的银电极,阴极是置于 $[Ag^+]=0.100$ 溶液中的另一个银电极,可以测量该浓差电池的电动势为 0.229 V,则有

$$E_{池}=E_{池}^{\ominus}-\frac{0.0592}{n}\lg Q=0-\frac{0.0592V}{1}\lg\frac{[Ag^+]}{0.100}=0.229\ V$$

$$[Ag^+]=[Cl^-]=1.35\times 10^{-5}$$

$$K_{sp}=[Ag^+][Cl^-]=1.8\times 10^{-10}$$

注意: 该浓差电池的氧化半反应为
$$Ag(s)\longrightarrow Ag^+(饱和)+e^-$$
还原半反应为
$$Ag^+(0.100\ mol\cdot L^{-1})+e^-\longrightarrow Ag(s)$$
总氧化还原反应为
$$Ag^+(0.100\ mol\cdot L^{-1})\longrightarrow Ag^+(饱和)$$
因此 $Q=[Ag^+]/0.100$。

标准氢电极需要在铂电极上将高度易燃的 H_2 鼓泡,使用起来很不方便。在实际应用中经常采用其他稳定且方便使用的电极作为参照比较的标准,称为**参比电极**(reference electrode),如银-氯化银电极和甘汞电极等。将涂有 AgCl 的银线浸在 $1.0\ mol\cdot L^{-1}$ KCl 溶液中,可得 Ag-AgCl 电极,其电极符号为

$$Ag(s)\mid AgCl(s)\mid Cl^-(1.0\ mol\cdot L^{-1})$$

半电池反应为

$$AgCl(s)+e^-\longrightarrow Ag(s)+Cl^-(aq)$$

在 298.15 K 时相对于标准氢电极,Ag-AgCl 的电极电势可测量为 0.22233 V。由于该电极的所有组分均处于标准态,Ag-AgCl 电极在 298.15 K 时的标准电极电势为 0.22233 V。

在甘汞电极中,氯化亚汞(也称甘汞,Hg_2Cl_2)与汞混合形成的糊状物与液态汞相接触,整个装置浸泡在 $1.0\ mol\cdot L^{-1}$ 的 KCl 溶液(称为**标准甘汞电极**,normal calomel electrode,NCE)或 KCl 饱和溶液(称为**饱和甘汞电极**,saturated calomel electrode,SCE)中。NCE 的电极符号为

$$Hg(l)\mid Hg_2Cl_2(s)\mid Cl^-(1.0\ mol\cdot L^{-1})\qquad \varphi^{\ominus}=0.2681\ V$$

SCE 的电极符号为

$$\text{Hg}(l) \mid \text{Hg}_2\text{Cl}_2(s) \mid \text{Cl}^-(饱和 \text{KCl}) \qquad \varphi = 0.2412 \text{ V}$$

二者的半电池反应均为

$$\text{Hg}_2\text{Cl}_2(s) + 2e^- \longrightarrow 2\text{Hg}(l) + 2\text{Cl}^-(aq)$$

电化学中一种确定未知溶液浓度的方法,是测量由未知溶液组成的**指示电极**(indicating electrode)与参比电极之间的电势差。**离子选择性电极**(ion-selective electrode)是最为常用的指示电极之一,它将溶解在未知溶液中的特定离子浓度转换为电势。**玻璃电极**(glass electrode)则是一类由掺杂玻璃膜制成、对特定离子(如 H^+、K^+、NH_4^+、Cl^- 等)敏感的离子选择性电极。玻璃电极在化学分析仪器中起着重要作用。

pH 电极(pH electrode)是一种可测量未知溶液中 H^+ 浓度的电极,其结构如图 6.9 所示。虽然名为电极,但它实际上是一个浓差电池,由对 H^+ 敏感的玻璃电极(含 Ag-AgCl 内参比电极)和 Ag-AgCl 外参比电极组成。在玻璃电极中,未知溶液与 1.0 mol·L^{-1} 的 HCl 溶液之间用对 H^+ 敏感的玻璃膜隔开。pH 电极的电池符号为

$$\text{Ag}(s) \mid \text{AgCl}(s) \mid \text{Cl}^-(1.0 \text{ mol·L}^{-1}), \text{H}^+(1.0 \text{ mol·L}^{-1}) \mid 玻璃膜 \mid \text{H}^+(未知)$$
$$\parallel \text{Cl}^-(1.0 \text{ mol·L}^{-1}) \mid \text{AgCl}(s) \mid \text{Ag}(s)$$

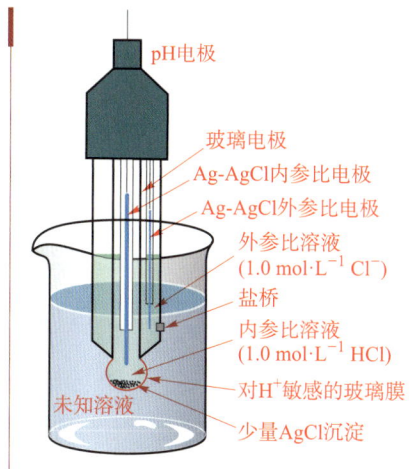

图 6.9 pH 电极结构示意图

由于浓差电池 $E_{池}^{\ominus} = 0$,H^+ 从 1.0 mol·L^{-1} 稀释到未知浓度所对应的 ΔG,即为玻璃膜电势差的来源,有

$$\Delta G = -nFE_{池} = G(未知溶液) - G(已知溶液)$$

$$= G^{\ominus} + RT\ln[\text{H}^+] - G^{\ominus} - RT\ln 1.0 = RT\ln[\text{H}^+]$$

$$E_{池} = -\frac{RT}{nF}\ln[\text{H}^+]$$

298.15 K 时

$$E_{池} = 0.0592 \text{ pH} \tag{6.51}$$

因此,pH 电极测得的电压与未知溶液的 pH 成正比。实际情况中,常使用缓冲溶液替代 1.0 mol·L^{-1} HCl 溶液,以保持相对恒定的 pH。故

$$E_{池} = 0.0592\text{pH} + C$$

其中 C 为常数,可用已知 pH 的标准缓冲溶液进行校准。含 pH 电极并能以 pH 单位直接显示未知溶液 pH 的装置,称为 **pH 计**(pH meter)。

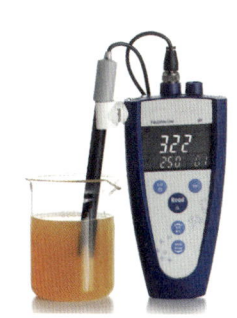

用 pH 计测量橙汁的 pH

» 例 6.20 将氢电极和饱和甘汞电极插入某 HA-A$^-$ 缓冲溶液中,其中 [HA] = 1.0,[A$^-$] = 0.10,向此溶液中通入 H_2 并保持压强为 1.0 bar,测得饱和甘汞电极的电势比氢电极高 0.480 V。

(1)写出电池反应方程式;
(2)计算该弱酸 HA 的酸式电离常数。

» **解**:(1) 饱和甘汞电极的电势比氢电极高,说明饱和甘汞电极为阴极,发生还原反应,氢电极为阳极,发生氧化反应。电池反应方程式为

$$Hg_2Cl_2(s) + H_2(g) + 2A^-(aq) \longrightarrow 2Hg(l) + 2HA(aq) + 2Cl^-(aq)$$

(2) 饱和甘汞电极电势为 0.2412 V,由 $E_{池} = \varphi_{阴极} - \varphi_{阳极}$ 可得

$$\varphi_{阳极} = \varphi_{阴极} - E_{池} = 0.241 \text{ V} - 0.480 \text{ V} = -0.239 \text{ V}$$

氢电极的标准电极电势为 0,此时[H^+]非标态,阳极反应为 $H_2(g) \longrightarrow 2H^+(aq) + 2e^-$。由电极电势的能斯特方程,可得

$$-0.239 = 0 - \frac{0.02569 \text{ V}}{2} \ln \frac{P(H_2)/P^\ominus}{[H^+]^2} = 0.02569 \ln[H^+]$$

$$[H^+] = 9.1 \times 10^{-5}$$

$$K_a = \frac{[H^+][A^-]}{[HA]} = \frac{9.1 \times 10^{-5} \times 0.10}{1.0} = 9.1 \times 10^{-6}$$

电解(B)

如前所述,化学电池分为原电池和电解池。图 6.6 所示电池为原电池,其中电子从锌电极(阳极)流向铜电极(阴极),如下反应自发进行,并将化学能转化为电能:

$$Zn(s) + Cu^{2+}(aq) \longrightarrow Zn^{2+}(aq) + Cu(s) \quad E_{池}^\ominus = 1.104 \text{ V}$$

如果将该电池反向连接到一个电压大于 1.104 V 的外加电源(图 6.10),迫使电子从铜电极流向锌电极。这时在外加电源的持续驱动下,锌电极将发生非自发还原反应并成为新的阴极,而铜电极将发生非自发氧化反应并成为新的阳极。总反应即为上述原电池反应的逆反应,$E_{池}^\ominus$ 为负值。

氧化反应: $Cu(s) \longrightarrow Cu^{2+}(aq) + 2e^-$

还原反应: $Zn^{2+}(aq) + 2e^- \longrightarrow Zn(s)$

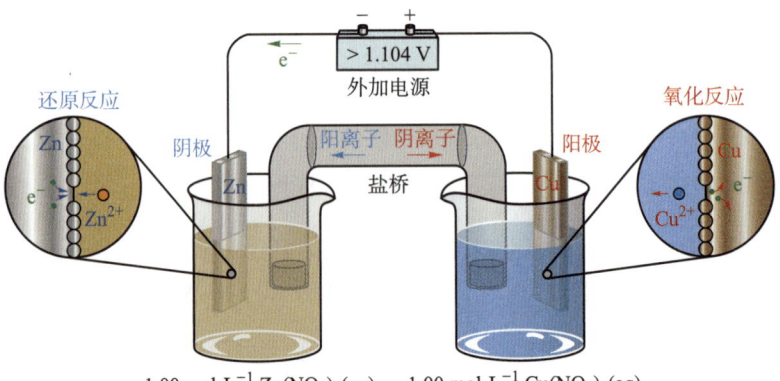

图 6.10 电解池在外加电源的驱动下发生非自发反应 $Cu(s) + Zn^{2+}(aq) \longrightarrow Cu^{2+}(aq) + Zn(s)$

总反应： $Cu(s) + Zn^{2+}(aq) \longrightarrow Cu^{2+}(aq) + Zn(s)$ (6.52)

$$E_{池}^{\ominus} = \varphi^{\ominus}(Zn^{2+}/Zn) - \varphi^{\ominus}(Cu^{2+}/Cu) = -0.762 \text{ V} - 0.342 \text{ V} = -1.104 \text{ V}$$

这种电池是将电能转化为化学能的电解池;反转电子流动的方向,即可将原电池变为电解池。在外加电源驱动下发生非自发氧化还原反应的过程,称为**电解**(electrolysis)。

理论而言,式(6.52)的电解反应在1.104 V外加电压下即可持续发生,但要从实验中观察到 Cu 对 Zn 的置换反应,实际电压必须超过 1.104 V。由热力学数据确定的理论分解电压($E_{池}$)与电解池的实际分解电压($E_{实验}$)之间的电势差,称为**超电势**(overpotential, η),也称过电势。电解池的超电势(η)由阳极超电势($\eta_{阳极}$)和阴极超电势($\eta_{阴极}$)组成,有

$$\eta = E_{实验} - E_{池} = \eta_{阳极} + \eta_{阴极} \quad (6.53)$$

表 6.8 列出了 H_2 和 O_2 在一些常见电极上的超电势数据。

表 6.8 298.15 K 下 H_2 和 O_2 在一些常见电极上的超电势

电极	由 1 mol·L⁻¹ H_2SO_4 中释放 H_2 电流密度 I/(A·m⁻²)			由 1 mol·L⁻¹ KOH 中释放 O_2 电流密度 I/(A·m⁻²)		
	10	100	1000	10	100	1000
Ag	0.097	0.13	0.3	0.58	0.73	0.98
Au	0.017	—	0.1	0.67	0.96	1.24
Cu	—	—	0.35	0.42	0.58	0.66
Hg	0.8	0.93	1.03	—	—	—
Ni	0.14	0.3	—	0.35	0.52	0.73
Pd	0	0.04	—	—	—	—
Pt(铂黑)	0.0000	0.030	0.041	0.40	0.52	0.64
Pt(光亮)	0.0000	0.16	0.29	0.72	0.85	1.28
Zn	0.48	0.75	1.06	—	—	—
石墨	0.002	—	0.32	0/53	0.90	1.09

超电势通常可分为以下三大类:

1) 活化超电势(也称电子转移超电势):源自将电子从电极转移到待电解物质所需的活化能。当涉及气体时,活化超电势尤为常见。

> 注:关于活化能的更多介绍详见7.4节。

2) 浓差超电势:由溶液与电极表面之间的载流子浓度差引起的超电势。当电化学反应速率足够快,使得电极表面的载流子浓度低于溶液时,浓差超电势较为显著;这时的反应速率取决于载流子到达电极表面的能力。剧烈搅拌或升高温度均可降低浓差超电势。

3) 电阻超电势:由于导线、电解质、各种表面和界面的电阻而导致的超电势。

化学电源(B)

化学电源又称**电池**(batteries),是一种储存化学能并通过电化学方式提供直

流电的装置。电池可以只包含一个原电池,也可由多个原电池串联而成以增加总电压。在笔记本计算机、手机、照相机、遥控器等常用电器及航空、航天、潜艇、信息传送等高新技术中,均需要使用各式各样的电池。好的电池应具有高电压、大容量、低自放电率、长寿命、安全便携等特点。电池大致可归为三类:一次电池、二次电池及燃料电池。

1. 一次电池

一次电池(primary cell)是不可循环充放电的化学电源,通过不可逆化学反应产生电能。其阴极为正极,阳极为负极。典型的一次电池有干电池(即锌锰电池)、碱性电池和银锌电池(也称纽扣电池)。

干电池由法国化学家勒克朗谢(Georges Leclanché)在 19 世纪 60 年代发明;以锌筒外壳为负极、敷有 MnO_2 和炭粉的中心碳棒为正极,两极之间的电解质是由 NH_4Cl、$ZnCl_2$ 和淀粉浆组成的糊状混合物。其电池电动势约 1.5 V,氧化还原半反应为

正极(+,阴极):　　　　　$2MnO_2 + 2H^+ + 2e^- \longrightarrow 2MnO(OH)$

负极(-,阳极):　　　　　$Zn + 2NH_4Cl \longrightarrow [Zn(NH_3)_2]Cl_2 + 2H^+ + 2e^-$

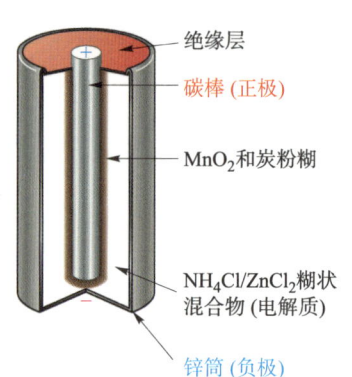

干电池结构示意图

Zn 和 MnO_2 均随放电过程而消耗,同时将化学能转化为电能。当消耗到一定程度就不能继续供电,也不能充电再生。干电池成本低廉,但具有如能量密度低、电压下降快、保质期短等缺点。

碱性电池是目前广泛使用的一次电池,可视为改良版的干电池,用碱性电解质 KOH 或 NaOH 替代酸性电解质 NH_4Cl。其电池电动势仍约 1.5 V,氧化还原半反应为

正极:　　　　　$2MnO_2 + 2H^+ + 2e^- \longrightarrow 2MnO(OH)$

负极:　　　　　$Zn + 2OH^- \longrightarrow Zn(OH)_2 + 2e^-$

由于锌在碱性介质中不像在酸性介质中那样易溶,与干电池相比,碱性电池更容易保持电压,保质期更长,能量密度也更高。

尽管银锌电池已经开发为可循环充放电的电池,但循环周期性较差,仍主要视为一次电池。银锌电池的电池符号为

$$Zn(s), ZnO(s) | KOH(饱和) | Ag_2O(s), Ag(s)$$

其中锌为负极、银为正极,电池电动势约 1.8 V。放电时的氧化还原半反应为

正极:　　　　　$Ag_2O + H_2O + 2e^- \longrightarrow 2Ag + 2OH^-$

负极:　　　　　$Zn + 2OH^- \longrightarrow Zn(OH)_2 + 2e^-$

银锌电池(纽扣电池)

由于电池反应不涉及溶液,且只需极少量电解质,银锌电池具有安全、便携、存储容量较大的特点。

2. 二次电池

二次电池(secondary cell)是可循环充放电的化学电池,其能量通过可逆化学

反应在化学能与电能之间转化。放电时二次电池与一次电池类似，阴极为正极，阳极为负极；充电时正好相反，阴极为负极而阳极为正极。由于阴、阳极在充放电过程中互换，通常用正、负极来指代二次电池的电极。典型的二次电池有铅酸电池（也称蓄电池）、镍镉电池和锂离子电池。

铅酸电池通常在机动车中串联使用。其正极是填充有红棕色 PbO_2 的铅栅，负极是填充有海绵状金属铅的铅栅，电解质溶液含有稀硫酸（即质量分数约 35% 的 H_2SO_4）。在强酸性条件下，H_2SO_4 的第二步电离不完全，$HSO_4^-(aq)$ 和 $SO_4^{2-}(aq)$ 同时存在，但以 $HSO_4^-(aq)$ 为主。放电时的氧化还原半反应为

正极（+，阴极）：　　　　$PbO_2 + 3H^+ + HSO_4^- + 2e^- \longrightarrow PbSO_4 + 2H_2O$

负极（-，阳极）：　　　　$Pb + HSO_4^- \longrightarrow PbSO_4 + H^+ + 2e^-$

放电后，正、负极板上均沉积一层 $PbSO_4(s)$，电解液被水稀释，因此使用到一定程度后，铅酸电池必须连接到外加电源进行充电。充电时在外加电源驱动下的非自发反应为

正极（+，阳极）：　　　　$PbSO_4 + 2H_2O \longrightarrow PbO_2 + 3H^+ + HSO_4^- + 2e^-$

负极（-，阴极）：　　　　$PbSO_4 + H^+ + 2e^- \longrightarrow Pb + HSO_4^-$

单个铅酸电池的电压约 2.0 V。为了获得更高电压，可将多个单电池串联成电池组。例如，典型的 12 V 汽车电池由六个单电池组成。铅酸电池电压稳定、价格便宜，但铅的密度很高，导致其质量能量密度较低。此外，铅是一种潜在污染源，所有铅酸电池都应妥善回收，避免造成环境污染。

镍镉电池是最为常见的商用电池之一，通常用于无绳电气设备。其正极是金属镍上负载的 Ni(Ⅲ) 化合物 NiO(OH)，负极是金属镉。氧化还原半反应为

正极：　　　　$NiO(OH) + H_2O + e^- \underset{充电}{\overset{放电}{\rightleftharpoons}} Ni(OH)_2 + OH^-$

负极：　　　　$Cd + 2OH^- \underset{充电}{\overset{放电}{\rightleftharpoons}} Cd(OH)_2 + 2e^-$

镍镉电池的电压相当恒定，为 1.4 V；具有良好的循环寿命，但存在记忆效应：当镍镉电池在部分放电之后反复充电，会逐渐失去最大能量容量，如同"记住"了较小的容量。

锂离子电池常用于手机、笔记本计算机等便携式电子产品。其正极为含锂化合物，如钴酸锂（$LiCoO_2$）、磷酸铁锂（$LiFePO_4$）等；负极通常为高度结晶的石墨，Li^+ 可以插嵌在其中；电解质通常是一些有机碳酸盐溶剂中的锂盐，如 $LiPF_6$、$LiBF_4$ 和 $LiClO_4$ 等。$LiCoO_2$ 电池的氧化还原半反应为

正极：　　　　$Li_{1-x}CoO_2(s) + xLi^+(溶剂) + xe^- \underset{充电}{\overset{放电}{\rightleftharpoons}} LiCoO_2(s)$

负极：　　　　$Li_xC_6(s) \underset{充电}{\overset{放电}{\rightleftharpoons}} C_6(s) + xLi^+(溶剂) + xe^-$

其电极反应的实质是 Li^+ 在正、负极之间的迁移。锂离子电池具有能量密度高、无

注： 不论充电还是放电，阴极总是电子进入电池的电极，而阳极总是电子离开电池的电极。

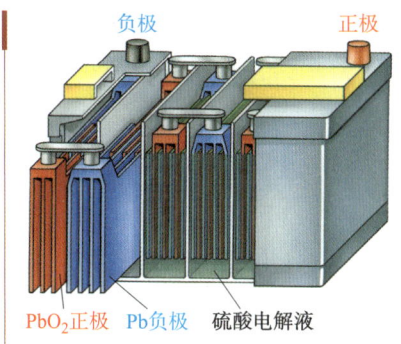

铅酸电池结构示意图

注： 能量密度分为质量能量密度和体积能量密度，分别是电池所能充入的能量与储能介质的质量或体积之比。显然，质量能量密度等于体积能量密度除以储能介质自身的密度。铅酸电池的体积能量密度较高，但由于铅自身的密度很高，导致其质量能量密度较低。

注： 客体分子、原子或离子（如 Li^+）可逆地插嵌入主体层状材料（如石墨）的过程，称为插层（intercalation），所得生成物称为插层化合物（intercalation compound）。

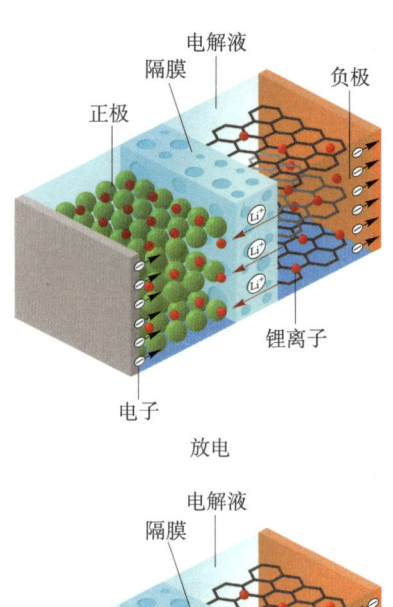

锂离子电池充放电过程示意图

记忆效应、自放电率低等优点。但由于典型电解质中使用的有机溶剂具有易燃性和挥发性，存在一定的安全隐患。可能的解决方案包括水性锂离子电池、陶瓷固态电解质、聚合物电解质等。

3. 燃料电池

燃料电池是一种通过与氧气或其他氧化剂的化学反应，将燃料中的化学能转化为电能的装置。与一般电池的不同之处在于，燃料电池需要恒定的燃料和氧气/空气源来维持其化学反应，而且只要提供这些原料，就能持续地产生电能。常用燃料有氢、碳氢化合物和醇等。H_2 燃料电池的氧化还原半反应及总反应为

正极： $O_2(g) + 2H_2O(l) + 4e^- \longrightarrow 4OH^-(aq)$

负极： $H_2(g) + 2OH^-(aq) \longrightarrow 2H_2O(l) + 2e^-$

总反应： $2H_2(g) + O_2(g) \longrightarrow 2H_2O(l)$

标准电池电动势为

$$E_{电池}^\ominus = E^\ominus(O_2/OH^-) - E^\ominus(H_2O/H_2) = 0.401 \text{ V} - (-0.828 \text{ V}) = 1.229 \text{ V}$$

由于 $\Delta G^\ominus$ 是恒温恒压下一个电池理论上可做的最大电功（即可用的最大电能），而 $\Delta H^\ominus$ 表示燃料燃烧时所能释放的最大能量，将二者的比值 $\varepsilon = \Delta G^\ominus / \Delta H^\ominus$ 定义为效率值（efficiency value），可用于评估燃料电池的效率。对于 $H_2 - O_2$ 燃料电池，$\varepsilon = (-474.2 \text{ kJ} \cdot \text{mol}^{-1}) / (-571.6 \text{ kJ} \cdot \text{mol}^{-1}) = 0.83$。$CH_4$ 燃料电池的氧化还原半反应及总反应为

正极： $O_2(g) + 4H^+(aq) + 4e^- \longrightarrow 2H_2O(l)$

负极： $CH_4(g) + 2H_2O(l) \longrightarrow CO_2(g) + 8H^+(aq) + 8e^-$

总反应： $CH_4(g) + 2O_2(g) \longrightarrow CO_2(g) + 2H_2O(l)$

$$\varepsilon = \frac{\Delta G^\ominus}{\Delta H^\ominus} = \frac{-818.1 \text{ kJ} \cdot \text{mol}^{-1}}{-890.5 \text{ kJ} \cdot \text{mol}^{-1}} = 0.92$$

液流电池（flow battery）是一种可循环充放电的新型燃料电池，通过阴极电解液和阳极电解液中的活性物质之间发生可逆氧化还原反应，实现化学能和电能的相互转化。液流电池的典型结构如图 6.11 所示，阴极电解液和阳极电解液分别储存在各自的外部储罐中，通过泵和管路输送到电堆内部循环反应。在电堆内部，用离子选择膜隔开阴极电解液和阳极电解液，而溶解在其中的活性物质则可通过离子选择膜发生反应。液流电池的输出功率取决于电堆的大小和数量，储能容量则取决于储罐中电解液的容量和浓度，二者彼此独立。与一般电池的不同之处在于，液流电池既可以像充电电池一样使用，即在外加电源驱动下使燃料再生，也可以像燃料电池一样使用，即通过简单地更换电解液储罐实现快速"再充电"。

液流电池的典型优势包括：1）布局灵活，因为功率组件和容量组件彼此独立；2）循环寿命长，不会发生电解液活性物质交叉污染问题；3）启动速率快，充放电过程通常不发生相变反应；4）安全性高，通常不涉及易燃电解液，且电解液可以储存在远离电堆的地方。这些技术优势使得液流电池特别适用于大规模储

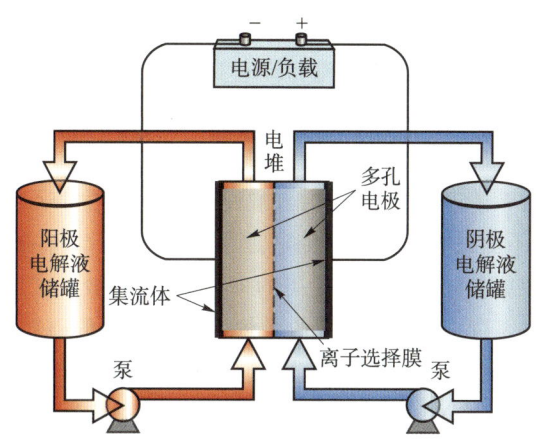

图 6.11 液流电池的典型结构示意图

能,不仅可用作太阳能、风能发电过程配套的储能装置,还可用于电网调峰,提高电网稳定性,保证电网安全。与使用固态氧化还原活性物质的电池相比,液流电池的主要缺点有:能量密度较低、充放电速率低、能量效率相对较低。液流电池的能量效率通常高于普通燃料电池,但低于锂离子电池。

根据氧化还原活性物质是否完全溶于电解液,液流电池可分为全液体液流电池和混合液流电池。根据所涉及的氧化还原活性物质的类型,液流电池可分为无机液流电池和有机液流电池。其中全钒液流电池(VRB)是一类活性物质为钒的全液体无机液流电池,也是目前已上市最多的液流电池。2022 年 10 月,中国大连开始运营初始容量为 400 MW·h、输出功率为 100 MW 的全钒液流电池,这是到 2022 年为止全球最大的液流电池。

案例 6.1　人体内的缓冲体系及调节作用

撰写人:岳文博(北京师范大学)

在日常生活中,人类食用的食物均具有一定的酸碱性。例如,人们食用鸡肉后,其中的氨基酸会在消化过程中产生硫酸、磷酸等酸性物质。那么,当人体摄入过多的酸性或碱性物质后,会导致血液的 pH 发生变化吗?"酸碱体质"理论认为人的体质有酸性和碱性之分,创造体内微碱性环境,是预防各种疾病的关键;该理论是否具有科学性?

> 注:食物的酸碱性与本身的 pH 无关,主要是根据其经过消化、吸收、代谢后,在人体内产生物质的酸性或碱性来界定。产生酸性物质的称为酸性食品,如动物的内脏、肌肉、植物种子等。产生碱性物质的称为碱性食品,如瓜果蔬菜、茶类等。

人体血液中的缓冲体系

要想回答上述问题,首先要了解人体内的血液组成及存在的缓冲体系。人体血液主要由血浆和血细胞组成,血细胞又分红细胞、白细胞和血小板。血浆占血液容积的 55%,主要由水和蛋白质组成,还包含无机盐、酶、激素、各种营养物质和代谢产物等。1 L 血浆中含有 900~910 g 水(90%~91%),65~85 g 蛋白质(6.5%~8.5%)和 20 g 低分子物质(2%)。人体组织细胞在物质分解代谢过程中会产生酸性物质和少量碱性物质。酸性物质主要来自糖类、脂类、蛋白质及核酸的代谢产物,可分为挥发性酸和固定酸。成人体内每天通过糖类、脂类和蛋白质等营养物质的分解代谢产生 300~400 L CO_2,可通过两种方式与水结合生成 13~15 mol

> 注:"酸碱体质"理论认为,人的体质有酸性和碱性之分,人类的大部分疾病是由"酸性体质"造成的,"酸性体质"会造成癌症发病率升高。该理论还认为,采用合理的方法改善酸性体质,创造体内微碱性环境,是预防各种疾病的关键。

H_2CO_3。一种是与组织间液和血浆中的水直接结合生成 H_2CO_3;另一种是在红细胞、肾小管上皮细胞、胃黏膜上皮细胞和肺泡上皮细胞内经碳酸酐酶(CA)的催化与水结合生成 H_2CO_3。H_2CO_3 是体内酸的主要来源,其分解产生的 CO_2 可由肺呼出,因此被称为挥发性酸。人体内由含硫氨基酸分解代谢产生的硫酸、含磷有机物分解代谢产生的磷酸、糖酵解产生的乳酸、脂肪分解产生的乙酰乙酸和 β-羟丁酸等酸性物质,因不能由肺呼出而只能通过肾由尿液排出,故称为固定酸或非挥发酸。人体每天生成的固定酸解离产生的 H^+ 与挥发性酸相比要少得多,为 50~100 mmol。人体内通过三大营养物质的分解代谢而产生的碱性物质(如 NH_3)较少,但人们摄入的蔬菜和水果中含有机酸盐(如柠檬酸钾),在体内经过生物氧化可分解成 CO_2 和 H_2O,CO_2 通过呼吸排出体外,剩下的 Na^+、K^+、Mg^{2+}、Ca^{2+} 等进入体液与 HCO_3^- 结合成具有碱性的碳酸氢盐。尽管人体内会产生或吸收酸性或碱性物质,正常人体液的 pH 总是稳定在一定范围内,如表 6.9 所示。

表 6.9 人体内一些体液的 pH 范围

人体体液	pH
血液	7.35~7.45
唾液	6.6~7.1
泪液	5.20~8.35
汗液	4.2~7.5
尿液	4.6~8.0
胃液	0.9~1.5
小肠液	8~9
大肠液	8.3~8.4

例如,人体血液的正常 pH 为 7.35~7.45,平均值为 7.4。人体是如何维持血液 pH 在如此狭窄的范围内?这是由于人体血液内存在血浆缓冲体系和红细胞缓冲体系,都是由弱酸及其对应的弱酸盐组成。血浆缓冲体系主要由碳酸氢盐缓冲对(H_2CO_3-$NaHCO_3$)、磷酸盐缓冲对(NaH_2PO_4-Na_2HPO_4)和血浆蛋白缓冲对(HPr-NaPr)组成。红细胞缓冲体系主要由碳酸氢盐缓冲对(H_2CO_3-$KHCO_3$)、磷酸盐缓冲对(KH_2PO_4-K_2HPO_4)、还原血红蛋白缓冲对(HHb-KHb)和氧合血红蛋白缓冲对($HHbO_2$-$KHbO_2$)组成。其中血浆中以 H_2CO_3-$NaHCO_3$ 缓冲体系最为重要,红细胞中以 HHb-KHb、$HHbO_2$-$KHbO_2$ 缓冲体系最为重要。

人体血液的缓冲机制

血液中各缓冲体系的占比如表 6.10 所示。与其他缓冲体系相比,碳酸氢盐缓冲体系最为重要,其含量占全血缓冲体系的 53%(35%+18%),且为开放性缓冲体系,可通过肺的呼吸和肾的排泄调节 H_2CO_3 和 HCO_3^- 浓度,缓冲能力最强。由于血液中血浆含量远高于红细胞含量,而血浆中 H_2CO_3-$NaHCO_3$ 缓冲体系占比最大,因此血液的 pH 主要取决于血浆中 H_2CO_3-$NaHCO_3$ 缓冲体系的 pH。

表 6.10 人体血液中各缓冲体系的占比

缓冲体系	占比
血浆碳酸氢盐	35%
血浆蛋白质	7%
还原血红蛋白+氧合血红蛋白	35%
红细胞碳酸氢盐	18%
有机磷酸盐	3%
无机磷酸盐	2%

在人体正常的新陈代谢过程中,会产生 CO_2 代谢产物,生成的 CO_2 溶解在血浆中形成溶解态 CO_2,并与血浆中的 HCO_3^- 组成 H_2CO_3-$NaHCO_3$ 缓冲体系。37 ℃时血浆溶液的 pH 可计算为

$$pH = pK_a + \lg \frac{[共轭碱]}{[弱酸]} = 6.10 + \lg \frac{[HCO_3^-]}{[H_2CO_3]} \tag{6.54}$$

正常人体血浆中 HCO_3^- 的平衡浓度为 24 mmol·L^{-1}，H_2CO_3 的平衡浓度为 1.2 mmol·L^{-1}，缓冲比为 $[HCO_3^-]:[H_2CO_3] = 20:1$，代入公式可得

$$pH = 6.10 + \lg 20 = 7.40$$

> **思考题**：式(6.54)中的 pK_a 为什么是 6.10 而不是附录 C.2 查得碳酸的 $pK_{a1} = 6.35$？

如果缓冲比保持在 17.8~22.4，则血浆的 pH 范围为 7.35~7.45，这也是血液的 pH 范围。

血液中的 H_2CO_3-$NaHCO_3$ 缓冲体系是如何调节人体酸碱平衡的呢？人体内的糖类、脂类和蛋白质在分解代谢过程中产生的硫酸、磷酸、乳酸等固定酸，会与 H_2CO_3-$NaHCO_3$ 缓冲体系中的 HCO_3^- 反应生成 H_2CO_3，下述平衡向右移动：

$$H^+ + HCO_3^- \rightleftharpoons H_2CO_3 \rightleftharpoons CO_2(溶解) + H_2O$$

抑制 H^+ 浓度的增加。人体通过物质代谢可以产生少量碱性物质，摄入体内的瓜果蔬菜和药物中也含有碱性物质，产生的碱性物质会与 H_2CO_3-$NaHCO_3$ 缓冲体系中的 H_2CO_3 反应转变为 HCO_3^-，上述平衡向左移动，抑制 H^+ 浓度的减少。此外，血浆中的磷酸盐和血浆蛋白缓冲体系对固定酸和碱也具有缓冲作用。

需要注意的是，进入血液中的固定酸或碱由血浆缓冲体系缓冲，而挥发性酸 H_2CO_3 则主要由红细胞中的 HHb-KHb 和 $HHbO_2$-$KHbO_2$ 缓冲体系缓冲。体内产生的 CO_2 约有 10% 在血浆中生成 H_2CO_3，另外 90% 进入红细胞，在 CA 催化下与 H_2O 结合生成 H_2CO_3。生成的 H_2CO_3 主要由 HHb-KHb 和 $HHbO_2$-$KHbO_2$ 缓冲体系缓冲，少数由 KH_2PO_4-K_2HPO_4 缓冲体系缓冲，其平衡可分别表示为

$$H^+ + Hb^- \rightleftharpoons HHb$$

$$H^+ + HbO_2^- \rightleftharpoons HHbO_2$$

$$H^+ + HPO_4^{2-} \rightleftharpoons H_2PO_4^-$$

红细胞中产生的过量 HCO_3^- 可以与血浆中等量的 Cl^- 交换，从而稳定红细胞中碳酸氢盐的浓度。

人体内的调节系统

如果孤立地看待血液中的缓冲体系，其在抗衡人体产生的酸性或碱性物质时，必然会导致 HCO_3^- 或 H_2CO_3 浓度的改变。同时，考虑到血浆中 HCO_3^- 和 H_2CO_3 平衡浓度的缓冲比为 20:1，也远超缓冲溶液的有效缓冲范围。那么，人体血液的 pH 为什么还能维持在 7.35~7.45 范围内？这是因为人体内含有多种调节系统，除了血液的缓冲体系外，还有肺的呼吸系统和肾的排泄系统等。通过肺的呼吸运动的改变来调节 CO_2 的排出量，通过肾的排酸保碱过程来调节 HCO_3^- 的排出量，使得血浆中 HCO_3^- 和 H_2CO_3 的浓度恒定，控制其缓冲比为 20:1，从而维持血浆的 pH 为 7.4。

肺对酸碱平衡的调节：肺的调节作用是通过改变 CO_2 的排出量来调节血浆中

注：O_2 和 CO_2 在血液中以物理溶解和化学结合的方式运输，化学结合的方式占各自运输总量的 98.5% 和 95%，物理溶解的方式仅占 1.5% 和 5%，但气体必须先经过物理溶解才能发生化学结合。

O_2 主要以氧合血红蛋白（HbO_2）的方式运输，从肺泡扩散入血液的 O_2 与红细胞中的 Hb 发生可逆性结合：$Hb + O_2 \rightleftharpoons HbO_2$。由于肺部的 O_2 分压高，促进了 O_2 与 Hb 结合形成 HbO_2；当血液流经组织时，由于组织处 O_2 分压低，HbO_2 解离，释放出 O_2 供组织细胞利用。

CO_2 主要以化学结合的方式运输，其中 HCO_3^- 的方式占 CO_2 运输总量的 88%，氨基甲酰血红蛋白（$HbCO_2$）的方式占 7%。从组织扩散入血液中的 CO_2，少部分溶解于血浆中生成 H_2CO_3，解离的 HCO_3^- 与 Na^+ 结合成 $NaHCO_3$；大部分 CO_2 扩散入红细胞中，在 CA 催化下与 H_2O 结合生成 H_2CO_3，解离的 HCO_3^- 少部分与 K^+ 结合成 $KHCO_3$，大部分扩散入血浆中与 Na^+ 结合成 $NaHCO_3$。当血液流经肺部时，由于肺部 CO_2 分压低，上述反应逆向进行，释放 CO_2 经肺泡呼出体外。

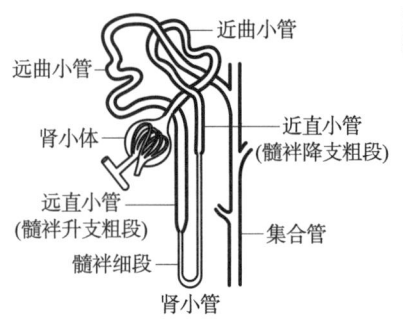

图 6.13 肾单位的结构示意图

注：机体产生的挥发性酸（H_2CO_3）主要经肺排出（CO_2），产生的固定酸由肾排出，肾通过分泌 H^+/NH_3 和重吸收 HCO_3^- 维持机体酸碱平衡。

H_2CO_3 的浓度，从而维持血液 pH 的稳定。具体来说，人体的中枢化学感受器和外周化学感受器会感受到血液中 CO_2 浓度的变化，并将信息传递给延髓呼吸中枢，通过调节呼吸频率和呼吸幅度的方式来改变肺泡通气量，控制 CO_2 的排出量，维持血浆中 H_2CO_3 的浓度恒定（如图 6.12 所示）。例如，当血液中 CO_2 浓度增加时，一方面，CO_2 可以透过血脑屏障进入脑脊液形成 H_2CO_3（血液中的 H^+ 不易通过血脑屏障），解离出的 H^+ 会刺激中枢化学感受器，引起呼吸中枢兴奋，使呼吸运动加快加深，释放出更多的 CO_2；另一方面，位于主动脉体、颈动脉体的外周化学感受器可以感受到血液中 O_2 分压、CO_2 分压和 H^+ 浓度的变化，当血液中 O_2 分压降低、CO_2 分压升高或 H^+ 浓度增加时，外周化学感受器会受到刺激，引起呼吸中枢兴奋，释放出更多的 CO_2；反之，当血液中 CO_2 分压下降或 H^+ 浓度降低时，呼吸中枢受到抑制，呼吸运动变慢变浅，减少 CO_2 的呼出，维持血浆中 H_2CO_3 的浓度。肺的调节作用效能大，反应迅速，但仅对 CO_2 有调节作用，不能缓冲固定酸。

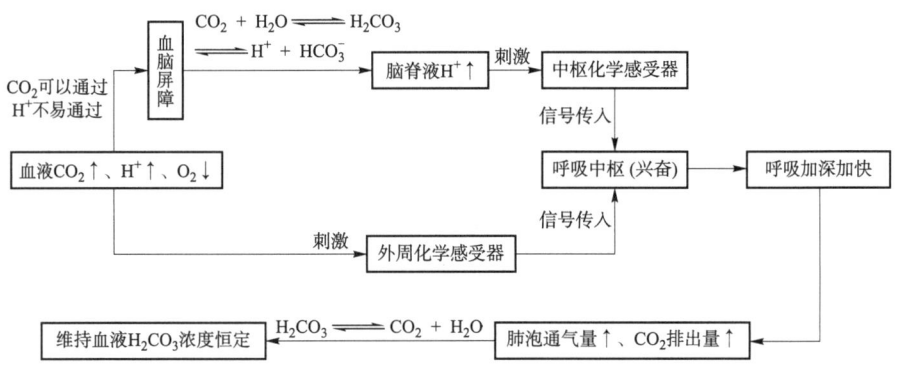

图 6.12 肺对血液中 H_2CO_3 浓度的调节作用

肾对酸碱平衡的调节：人体正常代谢过程中产生的大量固定酸，会消耗血液中碳酸氢盐缓冲对的 HCO_3^-，并生成大量 H_2CO_3。因此，肾的调节作用是通过排酸保碱（排出 H^+、重吸收 HCO_3^-）过程来调节血浆中 HCO_3^- 的浓度，从而维持血液 pH 的稳定。肾的功能单位称为肾单位，每个肾单位由肾小体和肾小管组成，其中肾小管是肾调节酸碱平衡的主要部位。肾小管长而弯曲，如图 6.13 所示，通常分为三段：①近端小管，依其形态可分为曲部（近曲小管）和直部（近直小管）；②髓袢细段；③远端小管，分为曲部（远曲小管）和直部（远直小管），曲部末端与集合管相连。注意整个髓袢为 U 形小管，包括髓袢降支粗段（即近直小管）、髓袢细段和髓袢升支粗段（即远直小管）。不同肾单位的排酸和保碱的机制不同。例如，近端小管主要通过 Na^+-H^+ 交换实现泌 H^+ 及对 $NaHCO_3$ 的重吸收，如图 6.14 所示。血液中的 $NaHCO_3$ 滤入肾小管腔，在小管液中离解为 Na^+ 和 HCO_3^-。通过小管上皮细胞处的 Na^+-H^+ 交换，Na^+ 被吸收回上皮细胞，H^+ 被分泌到肾小管腔中，与小管液中的 HCO_3^- 结合成 H_2CO_3，在 CA 催化下解离成 CO_2 和 H_2O。小管液中的 HCO_3^- 不易透过管腔膜重回上皮细胞，而高度脂溶性 CO_2 能迅速通过管腔膜进入上皮细胞，并在 CA 催化下与 H_2O 结合生成 H_2CO_3，再解离为 H^+ 和 HCO_3^-。H^+ 通过 Na^+-H^+ 交换重新进入小管液中，Na^+ 与 HCO_3^- 一起转运到血液内，完成 $NaHCO_3$ 的重吸收。简单地说，肾小管上皮细胞每分泌 1 个 H^+ 进入小管液，即可从小管液中重吸收 1 个 $NaHCO_3$ 进入血液。近端小管是分泌 H^+ 的主要部位，并以 Na^+-H^+ 交换为主，少数 H^+ 可由顶端膜中的 H^+-ATP 酶主动分泌入管腔。正常情况下，80%~

90%的HCO_3^-由近端小管重吸收,其余部分在远端小管和集合管被重吸收。髓袢对HCO_3^-的重吸收主要发生在升支粗段,其机制与近端小管相同。远端小管和集合管的闰细胞以主动转运方式分泌H^+。远端小管和集合管的顶端膜中存在两种质子泵:氢泵(H^+-ATP酶)和H^+-K^+交换体(H^+-K^+-ATP酶)。两者均可通过ATP水解释放能量,逆浓度梯度转运H^+,将细胞内的H^+泵入小管液中(区别于Na^+-H^+交换)。泵入小管液中的H^+可与HCO_3^-结合,形成CO_2和H_2O;也可与HPO_4^{2-}反应生成$H_2PO_4^-$;还可与NH_3反应生成NH_4^+,从而促进H^+的排出。远端小管和集合管也存在Na^+-H^+交换,且与Na^+-K^+交换互相抑制。

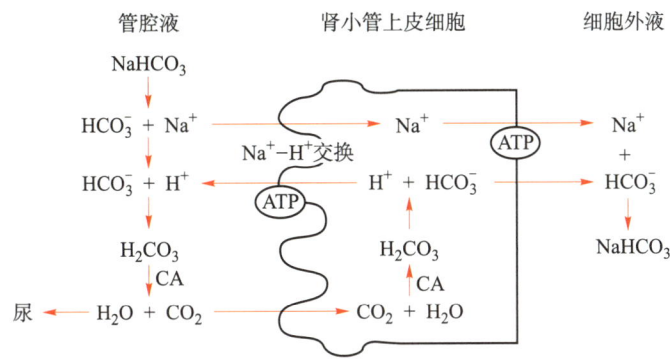

图6.14 肾小管对H^+的分泌和$NaHCO_3$的重吸收

肾小管分泌的NH_3主要由谷氨酰胺脱氨而来,泌NH_3过程有利于H^+的分泌,同时促进Na^+和HCO_3^-的重吸收。简单地说,1个谷氨酰胺分子可生成2个NH_4^+进入小管液,同时重吸收2个HCO_3^-。相比血液和肺的调节作用,肾的调节作用发挥较慢(数小时到一天以上),但效率高、作用持久,对排出非挥发酸及保留$NaHCO_3$有重要作用。

组织细胞对酸碱平衡的调节:除血液缓冲体系的缓冲、肺和肾的调节作用外,组织细胞对酸碱平衡也有一定的调节作用。组织细胞的调节作用主要是通过细胞内外离子交换的方式进行,如K^+-H^+交换、Na^+-H^+交换和Na^+-K^+交换等。例如,当酸中毒时,细胞外液中的H^+向细胞内转移,被细胞内缓冲系统所缓冲,从而减轻细胞外液酸中毒的程度,但为了维持电中性,细胞内液中的K^+向细胞外转移,使细胞外液中K^+浓度升高,引起高血钾。

酸碱平衡失调

酸碱平衡失调又称酸碱平衡紊乱,是指在病理条件下,人体内产生的酸、碱超量负荷或严重不足,血液中的缓冲体系无法得到及时的补充和维持,使人体免疫力下降并引发疾病的现象。正常人的动脉血的pH稳定在7.35~7.45之间;当血液pH小于7.35时,会发生酸中毒;当血液pH大于7.45时,会发生碱中毒;当血液pH低于6.9或高于7.7时,就会危及生命。酸碱平衡失调分为代偿型和失代偿型,基本类型有呼吸性酸中毒、呼吸性碱中毒、代谢性酸中毒和代谢性碱中毒。

呼吸性酸中毒:肺的呼吸功能障碍导致CO_2呼出不畅或吸入过多,使血浆H_2CO_3浓度原发性升高。此时肾小管细胞泌H^+/NH_3作用增强,$NaHCO_3$重吸收增多,以维持血浆中碳酸氢盐缓冲对的浓度比。

注:在肾小管上皮细胞中含有很多囊泡,囊泡内含有H^+-ATP酶,能水解ATP释放能量,将肾小管上皮细胞内的H^+分泌到管腔中。这种分泌H^+的机制也称为氢泵或质子泵。在肾小管管腔膜上含有H^+-K^+-ATP酶,能水解ATP释放能量,将肾小管上皮细胞内的H^+分泌到管腔中,同时将K^+转移到细胞内,即重吸收K^+。

注:肾小管的管腔侧细胞膜上存在主动转运H^+和K^+的载体,因此远端小管和集合管既可分泌H^+进行Na^+-H^+交换,也可分泌K^+进行Na^+-K^+交换。由于H^+和K^+是竞争性地与同一载体结合,泌K^+与泌H^+呈负相关:当Na^+-H^+交换增加时,则Na^+-K^+交换减少;当Na^+-K^+交换增加时,则Na^+-H^+交换减少。所以Na^+-K^+交换虽然不能直接生成$NaHCO_3$,但能间接影响$NaHCO_3$的生成。当机体发生酸中毒时,小管液中H^+浓度增加,Na^+-H^+交换加强,Na^+-K^+交换受到抑制,造成血中K^+浓度增高。

注:近端小管、髓袢升支粗段和远端小管上皮细胞内的谷氨酰胺,在谷氨酰胺酶作用下生成谷氨酸根和NH_3;谷氨酸根又在谷氨酸脱氢酶作用下生成α-酮戊二酸和NH_3;α-酮戊二酸进一步代谢生成2个HCO_3^-。在细胞内,NH_3与H^+结合形成NH_4^+,通过Na^+-H^+交换进入小管液(由NH_4^+代替H^+);此外,NH_3是脂溶性分子,易通过生物膜进入肾小管腔,与小管液中H^+结合形成NH_4^+,并随尿排出体外。

注:肾小球滤液中存在NaH_2PO_4-Na_2HPO_4缓冲体系。通过Na^+-H^+交换进入到小管液中的H^+可以与$NaHPO_4$结合成NaH_2PO_4,交换的Na^+与HCO_3^-一起重吸收回血液。该过程有利于H^+的排出,但作用有限(请思考原因)。

呼吸性碱中毒：由于肺的呼吸过度，CO_2 呼出过多，使血浆 H_2CO_3 浓度原发性降低。此时肾小管细胞泌 H^+/NH_3 作用减弱，$NaHCO_3$ 重吸收减少，以维持血浆中碳酸氢盐缓冲对的浓度比。

代谢性酸中毒：由于固定酸产生过多、碱性物质丢失过多、肾功能不全等原因造成血浆 $NaHCO_3$ 浓度原发性降低。当血液中固定酸增加时，碳酸氢盐缓冲体系会进行缓冲，导致 H_2CO_3 浓度升高，$NaHCO_3$ 浓度降低。此时肾会加强对 H^+ 的排出和对 $NaHCO_3$ 的重吸收，而 H_2CO_3 会分解成 CO_2 和 H_2O，CO_2 经肺呼出体外。

代谢性碱中毒：由于肾或胃肠道丢失 H^+ 和 Cl^-、碱性药服用过多等原因造成血浆 $NaHCO_3$ 浓度原发性增高。当血液中 $NaHCO_3$ 浓度增高时，肾小管细胞泌 H^+/NH_3 作用减弱，减少 $NaHCO_3$ 重吸收，同时血液 pH 升高会抑制呼吸中枢，减少 CO_2 的呼出。

综上所述，人体血液中含有多种缓冲体系，可以缓冲人体代谢过程中产生的酸、碱或摄入的酸性、碱性物质，保持血液的 pH 为 7.35～7.45。人体内还含有肺、肾等调节系统，通过肺的呼吸功能控制 CO_2 的排出量，通过肾的排泄功能实现对 $NaHCO_3$ 的重吸收，维持血浆中 H_2CO_3-$NaHCO_3$ 缓冲对的浓度比，使血液的 pH 稳定在 7.4。因此，人的体质没有酸性和碱性之分，"酸碱体质"理论是伪科学。造成人体酸碱平衡失调的主要原因是肺、肾等器官的调节功能不健全，当人体产生的酸、碱过多或不足时，不能及时调节血浆中 H_2CO_3 和 $NaHCO_3$ 的浓度，使血液 pH 小于 7.35 或大于 7.45，发生酸中毒或碱中毒。因此，需要人们注重身体健康，保持良好的生活习惯，注意饮食的健康和安全，而不必在意食物的酸碱性。

注：代偿型酸碱平衡失调是指在酸碱平衡被破坏后，机体通过一系列代偿机制来维持酸碱平衡，使血液 pH 恢复正常。这种代偿作用适用于轻度或中度酸碱失衡的情况。对于重度酸碱失衡患者，代偿作用可能无法完全恢复血液的 pH。这是一种积极的生理反应，试图通过自身调节来纠正酸碱平衡。而失代偿型酸碱平衡失调是指机体的代偿机制未能发挥作用或未充分代偿，导致血液 pH 异常，无法通过机体自身的调节来纠正酸碱平衡。这种情况下，pH 异常持续存在，机体无法通过自身调节来恢复正常状态，需要外部干预来纠正酸碱平衡。

参考文献

[1] 王建枝,钱睿哲. 病理生理学. 9 版. 北京：人民卫生出版社,2018.

习题

6.1 将 1.00 mol H_2O 置于 100 L 空储气瓶中并加热到 2624 K 以发生反应 $2H_2O(g) \rightleftharpoons 2H_2(g) + O_2(g)$。已知反应的 $K_c = 1.95 \times 10^{-7}$ mol·L^{-1}，若上述反应中的各种气体均可视为理想气体，求该反应的 $K_c^\ominus$、K_P 和 $K^\ominus$。

6.2 已知 2000 K 时下列两个反应的平衡常数分别为

(1) $CO(g) + H_2O(g) \rightleftharpoons CO_2(g) + H_2(g)$ $\qquad K_{P1}^\ominus = 2.24 \times 10^{-3}$

(2) $2H_2O(g) \rightleftharpoons 2H_2(g) + O_2(g)$ $\qquad K_{P2}^\ominus = 9.0 \times 10^{-10}$

求同一温度下反应 (3) 的 $K_P^\ominus$：

(3) $2CO_2(g) \rightleftharpoons 2CO(g) + O_2(g)$

6.3 实验测得反应 $2NO_2(g) \rightleftharpoons 2NO(g) + O_2(g)$ 在 298 K 时的 $K_c^\ominus = 0.50$，试确定以下各种初始状态反应自发进行的方向。

(1) $c(NO_2) = c(NO) = c(O_2) = 0.10$ mol·L^{-1}；

(2) $P(NO_2) = P(NO) = P(O_2) = 1.0 \times 10^5$ Pa；

(3) 在 10 L 容器中有 2.0 mol NO_2、0.40 mol NO 和 0.10 mol O_2。

6.4 查阅热力学数据并通过计算说明：室温下 $NH_4HCO_3(s)$ 可分解，而 $NH_4Cl(s)$ 难分解。

6.5 25 ℃时，在容积为 1.100 L 的烧瓶中盛入 100.0 mL 水，再缓慢充入 $CO_2(g)$ 使其压强为 1.00 bar，这时 $[CO_2(aq)] = 3.29 \times 10^{-2}$。

(1) 计算 25 ℃时气液平衡 $CO_2(g) \rightleftharpoons CO_2(l)$ 的 $K_c^\ominus$。

(2) 如果向烧瓶中加入 0.01000 mol 放射性 $^{14}CO_2$，当重新达到平衡时，在气相和水溶液中各有 $^{14}CO_2$ 多少摩尔？

6.6 光气($COCl_2$)是一种有毒气体，可发生如下分解反应：

$$COCl_2(g) \rightleftharpoons CO(g) + Cl_2(g)$$

已知该反应在 99.8 ℃时 $K_P^\ominus = 6.8 \times 10^{-9}$，在 395 ℃时 $K_P^\ominus = 4.5 \times 10^{-2}$。

(1) 光气在 395 ℃和 3.00 bar 下达到平衡后，计算所得混合气体的平均摩尔质量。

(2) 总压保持 3.00 bar，计算光气的平衡分解率为 15% 时的温度。

6.7* N_2O_4 和 NO_2 之间存在如下平衡：$N_2O_4(g) \rightleftharpoons 2NO_2(g)$。已知该反应在 22 ℃ 时 $K^\ominus = 0.100$，在 38 ℃时的 $K^\ominus = 0.363$。

(1) 计算 N_2O_4 在 38 ℃和 5.00 bar 下达到平衡后所得混合气体的平均摩尔质量。

(2) 总压保持 5.00 bar，计算有 25% N_2O_4 发生解离的温度。

(3) 总压由 5.00 bar 减至 1 bar，为使最终平衡时各物种的摩尔比均与(2)保持完全一致，应如何改变体系的温度和体积？

(4) 总压由 5.00 bar 减至 1 bar，为使最终平衡时 N_2O_4 的摩尔分数降为(2)中的 80%，应如何改变体系的温度和体积？

6.8 食用白醋是 pH 为 2.45、密度为 1.09 g·mL^{-1} 的醋酸溶液，计算白醋中 HAc 的质量分数。

6.9 在 0.30 mol·L^{-1} 的 HCl 溶液中通入 H_2S 至饱和，此时 H_2S 浓度为 0.10 mol·L^{-1}，求该溶液的 pH 和 S^{2-} 浓度。

6.10 计算 50 mL 0.40 mol·L^{-1} NaOH 与 100 mL 0.80 mol·L^{-1} HAc 混合后溶液的 pH。为使该溶液的 pH 增加 1.0，应再加入 0.40 mol·L^{-1} NaOH 溶液多少毫升？

6.11 将 10 mL 0.50 mol·L^{-1} 的一元酸 HA 溶液和等体积 0.10 mol·L^{-1} KOH 溶液混合后，稀释至 100 mL，其 pH 为 3.00。

(1) 通过计算说明 HA 是弱酸还是强酸？

(2) 如果 HA 是弱酸，其酸式电离常数是多少？

(3) 在该溶液中加入 0.010 mol 可溶性镁盐固体,是否有沉淀产生?若有,沉淀为何种物质?已知 $K_{sp}^{\ominus}(MgA_2) = 5.16 \times 10^{-11}$。

6.12 在 $[Cl^-] = [Br^-] = 0.010$ 的混合溶液中逐滴加入 $AgNO_3$ 溶液。通过计算说明这种方法能否将两种离子完全沉淀分离。

6.13 将 2.50 g Ag_2SO_4 样品加入含 0.150 L 0.025 $mol \cdot L^{-1}$ $BaCl_2$ 溶液的烧杯中。

(1) 通过计算写出发生的反应方程式。
(2) 详细描述烧杯内最终所含的物质,如存在沉淀的质量、溶液中各种离子的浓度等。

6.14 在 NH_3-NH_4Cl 缓冲溶液中加入足量 $Zn(OH)_2$ 固体,充分搅拌后达到平衡。若始终控制缓冲溶液的组成为 $[NH_3] = [NH_4^+] = 0.10$,请通过计算判断溶液中主要生成的配离子是 $[Zn(NH_3)_4]^{2+}$ 还是 $[Zn(OH)_4]^{2-}$。

6.15 将氧化还原电对 MnO_4^-/Mn^{2+} 和 Cl_2/Cl^- 组成原电池,写出电池反应方程式,计算该电池的标准电动势 $E_{池}^{\ominus}$ 和电池反应在 298 K 下的 $\Delta G^{\ominus}$ 和 $K^{\ominus}$。

6.16 对于如下原电池:

$$Ag(s) \mid Ag^+(饱和\ AgI) \parallel Ag^+(饱和\ AgCl, x\ mol \cdot L^{-1}\ Cl^-) \mid Ag(s)$$

阴极半电池的 $[Cl^-]$ 必须为多少才能使该原电池的 $E_{池}$ 为 0.0860 V?

6.17 将 1.00 A·h 的电量通入 $AgNO_3$ 溶液电解槽,按理论值计算,在阴极能析出金属银多少克?将同等电量通入 $CuSO_4$ 溶液,能析出金属铜多少克?将同等电量通入 $Al_2(SO_4)_3$ 溶液,阴极是否能析出金属铝?

6.18* 对于一个具有以下电池反应和初始浓度的化学电池:

$$Fe^{2+}(0.0050\ mol \cdot L^{-1}) + Ag^+(2.0\ mol \cdot L^{-1}) \rightleftharpoons Fe^{3+}(0.0050\ mol \cdot L^{-1}) + Ag(s)$$

(1) 试通过计算说明 298 K 下该电池反应的初始移动方向。
(2) 计算 298 K 下该电池反应达到平衡时 Fe^{2+} 的浓度。
(3) 试推导非标准态时电池电动势随温度和各物种浓度变化的公式,并应用此公式计算使该电池反应各物种均保持初始浓度不变需维持的温度。已知该电池反应 $\Delta S^{\ominus} = -208.33\ J \cdot mol^{-1} \cdot K^{-1}$。

第七章 化学动力学

7.1 化学反应速率 ……………… 303
影响反应速率的因素
7.2 速率方程 …………………… 307
7.3 反应级数 …………………… 311
7.4 温度对反应速率的影响 …… 317
7.7 催化与催化化学 …………… 331

动力学理论模型与反应机理
7.5 化学动力学理论模型 ……… 320
7.6 反应机理 …………………… 325
案例 7.1 超快反应动态学 …… 335
案例 7.2 光催化剂与光催化反应动力学 ……………… 338
习题 …………………………… 342

化学热力学重点关注化学反应的方向和限度,即反应会自发地向哪个方向进行、最终平衡能达到什么样限度,却并不能告诉我们化学反应究竟需要多长时间才能达到平衡;这属于化学动力学(chemical kinetics)的范畴,在化学反应的实际应用中至关重要。例如,根据合成氨反应的热力学数据:$\Delta G^{\ominus}(298\ \text{K}) = -32.8\ \text{kJ·mol}^{-1}$ 和 $K^{\ominus}(298\ \text{K}) = 5.6 \times 10^5$,可知其转化率相当高,但由于反应速率极慢,在常温常压下该反应并没有实际价值。化学动力学重点关注化学反应速率及其测量方法、影响反应速率的因素(包括浓度、温度、反应分子数和催化剂等),以及如何基于反应速率的数据来推导动力学理论模型和可能的反应机理。

思考题: 研究化学动力学的重要意义主要体现在哪些方面?

7.1 化学反应速率
(Rate of Chemical Reaction)

不同化学反应的速率千差万别,如火药的爆炸可在瞬间完成,水溶液中简单离子的反应在分秒之内实现,反应釜中乙烯的聚合过程以小时计,常温常压条件下普通塑料、橡胶的老化速率按年计,而自然界岩石的风化速率则按百年甚至千年计。正如物理量速率描述了一个物体运动的快慢,可以用路程随时间的改变量来表示,**反应速率**(rate of reaction)描述了一个化学反应发生的快慢,可以用参与反应各物质的浓度随时间的改变量来表示。速率有平均速率和瞬时速率,化学反应速率也有平均反应速率和瞬时反应速率。

平均反应速率及其测量方法

平均反应速率(average rate of reation, $\bar{v}$)是单位时间内参与反应各物质浓度的平均改变量。以过氧化氢(H_2O_2)在 I^- 催化下的分解反应为例,其反应方程式为

$$H_2O_2(aq) \xrightarrow{I^-} H_2O(l) + \frac{1}{2}O_2(g)$$

用秒表计时,由实验测定的 O_2 释放量即可计算 H_2O_2 浓度的变化。根据上述方程式,可知在任意时间间隔 Δt 内,均有

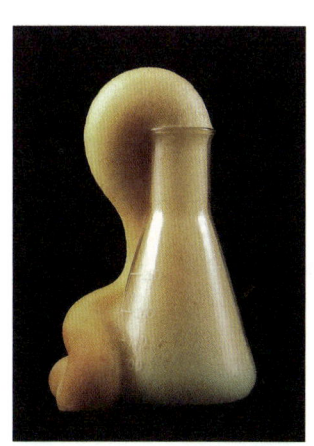

大象牙膏: 著名的趣味化学实验之一,原料为 H_2O_2、KI 和发泡剂

注意： 本章 $c(X)$ 表示物质 X 的浓度而非相对浓度。

$$-\Delta c(\mathrm{H_2O_2}) = \Delta c(\mathrm{H_2O}) = 2\Delta c(\mathrm{O_2})$$

由于 $\mathrm{H_2O_2}$ 浓度的改变量为负，而 $\mathrm{H_2O}$ 和 $\mathrm{O_2}$ 浓度的改变量为正，为使等量关系成立，需在 $\Delta c(\mathrm{H_2O_2})$ 前添加负号，并在 $\Delta c(\mathrm{O_2})$ 前添加系数 2，这是方程式中 $\mathrm{O_2}$ 的化学计量数 1/2 的倒数。若有一份初始浓度为 2.00 mol·L^{-1} 的 $\mathrm{H_2O_2}$ 溶液（含少量 I$^-$），将分解过程中每隔 500 s 的 $\mathrm{H_2O_2}$ 浓度数据列入表 7.1，由 Δt 和 $\Delta c(\mathrm{H_2O_2})$ 即可计算出该反应每 500 s 的平均反应速率，有

$$\bar{v} = -\frac{\Delta c(\mathrm{H_2O_2})}{\Delta t} = \frac{\Delta c(\mathrm{H_2O})}{\Delta t} = 2\frac{\Delta c(\mathrm{O_2})}{\Delta t}$$

可以看到，不同时间间隔下的平均反应速率并不相同；随着反应的进行，体系中剩余 $\mathrm{H_2O_2}$ 浓度持续减少，平均反应速率也逐渐降低。

表 7.1　室温下 $\mathrm{H_2O_2}$ 水溶液分解反应的动力学数据

t/s	$c(\mathrm{H_2O_2})$/(mol·L^{-1})	Δt/s	$\Delta c(\mathrm{H_2O_2})$/(mol·L^{-1})	$\bar{v} = -\dfrac{\Delta c(\mathrm{H_2O_2})}{\Delta t}$/(mol·L^{-1}·s^{-1})
0	2.00			
500	1.39	500	−0.61	1.2×10^{-3}
1000	0.96	500	−0.43	8.6×10^{-4}
1500	0.67	500	−0.29	5.8×10^{-4}
2000	0.46	500	−0.21	4.2×10^{-4}
2500	0.32	500	−0.14	2.8×10^{-4}
3000	0.22	500	−0.10	2.0×10^{-4}

对于具有如下通式的化学反应：

$$a\mathrm{A} + b\mathrm{B} + \cdots \longrightarrow g\mathrm{G} + h\mathrm{H} + \cdots$$

由于参与反应各物质的化学计量数不同，且反应物浓度的改变量为负而生成物浓度的改变量为正，为使同一反应具有相同的反应速率，需用浓度随时间的改变量除以相应的化学计量数，即

$$\bar{v} = -\frac{1}{a}\frac{\Delta c(\mathrm{A})}{\Delta t} = -\frac{1}{b}\frac{\Delta c(\mathrm{B})}{\Delta t} = \frac{1}{g}\frac{\Delta c(\mathrm{G})}{\Delta t} = \frac{1}{h}\frac{\Delta c(\mathrm{H})}{\Delta t} = \cdots \quad (7.1)$$

5.3 节介绍过反应进度 ξ 的概念，它不仅可以衡量反应进行的程度，还可以用来定义化学反应速率。对于具有如下通式的化学反应

$$0 = \sum_{\mathrm{X}} \nu_{\mathrm{X}} \mathrm{X}$$

其中 X 代表参与反应的各种物质，ν_{X} 为 X 对应的化学计量数，其值对反应物为负、对生成物为正。反应进度为

$$\Delta \xi = \xi_{\text{终}} - \xi_{\text{始}} = \frac{\Delta n_{\mathrm{X}}}{\nu_{\mathrm{X}}} = \frac{V\Delta c(\mathrm{X})}{\nu_{\mathrm{X}}}$$

则平均反应速率可表示为

$$\bar{v} = \frac{1}{\nu_X} \frac{\Delta c(X)}{\Delta t} = \frac{1}{V} \frac{\Delta \xi}{\Delta t} \tag{7.2}$$

思考题： 将反应进度引入化学反应速率的定义中有什么优点？

» 例 7.1 已知某温度下在体积为 1 L 的密闭容器内进行如下分解反应：

$$2N_2O_5 \longrightarrow 4NO_2 + O_2$$

	$2N_2O_5$	$4NO_2$	O_2
0 s 时, $c_0/(\text{mol}\cdot\text{L}^{-1})$	2.10	0	0
10 s 时, $c_{10}/(\text{mol}\cdot\text{L}^{-1})$	1.95	0.30	0.075

试计算该反应在前 10 s 的平均反应速率。

» 解法一： 由反应方程式，有

$$\nu(N_2O_5) = -2, \quad \nu(NO_2) = 4, \quad \nu(O_2) = 1$$

$$\Delta c(N_2O_5) = (1.95 - 2.10)\ \text{mol}\cdot\text{L}^{-1} = -0.15\ \text{mol}\cdot\text{L}^{-1}$$

$$\Delta c(NO_2) = 0.30\ \text{mol}\cdot\text{L}^{-1}, \quad \Delta c(O_2) = 0.075\ \text{mol}\cdot\text{L}^{-1}$$

则前 10 s 的平均反应速率为

$$\bar{v} = \frac{1}{\nu_X}\frac{\Delta c(X)}{\Delta t} = \frac{\Delta c(N_2O_5)}{\nu(N_2O_5)\Delta t} = \frac{\Delta c(NO_2)}{\nu(NO_2)\Delta t} = \frac{\Delta c(O_2)}{\nu(O_2)\Delta t}$$

$$= \frac{-0.15}{-2 \times 10}\ \text{mol}\cdot\text{L}^{-1}\cdot\text{s}^{-1} = \frac{0.30}{4 \times 10}\ \text{mol}\cdot\text{L}^{-1}\cdot\text{s}^{-1} = \frac{0.075}{1 \times 10}\ \text{mol}\cdot\text{L}^{-1}\cdot\text{s}^{-1}$$

$$= 7.5 \times 10^{-3}\ \text{mol}\cdot\text{L}^{-1}\cdot\text{s}^{-1}$$

» 解法二： 10 s 时反应进度为

$$\Delta \xi = \frac{V\Delta c(X)}{\nu_X} = \frac{V\Delta c(O_2)}{\nu(O_2)} = \frac{1\ \text{L} \times 0.075\ \text{mol}\cdot\text{L}^{-1}}{1} = 0.075\ \text{mol}$$

则前 10 s 的平均反应速率为

$$\bar{v} = \frac{1}{V}\frac{\Delta \xi}{\Delta t} = \frac{1}{1\ \text{L}} \times \frac{0.075\ \text{mol}}{10\ \text{s}} = 7.5 \times 10^{-3}\ \text{mol}\cdot\text{L}^{-1}\cdot\text{s}^{-1}$$

注意： 在例题 7.1 中，平均反应速率实际与密闭容器的体积无关。

瞬时反应速率及其测量方法

用表 7.1 的第 2 列 $c(H_2O_2)$ 对第 1 列时间 t 作图，可得图 7.1 的一系列蓝色数据点。对这些数据点进行拟合，可得一条浓度-时间曲线（黑色实线），从该曲线上即可读取任意时刻 t 所对应的 H_2O_2 浓度 $c(H_2O_2)_t$。**瞬时反应速率**（instantaneous rate of reation, v）是在某个特定时刻的反应速率，可写为

$$v = \frac{1}{\nu_X}\frac{dc(X)}{dt} = \frac{1}{V}\frac{d\xi}{dt} \tag{7.3}$$

其中微分形式为

$$\frac{dc(X)}{dt} = \lim_{\Delta t \to 0}\frac{\Delta c(X)}{\Delta t} \quad \text{且} \quad \frac{d\xi}{dt} = \lim_{\Delta t \to 0}\frac{\Delta \xi}{\Delta t}$$

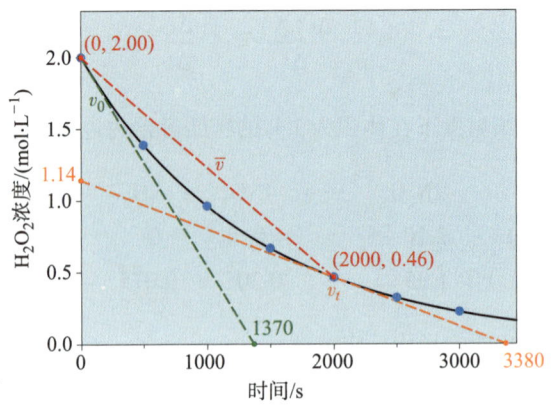

图 7.1 室温下 H_2O_2 水溶液分解反应的浓度-时间关系图

瞬时反应速率表示在某个特定时刻的无限小时间间隔内浓度的改变量;其值不能用实验直接测定,数学上可通过求切线斜率得到,即在反应的浓度-时间曲线上,过某个特定时刻的对应点作曲线的切线,其斜率即为该时刻的瞬时反应速率。

不论平均反应速率还是瞬时反应速率,其量纲均为浓度·(时间)$^{-1}$,常用单位为 $mol·L^{-1}·s^{-1}$。如果没有特别说明,反应速率通常特指瞬时反应速率。

初始反应速率

初始反应速率(initial rate of reation,v_0)是 $t=0$ 时刻的瞬时反应速率,对应于浓度-时间曲线上初始点($t=0$)的切线斜率。所有化学反应均是可逆的,当正反应开始进行之后,逆反应也会随之发生,所以实验测定的反应速率实际上是**净反应速率**(net rate of reaction),即正反应速率与逆反应速率之差。而在 $t=0$ 的初始时刻,只有反应物而没有生成物,逆反应速率为 0。初始反应速率等于净反应速率,也等于正反应速率,可用于确定反应级数和反应的速率方程,详见 7.2 节。

> **思考题**:平均反应速率、瞬时反应速率和初始反应速率这三个概念有哪些区别和联系?

以表 7.1 的数据和图 7.1 的浓度-时间曲线为例,可分别计算 H_2O_2 分解反应的平均反应速率、瞬时反应速率和初始反应速率:

1) 前 2000 s 的平均反应速率,即连接 $t=0$ 对应点和 $t=2000$ s 对应点的红色虚线的斜率:

$$\bar{v} = -\frac{\Delta c(H_2O_2)}{\Delta t} = -\frac{0.46-2.00}{2000-0}\ mol·L^{-1}·s^{-1} = 7.70 \times 10^{-4}\ mol·L^{-1}·s^{-1}$$

2) $t=2000$ s 时刻的瞬时反应速率,即 $t=2000$ s 对应点的切线(橙色虚线)斜率:

$$v_t = \frac{1.14}{3380}\ mol·L^{-1}·s^{-1} = 3.37 \times 10^{-4}\ mol·L^{-1}·s^{-1}$$

其中 1.14 $mol·L^{-1}$ 是橙色虚线在纵轴上的截距,而 3380 s 是其在横轴上的截距。

3) 初始反应速率,即 $t=0$ 对应点的切线(绿色虚线)斜率:

$$v_0 = \frac{2.00}{1370} \text{ mol} \cdot \text{L}^{-1} \cdot \text{s}^{-1} = 1.46 \times 10^{-3} \text{ mol} \cdot \text{L}^{-1} \cdot \text{s}^{-1}$$

其中 2.00 mol·L^{-1} 是绿色虚线在纵轴上的截距,而 1370 s 是其在横轴上的截距。

可逆反应达到平衡态时,正反应速率与逆反应速率相等,即净反应速率为 0,平衡浓度不再随时间变化,可以从容不迫地测定各物质浓度。但在达到平衡态之前,反应体系中各物质的浓度随时间持续变化,给反应速率的测定带来一定困难。测定反应体系中各物质浓度的方法通常分为化学法和物理法。化学法可以采用突然降温、稀释、除去催化剂等方法来冻结反应,然后进行化学分析,缺点是操作复杂且误差较大。物理法则是利用与浓度相关的某一物理性质(如压强、体积、密度、折射率、电导率、吸光度等)随时间的变化关系,来测定反应速率。物理法的优点是在反应进行中就能迅速准确测定,无须终止反应,在动力学实验中应用广泛。

7.2 速率方程
(Rate Laws)

在上节讨论 H_2O_2 分解反应时,可以看到平均反应速率和瞬时反应速率均随 H_2O_2 浓度的减少而持续降低,这意味着反应速率与反应物浓度直接相关。化学动力学的主要目标之一,就是获得能够描述反应速率与反应物浓度之间关系的方程,称为**速率方程**(rate law)。速率方程与反应的具体历程有关,根据反应历程是一步完成还是经历多步,可将化学反应分为基元反应和复杂反应。

基元反应与复杂反应

基元反应(elementary reaction)是一种或多种反应物经历单一步骤直接形成生成物的反应。例如

$$NO_2 + CO \longrightarrow NO + CO_2$$

在高温下反应物 NO_2 和 CO 分子经历一次碰撞即可形成生成物,因此高温下该反应为基元反应。**复杂反应**(complex reaction)是经历两个或两个以上单一步骤才能完成的反应。例如

$$H_2 + I_2 \longrightarrow 2HI$$

不是由反应物 H_2 和 I_2 分子经历一次碰撞形成生成物。该反应为复杂反应,其实际反应历程包含以下步骤:

(1) $I_2 \longrightarrow 2I$
(2) $I + H_2 \longrightarrow HI + H$
(3) $I + H \longrightarrow HI$

这三个步骤均为基元反应,称为复杂反应的基元步骤或基元过程。复杂反应由多个基元反应构成。

基元反应的质量作用定律

在 H_2O_2 分解反应中,上节已计算过:$t=0$ 时刻的瞬时反应速率为 1.46×10^{-3} mol·L^{-1}·s^{-1},H_2O_2 浓度为 2.00 mol·L^{-1};$t=2000$ s 时刻的瞬时反应速率为 3.37×10^{-4} mol·L^{-1}·s^{-1},H_2O_2 浓度为 0.46 mol·L^{-1}。由以上数据,易得

$$k = \frac{v_0}{c(H_2O_2)_0} = \frac{1.46\times 10^{-3}\ \text{mol·L}^{-1}\text{·s}^{-1}}{2.00\ \text{mol·L}^{-1}} = 0.73\ \text{s}^{-1}$$

$$= \frac{v_t}{c(H_2O_2)_t} = \frac{3.37\times 10^{-4}\ \text{mol·L}^{-1}\text{·s}^{-1}}{0.46\ \text{mol·L}^{-1}} = 0.73\ \text{s}^{-1}$$

代入更多数据,可以看到任意时刻 t 的瞬时反应速率 v_t 与该时刻的浓度 $c(H_2O_2)_t$ 均成正比,其比例系数恒为 $k = 0.73$ s^{-1}。因此,描述 H_2O_2 分解反应速率与反应物浓度之间关系的速率方程可写为

$$v = -\frac{dc(H_2O_2)}{dt} = kc(H_2O_2)$$

1867 年挪威科学家古德堡(Cato M. Guldberg)和瓦格(Peter Waage)基于大量实验数据,总结出如下**质量作用定律**(law of mass action):恒温下基元反应速率与各反应物浓度的幂的乘积成正比,其中幂的指数即为基元反应方程式中该反应物化学计量数的绝对值。对于一个具有如下通式的恒温基元反应

$$aA + bB \longrightarrow gG + hH$$

根据质量作用定律,其速率方程可写为

$$v = -\frac{1}{a}\frac{dc(A)}{dt} = k[c(A)]^a [c(B)]^b \tag{7.4}$$

其中 $c(A)$ 和 $c(B)$ 代表反应物浓度;a 和 b 代表基元反应方程式的系数且只能为正整数;k 称为**速率常数**(rate constant),对于给定反应,k 仅是温度的函数,不随反应物浓度变化。当 $c(A) = c(B) = 1$ mol·L^{-1} 时,$v = k$;因此,速率常数 k 表示各反应物浓度均为单位浓度时的反应速率。由于式(7.4)中存在微分形式,也称**微分速率方程**(differential rate law)。

注意:如果不加说明,速率方程通常特指微分速率方程,以区别于下一节将要讨论的积分速率方程。

思考题:何谓基元反应?应如何书写基元反应的速率方程?

基元反应速率与反应物浓度之间的关系严格遵循质量作用定律;也就是说,如果已知一个反应是基元反应,同时给出了该反应配平的方程式,即可根据质量作用定律直接写出其微分速率方程。在微分速率方程中,指数 a 和 b 分别称为反应物 A 和 B 的**级数**(order)。如果 $a=1$,称该反应对 A 是一级的;如果 $b=2$,称该反应对 B 是二级的,以此类推。微分速率方程中所有指数之和(即 $a+b$ 值),称为**反应级数**(order of reaction)。基元反应的反应级数一般为 1 或 2,分别对应于单分子反应和双分子反应。三分子基元反应发生的概率极小,可忽略不计。

例如,对于高温下的基元反应 $NO_2 + CO \longrightarrow NO + CO_2$,根据质量作用定律,其微分速率方程可写为

$$v = -\frac{dc(NO_2)}{dt} = -\frac{dc(CO)}{dt} = kc(NO_2)c(CO)$$

该基元反应的反应级数为2,对 NO_2 是一级的,对 CO 也是一级的。

复杂反应的微分速率方程

对于一个具有如下通式的恒温复杂反应

$$a\mathrm{A} + b\mathrm{B} + \cdots \longrightarrow g\mathrm{G} + h\mathrm{H} + \cdots$$

实验数据表明其微分速率方程可统一写为

$$v = -\frac{1}{a}\frac{\mathrm{d}c(\mathrm{A})}{\mathrm{d}t} = k[c(\mathrm{A})]^m[c(\mathrm{B})]^n\cdots \tag{7.5}$$

其中 $c(\mathrm{A})$、$c(\mathrm{B})\cdots$ 代表反应物浓度;m、$n\cdots$ 是对应反应物的级数;k 是不随反应物浓度变化的速率常数,对于给定反应,k 仅是温度的函数。

复杂反应的微分速率方程与基元反应的质量作用定律之间存在如下主要区别:

1) 基元反应必然有 $m=a$ 且 $n=b$;因此,$m\neq a$ 或 $n\neq b$ 的反应必然不是基元反应。复杂反应不要求 $m=a$ 且 $n=b$;这意味着不能根据配平的化学方程式,直接写出复杂反应的微分速率方程。
2) 基元反应的级数必须是与反应方程式中化学计量数绝对值对应的正整数,而复杂反应的级数可以为正、为负或为零,也可以为分数。
3) 基元反应可视为可逆过程,而复杂反应是不可逆过程。
4) 式(7.4)和式(7.5)均可称为微分速率方程,但只有适用于基元反应的式(7.4)才能称为质量作用定律。

> **注意**:对于复杂反应,$m=a$ 且 $n=b$ 可能成立也可能不成立。不能仅仅根据 $m=a$ 且 $n=b$ 判断一个反应究竟是基元反应还是复杂反应。

例如,实验数据表明,反应 $H_2(g) + Cl_2(g) \longrightarrow 2HCl(g)$ 的微分速率方程为

$$v = kc(\mathrm{H}_2)[c(\mathrm{Cl}_2)]^{1/2}$$

这说明该反应必然不是基元反应,而是复杂反应;其反应级数为 3/2,对 H_2 是一级的,对 Cl_2 是 1/2 级的。

初始速率法确定速率方程

比较化学动力学与化学热力学,可以看到在平衡常数表达式中,平衡浓度的指数与配平方程式中的化学计量数始终一致,按照化学方程式即可写出平衡常数表达式。这是因为化学平衡只取决于反应的始态和终态,而与反应的途径无关。但一个复杂反应的速率与途径密切相关,在复杂反应的速率方程表达式中,浓度的指数不能直接按配平方程式中化学计量数的绝对值写出,而必须根据实验数据来确定。由实验数据确定的速率方程,称为**表观速率方程**(apparent rate law)或实验速率方程。

通常可采用初始速率法确定表观速率方程。例如,设复杂反应 $2HgCl_2(aq) + C_2O_4^{2-}(aq) \longrightarrow Hg_2Cl_2(s) + 2Cl^-(aq) + 2CO_2(g)$ 的速率方程为

$$v = k[c(\mathrm{HgCl}_2)]^m[c(\mathrm{C}_2\mathrm{O}_4^{2-})]^n \tag{7.6}$$

思考题: 对于同一温度下的同一反应,不同初始浓度的反应速率是否相同?速率常数是否相同?

注意: 速率常数 k 的单位与反应级数密切相关;当反应级数不同时,k 的单位也不同。

用上节所述作浓度-时间图并取初始点切线斜率的方法,可获得该反应的初始反应速率。由于初始时刻只有反应物而没有生成物,逆反应速率为0,初始反应速率即等于正反应速率,可由式(7.6)直接计算。表7.2列出了三组不同实验的初始浓度和初始反应速率。比较实验1与实验2,当 $C_2O_4^{2-}$ 初始浓度翻倍而 $HgCl_2$ 初始浓度保持不变时,初始反应速率增至4倍,说明该反应对 $C_2O_4^{2-}$ 是二级的,$n=2$。类似地,比较实验2和实验3的数据,不难得出结论:该反应对 $HgCl_2$ 是一级的,$m=1$。代回式(7.6),速率常数可相应计算为

$$k = \frac{v_1}{[c(HgCl_2)]_1[c(C_2O_4^{2-})]_1^2} = \frac{1.8\times 10^{-5}\ mol\cdot L^{-1}\cdot min^{-1}}{0.105\ mol\cdot L^{-1}\times (0.15\ mol\cdot L^{-1})^2}$$
$$= 7.6\times 10^{-3}\ mol^{-2}\cdot L^2\cdot min^{-1}$$

因此,该反应的表观速率方程为

$$v = (7.6\times 10^{-3}\ mol^{-2}\cdot L^2\cdot min^{-1})c(HgCl_2)[c(C_2O_4^{2-})]^2$$

表7.2 室温下反应 $2HgCl_2(aq)+C_2O_4^{2-}(aq)\longrightarrow 2Cl^-(aq)+2CO_2(g)+Hg_2Cl_2(s)$ 的初始浓度和初始反应速率

实验编号	$c(HgCl_2)_0/(mol\cdot L^{-1})$	$c(C_2O_4^{2-})_0/(mol\cdot L^{-1})$	$v_0/(mol\cdot L^{-1}\cdot min^{-1})$
1	0.105	0.15	1.8×10^{-5}
2	0.105	0.30	7.1×10^{-5}
3	0.052	0.30	3.5×10^{-5}

» 例 7.2 实验测得化学反应 $A+2B\longrightarrow 3C$ 在 298.15 K 时的初始速率和初始浓度的关系如下表所列:

实验编号	$c(A)_0/(mol\cdot L^{-1})$	$c(B)_0/(mol\cdot L^{-1})$	$v_0/(mol\cdot L^{-1}\cdot s^{-1})$
1	0.20	0.10	1.0×10^{-3}
2	0.20	0.40	4.0×10^{-3}
3	0.40	0.10	2.0×10^{-3}

(1) 写出该反应的表观速率方程;
(2) 判断该反应是否为基元反应;
(3) 求反应级数;
(4) 求反应的速率常数。

» 解: (1) 设该反应的表观速率方程为:$v=k[c(A)]^x[c(B)]^y$,则初始速率的比值为

$$\frac{v_1}{v_2} = \left(\frac{0.10}{0.40}\right)^y = \left(\frac{1}{4}\right)^y = \frac{1.0\times 10^{-3}}{4.0\times 10^{-3}} = \frac{1}{4}$$

$$\frac{v_1}{v_3} = \left(\frac{0.20}{0.40}\right)^x = \left(\frac{1}{2}\right)^x = \frac{1.0\times 10^{-3}}{2.0\times 10^{-3}} = \frac{1}{2}$$

$$x = 1, \quad y = 1$$

该反应的表观速率方程为：$v = kc(A)c(B)$。

(2) 由于速率方程与反应方程式不符合，该反应不是基元反应。
(3) 根据速率方程，该反应对 A 是一级的，对 B 也是一级的，反应级数为 2。
(4) 该反应的速率常数为

$$k = \frac{v_1}{c(A)c(B)} = \frac{1.0 \times 10^{-3} \text{ mol} \cdot \text{L}^{-1} \cdot \text{s}^{-1}}{0.20 \text{ mol} \cdot \text{L}^{-1} \times 0.10 \text{ mol} \cdot \text{L}^{-1}} = 0.050 \text{ L} \cdot \text{mol}^{-1} \cdot \text{s}^{-1}$$

7.3 反应级数
(Order of Reaction)

根据反应级数，化学反应可分为零级、一级、二级、三级反应及分数级反应。本节将重点讨论零级反应、一级反应和二级反应，以及一类称为准 N 级反应，并特别关注反应物浓度随时间的变化关系。

思考题：确定反应级数有哪些方法？

零级反应

微分速率方程中所有指数之和等于 0 的反应，称为**零级反应**（zero-order reaction）。以单个反应物 A 分解为生成物的如下反应为例：

$$A \longrightarrow 生成物$$

由于该反应为零级，微分速率方程为

$$v = -\frac{dc(A)}{dt} = k[c(A)]^0 = k \tag{7.7}$$

这意味着零级反应速率等于其速率常数，与反应物浓度无关。零级反应速率常数的量纲必然与反应速率相同，为浓度·(时间)$^{-1}$。由以上两点均可判定一个反应是否为零级反应。将式(7.7)中所有包含浓度的项移至左侧，所有其他项移至右侧，可得

$$dc(A) = -kdt$$

令始态为 $t = 0$，此时的反应物浓度为 $c(A)_0$；令终态为时刻 t，此时的反应物浓度用 $c(A)_t$ 表示。将上述方程两边同时从始态至终态积分，有

$$\int_{c(A)_0}^{c(A)_t} dc(A) = \int_0^t -kdt$$

可得

$$c(A)_t - c(A)_0 = -kt$$

或

$$c(A)_t = c(A)_0 - kt \tag{7.8}$$

由于推导过程涉及积分,上式称为零级反应的**积分速率方程**(integrated rate law)。其浓度-时间关系如图7.2所示,是一条斜率为$-k$、截距为$c(A)_0$的直线。

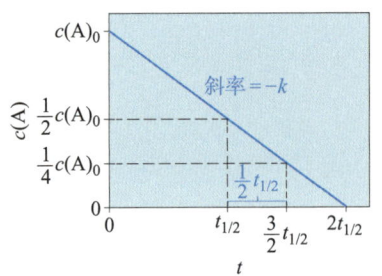

图 7.2 零级反应的浓度-时间关系图: $c(A)$ 对 t 作图

反应物消耗一半所需的时间,称为反应的**半衰期**(half-life, $t_{1/2}$),也称半寿期。根据定义,当 $t = t_{1/2}$ 时,$c(A)_t = c(A)_0/2$。代入式(7.8),可得零级反应的半衰期为

$$t_{1/2} = \frac{c(A)_0}{2k} \tag{7.9}$$

零级反应的半衰期与反应物初始浓度成正比,与速率常数成反比。随着反应的进行,$c(A)$ 逐渐下降,反应的半衰期将持续变短。从始态浓度 $c(A)_0$ 开始,经过第一个半衰期 $t_{1/2}$ 后,浓度变为 $c(A)_0/2$;再经过第二个半衰期 $t'_{1/2}$ 后,浓度变为 $c(A)_0/4$。两个半衰期的总时间为

$$t = t_{1/2} + t'_{1/2} = \frac{c(A)_0 - c(A)_0/4}{k} = \frac{3c(A)_0}{4k} = \frac{3}{2} t_{1/2}$$

有

$$t'_{1/2} = \frac{1}{2} t_{1/2}$$

因此零级反应的连续两个半衰期,后一个总为前一个的一半长,如图7.2所示。这一点也可用于判定一个反应是否为零级反应。

常见的零级反应多为发生在某个表面上的异相反应,如 N_2O 在金粉表面的热分解反应,其方程式为

$$2N_2O \xrightarrow{Au} 2N_2 + O_2$$

金粉表面的特定位点能吸附反应物 N_2O 分子并促使其分解,但这些表面活性位点的数量或浓度有限。当金粉表面的所有活性位点均被 N_2O 饱和时,吸附的 N_2O 不断分解并离开表面,气相的 N_2O 随即不断补充至表面,再增加气相中 N_2O 浓度对反应速率就没有影响。N_2O 分解反应速率取决于表面活性位点的浓度,而对于一定量金粉而言这一浓度为常数,因此该反应呈零级。当然,在所有活性位点均被 N_2O 饱和之前,以及气相中 N_2O 浓度低于表面活性位点浓度之后,该反应不为零级。关于活性位点的更多介绍详见7.7节。光敏反应和酶的催化反应通常也呈零级。

》例 7.3 某温度下,实验测得反应 $NH_3 \xrightarrow{W \text{ 或 } Fe} \frac{1}{2}N_2 + \frac{3}{2}H_2$ 在不同时间的 NH_3 浓度如下表所列:

t /min	0	20	40	60	80
$c(NH_3)/(\text{mol·L}^{-1})$	0.100	0.080	0.060	0.040	0.020

试用作图法求该反应的反应级数及速率常数。

» **解**：NH_3 的浓度对时间的作图如右所示,为一条直线,表明该反应为零级反应,有

$$v = k$$

直线的斜率为 $-k$,因此

$$v = k = -\frac{(0.020-0.080)\ \text{mol·L}^{-1}}{(80-20)\ \text{min}} = 1.0\times 10^{-3}\ \text{mol·L}^{-1}\cdot\text{min}^{-1}$$

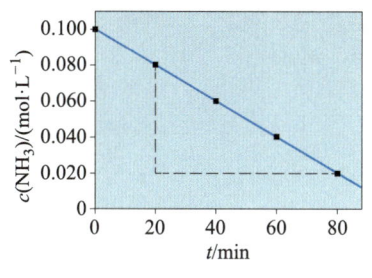

浓度-时间关系图

一级反应

微分速率方程中所有指数之和等于 1 的反应,称为**一级反应**(first-order reaction)。仍以单个反应物 A 分解为生成物的如下反应为例:

$$A \longrightarrow 生成物$$

由于该反应为一级,微分速率方程为

$$v = -\frac{dc(A)}{dt} = kc(A) \tag{7.10}$$

将所有包含浓度的项移至左侧,所有其他项移至右侧,可得

$$\frac{dc(A)}{c(A)} = -kdt$$

两边同时从始态至终态积分,有

$$\int_{c(A)_0}^{c(A)_t}\frac{dc(A)}{c(A)} = \int_0^t -kdt$$

$$\ln c(A)_t - \ln c(A)_0 = -kt$$

可得

$$\ln c(A)_t = \ln c(A)_0 - kt$$

或

$$\ln \frac{c(A)_t}{c(A)_0} = -kt \tag{7.11}$$

根据上述积分速率方程,一级反应的半衰期可计算为

$$t_{1/2} = \frac{\ln 2}{k} \tag{7.12}$$

一级反应的典型特征包括:

1) 将反应物浓度的自然对数 $\ln c(A)$ 对时间 t 作图,可得一条斜率为 $-k$、截距为

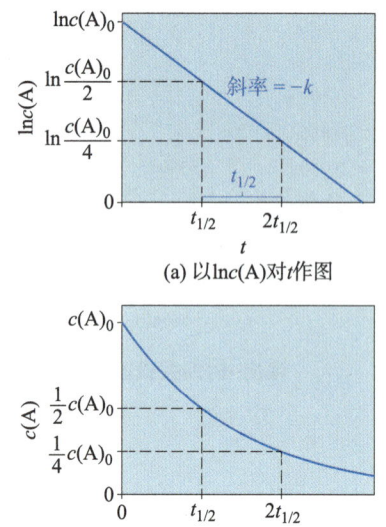

图 7.3 一级反应的浓度-时间关系图

注:a 是年(annual)的英文单位符号。

$\ln c(A)_0$ 的直线,如图 7.3a 所示;如果将反应物浓度 $c(A)$ 直接对时间 t 作图,则可得一条曲线,如图 7.3b 所示。

2) 由于 $\ln[c(A)_t/c(A)_0]$ 量纲为 1,k 的量纲必为(时间)$^{-1}$。

3) 半衰期是不随反应物浓度变化的常数,与速率常数成反比。

放射性元素的核衰变反应是典型的一级反应,无论某个时刻样品中放射性原子数有多少,在 $t_{1/2}$ 时将变为原来的一半,在 $2t_{1/2}$ 时变为四分之一,以此类推。习惯上用半衰期表示核衰变反应的快慢,例如

$$^{238}_{92}U \longrightarrow ^{206}_{82}Pb + 8\,^{4}_{2}He + 6\,^{0}_{-1}e \qquad t_{1/2} = 4.5 \times 10^9 \text{ a}$$

$$^{14}_{6}C \longrightarrow ^{14}_{7}N + ^{0}_{-1}e \qquad t_{1/2} = 5.73 \times 10^3 \text{ a}$$

$$^{60}_{27}Co \longrightarrow ^{60}_{28}Ni + ^{0}_{-1}e \qquad t_{1/2} = 5.26 \text{ a}$$

半衰期越长,k 越小,核衰变反应速率就越慢。$^{14}_{6}C$ 的半衰期为 5730 a,在测定古文物年代上有广泛应用,适用于从数百年到 5 万年的木料、布料、纸张、毛发和皮肤等古文物的测定。

>> **例 7.4** 放射性同位素 $^{13}_{7}N$ 的放射强度经 18.6 min 后衰减为原来的 27.4%。若放射性核素衰变符合一级反应速率方程,试求 $^{13}_{7}N$ 的半衰期。

>> **解**:放射性核素衰变符合一级反应速率方程,则有

$$\ln \frac{c}{c_0} = -kt$$

$$\ln 0.274 = -k \times 18.6 \text{ min}$$

$$k = -\frac{\ln 0.274}{18.6 \text{ min}} = 6.96 \times 10^{-2} \text{ min}^{-1}$$

$^{13}_{7}N$ 的半衰期为

$$t_{1/2} = \frac{\ln 2}{k} = \frac{0.693}{6.96 \times 10^{-2} \text{ min}^{-1}} = 9.96 \text{ min}$$

二级反应

微分速率方程中所有指数之和等于 2 的反应,称为**二级反应**(second-order reaction)。对于单个反应物 A 分解为生成物的如下二级反应:

$$A \longrightarrow 生成物$$

其速率方程为

$$v = -\frac{dc(A)}{dt} = k[c(A)]^2 \tag{7.13}$$

将所有包含浓度的项移至左侧,所有其他项移至右侧,可得

$$\frac{dc(A)}{[c(A)]^2} = -kdt$$

两边同时从始态至终态积分,有

$$\int_{c(A)_0}^{c(A)_t} \frac{dc(A)}{[c(A)]^2} = \int_0^t -kdt$$

$$-\left[\frac{1}{c(A)_t} - \frac{1}{c(A)_0}\right] = -kt$$

可得

$$\frac{1}{c(A)_t} = \frac{1}{c(A)_0} + kt \tag{7.14}$$

根据上述积分速率方程,二级反应的半衰期可计算为

$$t_{1/2} = \frac{1}{kc(A)_0} \tag{7.15}$$

二级反应的典型特征包括:

1) 将反应物浓度的倒数 $1/c(A)$ 对时间 t 作图,可得一条斜率为 k、截距为 $1/c(A)_0$ 的直线,如图 7.4a 所示;如果将反应物浓度 $c(A)$ 直接对时间 t 作图,则可得一条曲线,如图 7.4b 所示。
2) k 的量纲为(浓度)$^{-1}$·(时间)$^{-1}$。
3) 半衰期与反应物初始浓度和速率常数均成反比。由于后一个半衰期的初始浓度总是前一个半衰期初始浓度的一半,因此后一个半衰期总是前一个的两倍长。

表 7.3 小结了零级、一级和二级反应的速率方程、速率常数及半衰期之间的关系。除了使用上节介绍的初始速率法确定速率方程之外,绘制反应物浓度的各种数据(对数、倒数等)与时间的关系图,找到其中的线性关系,也是确定反应级数的常用方法。此外,比较微分速率方程和积分速率方程可知,微分速率方程描述了反应速率与反应物浓度之间的关系,而积分速率方程则给出了反应物浓度与反应时间之间的关系。二者均包含反应物浓度,但在计算反应速率时应采用微分速率方程;若涉及反应时间,则应采用积分速率方程。

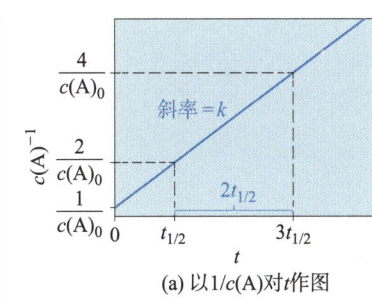

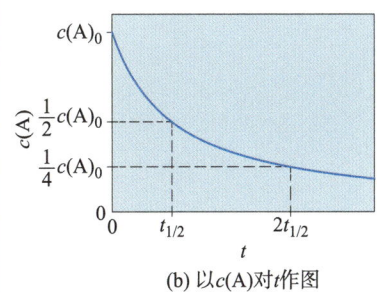

图 7.4 二级反应的浓度-时间关系图

思考题: 哪级反应速率与浓度无关?哪级反应的半衰期与浓度无关?

表 7.3 反应 A ⟶ 生成物 的动力学关系小结

反应级数	微分速率方程	积分速率方程	线性关系	速率常数 k 值	k 的常用单位	半衰期
0	$v = -\dfrac{dc(A)}{dt} = k$	$c(A)_t = c(A)_0 - kt$	$c(A)$ 对 t 作图	斜率的相反数	mol·L^{-1}·s^{-1}	$t_{1/2} = \dfrac{c(A)_0}{2k}$
1	$v = -\dfrac{dc(A)}{dt} = kc(A)$	$\ln c(A)_t = \ln c(A)_0 - kt$	$\ln c(A)$ 对 t 作图	斜率的相反数	s^{-1}	$t_{1/2} = \dfrac{\ln 2}{k}$
2	$v = -\dfrac{dc(A)}{dt} = k[c(A)]^2$	$\dfrac{1}{c(A)_t} = \dfrac{1}{c(A)_0} + kt$	$1/c(A)$ 对 t 作图	斜率	L·mol^{-1}·s^{-1}	$t_{1/2} = \dfrac{1}{kc(A)_0}$

>> **例 7.5** 血红蛋白 Hb 和 O_2 结合生成 HbO_2,和 CO 结合生成 HbCO。CO 和 Hb 的结合能力约比 O_2 的大 200 倍,因此空气中含有一定浓度 CO 会使人中毒。

(1) 生成 HbO_2 的反应速率与 Hb 和 O_2 的浓度均有关,37 ℃时速率常数为 1.8×10^6 L·mol^{-1}·s^{-1}。血液中 O_2 的溶解度可达 1.8×10^{-6} mol·L^{-1},相应 HbO_2 的生成速率为 3.0×10^{-5} mol·L^{-1}·s^{-1}。求血液中 Hb 的浓度。

(2) 对于 CO 中毒的病人,为了解毒需要将 HbO_2 的生成速率提高到 1.2×10^{-4} mol·L^{-1}·s^{-1}。试计算这时血液中所需 O_2 的浓度。假定血液中 Hb 浓度恒定。

(3) 在 37 ℃时,一般空气中 O_2 的分压为 21.3 kPa,为了解毒供病人呼吸的 O_2 压强必须提高到多少?

>> **解:**(1) 根据速率常数量纲,可判断结合反应为二级反应,即有

$$v = kc(\text{Hb})c(\text{O}_2)$$

$$c(\text{Hb}) = \frac{v}{kc(\text{O}_2)} = \frac{3.0\times10^{-5}\ \text{mol}\cdot\text{L}^{-1}\cdot\text{s}^{-1}}{1.8\times10^6\ \text{L}\cdot\text{mol}^{-1}\cdot\text{s}^{-1}\times 1.8\times10^{-6}\ \text{mol}\cdot\text{L}^{-1}}$$

$$= 9.3\times10^{-6}\ \text{mol}\cdot\text{L}^{-1}$$

(2) 血液中所需 O_2 的浓度为

$$c(\text{O}_2) = \frac{v}{kc(\text{Hb})} = \frac{1.2\times10^{-4}\ \text{mol}\cdot\text{L}^{-1}\cdot\text{s}^{-1}}{1.8\times10^6\ \text{L}\cdot\text{mol}^{-1}\cdot\text{s}^{-1}\times 9.3\times10^{-6}\ \text{mol}\cdot\text{L}^{-1}}$$

$$= 7.2\times10^{-6}\ \text{mol}\cdot\text{L}^{-1}$$

(3) O_2 的分压与其在血液中的溶解度成正比,即

$$P_1 : c_1 = P_2 : c_2$$

$$P_2 = \frac{P_1 c_2}{c_1} = \frac{21.3\ \text{kPa}\times 7.2\times10^{-6}\ \text{mol}\cdot\text{L}^{-1}}{1.8\times10^{-6}\ \text{mol}\cdot\text{L}^{-1}} = 85.2\ \text{kPa}$$

准 N 级反应(B)

蔗糖的水解反应为二级反应,其方程式为

$$\text{C}_{12}\text{H}_{22}\text{O}_{11}(\text{aq}) + \text{H}_2\text{O}(\text{l}) \longrightarrow \text{C}_6\text{H}_{12}\text{O}_6(\text{葡萄糖, aq}) + \text{C}_6\text{H}_{12}\text{O}_6(\text{果糖, aq})$$

若测量其半衰期,会发现在 15 ℃时约恒为 8.4 h,而具有恒定不变的半衰期是一级反应的典型特征。应如何解释这两个事实之间的矛盾?这是因为水的物质的量浓度约为 55.5 mol·L^{-1},远高于蔗糖的浓度,在整个反应过程中水的浓度基本保持不变,可视为常数。虽然蔗糖水解是二级反应,但 $c(\text{H}_2\text{O})$ 可以与原速率常数 k 结合形成另一个速率常数 k',即

$$v = kc(\text{C}_{12}\text{H}_{22}\text{O}_{11})c(\text{H}_2\text{O}) \approx k'c(\text{C}_{12}\text{H}_{22}\text{O}_{11})$$

其中

$$k' \approx kc(H_2O)$$

则反应速率表现得与 $c(H_2O)$ 无关。因此该反应表现出对 H_2O 为零级、对 $C_{12}H_{22}O_{11}$ 为一级，反应级数为一级，具有近似恒定不变的半衰期。

通过保持一个或多个反应物浓度不变，而使更高级数的反应表现得类似于一级反应，这样的反应称为**准一级反应**（pseudo-first-order reaction），可用一级反应动力学方法来近似处理。蔗糖的水解反应即为准一级反应。同样地，在某些条件下，其他更高级数的反应也可以表现得类似于更低级数的反应。如果某反应表现得类似于 N 级反应，不论本来的反应级数为多少，均称为**准 N 级反应**（pseudo-Nth-order reaction），可用 N 级反应动力学方法来近似处理。

7.4 温度对反应速率的影响
(Effect of Temperature on Rate of Reaction)

虽然速率方程中不含温度，但显然温度的改变会显著影响化学反应速率。一般而言，温度越高反应速率越快，温度越低反应速率越慢。例如，食物在夏季容易腐坏，但在冰箱里可以储存更长时间。大米浸泡在室温的水中做不成米饭，当加热至沸腾后，生米变成熟饭的过程才能较快地进行，而使用高压锅煮饭的速率更快，这是因为高压下水温可以超过其正常沸点 100 ℃。

阿伦尼乌斯方程

温度对反应速率的影响表现为对速率常数 k 的影响，对于给定反应，k 仅是温度的函数。表 7.4 列出了 N_2O_5 在不同温度下的分解反应速率常数 k。可以看到，k 随温度升高而显著上升，如图 7.5a 所示；如果将 $\ln k$ 对 $1/T$ 作图，可近似得到一条直线，如图 7.5b 所示，可表示为

$$\ln k = A + \frac{B}{T}$$

当温度变化范围不大时，A 和 B 可视为与温度无关的常数。

表 7.4　不同温度下反应 $2N_2O_5 \longrightarrow 4NO_2+O_2$ 的速率常数

T/K	T^{-1}/K^{-1}	k/s^{-1}	$\ln(k/s^{-1})$
298	3.36×10^{-3}	3.46×10^{-5}	-10.428
308	3.25×10^{-3}	1.35×10^{-4}	-8.910
318	3.15×10^{-3}	4.98×10^{-4}	-7.605
328	3.05×10^{-3}	1.50×10^{-3}	-6.502
338	2.96×10^{-3}	4.87×10^{-3}	-5.325

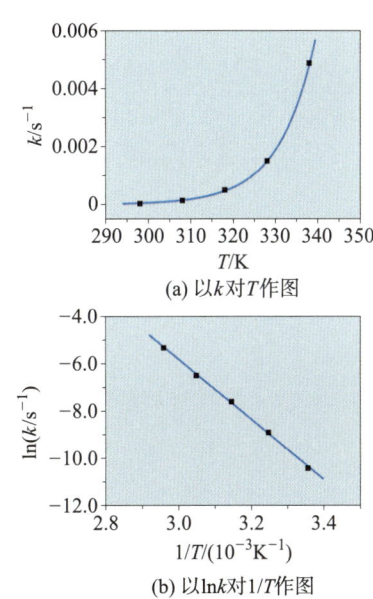

(a) 以 k 对 T 作图

(b) 以 $\ln k$ 对 $1/T$ 作图

图 7.5　N_2O_5 分解反应速率常数与温度的关系图

1889 年瑞典化学家阿伦尼乌斯（Svante Arrhenius）提出，许多化学反应的速率常数随温度的变化关系均符合如下经验公式：

$$\ln k = -\frac{E_a}{RT} + C \tag{7.16}$$

或

$$k = A\exp\left(-\frac{E_a}{RT}\right) \tag{7.17}$$

其中 A 称为**指前因子**（preexponential factor），E_a 称为反应的**活化能**（activation energy）。取两个不同温度 T_1 和 T_2，对应的速率常数分别为 k_1 和 k_2，则有

$$\ln k_1 = -\frac{E_a}{RT_1} + C$$

$$\ln k_2 = -\frac{E_a}{RT_2} + C$$

两式相减，可得

$$\ln \frac{k_2}{k_1} = -\frac{E_a}{R}\left(\frac{1}{T_2} - \frac{1}{T_1}\right) \tag{7.18}$$

式（7.17）和式（7.18）均称为**阿伦尼乌斯方程**（Arrhenius equation）。

活化能的概念

比较化学动力学的阿伦尼乌斯方程式（7.18）与化学热力学的范托夫方程式（6.18），可以看到这两个方程在形式上非常相似：

阿伦尼乌斯方程： $\ln \dfrac{k_2}{k_1} = -\dfrac{E_a}{R}\left(\dfrac{1}{T_2} - \dfrac{1}{T_1}\right)$ 或 $\ln k = -\dfrac{E_a}{RT} + C$

范托夫方程： $\ln \dfrac{K_2^\ominus}{K_1^\ominus} = -\dfrac{\Delta H^\ominus}{R}\left(\dfrac{1}{T_2} - \dfrac{1}{T_1}\right)$ 或 $\ln K^\ominus = -\dfrac{\Delta H^\ominus}{RT} + C$

历史上阿伦尼乌斯就是基于动力学实验数据，参考范托夫方程而导出其方程。阿伦尼乌斯提出，反应物分子 R 必须经过一个中间活化态 R^* 才能转变为生成物分子 P，并假定 R 与 R^* 处于动态平衡，即

$$R \rightleftharpoons R^* \longrightarrow P$$

阿伦尼乌斯认为，上述反应的活化能 E_a 是 R 与 R^* 之间的焓变，可将其当作平衡来处理，套用范托夫方程，即可得到阿伦尼乌斯方程。由于阿伦尼乌斯方程确实适用于不少化学反应，因此中间活化态 R^* 及活化能 E_a 的设想被接受。

活化能 E_a 是一个宏观物理量，具有统计意义。对于基元反应，E_a 等于活化分子 R^* 的平均能量与反应物分子 R 的平均能量之差。对于复杂反应，E_a 的直接物理意义较为模糊。由实验数据拟合得到的复杂反应的活化能，称为**表观活化能**（apparent activation energy）或实验活化能。

活化能的应用

测定一个反应在不同温度下的速率常数后,既可以直接利用阿伦尼乌斯方程求算反应的活化能,也可以用 $\ln k$ 对 $1/T$ 作图,由拟合直线的斜率 $(-E_a/R)$ 求得反应的活化能。采用作图法的结果综合考虑了多个温度下的实验数据,一般而言更为准确。

> **思考题**:为什么有些反应活化能相差较大,反应速率却很接近,但有些反应活化能很接近,反应速率却相差很大?

若已知反应的活化能 E_a 以及温度 T_1 下反应的速率常数 k_1,也可根据阿伦尼乌斯方程计算温度 T_2 下的速率常数 k_2,或者计算 k_2 所对应的温度 T_2。

» 例 7.6 已知反应 $S_2O_8^{2-} + 3I^- \longrightarrow 2SO_4^{2-} + I_3^-$ 的活化能为 53.3 kJ·mol^{-1},若测得 273 K 下的反应速率常数为 8.2×10^{-4} mol·L^{-1}·s^{-1},试求在 293 K 时的速率常数 k。

» 解:将已知数据代入阿伦尼乌斯方程

$$\ln \frac{k_2}{k_1} = -\frac{E_a}{R}\left(\frac{1}{T_2} - \frac{1}{T_1}\right)$$

可得

$$\ln \frac{k_2}{8.2 \times 10^{-4} \text{ mol·L}^{-1}\cdot\text{s}^{-1}} = -\frac{53.3 \times 10^3 \text{ J·mol}^{-1}}{8.314 \text{ J·mol}^{-1}\cdot\text{K}^{-1}}\left(\frac{1}{293 \text{ K}} - \frac{1}{273 \text{ K}}\right)$$

$$k_2 = 4.1 \times 10^{-3} \text{ L·mol}^{-1}\cdot\text{s}^{-1}$$

活化能处于阿伦尼乌斯方程的指数项中,对速率常数有着显著的影响。例如,在室温下 E_a 每增加 4 kJ·mol^{-1},k 值降低约 80%。对于不同反应,当升高相同温度时,E_a 较大的反应 k 值增加的倍数较大,E_a 较小的反应 k 值增加的倍数较小;也就是说,加热升温对于原本速率较慢的反应所起的加速作用将更为显著。

» 例 7.7 某一酶催化反应的活化能为 51.0 kJ·mol^{-1},正常人的体温为 37.0 ℃,若患者发烧至 39.5 ℃,该酶催化反应速率增加的百分数为多少?

» 解:由阿伦尼乌斯方程

$$\ln \frac{k_2}{k_1} = -\frac{E_a}{R}\left(\frac{1}{T_2} - \frac{1}{T_1}\right)$$

可得

$$\ln \frac{k_2}{k_1} = -\frac{51.0 \times 10^3 \text{ J·mol}^{-1}}{8.314 \text{ J·mol}^{-1}\cdot\text{K}^{-1}}\left(\frac{1}{273.2 \text{ K} + 39.5 \text{ K}} - \frac{1}{273.2 \text{ K} + 37.0 \text{ K}}\right)$$

$$k_2/k_1 = 1.17$$

因此,该酶催化反应速率增加了 17%。

7.5 化学动力学理论模型
(Theoretical Models of Chemical Kinetics)

前几节介绍了化学反应速率的概念及其实验测量方法,并学习了微分速率方程、积分速率方程和阿伦尼乌斯方程等自然定则。本节将讨论关于基元反应速率的两种化学动力学理论模型,可用于深入理解活化能的微观意义,以及为什么上述自然定则能够成立。

碰撞理论

碰撞理论(collision theory)创立于 20 世纪初,是最早的反应速率理论。碰撞理论建立在 4.2 节介绍的气体分子运动论基础之上,主要适用于气相双分子反应,即两个气体分子相互碰撞形成生成物的反应。其主要假定和简化推导过程包括:

1) 将分子视为刚性硬球,反应物分子相互碰撞是发生反应的必要条件。将单位时间、单位体积内分子的碰撞次数定义为**碰撞频率**(collision frequency, Z),因此反应速率与 Z 成正比。显然,Z 与分子浓度成正比,并与温度正相关,因为随着温度升高,分子的运动速率更快,更容易发生相互碰撞。若反应物分子 A 与分子 B 相互碰撞后形成生成物,则碰撞频率由下式给出:

$$Z_{AB} = Z_0 c(A) c(B) \tag{7.19}$$

当 $c(A) = c(B) = 1\ \text{mol} \cdot \text{L}^{-1}$ 时,$Z_0 = Z_{AB}$;因此,Z_0 表示 A 和 B 均为单位浓度时的碰撞频率,与温度呈正相关。Z_0 可根据气体分子运动论进行推导,但过程较为复杂,这里不予介绍,只给出如下结论:

$$Z_0 = 10^6 N_A^2 \sigma_{AB} \sqrt{\frac{8 k_B T}{\pi \mu_{AB}}} \tag{7.20}$$

其中 N_A 是阿伏伽德罗常数;k_B 是玻尔兹曼常数;T 为热力学温度;$\sigma_{AB} = \pi (r_A + r_B)^2$ 称为**反应截面**(reaction cross section),如图 7.6 所示,其中 r_A 和 r_B 分别是 A 和 B 的半径;μ_{AB} 是折合质量,由 $1/\mu_{AB} = 1/m_A + 1/m_B$ 给出,其中 m_A 和 m_B 分别是 A 和 B 的质量。因此,Z_0 取决于反应物分子 A 和 B 的大小、摩尔质量及温度。STP 下典型气相反应的碰撞频率可估算为 $10^{35}\ \text{m}^{-3} \cdot \text{s}^{-1}$ 量级。如果每

注意:式(7.20)中 10^6 项来自浓度的 SI 单位 $\text{mol} \cdot \text{m}^{-3}$ 与常用单位 $\text{mol} \cdot \text{L}^{-1}$ 之间的转换系数;由于式(7.19)中含两项浓度,故需平方。

思考题:应如何估算 STP 下典型气相反应的碰撞频率?

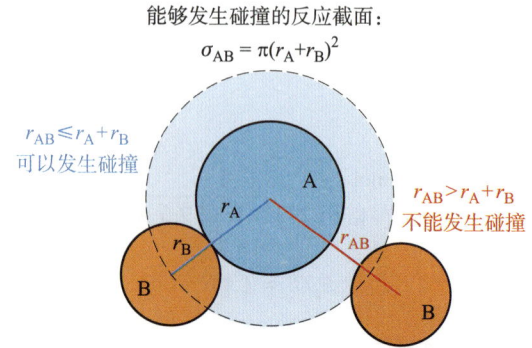

图 7.6 反应截面示意图

次碰撞均可发生反应,则反应速率可达 10^6 mol·L^{-1}·s^{-1}。而实际的气相反应速率通常为 10^{-4} mol·L^{-1}·s^{-1} 量级甚至更低,显著低于计算值。这意味着只有极少数碰撞才能导致反应发生;能够导致化学反应发生的碰撞,称为**有效碰撞**(effective collision)。

2) 分子间作用力在远距离下表现为吸引力,在接近碰撞的极近距离下表现为排斥力。为发生有效碰撞,要求反应物分子具有足够高的运动速率或动能,才能克服彼此的排斥力并使化学键断裂。将反应物分子碰撞后能发生反应所需的最小动能定义为**阈值能量**(threshold energy,ε_c),其值与温度无关。在分子运动论中,气体分子的动能分布可用 4.4 节讨论的玻尔兹曼分布来描述。能量高于 ε_c 的分子在所有分子中所占的分数,称为**能量分数**(energy fraction,f),由下式给出:

$$f \propto \exp\left(-\frac{\varepsilon_c}{k_B T}\right) \tag{7.21}$$

根据定义,只有满足 $\varepsilon_k \geqslant \varepsilon_c$ 的反应物分子才可能发生有效碰撞。当温度不变时,一个反应的 ε_c 越高,满足 $\varepsilon_k \geqslant \varepsilon_c$ 的能量分数就越小,如图 7.7a 所示。当 ε_c 不变时,高温下的能量分数大于低温下的能量分数,如图 7.7b 所示。

3) 能量分数并非发生有效碰撞的唯一限制因素。除能量分数外,所有可能进一步降低有效碰撞概率的因素,统称**概率因子**(probability factor,P)。概率因子包括但不限于以下因素:①碰撞时分子的空间取向不利于发生反应。例如,当发生碰撞时 N_2O 的 O 原子面向 NO 的 N 原子,有利于如下反应的发生:

$$N_2O + NO \longrightarrow N_2 + NO_2$$

如图 7.8a 所示;而其他的空间取向,如 N_2O 的 O 原子面向 NO 的 O 原子,或 N_2O 的 N 原子面向 NO 的 N 原子(图 7.8b)等,均不利于反应的发生。②复杂分子的空间位阻效应使得发生反应的关键原子无法被碰撞;③碰撞时间短于能量有效传递所需的时间,导致即使能量足够也不能及时传递到所需断裂的化学键上;④在反应完成之前,能量通过其他方式发生了弛豫(如辐射弛豫、振动弛豫、转动弛豫等),致使反应不能发生。

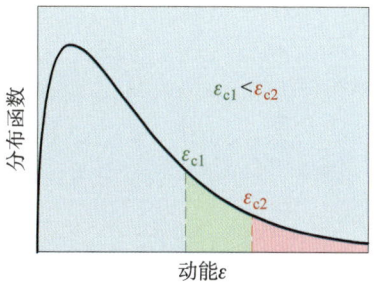

(a) 当 T 不变时,ε_c 越高,满足 $\varepsilon_k \geqslant \varepsilon_c$ 的能量分数越小

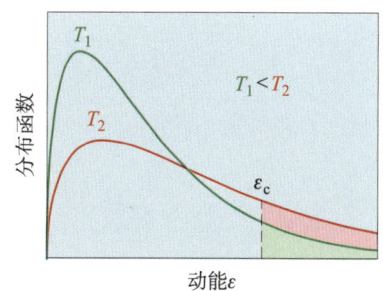

(b) 当 ε_c 不变时,T 越高,满足 $\varepsilon_k \geqslant \varepsilon_c$ 的能量分数越大

图 7.7 反应物分子动能分布图

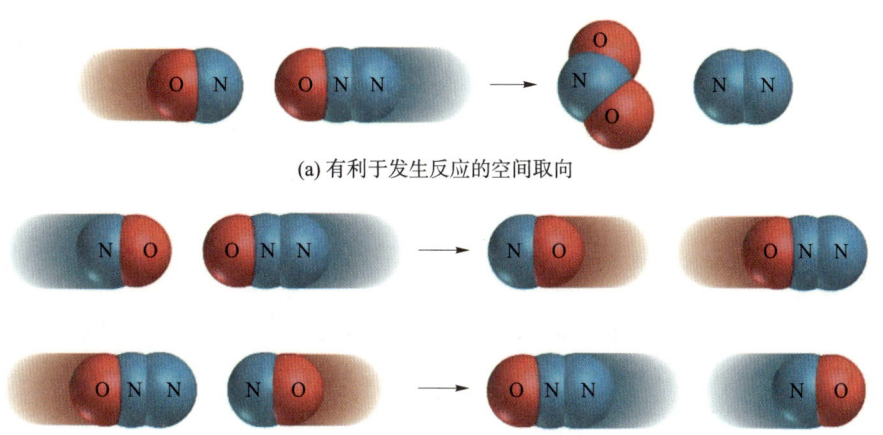

(a) 有利于发生反应的空间取向

(b) 不利于发生反应的空间取向

图 7.8 反应物分子空间取向对化学反应的影响

只有有效碰撞才能导致化学反应的发生,因此反应速率是碰撞频率 Z、能量分数 f 和概率因子 P 的乘积,即

$$v = ZfP = Z_0 P\exp\left(-\frac{\varepsilon_c}{k_B T}\right)c(A)c(B) \tag{7.22}$$

将式(7.22)与双分子基元反应的质量作用定律 $v = kc(A)c(B)$ 相比较,可得

$$k(T) = Z_0 P\exp\left(-\frac{\varepsilon_c}{k_B T}\right) = 10^6 N_A^2 \sigma_{AB}\sqrt{\frac{8k_B T}{\pi \mu_{AB}}} P\exp\left(-\frac{\varepsilon_c}{k_B T}\right) \tag{7.23}$$

因此,速率常数 k 取决于发生碰撞的反应物分子的大小、摩尔质量、温度、阈值能量及取向等。基于分子运动论,Z_0 和 f 的表达式均可精确推导,但无法获得概率因子 P 的精确表达式。P 仍是碰撞理论中的经验参数,通常作为理论速率常数与实验速率常数之间的校正因子。不同反应的概率因子数值差别极大;表 7.5 列举了一些化学反应的概率因子。

表 7.5　一些化学反应的概率因子

化学反应	概率因子 P
$H(g) + H(g) \longrightarrow H_2(g)$	1.0
$O(g) + N_2(g) \longrightarrow N_2O(g)$	0.8
$2CH_3(g) \longrightarrow C_2H_6(g)$	0.073
$SO(g) + O_2(g) \longrightarrow SO_2(g) + O(g)$	2.4×10^{-3}
$CH_3(g) + C_2H_6(g) \longrightarrow CH_4(g) + C_2H_5(g)$	7.3×10^{-4}
$H_2(g) + C_2H_4(g) \longrightarrow C_2H_6(g)$	2.5×10^{-6}

令 $C = 10^6 N_A^2 \sigma_{AB}\sqrt{\frac{8k_B}{\pi \mu_{AB}}} P$,则指前因子中所有与温度无关的参数均包含在 C 中,式(7.23)可简化为

$$k(T) = C\sqrt{T}\exp\left(-\frac{\varepsilon_c}{k_B T}\right) \tag{7.24}$$

与 4.2 节微观量 $\overline{e_k}$ 与宏观量 $\overline{E_k}$ 之间的关系类似,微观量 ε_c(即单个气体分子的阈值能量)也可与宏观量 E_c(即 1 mol 气体分子的阈值能量)通过 $E_c = N_A \varepsilon_c$ 相关联,故

$$k(T) = C\sqrt{T}\exp\left(-\frac{E_c}{RT}\right) \tag{7.25}$$

其中 R 为摩尔气体常数,可通过 $R = N_A k_B$ 与 k_B 相关联。

式(7.25)是由碰撞理论推导的速率常数表达式,阿伦尼乌斯方程式(7.17)则是根据动力学实验数据拟合得到的经验表达式,二者形式相似,存在一定的联系。阿伦尼乌斯方程

$$\ln k = -\frac{E_a}{RT} + \ln A$$

的微分形式可写为

$$\frac{\mathrm{d}\ln k}{\mathrm{d}T} = -\frac{E_a}{R}\frac{\mathrm{d}\left(\frac{1}{T}\right)}{\mathrm{d}T} = -\frac{E_a}{R}\cdot\left(-\frac{1}{T^2}\right) = \frac{E_a}{RT^2}$$

由碰撞理论推导的速率常数表达式,可得

$$\ln k = -\frac{E_c}{RT} + \frac{1}{2}\ln T + \ln C$$

$$\frac{\mathrm{d}\ln k}{\mathrm{d}T} = \frac{E_c}{RT^2} + \frac{1}{2T}$$

因此

$$\frac{\mathrm{d}\ln k}{\mathrm{d}T} = \frac{E_c}{RT^2} + \frac{1}{2T} = \frac{E_a}{RT^2}$$

$$E_a = E_c + \frac{1}{2}RT \tag{7.26}$$

这表明活化能 E_a 的微观意义为反应的阈值能量 E_c 与 $RT/2$ 之和。如果 $E_c \gg RT/2$,则可以认为 $E_a \approx E_c$ 成立。A 和 C 之间的关系可相应推导为:$A = C\sqrt{eT}$。因此,阿伦尼乌斯方程中的指前因子 A 和活化能 E_a 均与温度有关;只有当温度变化范围不大时,A 和 E_a 可视为与温度无关的常数。

过渡态理论

1935 年美国化学家艾林(Henry Eyring)与英国化学家埃文斯(Meredith G. Evans)和波拉尼(Michael Polanyi)基于统计力学和量子力学,同时提出了**过渡态理论**(transition state theory)。过渡态理论也称"活化络合物理论"或"绝对速率理论",前者是因为该理论涉及一种称为**活化络合物**(activated complex)的假想物种,而后者则是因为该理论可用于定量计算基元反应的绝对反应速率。这里仅定性地介绍过渡态理论,定量计算留待后续专业课程中学习。

过渡态理论的主要假定有:
1) 基元反应是一个由反应物经历活化络合物再转化为生成物的过程;
2) 活化络合物与反应物处于**准平衡**(quasi-equilibrium)状态;
3) 基元反应速率由活化络合物转化为生成物的速率决定。

例如,由单原子分子 A 和双原子分子 B—C 生成双原子分子 A—B 和单原子分子 C 的基元反应,其过程可表示为

$$A + B\text{—}C \rightleftharpoons [A\cdots B\cdots C]^{\neq} \longrightarrow A\text{—}B + C \tag{7.27}$$

在反应过程中,随着 A 与 B—C 的逐渐靠近,二者之间的相互作用使得原子 B 与原子 C 之间的化学键逐渐拉长、键能减弱,原子 B 与原子 A 之间的化学键逐渐形成;这些处于部分断裂或部分形成的化学键,称为**部分键**(partial bond),用 $\cdots$ 表

> **注**:在配位化学中,"络合物"与"配合物"是同义词;但"络合物"通常含义更广,还包含由其他键型结合的复杂化合物、不同物种按一定方式结合形成的聚集体等,如这里的"活化络合物"、由淀粉和碘形成的蓝色物质、抗原与抗体分子的结合物等。

示。在式(7.27)中，$[A\cdots B\cdots C]^{\neq}$代表该基元反应所经历的活化络合物；平衡符号表示活化络合物与反应物处于准平衡状态；箭头符号表示由活化络合物直接形成生成物，正是这一过程决定了该基元反应的速率。式(7.27)的反应可用如图7.9所示的反应势能曲线图来表示，其中纵轴为反应体系的总势能，横轴为**反应历程**（reaction progress），即从反应物出发、经历活化络合物、最终到达生成物的过程。

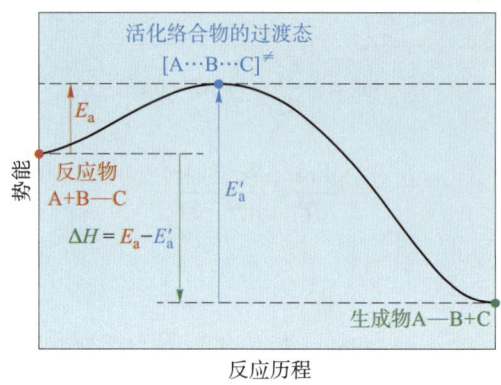

图7.9 基元反应 $A+B-C \rightleftharpoons [A\cdots B\cdots C]^{\neq} \longrightarrow A-B+C$ 的势能曲线图

反应势能曲线始终先上升后下降，其中曲线最左端的极小值点对应于反应物的始态，曲线最右端的极小值点对应于生成物的终态，而活化络合物位于曲线极大值点附近。之所以说位于极大值点"附近"，是因为活化络合物可以具有各种不同的构型和状态，对应于不同的势能；其中恰好对应于反应曲线极大值点的特殊状态，称为活化络合物的**过渡态**（transition state）。过渡态的能量必然高于反应物的始态和生成物的终态；不论从反应物到生成物的正反应，还是从生成物到反应物的逆反应，均需跨越过渡态对应的能量壁垒，称为反应的**能垒**（energy barrier）或势垒。正是因为活化络合物的过渡态对于基元反应动力学过程至关重要，这一理论才称为过渡态理论。

活化络合物的过渡态与反应物的始态之间的势能差，即为正反应的活化能E_a。基元反应可视为可逆过程，其逆反应必然经历同一活化络合物的同一过渡态，活化络合物的过渡态与生成物的终态之间的势能差，即为逆反应的活化能E_a'。在反应势能图中，反应物和生成物的势能差等于该反应的焓变ΔH，因此，反应的焓变等于正反应和逆反应的活化能之差，即

$$\Delta H = E_a - E_a' \tag{7.28}$$

当$E_a > E_a'$时，$\Delta H > 0$，反应物势能低于生成物，对应于吸热反应；当$E_a < E_a'$时，$\Delta H < 0$，反应物势能高于生成物，对应于放热反应。

注：反应体系通常为非线性体系，具有$3N-6$个振动自由度。

严格来说，反应过程不应仅用一条二维势能曲线表示，而应为一个$3N-6$维的势能曲面。但更高维度的曲面总可以通过绘制其三维投影来可视化，因此通常使用三维曲面来表示反应势能面。图7.10a给出了反应 $A+B-C \rightleftharpoons [A\cdots B\cdots C]^{\neq} \longrightarrow A-B+C$ 的三维势能曲面示意图。图中反应物和生成物分别位于曲面的两个"山谷"中，而活化络合物的过渡态位于曲面的"鞍点"上。数学上所谓的"鞍点"，类似于马鞍的形状，是一个方向（沿反应历程方向）上的极大值点和另一个方向（垂直于反应历程方向）上的极小值点。在三维反应势能图中，

反应历程是从反应物"山谷"出发、经历活化络合物的过渡态"鞍点"、最终到达生成物"山谷"的过程。从同一反应物"山谷"到达同一生成物"山谷",可以经历多条反应途径,但总是优先选择能垒较低的途径。高度也是势能的一种形式;可以用宏观的三维地势图与微观的三维反应势能曲面图相类比。正如人群从一个山谷到另一山谷有多种途径可走,而其中跨越高度最低的途径,则是最省力、行人最多的途径,如图 7.10b 所示。

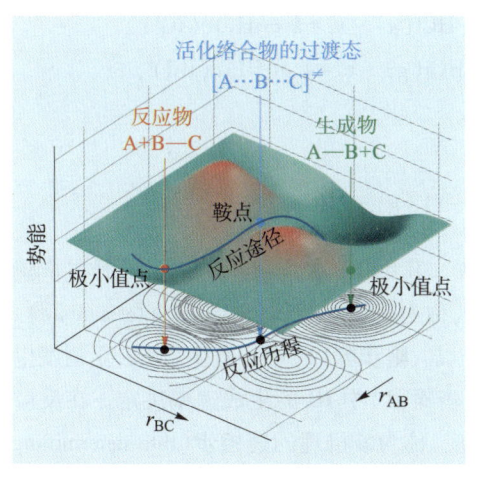

(a) 基元反应 A+B—C $\rightleftharpoons$ [A⋯B⋯C]$^{\neq}$ → A—B+C 的三维势能曲面示意图

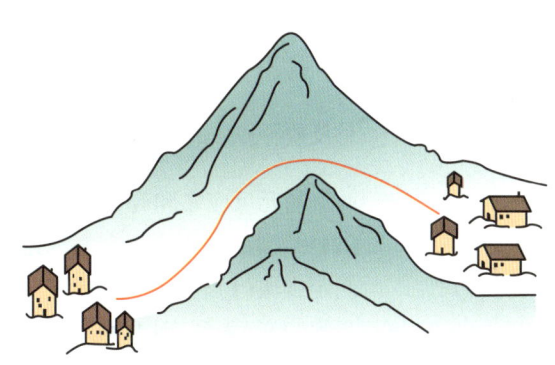

(b) 三维地势图

图 7.10　三维反应势能曲面图与三维地势图的类比

7.6　反应机理
（Reaction Mechanisms）

除了研究反应速率、反应级数、速率常数和活化能之外,化学动力学还重点关注化学反应的微观过程:反应是怎样开始的,经历了怎样的具体步骤和途径,怎样与宏观实验观察的表观速率方程相联系;这些内容均涉及化学反应机理。

反应机理的概念

反应机理（reaction mechanism）是对化学反应途径的逐步详细描述,其中每一步均为一个基元反应;反应机理就是将一个复杂反应分解为一系列基元反应的过程。例如,7.2 节将复杂反应 $H_2+I_2 \longrightarrow 2HI$ 分解为三个基元反应的过程,即为该复杂反应的机理。反应机理详细描述了复杂反应中每一步基元反应的具体过程,包括过渡态的形成、化学键的断裂和生成等;对反应机理的认识有助于理解化学反应的具体途径、掌握各步基元反应的相对速率大小及其内在联系等。

显然,反应机理应至少满足如下两个必要条件:

1) 反应机理中各基元反应之和应与总反应方程式一致;
2) 反应机理应符合反应的表观速率方程。

满足以上两个条件的机理,称为反应的**合理机理**（plausible mechanism）。

例如,对于如下复杂反应:

$$H_2(g) + 2ICl(g) \longrightarrow I_2(g) + 2HCl(g)$$

其表观速率方程为

$$v = kc(H_2)c(ICl) \tag{7.29}$$

该反应的一种可能机理为

(1) 慢：　　$H_2(g) + ICl(g) \longrightarrow HI(g) + HCl(g)$　　$v_1 = k_1 c(H_2) c(ICl)$

(2) 快：　　$HI(g) + ICl(g) \longrightarrow I_2(g) + HCl(g)$　　$v_2 = k_2 c(HI) c(ICl)$

(1)+(2), 可得

总反应：　　$H_2(g) + 2ICl(g) \longrightarrow I_2(g) + 2HCl(g)$

两个基元反应之和与总反应方程式一致。其中 HI 在步骤(1)中生成而在步骤(2)中消耗，并不出现在表观速率方程中，称为**反应中间体**(reaction intermediate)。假定步骤(1)较慢而步骤(2)较快，即 $k_1 \ll k_2$，则步骤(1)中一旦生成 HI，立刻发生步骤(2)而得到产物，因此总反应速率由步骤(1)中 HI 的生成速率决定。在反应机理中决定总反应速率的那一步基元反应，称为该机理的**速控步**(rate-determining step)或决速步。在上述机理中，步骤(1)即为速控步。因此

$$v = v_1 = k_1 c(H_2) c(ICl)$$

其中 $k_1 = k$，反应机理符合表观速率方程式(7.29)。因此，上述机理是该复杂反应的合理机理。

复杂反应也可用与基元反应类似的方法绘制势能曲线图，上述机理的势能曲线图如图 7.11 所示。图中有两个活化络合物的过渡态，分别对应于两步基元反应，而反应中间体存在于两步基元反应之间。由于步骤(1)比步骤(2)更慢，步骤(1)的活化能通常大于步骤(2)。注意反应中间体与活化络合物的概念存在显著差别：反应中间体是一种真实存在的物种，具有完全形成的化学键，在复杂反应中有时可以通过实验手段分离；活化络合物则是具有部分键的假想物种，只在瞬间存在，目前的技术手段尚无法将其从化学反应中分离出来。

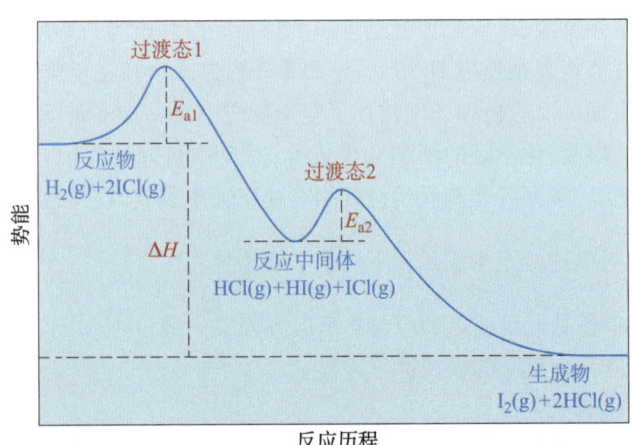

图 7.11　复杂反应 $H_2(g) + 2ICl(g) \longrightarrow I_2(g) + 2HCl(g)$ 的势能曲线图

常见的复杂反应类型

由基元反应组成的反应机理类型多种多样,常见的复杂反应有:

1) **连串反应**(consecutive reaction):前一个基元反应的产物是后一个基元反应的反应物的反应。前、后两个反应均为一级反应的连串反应可表示为

$$A \xrightarrow{k_1} B \xrightarrow{k_2} C$$

其中 B 是前一个反应的产物,也是后一个反应的反应物。连串反应中速率常数最小的一步通常为其速控步,决定了总反应速率。

2) **对峙反应**(opposing reaction):正、逆反应均为基元反应的反应。正、逆反应均为一级反应的对峙反应可表示为

$$A \underset{k_{-1}}{\overset{k_1}{\rightleftharpoons}} B$$

其中 $v_正 = k_1 c(A)$,$v_逆 = k_{-1} c(B)$。对峙反应的净反应速率等于正、逆反应速率之差,即

$$v_净 = v_正 - v_逆 = k_1 c(A) - k_{-1} c(B)$$

达到平衡时,净反应速率为零,有

$$v_净 = k_1 [A] - k_{-1} [B] = 0$$

即

$$\frac{k_1}{k_{-1}} = \frac{[B]}{[A]} = K_c$$

对峙反应的正、逆反应速率常数之比等于其化学平衡常数,体现了化学动力学与化学热力学之间的联系。

3) **平行反应**(parallel reaction),也称**竞争反应**(competitive reaction):由相同反应物同时进行不同反应、得到不同产物的反应。通常将生成目标产物的反应称为主反应,其余与之平行的反应称为副反应。主、副反应均为一级反应的平行反应可表示为

$$\begin{cases} A \xrightarrow{k_1} B \\ A \xrightarrow{k_2} C \end{cases}$$

其中 $v_主 = k_1 c(A)$,$v_副 = k_2 c(A)$。平行反应的总反应速率等于主、副反应速率之和,即

$$v = v_主 + v_副 = k_1 c(A) + k_2 c(A) = (k_1 + k_2) c(A)$$

4) **链式反应**(chain reaction):一旦引发即会自动发生一系列连串反应,就像链条一样环环相扣直至终止的反应。链式反应通常涉及**自由基**(radical);这是含有未成对价电子的原子、分子或基团,通常是在光或热等条件下发生共价键的

均裂而形成,一般具有很高的化学活性。链式反应的历程通常分为链引发、链增长和链终止三个阶段。例如,室温下 H_2 和 Cl_2 在暗处的反应速率极慢,如果加热并加以光照,则反应在瞬间即可完成。这是一个链式反应,其历程包含:

链引发:(1) $Cl_2 \longrightarrow 2Cl$

链增长:
$\begin{cases} (2)\ Cl + H_2 \longrightarrow HCl + H \\ (3)\ H + Cl_2 \longrightarrow HCl + Cl \end{cases}$

链终止:
$\begin{cases} (4)\ Cl + Cl \longrightarrow Cl_2 \\ (5)\ H + H \longrightarrow H_2 \\ (6)\ H + Cl \longrightarrow HCl \end{cases}$

上述各步均是快速反应。按照链式反应机理,可以推导出其速率方程为

$$v = kc(H_2)[c(Cl_2)]^{\frac{1}{2}}$$

许多现代重要化工过程如合成橡胶、塑料、合成纤维、烃类氧化及大气光化学过程等,均与链式反应密切相关。

两种常用的近似方法(B)

对于由多步基元反应构成的复杂反应,在探求各物质浓度随时间的变化关系时,通常需要从数学上求解多个联立的微分方程,如果严格求解往往十分困难,有时甚至难以办到。为此,化学动力学中经常会采取一些近似方法来处理这些复杂反应,前文提到的直接用速控步反应速率替代总反应速率,就是一种最为简单的近似方法,称为速控步近似法,适用于整个反应机理中存在某一步基元反应的速率远远慢于其他所有步骤时。这里介绍另外两种常用的近似方法,分别是平衡态近似法和稳态近似法,使用时同样需要满足一定条件。

以复杂反应

$$2NO(g) + O_2(g) \longrightarrow 2NO_2(g)$$

为例,该反应的表观速率方程为

$$v = k[c(NO)]^2 c(O_2) \tag{7.30}$$

尽管速率方程与化学计量数一致,但该反应并不是基元反应,三分子基元反应的机理是极不可能的。该反应的一种合理机理为

(1) $NO(g) + NO(g) \xrightarrow{k_1} N_2O_2(g)$　　$v_1 = k_1[c(NO)]^2$

(−1) $N_2O_2(g) \xrightarrow{k_{-1}} NO(g) + NO(g)$　　$v_{-1} = k_{-1}c(N_2O_2)$

(2) $N_2O_2(g) + O_2(g) \xrightarrow{k_2} 2NO_2(g)$　　$v_2 = k_2 c(N_2O_2) c(O_2)$

1) 平衡态近似法

在上述机理中,步骤(1)和步骤(−1)互为逆过程,当这两个步骤的反应速率相等且远快于步骤(2)时,可以认为在反应过程中反应物 NO 与中间体 N_2O_2 始终

处于化学平衡状态,称为**平衡态近似法**(equilibrium-state approximation)。这时

$$v_1 = k_1 [c(NO)]^2 = v_{-1} = k_{-1} c(N_2O_2)$$

$$c(N_2O_2) = \frac{k_1}{k_{-1}} [c(NO)]^2$$

由于步骤(2)的速率远慢于其他两个步骤,是机理中的速控步,总反应速率由 v_2 决定,有

$$v = v_2 = k_2 c(N_2O_2) c(O_2) = \frac{k_2 k_1}{k_{-1}} [c(NO)]^2 c(O_2) \tag{7.31}$$

其中 $k_2 k_1 / k_{-1} = k$,反应机理符合表观速率方程式(7.30)。

注意,尽管上述机理与反应的化学计量数及表观速率方程均一致,但其并非唯一的合理机理。该反应的另一种合理机理为

(1) $NO(g) + O_2(g) \xrightarrow{k_1} NO_3(g)$ $v_1 = k_1 c(NO) c(O_2)$

(-1) $NO_3(g) \xrightarrow{k_{-1}} NO(g) + O_2(g)$ $v_{-1} = k_{-1} c(NO_3)$

(2) $NO_3(g) + NO(g) \xrightarrow{k_2} 2NO_2(g)$ $v_2 = k_2 c(NO_3) c(NO)$

类似地,采用平衡态近似法,有

$$v_1 = k_1 c(NO) c(O_2) = v_{-1} = k_{-1} c(NO_3)$$

$$c(NO_3) = \frac{k_1}{k_{-1}} c(NO) c(O_2)$$

$$v = v_2 = k_2 c(NO_3) c(NO) = \frac{k_2 k_1}{k_{-1}} [c(NO)]^2 c(O_2) = k [c(NO)]^2 c(O_2)$$

这一机理也符合化学计量数和表观速率方程。在大多数情况下,一个复杂反应的详细步骤和过程是难以直接观察到的。从理论上无法判断上述两种合理机理中究竟哪一个才是实际的反应途径,一个看似合理的机理只意味着其没有被反应动力学所排除。为了确定实际的反应机理,需要采用超快反应动态学实验捕获真实反应中间体的信号。该实验已经捕获了 N_2O_2 作为反应中间体,因此前一种合理机理被实验证明为反应的实际机理。

2) 稳态近似法

在平衡态近似法中,假定了步骤(2)的速率远慢于其他两个步骤,认为步骤(1)和步骤(-1)速率相等,处于化学平衡状态。但如果并不知道这三个步骤之间的速率快慢关系,特别是在无法确定速控步的情况下,则可以采用稳态近似法从拟定机理推导出总速率方程。所谓**稳态近似法**(steady-state approximation),指的是由于反应中间体既不出现在总反应方程式中,也不出现在表观速率方程中,可以合理地假定其生成速率与消耗速率近似相等(即达到所谓的"稳态"),从而使复杂反应动力学分析大幅简化的近似方法。

在上述机理中,反应中间体 N_2O_2 在步骤(1)中生成而在步骤(-1)和(2)中消耗。其生成速率为

$$v_{生成}(N_2O_2) = v_1 = k_1 [c(NO)]^2$$

其消耗速率为

$$v_{消耗}(N_2O_2) = v_{-1} + v_2 = k_{-1} c(N_2O_2) + k_2 c(N_2O_2) c(O_2)$$

采用稳态近似,$v_{生成}(N_2O_2) = v_{消耗}(N_2O_2)$,有

$$k_1 [c(NO)]^2 = k_{-1} c(N_2O_2) + k_2 c(N_2O_2) c(O_2)$$
$$= c(N_2O_2)[k_{-1} + k_2 c(O_2)]$$

$$c(N_2O_2) = \frac{k_1 [c(NO)]^2}{k_{-1} + k_2 c(O_2)}$$

总反应和步骤(2)均涉及 O_2 的消耗,故

$$v = -\frac{dc(O_2)}{dt} = v_2 = k_2 c(N_2O_2) c(O_2) = \frac{k_1 k_2 [c(NO)]^2 c(O_2)}{k_{-1} + k_2 c(O_2)} \quad (7.32)$$

这就是基于稳态近似、由拟定机理推导出的总速率方程。该方程的形式比表观速率方程式(7.30)复杂,是因为并没有对各步骤的相对速率作出假定。如果假定步骤(-1)比步骤(2)快得多,即

$$v_{-1} = k_{-1} c(N_2O_2) \gg v_2 = k_2 c(N_2O_2) c(O_2)$$

则有

$$k_{-1} \gg k_2 c(O_2)$$

$$k_{-1} + k_2 c(O_2) \approx k_{-1}$$

因此

$$v = \frac{k_1 k_2 [c(NO)]^2 c(O_2)}{k_{-1} + k_2 c(O_2)} \approx \frac{k_1 k_2}{k_{-1}} [c(NO)]^2 c(O_2) = k [c(NO)]^2 c(O_2)$$

该结论与式(7.30)和式(7.31)相同。

注意:反应 $NO_2 + CO \longrightarrow NO + CO_2$ 仅在高温下为基元反应,在其他条件下则可能为复杂反应。

» 例 7.8 根据实验数据,一定条件下反应 $NO_2(g) + CO(g) \longrightarrow NO(g) + CO_2(g)$ 的表观速率方程为:$v = k [c(NO_2)]^2$,在实验中检测到极少量 NO_3。试给出该反应的一种合理机理。

» 解: 根据反应方程式与表观速率方程,可知该反应并非基元反应,而是复杂反应。由于实验中检测到 NO_3 且产物中有 NO 生成,可假定该反应的一种合理机理为

$$(1) \quad NO_2(g) + NO_2(g) \xrightarrow{k_1} NO_3(g) + NO(g) \quad v_1 = k_1 [c(NO_2)]^2$$

$$(2) \quad NO_3(g) + CO(g) \xrightarrow{k_2} NO_2(g) + CO_2(g) \quad v_1 = k_2 c(NO_3) c(CO)$$

如果假定第一步为速控步而第二步反应相对较快，即 NO_3 的生成速率远小于其与 CO 反应的速率，则 CO_2 的生成速率取决于第一步反应中 NO_3 的生成速率。故有

$$v = v_1 = k_1 [c(NO_2)]^2$$

上式与表观速率方程的形式一致，且两步基元反应之和与总反应方程式一致，因此上述机理是该反应的一种合理机理。

探索和确定复杂反应的机理是一项重要而复杂的工作。只有明确反应机理、了解反应的速控步，人们才能更好地控制和驾驭化学反应，更快更好地获得目标产物。研究反应机理需要在极短时间尺度上观测化学反应，确定反应物分子的量子态、捕获反应中间体信号等。随着现代分子束、超快激光和超快光谱等新技术的发展，已建立起**超快反应动态学**(ultrafast reaction dynamics)的研究。1999 年诺贝尔化学奖授予埃及/美国化学家泽维尔(Ahmed H. Zewail)，以表彰他"利用飞秒($1\ fs = 10^{-15}\ s$)光谱研究化学反应过渡态"的开拓性工作。2023 诺贝尔物理学奖授予阿戈斯蒂尼(Pierre Agostini)、克劳斯(Ferenc Krausz)和卢利尔(Anne L'Huillier)，以表彰他们"为研究物质中电子动态学而创造了阿秒($1\ as = 10^{-18}\ s$)激光脉冲的实验方法"。

注：关于超快反应动态学详见案例 7.1。

7.7 催化与催化化学
(Catalysis and Catalytic Chemistry)

根据速率方程，化学反应速率由反应物浓度、反应级数和速率常数决定，其中速率常数是温度的函数。对于一个给定化学反应，反应级数已经确定，如果反应物浓度和温度均固定，那么反应速率一定保持不变吗？答案是不一定，反应速率仍然可以通过使用催化剂来改变。催化剂通过改变化学反应途径来改变反应活化能和速率常数，进而影响反应速率。

催化剂的特性

催化剂(catalyst)是一类参与化学反应并改变其反应速率、但自身不进入最终产物的分子组成中的物质。通过催化剂改变化学反应速率的效果称为**催化作用**(catalysis)；涉及催化剂的反应称为**催化反应**(catalytic reaction)。据统计，大约 80% 的化工产品是通过催化工艺生产的，因此催化剂的研发是化学化工领域的前沿方向。

思考题：催化剂对反应速率常数和平衡常数是否都有影响？

根据对化学反应速率的影响，催化剂可分为三类：

1) 正催化剂：可加快反应速率。硝酸、硫酸、氨等无机化工原料的生产，汽油、煤油、柴油等石化产品的精制，塑料、橡胶和化纤单体的合成或聚合及精细化学品的生产等所使用的各类催化剂，均为正催化剂。如果不加说明，催化剂通常特指正催化剂。

2) 负催化剂：可减慢反应速率，又称阻化剂或抑制剂。在防止塑料、橡胶等的老

化或保存过氧化氢时,添加的催化剂就是负催化剂。

3) 助催化剂:可以与主催化剂协同作用,提高主催化剂的催化性能。

催化剂的质量、组成和化学性质在催化反应前后并不发生改变,但催化剂确实参与了催化反应,其物理形态往往会发生变化。催化剂对正、逆反应均提供具有较低活化能的替代反应途径,同等程度地提高其反应速率,从而缩短达到平衡所需的时间,如图7.12所示。由于所需的活化能较低,催化剂还可使反应在较为温和的条件(如较低的温度或压强)下发生。催化剂不会改变化学反应的平衡位置和平衡条件,只能加速热力学上可行($\Delta G<0$)的反应,而不能实现热力学上不可行($\Delta G>0$)的反应。催化剂的开发应重点针对在所处条件下热力学上可行、但反应速率较慢的反应。由此,催化剂也可定义为一类能够改变反应速率、但不改变化学平衡(或反应总吉布斯自由能)的物质。

思考题: 是否能找到一个合适的催化剂,在常温常压下用氢气将固态 SnO_2 还原成金属 Sn?

根据催化剂的定义和特性,用于衡量催化剂性能的指标主要有以下三个:

1) **活性(activity):** 催化剂加快化学反应速率的能力,是衡量催化剂能否有效促进化学反应的关键指标。通常用特定反应条件下、单位体积或单位质量催化剂在单位时间内将反应物转化为目标产物的质量来表示。

2) **选择性(selectivity):** 催化剂对特定化学反应的偏好性。在能发生多种反应的体系中,催化剂的选择性指其促进不同反应的程度的比较。能特别有效地加速目标反应、而对其他反应的影响较小的催化剂,具有较高的选择性。例如,乙醇在高温下既可脱氢转变成乙醛,也可脱水转变成乙烯,铜催化剂能较高选择性地促进前一反应,如图7.13a所示,而氧化铝催化剂则能较高选择性地促进后一反应,如图7.13b所示。当催化剂的活性与选择性不能同时满足时,应根据实际过程的具体要求综合考虑:如果反应原料昂贵或产物很难分离,通常选用高选择性催化剂;反之,如果原料价廉且与产物易于分离,则宜采用高活性的催化剂。

3) **稳定性(stability):** 是衡量催化剂能否在长时间、高负荷条件下保持活性和选择性的指标。包括化学稳定性和物理稳定性,其中化学稳定性主要指催化剂的抗毒性,而物理稳定性则涉及耐热性、机械强度等方面。

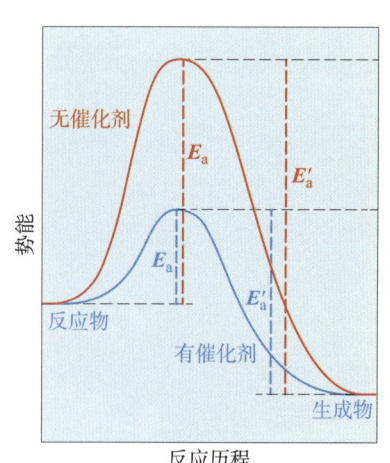

图7.12 同一反应在有无催化剂时势能曲线的对比图

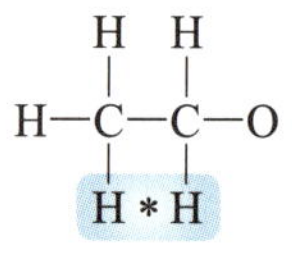

(a) *代表反应 $C_2H_5OH \xrightarrow{Cu} CH_3CHO+H_2$ 中Cu催化剂的吸附中心

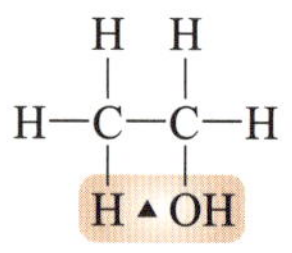

(b) ▲代表反应 $C_2H_5OH \xrightarrow{Al_2O_3} C_2H_4+H_2O$ 中Al_2O_3催化剂的吸附中心

图7.13 乙醇在不同催化剂上的转化选择性

1991年美国化学家特罗斯特(Barry M. Trost)提出**原子经济化**(atom economy)概念,即要最大限度地利用原料中的每个原子。新型合成路线和催化剂的研制都要考虑原子利用率的高低,这不仅与成本有关,更重要的是为了保护环境和资源的充分利用,属于"绿色化学"研究范畴。环保界关注的臭氧空洞、酸雨形成、燃油车/火力发电厂/冶金炉尾气净化等问题,均涉及催化与催化化学。

总体而言,从催化剂与反应体系的相态角度看,催化作用的类型包括均相催化、多相催化(含光催化和电催化)、酶催化等。

均相催化

均相催化(homogeneous catalysis)是催化剂与反应物处于同一相(通常为液相或气相)的催化类型。回顾4.5节,相是体系中物理和化学性质完全均匀一致的部分,在不同相之间存在相界面。均相催化反应则没有相界面,催化剂活性中心较为均一,因此均相催化剂的活性和选择性通常较高,但在使用后一般难以从反应混合物中分离和回收,增加了操作成本和环境污染的风险。酸催化的酯类水解是一类典型的均相催化反应,其中反应物、产物和催化剂均处于液相。均相催化在有机合成领域的应用较为广泛,通常采用配体催化剂。

均相催化通过提供具有较低活化能的替代反应途径来改变反应历程,从而提高反应速率。例如,在 518 ℃ 下乙醛（CH_3CHO）分解反应的活化能约为 190 $kJ \cdot mol^{-1}$,即

$$CH_3CHO(g) \longrightarrow CH_4(g) + CO(g) \quad E_a = 190 \text{ kJ} \cdot \text{mol}^{-1}$$

如果使用 I_2 作为均相催化剂,活化能可降低至 136 $kJ \cdot mol^{-1}$,这是因为提供了如下替代反应途径:

(1) $CH_3CHO(g) + I_2(g) \longrightarrow CH_3I(g) + HI(g) + CO(g)$
(2) $CH_3I(g) + HI(g) \longrightarrow CH_4(g) + I_2(g)$

总反应：$CH_3CHO(g) \xrightarrow{I_2} CH_4(g) + CO(g) \quad E_a' = 136 \text{ kJ} \cdot \text{mol}^{-1}$

应用阿伦尼乌斯方程,并假定指前因子相同,可估算得

$$\ln \frac{v'}{v} = \ln \frac{k'}{k} = \frac{E_a - E_a'}{RT} = 8.21$$

$$v' : v = 3.7 \times 10^3$$

在 I_2 催化剂的作用下,反应速率约为无催化剂时速率的 3700 倍。

多相催化

多相催化（heterogeneous catalysis）也称非均相催化,是催化剂与反应物不完全处于同一相、催化反应在相界面上进行的催化类型。多相催化在有机化工、无机化工、石油化工、石油炼制等生产部门都有广泛应用。这类催化剂的主体通常是固态的金属、金属氧化物或金属含氧酸盐,反应物则是气体或液体。

多相催化的基本过程通常是将反应物分子吸附在固体催化剂的表面上进行,而关键的反应中间体也在表面上观测到。并非所有的表面原子对催化作用都同等有效,具有催化作用的表面原子称为催化剂的**活性位点**（active site）。多相催化通常包含以下三个步骤:

1) 反应物分子扩散到催化剂表面并被吸附；
2) 被吸附的反应物分子在催化剂表面迁移、重排,并在活性位点处发生反应,形成吸附的产物分子；
3) 吸附的产物分子从催化剂表面脱附并扩散离开。

反应物和产物分子在催化剂表面的吸附改变了反应途径,从而改变了反应的活化能。例如,气态 N_2O 分子分解为 N_2 和 O_2 的反应活化能为 250 $kJ \cdot mol^{-1}$,当其吸附在 Au 表面,由于 N_2O 的 O 原子与表面的 Au 原子成键,形成如右所示的中间

$$\begin{array}{c} O-N \equiv N \\ \vdots \\ Au \end{array}$$

N_2O 与表面 Au 原子成键示意图

产物，其结果是削弱了 O—N 键。N_2O 在金粉表面催化分解时，活化能降低为 $120\ kJ\cdot mol^{-1}$，显著提高了分解反应速率。研究吸附性能是多相催化研究的重要课题之一。同时，由于反应都是在固体催化剂的表面进行，多相催化反应往往在反应早期表现出零级反应的特点，即表观反应速率与反应物的浓度无关，而取决于催化剂活性位点的数量和活性。与均相催化相比，多相催化的优势之一在于，催化剂与反应体系处于不同相，易于分离和回收再利用。

当有少量杂质占据活性位点后，会极大地降低催化剂的性能，称为催化剂中毒，例如，CO 在铂上的强烈吸附会导致铂炭催化剂中毒。中毒的催化剂可通过烧炭、清洗、还原等方法去除活性位点上的杂质进行再生，以恢复其催化性能。Au、Ag、Pt、Pd、Co、Ni 等过渡金属具有优良的催化性能，但都相当稀贵，而催化反应仅在表面进行，因此通常选用硅胶（SiO_2）、γ-Al_2O_3、硅藻土、活性炭、分子筛、介孔材料等多孔物质作为活性组分的载体；这些多孔物质具有很高的比表面积（可达 $10^2 \sim 10^3\ m^2\cdot g^{-1}$），浸渍上具有催化活性的过渡金属，可以大幅提高催化效率。近年来，新型孔道材料包括金属有机框架（metal-organic framework，MOF）材料和共价有机框架（covalent organic framework，COF）材料等，也在多相催化中得到应用。

光催化（photocatalysis）和**电催化**（electrocatalysis）有时被合称为物理催化，但从催化剂与反应体系的相态角度看，这二者仍属于多相催化的范畴，即催化剂为固体，反应物是气相或液相，反应基本路径也包含反应物的吸附、转化和产物的脱附这三个基本步骤。光和电的作用主要是外场辅助，即利用光场和电场来加速催化反应速率；光催化剂和电催化剂除了吸附且富集反应物之外，还需要具有合适的光电性质，能够接收光场和电场的能量，因此光催化和电催化领域的催化剂研究具有其独特性。例如，光催化剂一般是半导体，根据催化反应的特点，需要具有合适的能带结构；而电催化剂则需要具有良好的电子和离子传导性质。

酶催化

酶催化（enzyme catalysis）属于生物催化，由于兼具均相催化和多相催化的部分特性，因此单独归为一种催化类型。**酶**（enzyme）是一类由活细胞产生的、具有催化作用的生物大分子，大部分为蛋白质，也有极少数为核糖核酸（RNA）。酶是由许多氨基酸或核糖核苷酸按一定的顺序扭结和缠绕而成的蛋白质或 RNA 长链，相对分子质量均在 1 万以上。酶的长链通过共价键、配位键、氢键等形成多级折叠结构，活性位点则位于折叠所形成的空腔结构中，称为"口袋（pocket）"。酶催化的特性包括高活性、高选择性，且反应条件温和，一般在常温常压、pH 接近中性的生物体条件下即可进行。例如，化学工业需要在高温高压下才能使空气中的 N_2 固定为氨的化合物，如尿素 $CO(NH_2)_2$ 等，而植物根瘤菌的固氮酶在常温常压下便能使空气中的 N_2 固定为氨的化合物。

酶的活性常用 1894 年德国化学家费歇尔（Emil Fischer）提出的"**锁钥**"模型（lock-and-key model）来描述。在"锁钥"模型中，被酶所催化的反应物分子称为**底物**（substrate，S），底物附着在酶（E）的活性位点上，形成酶-底物复合物（ES），ES 随即分解形成产物（P），而酶则被再生。具体而言，底物和酶的结合部位需要具有特定的匹配形状，正如一把钥匙匹配一把锁，一种酶能催化一种反应。但酶的

注：关于光催化剂与光催化反应动力学详见案例 7.2。

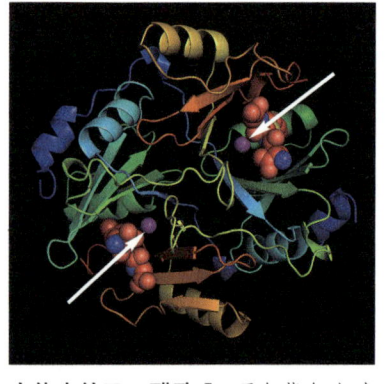

人体中的乙二醛酶 I：两个紫色小球代表具有催化活性的锌离子

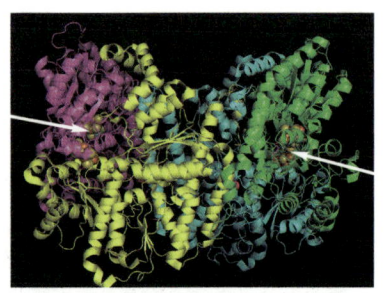

棕色固氮菌中的固氮酶：小球代表作为催化活性中心的 MoFe 团簇

口袋是柔软的,不像金属锁那样刚性。当底物进入口袋时,酶口袋环绕底物收口合拢,使酶和底物处于完全匹配状态并发生反应;待反应完成后产物离去,另一个底物再进入酶口袋。此外,酶长链的扭结、折叠还可以形成多个处于邻近位置的催化活性中心,促使多步反应连续进行。

酶催化的高效性也源自其有效地降低了活化能。例如,硫酸可催化蔗糖水解生成葡萄糖和果糖,该反应的活化能为 107 $kJ \cdot mol^{-1}$,而使用蔗糖水解酶时,活化能降低为 36 $kJ \cdot mol^{-1}$。研究酶催化不仅能更深入地了解生命现象,还能将其应用到工业中,以简化工艺流程、降低能耗、减少污染。酶及人工仿酶催化作用已经成为当前催化研究领域的重要前沿之一。

案例7.1 超快反应动态学

撰写人:刘锋、印志磊(山东大学)

如7.6节所述,研究反应机理需要在极短时间尺度上观测化学反应,确定反应物分子的量子态、捕获反应中间体信号等。随着现代分子束、超快激光和超快光谱等新技术的发展,已建立起超快反应动态学的研究。1999年诺贝尔化学奖授予埃及/美国化学家泽维尔,以表彰他"利用飞秒光谱研究化学反应过渡态"的开拓性工作。瑞典皇家科学院发表的嘉奖词这样评价道:"泽维尔教授从事的研究有助于人们理解和预期重要的化学反应,为整个化学及相关的科学领域带来了一场革命。"

飞秒光谱

化学反应的实质是反应物中某些特定化学键断裂、新的化学键形成的过程。反应动态学的过渡态理论认为,化学反应是反应物经由过渡态变为产物的过程,而过渡态仅在瞬间存在(多在十至数百飞秒量级)。为了实时追踪反应过程,就必须有超快的检测手段,使人们可以观察到起始反应物经由过渡态最终生成产物的整个化学反应的细节。在超快反应动态学的研究中,**飞秒光谱**(femtosecond spectroscopy)技术犹如电视节目中的慢镜头那样,让人们通过"慢动作"观察处于化学反应过程中的旧化学键断裂与新化学键形成的过程,从根本上改变了人们对化学反应过程的认识。

例如,已知碘化钠(NaI)的光解反应受多种化学、物理条件的影响,可表示为

$$Na\text{—}I \rightleftharpoons [Na\cdots I]^{\neq} \longrightarrow Na + I$$

在研究 NaI 光解反应时,科学家们使用飞秒脉冲激光来激发 NaI 分子,通过精确控制激光脉冲的时间和能量,可以实时观察到 NaI 分子在光解过程中经历的过渡态。首先,用飞秒激光脉冲激发 NaI 分子,使其处于激发态。然后,使用另一组脉冲(称为探测脉冲)来探测反应的中间态和过渡态。通过改变激光脉冲的延迟时间,可以在不同的时间点记录分子状态,从而获得反应的时间演变图谱。

注:脉冲激光是一种以极短时间间隔发射光脉冲的激光系统,可以在极短时间内释放出强大的光能量,其脉冲宽度从皮秒(ps)到阿秒(as)不等。超短的脉冲宽度使其能够捕捉到极快的动态过程。

为理解 NaI 的时间演变图谱,这里首先介绍 NaI 的势能曲面概念。如图 7.14 所示,NaI 的势能曲面由一条离子型曲面和一条共价型曲面构成。在特定核间距处,离子曲面与共价曲面相交。在交点附近区域,分子体系既有共价键的特点,也有离子键的特征,其结果是 NaI 既可以共价键的方式断裂生成 Na 和 I,也可以能量较高的束缚态形式存在,从而交替显示出共价行为和离子行为[1]。

在 NaI 的分解反应中,第一个飞秒激光脉冲把核间距为 0.27 nm 的 Na^+I^- 离子对激发到 NaI 势能的共价分支上,该激活化合物 $[NaI]^{***}$ 的波包随后在势能面上演化,核间距逐渐增大后,NaI 转变成为离子形式 $[Na^+\cdots I^-]^{***}$。将一系列探测波长选在过渡态,就可以探测过渡态与最终产物 Na 和 I 的运动和变化[2],如图 7.15 所示。该实验结果表明了体系中键的共价结构和离子结构之间的共振。在共价键理论中,"离子化合物 NaI 含相当多共价成分"的观点还只是一个概念,超快反应动态学的研究结果为其提供了事实依据。

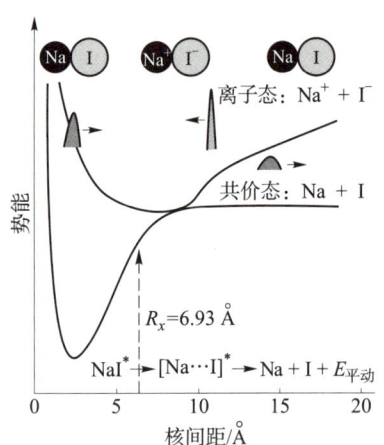

图 7.14 NaI 的势能曲面[1]

飞秒光谱以其极高的时间分辨率,已成为研究分子、材料及生物体系中多种动态过程的关键工具,包括电子转移、能量迁移、振动态演化以及化学反应机理等。在化学反应机理研究中,飞秒光谱能够精准捕捉反应物向产物转化过程中的中间态,提供反应路径的详细信息,进而揭示反应的微观机制。这对于理解复杂反应过程、优化催化剂和反应条件至关重要。在生物领域,飞秒光谱技术被用于探测生物分子(如蛋白质、DNA 等)的构象变化及与环境相互作用的超快过程。例如,飞秒光谱可以揭示光合作用中的初始光吸收步骤,以及解析视紫红质等光敏蛋白的功能机制。这些研究加深了人们对生命过程中光驱动反应的理解,推动着生物医学领域的创新。此外,飞秒光谱还广泛应用于固体物理和材料科学,尤其是在研究半导体、纳米材料和二维材料中光电性质的时间演化行为。通过飞秒时间分辨的泵浦-探测技术(如瞬态吸收光谱),可以揭示光生载流子动力学,为光电器件的性能提升和能源材料的优化提供了重要参考价值。

瞬态吸收光谱

物质对光的吸收是物质与光相互作用的基本形式之一,其本质在于物质吸收光子的能量而从较低能级跃迁至较高能级。对于从可见到紫外区域的光子,对应于在电子能级之间发生的跃迁,一般从电子基态跃迁至电子激发态。对于不同的有机分子或无机半导体,由于分子组成不同,不同轨道上电子的能量也不相同,当电子在不同能级的轨道之间跃迁时就会产生不同的光吸收信号。有机分子中基态电子所处的轨道为 HOMO,激发态电子所处的轨道为 LUMO。半导体中则分别对应于价带顶(valence band maximum, VBM)和导带底(conduction band minimum, CBM)。

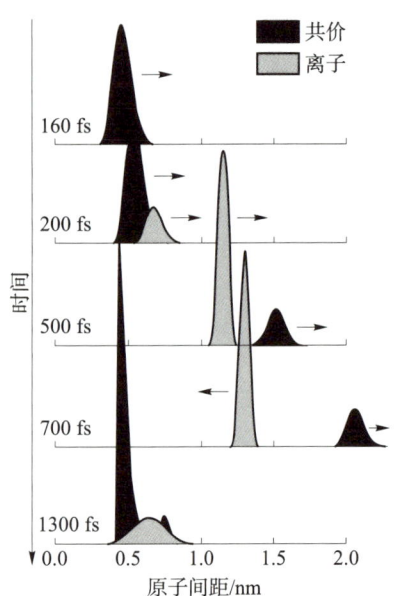

图 7.15 NaI 局域波包随时间和空间变化时化学键的相应变化[2]

瞬态吸收光谱(transient absorption spectroscopy)是在极短时间尺度上通过观测物质对光的吸收的变化,来研究物质一系列光化学反应动态学的超快光谱技术。基于物质对光的吸收原理,通过飞秒或阿秒激光器产生激光脉冲对物质进行光激发,可以在极短时间内改变其 CBM(或 LUMO)上电子的浓度,从而影响物质对光的二次吸收过程[3]。具体来说,当物质处于基态(未发生光激发)时,CBM(或 LUMO)上的光生电子浓度为 0,此时物质的光吸收能力最大;当物质处于激发态(已经通过光激发产生光吸收)时,CBM(或 LUMO)上的光生电子浓度不再为0,物质对光的吸收能力下降。通过改变激光脉冲的延迟时间,可以得到不同时间点基态物质和激发态物质吸收强度的差值(ΔA),从而获得不同时间点激发态物质能级上光生电子浓度的变化。通过研究光生电子浓度随时间的变化,便可得到物质激发态的动态学过程,继而推导出一系列光化学反应中如缺陷态复合速率、不同介质之间的电子转移速率等关键参数。

1. 缺陷态复合

瞬态吸收光谱可以得到激发态物质中CBM(或LUMO)上光生电子浓度随时间的变化,而材料中的**缺陷态**(defect state)是光生电子进行复合、浓度发生改变的重要渠道之一。因此,可以通过瞬态吸收光谱来研究缺陷态复合动态学过程,推导出相应的复合速率。在具体测量中,通过记录不同时间点的ΔA值来监测激发态电子浓度。$|\Delta A|$值越大,意味着激发态CBM(或LUMO)上电子的浓度越高;相反,$|\Delta A|$值越小,则激发态CBM(或LUMO)上电子的浓度越低[4]。

以无机半导体铯铅溴钙钛矿($CsPbBr_3$)为例,可以通过瞬态吸收光谱来分辨掺杂二价锡离子(Sn^{2+})之后电子缺陷态的变化。如图7.16所示,在Sn^{2+}掺杂之后$CsPbBr_3$具有明显不同的瞬态吸收光谱信号:在600 ps观测范围内,Sn^{2+}掺杂之后的$CsPbBr_3$出现了吸收衰减,表明CBM上的电子浓度在逐渐减少,反映出材料内部缺陷态对电子的捕获;而没有掺杂的$CsPbBr_3$在相同的观测时间内没有产生明显的吸收衰减,$|\Delta A|$值依然保持较高水平,说明电子浓度没有随时间发生衰减,印证了材料中不存在明显的缺陷态捕获行为。进一步对衰减曲线进行指数拟合,可得衰减时间常数τ与缺陷复合速率k之间存在如下关系:

$$k = 1/\tau$$

2. 电子转移

除了缺陷态可以让材料光生电子发生浓度变化,在很多情形下电子转移过程也会极大地影响电子浓度,因此瞬态吸收光谱也可以用来观测不同介质之间的电子转移过程[5]。例如,两种物质相接触,它们之间的接触距离足以保证电子传递,此时如果使一种物质光激发,其CBM(或LUMO)上电子浓度增加,就会产生瞬态吸收信号,即$|\Delta A| \neq 0$。如果该物质的CBM(或LUMO)能量高于另一物质,电子转移过程便会发生,$|\Delta A|$将随着时间逐渐减小;如果该物质的CBM(或LUMO)能量低于另一物质,电子转移过程便不会发生,ΔA将不会受时间影响。

以吸附了$CsPbI_3$钙钛矿纳米晶的二氧化钛(TiO_2)和氧化铝(Al_2O_3)颗粒为例,通过观察$CsPbI_3$纳米晶的瞬态吸收信号,可以判断其是否与两种介质发生了电子转移。如图7.17所示,$CsPbI_3$钙钛矿纳米晶被吸附到TiO_2颗粒上之后,$|\Delta A|$值随时间逐渐减小,表明$CsPbI_3$导带上的电子向TiO_2颗粒转移;与之对比,$CsPbI_3$钙钛矿纳米晶被吸附到Al_2O_3颗粒上之后,其瞬态吸收信号不随时间改变,说明导带电子浓度没有变化,没有发生电子转移过程。产生以上区别的根本原因在于,$CsPbI_3$的CBM能量高于TiO_2而低于Al_2O_3,后者很难发生电子注入过程。

飞秒相干光谱的研究内容十分丰富,在过去的二十年里,飞秒化学中的光谱技术实验和理论研究的进步促进了人们对超快化学反应的理解,并已渗透到化

> **注:** 在物理学与材料科学中,缺陷态指在晶体或材料结构中由于缺陷(如空位、替代原子或晶格错位)而引起的能态。这些缺陷态可能会影响材料的电子性质、光学性质和机械性能。

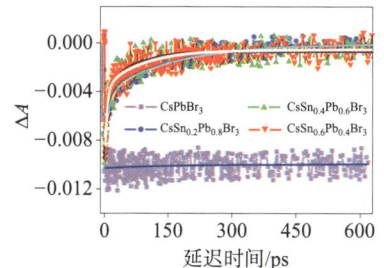

图7.16 $CsPbBr_3$钙钛矿在掺杂Sn^{2+}前后的瞬态吸收光谱图比较[4]

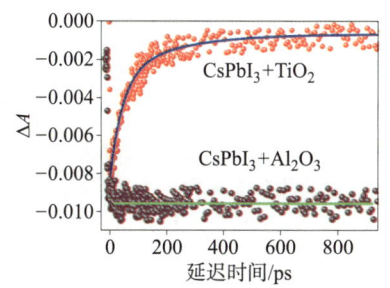

图7.17 $CsPbI_3$钙钛矿纳米晶被吸附到TiO_2和Al_2O_3颗粒后的瞬态吸收光谱图比较[5]

学、材料科学、生物学和物理学等领域。未来超快反应动态学的研究将延伸到对复杂分子与高分子体系的飞秒相干动态学过程,使控制微观粒子的运动与变化成为可能,为人们设计新的光电子器件提供了许多新思想与新方法。

参考文献

[1] Zewail A H. Femtochemistry: Atomic-scale dynamics of the chemical bond. J Phys Chem A, 2000, 104 (24): 5660-5694.

[2] 罗莉,周建英. 化学反应飞秒相干动力学与激光相干控制——1999年诺贝尔化学奖介绍. 物理, 2000, 29 (3): 141-147.

[3] Zhou L, Ni H, Jiang Z, et al. Ultrafast formation dynamics of D_3^+ from the light-driven bimolecular reaction of the D_2-D_2 dimer. Nat Chem, 2023, 15 (9): 1229-1235.

[4] Liu F, Zhang Y, Ding C, et al. Trioctylphosphine oxide acts as alkahest for SnX_2/PbX_2: A general synthetic route to perovskite $ASn_xPb_{1-x}X_3$ (A = Cs, FA, MA; X = Cl, Br, I) quantum dots. Chem Mater, 2020, 32 (3): 1089-1100.

[5] Liu F, Zhang Y, Ding C, et al. Ultrafast electron injection from photoexcited perovskite $CsPbI_3$ QDs into TiO_2 nanoparticles with injection efficiency near 99%. J Phys Chem Lett, 2018, 9 (2): 294-297.

案例7.2 光催化剂与光催化反应动力学

撰写人:朱宝林(南开大学)

随着人类科学发展和技术进步,人民的物质生活水平不断提高,但同时人们开展工业活动和日常生活所需的能源消耗及造成的环境问题也日益加剧。如7.7节所述,通过催化剂的催化作用,可以显著降低化学反应的活化能,使得反应在较低的温度或压强下进行,同时提高反应速率,加快生产进程,从而节省能源消耗。光催化是多相催化的一个分支;借助光催化技术,可将辐射到地球上的太阳能转化为化学能,因此光催化具有经济绿色环保的优势。光合作用、光分解水制氢、太阳能光伏发电、光降解环境污染物等均可借助光催化反应,从而实现太阳能的有效利用。

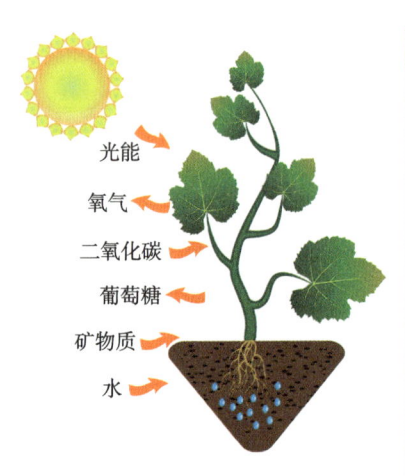

光合作用

太阳能光伏发电

光催化剂简介

光催化剂(photocatalyst),又称光触媒,是光催化反应的关键;性能优良的光催化剂是实现高效光催化反应的必要条件之一。自1972年日本科学家藤岛昭(Akira Fujishima)和本多健一(Kenichi Honda)发现光照二氧化钛(TiO_2)可以分解水制氢以来[1],光催化技术开启了新篇章,开始蓬勃发展。常见的无机半导体(如TiO_2、ZnO、ZnS、CdS、CuO、WO_3等)、有机半导体(如卟啉及其衍生物、酞菁及其衍生物、偶氮染料、苯乙烯、聚噻吩、叶绿素等)及一些Ru、Ir、Co等过渡金属的配合物等,均可作为催化剂应用于不同的光催化反应,如光解水、太阳能电池、氮和碳的光化学固定、光催化降解废水、光催化有机/无机反应等。

在各类光催化剂中,无机半导体来源广泛且性能优异,因此备受关注。如3.5节所述,半导体的能带结构包含价带(VB)和导带(CB),价带和导带之间以禁带隔开。当光照射到半导体表面时，若光的能量大于或等于禁带宽度所对应的能量，价带中的电子（e^-）会跃迁至导带，价带中则会留下等量的空穴（h^+）。这些由于光照而产生的电子和空穴称为光生电子-空穴对，或统称为光生载流子。电子-空穴对在电场或扩散作用下迁移到催化剂的表面，电子具有强还原性而空穴具有强氧化性，可分别与吸附在催化剂表面的物质发生氧化还原反应。

良好的半导体光催化剂需满足以下三个基本条件：(1) 材料的禁带宽度窄，以便于充分吸收和利用太阳能，提高能量转换效率；(2) 具有较高的稳定性、耐腐蚀、耐高温，在长时间的光催化反应过程中不会发生中毒现象，且催化能力不会随时间增长而大幅降低；(3) 导带和价带的电势应与反应物相应的氧化还原电势相匹配，从而顺利实现光催化过程中的氧化和还原反应。

二氧化钛光催化剂的修饰改性

TiO_2 作为一种经典的半导体光催化材料，具有稳定性高、无毒、易于大规模工业化生产等优点，但其对可见光的利用率低且存在光生电子-空穴对易复合的缺点，限制了其在光催化领域的应用。如常用作光催化剂的锐钛矿型 TiO_2（晶体结构如右图所示）的禁带宽度为 3.2 eV，只能响应波长小于 387 nm 的紫外光（仅占 4% 的太阳光能量），且光生载流子的复合会极大降低其光催化效率。

通过构建高比表面结构、修饰改性等方法，可有效改善 TiO_2 的光催化性能。介孔或者纳米结构材料、低维纳米结构单元（如零维的纳米颗粒、一维的纳米棒/纳米线/纳米管、二维的纳米片等）的有序组装以及暴露高活性晶面的控制构建等方法，都是提高 TiO_2 的比表面积、增加其活性位点、获得高活性的有效途径。拓展 TiO_2 的光响应范围，提高其对可见光的利用率，则一般可通过金属或非金属离子掺杂、贵金属修饰、异质结构建、染料敏化等方法，分别简介如下：

1) 离子掺杂：可分为晶格掺杂或间隙掺杂；晶格掺杂是离子直接进入 TiO_2 晶格，取代 O 或 Ti，而间隙掺杂是离子仅存在于晶格间隙中，通过引入缺陷，改变 TiO_2 的禁带宽度，扩大吸光范围，同时阻止光生电子-空穴对的复合。

2) 贵金属修饰：Au、Ag、Pt、Pd、Ru、Rh、Os、Ir 等贵金属，不仅具有耐腐蚀、耐氧化的优点，还可产生局域表面等离基元共振，吸收可见光并被激发。贵金属修饰 TiO_2 后，能够改变体系中的电子分布，使光生电子更倾向于在贵金属表面积累，而空穴则留在 TiO_2 表面，从而有效减少电子-空穴对的复合率，提高光催化剂的光电转化效率。

3) 异质结构建：将两种或多种具有不同能带结构的半导体复合在一起形成的界面区域，称为异质结（heterojunction），一般为几纳米宽；两类常见异质结的能带结构如图 7.18 所示。异质结可促使能带重新排列，使得载流子更利于稳定地传输运送，从而提高其光催化活性。选取比 TiO_2 导带电势更负的窄带隙半导体，与之复合构建异质结，可在异质结区域形成局域化能级，使催化剂可响应可见光，并以内部电场促进光生电子/空穴的空间分离，减少复合，有效提高其在可见光下的光电性能。

4) 染料光敏化：使用物理吸附或化学吸附的方法，将易对可见光发生响应的染料（如联吡啶钌、多吡啶钌、卟啉、酞菁等）吸附在 TiO_2 表面，从而扩展 TiO_2 光催化剂可响应光的波长范围。染料分子吸收光子后被激发产生载流子，光生电

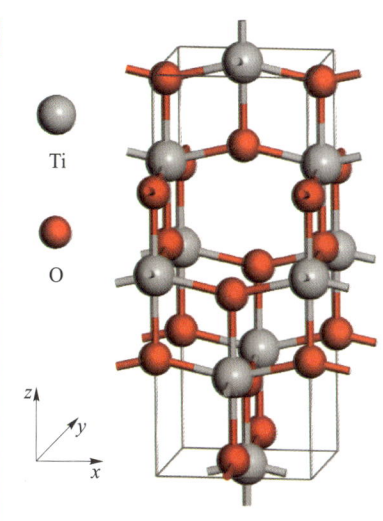

锐钛矿型 TiO_2 的晶体结构

注：局域表面等离基元共振（localized surface plasmon resonance, LSPR）指的是，当光入射到由贵金属构成的纳米颗粒上时，如果入射光子频率与贵金属纳米颗粒或金属传导电子的整体振动频率相匹配，纳米颗粒或金属会对光子能量产生很强的吸收作用，在紫外可见光波段展现出很强的光谱吸收现象。

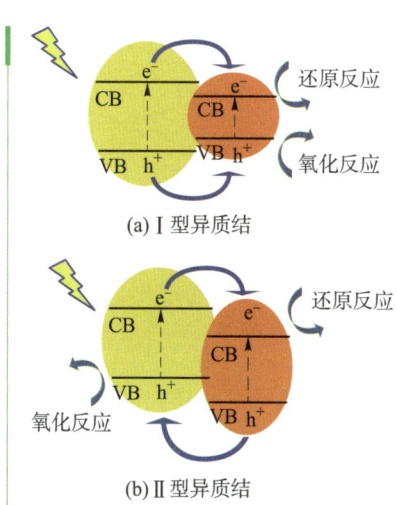

图 7.18 两类常见异质结的能带结构

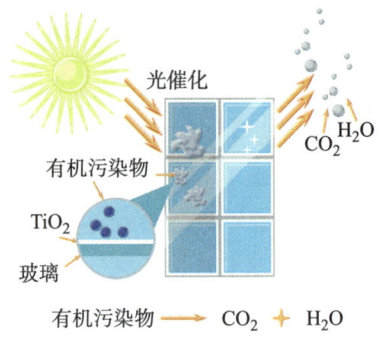

自清洁玻璃

子注入半导体的导带上,实现光生载流子的有效分离,目前染料敏化半导体主要应用于光电池和光电转换器件。

经修饰改性的 TiO_2 光催化剂,可用于光解水、空气净化、抗菌消臭、自清洁材料、污水处理等领域。当前环境污染的治理迫在眉睫,利用半导体光催化剂在光照条件下产生的氧化还原能力,可以将水体中的有机污染物氧化分解为对环境无害的小分子、CO_2 和水,达到环境保护的目的。

光催化反应动力学

研究表明,光催化剂经光激发后,可产生具有强氧化能力的空穴、羟基自由基、各种活性氧物种,其中最具有代表性的是羟基自由基($\cdot OH$)。有机物在催化剂的表面被氧化,需要经过扩散、吸附、反应及脱附等步骤。对于多相光催化反应,扩散过程为速控步。如果反应物的吸附和产物的脱吸都进行得非常快,则多相光催化反应的总反应速率由表面反应决定。反应速率为

$$v = k\theta_A \theta_{OH} \tag{7.33}$$

其中 k 为表面反应速度常数;θ_A 是有机物分子 A 在 TiO_2 表面的覆盖度;θ_{OH} 是 $\cdot OH$ 在 TiO_2 表面的覆盖度。在一个具体的反应体系中,θ_{OH} 可认为是常数,令 $k' = k\theta_{OH}$,则

$$v = k'\theta_A \tag{7.34}$$

假定产物的吸附很弱,根据朗缪尔吸附公式

$$\theta_A = \frac{K_A c_A}{1 + K_A c_A} \tag{7.35}$$

其中 K_A 为反应物 A 在 TiO_2 表面的吸附平衡常数,c_A 是反应物 A 的浓度。式(7.34)可写为

$$v = \frac{k' K_A c_A}{1 + K_A c_A} \tag{7.36}$$

$$\frac{1}{v} = \frac{1}{k' K_A} \times \frac{1}{c_A} + \frac{1}{k'} \tag{7.37}$$

上述机理称为朗缪尔 - 欣谢尔伍德机理(Langmuir - Hinshelwood mechanism),简称朗 - 欣机理(L - H mechanism),表明 $1/v$ 与 $1/c_A$ 之间存在线性关系。

当 A 的浓度很低时,$K_A c_A \ll 1$,则由式(7.36)可得

$$v = k' K_A c_A = k'' c_A$$

$$\ln \frac{c_0}{c_A} = k'' t$$

此时为一级反应,其中 $k'' = k' K_A$。当 A 的浓度很高时,A 在催化剂表面吸附达到饱和状态,则有

$$\theta_A \approx 1$$

式(7.34)可改写为

$$v = k'$$

$$c_A = c_0 - k't$$

反应为零级,反应速率与反应物的浓度无关。此时 k' 为表观零级反应速率常数。如果 A 的浓度适中,反应速率可用式(7.36)表示,则反应级数介于 0 和 1 之间。

二氧化钛光催化剂的修饰及催化性能研究

催化剂的活性是反映催化剂性能的主要指标,通常指一定实验条件下催化剂对某一特定反应物转化能力的大小。在实验室研究光催化剂处理有机废水的活性时,往往用有机染料(如甲基橙、亚甲基蓝等)来模拟废水,通过分光光度计检测模拟废水浓度的变化,来衡量催化剂在不同实验条件下的光催化活性。

如前文所述,合理修饰 TiO_2 可有效改善其光催化性能。以 TiO_2 纳米管(TiO_2NTs)为催化剂主体,通过浸渍-煅烧法可制备碳掺杂、氮和氟掺杂以及碳氮氟共掺杂的 TiO_2 纳米管(分别标记为 C/TiO_2NTs、$N,F/TiO_2NTs$ 和 $C,N,F/TiO_2NTs$)[2]。图 7.19a 为模拟日光(500 W 氙灯)照射下,TiO_2NTs 和不同非金属元素掺杂 TiO_2NTs 光催化甲基橙的降解效率-时间曲线。与纯 TiO_2NTs 相比,经非金属掺杂后,催化剂对甲基橙的光催化降解效率明显提高。

由于甲基橙溶液的浓度较低($0.02\ g\cdot L^{-1}$),其动力学方程可认为是一级反应。以时间 t 为横坐标,$\ln(c_0/c)$ 为纵坐标作图(图 7.19b),也可看出各催化剂对甲基橙的催化降解符合一次动力学方程 $\ln(c_0/c) = kt$。根据图 7.19b 动力学关系曲线,可得 TiO_2NTs、C/TiO_2NTs、$N,F/TiO_2NTs$ 和 $C,N,F/TiO_2NTs$ 的反应速率常数 k 值分别为 0、$0.00325\ min^{-1}$、$0.00671\ min^{-1}$ 和 $0.0245\ min^{-1}$。k 值越大,表明相应催化剂的活性越高。由于碳氮氟三种非金属元素的协同作用,$C,N,F/TiO_2NTs$ 的催化活性最佳。

随着科学的发展和进步,未来光催化剂的研究将更加注重新型材料的探索与开发,以及光催化应用领域的拓展。探索构效关系,实现高性能光催化剂的设计构筑,是光催化剂的发展方向。但目前光催化技术大多处于实验室研究阶段,光催化处理的效率、规模和太阳能的利用率还有待于提高。宽光谱响应、高活性且稳定的光催化剂的规模制备,大型可循环使用的光催化反应器的设计使用,以及工业规模的处理技术,是光催化技术的发展重点。随着技术的不断突破,光催化剂将在环境保护、能源转换等不同领域发挥更加重要的作用。

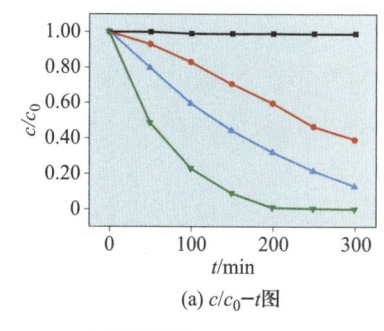

(a) c/c_0-t图

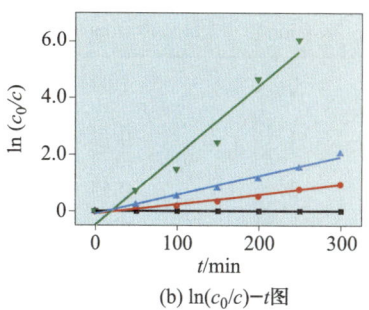

(b) $\ln(c_0/c)$-t图

图 7.19 不同催化剂的光催化降解活性比较:黑色为 TiO_2NTs,红色为 C/TiO_2NTs,蓝色为 $N,F/TiO_2NTs$,绿色为 $C,N,F/TiO_2NTs$

参考文献

[1] Fujishima A, Honda K. Electrochemical photolysis of water at a semiconductor electrode. Nature,1972,238(5358):37-38.

[2] Wang X, Wang L L, Guo D, et al. Fabrication and photocatalytic performance of C, N, F-tridoped TiO_2 nanotubes. Catal Today, 2019,327:182-189.

7.1 某温度下在 1 L 密闭容器内进行如下反应：$2A(g)+B(g) \longrightarrow C(g)$。已知 A 的浓度在 0 s 时为 $2.0 \text{ mol} \cdot \text{L}^{-1}$，在 10 s 时为 $1.0 \text{ mol} \cdot \text{L}^{-1}$，求该反应的平均反应速率 $\overline{v}$ 和以 A 计量的平均反应速率 $\overline{v_A}$。

7.2 某温度下化学反应 $A+B \longrightarrow C$ 的三个独立实验数据如下表所列：

实验编号	$c_0/(\text{mol} \cdot \text{L}^{-1})$		$v_0/(\text{mol} \cdot \text{L}^{-1} \cdot \text{min}^{-1})$
	A	B	
1	0.10	0.10	2.0×10^{-3}
2	0.20	0.20	8.0×10^{-3}
3	0.10	0.20	8.0×10^{-3}

（1）写出该反应的速率方程；
（2）求该反应的速率常数。

7.3 反应 $A \longrightarrow$ 生成物的动力学实验数据如左表所列。根据这些数据，试确定：

$t/(\text{min})$	$c(A)_t/(\text{mol} \cdot \text{L}^{-1})$
0	1.00
1	0.74
2	0.55
3	0.41
4	0.30
5	0.22

（1）反应的级数；
（2）速率常数 k；
（3）由速率方程得 $t = 3.5$ min 时的反应速率；
（4）由浓度-时间曲线的切线斜率得 $t = 3.5$ min 时的反应速率；
（5）反应的初始速率。

7.4 某一级反应 $A \longrightarrow 2B$ 的初始反应速率 $v_0 = 1.0 \times 10^{-3} \text{ mol} \cdot \text{L}^{-1} \cdot \text{min}^{-1}$，进行 60 min 后的反应速率降为 $2.5 \times 10^{-4} \text{ mol} \cdot \text{L}^{-1} \cdot \text{min}^{-1}$。试计算该反应的速率常数、半衰期及反应物 A 的初始浓度。

7.5 某植物化石中 $^{14}_{6}C$ 的含量是活植物中 $^{14}_{6}C$ 的 70%，已知 $^{14}_{6}C$ 的半衰期为 5720 a，估算此植物化石的年龄。

7.6 硝酰胺分解反应 $NH_2NO_2(aq) \longrightarrow N_2O(g) + H_2O(l)$ 为一级反应，15 ℃ 时半衰期为 123 min。如果 165 mL $0.105 \text{ mol} \cdot \text{L}^{-1}$ NH_2NO_2 溶液发生分解，在 15 ℃ 反应要持续多久，才能用排水集气法收集到 50.0 mL $N_2O(g)$？已知大气压为 756 mmHg，15 ℃ 时水的蒸气压为 12.8 mmHg。

7.7 乙醛在密闭容器内按 $CH_3CHO(g) \longrightarrow CH_4(g) + CO(g)$ 分解。518 ℃ 下，乙醛的初始压强为 48.4 kPa，不断测定容器内的总压强，其变化情况如下表所列：

t /s	0	105	190	310	480	665
$P_\text{总}$/kPa	48.4	58.2	63.6	68.9	74.3	78.3

试证明该反应为二级反应，并计算其速率常数。

7.8 某反应的活化能为 96.1 kJ·mol^{-1}，加入催化剂后该反应的活化能降为 75.2 kJ·mol^{-1}。当反应温度由 300 K 升高到 400 K 时，试估算加入催化剂前后反应速率增加的倍数。

7.9 膦 PH_3 与乙硼烷 B_2H_6 反应的方程式为

$$PH_3(g) + B_2H_6(g) \longrightarrow H_3PBH_3(g) + BH_3(g)$$

该反应的活化能为 48.0 kJ·mol^{-1}。若测得 298.15 K 下反应的速率常数为 k_1，计算速率常数为 $2k_1$ 时的反应温度。

7.10 已知 298.15 K 和 318.15 K 下 N_2O_5 在 CCl_4 中分解的反应速率常数分别为 4.69×10^{-5} s^{-1} 和 6.29×10^{-4} s^{-1}，试计算该反应的活化能。

7.11 在某山顶上测得纯水在 90 ℃ 沸腾，常压下 100 ℃ 保持 5 min 即可煮熟的鸡蛋，在该山顶上需要多少分钟才能煮熟？假定鸡蛋煮熟（即蛋白质变性）过程的活化能为 518 kJ·mol^{-1}。

7.12 已知某反应的机理为

① 慢：$C_4H_9Br \longrightarrow C_4H_9^+ + Br^-$

② 快：$C_4H_9^+ + H_2O \longrightarrow C_4H_9OH_2^+$

③ 快：$C_4H_9OH_2^+ + H_2O \longrightarrow C_4H_9OH + H_3O^+$

（1）写出基于上述机理的反应速率方程；
（2）写出总反应方程式。

7.13 已知 −10 ℃ 下反应 $2NO(g) + Cl_2(g) \longrightarrow 2NOCl(g)$ 的动力学数据如下表所列：

实验编号	$c(NO)_0/(mol·L^{-1})$	$c(Cl_2)_0/(mol·L^{-1})$	$v_0/(mol·L^{-1}·min^{-1})$
1	0.10	0.10	0.18
2	0.10	0.20	0.36
3	0.20	0.20	1.45

（1）写出该反应的表观速率方程，计算其速率常数。
（2）试给出该反应的一种合理机理，并指出哪一步为速控步。

7.14* 反应 A + B ⟶ 生成物 对 A 是一级、对 B 也是一级，反应级数为 2。已知反应物的初始浓度分别为 $c(A)_0$ 和 $c(B)_0$，在时间 t 时反应物的浓度分别为 $c(A)_t$ 和 $c(B)_t$。试推导该反应的积分速率方程，以 $c(A)_0$、$c(B)_0$、$c(A)_t$、$c(B)_t$、t 和 k 的形式表示，其中 k 为该反应的速率常数。

附录A
微积分初步

微积分(calculus)是高等数学的一个重要分支,主要研究函数的微分和积分及其应用,在自然科学、工程学、经济学等多个领域都有广泛的应用。微积分的基本内容包括**微分学**(differential calculus)和**积分学**(integral calculus)。这里仅介绍为了理解本书相关内容所需的微积分初步知识。

导数与微分的概念

导数和微分的概念是微分学的基础。导数描述了函数在某一点的变化率,从几何上可以理解为函数在某一点的切线斜率,可通过求极限的方法得到。例如,某函数 $y=f(x)$ 所对应的曲线如图 A.1 所示,为了求该函数在点 $A(x_0,y_0)$ 处的切线斜率,可以在函数曲线上任选一个靠近点 A 的点 $B(x_1,y_1)$,连接 AB,则直线 AB 的斜率为

$$\frac{\Delta y}{\Delta x}=\frac{y_1-y_0}{x_1-x_0}=\frac{f(x_1)-f(x_0)}{x_1-x_0}$$

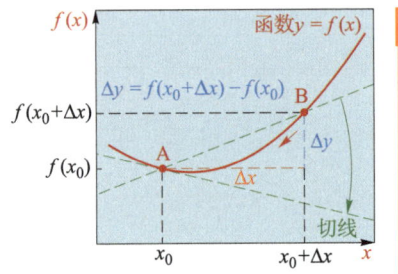

图 A.1 函数 $y=f(x)$ 的导数示意图

当点 B 越来越接近点 A 但没有真正到达点 A 时,直线 AB 的斜率将越来越接近函数 $f(x)$ 在点 A 处的切线斜率,因此

$$切线斜率=\lim_{\Delta x\to 0}\frac{\Delta y}{\Delta x}=\lim_{\Delta x\to 0}\frac{f(x_1)-f(x_0)}{x_1-x_0}=\lim_{\Delta x\to 0}\frac{f(x_0+\Delta x)-f(x_0)}{\Delta x}$$

显然,函数 $f(x)$ 在不同点具有不同的切线斜率,即通过点 $(x,f(x))$ 的切线斜率也是 x 的函数,称为函数 $f(x)$ 的导函数,简称**导数**(derivative),记为 $f'(x)$,有

$$f'(x)=\lim_{\Delta x\to 0}\frac{\Delta y}{\Delta x}=\lim_{\Delta x\to 0}\frac{f(x+\Delta x)-f(x)}{\Delta x}$$

如果上述极限存在,称为函数 $f(x)$ 在 x 点可导;如果对于某个特定的 x,上述极限不存在,那么 x 的值就没有在导函数 $f'(x)$ 的定义域里,称为函数 $f(x)$ 在 x 点不可导。

如果函数 $y=f(x)$ 在 x 点可导,上述导数也可表示为**微分**(differential)之商的形式,简称微商,有

$$f'(x)=\frac{\mathrm{d}y}{\mathrm{d}x}=\lim_{\Delta x\to 0}\frac{\Delta y}{\Delta x}$$

其中微分 $\mathrm{d}x$ 表示变量 x 在无限小变化过程中的改变量,$\mathrm{d}y=f'(x)\mathrm{d}x$ 为函数 $y=f(x)$ 在 x 处的微分,是对 $f(x)$ 在 x 处改变量的线性近似。对于函数 $y=f(x)$,以下

几种表示法等价:

$$f'(x) = \frac{dy}{dx} = \frac{df(x)}{dx} = \frac{d}{dx}f(x)$$

一元函数的导数和高阶导数

一元函数是仅包含一个变量的函数,如 $y=f(x)$。简单一元函数可根据定义求导。例如,函数 $f(x)=x^2$ 的导数为

$$f'(x) = \frac{d}{dx}(x^2) = \lim_{\Delta x \to 0}\frac{f(x+\Delta x)-f(x)}{\Delta x} = \lim_{\Delta x \to 0}\frac{(x+\Delta x)^2 - x^2}{\Delta x}$$

$$= \lim_{\Delta x \to 0}\frac{2x\Delta x + (\Delta x)^2}{\Delta x} = \lim_{\Delta x \to 0}(2x+\Delta x) = 2x$$

函数 $f(x)=1/x$ 的导数为

$$f'(x) = \frac{d}{dx}\left(\frac{1}{x}\right) = \lim_{\Delta x \to 0}\frac{f(x+\Delta x)-f(x)}{\Delta x} = \lim_{\Delta x \to 0}\frac{\frac{1}{x+\Delta x}-\frac{1}{x}}{\Delta x}$$

$$= \lim_{\Delta x \to 0}\frac{-\Delta x}{x\Delta x(x+\Delta x)} = \lim_{\Delta x \to 0}\frac{-1}{x(x+\Delta x)} = -\frac{1}{x^2}$$

本书中涉及的一元基本初等函数的导数有

1) 常数的导数:若 $f(x)=C$(C 为常数),则 $f'(x)=0$;
2) 幂函数的导数:若 $f(x)=x^a$(a 为实数且 $a \neq 0$),则 $f'(x)=ax^{a-1}$;
3) 指数函数的导数:若 $f(x)=a^x$($a>0$ 且 $a \neq 1$),则 $f'(x)=a^x \ln a$;若 $f(x)=e^x$,则 $f'(x)=e^x$;
4) 对数函数的导数:若 $f(x)=\log_a x$($a>0$ 且 $a \neq 1$),则 $f'(x)=1/(x\ln a)$;若 $f(x)=\ln x$,则 $f'(x)=1/x$;
5) 三角函数的导数:若 $f(x)=\sin x$,则 $f'(x)=\cos x$;若 $f(x)=\cos x$,则 $f'(x)=-\sin x$。

基本函数经过四则运算或复合运算所构成函数的导数为

1) 加减法则:若函数 f 和 g 均可导,则 $(f \pm g)'=f' \pm g'$;其推论为:$(Cf)'=Cf'$,其中 C 为常数;
2) 乘积法则:若函数 f 和 g 均可导,则 $(fg)'=f'g+fg'$;
3) 商法则:若函数 f 和 g 均可导且 $g \neq 0$,则 $\left(\dfrac{f}{g}\right)' = \dfrac{f'g - fg'}{g^2}$;
4) 复合函数链式求导法则:若函数 $f(x)$ 和 $g(x)$ 均可导,则复合函数 $h(x)=f(g(x))$ 可导且有 $h'(x)=f'(g(x))g'(x)$。

例如,对于函数 $h(x)=(x^2+1)^{99}$,在求导时可设 $f(u)=u^{99}$,$u=g(x)=x^2+1$,则 $h(x)=f(g(x))=(x^2+1)^{99}$,由 $f'(u)=99u^{98}$ 和 $g'(x)=2x$,根据链式求导法则,可得

$$h'(x) = f'(g(x))g'(x) = f'(x^2+1)g'(x) = 99(x^2+1)^{98}(2x)$$
$$= 198x(x^2+1)^{98}$$

函数 $f(x)$ 的导数 $f'(x)$ 也是 x 的函数,还可以对 x 继续求导。导数 $f'(x)$ 的导数称为函数 $f(x)$ 的**二阶导数**(second derivative),可记为

$$f''(x) = \frac{\mathrm{d}^2 y}{\mathrm{d}x^2} = \frac{\mathrm{d}}{\mathrm{d}x}\left(\frac{\mathrm{d}y}{\mathrm{d}x}\right) = \frac{\mathrm{d}^2}{\mathrm{d}x^2}f(x)$$

依此类推可定义函数 $f(x)$ 的 n 阶导数,记为

$$f^{(n)}(x) = \frac{\mathrm{d}^n y}{\mathrm{d}x^n} = \frac{\mathrm{d}^n}{\mathrm{d}x^n}f(x)$$

二阶及以上导数统称**高阶导数**(higher-order derivative)。

本书仅涉及一些简单的二阶导数,包括

1) 指数函数的导数:若 $\psi(x) = A\mathrm{e}^{ax}$,则

$$\psi''(x) = (A\mathrm{e}^{ax})'' = (aA\mathrm{e}^{ax})' = a^2 A\mathrm{e}^{ax} = a^2 \psi(x)$$

也可写为

$$\frac{\mathrm{d}^2}{\mathrm{d}x^2}\psi(x) = \frac{\mathrm{d}^2}{\mathrm{d}x^2}(A\mathrm{e}^{ax}) = \frac{\mathrm{d}}{\mathrm{d}x}(aA\mathrm{e}^{ax}) = a^2 A\mathrm{e}^{ax} = a^2 \psi(x)$$

说明指数函数的二阶导数是其自身乘以一个常数(即 a^2)的形式。

2) 三角函数的导数:若 $\psi(x) = A\sin kx$,则

$$\frac{\mathrm{d}^2}{\mathrm{d}x^2}\psi(x) = \frac{\mathrm{d}^2}{\mathrm{d}x^2}(A\sin kx) = \frac{\mathrm{d}}{\mathrm{d}x}(kA\cos kx) = -k^2 A\sin kx = -k^2 \psi(x)$$

若 $\psi(x) = A\cos kx$,则

$$\frac{\mathrm{d}^2}{\mathrm{d}x^2}\psi(x) = \frac{\mathrm{d}^2}{\mathrm{d}x^2}(A\cos kx) = \frac{\mathrm{d}}{\mathrm{d}x}(-kA\sin kx)$$
$$= -k^2 A\cos kx = -k^2 \psi(x)$$

说明正弦和余弦函数的二阶导数均是其自身乘以一个负常数(即 $-k^2$)的形式。

多元函数的偏导数和高阶偏导数

多元函数是包含两个及以上变量的函数,如 $y = f(x,y)$ 是二元函数;多元函数的变量也可以理解为是一个包含多个变量的矢量。当其他变量保持恒定时,关于某一个变量的导数,称为多元函数的**偏导数**(partial derivative),有时简称偏导。例如,函数 $z = f(x,y) = x^3 + y^2$ 的偏导数为

$$\frac{\partial z}{\partial x} = \frac{\partial}{\partial x}(x^3 + y^2) = 3x^2$$

$$\frac{\partial z}{\partial y} = \frac{\partial}{\partial x}(x^3 + y^2) = 2y$$

其中 $\frac{\partial z}{\partial x}$ 是二元函数 z 关于 x 的偏导数，描述了函数 z 在某一点沿 x 方向的变化率；在计算 $\frac{\partial z}{\partial x}$ 时，可将另一个变量 y 视为常数。同理，$\frac{\partial z}{\partial y}$ 是二元函数 z 关于 y 的偏导数，描述了函数 z 在某一点沿 y 方向的变化率。其中 ∂x、∂y、∂z 等称为**偏微分**（partial differential）。为体现与偏微分概念的区别，一元函数的微分也称**常微分**（ordinary differential）。

与高阶导数类似，也存在高阶偏导数。多元函数 f 的偏导数 $\frac{\partial f}{\partial x}$ 对 x 继续求导，可得**二阶偏导数**（second partial derivative）和**高阶偏导数**（higher-order partial derivative）。多元函数 f 对 x 的二阶纯偏导数可记为

$$\frac{\partial^2 f}{\partial x^2} = \frac{\partial}{\partial x}\left(\frac{\partial f}{\partial x}\right)$$

n 阶纯偏导数可记为

$$\frac{\partial^n f}{\partial x^n} = \frac{\partial}{\partial x}\left(\frac{\partial^{n-1} f}{\partial x^{n-1}}\right) = \cdots$$

注：多元函数 f 的偏导数 $\frac{\partial f}{\partial x}$ 还可以对其他变量如 y 求导，记为

$$\frac{\partial^2 f}{\partial x \partial y} = \frac{\partial}{\partial y}\left(\frac{\partial f}{\partial x}\right)$$

这样的偏导数称为混合偏导数。为体现与混合偏导数概念的区别，对同一变量的偏导数也称纯偏导数。本书基本不涉及混合偏导数。

以 2.6 节的波函数为例，三维空间的不含时波函数 $\psi(\boldsymbol{q})$ 在直角坐标系中等价于 $\psi(x,y,z)$，在球极坐标系中等价于 $\psi(r,\theta,\phi)$，均是包含三个变量的三元函数，其中 $\boldsymbol{q}$ 是一个包含三个变量的矢量，可用 (x,y,z) 或 (r,θ,ϕ) 表示，分别代表三维空间的直角坐标或球极坐标。波函数 $\psi(x,y,z)$ 关于 x、y 和 z 的二阶纯偏导数可分别记为 $\frac{\partial^2 \psi}{\partial x^2}$、$\frac{\partial^2 \psi}{\partial y^2}$ 和 $\frac{\partial^2 \psi}{\partial z^2}$。将二阶纯偏导数之和定义为拉普拉斯算符，可用于描述多元函数在各个方向上的二阶变化率，用 ∇^2 表示，有

$$\nabla^2 = \frac{\partial^2}{\partial x^2} + \frac{\partial^2}{\partial y^2} + \frac{\partial^2}{\partial z^2}$$

将拉普拉斯算符作用在波函数 $\psi(x,y,z)$ 上，可写为

$$\nabla^2 \psi = \frac{\partial^2 \psi}{\partial x^2} + \frac{\partial^2 \psi}{\partial y^2} + \frac{\partial^2 \psi}{\partial z^2}$$

例如，某体系的波函数为 $\psi(x,y,z) = A\sin(k_x x)\sin(k_y y)\sin(k_z x)$，则将拉普拉斯算符作用在该体系波函数上的结果为

$$\nabla^2 \psi = -(k_x^2 + k_y^2 + k_z^2)\psi$$

积分的概念

积分（integral）是积分学的核心概念，用于研究函数的累积变化量，主要分为**定积分**（definite integral）和**不定积分**（indefinite integral）。定积分是在一个区间上

对一个函数进行积分运算,其结果是一个确定的数值,可用于计算曲线下的面积。例如,某函数 $y = f(x)$ 所对应的曲线如图 A.2 所示,可以用定积分来描述由该曲线、x 轴、两条垂直线 $x = a$ 和 $x = b$ 所围成图形的有向面积,记为

$$S = \int_a^b f(x) \, \mathrm{d}x$$

其中函数 $f(x)$ 称为被积函数,a 称为积分下限,b 称为积分上限,a 和 b 统称积分限。注意,上式中的 x 实际上是一个虚拟变量,可以用任意字母表示,以下几种表示法等价:

$$\int_a^b f(x) \, \mathrm{d}x = \int_a^b f(t) \, \mathrm{d}t = \int_a^b f(V) \, \mathrm{d}V$$

注: 面积本身是非负值,所谓"有向面积"指可以为正也可以为负的面积。例如,当函数 $f(x)$ 的所有部分均位于 x 轴下方时,右侧定积分的值显然为负。

对定积分的结果不会有任何影响,均为曲线下从 a 到 b 的总有向面积(如图 A.2 阴影所示)。如果从 a 到 b 划分出无限个宽度无限小的小长方形,则总有向面积可视为所有小长方形有向面积之和。

通过有向面积来理解定积分的概念,易得如下推论:如果函数 $f(x)$ 为奇函数,a 为任意实数,有

$$\int_{-a}^a f(x) \, \mathrm{d}x = 0$$

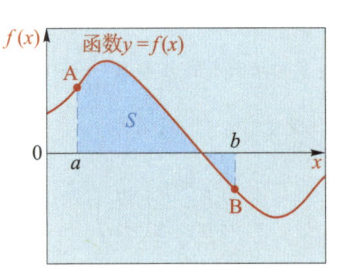

图 A.2　函数 $y = f(x)$ 的定积分示意图

许多物理量均可通过定积分计算。例如,如果用 $v(t)$ 表示物体的速度随时间变化的函数,则可用如下定积分计算物体从 t_1 到 t_2 的位移 r:

$$r = \int_{t_1}^{t_2} v(t) \, \mathrm{d}t$$

如果用 $P(V)$ 表示气体的压强随体积变化的函数,则可用如下定积分计算气体从 $V_{始}$ 可逆变化至 $V_{终}$ 的体积功 $w_{可逆}$:

$$w_{可逆} = -\int_{V_{始}}^{V_{终}} P(V) \, \mathrm{d}V$$

不定积分是微分的逆运算,其结果是一族函数。即如果 $f'(x) = f(x)$,则将

$$\int f(x) \, \mathrm{d}x = F(x) + C$$

称为 $f(x)$ 的不定积分,其中 C 为任意常数,$F(x)$ 称为 $f(x)$ 的一个原函数。因此,不定积分可视为函数 $f(x)$ 的所有原函数的集合。例如,由 $\dfrac{\mathrm{d}}{\mathrm{d}x}\left(\dfrac{x^3}{3}\right) = x^2$,可知 $\int x^2 \, \mathrm{d}x = \dfrac{x^3}{3} + C$;由 $\dfrac{\mathrm{d}}{\mathrm{d}x}(\sin x) = \cos x$,可知 $\int \cos x \, \mathrm{d}x = \sin x + C$。

如果 $f(x)$ 和 $g(x)$ 是两个可积的函数,C 为常数,不定积分满足如下运算法则:

1) $\int (f(x) \pm g(x)) \, \mathrm{d}x = \int f(x) \, \mathrm{d}x \pm \int g(x) \, \mathrm{d}x$;

2) $\int Cf(x) \, \mathrm{d}x = C \int f(x) \, \mathrm{d}x$。

关于定积分与不定积分的关系,有如下两个基本定理:

1) **微积分第一基本定理**:如果函数$f(x)$在闭区间$[a,b]$上是连续的,定义函数$F(x)$为

$$F(x)=\int_a^x f(t)\,\mathrm{d}t, \quad x\in[a,b]$$

则$F(x)$在$[a,b]$内是可导函数,且$F'(x)=f(x)$。该定理也可表达为

$$\frac{\mathrm{d}}{\mathrm{d}x}\int_a^x f(t)\,\mathrm{d}t = f(x)$$

2) **微积分第二基本定理**:如果函数$f(x)$在闭区间$[a,b]$上是连续的,函数$F(x)$是$f(x)$的任意一个原函数,则有

$$\int_a^b f(x)\,\mathrm{d}x = F(x)\Big|_a^b = F(b) - F(a)$$

该定理也称**牛顿-莱布尼茨公式**(Newton-Leibniz formula)。

本书仅涉及一些简单的积分,包括

1) 常数的积分:$\int k\,\mathrm{d}x = kx + C$;

2) 幂函数的积分:$\int x^a\,\mathrm{d}x = \dfrac{x^{a+1}}{a+1} + C$,其中$a \neq -1$;

3) 反比例函数的积分:$\int \dfrac{1}{x}\,\mathrm{d}x = \ln|x| + C$;

4) 指数函数的积分:$\int a^x\,\mathrm{d}x = \dfrac{a^x}{\ln a} + C$,其中$a>0$且$a\neq 1$;$\int \mathrm{e}^x\,\mathrm{d}x = \mathrm{e}^x + C$;

5) 三角函数的积分:$\int \cos x\,\mathrm{d}x = \sin x + C$;$\int \sin x\,\mathrm{d}x = -\cos x + C$。

例如,5.2节中理想气体从始态$(P_{始}, V_{始}, T)$恒温可逆变化至终态$(P_{终}, V_{终}, T)$的体积功为

$$w_{可逆} = -\int_{V_{始}}^{V_{终}} P(V)\,\mathrm{d}V = -\int_{V_{始}}^{V_{终}} \frac{nRT}{V}\,\mathrm{d}V = -nRT\int_{V_{始}}^{V_{终}} \frac{1}{V}\,\mathrm{d}V$$

$$= -nRT\ln V \Big|_{V_{始}}^{V_{终}} = -nRT\ln\frac{V_{终}}{V_{始}} = nRT\ln\frac{V_{始}}{V_{终}}$$

多重积分

上述定积分只包含一个变量,也称**一重积分**或单重积分(single integral)。与之相对应,包含两个及以上变量的定积分(即多元函数的定积分),称为**多重积分**(multiple integral)。例如,二元函数$f(x,y)$在平面可求面积的区域D上的二重积分可记为

$$\iint_D f(x,y)\,\mathrm{d}A = \iint_D f(x,y)\,\mathrm{d}x\mathrm{d}y$$

> **注意**:不论一重积分还是多重积分,指的均是定积分。

注：几何上，函数 $f(x,y)$ 的二重积分描述了由 $f(x,y)$ 所对应的曲面、xy 平面、四个垂直平面 $x=a$、$x=b$、$y=c$ 和 $y=d$ 所围成图形的有向体积。

其中 dA 称为微分面积元或面积微元，有 $dA=dxdy$；积分符号的数量应与积分的重数相对应。正如一重积分是在一个区间上（即一维直线的一个区域内）对一元函数进行积分运算，二重积分可以理解为在二维平面的一个区域内对二元函数进行积分运算。如果 $f(x,y)$ 可拆分成仅含 x 的函数 $g(x)$ 和仅含 y 的函数 $h(y)$ 的乘积，即 $f(x,y)=g(x)h(y)$，且 D 为平面矩形区域 $[a,b]\times[c,d]$，则上述二重积分可分解为两个一重积分的乘积，有

$$\iint_D f(x,y)\,dxdy = \int_a^b g(x)\,dx \int_c^d h(y)\,dy$$

三元函数 $f(x,y,z)$ 在空间可求体积的区域 Ω 上的三重积分可记为

$$\iiint_\Omega f(x,y,z)\,d\tau = \iiint_\Omega f(x,y,z)\,dxdydz$$

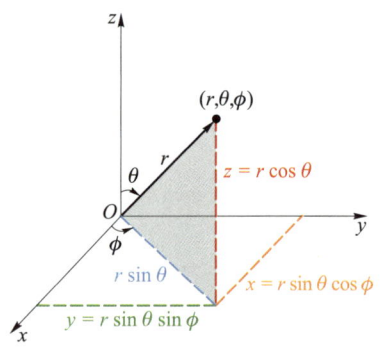

图 A.3 球极坐标系 (r,θ,ϕ) 与直角坐标系 (x,y,z) 之间的变换关系图

其中 $d\tau$ 称为微分体积元或体积微元，有 $d\tau=dxdydz$。三重积分可以理解为在三维空间的一个区域内对三元函数进行积分运算。如果 $f(x,y,z)$ 可拆分成三个一元函数 $g(x)$、$h(y)$ 和 $k(z)$ 的乘积，即 $f(x,y,z)=g(x)h(y)k(z)$，且 Ω 为空间长方体区域 $[a,b]\times[c,d]\times[e,f]$，则上述三重积分可化简为三个一重积分的乘积，有

$$\iiint_\Omega f(x,y,z)\,dxdydz = \int_a^b g(x)\,dx \int_c^d h(y)\,dy \int_e^f k(z)\,dz$$

在三维空间的直角坐标系中，体积微元 $d\tau$ 可视为长、宽、高分别为 dx、dy、dz 的小长方体，故有

$$d\tau = dxdydz$$

但许多实际计算通常在球极坐标系中进行。球极坐标系与直角坐标系的关系如图 A.3 所示。球极坐标系的体积微元 $d\tau$ 如图 A.4 深蓝色区域所示，可写为

$$d\tau = rd\theta \cdot r\sin\theta d\phi \cdot dr = r^2\sin\theta drd\theta d\phi$$

以 2.7 节球极坐标系中的波函数 $\psi(\mathbf{q})=\psi(r,\theta,\phi)$ 为例，$|\psi(\mathbf{q})|^2$ 的物理意义为概率密度，因此电子在三维空间出现的总概率 P 可以通过对全空间 $\mathbb{R}^3$ 进行三重积分来计算，即

$$P = \iiint_{\mathbb{R}^3} |\psi(\mathbf{q})|^2 d\tau = \iiint_{\mathbb{R}^3} \psi^2(r,\theta,\phi)\,d\tau$$

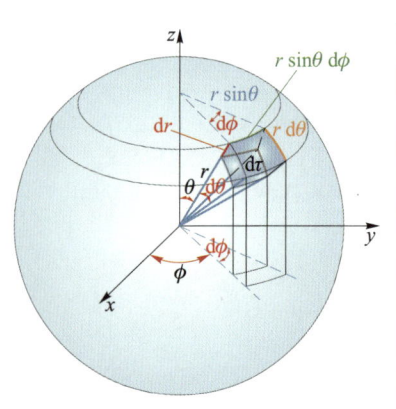

图 A.4 球极坐标系的体积微元 $d\tau = r^2\sin\theta drd\theta d\phi$ 示意图

已知 $\psi(r,\theta,\phi)$ 可以拆分成三个一元函数 $R(r)$、$\Theta(\theta)$ 和 $\Phi(\phi)$ 的乘积，即 $\psi(r,\theta,\phi)=R(r)\Theta(\theta)\Phi(\phi)$，则

$$P = \iiint_{\mathbb{R}^3} [R(r)\Theta(\theta)\Phi(\phi)]^2 r^2\sin\theta drd\theta d\phi$$

对全空间 $\mathbb{R}^3$ 进行三重积分，意味着球极坐标系三个变量的取值范围是：$r\in[0,\infty)$、$\theta\in[0,\pi)$、$\phi\in[0,2\pi)$。可以将上述三重积分化简为三个一重积分的乘积，有

$$P = \iiint_{\mathbb{R}^3} [R(r)\Theta(\theta)\Phi(\phi)]^2 r^2\sin\theta drd\theta d\phi$$

$$= \int_0^\infty r^2 R^2(r)\,\mathrm{d}r \int_0^\pi \Theta^2(\theta)\sin\theta\mathrm{d}\theta \int_0^{2\pi} \Phi^2(\phi)\,\mathrm{d}\phi$$

可以证明角度积分 $\int_0^\pi \Theta^2(\theta)\sin\theta\mathrm{d}\theta \int_0^{2\pi}\Phi^2(\phi)\,\mathrm{d}\phi=1$，但证明过程较为复杂，这里仅以 p_z 轨道的角度波函数为例进行验算。由表 2.9 可知

$$Y_{\mathrm{p}_z}(\theta,\phi)=\Theta(\theta)\Phi(\phi)=\left(\frac{3}{4\pi}\right)^{1/2}\cos\theta$$

这个函数与 ϕ 无关，可令 $\Phi(\phi)=1$，则 $\Theta(\theta)=\left(\dfrac{3}{4\pi}\right)^{1/2}\cos\theta$。那么

$$\int_0^{2\pi}\Phi^2(\phi)\,\mathrm{d}\phi=\int_0^{2\pi}1\mathrm{d}\phi=\phi\Big|_0^{2\pi}=2\pi-0=2\pi$$

$$\int_0^\pi \Theta^2(\theta)\sin\theta\mathrm{d}\theta=\frac{3}{4\pi}\int_0^\pi \cos^2\theta\sin\theta\mathrm{d}\theta$$

> 注：由于所有波函数均应满足归一化条件，实际上 $\Phi(\phi)=1/\sqrt{2\pi}$，$\Theta(\theta)=\sqrt{3/2}\cos\theta$，但归一化系数的差异并不影响最终计算结果。

由于 $\dfrac{\mathrm{d}}{\mathrm{d}\theta}(\cos^3\theta)=-3\cos^2\theta\sin\theta$，说明函数 $\cos^2\theta\sin\theta$ 的原函数为 $-\dfrac{1}{3}\cos^3\theta+C$，故

$$\frac{3}{4\pi}\int_0^\pi\cos^2\theta\sin\theta\mathrm{d}\theta=-\frac{1}{4\pi}\cos^3\theta\Big|_0^\pi=-\frac{1}{4\pi}(-1-1)=\frac{1}{2\pi}$$

$$\int_0^\pi\Theta^2(\theta)\sin\theta\mathrm{d}\theta\int_0^{2\pi}\Phi^2(\phi)\,\mathrm{d}\phi=2\pi\cdot\frac{1}{2\pi}=1$$

$$P=\int_0^\infty r^2 R^2(r)\,\mathrm{d}r$$

常微分方程与偏微分方程

常微分方程（ordinary differential equation）是包含未知一元函数及其微分（或导数）的方程。如果方程中导数的最高阶数为 N，则称为 N 阶常微分方程。与求解代数方程可得一组未知数类似，求解常微分方程可得一组未知一元函数，这组一元函数就是常微分方程的解。

例如，7.3 节的一级反应的微分速率方程为

$$v=-\frac{\mathrm{d}c(\mathrm{A})}{\mathrm{d}t}=kc(\mathrm{A})$$

这是一个包含浓度关于时间 t 的一元函数 $c(\mathrm{A})$ 及其一阶导数的一阶常微分方程。该方程的具体解法详见 7.3 节，其解为

$$\ln c(\mathrm{A})_t=\ln c(\mathrm{A})_0-kt$$

相应地，**偏微分方程**（partial differential equation）则是包含未知多元函数及其偏微分（或偏导数）的方程。如果方程中偏导数的最高阶数为 N，则称为 N 阶偏微分方程。求解偏微分方程可得一组未知多元函数，这组多元函数就是偏微分方程的解。

> 注意：$c(\mathrm{A})$ 表示反应物 A 的浓度，是关于时间 t 的一元函数，数学上应写为 $c_\mathrm{A}(t)$ 更合适。可以看到，该方程的解正是一个浓度随时间变化的函数，其中 t 是该函数的自变量，$c(\mathrm{A})_0$ 和 k 均为常数。严格来说，彼此相差一个常数 C 的一族函数，均是该常微分方程的解，这里省略了，也可以将 C 视为包含在常数项 $\ln c(\mathrm{A})_0$ 中。

例如，2.2 节的一维经典波动方程

$$\frac{\partial^2 f(x,t)}{\partial t^2} = u^2 \frac{\partial^2 f(x,t)}{\partial x^2}$$

就是一个二阶偏微分方程，其解为

$$y = f(x,t) = A\sin\left[\omega\left(t - \frac{x}{u}\right) + \varphi\right]$$

这是一个关于一维空间坐标 x 和时间坐标 t 的二元函数。又如，2.6 节的不含时薛定谔方程

$$\left[-\frac{\hbar^2}{2m}\nabla^2 + V(\boldsymbol{q})\right]\psi(\boldsymbol{q}) = E\psi(\boldsymbol{q})$$

也是一个二阶偏微分方程，其中的二阶偏导数隐藏在拉普拉斯算符 ∇^2 中。类氢原子薛定谔方程的解可写为

$$\psi(r,\theta,\phi) = R(r)\Theta(\theta)\Phi(\phi)$$

这是一个关于三维空间坐标 $\boldsymbol{q}$ 或 (r,θ,ϕ) 的三元函数。

附录B

数理常数表

表 B.1　常用数理常数汇总

名称	符号	数值和单位
圆周率（Circular constant）	π	3.141 592 653 589 793
自然对数底数（Base of natural logarithm）	e	2.718 281 828 459 045
摩尔气体常数（Molar gas constant）	R	8.314 462 618 153 24 J·mol^{-1}·K^{-1}
阿伏伽德罗常数（Avogadro constant）	N_A	6.022 140 76×10^{23} mol^{-1}
玻尔兹曼常数（Boltzmann constant）	k_B	1.380 649×10^{-23} J·mol^{-1}·K^{-1}
法拉第常数（Faraday constant）	F	9.648 533 212 331 002×10^4 C·mol^{-1}
真空中的光速（Speed of light in vacuum）	c	2.997 924 58×10^8 m·s^{-1}
真空介电常数（Vacuum electric permittivity）	ε_0	8.854 187 818 8×10^{-12} F·m^{-1}
电子电荷（Electron charge）	e	1.602 176 634×10^{-19} C
电子质量（Electron mass）	m_e	9.109 383 713 9×10^{-31} kg
普朗克常数（Planck constant）	h	6.626 070 15×10^{-34} J·s
里德伯常数（Rydberg constant）	R_H	1.097 373 156 815 7×10^7 m^{-1}
玻尔半径（Bohr radius）	a_0	5.291 772 105 44×10^{-11} m
玻尔磁子（Bohr magneton）	μ_B	9.274 010 065 7×10^{-24} J·T^{-1}

数据来源：The NIST Reference on Constants, Units, and Uncertainty (2022).

附录C
化学数据表

数据来源：

1. Haynes W M. CRC Handbook of Chemistry and Physics. 95th ed. Boca Raton：CRC Press Inc, 2014.
2. Speight J G. Lange's Handbook of Chemistry. 17th ed. New York：McGraw-Hill Companies Inc, 2016.

表 C.1　常见物质在标态和 298.15 K 下的热力学数据

化学式	名称	$\dfrac{\Delta H_f^\ominus}{\text{kJ} \cdot \text{mol}^{-1}}$	$\dfrac{\Delta G_f^\ominus}{\text{kJ} \cdot \text{mol}^{-1}}$	$\dfrac{S^\ominus}{\text{J} \cdot \text{mol}^{-1} \cdot \text{K}^{-1}}$	$\dfrac{C_p}{\text{J} \cdot \text{mol}^{-1} \cdot \text{K}^{-1}}$
不含碳物质					
银（Silver）					
$Ag(s)$	银（Silver）	0	0	42.6	25.4
$Ag^+(aq)$	银离子（Silver ion）	105.6	77.1	72.7	21.8
$AgBr(s)$	溴化银（Silver(Ⅰ) bromide）	−100.4	−96.9	107.1	52.4
$AgCl(s)$	氯化银（Silver(Ⅰ) chloride）	−127.0	−109.8	96.3	50.8
$AgF(s)$	氟化银（Silver(Ⅰ) fluoride）	−204.6	——	——	——
$AgI(s)$	碘化银（Silver(Ⅰ) iodide）	−61.8	−66.2	115.5	56.8
$AgNO_3(s)$	硝酸银（Silver(Ⅰ) nitrate）	−124.4	−33.4	140.9	93.1
$Ag_2CrO_4(s)$	铬酸银（Silver(Ⅰ) chromate）	−731.7	−641.8	217.6	142.3
$Ag_2O(s)$	氧化银（Silver(Ⅰ) oxide）	−31.1	−11.2	121.3	65.9
$Ag_2SO_4(s)$	硫酸银（Silver(Ⅰ) sulfate）	−715.9	−618.4	200.4	131.4
铝（Aluminum）					
$Al(s)$	铝（Aluminum）	0	0	28.3	24.2
$Al^{3+}(aq)$	铝离子（Aluminum ion）	−531.0	−485.0	−321.7	——
$AlCl_3(s)$	氯化铝（Aluminum chloride）	−704.2	−628.8	109.3	91.1
$AlF_3(s)$	氟化铝（Aluminum fluoride）	−1510.4	−1431.1	66.5	75.1
$Al_2Cl_6(g)$	六氯化铝（Aluminum hexachloride）	−1290.8	−1220.4	490.0	——
$Al_2O_3(\alpha\ solid)$	氧化铝（Aluminum oxide）	−1675.7	−1582.3	50.9	79.0
硼（Boron）					
$B(s)$	β-三方-硼（Boron(β-rhombohedral)）	0	0	5.9	11.1
$BBr_3(l)$	三溴化硼（Boron tribromide）	−239.7	−238.5	229.7	——
$BCl_3(l)$	三氯化硼（Boron trichloride）	−427.2	−387.4	206.3	106.7
$BF_3(g)$	三氟化硼（Boron trifluoride）	−1136.0	−1119.4	254.4	——
$BF_4^-(aq)$	四氟合硼离子（Tetrafluoroborate ion）	−1574.9	−1486.9	180.0	——
$BO_2^-(aq)$	偏硼酸根离子（Metaborate ion）	−772.4	−678.9	−37.2	——
$B_2H_6(g)$	乙硼烷（Diborane）	36.4	87.6	232.1	56.7

续表

化学式	名称	$\Delta H_f^{\ominus}$ / kJ·mol^{-1}	$\Delta G_f^{\ominus}$ / kJ·mol^{-1}	$S^{\ominus}$ / J·mol^{-1}·K^{-1}	C_p / J·mol^{-1}·K^{-1}
$B_2O_3(s)$	氧化硼(Boron oxide)	-1273.5	-1194.3	54.0	62.8
$B_2S_3(s)$	硫化硼(Boron sulfide)	-240.6	——	100.0	111.7
钡(Barium)					
$Ba(s)$	钡(Barium)	0	0	62.5	28.1
$Ba^{2+}(aq)$	钡离子(Barium ion)	-537.6	-560.8	9.6	——
$BaBr_2(s)$	溴化钡(Barium bromide)	-757.3	-736.8	146.0	——
$BaCl_2(s)$	氯化钡(Barium chloride)	-855.0	-806.7	123.7	75.1
$BaF_2(s)$	氟化钡(Barium fluoride)	-1207.1	——	-1156.8	96.4
$BaI_2(s)$	碘化钡(Barium iodide)	-602.1	——	——	——
$BaO(s)$	氧化钡(Barium oxide)	-548.0	-520.3	72.1	47.3
$Ba(OH)_2(s)$	氢氧化钡(Barium hydroxide)	-944.7	——	——	——
$BaS(s)$	硫化钡(Barium sulfide)	-460.0	-456.0	78.2	49.4
$BaSO_4(s)$	硫酸钡(Barium sulfate)	-1473.2	-1362.2	132.2	101.8
铍(Beryllium)					
$Be(s)$	铍(Beryllium)	0	0	9.5	16.4
$Be(g)$	铍(Beryllium)	324.0	286.6	136.3	20.8
$Be^{2+}(aq)$	铍离子(Beryllium ion)	-382.8	-379.7	-129.7	——
$BeBr_2(s)$	溴化铍(Beryllium bromide)	-353.5	——	108.0	69.4
$BeCl_2(s)$	氯化铍(Beryllium chloride)	-490.4	-445.6	75.8	62.4
$BeF_2(s)$	氟化铍(Beryllium fluoride)	-1026.8	-979.4	53.4	51.8
$BeI_2(s)$	碘化铍(Beryllium iodide)	-192.5	——	121.0	71.1
$BeO(s)$	氧化铍(Beryllium oxide)	-609.4	-580.1	13.8	25.6
$Be(OH)_2(s)$	氢氧化铍(Beryllium hydroxide)	-902.5	-815.0	45.5	62.1
$BeS(s)$	硫化铍(Beryllium sulfide)	-234.3	——	34.0	34.0
$BeSO_4(s)$	硫酸铍(Beryllium sulfate)	-1205.2	-1093.8	77.9	85.7
铋(Bismuth)					
$Bi(s)$	铋(Bismuth)	0	0	56.7	25.5
$Bi^{3+}(aq)$	铋离子(Bismuth ion)	——	82.8	——	——
$BiCl_3(s)$	三氯化铋(Bismuth trichloride)	-379.1	-315.0	177.0	105.0
$Bi(OH)_3(s)$	氢氧化铋(Bismuth hydroxide)	-711.3	——	——	——
$Bi_2O_3(s)$	三氧化二铋(Bismuth oxide)	-573.9	-493.7	151.5	113.5
溴(Bromide)					
$Br(g)$	溴原子(Bromine(atomic))	111.9	82.4	175.0	20.8
$Br^-(aq)$	溴离子(Bromine ion)	-121.6	-104.0	82.4	-141.8
$BrCl(g)$	氯化溴(Bromine chloride)	14.6	-1.0	240.1	35.0
$BrF_3(l)$	三氟化溴(Bromine trifluoride)	-300.8	-240.5	178.2	124.6
$BrF_3(g)$	三氟化溴(Bromine trifluoride)	-255.6	-229.4	292.5	66.6
$Br_2(l)$	溴(Bromine)	0.0	——	152.2	75.7
$Br_2(g)$	溴(Bromine)	30.9	3.1	245.5	36.0

续表

化学式	名称	$\dfrac{\Delta H_f^\ominus}{kJ \cdot mol^{-1}}$	$\dfrac{\Delta G_f^\ominus}{kJ \cdot mol^{-1}}$	$\dfrac{S^\ominus}{J \cdot mol^{-1} \cdot K^{-1}}$	$\dfrac{C_p}{J \cdot mol^{-1} \cdot K^{-1}}$
钙(Calcium)					
Ca(s)	钙(Calcium)	0	0	41.6	25.9
Ca^{2+}(aq)	钙离子(Calcium ion)	−542.8	−553.6	−53.1	——
CaCl$_2$(s)	氯化钙(Calcium chloride)	−795.4	−748.8	108.4	72.9
CaF$_2$(s)	氟化钙(Calcium fluoride)	−1228.0	−1175.6	68.5	67.0
CaH$_2$(s)	氢化钙(Calcium hydride)	−181.5	−142.5	41.4	41.0
CaO(s)	氧化钙(Calcium oxide)	−634.9	−603.3	38.1	42.0
Ca(OH)$_2$(s)	氢氧化钙(Calcium hydroxide)	−985.2	−897.5	83.4	87.5
CaS(s)	硫化钙(Calcium sulfide)	−482.4	−477.4	56.5	47.4
CaSO$_4$(s)	硫酸钙(Calcium sulfate)	−1434.5	−1322.0	106.5	99.7
镉(Cadmium)					
Cd(s)	镉(Cadmium)	0	0	——	51.8
Cd^{2+}(aq)	镉离子(Cadmium ion)	−75.9	−77.6	−73.2	——
CdCl$_2$(s)	氯化镉(Cadmium chloride)	−391.5	−343.9	115.3	74.7
CdF$_2$(s)	氟化镉(Cadmium fluoride)	−700.4	−647.7	77.4	——
CdO(s)	氧化镉(Cadmium oxide)	−258.4	−228.7	54.8	43.4
Cd(OH)$_2$(s)	氢氧化镉(Cadmium hydroxide)	−560.7	−473.6	96.0	——
CdS(s)	硫化镉(Cadmium sulfide)	−161.9	−156.5	64.9	——
CdSO$_4$(s)	硫酸镉(Cadmium sulfate)	−933.3	−822.7	123.0	99.6
氯(Chlorine)					
Cl(g)	氯原子(Chlorine(atomic))	121.3	105.3	165.2	21.8
Cl$^-$(aq)	氯离子(Chlorine ion)	−167.2	−131.2	56.5	−136.4
ClF(g)	氟化氯(Chlorine fluoride)	−50.3	−51.8	217.9	32.1
ClF$_3$(g)	三氟化氯(Chlorine trifluoride)	−163.2	−123.0	281.6	63.9
ClO$_2$(g)	二氧化氯(Chlorine dioxide)	102.5	120.5	256.8	42.0
Cl$_2$(g)	氯气(Chlorine)	0	0	223.1	33.9
Cl$_2$O(g)	一氧化二氯(Chlorine monoxide)	80.3	97.9	266.2	45.4
钴(Cobalt)					
Co(s)	钴(Cobalt)	0	0	30.0	24.8
Co^{2+}(aq)	亚钴离子(Cobalt(Ⅱ) ion)	−58.2	−54.4	−113.0	——
Co^{3+}(aq)	钴离子(Cobalt(Ⅲ) ion)	92.0	134.0	−305.0	——
CoF$_2$(s)	氟化亚钴(Cobalt(Ⅱ) fluoride)	−692.0	−647.2	82.0	68.8
CoO(s)	氧化亚钴(Cobalt(Ⅱ) oxide)	−237.9	−214.2	53.0	55.2
Co(OH)$_2$(s)	氢氧化亚钴(Cobalt(Ⅱ) hydroxide)	−539.7	−454.3	79.0	——
CoS(s)	硫化亚钴(Cobalt(Ⅱ) sulfide)	−82.8	——	——	——
CoSO$_4$(s)	硫酸亚钴(Cobalt(Ⅱ) sulfate)	−888.3	−782.3	118.0	——
Co$_2$S$_3$(s)	三硫化二钴(Cobalt(Ⅲ) sulfide)	−147.3	——	——	——
Co$_3$O$_4$(s)	四氧化三钴(Cobalt(Ⅱ,Ⅲ) oxide)	−891.0	−774.0	102.5	123.4

续表

化学式	名称	$\dfrac{\Delta H_f^\ominus}{\text{kJ}\cdot\text{mol}^{-1}}$	$\dfrac{\Delta G_f^\ominus}{\text{kJ}\cdot\text{mol}^{-1}}$	$\dfrac{S^\ominus}{\text{J}\cdot\text{mol}^{-1}\cdot\text{K}^{-1}}$	$\dfrac{C_p}{\text{J}\cdot\text{mol}^{-1}\cdot\text{K}^{-1}}$
铬(Chromium)					
Cr(s)	铬(Chromium)	0	0	23.8	23.4
CrO_4^{2-}(aq)	铬酸根离子(Chromate ion)	−881.2	−727.8	50.2	——
Cr_2O_3(s)	三氧化二铬(Chromium(Ⅲ) oxide)	−1139.7	−1058.1	81.2	118.7
$Cr_2O_7^{2-}$(aq)	重铬酸根离子(Dichromate ion)	−1490.3	−1301.3	261.9	——
铜(Copper)					
Cu(s)	铜(Copper)	0	0	33.2	24.4
Cu^{2+}(aq)	铜离子(Copper(Ⅱ) ion)	64.8	65.5	−99.6	——
CuI(s)	碘化铜(Copper(Ⅰ) iodide)	−67.8	−69.5	96.7	54.1
CuO(s)	氧化铜(Copper(Ⅱ) oxide)	−157.3	−129.7	42.6	42.3
$Cu(OH)_2$(s)	氢氧化铜(Copper(Ⅱ) hydroxide)	−449.8	——	——	——
CuS(s)	硫化铜(Copper(Ⅱ) sulfide)	−53.1	−53.6	66.5	47.8
$CuSO_4$(s)	硫酸铜(Copper(Ⅱ) sulfate)	−771.4	−662.2	109.2	——
Cu_2O(s)	氧化亚铜(Copper(Ⅰ) oxide)	−168.6	−146.0	93.1	63.6
Cu_2S(s)	硫化亚铜(Copper(Ⅰ) sulfide)	−79.5	−86.2	120.9	76.3
氟(Fluorine)					
F(g)	氟原子(Fluorine(atomic))	79.4	62.3	158.8	22.7
F^-(aq)	氟离子(Fluorine ion)	−332.6	−278.8	−13.8	−106.7
F_2(g)	氟气(Fluorine)	0.0	——	202.8	31.3
铁(Iron)					
Fe(s)	铁(Iron)	0	0	27.3	25.1
Fe^{2+}(aq)	亚铁离子(Iron(Ⅱ) ion)	−89.1	−78.9	−137.7	——
Fe^{3+}(aq)	铁离子(Iron(Ⅲ) ion)	−48.5	−4.7	−315.9	——
FeO(s)	氧化亚铁(Iron(Ⅱ) oxide)	−272.0	——	——	——
FeS(s)	硫化亚铁(Iron(Ⅱ) sulfide)	−100.0	−100.4	60.3	50.5
$FeSO_4$(s)	硫酸亚铁(Iron(Ⅱ) sulfate)	−928.4	−820.8	107.5	100.6
Fe_2O_3(s)	三氧化二铁(Iron(Ⅲ) oxide)	−824.2	−742.2	87.4	103.9
Fe_3O_4(s)	四氧化三铁(Iron(Ⅱ,Ⅲ) oxide)	−1118.4	−1015.4	146.4	143.4
氢(Hydrogen)					
H(g)	氢原子(Hydrogen(atomic))	218.0	203.3	114.7	20.8
H^+(aq)	氢离子(Hydron)	0	0	0	——
HBr(g)	溴化氢(Hydrogen bromide)	−36.3	−53.4	198.7	29.1
HCl(g)	氯化氢(Hydrogen chloride)	−92.3	−95.3	186.9	29.1
HCl(aq)	盐酸(Hydrochloric acid)	−167.15	−131.25	56.5	−136.4
HF(g)	氟化氢(Hydrogen fluoride)	−273.3	−275.4	173.8	——
HI(g)	碘化氢(Hydrogen iodide)	26.5	1.7	206.6	29.2
HNO_3(l)	硝酸(Nitric acid)	−174.1	−80.7	155.6	109.9
HNO_3(aq)	硝酸(Nitric acid)	−207.36	−111.34	146.4	−86.6
H_2(g)	氢气(Hydrogen)	0	0	130.7	28.8

续表

化学式	名称	$\dfrac{\Delta H_f^\ominus}{kJ \cdot mol^{-1}}$	$\dfrac{\Delta G_f^\ominus}{kJ \cdot mol^{-1}}$	$\dfrac{S^\ominus}{J \cdot mol^{-1} \cdot K^{-1}}$	$\dfrac{C_p}{J \cdot mol^{-1} \cdot K^{-1}}$
$H_2O(l)$	水(Water)	−285.8	−237.1	70.0	75.3
$H_2O(g)$	水(Water)	−241.8	−228.6	188.8	33.6
$H_2O_2(l)$	过氧化氢(Hydrogen peroxide)	−187.8	−120.4	109.6	89.1
$H_2O_2(g)$	过氧化氢(Hydrogen peroxide)	−136.3	−105.6	232.7	43.1
$H_3O^+(aq)$	水合质子(Hydronium ion)	−285.8	−237.1	70.0	——
$H_2S(g)$	硫化氢(Hydrogen sulfide)	−20.6	−33.4	205.8	34.2
$H_2SO_4(l)$	硫酸(Sulfuric acid)	−814.0	−690.0	156.9	138.9
$H_2SO_4(aq)$	硫酸(Sulfuric acid)	−909.27	−744.63	20.1	293
氦(Helium)					
$He(g)$	氦(Helium)	0	0	126.2	20.8
汞(Mercury)					
$Hg(l)$	汞(Mercury)	0	0	75.9	28.0
$Hg(g)$	汞(Mercury)	61.4	31.8	175.0	20.8
$HgO(s)$	氧化汞(Mercury(II) oxide)	−90.8	−58.5	70.3	44.1
$HgS(s)$	硫化汞-红(Mercury(II) sulfide(red))	−58.2	−50.6	82.4	48.4
碘(Iodine)					
$I(g)$	碘原子(Iodine(atomic))	106.8	70.2	180.8	20.8
$I^-(aq)$	碘离子(Iodine ion)	−55.2	−51.6	111.3	−142.3
$IBr(g)$	溴化碘(Iodine bromide)	40.8	3.7	258.8	36.4
$ICl(g)$	氯化碘(Iodine chloride)	17.8	−5.5	247.6	35.6
$ICl(l)$	氯化碘(Iodine chloride)	−23.9	−13.6	135.1	——
$I_2(s)$	碘(Iodine(rhombic))	0	0	116.1	54.4
$I_2(g)$	碘(Iodine(rhombic))	62.4	19.3	260.7	36.9
钾(Potassium)					
$K(s)$	钾(Potassium)	0	0	64.7	29.6
$K(g)$	钾(Potassium)	89.0	60.5	160.3	20.8
$K^+(aq)$	钾离子(Potassium ion)	−252.4	−283.3	102.5	21.8
$KBr(s)$	溴化钾(Potassium bromide)	−393.8	−380.7	95.9	52.3
$KCl(s)$	氯化钾(Potassium chloride)	−436.5	−408.5	82.6	51.3
$KClO_3(s)$	氯酸钾(Potassium chlorate)	−397.7	−296.3	143.1	100.3
$KClO_4(s)$	高氯酸钾(Potassium perchlorate)	−432.8	−303.1	151.0	112.4
$KF(s)$	氟化钾(Potassium fluoride)	−567.3	−537.8	66.6	49.0
$KI(s)$	碘化钾(Potassium iodide)	−327.9	−324.9	106.3	52.9
$KNO_3(s)$	硝酸钾(Potassium nitrate)	−494.6	−394.9	133.1	96.4
$KOH(s)$	氢氧化钾(Potassium hydroxide)	−424.6	−379.4	81.2	68.9
$KOH(aq)$	氢氧化钾(Potassium hydroxide)	−482.37	−440.53	91.6	−126.8
$K_2O(s)$	氧化钾(Potassium oxide)	−361.5	——	——	——
$K_2O_2(s)$	过氧化钾(Potassium peroxide)	−494.1	−425.1	102.1	——
$K_2SO_4(s)$	硫酸钾(Potassium sulfate)	−1437.8	−1321.4	175.6	131.5

续表

化学式	名称	$\dfrac{\Delta H_f^{\ominus}}{\text{kJ·mol}^{-1}}$	$\dfrac{\Delta G_f^{\ominus}}{\text{kJ·mol}^{-1}}$	$\dfrac{S^{\ominus}}{\text{J·mol}^{-1}\text{·K}^{-1}}$	$\dfrac{C_p}{\text{J·mol}^{-1}\text{·K}^{-1}}$
锂（Lithium）					
Li(s)	锂（Lithium）	0	0	29.1	24.8
Li(g)	锂（Lithium）	159.3	126.6	138.8	20.8
Li$^+$(aq)	锂离子（Lithium ion）	−278.5	−293.3	13.4	68.6
LiCl(s)	氯化锂（Lithium chloride）	−408.6	−384.4	59.3	48.0
LiNO$_3$(s)	硝酸锂（Lithium nitrate）	−483.1	−381.1	90.0	——
LiOH(s)	氢氧化锂（Lithium hydroxide）	−487.5	−441.5	42.8	49.6
Li$_2$O(s)	氧化锂（Lithium oxide）	−597.9	−561.2	37.6	54.1
镁（Magnesium）					
Mg(s)	镁（Magnesium）	0	0	32.7	24.9
Mg^{2+}(aq)	镁离子（Magnesium ion）	−466.9	−454.8	−138.1	——
MgCl$_2$(s)	氯化镁（Magnesium chloride）	−641.3	−591.8	89.6	71.4
MgF$_2$(s)	氟化镁（Magnesium fluoride）	−1124.2	−1071.1	57.2	61.6
MgO(s)	氧化镁（Magnesium oxide）	−601.6	−569.3	27.0	37.2
Mg(OH)$_2$(s)	氢氧化镁（Magnesium hydroxide）	−924.5	−833.5	63.2	77.0
MgS(s)	硫化镁（Magnesium sulfide）	−346.0	−341.8	50.3	45.6
MgSO$_4$(s)	硫酸镁（Magnesium sulfate）	−1284.9	−1170.6	91.6	96.5
锰（Manganese）					
Mn(s)	锰（Manganese）	0	0	32.0	26.3
Mn^{2+}(aq)	锰离子（Manganese ion）	−220.8	−228.1	−73.6	50.0
MnO$_2$(s)	二氧化锰（Manganese(IV) oxide）	−520.0	−465.1	53.1	54.1
MnO$_4^-$(aq)	高锰酸根离子（Permanganate ion）	−541.4	−447.2	191.2	−82.0
氮（Nitrogen）					
N(g)	氮原子（Nitrogen(atomic)）	472.7	455.5	153.3	20.8
NF$_3$(g)	三氟化氮（Nitrogen trifluoride）	−132.1	−90.6	260.8	53.4
NH$_3$(g)	氨（Ammonia）	−45.9	−16.4	192.8	35.1
NH$_3$(aq)	氨水（Aqueous ammonia）	−80.29	−26.57	111.3	——
NH$_4^+$(aq)	铵离子（Ammonium ion）	−132.5	−79.3	113.4	79.9
NH$_4$Br(s)	溴化铵（Ammonium bromide）	−270.8	−175.2	113.0	96.0
NH$_4$Cl(s)	氯化铵（Ammonium chloride）	−314.4	−202.9	94.6	84.1
NH$_4$F(s)	氟化铵（Ammonium fluoride）	−464.0	−348.7	72.0	65.3
NH$_4$I(s)	碘化铵（Ammonium iodide）	−201.4	−112.5	117.0	——
NH$_4$NO$_3$(s)	硝酸铵 Ammonium nitrate	−365.6	−183.9	151.1	139.3
NH$_4$NO$_3$(aq)	硝酸铵（Ammonium nitrate）	−339.87	−190.71	259.8	−6.7
(NH$_4$)$_2$SO$_4$(s)	硫酸铵（Ammonium sulfate）	−1180.9	−901.7	220.1	187.5
NO(g)	一氧化氮（Nitric oxide）	91.3	87.6	210.8	29.9
NO$_2$(g)	二氧化氮（Nitrogen dioxide）	33.2	51.3	240.1	37.2
NO$_2^-$(aq)	亚硝酸根离子（Nitrite ion）	−104.6	−32.2	123.0	−97.5

化学式	名称	$\dfrac{\Delta H_f^\ominus}{\text{kJ}\cdot\text{mol}^{-1}}$	$\dfrac{\Delta G_f^\ominus}{\text{kJ}\cdot\text{mol}^{-1}}$	$\dfrac{S^\ominus}{\text{J}\cdot\text{mol}^{-1}\cdot\text{K}^{-1}}$	$\dfrac{C_p}{\text{J}\cdot\text{mol}^{-1}\cdot\text{K}^{-1}}$
$NO_3^-(aq)$	硝酸根离子(Nitrate ion)	−207.4	−111.3	146.4	−86.6
$NOBr(g)$	亚硝酰溴(Nitrosyl bromide)	82.2	82.4	273.7	45.5
$NOCl(g)$	亚硝酰氯(Nitrosyl chloride)	51.7	66.1	261.7	44.7
$N_2(g)$	氮气(Nitrogen)	0	0	191.6	29.1
$N_2H_4(l)$	肼(Hydrazine)	50.6	149.3	121.2	98.9
$N_2H_4(g)$	肼(Hydrazine)	95.4	159.4	238.5	48.4
$N_2O(g)$	一氧化二氮(Nitrous oxide)	81.6	103.7	220.0	38.6
$N_2O_4(l)$	四氧化二氮(Nitrogen tetroxide)	−19.5	97.5	209.2	142.7
$N_2O_4(g)$	四氧化二氮(Nitrogen tetroxide)	11.1	99.8	304.4	79.2
$N_2O_5(s)$	五氧化二氮(Nitrogen pentoxide)	−43.1	113.9	178.2	143.1
$N_2O_5(g)$	五氧化二氮(Nitrogen pentoxide)	13.3	117.1	355.7	95.3
钠(Sodium)					
$Na(s)$	钠(Sodium)	0	0	51.3	28.2
$Na(g)$	钠(Sodium)	107.5	77.0	153.7	20.8
$Na^+(aq)$	钠离子(Sodium ion)	−240.1	−261.9	59.0	46.4
$NaBr(s)$	溴化钠(Sodium bromide)	−361.1	−349.0	86.8	51.4
$NaBr(g)$	溴化钠(Sodium bromide)	−143.1	−177.1	241.2	36.3
$NaCl(s)$	氯化钠(Sodium chloride)	−411.2	−384.1	72.1	50.5
$NaCl(aq)$	氯化钠(Sodium chloride)	−407.27	−393.17	115.5	−90.0
$NaClO_3(s)$	氯酸钠(Sodium chlorate)	−365.8	−262.3	123.4	——
$NaClO_4(s)$	高氯酸钠(Sodium perchlorate)	−383.3	−254.9	142.3	——
$NaF(s)$	氟化钠(Sodium fluoride)	−576.6	−546.3	51.1	46.9
$NaH(s)$	氢化钠(Sodium hydride)	−56.3	−33.5	40.0	36.4
$NaI(s)$	碘化钠(Sodium iodide)	−287.8	−286.1	98.5	52.1
$NaNO_3(s)$	硝酸钠(Sodium nitrate)	−467.9	−367.0	116.5	92.9
$NaNO_3(aq)$	硝酸钠(Sodium nitrate)	−447.48	−373.21	205.4	−40.2
$NaOH(s)$	氢氧化钠(Sodium hydroxide)	−425.8	−379.7	64.4	59.5
$NaOH(aq)$	氢氧化钠(Sodium hydroxide)	−469.15	−419.20	48.1	−102.1
$NaHSO_4(s)$	硫酸氢钠(Sodium hydrogen sulfate)	−1125.5	−992.8	113.0	——
$Na_2(g)$	二钠(Disodium)	142.1	103.9	230.2	37.6
$Na_2O(s)$	氧化钠(Sodium oxide)	−414.2	−375.5	75.1	69.1
$Na_2O_2(s)$	过氧化钠(Sodium peroxide)	−510.9	−447.7	95.0	89.2
$Na_2S(s)$	硫化钠(Sodium sulfide)	−364.8	−349.8	83.7	——
$Na_2SO_4(s)$	硫酸钠(Sodium sulfate)	−1387.1	−1270.2	149.6	128.2
氧(Oxygen)					
$O(g)$	氧原子(Oxygen(atomic))	249.2	231.7	161.1	21.9
$OH^-(aq)$	氢氧根离子(Hydroxide ion)	−230.0	−157.2	−10.8	−148.5
$OF_2(g)$	二氟化氧(Fluorine monoxide)	24.5	41.8	247.5	43.3

续表

化学式	名称	$\Delta H_f^{\ominus}$ / kJ·mol^{-1}	$\Delta G_f^{\ominus}$ / kJ·mol^{-1}	$S^{\ominus}$ / J·mol^{-1}·K^{-1}	C_p / J·mol^{-1}·K^{-1}
$O_2(g)$	氧气 (Oxygen)	0	0	205.2	29.4
$O_3(g)$	臭氧 (Ozone)	142.7	163.2	238.9	39.2
磷 (Phosphorus)					
$P(s)$	白磷 (Phosphorus(white))	0	0	41.1	23.8
$P(s)$	红磷 (Phosphorus(red))	-17.6	——	22.8	21.2
$P(s)$	黑磷 (Phosphorus(black))	-39.3	——		
$PCl_3(g)$	三氯化磷 (Phosphorus(Ⅲ) chloride)	-287.0	-267.8	311.8	71.8
$PCl_5(g)$	五氯化磷 (Phosphorus(Ⅴ) chloride)	-374.9	-305.0	364.6	112.8
$PH_3(g)$	膦 (Phosphine)	5.4	13.5	210.2	37.1
$PO_4^{3-}(aq)$	磷酸根离子 (Phosphate ion)	-1277.4	-1018.7	-220.5	——
$P_4(g)$	四磷 (Tetraphosphorus)	58.9	24.4	280.0	67.2
铅 (Lead)					
$Pb(s)$	铅 (Lead)	0	0	64.8	26.4
$Pb^{2+}(aq)$	铅离子 (Lead ion)	-1.7	-24.4	10.5	——
$PbI_2(s)$	二碘化铅 (Lead(Ⅱ) iodide)	-175.5	-173.6	174.9	77.4
$PbO_2(s)$	二氧化铅 (Lead(Ⅳ) oxide)	-277.4	-217.3	68.6	64.6
$PbS(s)$	硫化铅 (Lead(Ⅱ) sulfide)	-100.4	-98.7	91.2	49.5
$PbSO_4(s)$	硫酸铅 (Lead(Ⅱ) sulfate)	-920.0	-813.0	148.5	103.2
铂 (Platinum)					
$Pt(s)$	铂 (Platinum)	0	0	41.6	25.9
硫 (Sulfur)					
$S(s)$	正交硫 (Sulfur(rhombic))	0	0	32.1	22.6
$S(s)$	单斜硫 (Sulfur(monoclinic))	0.3	——		
$S(g)$	硫 (Sulfur)	277.2	236.7	167.8	23.7
$S^{2-}(aq)$	硫离子 (Sulfur ion)	33.1	85.8	-14.6	
$SF_6(g)$	六氟化硫 (Sulfur hexafluoride)	-1220.5	-1116.5	291.5	97.0
$SO_2(g)$	二氧化硫 (Sulfur dioxide)	-296.8	-300.1	248.2	39.9
$SO_2Cl_2(g)$	二氯二氧化硫 (Sulfuryl chloride)	-364.0	-320.0	311.9	77.0
$SO_3(g)$	三氧化硫 (Sulfur trioxide)	-395.7	-371.1	256.8	50.7
$SO_3^{2-}(aq)$	亚硫酸根离子 (Sulfite ion)	-635.5	-486.5	-29.0	——
$SO_4^{2-}(aq)$	硫酸根离子 (Sulfate ion)	-909.3	-744.5	20.1	-293.0
$S_2O_3^{2-}(aq)$	硫代硫酸根离子 (Thiosulfate ion)	-652.3	-522.5	67.0	
硅 (Silicon)					
$Si(s)$	硅 (Silicon)	0	0	18.8	20.0
$SiH_4(g)$	硅烷 (Silane)	34.3	56.9	204.6	42.8
$SiO_2(s)$	α-石英 (Silicon dioxide(α-quartz))	-910.7	-856.3	41.5	44.4
$Si_2H_6(g)$	乙硅烷 (Disilane)	80.3	127.3	272.7	80.8

化学式	名称	$\dfrac{\Delta H_f^\ominus}{\text{kJ}\cdot\text{mol}^{-1}}$	$\dfrac{\Delta G_f^\ominus}{\text{kJ}\cdot\text{mol}^{-1}}$	$\dfrac{S^\ominus}{\text{J}\cdot\text{mol}^{-1}\cdot\text{K}^{-1}}$	$\dfrac{C_p}{\text{J}\cdot\text{mol}^{-1}\cdot\text{K}^{-1}}$
锡(Tin)					
Sn(s)	白锡(Tin(white))	0	0	51.2	27.0
Sn(s)	灰锡(Tin(gray))	−2.1	0.1	44.1	25.8
Sn^{2+}(aq)	锡离子(Tin(II) ion)	−8.8	−27.2	−17.0	——
$SnCl_4$(l)	四氯化锡(Tin(IV) chloride)	−511.3	−440.1	258.6	165.3
SnO(s)	氧化亚锡(Tin(II) oxide)	−280.7	−251.9	57.2	44.3
SnO_2(s)	氧化锡(Tin(IV) oxide)	−577.6	−515.8	49.0	52.6
钛(Titanium)					
Ti(s)	钛(Titanium)	0	0	30.7	25.0
$TiCl_4$(l)	四氯化钛(Titanium(IV) chloride)	−804.2	−737.2	252.3	145.2
$TiCl_4$(g)	四氯化钛(Titanium(IV) chloride)	−763.2	−726.3	353.2	95.4
TiO_2(s)	二氧化钛(Titanium(IV) oxide)	−944.0	−888.8	50.6	55.0
铀(Uranium)					
U(s)	铀(Uranium)	0	0	50.2	27.7
UF_6(s)	六氟化铀(Uranium(VI) fluoride)	−2197.0	−2068.5	227.6	166.8
UF_6(g)	六氟化铀(Uranium(VI) fluoride)	−2147.4	−2063.7	377.9	129.6
UO_2(s)	二氧化铀(Uranium(IV) oxide)	−1085.0	−1031.8	77.0	63.6
锌(Zinc)					
Zn(s)	锌(Zinc)	0	0	41.6	25.4
Zn^{2+}(aq)	锌离子(Zinc ion)	−153.9	−147.1	−112.1	46.0
ZnO(s)	氧化锌(Zinc oxide)	−350.5	−320.5	43.7	40.3
含碳物质					
C(s)	碳、石墨(Carbon, graphite)	0	0	5.7	8.5
C(s)	碳、金刚石(Carbon, diamond)	1.9	2.9	2.4	6.1
C(g)	碳(Carbon)	716.7	671.3	158.1	20.8
CCl_4(l)	四氯化碳(Tetrachloromethane)	−128.2	——	——	130.7
CCl_4(g)	四氯化碳(Tetrachloromethane)	−95.7	——	——	83.3
CH_4(g)	甲烷(Methane)	−74.6	−50.5	186.3	35.7
C_2H_2(g)	乙炔(Acetylene)	227.4	209.9	200.9	44.0
C_2H_4(g)	乙烯(Ethylene)	52.4	68.4	219.3	42.9
C_2H_6(g)	乙烷(Ethane)	−84.0	−32.0	229.2	52.5
C_3H_8(g)	丙烷(Propane)	−103.8	−23.4	270.3	73.6
C_4H_{10}(g)	丁烷(Butane)	−125.7	——	——	——
C_5H_{12}(g)	戊烷(Pentane)	−146.9	——	——	——
C_6H_6(l)	苯(Benzene)	49.1	124.5	173.4	136.0
C_6H_6(g)	苯(Benzene)	82.9	129.7	269.2	82.4
C_6H_{12}(l)	环己烷(Cyclohexane)	−156.4	——	——	154.9
C_6H_{12}(g)	环己烷(Cyclohexane)	−123.4	——	——	——

续表

化学式	名称	$\Delta H_f^\ominus$ / kJ·mol⁻¹	$\Delta G_f^\ominus$ / kJ·mol⁻¹	$S^\ominus$ / J·mol⁻¹·K⁻¹	C_p / J·mol⁻¹·K⁻¹
$C_{10}H_8(s)$	萘(Naphthalene)	78.5	201.6	167.4	165.7
$C_{10}H_8(g)$	萘(Naphthalene)	150.6	224.1	333.1	131.9
$CH_2O(g)$	甲醛(Formaldehyde)	−108.6	−102.5	218.8	35.4
$CH_3CHO(l)$	乙醛(Acetaldehyde)	−192.2	−127.6	160.2	89.0
$CH_3CHO(g)$	乙醛(Acetaldehyde)	−166.2	−133.0	263.8	55.3
$CH_3OH(l)$	甲醇(Methanol)	−239.2	−166.6	126.8	81.1
$CH_3OH(g)$	甲醇(Methanol)	−201.0	−162.3	239.9	44.1
$CH_3CH_2OH(l)$	乙醇(Ethanol)	−277.6	−174.8	160.7	112.3
$CH_3CH_2OH(g)$	乙醇(Ethanol)	−234.8	−167.9	281.6	65.6
$C_6H_5OH(s)$	苯酚(Phenol)	−165.1	——	144.0	127.4
$(CH_3)_2CO(l)$	丙酮(Acetone)	−248.4	——	199.8	126.3
$(CH_3)_2CO(g)$	丙酮(Acetone)	−217.1	−152.7	295.3	74.5
$CH_3COOH(l)$	乙酸(Acetic acid)	−484.3	−389.9	159.8	123.3
$CH_3COOH(g)$	乙酸(Acetic acid)	−432.2	−374.2	283.5	63.4
$CH_3COO^-(aq)$	乙酸根离子(Acetate ion)	−486.0	−369.3	86.6	−6.3
$C_6H_5COOH(s)$	苯甲酸(Benzoic acid)	−385.2	——	167.6	146.8
$CH_3NH_2(g)$	甲胺(Methylamine)	−22.5	32.7	242.9	50.1
$C_6H_5NH_2(l)$	苯胺(Aniline)	31.6	——	——	191.9
$C_6H_5NH_2(g)$	苯胺(Aniline)	87.5	−7.0	317.9	107.9
$C_2N_2(g)$	氰(Cyanogen)	306.7	——	241.9	56.8
$CO(g)$	一氧化碳(Carbon monoxide)	−110.5	−137.2	197.7	29.1
$CO_2(g)$	二氧化碳(Carbon dioxide)	−393.5	−394.4	213.8	37.1
$CO_3^{2-}(aq)$	碳酸根离子(Carbonate ion)	−677.1	−527.8	−56.9	——
$COCl_2(g)$	碳酰氯(Carbonyl chloride)	−219.1	−204.9	283.5	57.7
$COS(g)$	氧硫化碳(Carbon oxysulfide)	−142.0	−169.2	231.6	41.5
$CS_2(l)$	二硫化碳(Carbon disulfide)	89.0	64.6	151.3	76.4
$CS_2(g)$	二硫化碳(Carbon disulfide)	116.7	67.1	237.8	45.4
$BaCO_3(s)$	碳酸钡(Barium carbonate)	−1213.0	−1134.4	112.1	86.0
$CaCO_3(s)$	碳酸钙、方解石(Calcium carbonate, calcite)	−1207.6	−1129.1	91.7	83.5
$CaCO_3(s)$	碳酸钙、文石(Calcium carbonate, aragonite)	−1207.8	−1128.2	88.0	82.3
$CdCO_3(s)$	碳酸镉(Cadmium carbonate)	−750.6	−669.4	92.5	——
$MgCO_3(s)$	碳酸镁(Magnesium carbonate)	−1095.8	−1012.1	65.7	75.5
$Na_2CO_3(s)$	碳酸钠(Sodium carbonate)	−1130.7	−1044.4	135.0	112.3
$NaHCO_3(s)$	碳酸氢钠(Sodium hydrogen carbonate)	−950.8	−851.0	101.7	87.6
$PbCO_3(s)$	碳酸铅(Lead(II) carbonate)	−699.1	−625.5	131.0	87.4
$ZnCO_3(s)$	碳酸锌(Zinc carbonate)	−812.8	−731.5	82.4	79.7

表 C.2　298.15 K 下各种化学平衡常数

A. 常见弱酸的酸式电离常数

化学式	名称	$K_a^\ominus$	化学式	名称	$K_a^\ominus$
无机弱酸			H_2Se	硒化氢	$1.3 \times 10^{-4}(K_{a1}^\ominus)$
H_3AsO_4	砷酸	$5.5 \times 10^{-3}(K_{a1}^\ominus)$			$1.0 \times 10^{-11}(K_{a2}^\ominus)$
		$1.7 \times 10^{-7}(K_{a2}^\ominus)$	H_2SeO_3	亚硒酸	$2.4 \times 10^{-3}(K_{a1}^\ominus)$
		$5.1 \times 10^{-12}(K_{a3}^\ominus)$			$4.8 \times 10^{-9}(K_{a2}^\ominus)$
H_2CO_3	碳酸	$4.5 \times 10^{-7}(K_{a1}^\ominus)$	H_2SeO_4	硒酸	$2.0 \times 10^{-2}(K_{a2}^\ominus)$
		$4.7 \times 10^{-11}(K_{a2}^\ominus)$	H_2Te	碲化氢	$3 \times 10^{-3}(K_{a1}^\ominus)$
$HClO_2$	亚氯酸	1.1×10^{-2}			$1 \times 10^{-11}(K_{a2}^\ominus)$
HCN	氢氰酸	6.2×10^{-10}	有机弱酸		
$HCNO$	氰酸	3.5×10^{-4}	$HCOOH$	甲酸	1.8×10^{-4}
HF	氢氟酸	6.3×10^{-4}	CCl_3COOH	三氯乙酸	2.2×10^{-1}
HIO_3	碘酸	1.7×10^{-1}	$CHCl_2COOH$	二氯乙酸	4.5×10^{-2}
HN_3	叠氮酸	3×10^{-5}	$HOOCCOOH$	草酸	$5.6 \times 10^{-2}(K_{a1}^\ominus)$
HNO_2	亚硝酸	5.6×10^{-4}			$1.5 \times 10^{-4}(K_{a2}^\ominus)$
H_2O_2	过氧化氢	2.4×10^{-12}	$CH_2BrCOOH$	溴乙酸	1.3×10^{-3}
$HOBr$	次溴酸	2.8×10^{-9}	$CH_2ClCOOH$	氯乙酸	1.3×10^{-3}
$HOCl$	次氯酸	4.0×10^{-8}	CH_2FCOOH	氟乙酸	2.6×10^{-3}
HOI	次碘酸	3×10^{-11}	CH_2ICOOH	碘乙酸	6.6×10^{-4}
H_3PO_3	亚磷酸	$5 \times 10^{-2}(K_{a1}^\ominus)$	CH_3COOH	乙酸	1.75×10^{-5}
		$2.0 \times 10^{-7}(K_{a2}^\ominus)$	$HOOCCH_2COOH$	丙二酸	$1.4 \times 10^{-3}(K_{a1}^\ominus)$
H_3PO_4	磷酸	$6.9 \times 10^{-3}(K_{a1}^\ominus)$			$2.0 \times 10^{-6}(K_{a2}^\ominus)$
		$6.2 \times 10^{-8}(K_{a2}^\ominus)$	C_2H_5COOH	丙酸	1.3×10^{-5}
		$4.8 \times 10^{-13}(K_{a3}^\ominus)$	$HOOCC_2H_4COOH$	丁二酸	$6.2 \times 10^{-5}(K_{a1}^\ominus)$
$H_4P_2O_7$	焦磷酸	$1.2 \times 10^{-1}(K_{a1}^\ominus)$			$2.3 \times 10^{-6}(K_{a2}^\ominus)$
		$7.9 \times 10^{-3}(K_{a2}^\ominus)$	C_3H_7COOH	丁酸	1.5×10^{-5}
		$2.0 \times 10^{-7}(K_{a3}^\ominus)$	C_6H_5OH	苯酚	1.0×10^{-10}
		$4.8 \times 10^{-10}(K_{a4}^\ominus)$	C_6H_5SH	苯硫酚	2.4×10^{-7}
H_2S	硫化氢	$8.9 \times 10^{-8}(K_{a1}^\ominus)$	$C_3H_5O(COOH)_3$	柠檬酸	$7.4 \times 10^{-4}(K_{a1}^\ominus)$
		$1 \times 10^{-13}(K_{a2}^\ominus)$			$1.7 \times 10^{-5}(K_{a2}^\ominus)$
H_2SO_3	亚硫酸	$1.4 \times 10^{-2}(K_{a1}^\ominus)$			$4.0 \times 10^{-7}(K_{a3}^\ominus)$
		$6 \times 10^{-8}(K_{a2}^\ominus)$	C_6H_5COOH	苯甲酸	6.25×10^{-5}
H_2SO_4	硫酸	$1.0 \times 10^{-2}(K_{a2}^\ominus)$	$C_6H_5CH_2COOH$	苯乙酸	4.9×10^{-5}

B. 常见弱碱的碱式电离常数

化学式	名称	$K_b^\ominus$	化学式	名称	$K_b^\ominus$
CH_3NH_2	甲胺	4.6×10^{-4}	$(C_2H_5)_3N$	三乙胺	5.6×10^{-4}
$C_2H_5NH_2$	乙胺	4.5×10^{-4}	$(C_2H_5O)_3N$	三乙醇胺	5.8×10^{-7}
$(CH_3)_2NH$	二甲胺	5.4×10^{-4}	C_9H_7N	喹啉	7.9×10^{-10}

续表

化学式	名称	$K_b^{\ominus}$	化学式	名称	$K_b^{\ominus}$
$(CH_3)_3N$	三甲胺	6.3×10^{-5}	C_9H_7N	异喹啉	2.5×10^{-9}
$C_3H_7NH_2$	丙胺	3.5×10^{-4}	$C_{17}H_{19}O_3N$	吗啡	$7.1 \times 10^{-5}(K_{b1}^{\ominus})$
$(C_2H_5)_2NH$	二乙胺	6.9×10^{-4}			$1.6 \times 10^{-6}(K_{b2}^{\ominus})$
C_5H_5N	吡啶	1.7×10^{-9}	NH_3	氨	1.8×10^{-5}
$C_5H_{11}N$	哌啶	1.33×10^{-3}	NH_2NH_2	联氨	1×10^{-6}
$C_6H_5NH_2$	苯胺	7.4×10^{-10}	NH_2OH	羟胺	8.7×10^{-9}

C. 常见难溶电解质的溶度积常数

化学式	$K_{sp}^{\ominus}$	化学式	$K_{sp}^{\ominus}$	化学式	$K_{sp}^{\ominus}$
$AgBr$	5.35×10^{-13}	$CaSO_4$	4.93×10^{-5}	$MgCO_3$	6.82×10^{-6}
$AgCl$	1.77×10^{-10}	$CdCO_3$	1.0×10^{-12}	MgF_2	5.16×10^{-11}
Ag_2CO_3	8.46×10^{-12}	CdS	8.0×10^{-27}	$Mg(OH)_2$	5.61×10^{-12}
Ag_2CrO_4	1.12×10^{-12}	$CoCO_3$	1.4×10^{-13}	$MnCO_3$	2.34×10^{-11}
AgI	8.52×10^{-17}	$\alpha-CoS$	4.0×10^{-21}	MnS	2.5×10^{-13}
Ag_2S	6.3×10^{-50}	$\beta-CoS$	2.0×10^{-25}	$NiCO_3$	1.42×10^{-7}
$Al(OH)_3$	1.3×10^{-33}	$Cr(OH)_3$	6.3×10^{-31}	$Ni(OH)_2$	5.48×10^{-16}
$AlPO_4$	9.84×10^{-21}	CuI	1.27×10^{-12}	$PbCO_3$	7.4×10^{-14}
$BaCO_3$	2.58×10^{-9}	$Cu(OH)_2$	2.2×10^{-20}	PbC_2O_4	4.8×10^{-10}
$BaCrO_4$	1.17×10^{-10}	CuS	6.3×10^{-36}	$PbCl_2$	1.70×10^{-5}
BaF_2	1.84×10^{-7}	Cu_2S	2.5×10^{-48}	$PbCrO_4$	2.8×10^{-13}
$Ba(OH)_2 \cdot 8H_2O$	2.55×10^{-4}	$Fe(OH)_2$	4.87×10^{-17}	PbI_2	9.8×10^{-9}
$BaSO_4$	1.08×10^{-10}	$Fe(OH)_3$	2.79×10^{-39}	$Pb(OH)_2$	1.43×10^{-15}
$BeCO_3 \cdot 4H_2O$	1×10^{-3}	$FePO_4 \cdot 2H_2O$	9.91×10^{-16}	PbS	8.0×10^{-28}
$Be(OH)_2$	6.92×10^{-22}	FeS	6.3×10^{-18}	$PbSO_4$	2.53×10^{-8}
$Bi(OH)_3$	6.0×10^{-31}	Hg_2Cl_2	1.43×10^{-18}	$SrCO_3$	5.60×10^{-10}
$CaCO_3$	2.8×10^{-9}	$\alpha-HgS$	4×10^{-53}	$SrSO_4$	3.44×10^{-7}
$CaC_2O_4 \cdot H_2O$	2.32×10^{-9}	$\beta-HgS$	1.6×10^{-52}	$ZnCO_3$	1.46×10^{-10}
CaF_2	5.3×10^{-9}	Li_2CO_3	2.5×10^{-2}	$Zn(OH)_2$	3×10^{-17}
$Ca(OH)_2$	5.02×10^{-6}	Li_3PO_4	2.37×10^{-11}	ZnS	1.6×10^{-24}

D. 常见配位单元的稳定常数

化学式	$K_{稳}^{\ominus}$	化学式	$K_{稳}^{\ominus}$	化学式	$K_{稳}^{\ominus}$
$[AuCl_4]^-$	1.5×10^{25}	$[Mn(EDTA)]^{2-}$	5×10^{13}	$[Co(NH_3)_6]^{2+}$	1.3×10^5
$[HgCl_4]^{2-}$	1.2×10^{15}	$[Ni(EDTA)]^{2-}$	3.6×10^{18}	$[Co(NH_3)_6]^{3+}$	2×10^{35}
$[PdCl_4]^{2-}$	5.0×10^{15}	$[Zn(EDTA)]^{2-}$	2.5×10^{16}	$[Cu(NH_3)_4]^{2+}$	2.1×10^{13}
$[PtCl_4]^{2-}$	1×10^{16}	$[Co(en)_3]^{2+}$	8.7×10^{13}	$[Ni(NH_3)_6]^{2+}$	5.5×10^8
$[Au(CN)_2]^-$	2.0×10^{38}	$[Co(en)_3]^{3+}$	4.9×10^{48}	$[Pt(NH_3)_6]^{2+}$	2×10^{35}
$[Cu(CN)_2]^-$	1×10^{24}	$[Cu(en)_2]^{2+}$	1.0×10^{21}	$[Zn(NH_3)_4]^{2+}$	2.9×10^9
$[Cu(CN)_4]^{3-}$	2.0×10^{30}	$[Ni(en)_3]^{2+}$	2.1×10^{18}	$[Bi(OH)_4]^-$	2×10^{35}

续表

化学式	$K_稳^\ominus$	化学式	$K_稳^\ominus$	化学式	$K_稳^\ominus$
$[Fe(CN)_6]^{4-}$	1×10^{35}	$[Zn(en)_3]^{2+}$	1.3×10^{14}	$[Cu(OH)_4]^{2-}$	3.2×10^{18}
$[Fe(CN)_6]^{3-}$	1×10^{42}	$[AlF_6]^{3-}$	6.9×10^{19}	$[Al(OH)_4]^-$	1.1×10^{33}
$[Ni(CN)_4]^{2-}$	2.0×10^{31}	FeF_3	1.1×10^{12}	$[Be(OH)_3]^-$	1.6×10^{15}
$[Zn(CN)_4]^{2-}$	5.0×10^{16}	$[CuI_2]^-$	7.1×10^{8}	$[Fe(ox)_3]^{4-}$	1.7×10^{5}
$[Ca(EDTA)]^{2-}$	1×10^{11}	$[HgI_4]^{2-}$	6.8×10^{29}	$[Fe(ox)_3]^{3-}$	2×10^{20}
$[Cu(EDTA)]^{2-}$	5×10^{18}	$[Ag(NH_3)_2]^+$	1.1×10^{7}	$[Fe(SCN)_2]^+$	2.3×10^{3}

表 C.3　298.15 K 下的标准还原电极电势

还原半反应	$E^\ominus/V$
标准酸性溶液(pH = 0)	
$F_2(g) + 2H^+(aq) + 2e^- \longrightarrow 2HF(aq)$	+3.053
$O_3(g) + 2H^+(aq) + 2e^- \longrightarrow O_2(g) + H_2O(l)$	+2.076
$HFeO_4^-(aq) + 7H^+(aq) + 3e^- \longrightarrow Fe^{3+}(aq) + 4H_2O(l)$	+2.07
$S_2O_8^{2-}(aq) + 2e^- \longrightarrow 2SO_4^{2-}(aq)$	+2.010
$Co^{3+}(aq) + e^- \longrightarrow Co^{2+}(aq)$	+1.92
$H_2O_2(aq) + 2H^+(aq) + 2e^- \longrightarrow 2H_2O(l)$	+1.776
$N_2O(g) + 2H^+(aq) + 2e^- \longrightarrow N_2(g) + H_2O(l)$	+1.766
$Au^+(aq) + e^- \longrightarrow Au(s)$	+1.692
$HClO_2(aq) + 2H^+(aq) + 2e^- \longrightarrow HClO(aq) + H_2O(l)$	+1.645
$2HClO(aq) + 2H^+(aq) + 2e^- \longrightarrow Cl_2(g) + 2H_2O(l)$	+1.611
$Mn^{3+}(aq) + e^- \longrightarrow Mn^{2+}(aq)$	+1.5415
$MnO_4^-(aq) + 8H^+(aq) + 5e^- \longrightarrow Mn^{2+}(aq) + 4H_2O(l)$	+1.507
$Au^{3+}(aq) + 3e^- \longrightarrow Au(s)$	+1.498
$PbO_2(s) + 4H^+(aq) + 2e^- \longrightarrow Pb^{2+}(aq) + 2H_2O(l)$	+1.455
$ClO_3^-(aq) + 6H^+(aq) + 6e^- \longrightarrow Cl^-(aq) + 3H_2O(l)$	+1.451
$2NH_3OH^+(aq) + H^+(aq) + 2e^- \longrightarrow N_2H_5^+(aq) + 2H_2O(l)$	+1.42
$ClO_4^-(aq) + 8H^+(aq) + 8e^- \longrightarrow Cl^-(aq) + 4H_2O(l)$	+1.389
$Cr_2O_7^{2-}(aq) + 14H^+(aq) + 6e^- \longrightarrow 2Cr^{3+}(aq) + 7H_2O(l)$	+1.36
$Cl_2(g) + 2e^- \longrightarrow 2Cl^-(aq)$	+1.35827
$O_2(g) + 4H^+(aq) + 4e^- \longrightarrow 2H_2O(l)$	+1.229
$MnO_2(s) + 4H^+(aq) + 2e^- \longrightarrow Mn^{2+}(aq) + 2H_2O(l)$	+1.224
$ClO_3^-(aq) + 3H^+(aq) + 2e^- \longrightarrow HClO_2(aq) + H_2O(l)$	+1.214
$2IO_3^-(aq) + 12H^+(aq) + 10e^- \longrightarrow I_2(aq) + 6H_2O(l)$	+1.195
$ClO_4^-(aq) + 2H^+(aq) + 2e^- \longrightarrow ClO_3^-(aq) + H_2O(l)$	+1.189
$Pt^{2+}(aq) + 2e^- \longrightarrow Pt(s)$	+1.18
$Cu^{2+}(aq) + 2CN^-(aq) + e^- \longrightarrow [Cu(CN)_2]^-(aq)$	+1.103
$IO_3^-(aq) + 6H^+(aq) + 6e^- \longrightarrow I^-(aq) + 3H_2O(l)$	+1.085
$Br_2(l) + 2e^- \longrightarrow 2Br^-(aq)$	+1.066

续表

还原半反应	$E^{\ominus}/V$
$N_2O_4(g) + 2H^+(aq) + 2e^- \longrightarrow 2HNO_2(aq)$	+1.065
$[AuCl_4]^-(aq) + 3e^- \longrightarrow Au(s) + 4Cl^-(aq)$	+1.002
$HNO_2(aq) + H^+(aq) + e^- \longrightarrow NO(g) + H_2O(l)$	+0.983
$NO_3^-(aq) + 4H^+(aq) + 3e^- \longrightarrow NO(g) + 2H_2O(l)$	+0.957
$NO_3^-(aq) + 3H^+(aq) + 2e^- \longrightarrow HNO_2(aq) + H_2O(l)$	+0.934
$2Hg^{2+}(aq) + 2e^- \longrightarrow Hg_2^{2+}(aq)$	+0.920
$Hg^{2+}(aq) + 2e^- \longrightarrow Hg(l)$	+0.851
$2NO_3^-(aq) + 4H^+(aq) + 2e^- \longrightarrow N_2O_4(g) + 2H_2O(l)$	+0.803
$Ag^+(aq) + e^- \longrightarrow Ag(s)$	+0.7996
$Fe^{3+}(aq) + e^- \longrightarrow Fe^{2+}(aq)$	+0.771
$[PtCl_4]^{2-}(aq) + 2e^- \longrightarrow Pt(s) + 4Cl^-(aq)$	+0.755
$O_2(g) + 2H^+(aq) + 2e^- \longrightarrow H_2O_2(aq)$	+0.695
$I_3^-(aq) + 2e^- \longrightarrow 3I^-(aq)$	+0.536
$I_2(s) + 2e^- \longrightarrow 2I^-(aq)$	+0.5355
$H_2SO_3(aq) + 4H^+(aq) + 4e^- \longrightarrow S(s) + 3H_2O(l)$	+0.449
$[Fe(CN)_6]^{3-}(aq) + e^- \longrightarrow [Fe(CN)_6]^{4-}(aq)$	+0.358
$Cu^{2+}(aq) + 2e^- \longrightarrow Cu(s)$	+0.3419
$Hg_2Cl_2(s) + 2e^- \longrightarrow 2Hg(l) + 2Cl^-(aq)$	+0.26808
$AgCl(s) + e^- \longrightarrow Ag(s) + Cl^-(aq)$	+0.22233
$SO_4^{2-}(aq) + 4H^+(aq) + 2e^- \longrightarrow SO_2(g) + 2H_2O(l)$	+0.172
$Cu^{2+}(aq) + e^- \longrightarrow Cu^+(aq)$	+0.153
$Sn^{4+}(aq) + 2e^- \longrightarrow Sn^{2+}(aq)$	+0.151
$Sn(OH)_3^+(aq) + 3H^+(aq) + 2e^- \longrightarrow Sn^{2+}(aq) + 3H_2O(l)$	+0.142
$S(s) + 2H^+(aq) + 2e^- \longrightarrow H_2S(g)$	+0.142
$N_2(g) + 2H_2O(l) + 6H^+(aq) + 6e^- \longrightarrow 2NH_4OH(aq)$	+0.092
$S_4O_6^{2-}(aq) + 2e^- \longrightarrow 2S_2O_3^{2-}(aq)$	+0.08
$2H^+(aq) + 2e^- \longrightarrow H_2(g)$	0
$TiOH^{3+}(aq) + H^+(aq) + e^- \longrightarrow Ti^{3+}(aq) + H_2O(l)$	−0.055
$SnO_2(s) + 4H^+(aq) + 2e^- \longrightarrow Sn^{2+}(aq) + 2H_2O(l)$	−0.094
$Pb^{2+}(aq) + 2e^- \longrightarrow Pb(s)$	−0.1262
$Sn^{2+}(aq) + 2e^- \longrightarrow Sn(s)$	−0.1375
$CO_2(g) + 2H^+(aq) + 2e^- \longrightarrow HCOOH(aq)$	−0.199
$Ni^{2+}(aq) + 2e^- \longrightarrow Ni(s)$	−0.257
$H_3PO_4(aq) + 2H^+(aq) + 2e^- \longrightarrow H_3PO_3(aq) + H_2O(l)$	−0.276
$Co^{2+}(aq) + 2e^- \longrightarrow Co(s)$	−0.28
$Ti^{3+}(aq) + e^- \longrightarrow Ti^{2+}(aq)$	−0.369
$Cr^{3+}(aq) + e^- \longrightarrow Cr^{2+}(aq)$	−0.407
$Fe^{2+}(aq) + 2e^- \longrightarrow Fe(s)$	−0.447
$H_3PO_3(aq) + 2H^+(aq) + 2e^- \longrightarrow H_3PO_2(aq) + H_2O(l)$	−0.499

续表

续表

还原半反应	$E^{\ominus}/V$
$TiO_2(s) + 4H^+(aq) + 2e^- \longrightarrow Ti^{2+}(aq) + 2H_2O(l)$	−0.502
$H_3PO_2(aq) + H^+(aq) + e^- \longrightarrow P(s) + 2H_2O(l)$	−0.508
$Cr^{3+}(aq) + 3e^- \longrightarrow Cr(s)$	−0.744
$Zn^{2+}(aq) + 2e^- \longrightarrow Zn(s)$	−0.7618
$Mn^{2+}(aq) + 2e^- \longrightarrow Mn(s)$	−1.185
$Ti^{2+}(aq) + 2e^- \longrightarrow Ti(s)$	−1.628
$Al^{3+}(aq) + 3e^- \longrightarrow Al(s)$	−1.676
$Mg^{2+}(aq) + 2e^- \longrightarrow Mg(s)$	−2.372
$Na^+(aq) + e^- \longrightarrow Na(s)$	−2.71
$Ca^{2+}(aq) + 2e^- \longrightarrow Ca(s)$	−2.868
$Sr^{2+}(aq) + 2e^- \longrightarrow Sr(s)$	−2.899
$K^+(aq) + e^- \longrightarrow K(s)$	−2.931
$Cs^+(aq) + e^- \longrightarrow Cs(s)$	−3.026
$Li^+(aq) + e^- \longrightarrow Li(s)$	−3.0401
$3N_2(g) + 2H^+(aq) + 2e^- \longrightarrow 2HN_3(aq)$	−3.09
标准碱性溶液(pH = 14)	
$F_2(g) + 2e^- \longrightarrow 2F^-(aq)$	+2.866
$O_3(g) + H_2O(l) + 2e^- \longrightarrow O_2(g) + 2OH^-(aq)$	+1.24
$HO_2^-(aq) + H_2O(l) + 2e^- \longrightarrow 3OH^-(aq)$	+0.878
$N_2O_4(g) + 2e^- \longrightarrow 2NO_2^-(aq)$	+0.867
$ClO^-(aq) + H_2O(l) + 2e^- \longrightarrow Cl^-(aq) + 2OH^-(aq)$	+0.81
$ClO_2^-(aq) + H_2O(l) + 2e^- \longrightarrow OCl^-(aq) + 2OH^-(aq)$	+0.66
$MnO_4^{2-}(aq) + 2H_2O(l) + 2e^- \longrightarrow MnO_2(s) + 4OH^-(aq)$	+0.60
$MnO_4^-(aq) + e^- \longrightarrow MnO_4^{2-}(aq)$	+0.558
$O_2(g) + 2H_2O(l) + 4e^- \longrightarrow 4OH^-(aq)$	+0.401
$ClO_4^-(aq) + H_2O(l) + 2e^- \longrightarrow ClO_3^-(aq) + 2OH^-(aq)$	+0.36
$Ag_2O(s) + H_2O(l) + 2e^- \longrightarrow 2Ag(s) + 2OH^-(aq)$	+0.342
$ClO_3^-(aq) + H_2O(l) + 2e^- \longrightarrow ClO_2^-(aq) + 2OH^-(aq)$	+0.33
$Co(OH)_3(s) + e^- \longrightarrow Co(OH)_2(s) + OH^-(aq)$	+0.17
$Mn(OH)_3(s) + e^- \longrightarrow Mn(OH)_2(s) + OH^-(aq)$	+0.15
$HgO(s) + H_2O(l) + 2e^- \longrightarrow Hg(l) + 2OH^-(aq)$	+0.0977
$2Cu(OH)_2(s) + 2e^- \longrightarrow Cu_2O(s) + 2OH^-(aq) + H_2O(l)$	−0.080
$CrO_4^{2-}(aq) + 4H_2O(l) + 3e^- \longrightarrow Cr(OH)_3(s) + 5OH^-(aq)$	−0.13
$Cu_2O(s) + H_2O(l) + 2e^- \longrightarrow 2Cu(s) + 2OH^-(aq)$	−0.360
$S(g) + 2e^- \longrightarrow S^{2-}(aq)$	−0.47627
$B(OH)_3(s) + 7H^+(aq) + 8e^- \longrightarrow BH_4^-(aq) + 3H_2O(l)$	−0.481
$NiO_2(s) + 2H_2O(l) + 2e^- \longrightarrow Ni(OH)_2(s) + 2OH^-(aq)$	−0.490
$Fe(OH)_3(s) + e^- \longrightarrow Fe(OH)_2(s) + OH^-(aq)$	−0.56
$2SO_3^{2-}(aq) + 3H_2O(l) + 4e^- \longrightarrow S_2O_3^{2-}(aq) + 6OH^-(aq)$	−0.571

续表

还原半反应	$E^{\ominus}/V$
$Ag_2S(s) + 2e^- \longrightarrow 2Ag(s) + S^{2-}(aq)$	-0.691
$Ni(OH)_2(s) + 2e^- \longrightarrow Ni(s) + 2OH^-(aq)$	-0.72
$Co(OH)_2(s) + 2e^- \longrightarrow Co(s) + 2OH^-(aq)$	-0.73
$2H_2O(l) + 2e^- \longrightarrow H_2(g) + 2OH^-(aq)$	-0.8277
$2NO_3^-(aq) + 2H_2O(l) + 2e^- \longrightarrow N_2O_4(g) + 4OH^-(aq)$	-0.85
$P(s) + 3H_2O(l) + 3e^- \longrightarrow PH_3(g) + 3OH^-(aq)$	-0.87
$HSnO_2^-(aq) + H_2O(l) + 2e^- \longrightarrow Sn(s) + 3OH^-(aq)$	-0.909
$Sn(OH)_6^{2-}(aq) + 2e^- \longrightarrow HSnO_2^-(aq) + 3OH^-(aq) + H_2O(l)$	-0.93
$SO_4^{2-}(aq) + H_2O(l) + 2e^- \longrightarrow SO_3^{2-}(aq) + 2OH^-(aq)$	-0.93
$PO_4^{3-}(aq) + 2H_2O(l) + 2e^- \longrightarrow HPO_3^{2-}(aq) + 3OH^-(aq)$	-1.05
$ZnO_2^{2-}(aq) + 2H_2O(l) + 2e^- \longrightarrow Zn(s) + 4OH^-(aq)$	-1.215
$SiF_6^{2-}(aq) + 4e^- \longrightarrow Si(s) + 6F^-(aq)$	-1.24
$Zn(OH)_2(s) + 2e^- \longrightarrow Zn(s) + 2OH^-(aq)$	-1.249
$ZnO(s) + H_2O(l) + 2e^- \longrightarrow Zn(s) + 2OH^-(aq)$	-1.260
$Cr(OH)_3(s) + 3e^- \longrightarrow Cr(s) + 3OH^-(aq)$	-1.48
$Mn(OH)_2(s) + 2e^- \longrightarrow Mn(s) + 2OH^-(aq)$	-1.56
$HPO_3^{2-}(aq) + 2H_2O(l) + 2e^- \longrightarrow H_2PO_2^-(aq) + 3OH^-(aq)$	-1.65
$SiO_3^{2-}(aq) + 3H_2O(l) + 4e^- \longrightarrow Si(s) + 6OH^-(aq)$	-1.697
$HPO_3^{2-}(aq) + 2H_2O(l) + 3e^- \longrightarrow P(s) + 5OH^-(aq)$	-1.71
$AlF_6^{3-}(aq) + 3e^- \longrightarrow Al(s) + 6F^-(aq)$	-2.069
$Al(OH)_4^-(aq) + 3e^- \longrightarrow Al(s) + 4OH^-(aq)$	-2.310
$Mg(OH)_2(s) + 2e^- \longrightarrow Mg(s) + 2OH^-(aq)$	-2.690
$Sr(OH)_2(s) + 2e^- \longrightarrow Sr(s) + 2OH^-(aq)$	-2.88

主要参考书目

[1] 杨娟. 普通化学(英汉双语版). 北京:北京大学出版社,2023.

[2] 高松,苏成勇. 高等学校化学类专业人才培养战略研究报告暨核心课程体系. 北京:高等教育出版社,2024.

[3] Petrucci R H,Herring F G,Madura J D,et al. General chemistry: Principles and modern applications. 10th ed. New York: Pearson,2010.

[4] 华彤文,王颖霞,卞江,等. 普通化学原理. 4版. 北京:北京大学出版社,2013.

[5] 宋天佑,程鹏,徐家宁,等. 无机化学:上册. 4版. 北京:高等教育出版社,2019.

[6] 高松,王剑波. 化学大辞典. 北京:科学出版社,2017.

[7] Anderson J G. University chemistry: Frontiers and foundations from a global and molecular perspective. Cambridge:The MIT Press,2022.

[8] Atkins P,Overton T,Rourke J,et al. Inorganic chemistry. 5th ed. Oxford: Oxford University Press,2010.

[9] Oxtoby D W,Gillis H P,Butler L J. Principles of modern chemistry. 8th ed. Boston:Cengage Learning,2015.

[10] 彭笑刚. 大学化学讲义. 北京:高等教育出版社,2022.

[11] 周公度,段连运. 结构化学基础. 4版. 北京:北京大学出版社,2008.

[12] 李炳瑞. 结构化学. 4版. 北京:高等教育出版社,2020.

[13] 侯文华,傅献彩. 物理化学. 6版. 北京:高等教育出版社,2022.

[14] 高松. 普通化学. 北京:北京大学出版社,2013.

[15] 麦松威,周公度,王颖霞,等. 高等无机结构化学. 3版. 北京:北京大学出版社,2021.

[16] Li W K,Zhou G D,Mak T C W. Advanced structural inorganic chemistry. Oxford: Oxford University Press,2008.

[17] 大连理工大学无机化学教研室. 无机化学. 6版. 北京:高等教育出版社,2018.

[18] 张祖德. 无机化学. 2版. 合肥:中国科学技术大学出版社,2014.

[19] Brown T L,LeMay H E,Bursten B E,et al. Chemistry: The central science. 14th ed. New York: Pearson,2018.

[20] Zumdahl S S,Zumdahl S A. Chemistry. 9th ed. Boston:Cengage Learning,2014.

[21] Tro N J. Principles of Chemistry: A molecular approach. 3rd ed. New York: Pearson,2016.

[22] 南京大学《无机及分析化学》编写组. 无机及分析化学. 5版. 北京:高等教育出版社,2015.

[23] 浙江大学普通化学教研组. 普通化学. 7版. 北京:高等教育出版社,2020.

[24] 展树中,刘静,杨少容. 大学化学. 2版. 北京:高等教育出版社,2019.

郑重声明

高等教育出版社依法对本书享有专有出版权。任何未经许可的复制、销售行为均违反《中华人民共和国著作权法》，其行为人将承担相应的民事责任和行政责任；构成犯罪的，将被依法追究刑事责任。为了维护市场秩序，保护读者的合法权益，避免读者误用盗版书造成不良后果，我社将配合行政执法部门和司法机关对违法犯罪的单位和个人进行严厉打击。社会各界人士如发现上述侵权行为，希望及时举报，我社将奖励举报有功人员。

反盗版举报电话　（010）58581999　58582371
反盗版举报邮箱　dd@hep.com.cn
通信地址　北京市西城区德外大街4号
　　　　　高等教育出版社知识产权与法律事务部
邮政编码　100120

读者意见反馈

为收集对教材的意见建议，进一步完善教材编写并做好服务工作，读者可将对本教材的意见建议通过如下渠道反馈至我社。

咨询电话　400-810-0598
反馈邮箱　hepsci@pub.hep.cn
通信地址　北京市朝阳区惠新东街4号富盛大厦1座
　　　　　高等教育出版社理科事业部
邮政编码　100029

防伪查询说明

用户购书后刮开封底防伪涂层，使用手机微信等软件扫描二维码，会跳转至防伪查询网页，获得所购图书详细信息。

防伪客服电话　（010）58582300

化学"101计划"核心教材目录

1.《普通化学》	杨 娟	
2.《无机化学(上册)》	朱亚先 匡 勤 蔡 苹 邱晓航	
3.《无机化学(下册)》	朱亚先 匡 勤 胡 涛 王颖霞	
4.《有机化学(上册)》	张丹维 王彦广 裴 坚	
5.《有机化学(下册)》	张丹维 王彦广 裴 坚	
6.《分析化学》	蒋健晖 宦双燕 李攻科 李 娜 谭蔚泓	
7.《物理化学教程》	彭笑刚	
8.《物理化学:一种分子途径》	Donald A. McQuarrie John D. Simon 著 侯文华 李 伟 吴 强 彭路明 黎书华 译	
9.《结构化学》	庄 林	
10.《高分子化学与物理》	张 希 刘世勇	
11.《化学生物学(上册)》	刘 磊 陈 鹏	
12.《化学生物学(中册)》	刘 磊 陈 鹏	
13.《化学生物学(下册)》	刘 磊 陈 鹏	
14.《基础化学实验》	张剑荣 章文伟 邓顺柳 李维红 任艳平 李一峻 李厚金 淳 远 马 荔	
15.《化学实验基本操作规范建议》	张剑荣 李厚金 淳 远 任艳平 李一峻 张树永	
16.《合成化学实验(上册)》	苏成勇 陈洪燕 郭玉鹏 惠新平	
17.《合成化学实验(下册)》	苏成勇 陈洪燕 陈思翀	
18.《化学测量学实验(上册)》	任 斌	
19.《化学测量学实验(中册)》	任 斌	
20.《化学测量学实验(下册)》	任 斌	
21.《化学生物学实验》	王 初 贾桂芳 邹 鹏	

详细信息